U0947693

北京市社会科学理论著作出版基金重点资助项目

吴晗全集

第2卷

历史卷（2）

吴晗 著　　常君实 编

中国人民大学出版社

·北京·

吴晗在中学时代。

20 世纪 20 年代，吴晗在家乡浙江义乌任小学教员时的留影。

吴晗在青年时代。

吴晗家乡浙江义乌苦竹塘故居。

浙江义乌吴晗故居中一间室内的旧家具。

浙江义乌吴晗故居中吴晗的父亲吴瑸珏“梧轩藏书”的书柜。

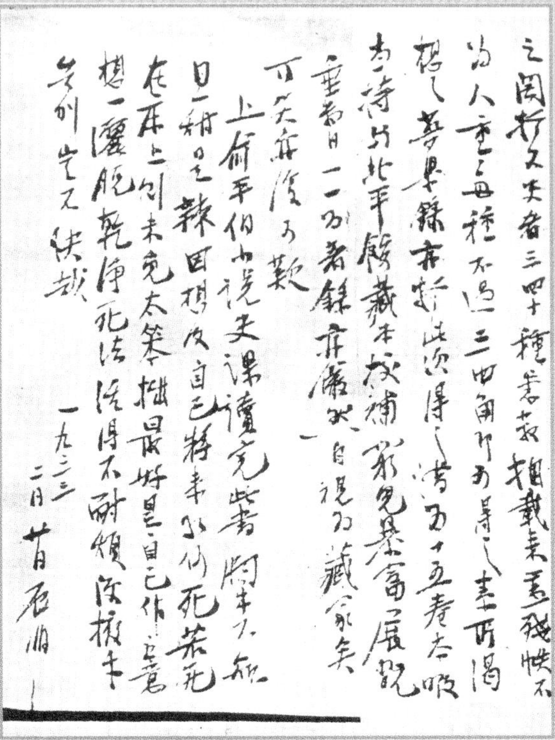
之罔於丈夫者三四十種，害義相戴未盡殘帙不
為人重之，每種不過三四角，行而易易，甚所渴
想之普界錄，亦於此頃得之，清萬十五卷本，暇
當至北平館藏本校補，將見甚富展觀
至前日一一列者，錄亦備然，自視乃藏家矣
可笑亦復可歎
上俞平伯小說史課，讀完此書，關于大旅
日一冊是辣田，想及自己將來不何死，若死
在床上則未免太笨拙，最好是自己作一意
想一灑脫乾淨死法，活得不耐煩便拔手
自刎，豈不快哉
一九三三 二月 廿 辰

吴晗学生时代手迹。

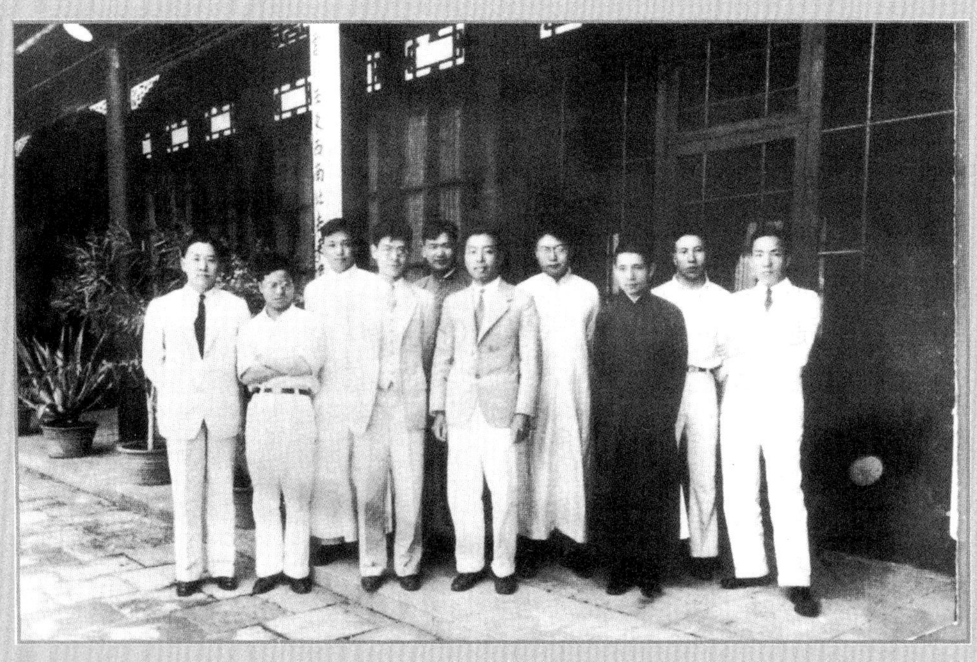

1933 年，吴晗和清华大学同学在一起，左二为吴晗。

目　录

胡惟庸党案考

一、《明史》所记之胡惟庸

胡惟庸事件是明代初叶的一件大事，党狱株连前后十四年，一时功臣宿将诛夷殆尽，前后达四万余人。① 且因此和日本断绝国交关系，著之《祖训》。② 另一方面再三颁布《昭示奸党录》、《臣戒录》、《志戒录》、《大诰》、《世臣总录》诸书，谆谆告谕臣下，以胡惟庸为前鉴。③ 到明成祖时代，还引这事件来诫谕臣下，勿私通外夷。④ 明代诸著作家的每一部提及明初史迹的著述中，都有这事件的记载。清修明史且把胡氏列入奸臣传。⑤ 在政治制度方面，且因此而永废丞相，分权于六部、五府、都察院、通政司、大理寺等衙门。⑥ 在这事件

---

① 《明史》卷九四，《刑法志》；卷一三二，《蓝玉传》。
② 《皇明祖训》首章；《明史》卷三一二，《日本传》。
③ 《皇明大政记》卷三。
④ 《明政统宗》卷七。
⑤ 《明史》卷三〇八。
⑥ 《皇明祖训》首章；《高皇帝实录》卷一二九。

的影响方面说，一时元功宿将皆尽，靖难师起，仅余耿炳文、吴祯等支撑御侮，建文因以逊国。① 综之，从各方面说，无论是属于政治的，外交的，军事的，制度的，易代的，这事件之含有重大意义，其影响及于有明一代，则无可置疑。

《明史》记此事颠末云：

> 自杨宪诛，帝以惟庸为才，宠任之。惟庸亦自励，尝以曲谨当上意，宠遇日盛。独相数岁，生杀黜陟，或不奏径行。内外诸司上封事，必先取阅，害己者辄匿不以闻。四方躁进之徒及功臣武夫失职者争走其门，馈遗金帛名马玩好不可胜数。
>
> 大将军徐达深嫉其奸，从容言于帝。惟庸遂诱达阍者福寿以图达，为福寿所发。
>
> 御史中丞刘基亦尝言其短。久之，基病，上遣惟庸挟医视，遂以毒中之。基死，益无所忌。与太师李善长相结，以从女妻其从子佑。
>
> 学士吴伯宗劾惟庸既得危祸。自是势益炽。
>
> 其定远旧宅井中忽生石笋，出水数尺，谀者争引符瑞。又言其祖父三世冢上，皆夜有火光烛天。惟庸益喜自负，有异谋矣。
>
> 吉安侯陆仲亨自陕西归，擅乘传。帝怒责之曰："中原兵燹之余，民始复业，籍户买马，艰苦殊甚。使皆效尔所为，民虽尽鬻子女，不能给也。"责捕盗于代县。平凉侯费聚奉命抚苏州军民，日嗜酒色。帝怒，责往西北招降蒙古，无功。又切责之，二人大惧。惟庸阴以权利胁诱二人，二人素戆勇，见惟庸用事，密相往来。尝过惟庸家，酒饮酣，惟庸屏左右言："吾等所为多不法，一旦事觉，如何！"二人益惶惧，惟庸乃告以己意，令在外收集军马。
>
> 又尝与陈宁坐省中阅天下军马籍，令都督毛骧取卫士刘遇贤及亡命魏文进等为心膂，曰："吾有所用尔也。"
>
> 太仆寺丞李存义者善长之弟，惟庸婿李佑父也。惟庸令阴说善长，善长已老，不能强拒，初不许，已而依违其间。

① 《弇州史料后集》卷六一。

惟庸益以为事可就，乃遣明州卫指挥林贤下海招倭与期会。又遣元故臣封绩①致书称臣于元嗣君，请兵为外应，事皆未发。

会惟庸子驰马于市，堕死车下，惟庸杀挽车者。帝怒，命偿其死。惟庸请以金帛给其家，不许。惟庸惧，乃与御史大夫陈宁、中丞涂节等谋起事，阴告四方及武臣从己者。十二年九月占城来贡，惟庸等不以闻，中官出见之，入奏。帝怒，切责省臣，惟庸及广洋顿首谢罪，而微委其咎于礼部，礼部又委之中书，帝益怒，尽囚诸臣，穷诘主者。未几赐广洋死。广洋妾陈氏从死，帝询之，乃入官陈知县女也。大怒曰："没官妇女只给功臣家，文臣何以得给?"乃敕法司取勘。于是惟庸及六部堂属咸当坐罪。

明年正月，涂节遂上变告惟庸，御史中丞商暠时谪为中书省吏，亦以惟庸阴事告。帝大怒，下廷臣更讯，词连宁、节。廷臣言节本预谋，见事不成，始上变告，不可不诛。乃诛惟庸、宁并及节。

惟庸既死，其反状犹未尽露，至十八年李存义为人首告，免死安置崇明。十九年十月林贤狱成，惟庸通倭事始著。

二十一年蓝玉征沙漠，获封绩，善长不以奏。至二十三年五月事发，捕绩下吏，讯得其状，逆谋大著。会善长家奴卢仲谦首善长与惟庸往来状，而陆仲亨家奴封帖木亦首仲亨及唐胜宗、费聚、赵雄（明按："雄"当作"庸"，以赵庸封南雄侯致误，《李善长传》可证。）三侯与惟庸共谋不轨。帝发怒，肃清逆党，词所连及，坐诛者三万余人，乃为《昭示奸党录》布告天下，株连蔓引，迄数年未靖云。②

惟庸通倭事，《明史》云：

先是胡惟庸谋逆，欲借日本为助，乃厚结宁波卫指挥林贤，佯奏贤罪，谪居日本，令交通其君臣。寻奏复贤职，遣使召之。密致书其王，借兵助己。贤还，其王遣僧如瑶率兵卒四百余人，

---

① 《列卿记》卷一《胡惟庸传》引《实录》作封续，北平图书馆藏《实录》作封绩。

② 《明史》卷三〇八，《胡惟庸传》。

诈称入贡，且献巨烛，藏火药刀剑其中。既至，而惟庸已败，计不行。帝亦未知其狡谋也。越数年，其事始露，乃族贤，而怒日本特甚，决意绝之，专以防海为务。①

与李善长谋逆事，《明史》云：

京民坐罪应徙边者，善长数请免其私亲丁斌等，帝怒按斌，斌故给事惟庸家，因言存义等往时交通惟庸状。命逮存义父子鞫之，词连善长云："惟庸有反谋，使存义阴说善长，善长惊叱曰：'尔言何为者？审尔，九族皆灭！'又使善长故人杨文裕说之云：'事成当以淮西地封为王。'善长惊不许，然颇心动。惟庸乃自往说，善长犹不许。久之，惟庸复遣存义进说，善长叹曰：'吾老矣，吾死，汝等自为之。'"

或又告善长云将军蓝玉出塞至捕鱼儿海，获惟庸通沙漠使者封绩，善长匿不以闻。于是御史交章劾善长。而善长奴卢仲谦等亦告善长与惟庸通赂遗，交私语。狱具，谓善长元勋国戚知逆谋不发举，狐疑观望，怀两端，大逆不道。会有言星变，其占当移大臣，遂并其妻女弟侄家口七十余人诛之。而吉安侯陆仲亨、延安侯唐胜宗、平凉侯费聚、南雄侯赵庸、荥阳侯郑遇春、宜春侯黄彬、河南侯陆聚等皆同时坐惟庸党死。而已故荥阳侯杨璟、济宁侯顾时等追坐者又若干人。帝手诏条列其罪，傅著狱词，为《昭示奸党三录》布告天下。②

谷应泰记胡惟庸被诛前又有云奇告变一事：

正月戊戌，惟庸因诡言第中井出醴泉，邀帝临幸，帝许之。驾出西华门，内使云奇冲跸道勒马衔言状，气方勃，舌駃不能达意，太祖怒其不敬，左右挝捶乱下，云奇右臂将折，垂毙，犹指贼臣第弗为痛缩。上悟，乃登城望其第，藏兵复壁间，刀槊林立。即发羽林掩捕考掠，具状磔于市。③

---

① 《明史》卷三二二，《日本传》。

② 《明史》卷一二七，《李善长传》。

③ 《明史纪事本末》卷一三，胡蓝之狱。

综结以上的记载，胡惟庸党案的构成及经过是：

（1）胡惟庸擅权罔上。

（2）谋刺徐达。

（3）毒死刘基。

（4）与李善长相结交通。

（5）定远宅井生石笋，祖墓夜有火光，因有异志。

（6）结陆仲亨、费聚为助。

（7）收纳亡命。

（8）令李存义、杨文裕说李善长谋逆。

（9）遣林贤下海招倭，倭使如瑶伪贡率兵为助。

（10）遣封绩称臣于元求援。

（11）惟庸杀挽车者，太祖责偿死。

（12）阻占城贡使，被罪。

（13）私给文官以入官妇女坐罪。

（14）涂节上变。商暠白其私事。

（15）请上幸第谋刺，为云奇所发。

（16）狱具伏诛。胡党之名起。

（17）林贤狱成。

（18）李善长被杀。

（19）对日绝交。

（20）胡党株蔓数万人，元功宿将几尽。

以下试参证中日记载，说明这一事件的真相和明代初叶中日间的国际关系。

二、云奇告变

胡惟庸党案的真相，到底如何，即明人亦未深知，这原因大概是由于胡党事起时，法令严峻，著述家多不敢记载此事。到了事过境迁以后，实在情形已被淹没，后来的史家只能专凭《实录》，所以大体均属相同。他事有不见于《实录》的，便只能闭户造车，因讹传讹，所以极多矛盾的同时记载。正因为这许多记载之暧昧矛盾，所以当时人便有怀疑它的。郑晓以为："国初李太师、胡丞相、蓝国公诸狱未可知。"① 王世贞是明代的一个伟大精核的史学家，他的话应该可信了，他说：

> 胡惟庸谋逆，阴约日本国贡使以精兵装巨舶，约是日行弑，即大掠库藏，泛舟大海，事泄伏诛。上后却日本之贡以此。②

他的儿子王士骐却不惜反对他的话，对这事件深为致疑，他以为：

> 按是年（十三年）诛丞相胡惟庸，廷臣讯辞第云使林贤下海招倭军，约期来会而已。不至如野史所载，亦不见有绝倭之诏。本年日本两贡无表，又其将军奉丞相书辞意倨慢，故诏谕之。中云："前年浮辞生衅，今年人来匪诚"，不及通胡惟庸事，何耶？近年勘严世蕃亦云交通倭虏，潜谋叛逆，国史谓寻端杀之，非正法也。胡惟庸之通倭，恐亦类此。③

由此可见这事件的可信程度正如徐阶所授意的严世蕃狱词一样。按《明史》载世蕃狱具，徐阶以为彰主过，适所以活之，为手削其草。④ 略云：

> 曩年逆贼汪直勾倭内讧，罪在不宥。直徽州人，与罗龙文姻旧，遂送十万金世蕃所，拟为授官……龙文亦招聚王直通倭余党五百余人谋于世蕃。班头牛信亦自山海卫弃伍北走，拟诱致北虏，南北响应……⑤

于是覆勘实以："交通倭虏，潜谋叛逆，其有显证"上，严家由是方倒。狱辞中通倭诱虏二事，恰好作胡惟庸事件的影子。

在以上所引的史料中，冲突性最显著的是《明史》所记涂节、

---

① 《今言》卷一四四。

② 王世贞：《史乘考误》。

③ 《皇明驭倭录》卷一。

④ 《明史》卷三〇八，《严嵩传》。

⑤ 王世贞：《国朝丛记》，严世蕃供辞。

商暠告变和《纪事本末》所记的云奇告变二事。因为假使前者是真，则惟庸已得罪被诛，无请临幸谋刺之可能。假使后者是真，则惟庸亦当日被诛，无待涂、商二人之告发。质言之，两件告发案必有一件是假，或者两件都假，断不能两件都真。现试略征群籍，先谈云奇事件。

谷应泰关于云奇的记载，确有所本。此事最先见于雷礼所引《国琛集》。① 记述与谷氏小有异同。其文云：

> 太监云奇南粤人。守西华门，迩胡惟庸第，刺知其逆谋。胡诳言所居井涌醴泉，请太祖往观，銮舆西出，云虑必与祸，急走冲跸，勒马衔言状。气方勃崪，舌駃不能达。太祖怒其犯跸，左右挝捶乱下，云垂毙，右臂将折，犹奋指贼臣第。太祖乃悟，登城眺顾，见其壮士披甲伏屏帏间数匝，亟返櫻殿，罪人就擒。召奇则息绝矣。太祖追悼奇，赐赠葬，令有司春秋祀之。墓在南京太平门外，钟山之西。

自后王世贞撰《胡惟庸传》即引此文，不过把“诳言所居井涌醴泉”改为：“伪为第中甘露降。”② 把地下涌出来的换成天上掉下来的罢了。邓元锡索性把他列入《宦官传》，以为忠义之首，不过又将名字改成奇云奇。③ 傅维麟本之亦为立专传④，仍复其名为云奇。其他明清诸著述家如陈建⑤、严从简⑥、邓球⑦、尹守衡⑧、彭孙贻⑨、谷应泰⑩，日人如饭田忠彦⑪等，均深信不疑，引为实录。

在上引的诸家记载中，有一个共通的可疑点。这疑点是云奇身

---

① 《国朝列卿纪》卷一，《胡惟庸传》附录。
② 《弇州别集》，《胡惟庸传》。
③ 邓元锡：《皇明书》卷一三，《宦官传》。
④ 傅维麟：《明书》卷一五七，《胡惟庸传》；卷一五八，《云奇传》。
⑤ 《皇明从信录》卷七。
⑥ 《殊域周咨录》卷二。
⑦ 《皇明泳化类编》卷一二七，防细。
⑧ 《皇明史窃》，《宦官传》。
⑨ 《明史纪事本末补编》五，宦官贤奸。
⑩ 《明史纪事本末》卷一三。
⑪ 饭田忠彦：《野史》卷二八二，《外国传》一。

为内使，所服务地点与胡惟庸第相近，他既知胡氏逆谋，为什么不先期告发，一定要到事迫眉睫，方才闯道报警呢？这问题彭孙贻氏把它弥缝解答了。他说：

> 时丞相胡惟庸谋大逆，居第距门甚迩。奇刺知其事，冀欲发未有路，适惟庸谩言所居井涌醴泉，邀上往赏，驾果当西出，奇虑必有祸，会走犯跸……

总算勉强可以遮过读者的究诘。但据以上诸书所记，惟庸请明太祖到他家里来看醴泉或甘露的日子是洪武十三年正月戊戌。据《明史》惟庸即以是日被诛。[①] 这样当天请客，当天杀头，中间并未经过审讯下狱的阶段，在时间上是否发生问题呢？这问题夏燮曾引《三编质实》证明其不可能，他说：

> 考《实录》正月癸巳朔，甲午中丞涂节告胡惟庸谋反，戊戌赐惟庸等死。若然，则正月二日惟庸已被告发，不应戊戌尚有邀帝幸第之事。[②]

我们在时间上的比较，已知此事非真。如再从事实方面考核，南京城高数仞，胡惟庸第据文中"壮士匿屏帷（或厅事）间"决非无屋顶——露天可知（《有学集》一〇三引《明人纪载》说：南京城西华门内有大门北向，其高与诸宫殿等，后门薨栋具在，曰旧丞相府，即胡惟庸故第）。无论西华门离胡第怎样近（事实上愈近只能看屋脊），就譬如在景山山顶罢，故宫就在足下，除了黄澄澄的屋瓦以外，我们能看出宫殿内的任何事物出来吗？同理，胡第非露天，就使明太祖真有登过城这一回事，又何从知道胡第伏有甲兵，此甲兵且伏在厅事中，屏帷间！

据《国琛集》说胡惟庸第在西华门内——禁中。王世贞《旧丞相府志》颇疑其非是。考《昭示奸党第二录》载卢仲谦供，谓胡惟庸私第在细柳坊，按《洪武京城图志》：广艺街在上元县西，旧名细

---

① 《明史》，《太祖本纪》二。

② 《明通鉴》卷七，考异。

柳坊，一名武胜坊。又考《街市图》：广艺街在内桥之北，与旧内相近。则惟庸私第之不在禁中明甚。再按《实录》：丙午八月（1366）拓建康城；初旧内在建康旧城中，因元南台为宫，稍庳隘，上乃命刘基等卜地，定新宫于钟山阳。戊申正月（1368）自旧内迁新宫。由是知明太祖之迁居新宫在洪武元年，旧内固近惟庸第，新宫则在建康城北，云奇事件如在洪武十三年，则根本为不可能。

由以上的推断，云奇事件之无稽荒谬，已决然无可疑。不过这一传说又从何发生的呢？云奇与胡惟庸虽无关系，但这事件的本身是否有存在的可能性呢？这两疑问，何孟春氏的《云奇墓碑》① 将给我们以一个满意的解答。

> 南京太平门外钟山西有内官享堂一区，我太祖高皇帝所赐，今加赠司礼监太监云公奇葬地也。案旧碑公南粤人，洪武间内使，守西华门。时丞相谋逆者居第距门甚迩，公刺知其事，冀因隙以发。未几，彼逆臣言所居井涌醴泉……
>
> 公所遭谋逆者旧状以为胡蓝二党。夫胡惟庸之不轨在洪武十三年，蓝玉在二十六年，胡被诛后，诏不设丞相，至蓝十四年矣。春敢定以胡为是，以补旧碑之缺，备他日史官之考证。

可见胡惟庸谋逆的真相，明初人就不大清楚。旧碑阙以存疑，尚不失忠实态度。何孟春自作聪明，硬断定为胡惟庸，后此史官，虽以此事不见《实录》，亦援引碑文，定为信谳，自王世贞以下至彭孙贻、饭田忠彦等都笃信其事，因讹传讹，结果当然是到处碰壁，怎么也解释不出时间性与空间的不可能和事实上的矛盾了。钱谦益《明太祖实录辨证》三说：“云奇之事，国史野史，一无可考。嘉靖中朝廷因中人之请而加赠，何孟春据中人之言而立碑。”所谓中人，潘柽章以为是高隆。他说：

> 云奇事起于中官高隆等，相传为蓝玉时事。而何孟春从而附

① 《国朝献征录》卷一一七，《何孟春赠司礼监太监云公奇墓碑铭》。

会之，以为玉未尝为丞相，故又移之胡惟庸。凿空说鬼，有识者所不道。①

他疑心云奇事件是由邵荣三山门谋逆之事衍变来的。他说：

然考之史，惟平章邵荣尝伏兵三山门内欲为变，上从他道还，不得发。与墓碑所称相类。三山门在都城西南与旧内相近，上登城眺察，难悉睹也。岂云奇本守三山门，讹而为西华耶？或云奇以冲跸死，而宋国兴之告变踵至耶？事有无不可知，史之阙文，其为是欤？②

三、如瑶藏主之贡舶

《明史》所记之如瑶贡舶事，明清人记载极多。日人记载则多据中籍迻译，虽间有疑其支离者，亦仅及派使者之为征西或幕府，对于事实本身，则均一致承认。

关于胡惟庸通倭之明清人记述，其主要事实多根据《实录》及《大诰》，《明史》和《实录》更不过详略之异，大体一无出入。文中洋洋洒洒据口供叙述胡惟庸的罪状，于通倭投虏事，仅有二句：

惟庸使指挥林贤下海招倭军，约期来会。又遣元臣封绩致书称臣于元，请兵为外应。③

惟庸诛后数日，在宣布罪状的演辞中，亦未提及通倭一字：

己亥，胡惟庸等既伏诛，上谕文武百官曰："……岂意奸臣窃国柄，枉法诬贤，操不轨之心，肆奸欺之蔽，嘉言结于众舌，朋比逞于群邪。蠹害政治，谋危社稷，譬堤防之将决，烈火之将然，有滔天燎原之势，赖神发其蠹，皆就殄灭……"④

---

① 《国史考异》卷二之一一。

② 《国史考异》卷二之一一。邵荣谋反事见《明史》卷一二五，《常遇春传》。

③④ 《明太祖高皇帝实录》卷一二九。

于罢中书省诏中，亦只及其枉法挠政诸罪：

癸卯，罢中书省，诏曰："……丞相汪广洋、御史大夫陈宁昼夜淫昏，酣歌肆乐，各不率职，坐视废兴。以致胡惟庸私构群小，夤缘为奸，或枉法以贿罪，或挠政以诬贤，因是发露，人各伏诛……"①

即在十六年后，太祖和刘三吾的谈话中，胡惟庸的罪状，也不过只是擅作威福和僭侈：

二十八年十一月上谓翰林学士刘三吾等曰："奸臣胡惟庸等擅作威福，谋为不轨，僭用黄罗帐幔，饰以金龙凤纹。迩者逆贼蓝玉，越礼犯分，床帐护膝，皆饰金龙，又铸金爵为饮器，家奴至于数百，马坊廊房，悉用九五间数，僭乱如此，杀身亡家。"②

惟庸诛后七年，始于所颁《大诰》中提及林贤：

维十九年十二月望皇帝三诰于臣民曰："……帝若曰前明州卫指挥贤私通惟庸，劫倭船，放居倭，惟庸私使男子旺借兵私归贤，贤将辅人乱，不宁于黔黎，诛及出幼子。"③

在洪武二十八年九月所颁《祖训》中④，方才正式列出惟庸通倭的记载，其文云：

四方诸夷皆限山隔海，僻在一隅，得其地不足以供给，得其民不足以使令，若其自不揣量，来挠我边，则彼为不祥。彼既不为中国患，而我兴兵轻犯，亦不祥也。吾恐后世子孙，倚中国富强，贪一时战功，无故兴兵，致伤人命，切记不可。但胡戎与西北边境，互相密迩，累世战争，必选将练兵，时谨备之。

---

① 《明太祖高皇帝实录》卷一二九；《明太祖文集》卷二，《废丞相大夫罢中书诏》。
② 《皇明大事记》卷九，高皇帝御制及纂辑诸书。
③ 《名山藏》，《刑法记》。
④ 《皇明大事记》卷九。

今将不征诸夷国名列后：

东北：朝鲜国

正东偏北：日本国　（虽朝实诈，暗通奸臣胡惟庸，谋为不轨，故绝之。）

正南偏东：大琉球国　小琉球国

西南：安南国　真蜡国　暹罗国　占城国　苏门答剌

西洋国　爪洼国　湓亨国　白花国　三弗齐国　浡泥国①

考《明史·胡惟庸传》谓："十九年十月林贤狱成，惟庸通倭事始著。"查《实录》十九年十月条不载此事。胡惟庸罪状中之通倭一事，据史言发觉在十九年，其唯一之根据为当时官书《大诰三编》。据此则十九年以前不当有绝倭之事，而事实上则却相反。《祖训》之成，据《大事记》所言第一次编成于洪武二年。② 第二次在六年五月。③ 第三次在二十八年九月，重定名为《皇明祖训》，其目仍旧，而更其《箴戒》章为《祖训》首章。④ 由是可知最后定本即仍洪武六年之旧，不过把原来《箴戒》章改成首章而已。胡惟庸事败在洪武十三年正月，通倭事发在十九年十月，不应先于洪武六年绝倭！细绎《祖训》文意，知其大旨不过戒子孙勿务远略损国威，所列不征之国，亦以其阻绝海洋，不易征服，于胡惟庸事，初无关涉。盖日本之被列为不征之国事在洪武六年以前，在洪武十九年到二十八年这时期中方把胡惟庸事加入，作为佐证。后来读史的人不留心，把不征之国和胡惟庸事因《祖训》先后放在一起，就混为一事，并误为有因果关系。因胡惟庸狱词和《大诰》所载，辗转附会，惟庸之通倭谋逆及明廷因之与日绝交数事，遂成信谳了。

《国朝列卿记》所记全用《实录》原文，明代向例于《实录》修成后即焚稿扃史馆中，不为外人所见。所以后来人的记载大部分可说都是根据《列卿记》这部书。

---

① 《皇明祖训》首章，5页。

② 《大事记》九，封建。

③ 《大事记》九，高皇帝御制及纂辑诸书。

④ 《大事记》九，封建。

因为《皇明祖训》、《大诰》和《实录》中的记载，出于朝廷。后来的史家便都一致相信，以为事实。自郑晓[1]、郎瑛[2]、章潢[3]、邓元锡[4]、茅瑞征[5]、茅元仪[6]、陈仁锡[7]、张复[8]、叶向高[9]、方孔炤[10]、黄道周[11]及《制御四夷典故》[12]诸书，一致以为太祖朝之中日绝交，是因为如瑶贡舶事件；如《苍霞草》所记：

> 已复纳兵贡艘中助逆臣胡惟庸，惟庸败，事发，上乃著《祖训》示后世毋与倭通。

《吾学编》、《制御四夷典故》、《皇明世法录》、《图书编》诸书云：

> 十五年归廷用又来贡，于是有林贤之狱，曰故丞相胡惟庸私通日本，盖《祖训》所谓日本虽朝实诈，暗通奸臣胡惟庸，谋为不轨，故绝之也。是时惟庸死且三年矣。十七年如瑶又来贡，坐通惟庸，发云南守御。

渡边世祐《室町时代史》（页二三五）亦谓：

> 时明胡惟庸谋反，使宁波之指挥官请援于征西将军。征西府使僧如瑶率精兵四百余人伪入贡赴之。谋觉，胡惟庸伏诛，逮林贤狱起，我邦通谋事发觉，太祖大怒，尔后一时交通遂绝。

何乔远[13]、郑若曾[14]、严从简[15]诸人记林贤与如瑶之事迹较详

---

① 《吾学编》，《皇明四夷》上，《日本》。
② 《七修类稿》卷五，《日本》。
③ 《图书编》卷五〇，《日本国》。
④ 《皇明书》卷一六六，《日本传》。
⑤ 《皇明象胥录》卷二，《日本》。
⑥ 《武备志》卷二三〇，《日本考》。
⑦ 《潜确类书》卷一三，《日本》。
⑧ 焦竑：《皇明人物考》附录，张复：《南倭考》。
⑨ 《苍霞草》卷一九，《日本考》。
⑩ 《全边略记》卷九，《海略》。
⑪ 《博物典汇》卷二〇，《日本》。
⑫ 《制御四夷典故》，《日本国考略》。
⑬ 《名山藏》，《王享记》一，《日本》。
⑭ 《筹海图篇》卷二。
⑮ 《殊域周咨录》卷二。

尽，《名山藏・王享记》云：

> 丞相胡惟庸得罪惧诛，谋诸倭不轨，奏调金吾卫指挥林贤备倭明州。阴遣宣使陈得中谕贤送日本使出境，则诬指为寇以为功。贤听惟庸计，事觉，惟庸佯奏贤失远人心，谪居之倭中。既惟庸请宥贤复职，上从之。惟庸以庐州人李旺充宣使召贤，且以密书奉日本王借精锐人为用，王许之。贤还，王遣僧如瑶等率精锐四百余人来，诈献巨烛，烛中藏火药兵器。比至惟庸已败，上犹未悉贤通惟庸状，发四百余人云南守御……十五年惟庸事觉，上追怒惟庸，诛贤磔之。于是名日本曰倭，下诏切责其君臣，暴其过恶天下，著《祖训》绝之。

所记恰与《大诰》合。《筹海图编》亦采此说，而误以胡惟庸为枢密使，为王士骐所讥。① 且以为先于洪武十六年诏绝日本，二十年如瑶事发，时代与各书歧异。日人辻善之助据之以为怀良亲王已于前四年卒，足证使非征西所遣。② 书中标明日使为归廷用，足补何氏之缺：

> 日本使归廷用入贡方物，厚赏回还，明州备倭指挥林贤在京随驾，时交通枢密使胡惟庸，潜遣宣使陈得中密与设谋，令将归廷用诬为倭寇，分用赏赐。中书省举奏其罪，流贤日本。洪武十六年诏绝日本之贡。贤流三年，逆臣胡惟庸暗遣人充宣使，私往日本取回，就借练精兵四百，与僧如瑶来献巨烛，中藏火药兵具，意在图乱，上大怒，磔贤于市，乃降诏责其君臣，绝其贡。

《殊域周咨录》本之，而以为十三年发如瑶云南守御，林贤事发则在洪武二十年。日人饭田忠彦③、荻野由之④、辻善之助⑤、栗田

---

① 《皇明驭倭录》卷一。

② 辻善之助：《海外交通史话》卷一五，303页。

③ 《野史》卷二八二，《外国传》一，明上。

④ 《日本史讲话》，563～565页。

⑤ 《海外交通史话》，303页。

元次及木宫泰彦①和德人希泊鲁秃（Sicboldt）② 诸人所记大率根据以上所引。

李开先所记则与诸书微异，其所撰《宋素卿传》云③：

> 自洪武年间因胡惟庸通倭密谋进寿烛，内藏刀箭。将夷以铜甑蒸死，绝其进贡。

这是他把永乐三年十一月日本使者自治倭寇的记载④和如瑶贡舶事件混在一起误为一事的错误。

以上诸家所记都属于胡惟庸使林贤通倭，如瑶伪贡事件。王世贞一流的史家所记，则与此异：

> 日本来贡使，私见惟庸，乃为约其王，令舟载精兵千人，伪为贡者，及期会府中，力掩执上，度可取，取之；不可，则掠库物泛舸就日本有成约。⑤

以下便接着叙云奇事件，把这两件事发生连带关系。他在另一记载中又说：

> 十三年丞相胡惟庸谋叛，令（日使）伏精兵贡艘中，计以表裹挟上，即不遂，掠库物，乘风而遁。会事露悉诛。而发僧使于陕西四川各寺中，著训示后世，绝不与通。⑥

又把这事件和如瑶发生关系。陈仁锡⑦、朱国桢⑧诸人都相信这一说，引为定谳。稍后谷应泰、夏燮等，便兼采两家矛盾之说，并列诸事，作最完备之记录。⑨

---

① 《综合日本史概说》三二，《足利时代之外国关系》；《中日交通史》下卷，第七章，《日本使之往来与胡惟庸事件》。

② 《异国丛书》四，《日本交通贸易史》，263 页。

③ 李中麓：《闲居集》，文九。

④ 《明史》卷三二二，《日本传》。

⑤ 王世贞：《弇州别集》，《胡惟庸传》。

⑥ 王世贞：《日本志》。

⑦ 《皇明世法录》卷八五，《韩国公传》。

⑧ 《开国臣传》卷二，《韩国李公传》。

⑨ 《明史纪事本末》卷三一，《胡蓝之狱》；《明通鉴》卷七。

读了以上诸家记述之后，最后我们试一持与当时的官书一核，看到底哪些史料是可靠的，哪一些是不可靠的，《大诰三编》说：

> 前明州卫指挥林贤出海防倭，接至日本使者归廷用入贡方物。其指挥林贤移文赴都府，都府转奏，朕命以礼送来至京。廷用王事既毕，朕厚赏令归，仍命指挥林贤送出东海，既归本国。不期指挥林贤当在京随驾之时，已与胡惟庸交通，结成党弊。及归廷用归，惟庸遣宣使陈得中密与设计，令林指挥将廷用进贡舡只，假作倭寇舡只，失错打了，分用朝廷赏赐，却仍移文中书申禀。惟庸佯奏林指挥过，朕责指挥林贤就贬日本。居三年，惟庸暗差庐州人充中书宣使李旺者私往日本取回，就借日本国王兵，假作进贡来朝，意在作乱。其来者正使如瑶藏主左副使左门尉右副使右门尉，率精兵倭人带甲者四百余名——倭僧在外——比至，胡惟庸已被诛僇，其日本精兵，就发云南守御。洪武十九年朕将本人命法司问出造反情由，族诛了当。呜呼人臣不忠者如此！①

又云：

> 其指挥林贤年将六旬，又将辅人为乱，致黔黎之不宁，伤生所在，岂不得罪于天人者乎！遂于十九年冬十月二十五日将贤于京师大中桥及男子出幼者皆诛之，妻妾婢之。②

我们且不推敲这事件的本身是否可靠，明太祖这样一个枭桀阴忮的人的话——一面之辞是否可信，光和其他的记载比较，至少以下几件事是明太祖或胡惟庸所未曾想及的。这几点是：

（一）诈献巨烛，烛中藏火药兵器的聪明主意。

（二）日本贡使私见惟庸，约贡千人相助绑票的事。

（三）时间的矛盾。

（四）归廷用十五年之再贡发觉事。

---

①② 潘柽章：《国史考异》卷二之一三，《大诰三编》，39页，指挥林贤胡党第九。

（五）奏调林贤备倭明州事。

（六）三年前惟庸初由右丞改左，正得宠眷而反惧诛事。

四、胡惟庸之罪状

洪武十三年正月胡惟庸被诛时的罪状是：

（一）毒死刘基。

（二）阻隔占城贡使。

（三）私给文臣以没官妇女。

（四）枉法挠政，朋比为奸。

刘基事据《明史》本传说：

> 基在京病时，惟庸以医来，饮其药，有物积腹中如拳石。其后中丞涂节首惟庸逆谋，并谓其毒基致死云。[①]

据《胡惟庸传》，则惟庸之毒基，实为太祖所遣：

> 御史中丞刘基亦尝言其短，久之，基疾，上遣惟庸挟医视，遂以毒中之。

据《行状》所述，基未死前且曾以被毒状告太祖，太祖不理：

> 洪武八年正月，胡丞相惟庸以医来视疾，饮其药二服，有物积腹中如拳石，遂白于上，上亦未之省也，自是疾遂笃。三月上以公久不出，遣使问之，知其不能起也，特御制文一通，遣使驰驿送公还乡，里居一月而薨。[②]

即由史臣纂修之《实录》，也说太祖明知刘基被毒事：

> 御史中丞涂节言前诚意伯刘基遇毒死，广洋宜知状。上问广洋，广洋对以无是事。上颇闻基方病时，丞相胡惟庸挟医往

---

① 《明史》卷一二八，《刘基传》。

② 《皇明名臣琬琰录》卷七，黄纪委（伯生）：《诚意伯刘公行状》。

> 候，因饮以毒药。乃责广洋欺罔，不能效忠为国，坐视废兴……①

由上引诸记载，参以《明史·刘基传》所叙胡惟庸与基之宿怨，乘隙中伤，太祖对基怀疑事。可知胡惟庸之毒基，确受上命，所以刘基中毒后，虽质言情状，亦置不理。并且派人看他会不会死，直到确知他必定要死，方派人送他回家。我们看汪广洋之死是为涂节告发，胡惟庸之被罪，也和刘基死事牵连，但在宣布胡氏罪状时，却始终没提起这事。由此可见"欲盖弥彰"，涂节之所以与胡惟庸骈戮东市，其故亦正在是。

关于阻隔占城贡使事，《明史》云：

> 洪武十二年占城贡使至都，中书不以时奏，帝切责丞相胡惟庸、汪广洋，二人遂获罪。②

《实录》载此事较详，其文云：

> 十二年九月戊午，占城国王阿答阿者遣其臣阳须文旦进表及象马方物，中书臣不以时奏。内臣因出外，见其使者以闻，上亟召见，叹曰："壅蔽之害，乃至此哉！"因敕责省臣曰："朕居中国，抚辑四夷，彼四夷外国有至诚来贡者，吾以礼待之。今占城来贡方物既至，尔宜以时告，礼进其使臣，顾乃泛然若罔闻知，为宰相辅天子出纳帝命，怀柔四夷者固当如是耶！"丞相胡惟庸、汪广洋等皆叩头谢罪。③

《明史》言："帝怒，切责省臣，惟庸及广洋顿首谢罪，而微委其咎于礼部，礼部又委之中书，帝益怒，尽囚诸臣，穷诘主者。"《高皇帝文集》卷七载《向中书礼部慢占城入贡第二敕》云：

> 敕问中书礼部必欲罪有所证。古有犯法者犯者当之，此私罪也。今中书礼部皆理道出纳要所，九月二十五日有慢占城入

---

① 《明太祖实录》卷一二八。

② 《明史》卷三二四，《占城传》。

③ 《明太祖实录》卷一二六；《皇明大事记》卷一三四，《夷朝贡》。

> 责事，向及省部，互相推调，朕不聪明，罪无归著，所以囚省部，概穷缘由，若罪果有所证，则罪其罪者，仍前推调，未得释免。

旨意极严重，接着就是涂节上变告反，由此可见惟庸已于十二年九月二十五日下狱，到十二月又发生汪广洋妾陈氏从死事，再下法司取勘，涂节窥见太祖有欲杀之意，逢迎上变，遂于次年正月被诛。

庚午诏书中所指的“枉法朋比”，《明史》所记无实事可征。李善长狱后数年方发觉，此时当不能预为周纳。惟吴伯宗事别见其本传云：

> 胡惟庸用事，欲人附己，伯宗不为屈。惟庸衔之，坐事谪居凤阳，上书谕时政，因言惟庸专恣不法，不宜独任，久之必为国患，辞甚剀切。帝得奏召还，赐衣钞。①

则伯宗自以坐事谪徙，亦未尝得“危祸”也。刘崧事见《高皇帝文集》七《召前按察副使刘崧职礼部侍敕》云：

> 奸臣弄法，肆志跳梁，拟卿违制之责。迩者权奸发露，人各伏诛。卿来，朕命官礼部侍郎，故兹敕谕。

其朋比事，当时人的记载，《国初事迹》中，有这样一条：

> 杨宪为御史中丞。太祖尝曰：“杨宪可居相位。”数言李善长无大才。胡惟庸谓善长曰：“杨宪为相，我等淮人不得为大官矣。”宪因劾汪广洋不公不法，李善长奏排陷大臣，放肆为奸等事，太祖以极刑处之。②

刘辰曾佐太祖戎幕，所记当得之见闻，较可征信。且善长、惟庸均为淮人，惟庸之进用，又为善长所援引，为保全禄位树立党援计，其排斥非淮系人物，又为势之所必至。不过据这一条史料的引

---

① 《明史》卷一三七，《吴伯宗传》。

② 刘辰：《国初事迹》（《金华丛书》本）。

证，也仅能证明惟庸之树党而已。《高皇帝文集》卷十六《跋夏珪长江万里图》文中有指摘惟庸受赃语，不过尽他所能指摘的也还不过是一幅不甚著名的图。其文云：

> 洪武十三年春正月奸臣胡惟庸权奸发露，令法司捕左右小人询情究源，良久，人报左丞赃贪淫乱甚非寡欲。朕谓来者曰：果何为实，以验赃贪？对曰：前犯罪人某被迁，其左相犹取本人山水图一轴，名曰《夏珪长江万里图》。朕犹未信，遣人取以验，去不逾时而至，吁！微物尚然，受赃必矣。

促成惟庸谋反的动机，据《明史》说是：

> 会惟庸子乘马于市，堕死车下，惟庸杀挽车者，帝怒，命偿其死。惟庸请以金帛给其家，不许。惟庸惧，乃与御史大夫陈宁、中丞涂节等谋起事，阴告四方及武臣从己者。

此文全据《实录》，而略其下一段。今补列如下：

> 上日朝，觉惟庸等举措有异，怪之，涂节恐事觉，乃上变告。①

据上文所申述，我们知道惟庸于十二年九月下狱取勘，《实录》所记太祖自己在朝堂上觉察惟庸举措，事实上为不可能。《宪章录》②、《皇明法传录》③ 诸书因其矛盾，舍去不录，《明史》因之。我们如再细心检讨一下，就可以知道不但《实录》之事后增饰和《明史》诸书之截短取长是靠不住，即其所记之惟庸子死事，也是同样的叫人不敢相信。如王世贞记惟庸狱起前之所谓促成谋反之动机云：

> 会其家人为奸利事，道关榜辱关吏，吏奏之，上怒，杀家人，切责，丞相谢不知乃已。

---

① 《明太祖实录》卷一二九。

② 薛应祺：《宪章录》卷七。

③ 陈建：《皇明法传录》卷七。

又以中书违慢，数诘问所由。惟庸惧，乃计曰："主上鱼肉勋旧臣，何有我耶！死等耳，宁先发，毋为人束，死寂寂。"①

同样地是在叙述同一事件，并且用同一笔法，但所叙的事却全不相符，一个说是惟庸子死，一个说是惟庸家人被诛。显见这两种不同的记载是出于两种不同的来源，由此又可知胡惟庸事件在明嘉靖以前是怎样一个纷乱矛盾的样子了。

《高皇帝文集》卷七有《谕丞相枉序斑敕》，所谓丞相当即指惟庸言，但细绎敕意，亦只是责其刑罚不中而已。敕云：

传曰：刑罚不中，则民无所措手足。今日序斑奏，昨晚一使自山西至，一使自太仓来省，引进将至与姓名，且曰郎中教只于此处候丞相提奏引见，已而终不见，郎中复唤，于是不敢引见，是有丞相怪责，不由分诉，刑及二十而肤开，甚枉之。因序斑奏枉，试释之，若为上者教人正其事而后罪人不行，此果刑罚之中乎？

总之，在上文所引述的史料中，我们找不出有"谋反"和"通倭"、"通虏"的具体的记载。这正好像一个故事，时代越后，故事的轮廓便越扩大，内容也越充实。到了洪武二十三年后胡惟庸的谋反便成铁案，装点得有条有理了。钱谦益引《昭示奸党三录》说：

自洪武八年以后，惟庸与诸公侯约日为变，殆无虚月，或候上早朝，则惟庸入内，诸公侯各守四门，或候上临幸，则惟庸扈从，诸公侯分守信地，皆听候惟庸调遣，期约举事。其间或以车驾不出而罢，或以宿卫严密，不能举事而罢，皆惟庸密遣人麾散，约令再举，五年之中，期会无虑二百余。②

考《太祖本纪》胡惟庸以洪武六年七月壬子任右丞相，十年九月辛丑改左。③ 其时惟庸正被恩眷，得太祖信任。《高皇帝文集》

① 《国朝献征录》卷一一。

② 《太祖实录辨证》卷三。

③ 《明史》卷二，《太祖本纪》二。

二载是时《命丞相大夫诏》:“朕平天下之初,数更辅弼,盖识见浅薄,任非其人。前丞相汪广洋畏懦迂滑,其于申冤理枉,略不留意。以致公务失勤,乃黜为岭南广省参政,观其所施,察其自省。今中书久阙丞相,御史台亦阙大夫,揆古稽今,诚为旷典,特命左丞相胡惟庸为中书右丞相,中丞陈宁为右御史大夫。且惟庸与宁自广洋去后,独署省台,协诚匡济,举直措枉,精勤不怠,故任以斯职。播告臣民。”云云。据《奸党录》所言,则不特《实录》所记惟庸诸谋叛动机为子虚,即明人诸家所言亦因此而失其立足点。因为假使惟庸已蓄意谋叛,其行动且早至被诛之五年前,且屡试屡败,则何以史文又曲为之隐?于《奸党三录》所云“五年之中期会为变无虑二百余次”一事至不著一字!何以《明史》及《弇州别集》诸书仅著其“以祥瑞自喜有异谋”、“令费聚陆仲亨收集军马”、“收集亡命”、“通倭欵虏”、“被责谋起事”诸近疑似暧昧之刑法上所谓“意图”的记载,而及略其主要之已举未遂行为!

《实录》记李善长狱事,尤暧昧支离,使人一见即知其捏造。盖其所述谋反情事,皆援据当时狱辞,其不可信,又无待究诘。且即以所叙和《昭示奸党录》所条列善长诸招一校,亦有未核。①《实录》云:

> 太仆寺丞李存义者,善长之弟,惟庸之婿父也。以亲故往来惟庸家。惟庸令存义阴说善长同起,善长惊悸曰:“尔言何为者!若尔,九族皆灭。”存义惧而去,往告惟庸,惟庸知善长素贪,可以利动。后十余日,又令存义以告善长,且言事若成,当以淮西地封公为王,善长虽有才能,然本文吏计深巧,佯惊不许,然心颇以为然,又见以淮西之地王己,终不失富贵,且欲居中观望,为子孙后计,乃叹息起曰:“吾老矣,由尔等所为。”存义还告,惟庸喜,因过善长,善长延入,惟庸西面坐,善长东面坐,屏左右欵语良久,人不得闻,但遥见颔首而已。

① 《有学集》卷一〇四。

> 惟庸欣然就辞出，使指挥林贤下海招倭军约期来会，又遣元臣封绩致书称臣于元，请兵为外应。①

《明史》别据明人所记以为说善长以封王者为其故人杨文裕。②于其冤抑，特载解缙所代草之王国用奏疏剖解甚明。③钱谦益据当时招辞谓：

> 洪武十年九月惟庸以逆谋告李存义，使阴说善长，未得其要领。乃使其旧人杨文裕许以淮西地封王，是年十一月，惟庸亲往说善长，善长犹趑趄未许，即国史所记惟庸西面坐善长东面坐者是也。然此时善长未许，至十二年八月，存义再三往说，善长始有：我老了你每自做之语。④

在上载的两项文件的矛盾中，最显著的是时间问题。《实录》说惟庸几经游说善长，得其赞许后，方进行通倭欵虏二事，《实录辨证》据当时口供考定为洪武十二年八月事。惟庸被诛在次年正月，离定谋只是五个月间的事。下狱在九月，离定谋更仅一月。据《明史·日本传》、《名山藏·王享记》、《筹海图编》诸记载，惟庸先遣林贤为明州卫指挥，再佯奏其罪谪日本，使交通其君臣，再请宥贤复职，以李旺召之，且以密书奉日本王借精锐人为用。然后有如瑶藏主之贡舶事件。林贤在日本的时间，《大诰三编》和《筹海图编》都说是三年。其回国在洪武十六年后，这当然是不可靠。（郑若曾连胡惟庸卒年都弄不清楚，以为是洪武二十年间事）。不过无论如何，照那时代的航海情形，这一来一往总非一二月可办。据雷礼记如瑶第一次来华之时日为洪武十四年七月戊戌⑤，正值惟庸败后一年，事颇巧合。不过我们所注意的是胡惟庸能否在死后再派人去召回林贤，在定谋和被诛的五个月中要容纳至少要三年以上的时间才办得到的事实是否可能？通倭事发的年月据《明史》说是在洪武十九年十月，但除当时的官书《大诰》外，

---

① 《明太祖实录》卷一二九。
②③ 《明史》卷一二七，《李善长传》。
④ 《太祖实录辨证》四。
⑤ 《皇明大政记》卷三。

我们翻遍《实录》也找不出有这项记载的存在。即在钱谦益所引胡党供辞中亦不及此事。同时在日本方面，除了引征中国的记载外，亦不著如瑶使节之任何事实。甚至在中日双方的若干记载中，有的连日本使者和派遣者的本身都有无数异说。这到底是什么缘故呢？很明显的，此种不被当事人所注意的时间问题，因为事实的本身，出于故意捏造或附会，事后编制，只图假题入罪，便不能顾及时间上的冲突。更因为所附会周纳的故事见于朝廷所颁发的《大诰》，大家不敢不相信，载诸记录，因讹传讹，遂成铁案了。

惟庸私通外夷的第二件事是通虏。《明史》说：

> 遣故元臣封绩致书称臣于元嗣君，请兵为外应……二十一年蓝玉征沙漠，获封绩，善长不以奏，至二十三年五月事发，捕绩下吏，讯得其状，逆谋大著。

《李善长传》亦言：

> 将军蓝玉出塞至捕鱼儿海，获惟庸通沙漠使者封绩，善长匿不以闻。

嗣后王世贞①、朱国桢②诸人所记，均据之以封绩为元臣或元遗臣。这一些记载的根据都很有来历，《实录》记：

> 封绩河南人，故元臣来归，命之官，不受，遣还乡又不去，谪戍于边，故惟庸等遗书遣之。惟庸诛，绩惧不敢归，蓝玉于捕鱼儿海获绩，善长匿不以奏。

按《昭示奸党录》所载封绩供辞：

> 封绩招云："绩系常州府武进县人。幼系神童。大军破常州时被百户掳作小厮，拾柴使唤。及长，有千户见绩聪明，招为女婿。后与妻家不和，被告发迁往海南住。因见胡、陈擅权，实封言其非；为时中书省凡有实封到京，必先开视，其有言及

---

① 《弇州别集》，《李善长传》。

② 《开国臣传》卷二，《韩国李公传》。

己非者即匿不发，仍诬罪其人。胡丞相见绩所言有关于己，匿不以闻，诈传圣旨，提绩赴京，送刑部鞫问坐死。胡丞相著人问说，你今当死，若去北边走一遭，便饶了你。绩应允，胡丞相差宣使送往宁夏耿指挥（忠）、居指挥、于指挥（琥）、王指挥等处，耿指挥差千户张林、镇抚张虎、李用转送亦集乃地面，行至中途，遇达达人爱族保哥等就与马骑，引至火林，见唐兀不花丞相，唐兀不花令儿子庄家送至哈剌章蛮子处，将胡丞相消息备细说与：著发兵扰边，我奏了将京城军马发出去，我里面好做事。”

《国史考异》二引《庚午记书》亦云：

于琥（都督于）显男。先在宁夏任指挥时，听胡、陈分付，囚军封绩递送出京，往草地里通知消息。后大军克破胡营，获绩究问，二人反情，由是发觉。

与《实录》、《明史》、《弇州别集》、《开国臣传》及明代诸记载家如黄金①、陈仁锡②、何乔远、雷礼诸人所言无一相合。由是知不但封绩非元臣，非河南人，非胡惟庸亲信，且与李善长亦始终无涉。不但上述诸正史及野记无一可信，即上引之封绩供辞亦不必实有，因为明代兵制初不集中兵力于首都，而于沿边要隘及内部冲区设卫分镇，明初尤重视北边防务，以燕王棣守北边，隶以重兵，自后九边终明一代为防虏重镇。即有侵轶，初无用于京军之调动，假使真有封绩使元这一件事，胡惟庸自身任军国大政，反说出这样荒谬绝伦的话，理宁可通！

由上引证，可知所谓通倭通虏都是“莫须有”的事。上文曾说过：胡惟庸事件正像一个在传说中的故事，时间越后，故事的范围便越扩大。根据这个原则，我们试再检校一下胡惟庸私通外夷这一捏造的故事的范围的扩大。

在时代较前的记载中，胡惟庸私通外夷的范围，仅限明代一代

---

① 黄金：《皇明开国功臣传》卷一，《李善长传》。

② 《皇明世法录》卷八五，《韩国公传》。

所视为大患的“南倭北虏”。稍后便加上一个三佛齐，再后又加上一个卜宠吉儿，最后又加上一个高丽。

《太祖实录》洪武三十年中，载胡惟庸通三佛齐事：

> 三十年，礼部奏诸番国使臣客旅不通。上曰：“……近者安南、占城……西洋、邦嗒剌等凡三十国，以胡惟庸谋乱，三佛齐乃生间谍，给我使臣至彼。爪哇国王闻知其事，戒饬三佛齐，礼送还朝。是后使臣商旅阻绝，诸国王之意，遂尔不通……”
>
> 于是礼部咨暹罗王曰：“……我朝混一之初，海外诸番莫不来庭。岂意胡惟庸造逆，通三佛齐，乃生间谍，给我信使，肆行巧诈……可转达爪哇，俾以大义告于三佛齐，三佛齐原系爪哇统属，其言彼必信，或能改过从善，则与诸国咸礼遇之如初，勿自疑也。”①

永乐五年诏敕陕西官吏，又有通卜宠吉儿事：

> 八月敕陕西行都司都司都指挥陈敬等及巡按监察御史，禁止外交。
>
> 上曰：“臣无外交，古有明戒，太祖皇帝申明此禁，最为严切。如胡惟庸私往卜宠吉儿，通日本等处，祸及身家，天下后世，晓然知也……”②

高岱记太祖朝事，说胡惟庸和高丽也有关系：

> 十七年甲子三月上因高丽使来不遵臣礼，以贿结逆臣胡惟庸，事觉，遣其使还。以敕谕辽东守将唐胜宗、叶升，令绝高丽，勿通使命。③

这样，胡惟庸私通外夷，东通日本高丽，西通卜宠吉儿，南通三佛齐，北通沙漠，东西南北诸夷，无不与胡惟庸之叛逆，发生关系。

---

① 《明太祖实录》；《皇明大事记》卷一三；《皇明驭倭录》卷一。
② 涂山：《明政统宗》卷七。
③ 高岱：《鸿猷录》卷六。

五、明初之倭寇与中日交涉

如瑶贡舶事件，记载纷纭，多不可信。举其矛盾处之显著者如使节之派遣者或以为征夷将军源义满，或以为征西将军怀良亲王。明人如郑晓①、雷礼②、章潢③、何乔远④、李言恭⑤、陈仁锡⑥、王士骐⑦、邓元锡⑧、茅瑞征⑨、严从简⑩、方孔炤⑪诸人均以为助胡惟庸谋逆者为怀良亲王。茅元仪、叶向高诸人则以为派遣如瑶来华者为征夷将军。《日本考》云：

> 十三年再贡皆无表，以其征夷将军源义满所奉丞相书来，书倨甚，命锢其使。明年复贡，命礼臣为檄，数而却之。已复纳兵贡艘中助逆臣胡惟庸。惟庸败，事发，上乃著《祖训》示后世，毋与倭通。⑫

此以贡舶之来为在十四年后，时胡惟庸已死垂二年，叶向高所记全同。⑬ 日人松下见林采其说，谓：

> 明太祖答日本征夷大将军曰“前奉书我朝丞相”，丞相谓胡惟庸也。又《武备志》曰：“征夷将军源义满所奉丞相书来，已

① 《吾学编》，《大政记》一；《皇明四夷考》上，《日本》。

② 《皇明大政记》卷三。

③ 《图书编》卷五〇，《日本国考》。

④ 《名山藏》，《王享记》一，《日本》。

⑤ 《日本国考》卷二，《朝贡》。

⑥ 《皇明世法录》卷七五，《海防》，《日本》。

⑦ 《皇明驭倭录》卷一。

⑧ 《皇明书》卷一六六，《日本传》。

⑨ 《皇明象胥录》卷二，《日本》。

⑩ 《殊域周咨录》卷二。

⑪ 《全边略记》卷九，《海略》。

⑫ 《武备志》卷二三，《四夷》八。

⑬ 《苍霞草》卷一九，《日本考》。

复纳兵贡艘中助胡惟庸。”观此则义满助胡惟庸者也。①

荻野由之反之，肯定如瑶为怀良所遣。② 希泊鲁秃则不特坚持怀良遣使之说，且著其遣使之年为元中元年（洪武十七年，1384）并云：

> 胡之谋图被发觉，诛三族，如琀（即如瑶，刊讹）不知入明，故被捕流云南，数年之后，被宥归国。③

小林博氏亦主是说，且记此阴谋之发觉时间为弘和二三年间（明洪武十五、六年，1382—1383）。④ 辻善之助则误据《筹海图编》所记，以贡舶为洪武二十年事，而断云：

> 时怀良亲王死已四年，良成亲王继任，无出兵海外之余裕，此事恐为边陲倭寇之首魁所为。⑤

他知道怀良的卒年，因以断定贡舶非其所遣，同时他却忘记了胡惟庸也已死了八年，这事如何能同胡惟庸发生连系！木宫泰彦亦主二十年之说，且以怀良之遣使事为必有。他说：

> 此所指日本国王系指怀良亲王，细读《明史》，自能了解。此事不见于日本国史，但弘和元年曾有为亲王使者抵明之僧，由当时亲王对明之强硬态度，与弘安以来养成之冒险的风气推之，想必有此事也。⑥

所说纯据想象，虚构楼阁，不足置信。

在另一方面的各家记载纷歧，也不一而足，如如瑶贡舶所纳兵士或以为四百人（《名山藏》、《明史》诸书），或以为千人（《弇州别集》、《献征录》诸书），通倭之经过，或以为使林贤下海招约（《明史》），或以为适日本贡使来因与私约（《弇州别集》），林贤狱具或以

---

① 《异称日本传》卷中八，46页。
② 《日本史讲话》，563～565页。
③ 《日本交通贸易史》，263页（“异国丛书”本）。
④ 《详说日本历史》，285页。
⑤ 《海外交通史话》，303页。
⑥ 《日支交通史》下，《征夷府与明朝之交涉》。

为在洪武十九年十月（《明史》），或以为在洪武十五年（《皇明书》、《制御四夷典故》、《皇明世法录》），或以为在二十年（《殊域周咨录》），如瑶末次来华或以为在十七年（《皇明书》），或以为在十九年（《大政记》），或以为在二十年（《筹海图编》）。如瑶末次来华之谪徙地方或以为发陕西（《明史纪事本末》），或以为发云南（《名山藏》、《殊域周咨录》），或以为发川陕（《日本国志》），如瑶所率精兵或以为尽被诛夷（《献征录》、《明史纪事本末》），或以为尽发云南守御（《皇明书》、《名山藏》）。种种歧异矛盾，指不胜屈。

如瑶贡舶事在《日本国史》既无足征，中籍所记又荒唐如此，由此可知这本是一件莫须有的事，如瑶即使真有其人，也不过只是一个通常的使僧，或商贩，和胡惟庸党案根本无关。

向来中日两方的记载都以为明初中日绝交的主要原因是如瑶贡舶事件。上文既已论及如瑶贡舶之莫须有，以下试略一述中日初期交涉之经过，以说明其绝交前后之情势，从反面证明在此情势中实无容纳如瑶贡舶事件之可能。

明初中日两方之所以发生外交关系的原因，在中国方面是因为倭寇出没，请求制止，在日本方面则可说完全是基于经济的关系。

《明史》说：

> 明兴，高皇帝即位，方国珍、张士诚相继诛服，诸豪亡命往往纠岛人入寇山东滨海州县。①

日本在王朝之末，纪纲大乱，濑户内海，海贼横行，至镰仓时代不绝。南北争乱之顷，其势逾逞。伊豫之住人村上三郎左卫门义弘者统一近海海贼为之首长，义弘死后，北昌显家之子师清代为首长，率其党以掠夺为事。② 入寇者以萨摩、肥后、长门、三州之人居多，其次则大隅、筑前、筑后、博多、日向、摄摩、津州、纪伊、种岛，而

---

① 《明史》卷三二二《日本传》，卷九一《兵志》；《闽书》卷一四六，《岛夷志》。

② 渡边世祐：《室町时代史》，234 页；《日本海上史论》，《日明交通与海贼》。

丰前、丰后、和泉之人亦间有之，盖因商于萨摩而附行者，其来或因贡舶，或因商舶。① 随风所之，南至广东，北至辽阳，无不受其荼毒。② 由是海防成明代大政，设戍置寨，巡捕海倭，东南疲于奔命。③

明廷要解决倭患，只有三个办法：上策是用全国兵力，并吞日本以为藩属，倭患不扫自除。中策是以恩礼羁縻，示以小惠，许以互市，以其能约束国人为相对条件。下策是不征不纳，取闭关政策。努力防海，制止入犯。在这三个办法中，最难办到的是下策。因为中国海岸线延长二万里，倭寇可以随处侵入，中国却没有这财力和兵力来到处设防，即使可能，兵力太单了也不济事。上策也感觉困难，因为中国是一个大陆国，没有强大的海军，要征服这一倔强的岛国，简直办不到。并且基于过去隋、元二代的历史教训，也不敢轻易冒这大险。元吴莱曾作了一篇《论倭》的文章，反复地说明伐倭之无益和大海之阻隔，要征服它是不可能的事。他建议应当遣使往谕，以外交的手腕去解决倭寇问题。④ 这篇文章影响到明代的对日政策，明太祖差不多全盘地接受了他对元朝的劝告和建议，毅然地抛弃上策，把日本列为十五不征之国之一，著在《祖训》。

但是，一个国家要能行使它的统治权，先决问题是这个国家的统一。不幸在这时期，日本国内却陷于南北分裂的对峙局面，政治上的代表人物，在北朝是征夷将军源义满，在南朝是征西将军怀良亲王，北朝虽愿和中国通商，解决它财政上的困难，南朝却以倭寇为利，且以政治地位的关系，也不肯让北朝和明有任何外交关系。以此，明廷虽经几度的努力，终归无效，结果仍不得不采取下策，行闭关自守之计。

第一次的倭寇交涉完全是恐吓性质，洪武二年三月明廷派吴用、颜宗鲁、杨载、吴文华使日，到征西府责以倭寇责任诏书云：

> ……间者山东来奏，倭兵数寇海边，生离人妻子，损害物命，故修书特报正统之事，兼谕越海之由。诏书到日，如臣奉

---

① 《图书编》卷五〇，《日本国序》。

② 李言恭：《日本考》。

③ 《明史》卷九一，《兵志》。

④ 《续文章正宗》卷五，吴莱：《论倭》。

表来庭，不臣则修兵自固，永安境土，以永天休。如必为寇盗，朕当命舟师扬帆诸岛，捕绝其徒，直抵其国缚其王，岂不代天伐不仁者哉！惟王图之。①

怀良的答复是杀明使五人，拘留杨载、吴文华两人三个月方才放回。②

三年三月又作第二次交涉，以莱州府同知赵秩往谕，委婉劝导中含有恐吓的意味，诏书说：

……蠢尔倭夷，出没海滨为寇，已尝遣人往问，久而不答，朕疑王使之故扰我民，今中国奠安，猛将无用武之地，智士无所施其谋，二十年鏖战精锐，饱食终日，投食超距，方将整饬巨舟，致罪于尔邦，俄闻被寇者来归，始知前日之寇，非王之意，乃命有司暂停造舟之役。

呜呼！朕为中国主，此皆天造地设，华夷之分。朕若效前王恃甲兵之众，谋士之多，远涉江海，以祸远夷安靖之民，非上帝之所托，亦人事之不然。或乃外夷小邦故逆天道，不自安分，时来寇扰，此必神人共怒，天理难容，征讨之师，控弦以待；果能革心顺命，共保承平，不亦美乎！……③

一面又派前曾使日之杨载送还捕获之日本海贼僧侣十五人，想用示惠的手腕，使日本自动地禁捕倭寇。④ 这一次的交涉，总算博得相当的成功。洪武四年十月怀良遣其臣僧祖来进表笺，贡方物，并僧九人来朝。又送至明州、台州被掳男女七十余口。⑤

日使祖来到南京后，明廷向之经过几度的咨询，才恍然知日本国内分裂情形，怀良并非日本国王，以前几次的交涉，不幸都找错了对手。⑥

明廷于是改变方针，想和北朝直接交涉。洪武五年五月特派僧仲

① 何乔远：《闽书》卷一四六，《岛夷志》；《皇明驭倭录》卷一。
② 《修史为征》卷一，《大明皇帝书》。
③ 《皇明驭倭录》卷一。
④ 《修史为征》卷一，《大明皇帝书》。
⑤ 《皇明驭倭录》卷一；《明史·日本传》。
⑥ 瑞溪周凤：《善邻国宝记》上。

献祖阐、无逸克勤为使，以日僧椿庭海寿、权中巽为通事，使者一行八人，送祖来回国。① 先是建德二年（洪武四年）肥后守菊池武光奉怀良亲王起兵谋复筑紫，与今川贞世（了俊）战于镇西，败绩，贞世寻为镇西探题，势力方盛。② 怀良由博多移于肥后之菊池。③ 明使一登岸，新设的北朝守土官见其与祖来同来，以为是征夷府向中国乞师回来的使节，因加以拘辱。④ 不久即遣送至京，滞留二月，始就归途。⑤ 途经征西府，怀良愤其秘密入京，及颁示大统历有使奉正朔之意，复加拘辱。⑥ 七年五月始还南京。⑦

这一次对北朝交涉的结果，北朝因连年征战，帑藏奇绌，正盼能和中国通商，解决财政上的困难，所以明使一至京，便完全容纳禁倭之请，一面因征西府梗中日商道，派兵来攻。⑧ 一面派僧宣闻溪（揔州太守圆宣）净业喜春备方物来贡，又送还所掳中国及高句丽民百五十人。这是征夷府第一次遣明的使节，不幸因无正式国书，征南之举又失败，道路不通，被明廷疑为商人假冒，以拒绝接待。⑨

同年大隅守护之岛津氏久和征西府之菊池武政都遣使来贡，冀图通商，明廷以其非代表国家，且不奉正朔，均却之。又以频入寇掠，命中书移牒责之。⑩

洪武八年七月征西府遣僧延用文圭（归廷用，圭廷用）奉表贡马及方物，表词倔强负固。⑪ 此时明廷对日方有进一步之了解，他们知道日本南朝在利用倭寇，万不肯加以禁止，自闭财源。北朝虽极盼通商，并愿禁倭，但为南朝所阻，无力制止，其他派使入贡者

---

① 《皇明驭倭录》卷一；《明史·日本传》。

② 《日本外史》卷七，足利氏上。

③ 《阿苏文书》。

④ 宋濂：《翰苑续集》卷七，《送无逸勤公出使还乡省亲序》。

⑤ 《花营三代记》。

⑥ 木宫秦彦：《日支交通史》，《征西府与明朝之交涉》；《明史·日本传》。

⑦ 《明史·日本传》。

⑧ 《日本外史》卷五，楠木氏附北昌氏。

⑨ 《明史·日本传》；《大明会典》卷一〇五，主客清吏司。

⑩ 《皇明驭倭录》卷一；《明史·日本传》。

⑪ 《皇明驭倭录》卷一。

又全是不能代表政府的大名藩士和唯利是图的商人。外交解决的途径至此全穷，在事实上不能不放弃中策，予日本以经济上的封锁，一面严修海防为自卫之计了。

明廷虽已决计绝日，但在表面上仍和日本派来的正式使节虚与委蛇，希望能得外交上的转机。洪武十三四年间和征夷、征西两方打了几次笔墨官司。① 征西府的挑战倔强态度，给明廷以极大的侮辱。明廷极力容忍。② 以后通使较稀，但仍未完全断绝外交关系。西元 1383 年怀良亲王死，北朝势旺，忙于国内之统一运动，和明廷的关系因之暂时停止。

根据以上简约的叙述，可知明初即已列日本为十五不征之国之一，其地位和朝鲜、安南、爪哇、渤泥诸国同。明廷之所以决意绝日的原因是倭寇频繁，日政府不能禁止，无再向请求或恫吓之必要。且绝日的动机肇于洪武八年，在三次交涉失败之后，在胡惟庸死前五年。胡氏死后中日亦未完全断绝国交，时有使节往来。洪武十九年后的中日关系疏淡，则以倭患较稀，日本国内政治势力发生变化之故。由此可知一切关于胡惟庸和明初中日国际关系之传说，均系向壁虚造，毫无根据。

六、胡惟庸党案之真相

据上文所论证，我们知道关于中日关系部分：

（一）明初明廷通好日本的真正原因，纯为请其禁戢倭寇。在日本方面，征西府借海贼寇掠所得支撑偏局，一面虚与明廷委蛇，借得赏赐贸易之大利，故态度倔强，有恃无恐。征夷府极盼能和明廷缔结正当的外交关系，盼能因而达通商的愿望，但因政局不统一，且阻于南朝之割据，没有禁倭的力量。兼之明廷数度来日的使节，

① 《明太祖实录》卷一三二；《明太祖文集》二，卷一六《设礼部问日本国王，日本将军》。

② 《明史·日本传》。

都因不明国情而发生严重的误会。日本使节则因其非代表整个国家，不能禁倭，且有时无正式国书和商人冒名入贡因而入寇的睽隔，使明廷不敢接待。在明初十数年中虽努力交涉，用尽外交上恫吓讲理示惠的能事，但倭寇仍不因之少减，对方仍蛮不讲理，明廷不得已，改采下策，却仍藕断丝连，企图贯彻前策。

（二）明太祖列日本于十五不征之国，事在洪武六年以前，和如瑶贡舶及绝交事根本无关。

（三）如瑶贡舶事纯出捏造。即使有如瑶其人，亦与胡案无任何联属。

（四）林贤下海招倭事，据记载上之矛盾及时间上之不可能，亦可决为必无。虽证出官书，不足置信。

关于胡案部分：

（一）云奇事件出于中人附会，也许即由邵荣谋叛事转讹。

（二）刘基被毒，出于明太祖之阴谋。胡惟庸旧与刘基有恨，不自觉地被明太祖所利用，胡下狱后涂节窥见明太祖欲兴大狱之意旨因以此上告，商暠亦受朝廷指，发其阴事，胡案因起。同时涂节等因触明太祖私稳，亦被杀灭口。

（三）占城贡使事及汪广洋妾从死事都只是胡惟庸和廷臣连带下狱的偶然口实，不过借此使人知胡失宠，无形中示意言官使其攻击胡氏，因以罗织成狱的一个过程而已。

（四）李善长狱与封绩使元事根本无关系。《明史》诸书所记封绩事最荒谬不可信。李善长之被株连，其冤抑在当时解缙所代草之王国用疏辞辨之甚明。

胡惟庸的本身品格，据明人诸书所记是一个枭猾阴险、专权树党的人。以明太祖这样一个十足地自私惨刻的怪杰自然是不能相处在一起。一方面深虑身后子懦孙弱，生怕和他自己并肩起事的一般功臣宿将不受制驭，因示意廷臣，有主张地施行一系列的大屠杀，胡案先起，继以李案，晚年太子死复继以蓝案。胡惟庸的被诛，不过是这一大屠杀案的开端。

胡案的组织过程，根据当时的公私记载，很显然地摆露在我们的目前。在胡案初起时胡氏的罪状只是擅权植党，这条文拿来杀胡惟庸有余，要用以牵蔓诸勋臣宿将却未免小题大做。在事实上有替他制造罪状的必要。明代的大患是南倭北虏，人臣的大罪是结党谋叛，于是明太祖和他的秘书们便代替胡氏设想，巧为造作，弄一个不相干的从未到过北边的江苏人封绩，叫他供出胡惟庸通元的事迹，算作胡党造反的罪状。后来又觉得有破绽，便强替封绩改籍为河南人，改身份为元遗臣，又叫他攀出李善长，引起第二次屠杀。一面又随便拣一个党狱中人林贤，捏造出一串事迹，算他通倭。恰巧胡惟庸死后不久，日使或日商来华因无国书被明廷诘责，他们就把这两件事并为一事，装点成有因果关系，再加上洪武六年前所纂的《皇明祖训》中的文证，这反情便成铁案了。同时中日关系因倭寇问题恶化，明廷感于外交的失败，不得不采取下策，闭关自守，却又不愿自承失败，贻讥藩属，就大事宣传名正言顺地把绝倭的责任委在莫须有先生的如瑶头上。为取信于天下后世计，又把事特别写在《大诰》中叫全国人读，一面又在《祖训》首章加入小注，于是胡惟庸之通虏通倭，成为信谳，明廷也从此脱卸了外交失败的耻辱。

除上文所说的政治的国际的关系之外，胡案构交的因素，还有经济的阶级的关系在鼓动着。

明初连年用兵，承元疲敝之后，益以兵荒天灾，国库奇绌。一面又因天下未定，不能不继续用兵。明太祖及其部属大抵都出身卑贱，自来就不满于一般专事朘削的地主巨商，因此除不断用徙富民的政策以夺其田产以益军实外，又不断地寻出事来择肥而噬，屡兴大狱的目的只是措财筹款，最显著的如《明史·刑法志》所记郭桓事件：

> 郭桓吏部侍郎也。帝疑北平二司官吏李彧、赵全德等与桓为奸利，自六部左右侍郎下皆坐死。赃七百万，词连直省诸官吏，系死者数万人，覈赃所寄借遍天下，民中人之家大抵皆破。

只是一疑心，就筹出七百万的大款，这是一件最便当的生财大道。又如空印事件：

> 十五年空印事发。每岁布政司府州县吏诣户部覈钱粮军需诸事，以道远预持空印文书，遇部驳即改以为常。及是帝疑有奸，大怒，论诸长吏死，佐贰榜百戍边。

也只是一疑心，把天下的财政官长都杀了，杀头与籍没相连，这一疑心又自然地筹了一笔大款。胡案、蓝案的副目的也不外此，在这一串党狱中，把一切够得上籍没资格的一起给网进去，除了不顺眼的文官、桀骜的宿将以外，他所特别注意的是由大地主充当的粮长和大富豪充当的盐商，如《大诰三编》所举出的于友、李茂实、陆和仲和他书所记的浦江郑氏、苏州沈氏诸狱，均足以证明此狱的动机。

另一方的明太祖自身出身寒贱，寄迹缁流，且又赋性猜嫌，深恐遭知识分子所讥刺。在他初起事的时候，不能不装作礼贤下士的神气，借作号召，及至大事已定，便不惜吹毛求疵，屡兴文字之狱。又恐知识分子不为所用，特颁《大诰》，立寰中士夫不为君用之目。一面算是严刑示威，一面却也不无带着一些嫉视的阶级意识。《大诰》中所列文士得罪者不下千人。在胡蓝二狱中所杀的几万人中大部是属于知识分子，其中之著者如宋濂以一代帝师匡翊文运，仍不惜曲为归纳，以其孙慎与胡党有连为辞，流之致死。其他同时诸文士，凡和明太祖稍有瓜葛的也都不得善终，赵瓯北《廿二史劄记》曾替他算过一笔草账。另一方面却极力设学兴教，进用宋讷一流刻薄寡恩的教师，用廪禄刑责造就出一批听命唯谨的新知识分子出来，作皇帝个人的驯仆，来代替老一辈的士大夫。这是明太祖巩固君权的方法，也是这几次大狱的起因。

（原载《燕京学报》第十五期，1934年6月）

晚明“流寇”之社会背景
——“殷鉴不远，在夏后之世”

（一）

明末流寇的兴起，是一个社会组织崩溃时必有的现象，如瓜熟蒂落一般。即使李自成、张献忠这一群农民领袖不出来，有那贵族、太监，官吏和绅士所组成的压迫阶级，也是要被它脚底下踏着的阶级所打倒的。这阶级的对立，在当时已经有人看出。崇祯十七年（1644）正月兵科都给事中曾应遴奏道：“臣闻有国家者不患寡而患不均，不患贫而患不安。今天下不安甚矣，察其故原于不均耳。何以言之？今之绅富，率皆衣租食税，安坐而吸百姓之髓，平日操奇赢以役愚民而独拥其利，有事欲其与绅富出气力，同休戚，得乎？故富者极其富而每至于剥民，贫者极其贫而甚至于不能聊生，以相极之数，成相恶之刑，不均之甚也。”① 富者愈富，贫者愈贫，仕绅阶级利用他们所有的富力，和因此而得到的政治势力，加速地把农民剥削和压迫，农民穷极无路，除自杀外只能起来反抗，用暴力来推翻这一集团的吸血精，以争得生存的权利。

流寇的发动和实力的扩展，自然是当时的统治者所最痛心疾首的。他们有的是过分充足的财富；舒服，纵佚，淫荡，美满的生活。他们要维持现状，要照旧加重剥削来增加他们生活上更自由的需要。然而现在眼见要被打倒，被屠杀了。他们不能不联合起来，为了他们这一阶级的安全。同时，为着个人利害的冲突，这一集

---

① 《崇祯长编》卷二。

团的中坚分子，彼此间还是充满了嫉妒、猜疑……勾心斗角地互相计算。

在反面，农民是欢迎流寇的，因为是同样在饥饿中挣扎性命的人。他们自动作内应，请流寇进来。河曲之破，连攻城的照例手续都用不着。据《绥寇纪略》卷一："辛未（1631）二月，上召辅臣九卿科道及各省盐司于文华殿。上问山西按察使杜乔林曰：河曲之城，何以贼到辄破？乔林曰：贼未尝攻，有饥民为内应，故失守。"和统治者的御用军队的骚扰程度相较，农民宁愿用牛酒来欢迎流寇："樊人苦左兵淫掠，杀槁桔燔烧之，良玉怒，夺巨商峨艑重装待发，身率诸军营于高阜。汉东之人，牛酒迎贼。"①

官兵不敢和流寇接触，却会杀手无寸铁的老百姓报功。到这田地，连剩下的一些过于老实的老百姓也不得不加入反抗者的集团了。据《烈皇小识》卷四："将无纪律，兵无行伍，淫污杀劫，惨不可言，尾贼而往，莫敢奋臂，所报之级，半是良民，民间遂有贼兵如梳，官兵如栉之谣，民安得不为盗！盗安得不日繁！"

举一个具体的例子，《平寇志》卷二记兵科给事中常自裕奏："皇上赫然振怒，调兵七万，实不满五万，分之各处，未足遏贼。凤阳焚劫四日而马扩至，归德围解三日而邓玘来，颍亳安庐之贼返旆而北，尤世威等信尚杳然。至贺人龙等到处淫掠，所谓贼梳而军栉也。"

在到处残破、遍地糜烂的景况下，统治者为了军费的需要，仍然盲目地加重农民的负担，左捐右输，迫得百姓不能不投到对面去。《平寇志》卷八说："崇祯十七年二月甲戌，贼遣伪官于山东河南州县。先遣牌至，士民苦征输之急，痛恨旧官，借势逐之。执香迎导，远近若狂。"也有不愿和统治者合作，消极地不肯抵抗"流寇"的。"宣府陷，巡抚朱之冯悬赏守城，无一应者。三命之，咸叩头曰：愿中丞听军民纳款。之冯独行巡城见大炮，曰：汝曹试发之，杀贼千百人，贼虽齑粉我，无恨矣。众又不应。之冯自起燃火，兵民竞挽

---

① 《绥寇纪略》卷九。

其手。之冯叹曰：人心离叛，一至于此。”在一些地方，百姓一听见流寇是不杀人，免徭赋的，高兴得满城轰动，结彩焚香去欢迎流寇进来。①

在军事地带的人民尚受盘剥，比较安静的区域更不用说了。崇祯十四年（1641）吴中大旱瘟疫，反加重赋，据《启祯记闻录》二：“是岁田禾，夏苦亢旱，少不插莳，即莳亦皆后时，至秋间复为蝗虫所食。有幸免蝗祸者，又因秋杪旱寒，遂多秕死。大约所收不及十之三四。岁凶异常，抚按交章上请，不惟不蒙宽恤，征赋反有加焉。糙粮每亩二斗五升有零，折银每亩一钱七分有零。又急如星火，勒限残岁完粮，连差督饷科臣至吴中者两三员，赐剑专敕行事，人皆惶骇不安，大户役重粮多，中人支吾不给，贫民困馁死亡，井里萧条，乡城同象，非复向时全盛矣。”

苏州如此，他处可知。政府不因灾荒蠲免，地主亦复不能例外。同书又记常熟民变事：“崇祯十一年（1638）八月抚臣屡疏以旱蝗上闻，而得谕旨征粮，反有加焉。至收租之际，乡民结党混赖，田主稍加呵斥，每至起衅生乱，田主有乡居者，征租于佃户，各佃聚众焚其居，抢掠其资。”

（二）

流寇的组成分子是，“一乱民，一驿卒，一饥黎，一难氓”②。这是崇祯七年（1634）三月己丑南京右都御史唐世济疏中所说的。以陕西发难地而论，则“延绥以北为逃兵，为边盗，延绥以南为土寇，为饥民”③。边盗土寇可以归入乱民一类；加上逃兵，约略地可分五类。

关于乱民之起，《明史·杨鹤传》说：“关中频岁祲，有司不恤

① 《明史》卷二六三，《朱之冯传》。

② 《平寇志》卷一。

③ 《绥寇纪略》卷一。

下，白水王二者鸠众墨其面，闯入澄城，杀知县张耀采，由是府谷王嘉允、汉南王大梁、阶州周大旺群贼蜂起，三边饥军应之，流氛之始也。”则亦是因饥举事。

关于驿卒的加入，《明史·流寇传》说：“以给事中刘懋议裁驿站，山陕游民仰驿糈者无所得食，俱从贼，贼转盛。”

《绥寇纪略》卷一引御史姜思睿疏也说：“各递贫民千百为群依辇舆以续命者，饥饿待死，散为盗。”

据《明史·五行志》三：“崇祯元年夏旱，畿辅赤地千里。陕西饥，延巩民相聚为盗。二年山西、陕西饥，五年淮、扬诸府饥，流殍载道，六年陕西、山西大饥，淮、扬洊饥，七年京师饥，太原大饥，人相食，九年南阳大饥，有母烹其女者，江西亦饥，十年浙江大饥，父子兄弟夫妻相食，十二年两畿、山东、山西、陕西、江西饥，河南大饥，人相食。十三年北畿山东、河南、陕西、山西、浙江、三吴皆饥，自淮而北至畿南，树皮食尽，发瘗胔以食。十四年南畿饥，山东洊饥，德州斗米千钱，父子相食，行人断绝，大盗滋矣。”在十四年中，灾荒迭起，河北更是厉害，内中山西、陕西、河南被灾情形最严重，次数也最多，由此可以知道流寇发难于秦晋，和流寇以秦晋人为中心的原因。

关于逃兵之加入，《明史·李自成传》记：“京师戒严，山西巡抚耿如杞勤王兵哗而西，延绥总兵吴自勉、甘肃巡抚梅之焕勤王兵亦溃与群盗合。”

在这样情形之下，当时的统治者仍是蒙蒙昧昧，不但不想法补救，反而以为是“疥癣之疾”不足致虑。地方官也未尝不知道叛乱之起是由于饥荒，而不但不加抚恤，反而很轻松地说：“此饥氓，徐自定耳。”他们对于低低在下的民众，本来不屑置意，只要民众能忍辱负重地像羔羊一般供他们的宰杀剥削，他们便可以高枕而卧了。他们想不到饥民的集合暴动，最初固然是毫无政治企图，只求免于饿死；但等到一有了势力以后，他们也会恍然于敌人之无能，会来夺取政权，打倒旧日曾鱼肉他们的阶级的。

（三）

在叛乱起后，统治者的措施是一面愚蠢地冀图用武力削平，一面加重搜括来应付非常的军费，在叛乱发生前农民被强迫加负的有嘉靖三十年（1551）的“加派”一百二十万，三十七年的“提编”四十万，万历四十六年（1618）的“辽饷”三百万，前后迭增到五百二十万，在叛乱起后，崇祯三年（1630）又增百六十五万，八年增“助饷”，十一年行“均输”及“加征”，十三年加“练饷”。统计在万历末年合九边饷止二百八十万，到崇祯时加派“辽饷”到九百万，“剿饷”到三百三十万，“练饷”七百三十万。[①] 这些都是农民的血汗，有政治势力的地主绅士商人是不用负担的。

就陕西一地而论，民众的新加负担有“新饷”，有“均输”，有“间架”，其他琐细的勒索，更无从数起。[②] 关于民间的苦痛，崇祯六年（1633）正月御史祁彪佳疏陈十四项：曰里甲，曰虚粮，曰行户，曰搜赃，曰钦提，曰隔提，曰讦讼，曰寓访，曰私税，曰私铸，曰解运，曰马户，曰盐丁，曰难民。[③] 其最为农民所苦者是虚粮，据说当时纳税的则例“小民多未见闻，第据县符，便为实数。遂致贫户反溢数倍，豪家坐享余租，此飞洒之弊也。近来苦盗苦荒，迁徙载道，丁粮缺征，里甲代偿，富户化而为贫，土著化而为客，此逃亡之弊也。又有户产尽废，户粮犹存，买产之家，视若隔体，代纳之户，惨于剥肤，此赔垫之弊也”。为工人所苦者是行户：“一小民以刀锥博什一，为八口计也。有司佥为铺行，上自印官，下及佐贰，种票一纸，百物咸输，累月经年，十不偿一。又有供应上司，名曰借办，每物有行，每行有簿。”为小商人所苦者是私税：“大江以北，凡贸易之家，官为给帖，下至鸡豚，无得免者，至隘口渡头，有少年无赖借牙用为

---

① 《明史》卷七八，《食货志》二。

② 《明史》卷三〇九，《李自成传》。

③ 《明史》卷二七五，《祁彪佳传》。

名，横加剥夺，蝇头未获，虎吻旋吞。”为一般百姓所苦者是私铸：“私铸之为钱法害，固也。而南中为甚，每钱止重七分，每百不盈三寸。更有私铸奸人控官请禁，小民畏罪，去之惟恐不速，此辈一铸一卖，一禁一收，利五六倍，而小民何以堪哉！”①

不但农民的负担增加，他们积欠官府的陈年烂账也不曾被放松，崇祯八年（1635）二月侍读倪元璐上疏说：“今民最苦无若催科。未敢冀停加派，惟请自崇祯七年以前，一应逋负，悉可改从折色，此二者于下诚益，于上无损，民之脱此，犹汤火也。至发弊而追数十年之事，纠章一上，蔓延十休，扳贻而旁及数千里之人，部文一下，冤号四彻，谁以民间此苦告之陛下者。及今不图，日蔓一日，必至无地非兵，无民非贼，刀剑多于牛犊，阡陌决为战场，陛下亦安得执空版而问诸兵燹之区哉！”②

（四）

使人民愁苦的，除了捐税之项目的和数量的增加以外，还有皇帝私人的聚敛。万历以下诸帝把家族的财富比国家的富强更看得重要，努力积聚，为纵情享乐计。但是国家的财政有定额的支配，皇帝只能夺取一部分过来，为着内库的充积计不能不另外想法去收敛财货，除了可以公开的进奉献纳及临时的征发如大工大婚的费用外，皇帝也收受贿赂，捐款，更不时的想法加罪臣下，目的是为籍没他们的财产，例如万历初年张居正、冯保的得罪，张鲸的因献财免罪，天启时代的追赃。

皇帝聚敛财货的爪牙是太监，太监代表着皇帝出来剥削民众和官吏，在刘瑾用事的时候，“凡入觐出使官皆有厚献”。有许多官吏因为不能照规定的数额进贿，甚至自杀。③ 魏忠贤用事的时候，

① 《祁忠惠公遗集》卷一，《陈民间十四大苦疏》。

② 《平寇志》卷二。

③ 《明史》卷三〇四，《刘瑾传》。

朝中宰执卿贰都甘愿作他的义子干儿，有五虎五彪十狗四十孙儿之目。① 自万历二十四年（1596）以后，到处派税使矿监，“大珰大监，纵横驿骚，吸髓饮血，以供进奉。大率入公帑者不及什一而天下萧然，生灵涂炭矣”。这一些皇帝代表的作恶情形，如《明史·陈增梁永传》所记：“大作奸弊，称奉密旨搜金宝。募人告密，诬大商巨室藏违禁物，所破产什倾家。杀人莫敢问。”陈奉在荆州，恣行威虐，每托巡历，鞭笞官吏，剽劫行旅。其党至入民家，奸淫妇女，或掠入税监署中。马堂在临清，诸亡命从者数百人，白昼手锒铛夺人产，抗者辄以违禁罪之。中人之家，破者大半。梁永在陕西尽发历代陵寝，搜摸金玉，旁行劫掠，所至邑令皆逃。税额外增耗数倍。二十年中所遣内官到处苛削百姓，引起民变，毒遍天下。这种情形，皇帝不是不知道，但是他却故意放纵，来收受他的代表所剥削的十分之一的残沥。《明史》说：“神宗宠爱诸税监，自大学士赵志皋、沈一贯而下，廷臣谏者不下百余疏，悉寝不报，而诸税监有所纠劾，朝上夕下，辄加重谴，以故诸税监益骄。”

（五）

皇帝太监之下，便是皇族、官吏和绅士。明代是以八股文取士的，人们只要认得字，会凑上几段滥调，便很容易从平民而跃登特殊阶级，加入仕绅的集团，文理不通的只要花一点钱捐一个监生，也可仗着这头衔，不受普通人所受的约束，翻转头来去剥削他从前所隶属的阶级。他们不但没有普通农民所被派定的负担，并且可以利用他们的地位做种种违法的事，小自耕农受不了赋税的征索，除了逃亡以外，便只能投靠在仕绅阶级的门下作佃户，借他们作护符来避免赋役。往往一个穷无立锥的八股作家，一旦

① 《明史》卷三〇五，《魏忠贤传》。

得了科名，便立地变成田主，农民除了中央政府、地方官吏的两重负担外，还须作就地豪绅的俎上鱼肉。这般科举中人一作了官，气焰更是厉害，连国法也范围不住他们。《明史·杨士奇传》："士奇子稷居乡，尝横暴杀人，言官交劾，朝廷不加法，以其章示士奇。又有人发稷横虐数十事，乃下之理。"《梁储传》："储子次摅为锦衣百户，居家与富民杨端争民田，端杀田主，次摅遂灭端家二百余人。武宗以储故，仅发边卫立功。"宰相的儿子杀人纵虐，都非政府所能干涉。杨端用大地主的地位杀小田主，梁次摅以大绅士的地位杀两百多人，大不了的罪名也只是充军。《姬文允传》："白莲贼徐鸿儒薄滕县，民什九从乱。知县姬文允徒步叫号，驱吏卒登陴不满三百，望贼辄走，存者才数十。问何故从贼？曰：祸由董二。董二者，故延绥巡抚董国光子也，居乡贪暴，民不聊生。"王应熊作了宰相，其弟王应熙在乡作恶的罪状至四百八十余条，赃银一百七十余万。① 温体仁、唐世济的族人甚至作盗，为盗奥主。② 土豪汤一泰倚从子汤宾尹之势，至强夺已字之女，逼之至死。③ 戴澳作顺天府丞，其家便怙势不肯输赋。④ 茅坤的家人也倚仗主势横行乡里。⑤ 陈于泰、陈于鼎兄弟的在乡作恶，致引起民变。⑥ 勋贵戚臣甚至惟意所欲，强夺民田，弘治间外戚王源令其家奴别立四至，占夺民产至二千二百余顷。⑦ 嘉靖中泰和伯陈万言奏乞庄田，帝以八百顷给之，巡抚刘麟、御史任洛复言不宜夺民地，勿听。⑧ 武定侯郭玹夺河间民田庐，又夺天津屯田千亩。⑨ 潞简王庄田多至四万顷。⑩

---

① 《明史》卷二五三，《王应熊传》。
② 《明史》卷二五七，《冯元飚传》。
③ 《明史》卷三〇三，《徐贞女传》。
④ 《明史》卷二七八，《詹兆恒传》。
⑤ 《明史》卷二八七，《茅坤传》。
⑥ 《明史》卷二四五，《蒋英传》。
⑦ 《明史》卷三〇〇，《王镇传》。
⑧ 《明史》卷三〇〇，《陈万言传》。
⑨ 《明史》卷一三〇，《郭英传》。
⑩ 《明史》卷一二〇，《潞王翊镠传》。

（六）

从另一方面看来，明代官俸之薄，是历史上所仅见的。据《明史·李贤传》当时指挥使月俸三十五石者实支仅一石，当时米一石折钞十贯，钞一贯仅值钱二三文，由此知指挥使一月所得不过二三十文。推而上之，正一品月俸八十七石，折钱也不过七八十文。正七品七石，每月俸饷更仅可怜到只有二三文钱了。其后又定官俸折银例，虽然稍为好一点，可是专靠俸饷，也非饿死不可。况且上司要贿赂，皇帝要进献，太监大臣要进献，家庭要生活，层层逼迫，除了剥削民众以外更没有什么办法。要做好官，便非像潘蕃那样，做了若干年的方面大臣，罢官后连住宅也盖不起，寄住人家终老。海瑞扬历内外，死后全家产只有一两银子，连买棺木也不够。这些自然是可忽略的例外，大多数官吏很容易寻出生财的大道。

贪赃不用说了，许多官吏，或他们的戚党宗族同时也是操奇计赢的大商人。他们可以不顾国禁，到海外去贸易番货，他们可以偷关漏税，经商内地，他们可以得到种种方便，去打倒或吞并其他无背景无势力的小商家。他们独占了当时最大的企业盐和茶业。他们有的广置店房，例如郭勋在京师的店舍多至千余区。① 他们也放高利债，例如会昌伯孙忠的家人贷钱给滨州的人民“规利数倍”，有司为之兴狱索偿。② 他们在自己的势力范围内可以科私税。③ 他们为着自己的经济利益可以左右政局。《明史·朱纨传》：“初明祖定制，片板不许入海。承平久，奸民阑出入勾倭人及佛郎机、葡萄牙诸国入互市。闽人李光头、歙人许栋踞宁波之双屿为之主，司其质契，势家护持之。”由海外贸易而引起倭寇的侵掠。朱纨巡海道下令禁止出海，福建人一旦失了衣食的贸源，仕绅阶级失去不费力而得的重利，

① 《明史》卷一三〇，《郭英传》。

② 《明史》卷三〇〇，《孙忠传》。

③ 《明史》卷三〇〇，《张峦传》。

联合起来排斥朱纨，福建人作京官的从中主持，结果是朱纨被劾落职自杀，倭寇的毒焰自此遂一发不可收拾。启祯间郑芝龙以海盗受招抚为朝廷官吏，独占海外贸易，海舶不得郑氏令旗不能往来，每一舶例入三千金，岁入千万计。①

（七）

贵族、太监、官吏和绅士所构成的上层阶级一方面自相剥削，一方面又联合地方种种方式去剥削农民。在上的在穷奢极欲，夜以继日；皇帝大臣们在讲长生，求“秘法”，肆昏淫，兴土木。绅士、豪商和其他有闲分子更承风导流。妓女，优伶，小唱，赌博，酗酒，成为日常生活的要素。昆曲和小品文发达正是这时代性的表现。假如一部文学作品是可以作一个时代的象征的话，无疑地《金瓶梅》是象征这一时代的。另一方面，农民却在饥饿线下挣扎着，被力役、赋税、苛捐、盗匪、灾荒、官吏、乡绅逼迫着；他们忍耐了几辈子，受苦了几十年，终于等到了大时代的来临，火山口的爆发，从火光血海中，才仿佛看见自己的出路！他们丧失了，或被天灾所迫而舍去了耕地，便成为流浪的难民。他们即使能找到别的工作，也仍不免于冻饿。据《徐氏庖言》卷一：“都下贫民佣一日得钱二十四五文，仅足给食。三冬之月，衣不蔽体。”他们有生存的权利，有要求吃饱的权利。我们试一考查当时的米价：

天启四年（1624）苏州米一石一两二钱。②

崇祯二年（1629）苏州粮一石折银一两有余。③

四年（1631）延绥斗米四钱。④

十年（1637）苏州冬粟每石一两二钱，白粟一两一钱。⑤

---

①《南明野史》中。

②③　《启祯记闻录》卷一。

④《明史·李继贞传》。

⑤《启祯记闻录》卷二。

十三年（1640）山东米石二十两，河南米石百五十两。① 苏松米每石一两六钱，秋杪糙米至每石二两。②

十四年（1641）山东临清米石二十四两。③ 苏州白米每石三两零。④

十五年（1642）苏州米每升至九十文有零。⑤

这虽是一个简略不完的统计，并且只是几个地方在荒歉时的情形，不过也可由此窥见当时农民苦痛情形的一斑，由此以例全国，大概是不会相距过远的。

在这种情形下的农民，陡然遇见了得救的机会，即使不很可靠的机会，也会毫不迟疑地抓住，牺牲一切，先去装饱肚皮和打倒过去曾压迫过他们的敌人。这机会便是腐溃了几十年的社会经济所产生的“流寇”暴动。

（八）

统治者剥削的结果是使占全人口极大多数的生产者——无告的农民陷于饥饿线下，在另一方面，流寇的口号却是“吃他娘，着他娘，吃着不尽有闯王，不当差，不纳粮”⑥，以除力役，废赋税，保障生活为号召，以所掠散饥民，百姓称这军队为李公子仁义兵。破洛阳时散福邸中库金及富人赀给百姓。⑦ 又下令保护田禾，马腾入田苗者斩之。对于一般地方官吏和绅富阶级，却毫不矜闵地加以残杀。《平寇志》卷六：“城陷若获富室仕宦，则献之巨帅，索其积而杀之。”唯一例外是有德于民的退休官吏。《明史·王徵俊传》：“崇祯十七年二月贼陷阳城，被执不屈，系之狱。士民争颂

① 《明史·左懋第传》。
② 《启祯记闻录》卷二。
③ 《明史·左懋第传》。
④⑤ 《启祯记闻录》卷二。
⑥ 《平寇志》卷八。
⑦ 《绥寇纪略》卷九。

其德，贼乃释之。”《明史·忠义传》所记无数的乡官和八股家的死难殉节，被史家文饰为忠义报国的，其实不过是自己知道作恶过多，反正活不了，不如先自杀，或作困兽之斗，企图落一个好名声而已。

流寇的初起，是各地陆续发动的，人自为战，目的只在不被饥饿所困死。后来势力渐大，始有意识作打倒统治者的企图。最后到了李自成在1643年渡汉江陷荆襄后，始恍然于统治者之庸劣无能，可取而代之。从此后便攻城守地，分置官守，作夺取政权的步骤。①果然不到两年北京政府即被推翻，长江以北大部被统治在新政权之下。这是在流寇初起事时所意料不及的。其实与其说这是流寇的功绩，还不如说是这古老的社会、经济制度的自然崩溃为比较妥当。戴笠作《流寇长篇序》，就统治阶级的不合作这一点来说明流寇之成功，他说：“国之致亡，祖功宗德，天时人事均有之，非尽流寇之罪，贼虽凶狡绝人，亦借成就者之力也。主上则好察而不明，好佞而恶直，好小人而疑君子，好速效而无远计，好自大而耻下人，好自用而不能用人。廷臣则善私而不善公，善结党而不善自立，善逢迎而不善执守，善蒙蔽而不善任事，善守资格而不善求才能，善因循而不善改辙，善大言虚气而不善小心实事。百年以来，习为固然。有忧念国事者则共诧之如怪物。武臣非无能兵者，而必压以庸劣文臣，间有不庸劣者而又信任不深，兵食不足，畏人以偏见邪说持其后，无敢展布。至于阉侍之情况，古今同然，不必言也。煤山之祸，众力所共，闯贼独受其名耳。”以明统治权之倾覆为众力所共。文震孟于崇祯八年（1635）上疏论致乱之源说：“堂陛之地，欺猜愈深，朝野之间，刻削日甚，缙绅鼖靡骋之怀，士民嗟束湿之困，商旅咨叹，百工失业，本犹全盛之海宇，忽见无聊之景色，此又致乱之源也。”这是说统治者的内部崩溃。“边事既坏，修举无谋，兵不精而自增，饷随兵而日益，饷益则赋重，赋重则刑繁，复乘之以天灾，加之以饥馑，而守牧惕功令之严，畏参罚之峻，不得不举鸠形鹄面

① 《绥寇纪略》卷九；《平寇志》卷六。

无食无衣之赤子而笞之禁之……下民无知，直谓有司仇我虐我，今而后得反之也。”① 这是说统治者的驱民死地，自掘坟墓。李自成檄数统治者的罪状说：“明朝昏主不仁，宠宦官，重科第，贪税敛，重刑罚，不能救民水火，日罄师旅，掳掠民财，奸人妻女，吸髓剥肤。”② 前部的四项罪状都是古已有之，是这古老社会的病态，不是崇祯及其廷臣所能负责的。在檄文中他特别提出他是代表农民利益，他本人是出于农民阶级的，他说：“本营十世务农良善，急兴仁义之师，拯民涂炭，士民勿得惊惶，各安生理。各营有擅杀良民者全队皆斩。”③标着显明的农民革命的旗帜向旧统治致死命的攻击，对方则犹茫然于目前的危机，对内则互相猜嫌排斥，表现充分的不合作精神，对民则加力压榨，驱其反抗，两方的情势达于尖锐化，以一小数的溃腐的统治集团来抵抗全体农民的袭击，自然一触即摧，明室的统治权于此告了终结，同时拥护这统治权的仕绅阶级的寿命也从此中断，假如没有建州部族的乘机窜入，也许这反对宦官、科举制度，诛锄绅富的新统治者会给未来的历史以新的意义和设施。然而他们终于被一更新兴的部族所粉碎，昙花一现的新统治权也跟着被消灭，给铲除未尽的八股家、地主、商人们的旧集团以更苏的机会，虽然这一旧灵魂已不复能恢复过去所有的势位，然而他们会从文字的记载来诋毁他们的已失败的故人，从此片面的历史遂决定了所谓“流寇”事件的反面意义。在文字上所见的流寇只是一些极凶极恶、杀人、放火、屠城等等惨酷残忍的记载。

最后，我们再引两条可信的记载，说明这旧社会之必然的崩溃。崇祯十六年（1643）秋冬之间，外寇内乱，已经到了亟亟不可终日的地步，在同一国家同一祸福的江南，却仍踵事增华，作升平之歌舞。《启祯记闻录》三：“七月二十五日，枫桥有好事者敛银于粮食行中，以为赛会之资，风闻从来未有之盛……衿绅士庶男女老幼，顷城罢市，肩舆舟楫之价，皆倍于常。通国若狂。”次年三月十九日北京政府颠覆，在得到国变消息后的吴江，竟举行从来未有之盛会。

① 《烈皇小识》卷四。

②③ 《平寇志》卷六。

同书记："四月初二日吴江赛会，目睹者云富丽异常，为郡中从来所未有。是时北都不祥之说已竞传，民间犹为此举，可见人无忧国之心！"这不是偶然的！

（原载《大公报·史地周刊》，第五、六期，1934年10月19日、26日）

明代的殉葬制度

——“美德组成的黄金世界”之一斑

明天顺八年（1464）正月英宗大渐，遗诏罢宫妃殉葬。① 这是明史上一件大事。在此以前，宫妃殉葬是明代的成例。毛奇龄《彤史拾遗记》说：“初太祖……四十六妃陪葬孝陵，其中所殉惟宫人十数人。洪武三十一年七月建文帝以张凤……十一人由锦衣卫所试百户散骑舍人带刀舍人进为本所千百户，其官皆世袭，以诸人皆西宫殉葬宫人父兄，世所称朝天女户者也。成祖……十六妃葬长陵，中有殉者。仁宗殉五妃，其余三妃以年终别葬金山。宣宗殉十妃。嗣后皆无殉，自英宗始。惟景泰帝尚以唐妃殉，则天顺元年事在遗诏前。”② 不但是皇帝，即诸王亦有殉葬例。《明史・周王传》：“有燉正统四年薨，无子。帝（英宗）赐书有爝曰：周王在日，尝奏身后务从俭约，以省民力。妃夫人以下不必从死，年少有父母者遣归。既而妃鞏氏，夫人施氏、欧氏、陈氏、张氏、韩氏、李氏皆殉死，诏谥妃贞烈，六夫人贞顺。”帝王之薨，由群臣议殉葬，一经指定，立即执行。《彤史拾遗记・唐妃传》：“郕王薨，群臣议殉葬及妃，妃无言，遂殉之，葬金山。”

殉葬时的情形，《朝鲜李朝世宗实录》有一段记载：“六年（永乐二十二年，1424）十月戊午登极，使臣礼部郎中李琦，通政司参议彭璟言，前后选献韩氏等女皆殉大行皇帝。帝崩宫人殉葬者三十余人。当死之日，皆饷之于庭，饷辍俱引升堂，哭声震殿阁。堂上置木小床，使立其上，挂绳围于其上，以头纳其中，遂去其床，皆

① 《明史》卷一二，《英宗后纪》；卷一七六，《彭时传》。

② 《明史》卷一一三《郭嫔传》，事同稍简。

雉经而死。韩氏临死顾谓金黑曰：娘，吾去！娘，吾去！语未竟，旁有宦者去床，仍与崔氏俱死。诸死者之初升堂也，仁宗亲入辞诀。"① 韩妃、崔妃俱朝鲜人，金黑为韩妃乳母。

宫妃殉葬后，除优恤其家人外，例加死者谥号，《明英宗实录》卷三记："宣德十年（1435）三月庚子，赠皇庶母惠妃何氏为贵妃，谥端肃。赵氏为贤妃，谥纯肃。吴氏为惠妃，谥贞顺。焦氏为淑妃，谥庄静。曹氏为敬妃，谥庄顺。徐氏为顺妃，谥贞惠。袁氏为丽妃，谥恭定。诸氏为恭妃，谥贞靖。李氏为充妃，谥恭顺。何氏为成妃，谥肃僖。谥册有曰：兹委身而蹈义，随龙驭而上宾，宜荐徽称，用彰节行。"景泰帝之崩，殉葬宫人除唐妃外，当时并曾提及汪皇后，幸为李贤所救免。《明史·景帝废后汪氏传》："景帝崩，英宗以其后宫唐氏等殉，议及后。李贤曰：妃已幽废，况两女幼，尤可悯。帝乃已。"

从英宗以后，明代帝王不再有殉葬的定例，可是，在另一方面，自任为名教代表的仕宦阶级，却仍拥护节烈，提倡殉夫，死节，举一个例，黄宗羲《南雷文案·唐烈妇曹氏墓志铭》："烈妇曹氏年十九归同邑唐之坦，之坦疾革，谓其夫曰：君死我不独生……除夕得间，取其七尺之余布，自经夫柩之旁，年二十五，许邑侯诣庐祭之，聚观者数千人，莫不为叹息泣下。"

（原载《大公报·史地周刊》第十七期，1935年1月11日）

① 《朝鲜李朝世宗实录》卷二六。

明成祖生母考

一、明人的五种说法

成祖生母问题，自明人即多异说，旧钞本《燕王令旨》① 说：

> 顾予匪才，乃父皇太祖高皇帝亲子、母后孝慈高皇后亲生，皇太子亲弟，忝居众王之长。

自认为高皇后亲子。《太宗实录》因之：

> 高皇后生五子，长懿文皇太子标，次秦愍王樉，次晋恭王㭎，次上，次周定王橚。上初生，五色满室，照映宫闼，经日不散，太祖高皇帝高皇后心异之，独钟爱焉。②

《明史》复因承之，在《成祖本纪》上说：

> 文皇帝讳棣，太祖第四子也。母孝慈高皇后。

在这一系统下的记载，都说高皇后生五子，明成祖是嫡四子。第二说则指成祖与周王为高皇后所生，余皆庶出。王世贞《二史考》说：

> 《皇明世系》谓太宗、周王为高皇后所生，而懿文、秦、晋诸妃子。③

郎瑛所见《鲁府玉牒》和此说相同。他说：

---

① 《北平图书馆藏钞本》，《豫章丛书》本《姜氏秘史》卷二亦载有此文件，惟经删节，与钞本面目大异。

② 《明太宗实录》卷一。

③ 《弇州史料》卷六一。

太祖二十四子，生母五人。长懿文太子标，第二秦愍王樉，封西安。第三晋恭王㭎，封太原。第四燕王棣，原封北平，今入继大统。第五周王橚，封开封。高后所生也……右《天潢玉牒》之数，予得于顾尚书者。今鲁府所刻玉牒，又以高后止生成祖与周王，因其不同，故录出之。①

第三说则以成祖为达妃子。王世贞《二史考》记：

《革除遗事》则谓懿文、秦、晋、周王为高皇后生，而太宗为达妃子。②

第四说则谓成祖为碽妃子，此说最引人注意，最近傅斯年③、朱希祖④都有文章考证。明人主此说者有何乔远之《名山藏》：

成祖文皇帝讳棣，太祖第四子也。注臣于南京见《太常志》云帝为碽妃所诞生，而《玉牒》则高后第四子。《玉牒》出当日史臣所纂既无可疑，南太常职掌相沿，又未知其据。臣谨备载之以俟后人考。⑤

有谈迁之《国榷》：

文皇帝讳棣，太祖高皇帝第四子也。母碽妃。《玉牒》云高皇后第四子，盖史臣因帝自称嫡，沿之耳。今《南京太常寺志》载孝陵祔享碽妃穆位第一，可据也。⑥

同书天俪条记高祖后妃有碽妃列在定妃达氏下。《枣林杂俎》亦记：

孝陵享殿，太祖高皇帝高皇后南向。左淑妃李氏，生懿文皇太子，秦愍王，晋恭王……俱东列。碽妃生成祖文皇帝，独

---

① 《七修类稿》卷一〇。

② 今《岭南遗书》本黄佐《革除遗事节本》（六卷）无此说，黄氏书原十六卷，然《明史·艺文志》已作六卷，则原本明清之际已不传。世贞所见当是未经删节之十六卷本。

③ 《国立中央研究院历史语言研究所集刊》第二本第四部分，《明成祖生母纪疑》。

④ 《国立中山大学文史学研究所集刊》第二卷第一期，《明成祖生母纪疑辨》。

⑤ 《典谟记》六。

⑥ 《国榷》，建文四年。

西列。见《南京太常寺志》。孝陵阉人俱云，孝慈高皇后无子，具如志中……享殿配位出自宸断相传必有确据，而微与《玉牒》抵牾，诚不知其解。①

有刘振之《识大录》：

成祖文皇帝讳棣，太祖第四子也。母曰碽妃。姿貌秀杰，目重瞳子，龙行虎步，声若洪钟，太祖及高后皆爱之。高后因育为己子。②

有李清之《三垣笔记》：

予阅《南太常寺志》载懿文皇太子及秦晋二王均李妃生，成祖则碽妃生，讶之。时钱宗伯谦益有博物称，亦不能决。后以弘光元旦谒孝陵，予语谦益曰：此事与《实录》、《玉牒》左，何征？但本志所载东侧列妃嫔二十余，而西侧止碽妃，然否？曷不启寝殿验之。及入视，果然，乃知李、碽之言有以也。惟周王不载所出。观太祖命服养母孙妃斩衰三年，疑即孙出。③

有张岱之《陶庵梦忆》：

（孝陵）近（暖）阁下一座稍前为碽妃，是成祖生母。成祖生，孝慈皇后妊为己子，事甚秘。④

有沈玄华之《敬礼南都奉先殿纪事》：

……高皇配在天御幄神所栖，众妃位东序，一妃独在西。成祖重所生，嫔德莫敢齐。一见异千闻，《实录》安可稽？……

（按：长陵每自称曰朕高皇后第四子也。然奉先庙制，高后南向，诸妃尽东列，西序惟碽妃一人。具载《南京太常寺志》。盖高后从未怀妊，岂惟长陵，即懿文太子亦非后生也。世疑此事不实，诵

① 义集《彤管篇》，孝慈高皇后无子条。

② 《识大录》卷七，《帝典》。

③ 《三垣笔记》，《附志》。

④ 《陶庵梦忆》卷一，《钟山》。

沈大理诗，期明征矣。①)

第五说则谓成祖为元主妃所生，王世懋《窥天外乘》记：

> 成祖皇帝为高皇后第四子明甚，而《野史》尚谓是元主妃所生。②

《蒙古源流》记成祖为元主妃洪吉喇氏所生：

> 先是蒙古托衮特穆尔乌哈噶图汗（案即元顺帝）岁次戊申，汉人朱葛诺延年二十五岁，袭取大都城，即汗位，称为大明朱洪武汗。其乌哈葛图汗之第三福晋系洪吉喇特托克托太师之女，名格呼勒德哈屯，怀孕七月，洪武汗纳之。越三月，是岁戊申生一男。朱洪武降旨曰：从前我汗曾有大恩于我，此乃伊子也，其恩应报，可为我子，尔等勿以为非，遂养为己子，与汉福晋所生之子朱代共二子。朱洪武在位三十年，岁次戊寅，五十五岁卒。大小官员商议，以为蒙古福晋之子虽为兄，系他人之子，长成不免与汉人为仇。汉福晋之子虽为弟，乃嫡子，应奉以为汗。朱代庚戌年生，岁次戊寅年二十九岁即位，在位四越月十八日，即卒于是年。无子。其蒙古福晋所生子，于己卯年三十二岁即位……在位二十二年，岁次庚子年五十岁卒。③

刘献廷亦主此说，惟以成祖母为瓮氏：

> 明成祖非马后子也。其母瓮氏蒙古人。以其为元顺帝之妃，故隐其事。宫中别有庙，藏神主，世世祀之，不关宗伯。有司礼太监为彭恭庵言之。余少每闻燕之故老为此说，今始信焉。④

傅斯年先生所见明人笔记，则以成祖为元顺帝高丽妃所遗之子：

> （抄本）中有一节亦抄自明人笔记者，记明成祖生母事甚详。大致谓作者与周王府中人相熟，府中传说，成祖与周王同

---

① 朱彝尊：《明诗综》卷四四。
② 《纪录汇编》卷二〇五。
③ 《蒙古源流》卷八。
④ 《广阳杂记》卷二。

> 母，皆非高后产也。故齐王削藩时，周王受责最重，而燕王自感不安者愈深。及燕王战胜入京，与周王相持恸哭。其后周王骄侈，终为保全，而恩泽所及最重。又记时人侈言成祖实元顺帝之高丽妃所遗之子。并记当时民间歌语，七言成句。末语谓三十五年仍是胡人之天下云云。①

综上五说，第一说高后生五子，第二说高后生燕周二王，第三说高后生懿文、秦、晋、周王，燕王为达妃所生。第四说以成祖为碽妃子，除刘振所记不知何出外，其余都以《南京太常寺志》作根据。而谈氏、朱氏皆谓高后无子，据《志》则懿文太子、秦愍王、晋恭王并李淑妃生，周王则不知所出。据刘张二说则燕王生母虽为碽妃而高后实为其养母。第五说虽有洪吉喇氏和瓮氏及高丽妃三说，其为元主妃则一。

二、燕王周王俱庶出

靖难时代的公家文件在当时已经被政府所故意焚毁，不留痕迹，《明史·王艮传》：

> 后成祖出建文时群臣封事千余通，令（解）缙等编阅，事涉兵农钱谷者留之，诸言语干犯及他一切皆焚毁。②

建文臣下的私人著作也被禁毁，悬为厉禁。永乐中藏方孝孺文者罪至死③，现在我们所能看见的只是明成祖系统下的片面文件。而且不但是在当时，明仁宗以下各朝都是明成祖的直系子孙，他们的臣民自然也不敢在钦定的史料以外横生异议。在上文所引用的几种幸存的史料，除官书外大多是晚明的作品，时代较远，说话比较自由，并且有的是凭着官书说话，无忌讳之嫌，有的只是稿本流传，不为

① 《明成祖生母纪疑》。

② 《明史》卷一四三。

③ 《明史》卷一四一，《方孝孺传》。

政府所属目。我们现在所能凭借的史料只是官方的片面记载和后代私人的记述。

要考定以上五说的是非，第一步先要解决的是燕王和周王是否同母，燕王周王和懿文及秦晋二王是否同母，在钦定的史料中比较，时代较近的是《明太宗实录》。（虽然这史料是出于明成祖的臣下之手，有故意埋没事实厚诬敌人的嫌疑。）我们先就这一部分加以考校。《太宗实录》四年六月乙丑条：

> 上虑朝廷事急，加害周齐二王，遣骑兵千余驰往卫之。周王初不知上所遣，仓卒惶怖，既知乃喜曰："我不死矣！"来见，上出迎之，周王见上拜且哭，上亦哭，感动左右。周王曰："奸恶屠戮我兄弟，赖大兄救我，今日相见，真再生也。"言讫复哭，哭不止，上慰止之。与周王并辔至金川门下马，握手登楼，上曰："身遭兵祸，无所容生，数年亲当矢石，濒万死，今日重见骨肉，皆赖天地皇考皇妣之佑，得至于此。"周王曰："天生大兄，勘定祸乱社稷，保全骨肉，不然，皆落奸臣之手矣。"①

在这一段记载中，有两点最值得我们的注意，第一周王是太祖第五子，却称他四哥为大兄，一则曰："赖大兄救我"，二则曰："天生大兄"，由此可知成祖和周王同母，和懿文及秦晋二王异母，以此周王称为大兄。第二，周齐二王并在京中，同为成祖之弟，而出迎却只记周王，抚慰亦只及周王，由此可见燕、周之关系。再看成祖登极以后对周王的特殊待遇。《太宗实录》记赏赐：

> 洪武三十五年七月乙丑赐周王橚钞二万一千锭。丁酉赐周王橚八万锭，齐王榑钞二万锭。十月戊寅赐周王橚钞十万锭。②

生日则特赐礼物：

> 洪武三十五年七月庚寅赐周王橚生日礼物冠一，通天犀带

---

① 《明太宗实录》卷九下。

② 《明太宗实录》卷一〇至一三。

一，彩帛三十匹，金香炉合各一，玉观音金铜佛各一，钞八千锭，羊十腔，酒百瓶。①

就国后，每遇生日必期前遣驸马都尉往赐物，永乐元年七月遣宋琥，二年遣宋瑛，三年遣沐昕。端午冬至并有赐物，其他非时赏赐，宠渥稠叠。其郡主仪仗并特命得如亲王。② 同时亲王蒙宠者谷王以开金川门迎降功犹不得望其项背，其他更不能比拟。就国前加禄五千石，仁宗即位加岁禄至二万石。③

事实上燕、周不但同母，且具为庶出（高皇后无子，说详下）。可是在表面上，燕王却一口咬定自己是嫡出，他和周王同母，连带地把周王也算为高后亲子。在起兵的时候口口声声抬出嫡子的头衔来迎合传统的宗法观念。因为这时候被称为嫡子的懿文及秦晋二王都已去世，建文在他的举兵檄文④中被斥为变祖法妻祖母大逆不道，不应继承主器，在伦序上他应入继大统。所以他在任何文件和口头谈话上一有机会就向人诉说他是嫡子，即位后即下令焚毁建文朝有“言语干犯”的文件，至少在这些文件中有一部分是指斥他这一假作的声明的。《太宗实录》记其起兵时上书：

（建文）元年七月癸酉上书于朝曰：“切念臣于懿文皇太子同父母至亲也。……”

同日他又告诉他的将士说：“我太祖高皇帝孝慈高皇后嫡子，国家至亲。”⑤ 得位后他又书面告诉人他是嫡子：

三十五年七月壬午诏曰：“朕为高皇帝嫡子；祖有明训；朝无正臣，内有奸恶，王得兴兵讨之。”⑥

又书面告诉他的亲属，让他们会意他是嫡子：

---

① 《明太宗实录》卷一〇。
② 《明太宗实录》卷一八。
③ 《明史》卷一一六，《周王橚传》。
④ 《燕王令旨》。
⑤ 《燕王令旨》卷二。
⑥ 《燕王令旨》卷一〇上。

> 三十五年七月癸亥，晋王济熺来朝。赐书谕曰："吾与尔父皆皇考妣所生，自少友爱深厚。"①

从此以后，燕王嫡子之说便成铁案。登极后变本加厉，率性伪造《玉牒》，惟以自己和周王为高后嫡子，明著懿文及秦晋二王俱为庶出，这一痕迹一见于郎瑛所见之《鲁府玉牒》，二见于被删改后的《明太祖实录》。稍久觉得这说不妥，再来一次修改，在三修《太祖实录》和《天潢玉牒》中明著五人同母。这一件伪造文证的经过，夏燮说得最明白。他说：

> 明成祖于建文所修之《太祖实录》，一改再改，其用意在嫡出一事。盖懿文太子薨，则其伦序犹在秦晋，若洪武之末，则秦晋二王已薨，自谓伦序当立，借以文其篡逆之名也。并引周王为五人同母者，盖燕周本同母也。《明史·黄子澄传》曰："周王，燕王之母弟，削周是翦燕手足也"。此初修本之仅存者。② 解缙奉诏再修，尽焚原草而独存此数语者，盖缙等欲取媚成祖，遂谓懿文太子秦晋二王皆诸妃出，惟燕周二王同为高后生，以证立嫡立长，礼之所宜。是则缙之所谓同母，乃母高后，与《子澄传》中同母之语词同而意异矣。缙之得罪在永乐九年，时必有谮之于成祖者，谓懿文庶出之语骇人听闻，修《实录》者留此罅隙以滋天下后世口实，于是成祖并疑李景隆、茹瑺等心术不正（语见沈氏《野获编》），乃于九年复命姚广孝、夏原吉等为三修之役，而杨士奇等主之，因自懿文太子以下五人悉系之高后所出，遂为定本。而忘却子澄同母一语自相矛盾未及追改，又入之《永乐实录》中，而燕周二王之为庶生，反成铁证，是目论而不自见其睫者也。③

---

① 《燕王令旨》卷一〇下。

② 此说明人著作中流传甚广。朱睦㮮为周藩宗室，他也在《革除逸史》中记：（齐）泰欲伐燕，（黄）子澄曰："不可，燕兵最精，卒难图，不如先取周。周乃燕母弟，去其手足而后燕可图也。"

③ 《明通鉴义例》。

三、高皇后无子

燕王周王同母并为庶出之说已于上文论定，请再申论懿文及秦晋二王之是否为高皇后所生。

《明史·兴宗孝康皇帝传》："标，太祖长子也，母高皇后。元至正十五年生于太平陈迪家。"① 按《明太祖实录》："乙未九月乙亥皇长子生，孝慈皇后出也。"② 考《明史·太祖本纪》：

> （至正十五年）五月太祖谋渡江无舟，会巢湖帅廖永安、俞通海以水军千艘来附，太祖大喜，往抚其众，而元中丞蛮子海牙扼铜城闸、马场河诸隘，巢湖舟师不得出，忽大雨……遂乘水涨，从小港纵舟还，因击海牙于峪溪口，大败之，遂定计渡江……六月乙卯，乘风引帆，直达牛渚，常遇春先登，拔之，采石兵亦溃，缘江诸垒悉附……遂乘胜拔太平。改路曰府，置太平兴国翼元帅府，自领元帅事。时太平四面皆元兵，右丞阿鲁灰、中丞蛮子海牙等严师截姑孰口，陈野先水军帅康茂才以数万众攻城，太祖遣徐达、邓愈、汤和逆战，别将潜出其后夹击之，擒野先并降其众，阿鲁灰等引去。秋九月，郭天叙、张天祐攻集庆，野先叛，二人皆战死。野先寻为民兵所杀，从子兆先收其众屯方山，与海牙掎角以窥太平。③

由此可知太祖自五月定计渡江，六月克太平，以后，太平即被元兵所包围。《明史·高皇后传》：

> 太祖既克太平，后率将士妻妾渡江。

由此知高后初未从大军出发，至克太平后始渡江。据《实录》言懿文太子生于九月丁亥，如在九月前高后无渡江之可能时，则懿文必

---

① 《明史》卷一一五。

② 《明太祖实录》卷三。

③ 《明史》，《太祖本纪》卷一。

非高后所生。《明史》记陈野先之被擒在九月前，则高后之渡江当在野先被擒阿鲁灰等引去之后，九月丁亥之前。如元兵在九月中犹未引去，则高后及所率将士妻妾必不能突过元人舟师之堵截而入四面包围情形下之太平也。《明史》本纪多据《实录》，《太祖实录》经三次改窜，不值吾人信任。试别征之当时人之记载，俞本《皇明记事录》说：

> 九月元义兵元帅陈也先领兵攻太平府，士卒登城，上亲率死士拒之，城中危急。是时上娶孙伯英妹为次妃，妃言于上曰："府中金银若干，何不尽给将士，使之奋身御敌，倘有不虞，积金何益！"次日敌再至，上尽置金银于城上，分给将士，遂大败敌兵，生擒也先。①

则太平之围至九月始解。太祖渡江时，高后及将士妻妾留和州。《明史·常遇春传》：

> 取太平，授总管府先锋，进总管都督。时将士妻子辎重皆在和州。元中丞蛮子海牙复以舟师袭据采石，道中梗，太祖自将攻之，遣遇春多张疑兵分敌势，战既合，遇春操轻舸冲海牙舟为二，左右纵击大败之，尽得其舟，江路复通。②

是则在遇春大破海牙水师以前，江路不通，将士妻子辎重仍在和州也。《康茂才传》：

> 太祖既渡江，将士家属留和州。时茂才移戍采石，扼江渡。太祖遣兵数攻之，茂才力守，常遇春设伏歼其精锐，茂才复立寨天宁洲，又破之，奔集庆。③

采石之破，《太祖本纪》系于十六年春二月丙子。宋濂撰《开平王神道碑铭》：

> 丙申（至正十六年）春二月元中丞蛮子海牙复以兵屯采石，

---

① 钱谦益：《国初群雄事略》卷二引。
② 《明史》卷一二五。
③ 《明史》卷一三〇。

> 南北不通，上虑将士虽渡江而其父母妻子尚留淮西，势莫可致，命王统兵攻之。王至设疑兵以分其势而以正兵与之合，及战，别出奇兵捣败之，悉俘其精锐，自是元兵扼江之势衰矣。①

是则在至正十六年二月丙子以前，留驻和州之将士家属仍未渡江也。《高皇后传》明说“后率将士妻妾渡江”。《碑铭》明说在至正十六年二月以前“将士虽渡江而其父母妻子尚留淮西”。则高后之率将士妻妾渡江，由和州到太平，应在至正十六年二月蛮子海牙失败，元兵扼江势衰之后。宋濂为当时人，所记当不致误。即使退一步说，或许高后率将士家属渡江是在十五年九月以前，我们再看看在九月以前江路是否允许通行。宋濂《蕲国武义康公神道碑铭》记：

> 乙未（至正十五年）六月上帅师渡江，将士家属尚留于和州，上虑公扼采石之冲弗获渡，时出兵挑战，公兵虽寡而以宽宏得士卒心，故临阵人多效死，于是数战不克。后数月常忠武王遇春遣游兵虚挠之，公连日发军以应，王度其力疲，夜设伏兵，质明歼其精锐殆尽。然犹收合溃散，坚塞于天宁洲。明年二月上命诸将以襄阳大炮破其塞，公奔行台。②

由此可知常遇春第一次破元水师是在六月后的数月，元兵虽败仍扼长江，到十六年二月第二次大败方全师撤退。是则太祖入太平后南北始终隔绝，将士家属虽在仅隔一水的和州始终不能飞渡。

再据刘辰《国初事迹》：

> 太祖尝曰：“与我取城子的总兵官妻子俱要在京住坐，不许搬取出外。”③

这虽是开国后的事，但由此亦可推知在创业时代的规制，太祖率诸将出师进取，高后则率将士妻妾辎重留后方，严密监获，使诸将不敢有异心。上文所引史料明记在十六年二月以前将士妻妾辎重尚未渡江，则高后绝无委弃部属单身先赴太平之理。

---

①② 《宋文宪公全集》卷四。

③ 《金华丛书》本。

综据以上论证，则高后绝不能于九月丁亥以前渡江至太平。高后既不在太平，则懿文太子自非高后所生。懿文与秦晋二王同母，懿文既非高后所生，则秦晋二王亦必非高后所生。高后既已考定无子，则《南京太常寺志》所记淑妃李氏生懿文皇太子、秦愍王、晋恭王，硕妃生成祖事当属可信。

高后虽无子，却喜养子。刘辰记太祖有义子保儿、周舍、道舍、柴舍、马儿、金刚奴、也先、买驴、真童、泼儿等，分遣出镇，用以钳制将士：

> 太祖于国初以所克城池专用义子作心腹，与将官同守，如得镇江用周舍，得宣州用道舍，得徽州用王驸马，得严州用保儿，得婺州用马儿，得处州用柴舍、真童，得衢州用金刚奴、也先，得广信调周舍郎沐英也。①

则以他妃子养为己子尤情理之当然。懿文、秦、晋诸王当俱为高后养子，高后视如亲生，诸子亦遂自命为嫡子，其生母因之埋没，仅于陵寝及享殿微露端倪也。

也许有人要问，太祖在初起兵时势力未盛，何能有许多姬妾。这一问题的解答是太祖初起兵时有记载可考的姬妾有孙妃，见《记事录》；有郭妃，见《天潢玉牒》；有胡妃，见《国初事迹》；有郭宁妃，见《彤史拾遗记》。《明史》记淑妃李氏寿州人，高后薨后摄六宫事，淑妃薨以郭宁妃摄六宫事。宁妃是渡江时的姬侍，李妃摄宫在郭妃前，则李妃之归太祖必更在郭妃前，军行以诸妃随侍，俞本记孙妃事可证，则在太平生懿文太子者为李淑妃无疑。

四、硕妃为成祖生母

成祖、周王同为妃出，据《南京太常寺志》，生母实为硕妃。硕妃之来历不明。盖成祖起兵时自诉为嫡出，以后无法再换一个生母，

---

① 《国初事迹》。

只好讳莫如深，完全抹杀。何乔远、谈迁诸人疑享殿配位和《玉牒》龃龉，以为不知其解。这因为他们所见的《玉牒》载五子同母的是永乐九年《太祖实录》三修以后的本子。（在这以前有记燕周出高后，懿文、秦、晋出诸妃的《鲁府玉牒》，再前应当还有一个最初本子，记明懿文、秦、晋二王出李淑妃，燕周二王出硕妃的《玉牒》?）已经数度改窜，自然不能和实际情形相合。《革除遗事》以成祖为达妃出，考达妃生齐王榑、潭王梓，黄氏原文今不得见，不知何据。《国榷》天俪条列硕妃于达定妃下，也许是由位次逼近而误记？第五说以燕王为元主妃所生，此说正如傅斯年先生所谓：

> 在明人心目中，永乐非他，绝懿文之裔，灭方孝孺之十族者也。偏偏其生母非汉姓，而洪武元年直接至正，庚申帝为瀛国公子之说依然甚嚣于人心，则士人凭感情之驱率，画依样之葫芦，于是硕妃为庚申帝妃，成祖为庚申帝子矣。①

至于硕妃之非元主妃及洪吉喇氏传说之无稽，傅斯年先生、朱希祖先生俱已作文力辟之。傅先生所见明人笔记成祖出高丽妃一说，高丽妃亦不必即为硕妃，二者不必强同。朱先生曾引《明史》含山公主传记有含山母高丽妃韩氏之文，以为硕妃如果生子，不应不见《玉牒》。按此乃朱先生见闻太隘，过信官书之过，因为官书并不一定可靠，而且明初《玉牒》即已经过几度修改，《明史》所据为修改过的官书，朱先生却以此事不见于官书，不见于《明史》为疑，这也未免是“缘木求鱼”了。而且太祖宫中高丽妃也不止韩氏一人。《殊域周咨录》记有周妃，得于元主宫中：

> 初元主尝索女于高丽，得（周）谊女纳之宫中。后为我朝中使携归。(时宫中美人有号高丽妃者疑即此女)②

《明史·朝鲜传》仅记朝鲜使周谊求贡被留，不及其女。而且明代官书也不尽存于今，《太常寺志》还是明代人所见的书，我们已不得

① 《明成祖生母纪疑》。
② 《殊域周咨录》卷一《朝鲜》。

见。朱先生疑：

> 若使硕妃果为成祖生母，李淑妃果为懿文皇太子及秦晋二王生母，则李淑妃既载于《玉牒》及《实录》，而《明史·后妃传》本之，亦有《李淑妃传》，何以明代官书除《南京太常寺志》外，从未记载硕妃乎？成祖既为天子，何以不敢表彰其生母，使之湮灭无传，而在北京私于宫中立庙祀之，在南京私于陵寝别立配位尊之，不敢关于太常乎？若于高后讳，则于李淑妃又何解乎？若讳己为庶子，则汉文帝尝言，朕为高皇帝侧室之子，又何伤乎？况皇太子标等皆属庶出，根本无嫡子争位，又何必讳乎？①

这几个疑问都是神经过敏，而且完全不合论理。因为明代官书决不止仅《南太常寺志》一书，也许记载有硕妃的还有别的官书，可是谈迁、李清等当时所能见到的却只有《南太常寺志》。我们不能无的放矢，因为不能看见其他官书，便瞎说其他官书从未记载硕妃。李淑妃载于《玉牒》、《实录》是因为懿文系下已经一败涂地，秦、晋也只是藩王，不必忌讳。硕妃不见于《实录》及《玉牒》，是因为《实录》及《玉牒》已被故意删改过几次，明成祖不愿意说自己不是高皇后的亲子的缘故。因为这样，所以湮没之唯恐不及，更何论表彰。汉文帝不讳庶子，明成祖讳庶子，很浅显明白的理由是环境不同，汉文帝是雍容入继，明成祖是称兵篡逆。人家请来作皇帝，自己说是庶子便愈显得谦恭；造反抢皇帝作，便只好硬说是嫡子，因为成祖是在和有法律继承地位的皇长孙争位啊！

综结以上研讨的结果，结论是高皇后无子；懿文太子，秦、晋二王为李淑妃出；成祖、周王为硕妃出。成祖为高后所养，故冒称嫡子。硕妃则行历不详，只好阙疑。

二十四年三月九日

（原载《清华学报》第十卷第三期，1935年7月）

---

① 《明成祖生母纪疑辩》。

明代靖难之役与国都北迁

一、明太祖的折衷政策

自称为淮右布衣，出身于流氓而作天子的朱元璋，在得了势力称王建国之后，最惹他操心的问题第一是怎样建立一个有力的政治中心？建立在何处？第二是用什么方法来维持他的统治权？

明太祖在初渡江克太平时（至正十五年六月，公元1355），当涂学者陶安出迎：

> 太祖问曰："吾欲取金陵，何如？"安曰："金陵古帝王都，取而有之，抚形胜以临四方，何向不克？"太祖曰："善！"①

至正十八年叶兑献书论取天下规模：

> 今之规模，宜北绝李察罕（元将察罕帖木儿），南并张九四（吴张士诚），抚温、台，取闽、越，定都建康，拓地江、广，进则越两淮以北征，退则画长江而自守。夫金陵古称龙蟠虎踞，帝王之都，藉其兵力资财，以攻则克，以守则固。②

部将中冯国用亦早主定都金陵之说：

> 洪武初定淮甸，得冯国用，问以天下大计。国用对曰："金陵龙蟠虎踞，真帝王之都，愿先渡江取金陵，置都于此。

① 《明史》卷一三六，《陶安传》。
② 《明史》卷一三五，《叶兑传》。

然后命将出师，扫除群寇，倡仁义以收人心，天下不难定也。”上曰：“吾意正如此。”①

参酌诸谋士的意见，经过了长期的考虑后，以至正二十六年（1366）六月拓应天城，作新宫于钟山之阳，至次年九月新宫成。这是吴王时代的都城。同月灭吴张士诚，十月遣徐达等北伐。十二月取温、台，降方国珍，定山东诸郡县。

至正二十八年（1368）正月吴王称帝，改元洪武，汤和平福建，四月平广东、河南。七月广西平。八月徐达帅师入大都，元帝北走。十二月山西平。二年八月陕西平，南北一统。四年夏明昇降，四川平。十五年平定云南。二十年元纳哈出降，辽东归附，天下大定。在这一长时期中，个人的地位由王而帝，所统辖的疆域由东南一隅而扩为全国。元人虽已北走，仍保有不可侮的实力，时刻有南下恢复的企图。同时沿海倭寇的侵轶也成为国防上的重大问题。在这样情形之下，帝都的重建和国防的设计是当时朝野所最属目的两大问题。

基于天然环境的限制，东南方面沿海数千里时时处处有被倭寇侵犯的危险，东北方面长城外即是蒙古人的势力，如不在险要处屯驻重兵，则黄河以北便非我有。防边须用重兵，如以兵权付诸将，则恐尾大不掉，有形成藩镇跋扈的危险。如以重兵直隶中央，则国都必须扼驻边界，以收统辖指挥之效。东南是全国的经济中心，东北为国防关系，又必须成为全国的军事中心。国都如建设在东南，则北边空虚，不能防御蒙古人的南侵，如建设在北边，则国用仍须仰给东南，转运劳费，极不合算。

在政治制度方面，郡县制和封建制的选择，也成为当前的难题。秦、汉、唐、宋之亡，没有强藩屏卫是许多原因中之一。周代封建藩国，则又枝强干弱，中央威令不施。这两者中的折衷办法，是西汉初期的郡国制。一面设官分治集大权于中央，一面又封建子弟，使为国家捍御。这样一来，设国都于东南财赋之区，封子弟于东北边防之地，在经济上，在军事上，在统治权的永久维持上都得到一

---

① 孙承泽：《春明梦余录》卷一；《明史》卷一二九，《冯胜传》附《冯国用传》。

个完满的解决。这就是明太祖所采用的折衷政策。

二、定都南京①

明太祖定都南京的重要理由是受经济环境的限制。第一因为江、浙富饶为全国冠，所谓“财赋出于东南，而金陵为其会”②。第二是吴王时代所奠定的宫阙，不愿轻易弃去。且若另建都邑，则又须重加一层劳费。第三从龙将相都是江淮子弟，不愿轻去乡土。洪武元年四月取汴梁后，他曾亲到汴梁去视察，觉得虽然地位适中，可是四面受敌，形势还不及南京。③ 而在事实上，则西北未定，为转饷屯军计，不能不有一个军事上的后方重地，以便策应。于是仿成周两京之制以应天（金陵）为南京，开封为北京。二年八月陕西平。九月以临濠（安徽凤阳）为中都，事前曾和廷臣集议建都之地：

> 上召诸老臣问以建都之地，或言关中险固，金陵天府之国。或言洛阳天地之中，四方朝贡道里适均。汴梁亦宋之旧京。又言北平元之宫室完备，就之可省民力。上曰：“所言皆善，惟时有不同耳。长安、洛阳、汴京实周、秦、汉、魏、唐、宋所建国。但平定之初，民力未苏息，朕若建都于彼，供给力役悉资江南，重劳其民。若就北平，要之宫室不能无更，亦未易也。今建业长江天堑，龙蟠虎踞，江南形胜之地，真足以立国。临濠则前江后淮，以险可恃，以水可漕，朕欲以为中都。何如？”群臣称善。至是始命有司建置城池宫阙，如京师之制焉。④

---

① 旧名建业、建康、金陵，元为集庆，明太祖克集庆后以为应天府，洪武二年以为南京。十一年改为京师，成祖北迁后以为南京，以北京为京师。文中为行文便利计，除引原文处仍其原称外，一律称南京。

② 丘濬：《大学衍义补》，都邑之建。

③ 刘辰：《国初事迹》。

④ 黄光昇：《昭代典则》。

在营建中都时，刘基曾持反对的论调，以为“凤阳虽帝乡非建都地”①。八年四月罢营中都。②

洪武十一年（公元1378）以南京为京师。③ 太祖对于建都问题已经踌躇了十年，到这时才决定。可是为着要控制北边，仍时时有迁都的雄心。选定的地点仍是长安、洛阳和北平。当时献议都长安的有胡子祺：

> 洪武三年以文学选为御史，上书请都关中。帝称善，遣太子巡视陕西。后以太子薨，不果。④

他的理由是：

> 天下形胜地可都者四。河东地势高，控制西北，尧尝都之，然其地苦寒。汴梁襟带河、淮，宋尝都之，然其地平旷，无险可凭。洛阳周公卜之，周、汉迁之，然嵩、邙非有崤函、终南之阻，涧、瀍、伊、洛非有泾、渭、灞、浐之雄。夫据百二河山之胜，可以耸诸侯之望，举天下莫关中若也。⑤

皇太子巡视陕西在洪武二十四年。则太祖在十一年定都南京以后仍有都长安之意。皇太子巡视的结果，主张定都洛阳：

> 太祖以江南地薄，颇有迁都之意。八月命皇太子往视关、洛。皇太子志欲定都洛阳，归而献地图。明年四月以疾薨。⑥

郑晓记此事始末，指出迁都的用意在控制西北：

> 国朝定鼎金陵，本兴王之地。然江南形势终不能控制西北，故高皇时已有都汴、都关中之意，以东宫薨而中止。⑦

《明史》记：

---

① 《明史》卷一二八，《刘基传》

② 《明史》卷二，《太祖本纪》二。

③ 《明史》卷四〇，《地理志》一。

④ 《明史》卷一四七，《胡广传》。

⑤ 《明史》卷一一五，《兴宗孝康皇帝传》。

⑥ 姜清：《姜氏秘史》卷一。

⑦ 郑晓：《今言》卷二七四。

> 太子还，献陕西地图，遂病。病中上言经略建都事。①

是则假使太子不早死，也许在洪武时已迁都到洛阳或长安了。又议建都北平：

> 逮平陕西，欲置都关中。后以西北重地非自将不可，议建都于燕，以鲍频力谏而止。②

何孟春记鲍频谏都北平事说：

> 太祖平一天下，有北都意。尝御谨身殿亲策问廷臣曰："北平建都可以控制边塞，比南京何如?"修撰鲍频对曰："元主起自沙漠，立国在燕今百年，地气天运已尽，不可因也。南京兴王之地，宫殿已完，不必改图。传曰：'在德不在险也。'"③

明太祖晚年之想迁都，次要的原因是南京新宫风水不好。顾炎武记：

> 南京新宫吴元年作。初大内填燕尾湖为之，地势中下南高而北卑。高皇帝后悔之。二十五年祭光禄寺灶神文曰："朕经营天下数十年，事事按古有绪。维宫城前昂后洼，形势不称，本欲迁都。今朕年老，精力已倦。又天下新定，不欲劳民，且兴废有数，只得听天．惟愿鉴朕此心，福其子孙。"④

由此看来，从洪武初年到二十四年这一时期中，明太祖虽然以南京作国都，可是为了控制北边的关系，仍时时有迁都的企图。迁都到北边最大的困难是漕运艰难，北边硗瘠，如一迁都，则人口必骤然增加，本地的粮食不能自给，必须仰给东南，烦费不资。次之重新创建城地宫阙，财力和人力耗费过多。懿文太子死后，这老皇帝失去勇气，就从此不再谈迁都了。

---

① 《明史》卷一一五，《兴宗孝康皇帝传》。

② 《春明梦余录》卷一。

③ 何孟春：《余冬录》卷二。

④ 顾炎武：《天下郡国利病书》卷一〇三，江南一。

三、封建诸王

洪武二年四月编《祖训录》，定封建诸王之制。① 在沿边要塞，均置王国：

> 明兴，高皇帝以宋为惩，内域削弱，边圉勿威，使胡人得逞中原而居闰位。于是大封诸子，连亘边陲。北平天险，为元故都，以王燕。东历渔阳、卢龙，出喜峰，包大宁，控塞葆山戎，以王宁。东渡榆关，跨辽东，西并海被朝鲜，联开原，交市东北诸夷，以王辽。西按古北口，濒于雍河，中更上谷、云中，巩居庸，蔽雁门，以王谷若代。雁门之南，太原其都会也，表里河山，以王晋。逾河而西，历延、庆、韦、灵，又逾河北，保宁夏，倚贺兰，以王庆。兼殽、陇之险，周、秦都圻之地，牧垧之野，直走金城，以王秦。西渡河领张掖、酒泉诸郡，西扃嘉峪，护西域诸国，以王肃。此九王者皆塞王也，莫不敷险陲，控要害，佐以元戎宿将，权崇制命，势匹抚军，肃清沙漠，垒帐相望。②

在内地则有：

> 周、齐、楚、潭、鲁、蜀诸王，护卫精兵万六千余人，牧马数千匹，亦皆部兵耀武，并列内郡。③

洪武五年置亲王护卫指挥使司，每府设三护卫。④ 护卫甲士少者三千人，多者至万九千人。⑤ 王国中央所派守镇兵亦得归王调遣：

> 凡王国有守镇兵，有护卫兵。其守镇兵有常选指挥掌之。

---

① 《明史》卷二，《太祖本纪》二。

②③　何乔远：《名山藏》卷一，《分藩记》。

④ 《明史》卷九十，《兵志》二，《卫所》。

⑤ 《明史》卷一一六，《诸王传序》。

其护卫兵从王调遣。如本国是险要之地，遇有警急，其守镇兵、护卫兵并从王调遣。①

守镇兵之调发，除御宝文书外并须得王令旨方得发兵：

凡朝廷调兵须有御宝文书与王，并有御宝文书与守镇官。守镇官既得御宝文书，又得王令旨，方许发兵。无王令旨，不得发兵。②

扼边诸王尤险要者，兵力尤厚。如宁王所部至“带甲八万，革车六千，所属朵颜三卫骑兵皆骁勇善战”③。洪武十年又以羽林等卫军益秦、晋、燕三府护卫。④ 时蒙古人犹图恢复，屡屡南犯。于是徐达、冯胜、傅友德诸大将数奉命往北平、山西、陕西诸地屯田练兵，为备边之计。又诏诸王近塞者每岁秋勒兵巡边⑤，远涉不毛，校猎而还，谓之肃清沙漠。⑥ 诸王封并塞居者皆预军务，而晋、燕二王尤被重寄，数命将兵出塞以筑城屯田，大将如宋国公冯胜、颍国公傅友德皆受节制。⑦ 洪武二十六年三月诏二王军务大者始以闻⑧，由此军中事皆得专决。一方面又预防后人懦弱，政权有落于权臣和异姓人之手的危险，特授诸王以干涉中央政事之权。诸王有权移文中央索取奸臣：

若大臣行奸，不令王见天子，私下傅致其罪而遇不幸者，到此之时，天子必是昏君。其长史司并护卫移文五军都督府索取奸臣，都督府捕奸臣奏斩之，族灭其家。⑨

甚至得举兵入清君侧：

如朝无正臣，内有奸恶，则亲王训兵待命。天子密诏诸王

---

①② 《皇明祖训》，兵卫条。

③ 《明史》卷一一七，《宁王传》。

④ 《明史》卷二，《太祖本纪》二。

⑤ 《明史》卷九一，《兵志》三，《边防》。

⑥ 祝允明：《九朝野记》卷一。

⑦ 《明史》卷一一六，《晋王传》。

⑧ 《明史》卷三，《太祖本纪》三。

⑨ 《皇明祖训》，法律条。

统领镇兵讨平之。①

又怕后人变更他的法度，把一切天子亲王大臣所应作和不应作的事都定为祖训，叫后人永远遵守。洪武二十八年九月正式颁布《皇明祖训条章》于中外，并下令后世有言更祖制者以奸臣论。② 由此诸王各拥重兵，凭据险阨，并得干涉国事，在军事上和政治上都握大权，渐渐地酿成了外重内轻之势。

分封过制之害，在洪武九年叶伯巨即已上书言之。他说：

> 先王之制，大都不过三国之一，上下等差，各有定分，所以强干弱枝，遏乱源而崇治本耳。今裂土分封，使诸王各有分地，盖惩宋、元孤立，宗室不竞之弊。而秦、晋、燕、齐、梁、楚、吴、蜀诸国，无不连邑数十，城郭宫室亚于天子之都，优之以甲兵卫士之盛。臣恐数世之后，尾大不掉，然后削其地而夺之权，则必生觖望，甚者缘间而起，防之无及矣……愿及诸王未之国之先，节其都邑之制，减其卫兵，限其疆理，亦以待封诸王之子孙。此制一定，然后诸王有贤且才者入为辅相；其余世为藩屏，与国同休。割一时之恩，制万世之利，消天变而安社稷，莫先于此。③

书上以难间骨肉坐死。其实这时诸王止建藩号，尚未就国，有远见的人已经感觉到不安的预兆了。到洪武末年诸王数奉命出塞，强兵悍卒，尽属麾下，这时太祖衰病，皇太孙幼弱，也渐渐地感觉到强藩的迫胁了。有一次他们祖孙曾有如下的谈话：

> 先是太祖封诸王，辽、宁、燕、谷、代、晋、秦、庆、肃九国皆边虏，岁令训将练兵，有事皆得提兵专制便防御。因语太孙曰："朕以御虏付诸王，可令边尘不动，贻汝以安。"太孙曰："虏不靖，诸王御之，诸王不靖，孰御之？"太祖默然良久，曰："汝意何如？"太孙曰："以德怀之，以礼制之，不可则削其

① 《皇明祖训》法律条。

② 《明史》卷三，《太祖本纪》三。

③ 《明史》卷一三九，《叶伯巨传》。

地，又不可则废置其人，又其甚则举兵伐之。”太祖曰：“是也，无以易此矣。”①

太孙又和黄子澄密谋定削藩之计：

惠帝为皇太孙时，尝坐东角门，谓子澄曰：“诸王尊属拥重兵，多不法，奈何?”对曰：“诸王护卫兵才足自守，倘有变，临以六师，其谁能支?汉七国非不强，卒底亡灭。大小强弱势不同，而顺逆之理异也。”太孙是其言。②

即位后高巍、韩郁先后上书请用主父偃推恩之策：“在北诸王，子弟分封于南；在南，子弟分封于北。如此则藩王之权，不削而自削。”③ 当局者都主削藩，不用其计而靖难师起。

四、靖　难

明太祖在位三十一年（1368 至 1398），皇太子标早卒，太孙允炆继位，是为惠帝（1399 至 1402）。时太祖诸子第二子秦王樉、第三子晋王棡均先卒，四子燕王棣、五子周王橚及齐、湘、代、岷诸王均以尊属拥重兵，多不法，朝廷孤危。诸王中燕王最雄杰，兵最强，尤为朝廷所嫉。惠帝用黄子澄、齐泰计谋削藩：

泰欲先图燕。子澄曰：“不然。周、齐、湘、代、岷诸王，在先帝时尚多不法，削之有名。今欲问罪，宜先周。周王，燕之母弟④，削周是削燕手足也。”⑤

定计以后，第一步先收回王国所在地之统治权，下诏“王国吏

---

① 尹守衡：《明史窃革除纪》。

② 《明史》卷一四一，《黄子澄传》。

③ 《明史》卷一四三，《高巍传》。

④ 高皇后无子。懿文太子标、秦王樉、晋王棡，李淑妃出。燕王棣，周王橚，碽妃出。均为高皇后养子，故燕王起兵时冒称高后嫡子，以图耸动天下耳目，且以为三兄俱死，已伦序当立。说详吴晗：《明成祖生母考》，载《清华学报》十卷三期。

⑤ 《明史》卷一四一，《黄子澄传》。

民听朝廷节制，惟护卫官军听王”①。建文元年二月又“诏诸王毋得节制文武吏士”②。收回兵权及在王国之中央官吏节制权。洪武三十一年八月废周王橚为庶人。建文元年四月湘王柏惧罪自焚死，齐王榑、代王桂有罪，废为庶人。六月废岷王楩为庶人。

燕王智勇有大略，妃徐氏为开国元勋徐达女，就国后，徐达数奉命备边北平，因从学兵法。徐达死后，诸大将因胡惟庸、蓝玉两次党案诛杀殆尽，燕王遂与秦晋二王并当北边御敌之任。洪武二十三年正月与晋王帅师往讨元丞相咬住、太尉乃儿不花，征虏前将军颍国公傅友德等皆听节制。三月师次迤都，咬住等降。③ 获其全部而还，太祖大喜。是后屡师诸将出征，并令王节制沿边士马，威名大震。④ 二十四年四月督傅友德诸将出塞，败敌而还。二十六年三月冯胜、傅友德备边山西、北平，其属卫将校悉听晋王、燕王节制。二十八年正月帅总兵官周兴出辽东塞，自开原追敌至甫答迷城，不及而还。二十九年帅师巡大宁，败敌于彻彻儿山，又追败之于兀良哈秃城而还。三十一年帅师备御开平。⑤ 太祖崩后，自以为三兄都已先死，伦序当立，不肯为惠帝下。周、湘诸藩相继得罪，遂决意反，阴选将校，勾军卒，收材勇异能之士，日夜铸军器。⑥ 建文元年七月杀朝廷所置地方大吏，指齐泰、黄子澄为奸臣，援引祖训，入清君侧，称其师曰“靖难”。

兵起时惠帝正在和方孝孺、陈迪一些文士讨论周官法度，更定官制，讲求礼文。当国的齐泰、黄子澄也都是书生，不知兵事，以旧将耿炳文为大将往讨。八月耿炳文兵败于滹沱河，即刻召还，代以素不知兵的勋戚李景隆。时燕王已北袭大宁，尽得朵颜三卫疒骑而南。景隆乘虚攻北平，不能克，燕王回兵大破之。二年四月燕王

---

① 谷应泰：《明史纪事本末》卷一五；《明史》卷一四一，《齐泰传》。

② 《明史》卷四，《恭闵帝本纪》。

③ 《明史》卷三，《太祖本纪》三。

④ 《明史》卷五，《成祖本纪》一。

⑤ 《明史》卷三，《太祖本纪》三。

⑥ 《明史》卷一四五，《姚广孝传》。

又败景隆兵于白沟河、德州。进围济南，三月不克，为守将盛庸所掩击，大败解围去。九月盛庸代李景隆为大将军。十二月大败燕兵于东昌，燕大将张玉战死，精锐丧失几尽。三年燕兵数南下，胜负相当。所攻下的城邑，兵回又为朝廷拒守，所据有的地方不过北平、保定、永平三府。恰好因惠帝待宫中宦官极严厉，宦官被黜责的逃奔燕军，告以京师虚实。十二月复出师南下，朝廷遣大将徐辉祖（达子，燕王妃兄）出援山东，与都督平安大败燕兵于齐眉山。燕军谋遁还。惠帝又轻信谣言，以为燕兵已退，一面也不信任徐辉祖，召之还朝。前方势孤，相继败绩。燕兵遂渡淮趋扬州，江防都督陈瑄以舟师迎降，径渡江进围南京，谷王橞及李景隆开金川门迎降，宫中火起，惠帝不知所终。燕王入京师即帝位，是为成祖（1403至1424）。①

成祖入南京后作的第一件事是对主削藩议者的报复，下令大索齐泰、黄子澄、方孝孺等五十余人，榜其姓名曰奸臣，大行屠杀，施族诛之法，族人无少长皆斩，妻女发教坊司，姻党悉戍边。方孝孺之死，宗族亲友前后坐诛者至八百七十三人。②万历十三年（1585）释坐孝孺谪戍者后裔凡千三百余人。③即位后的第一件事是尽复建文中所更改的一切成法和官制，表明他起兵的目的是在拥护祖训和问惠帝擅改祖宗成法之罪。④由此《祖训》成为明朝一代治国的经典，太祖时所定的法令到后来虽然时移事变，也不许有所更改。太祖时所曾施行的制度，也成为一代的金规玉律，无论无理到什么地步，也因为是祖制而不敢轻议。内中如锦衣卫和廷杖制，最为有明一代的弊政。为成祖所创的有宦官出使专征监军分镇的制度，和皇帝的侦察机关东、西厂。

---

① 《明史》卷四《恭闵帝纪》，卷五《成祖纪》一，卷一四四《盛庸传》，卷一二六《李文忠传》，卷一二五《徐达传》；《明史纪事本末》卷一六。

② 《明史纪事本末》卷一八。

③ 《明史》卷一四一，《方孝孺传》。

④ 《明史》卷五，《成祖本纪》一；钞本《燕王令旨》。

五、锦衣卫和东、西厂[①]

锦衣卫和东、西厂，明人合称为厂卫。锦衣卫是外廷的侦察机关，东、西厂则由宦官提督，最为皇帝所亲信，即锦衣卫也在其侦察之下。

锦衣卫初设于明太祖时，是皇帝的私人卫队。其下有镇抚司，专治刑狱，可以直接取诏行事，不必经过外廷法司的手续。[②] 锦衣卫的主要职务是“察不轨妖言人命强盗重事”，专替皇帝侦察不忠于帝室的和叛逆者，其权力在外廷法司之上。洪武二十年（1387）曾一度取消锦衣卫的典诏狱权。到了成祖由庶子篡逆得位，自知人心不附，兼之内外大臣都是惠帝的旧臣，深恐惠帝未死，诸臣或有复国的企图，于是重复锦衣卫的职权，使之活动，以为钳制臣民之计。另一方面又建立了一个最高侦察机关叫东厂。因为在起兵时很得了惠帝左右宦官的力量，深信宦官的忠心，付以“缉访谋逆妖言大奸恶等”的职权。以后虽时革时复，名义也有时更换（如西厂、外厂、内行厂之类），但其职权及地位则愈来愈高，有任意逮捕官吏、平民和任意刑讯处死的权力。

靖难兵起时宦官狗儿、郑和等以军功得幸，即位后遂加委任。有派作使臣的，如永乐元年（1403）遣内官监李兴出使暹罗[③]，马彬出使爪哇诸国。三年遣太监郑和出使西洋。[④] 有派作大将的，如永乐三年之使中官山寿帅兵出云州觇敌。[⑤] 又因各地镇守大将多为惠帝旧臣，特派宦官出镇和监军，使之伺察，永乐元年命内臣出镇及监京营军。[⑥] 出镇的例如马靖镇甘肃，马骐镇交阯；监军的如王安之监都督谭青军。[⑦] 由是司法权和兵权都慢慢地落在宦官手中。宣德

① 作者有专文讨论，参阅《大公报·史地周刊》第十三期《明代的锦衣卫和东西厂》（1934年12月24日）。

② 王世贞：《锦衣志》。

③ 《明史》卷三〇四，《宦官传序》。

④⑤⑥ 《明史》，《成祖本纪》二。

⑦ 《明史》卷三〇四，《宦官传序》。

以后，人主多不亲政事，内阁的政权也渐渐地转到内廷司礼监手中去了。在外则各地镇守太监成为地方最高长官，积重难返，形成一种畸形的阉人政治。英宗时的王振、曹吉祥，宪宗时的汪直、梁芳，武宗时的刘瑾，神宗时的陈增、高淮，熹宗时的魏忠贤，思宗时的曹化淳、高起潜，莫不窃弄政柄，祸国殃民，举凡军事、外交、内政、财政、司法一切国家大政，都由宦官主持，甚至阁臣之用黜都以宦官的好恶为定。他们只图私人生活的享乐，极力搜括掊敛，榨取民众的血汗，诱导皇帝穷奢极欲，大兴土木祷祠，对外则好大喜功，生衅外族，驯至民穷财尽，叛乱四起。外廷的士大夫与之相抗的都被诛杀、放逐，由此朝廷分为两党，一派附和宦官，希图富贵，甘为鹰犬；一派则极力攻击，欲将政权夺回内阁，建设清明的政府。阉人和士人两派势力互为消长，此仆彼兴，一直闹到亡国。

廷杖也是祖制的一种，太祖时曾杖死工部尚书薛祥①，鞭死永嘉侯朱亮祖父子。② 以后一直沿用，正德十四年（1519）以谏止南巡廷杖舒芬等百四十六人，死者十一人。嘉靖三年（1524）群臣争大礼，廷杖丰熙等百三十四人，死者十六人。内外大臣一拂宦官或皇帝之意，即时廷杖，由锦衣卫执行，打而不死者或遣戍边地，或降官，或仍旧衣冠办事。宣宗时又创立枷之刑，国子祭酒李时勉至荷枷国子监前。③ 直到熹宗时魏忠贤杖死万燝，大学士叶向高以为言，忠贤乃罢廷杖，把所要杀的人都下镇抚司狱，用酷刑害死，算是代替了这一祖制。

锦衣卫、东西厂和廷杖制原都是为镇压反对势力，故意造成恐怖空气，使臣民慑于淫威不敢反侧的临时设施。一经施用，大小臣民都惴惴苟延，不知命在何日。太祖时朝官得生还田里，便为大幸。④ 皇帝的威权由之达于顶点。这三位一体的恐怖制度使专制政体的虐焰高得无可再高，列朝的君主也有明知这制度的残酷不合理，

---

① 《明史》卷一三八，《薛祥传》。

② 《明史》卷九五，《刑法志》三。

③ 《明史》卷一六三，《李时勉传》。

④ 《明史》卷一三八，《杨靖传》附《严德珉传》；卷二八五，《孙蕡传》。

但是第一为着维系个人的威权，第二因为这是祖制，所以因仍不废。英宗以来的君主多高拱深宫，宦官用事，利用这制度来树威擅权，排斥异己，虽然经过若干次士大夫的抗议，终归无效。一直到亡国才自然消灭，竟和明运相终始。

六、迁都北京

成祖以边藩篡逆得位，深恐其他藩王也学他的办法再来一次靖难，即位之后，也采用惠帝的削藩政策，以次收诸藩兵权，非惟不使干预政事，且设立种种苛禁以约束之。建文四年（1402）徙谷王于长沙，永乐元年徙宁王于南昌，以大宁地界从靖难有功之朵颜、福余、泰宁三卫，以偿前劳。① 削代王、岷王护卫。四年削齐王护卫，废为庶人。十年削辽王护卫（辽王已于建文元年徙荆州）。十五年谷王以谋反废。十八年周王献三护卫。尽削诸王之权，于护卫损之又损，必使其力不足与一镇抗。② 到宣宗时汉王高煦，武宗时安化王寘鐇、宁王宸濠果然援例造反，遂更设为厉禁，诸王行动不得自由，即出城省墓亦须奏请。二王不得相见。③ 受封后即不得入朝。④ 甚至在国家危急时，出兵勤王亦所不许。⑤ 只能衣租食税，凭着王的位号在地方上作威福，肆害官民。⑥ 王以下的宗人生则请名，

---

① 《明史》卷三二八《朵颜三卫传》。《成祖本纪》二：永乐元年三月“始以大宁地界兀良哈”，《兵志》三同。按兀良哈为地名，在潢水（即西喇木伦 Sira Muren）北。西起兴安岭，东至哈尔滨、长春等平野。南有全宁卫，更南有大宁卫。《太祖高皇帝实录》卷一九六：“二十二年五月辛卯，置泰宁、朵颜、福余三卫指挥使司于兀良哈之地以居降胡。”明人习称泰宁、朵颜、福余为兀良哈三卫，更节为兀良哈。兀良哈及三卫之名称由来，详见日本箭内亘：《兀良哈三卫名称考》。

② 万言：《管邨文钞内编》二，《诸王世表序》。

③ 《明史》卷一二〇，《诸王传赞》；卷一一九，《襄王传》。

④ 《明史》卷一一九，《崇王传》。

⑤ 《明史》卷一一八，《韩王传》、《唐王传》。

⑥ 赵翼：《廿二史劄记》卷三二，《明分封宗藩之制》。

长则请婚于朝，禄之终身，丧葬予费。① 仰食于官，不使之出仕，又不许其别营生计，“不农不仕，吸民膏髓”②。生齿日蕃，国力不给，世宗时御史林润言：

> 天下岁供京师粮四百万石，而诸府禄米凡八百五十三万石。以山西言，存留百五十二万石，而宗禄三百十二万。以河南言，存留八十四万三千石，而宗禄百九十二万。③

不得已大加减削，宗藩日困。④ 枣阳王祐楒“请除宗人禄，使以四民业自为生，贤者用射策应科第”，不许。⑤ 万历二十二年（1594）郑靖王世子载堉请许宗室皆得儒服就试，毋论中外职，中式者视才品器使⑥，从此宗室方得出仕。国家竭天下之力来养活十几万游荡无业的贵族游民，不但国力为之疲敝不支，实际上宗室又因不能就业而陷于贫困，势不能不作奸犯法，扰害平民。这也是当时创立“祖制”的人所意想不到的。

成祖削藩的结果，宁、谷二王内徙，尽释诸王兵权，北边空虚。按照当时的情势，“四裔北边为急，倏来倏去，边备须严。若畿甸去远而委守将，则非居重取轻之道”⑦。于是有迁都北京之计，以北京为行在，屯驻重兵，抵御蒙古人的入侵：

> 太宗靖难之勋既集，切切焉为北顾之虑，建行都于燕，因而整戈秣马，四征弗庭，亦势所不得已也。銮舆巡幸，劳费实繁。易世而后，不复南幸，此建都所以在燕也。⑧

合军事与政治中心为一，以国都当敌。朱健曾为成祖迁都下一历史的地理的解释。他说：

---

① 《明史》卷一一六，《诸王传序》。
② 《明史》卷二一四，《靳学颜传》。
③ 《明史》卷八二，《食货志》六。
④ 《明史》卷一〇〇，《诸王世表序》。
⑤ 《明史》卷一一九，《襄王传》附《枣阳王传》。
⑥ 《明史》卷一一九，《郑王传》。
⑦ 章潢：《图书编》卷三三，《论北龙帝都垣局》。
⑧ 顾祖禹：《读史方舆纪要》卷一〇，《直隶方舆纪要序》。

自古建立都邑，率在北土，不止我朝，而我朝近敌为甚。且如汉袭秦旧都关中，匈奴入寇，烽火辄至甘泉。唐袭隋旧都亦都关中，吐蕃入寇，辄到渭桥。宋袭周旧都汴，西无灵夏，北无燕、云，其去契丹界直浃旬耳。景德之后亦辄至澶渊。三治朝幅员善广矣，而定都若此者何？制敌便也。我朝定鼎燕京，东北去辽阳尚可数日，去渔阳百里耳。西北去云中尚可数日，去上谷亦仅倍渔阳耳。近敌便则常时封殖者尤勤，常时封殖则一日规画措置者尤亟。是故去敌之近，制敌之便，莫有如今日者也。①

建都北京的最大缺点是北边粮食不能自给，必须仰给东南。海运有风波之险，由内河漕运则或有时水涸，或被“寇盗”所阻，稍有意外，便成问题：

今国家燕都可谓百二山河，天府之国，但其间有少不便者，漕粟仰给东南耳。运河自江而淮，自淮而黄，自黄而汶，自汶而卫，盈盈衣带，不绝如线，河流一涸，则西北之腹尽枵矣。元时亦输粟以供上都，其后兼之海运。然当群雄奸命之时，烽烟四起，运道梗绝，惟有束手就困耳。此京师之第一当虑者也。②

要解决这两个困难，则第一必须大治河道，第二必须仍驻重兵于南京，镇压东南。成祖初年，转漕东南，水陆兼挽，仍元人之旧，参用海运，而海运多险，陆运亦艰。九年命宋礼开会通河，十三年陈瑄凿清江浦，通北京漕运，直达通州，而海陆运俱废。③ 运粮官军十二万人，有漕运总兵及总督统之。④ 十九年（1421）迁都北京后，以南京为留都，仍设五府六部官，并设守备掌一切留守防护之事，节制南京诸卫所。⑤

---

① 朱健：《古今治平略》，古今都会。

② 谢肇淛：《五杂俎》。

③ 《明史》卷五，《成祖本纪》二；卷八五，《河渠志》三；卷七九，《食货志》三。

④ 《明史》卷七六，《职官志》五；卷七九，《食货志》三。

⑤ 《明史》卷七六，《职官志》五。

永乐元年以北平为北京。四年诏以明年五月建北京宫殿。十八年北京郊庙宫殿成，诏以北京为京师，不称行在。① 在实际上，自七年以后，成祖多驻北京，以皇太子在南京监国。自邱福征本雅失里迁败死后，五入漠北亲征。② 自十五年北巡以后，即不再南返。南京在事实上，从七年北巡后即已失去政治上的地位，十九年始正式改为陪都。

迁都之举，当时有一部分人不了解成祖的用心，力持反对论调：

> 初以殿灾诏求直言，群臣多言都北京非便。帝怒，杀主事萧仪，曰："方迁都时，与大臣密议，久而后定，非轻举也。"③

仁宗即位（1425）后，胡濙从经济的立场"力言建都北京非便，请还南都，省南北转运供亿之烦"④。于是又定计还都南京，洪熙元年三月诏北京诸司悉称行在。五月仁宗崩，迁都之计遂又搁置不行。⑤ 一直到英宗正统六年（1441）北京三殿两宫都已告成，才决定定都北京，诏文武诸司不称行在，仍以南京为陪都。⑥

成祖北迁以后，三面临敌，边防大重。东起鸭绿，西抵嘉峪，绵亘万里，分地守御。初设辽东、宣府、大同、延绥四镇，继设宁夏、甘肃、蓟州三镇，又加上太原、固原，是为九边。⑦ 每边各设重兵，统以大将，副以褊裨，监以宪臣，镇以开府，联以总督，无事则画地防守，有事则掎角为援。⑧ 失策的是即位后即徙封宁王于江西，把大宁一带地⑨，送给从征有功的朵颜三卫，自古北口至山海关隶朵颜卫，自广宁前屯卫西至广宁镇白云山隶泰宁卫，自白云山以北至开原隶福余卫。而幽燕东北之险，中国与夷狄共之，胡马

---

① 《明史》卷七，《成祖本纪》三。

② 八年征鞑靼本雅失里，十二年征瓦剌马哈木，二十年至二十二年三征鞑靼阿鲁台。

③ 《明史》卷一四九，《夏原吉传》。

④ 《明史》卷一六九，《胡濙传》。

⑤ 《明史》卷八，《仁宗本纪》。

⑥ 《明史》卷一〇，《英宗前纪》。

⑦ 《明史》卷九一，《兵志》三。

⑧ 黄道周：《博物典汇》卷一九，九边。

⑨ 今热河平泉、赤峰、朝阳等县地。

疾驰半日可抵关下。辽东广宁、锦义等城自此与宣府、怀来隔断，悬绝声不相联。① 又以东胜②孤远难守。调左卫于永平，右卫于遵化而墟其地。③ 兴和④为阿鲁台所攻，徙治宣府卫城而所地遂虚。⑤ 开平⑥为元故都，地处极边，西接兴和而达东胜，东西千里，最为要塞。自大宁弃后，宣、辽隔绝，开平失援，胡虏出没，饷道艰难，宣德五年（1432）从薛禄议，弃开平，徙卫于独石。⑦ 后来“三岔河弃而辽东悚，河套弃而陕右警，西河弃而甘州危”⑧，国防遂不可问。初期国力尚强，对付外敌的方法是以攻为守，太祖、成祖、宣宗三朝并大举北征，以兵力逼蒙古人远遁，使之不敢近塞。英宗以后国力渐衰，于是只以守险为上策，坐待敌来，诸要塞尽弃而边警由之日亟。正统十四年（1449）瓦剌也先入寇围北京。嘉靖二十九年（1550）鞑靼俺答入寇薄都城。这两次的外寇都因都城兵力厚不能得志，焚掠近畿而去。崇祯十七年（1644）李自成北上，宣府和居庸的守臣都开门迎降，遂长驱进围北京，太监曹化淳又开门迎入，明遂亡。由此看来，假如成祖当时不迁都北京，自以身当敌冲，也许在前两次蒙古人入犯时，黄河以北已不可守，宋人南渡之祸，又要重演一次了。

（原载《清华学报》第十卷第四期，1935年10月）

① 严从简：《殊域周咨录》卷一六，《鞑靼》。

② 今绥远托克托县及蒙古茂明安之地。

③ 《明史》卷九一，《兵志》三；卷四二，《地理志》二，《山西》。

④ 元兴和路，自张家口以北至内蒙古苏尼特旗皆其境。洪武三年为府，后废。三十年置兴和守御千户所。今察哈尔张北县治即兴和故城。

⑤ 《明史》卷四〇，《地理志》一，《京师》。

⑥ 在今察哈尔多伦县地。

⑦ 《明史》卷四〇，《地理志》一；《殊域周咨录》卷一七，《鞑靼》；方孔炤：《全边略纪》卷三，《宣府略》。

⑧ 《博物典汇》卷一九。

明代之农民

一

按照职业的区分，明代的户口有民户、军户、医户、儒户、灶户、僧户、道户、匠户①、阴阳户②、优免户、女户、神帛堂户③、陵户、园户、海户、庙户④……之别。户有户籍户帖：

洪武三年（1370）十一月辛亥核民数给以户帖。户部制户籍户帖，各书其户之乡贯丁口名岁，合籍与帖，以字号编为勘合，识以部印，储藏于部，帖给之民。仍令有司岁计其户口之登耗，类为籍册以进，著为令。⑤ 户籍藏于户部，户帖给民收执。“父子相承，徭税以定。”⑥ 令有司各户比对，不合者遣戍，隐匿者斩，男女田宅，备载于后。⑦ 若诈冒避免，避重就轻者杖八十，其官司妄准脱免，及变乱版籍者罪同。⑧ 洪武十四年（1381）改为赋役黄册，以一百十户为一里，推丁粮多者十户为长，余百户为十甲，甲凡十人，岁役里长一人，甲首一人，董一里一甲之事，先后以丁粮多寡为序，凡十年一周曰排年。在城曰坊，近城曰厢，乡都曰里。里编为册，册首总为一图，鳏寡孤独不任役者附十甲后为畸零，僧道给度牒，有田者编册如民科，无田者亦为畸零，每十年有司更定其册，以丁粮增减而升降之。册凡四，一上户部，其三则布政司、府、县各存

① 《弘治会典》卷一一。
② 《弘治会典》卷二〇，引《大明令》。
③ 《明史》卷二八一，《庞嵩传》。
④ 《明史》卷七八。
⑤ 《明太祖实录》卷五八。
⑥ 《明宣宗实录》卷六九。
⑦ 谈迁：《枣林杂俎》，《逸典》。
⑧ 《明律》四，《户》一。

一焉。上户部者册面黄纸，故谓之黄册。其后黄册只具文，有司征税编徭则自为一册，曰白册云。①

各色户口中占绝大多数的是民户，民户中占绝大多数的是农民。(也可以说民户即指农民，一小部分的小商也包括在内。曾任官吏的则另别为宦户。)其次是军户和匠户。民由有司，军由卫所，匠由工部管理。② 农民人数最多，和土地的关系最密切，对国家的担负也最重。他们的生活也最值得我们注意。

农民中的富民和大地主的子弟有特权享受最好的教育，在科举制度下，他们可以利用所受的教育，一经中试便摇身变成儒户，一列仕途，便又变成宦户。退休后又变成乡绅，不再属于民户。或则买官捐监，也可以使一家的身份提高。贫农中也有由子弟的努力而成为儒户、宦户的，不过身份一改，便面目全非，对国家的负担和社会上的待遇便全然不同。他们不但不再属于民户，反而掉转头来自命为上层阶级，去剥削他从前所隶属的集团了。

二

农民的本分是纳赋和力役，明太祖告诉他的百姓说：“为吾民者当知其分。田赋力役出以供上者乃其分也。能安其分则保其父母妻子，家昌身裕，为仁义忠孝之民，刑罚何由及哉。”③ 赋役都以黄册为准，册有丁有田，丁有役，田有租，租曰夏税，曰秋粮，凡二等。丁曰成丁，曰未成丁，凡二等。民始生籍其名曰不成丁，年十六曰成丁，成丁而役，六十而免。役曰里甲，曰均徭，曰杂泛，凡三等。以户计曰甲役，以丁计曰徭役，上命非时曰杂役，皆有力役，有雇役，田租大略以米麦为主，而丝绢与钞次之。④

---

① 《明史》卷七七，《食货志》，《户口》。

② 《弘治会典》卷二〇。

③ 《明太祖实录》卷一五〇。

④ 《明史》卷七八，《食货志》，《赋役》。

要农民安于本分，使永远不能离开其所耕种的土地，除有黄册登记土地户口外，并设路引的制度，百里内许农民自由通行，百里外即须验引："凡军民等往来但出百里者，即验文引。"① 天下要冲去处设立巡检司，专一盘诘无引面生可疑之人。军民无文引必须擒拿送官，仍许诸人首告，得实者赏，纵容者同罪。② 此制在洪武初年即已施行：

> 洪武六年（1373）七月癸亥，常州府吕城巡检司盘获民无路引者送法司论罪。问之，其人以祖母病笃，远出求医急，故无验。上闻之曰："此人情可矜，勿罪。"释之。③

于是农民永远被禁乡里，只好硬着头皮为国家尽本分。

田赋和力役只是农民负担一小部分。除了对国家以外，农民还要对地方官吏、豪绅、地主……尽种种义务，他们要受四重甚至五重的剥削。官吏则巧立名目，肆行科敛，即在开国时严刑重法，也还有此种情形，明太祖极为愤怒，他很生气地训斥一般地方官说：

> 置造上中下三等黄册，朝觐之时，明白开谕，毋得扰动乡村。止将黄册底册就于各府州县官备纸札，于底册内挑选上中下三等以凭差役，庶不靠损小民，所谕甚明。及其归也，仍前着落乡村，巧立名色，团局置造，科敛害民。④

科敛之害，甚于虎狼。如折收秋粮，府州县官发放，每米一石官折钞二贯，巧立名色，取要水脚钱一百文，车脚钱三百文，口食钱一百文。库子又要辨验钱一百文，蒲篓钱一百文，竹篓钱一百文，沿江神佛钱一百文。⑤ 政府之惩治虽严，而官吏之贪污如故，剥削如故，方震孺整饬吏治疏言：

> 一邑设佐贰二三员，各有职掌。司捕者以捕为外府，收粮者以粮为外府，清军者以军为外府，其刑驱势逼，虽绿林之豪，

---

①② 《弘治会典》卷一三〇。

③ 《明太祖实录》卷八三。

④ 《大诰》第四四。

⑤ 《大诰》第四一。

何以加焉。稍上而有长吏，则有科罚，有羡余，曰吾以备朝京之需，吾以备考满之用，上言之而不讳，下闻之而不惊，虽能自洗刷者固多，而拘于常例者不尽无也。又上之而为郡守方面，岁时则有献，生辰则有贺，不谋而集，相摩而来，寻常之套数不足以献芹，方外之奇珍始足以下点，虽能自洗刷者固多，而拘于常例者不尽无也。萧然而来，捆载而去。夫此捆载者非其携之于家，雨之于天，又非输于神，运于鬼，总皆为百姓之脂膏，又穷百姓卖儿卖女而始得之耳。①

其剥削之方法，多用滥刑诛求，英宗时江西按察司佥事夏时言：

今之守令冒牧民之美名，乏循良之善政，往往贪泉一酌而邪念顿兴，非深文以逞，即钩距是求。或假公营私，或诛求百计。经年置人于犴狱，滥刑恒及于无辜。甚至不任法律而颠倒是非，高下其手者有之，刻薄相尚，而避己小嫌，入人大辟者有之。不贪则酷，不怠则奸，或通吏胥以贾祸，或纵主案以肥家，殃民蠹政，莫敢谁何。②

地方官以下之粮长吏胥，则更变本加厉，横征暴敛，如《续诰》所记嘉定县粮长金仲芳等额外敛钱之十八种名色：

一定舡钱，一包纳运头米钱，一临运钱，一造册钱，一车脚钱，一使用钱，一络麻钱，一铁炭钱，一申明旌善亭钱，一修理仓廒钱，一点舡钱，一馆驿房舍钱，一供状户口钱，一认役钱，一黄粮钱，一修墩钱，一盐票钱，一出由子钱。③

又如粮长郏阿乃起立名色，科扰粮户，至超过正税数倍：

其扰民之计，立名曰舡水脚米，斛面米，装粮饭米，车脚钱，脱夫米，造册钱，粮局知房钱，看米样中米，灯油钱，运

① 《方孩未集》卷一。
② 《明英宗实录》卷四〇。
③ 《续诰》第二一。

黄粮脱夫米，均需钱，棕软篾钱一十二色。通计敛米三万七千石，钞一万一千一百贯。正米止该一万，便做加五收受，尚余二万二千石，钞一万一千一百贯。民无可纳者，以房屋准者有之，变卖牲口准者有之，衣服段匹布帛之类准者亦有之，其锅灶水车农具尽皆准折。①

隶快书役为害尤甚："民之赋税每郡小者不过数万，大者不过数十万，而所以供此辈者不啻倍之。"②

地方豪绅不但享有优免赋役的特权（参看《大公报·史地周刊》:《明代仕宦阶级的生活》、《晚明之仕宦阶级》二文），并且也创立种种苛税，剥削农民。有征收道路通行税的：

宣德八年（1432）十一月丙午，顺天府尹李庸言："比奉命修筑桥道，而豪势之家，占据要路，私搭小桥，邀阻行人，榷取其利，请行禁革。"上曰："豪势擅利至此，将何所不为。"命行在都察院揭榜禁约。③

有私征商税的：

正统元年（1436）十二月甲申，驸马都尉焦敬令其司副李昺于文明门外五里建广鲸店，集市井无赖，假牙行名，诈税商贩者，钱积数十千。又于武清县马驹桥遮截磁器鱼枣数车，留店不遣。又令阍者马进于张家湾溧阳闸河诸通商贩处，诈收米八九十石，钞以千计。④

有擅据水利的：

正统八年十二月戊戌，吏部听选官胡秉贤言："臣原籍江西弋阳，县有官陂二所，民田三万余亩借其灌溉。近年被沿陂豪强之人，私创碓磨，走泄水利，稍有旱暵，民皆失望。"⑤

---

① 《续诰》第四七。
② 吴应箕：《楼山堂集》卷一二，江南汰胥役议。
③ 《明宣宗实录》卷一一七。
④ 《明英宗实录》卷二五。
⑤ 《明英宗实录》卷一一一。

叶盛《水东日记》卷十四亦记：

> 杭州西湖傍近，编竹节水，可专菱芡之利，而惟时有势力者可得之。故杭人有俗谣云："十里湖光十里笆，编笆都是富豪家，待他十载功名尽，只见湖光不见笆。"

盐粮马草之利亦尽为势豪所占，《明英宗实录》卷一一五记：

> 九年四月壬辰，敕户部曰："朝廷令人易纳马草、开中盐粮，本期资国便民。比闻各场纳草之人，多系官豪势要，及该管内外官贪图重利，令子侄家人伴当假托军民，出名承纳。各处所中盐粮，亦系官豪势要之家占中居多，往往挟势将杂糙米上仓，该管官司畏避权势，辄与收受，以致给军多不堪用。及至支盐，又嘱管盐官搀越关支，倍取利息。致无势客商，守支年久不能得者有之，丧赀失业，嗟怨莫伸，其弊不可胜言。"

更有指使家人奴仆，私自抽分的。《明律条例》名例条：

> 成化十五年（1479）十月二十二日节该，钦奉宪宗皇帝圣旨：管庄佃仆人等占守水陆关隘抽分，指取财物，挟制把持害人的，都发边卫永远充军，钦此！

地主则勾结官吏，靠损小民，《续诰》第四五：

> 民间洒派包荒诡寄，移丘换段，这等都是奸顽豪富之家，将次没福受用财赋田产，以自己科差洒派细民。境内本无积年民田，此等豪猾买嘱贪官污吏及造册书算人等，其贪官污吏受豪猾之财，当科粮之际，作包荒名色，征纳小户。书算手受财，将田洒派，移丘换段，作诡寄名色，以此靠损小民。

或隐匿丁粮，避免徭役，一切负担均归小民：

> 宣德六年（1431）六月庚午，浙江右参议彭璟言："豪富人民每遇编充里役，多隐匿丁粮，规避徭役，质朴之民皆首实。有司贪贿，更不穷究。由是徭役不均，细民失业。"①

---

① 《明宣宗实录》卷七九。

或营充职事，使小民受累，《英宗实录》卷八九记：

七年（1442）二月丁酉应天府府尹李敏奏："本府上元、江宁二县富实丁多之家，往往营充钦天监太医院阴阳医生、各公主府坟户、太常光禄二寺厨役及女户者，一户多至一二十丁，俱避差役，负累小民。"

一面以其财力，兼并小农，例如：

景泰元年（1450）六月丙申，巡抚直隶工部尚书周忱言："江阴县民周珪本户原置田三百七十二顷，又兼并诱买小民田二百七顷五十余亩，诛求私租，谋杀人命。"①

因之，富者愈富，贫者愈贫。更加以苛捐杂税之搜括，农民至无生路可走，甚至商税派征，其负担者亦为农民：

榷税一节，病民滋甚。山右僻在西隅，行商寥寥。所有额派税银四万二千五百两，铺塾等银五千七百余两，百分派于各州府持。于是斗粟半菽有税，沽酒市脂有税，尺布寸丝有税，羸特蹇卫有税，既非天降而地出，真是头会而箕敛。②

负担过重，伶俐富厚点的也跟着一般地主的榜样，诡谋图免，大部分的农民无法可处，只得展转沟壑，流为盗贼。侯朝宗曾痛论其弊云：

明之百姓，税加之，兵加之，刑加之，役加之，水旱灾祲加之，官吏之食渔加之，豪强之吞并加之，是百姓一而所以加之者七也。于是百姓之富者争出金钱而入学校，百姓之黠者争营巢窟而充吏胥。是加者七而因而诡之者二也。即以赋役之一端言之，百姓方苦其积极而无告而学校则除矣，吏胥则除矣，举天下以是为固然而莫之问也。百姓之争入于学校而争出于吏胥者，亦莫不利其固然而为之矣。约而计之，十人而除一人，

---

① 《明英宗实录》卷一九三。

② 《石隐园藏稿》卷五，《嵩祝陛辞疏》。

则以一人所除更加之九人，百人而除十人，则以十人所除更加之九十人，展转加焉而不可穷，争诡焉而不可禁。天下之学校吏胥渐多而百姓渐少，是始犹以学校吏胥加百姓，而其后逐以百姓加百姓也。彼百姓之无可奈何者，不死于沟壑即相率而为盗贼耳，安得而不乱哉。①

除此以外，农民还有两条路可走。第一条大路是当僧道，不过如被发觉，反要吃苦。例如《太祖实录》卷二二七所记：

二十六年五月乙丑，道士仲守纯等一百二十五人请给度牒。礼部审实皆逃民避徭役者。诏隶锦衣卫习工匠。

第二条路是抛弃土地，逃出作“流民”。

三

洪武三年（1370）时曾有一次关于苏州一府地主的统计：

先是上问户部天下民孰富，产孰优？户部臣对曰：“以田税之多寡较之，惟浙西多富民巨室。以苏州一府计之，民岁输粮一百石以上至四百石者四百九十户。五百石至千石者五十六户。千石至二千石者六户。二千石至三千八百石者二户。计五百五十四户，岁输粮十五万一百八十四石。”②

苏州府在洪武二十六年（1393）时的户口统计是四十九万一千五百一十四户。③ 二十年中户口相差大致不会很远。如以此数估计，则五十万户中有地主五百户，地主占全户口千分之一。不过这统计不能适用于别处，苏松财赋占全国三分之一，以照此例和在全国所纳的田赋比较，和其他各地至少要相差三十倍，即平均要三万户中才有一户地主。

---

① 《壮悔堂文集》，《正百姓》。

② 《明太祖实录》卷四九。

③ 《明史》卷四〇，《地理志》。

地主有政治势力的保障，即使有水旱兵灾，也和他们不相干。而且愈是碰到灾荒，愈是他们发财的机会。第一是荒数都分配给地主，农民却须照样纳税。王鏊曾说：

> 时值年丰，小民犹且不给，一遇水旱，则流离被道，饿殍塞川，甚可悯也。惟朝廷轸念民穷，亦尝蠲免荒数，冀以宽之。而有司不奉德音，或因之为利，故有卖荒送荒之说。以是荒数多归于豪右，而小民不获沾惠。①

而且贫农无田，所种多为佃田，即有恩恤，好处也只落在地主身上，如《明英宗实录》卷五所记：

> 宣德十年五月乙未，行在刑科给事中年富言：江南小民佃富人之田，岁输其租。今诏免灾伤税粮，所蠲特及富室，而小民输租如故。乞命被灾之处，富人田租如例蠲免。从之。

第二乘农民最困乏时，作高利贷的剥削。法律所许可的利率是百分之三十。② 遇到灾荒时，地主便抬高利率，农民只能忍痛向其借贷，不能如期偿还，家产人口便为地主所没收，《明英宗实录》卷一六七记：

> 十三年六月甲申，浙江按察使轩輗言："各处豪民私债，倍取利息，至有奴其男女，占其田产者，官府莫敢指叱，小民无由控诉。"

政府虽明知有这种兼并情形，也只能通令私债须等丰收时偿还，期前不得追索。可是结果地主因此索性不肯借贷，政府又不能救济，贫农更是走投无路。只好取消了这禁令，让地主得有自由兼并的机会：

> 景泰二年（1451）八月癸巳，刑部员外郎陈金言：军民私债，例不得迫索，俟丰稔归其本息。以此贫民有急，偏叩富室，不能救济。宜听其理取。从之。③

---

① 《王文恪公集》卷三六，《吴中赋税书与巡抚李司空》。

② 《明律》九，《户》六。

③ 《明英宗实录》卷二七〇。

贫农向地主典产，产去而税存：

> 正统元年六月戊戌，湖广辰州府沅陵县奏："本县人民多因赔纳税粮，充军为事贫乏，将本户田产，典借富人钱帛，岁久不能赎，产去税存，衣食艰难。"①

抵押房屋，过期力不能偿，即被没收：

> 正统六年五月甲寅，直隶淮安府知府杨理言："本府贫民以供给繁重，将屋宅典与富民，期三年赎以原本，过期即立契永卖。以是贫民往往趁食在外，莫能招抚。"②

或借以银而偿则以米，取数倍之息，顾炎武记：

> 日见凤翔之民，举债于权要，每银一两，偿米四石。此尚能支持岁月乎？③

于是小地主由加力剥削而成大地主，贫农则失产而为佃农，佃农不堪压迫，又逃而为流民，《明宣宗实录》卷九四宣德七年八月辛亥条：

> 苏州田赋素重，其力耕者皆贫民。每岁输纳，粮长里胥率厚取之，不免贷于富家，富家又数倍取利，而农益贫。

《明英宗实录》卷一九三景泰元年六月庚辰条：

> 处州地瘠人贫，其中小民，或因充军当匠而废其世业，或因官吏横征而克其资财，或因豪右兼并而侵渔其地，或因艰苦借贷而倍出其偿。恒产无存，饥寒不免。况富民豪横，无所不至，既夺其产，或不与收粮而征科如旧，或诡寄他户而避其粮差，激民为盗，职此之由。

在京都附近的农民，则田产更有无故被夺的危险。例如弘治时外戚王源占夺民产至二千二百余顷。《明史·王镇传》：

---

① 《明英宗实录》卷一八。
② 《明英宗实录》卷七九。
③ 《亭林文集》卷三，《病起与蓟门当事书》。

> 外威王源赐田，初止二十七顷，乃令其家奴别立四至，占夺民产至二千二百余顷。及贫民赴告，御史刘乔徇情曲奏，致源无忌惮，家奴益横。

正统时诸王所夺人民庄宅田地至三千余顷。① 南京中官外戚所占田地六万三千三百五十亩，房屋一千二百二十八间。② 边将史昭、丁信广置庄田，各有二十余所，霸占鱼池，侵夺水利。③ 景泰初顺天、河间等府县地土，多被宦豪朦胧奏讨及私自占据，或为草场，或立庄所，动计数十百顷。间接小民纳粮地亩，多被占夺，岁赔粮草。④ 夏言奉敕勘报皇庄及功臣国戚田土疏曾极言其弊：

> 近年以来，皇亲侯伯凭藉宠昵，奏讨无厌，而朝廷眷顾优隆，赐予无节。其所赐地土多是受人投献，将民间产业夺而有之。如庆阳伯受奸民李政等投献，奏讨庆都、清苑、清河三县地五千四百余顷。如长宁伯受奸民魏忠等投献，奏讨景州、东光等县地一千九百余顷。如指挥佥事沈傅、吴让受奸民马仲名等投献，奏讨沧州静海县地六千五百余顷。以致被害之民，构讼经年，流离失所，甚伤国体，大失群心。⑤

从天顺以来，又纷纷设立皇庄，至嘉靖初年有皇庄数十所，占地至三万七千五百九十五顷四十六亩，扰害农民，不可记极，夏言云：

> 皇庄既立，则有管理之太监，有奏带之旗校，有跟随之名下，每处动至三四十人……擅作威福，肆行武断。其甚不靖者则起盖房屋，则架搭桥梁，则擅立关隘，则出给票帖，则私刻关防。凡民间撑架舟车，牧放牛马，采捕鱼虾螺蚌莞蒲之利，靡不括取。而邻近土地则展转移筑封堆，包打界至，见亩征银。本土豪猾之民，投为庄头，拨置生事，帮助为恶，多方掊克，

---

① 《明英宗实录》卷七二。
② 《明英宗实录》卷二九。
③ 《明英宗实录》卷一〇三。
④ 《明英宗实录》卷二〇一。
⑤ 《桂洲文集》卷一三。

获利不赀。输之官闱者曾无什之一二，而私入囊橐者盖不啻什八九矣。是以小民脂膏，吮剥无余，繇是人民逃窜而户口消耗，里分减并而粮差愈难。卒致辇毂之下，生理寡遂，闾阎之间，贫苦到骨。①

结果是："公私庄田，逾乡跨邑，小民恒产，岁朘月削。产业既失，税粮犹存，徭役苦于并充，粮草困于重出，饥寒愁苦，日益无聊，展转流亡，靡所底止。以致强梁者起而为盗贼，柔善者转死于沟壑。其巧黠者或投充势家庄头家人名目，资其势以转为良善之害，或匿入海户、陵户、勇士、校尉等籍，脱免徭役，以重困敦本之人。凡所以蹙民命脉，竭民膏血者，百孔千疮，不能枚举。"② 这情形是由中央特派调查庄田的官吏所发表，当时的统治阶级也已深知此种举动之不合理，足以引起变乱。然而当这报告书发表以后，外戚陈万言又向皇帝乞得庄田，这庄田的来源还是"夺民田产"：

嘉靖三年，泰和伯陈万言乞武清、东安地各千顷为庄田，诏户部勘闲田给之。给事中张汉卿疏谏，帝竟以八百顷给之。巡抚刘麟、御史任洛复言不宜夺民地。弗听。③

景泰王于嘉靖四十年之国，多请庄田，其他土田湖陂侵入者数万顷。④ 潞王居京邸时，王店、王庄遍畿内。居藩多请赡田、食盐无不应，田多至四万顷。⑤ 福王之国时，诏赐庄田四万顷，中州腴土不足，取山东、湖广田益之。尺寸皆夺之民间，伴读、承奉诸官假履亩为名，乘传出入，河南北、齐、楚间，所至骚动。⑥

皇室、中官、外戚、勋臣、地方官吏、豪绅、地主、胥役……这一串统治者重重压迫，重重剥削，他们的财富，他们所享受的骄奢淫逸的生活，不但是由括尽农民身上的血汗所造成，并且也不知牺牲了多少农民的性命，才能换得他们一夕的狂欢。"尺寸皆夺之民

①②《桂洲文集》卷一三。

③ 《明史》卷三〇〇，《陈万言传》。

④ 《明史》卷一二〇，《景王传》。

⑤ 《明史》卷一二〇，《潞王传》。

⑥ 《明史》卷一二〇《福王传》、《潞王传》。

间”，农民之血汗尽，性命过于不值钱，只好另打主意。

四

在平时，对政府的负担也使农民喘不过气来。因为在立法时并不曾顾虑到地主和贫农的差别悬殊，使他们一律出同样的力役，结果是地主行无所事，而贫农则破家荡产。此弊自元末以来即有之。王袆说：

> 今州县之地，区别其疆界谓之都，而富民有田往往遍布诸都。税之所入以千百计者，类皆一户一役而止。其斗升之税不能出其都者，亦例与富民同受役。而又富民之田不肯自名其税，假立户名，托称兄弟所分，与子女所受，及在城异乡人之业，飞寄诡窜，以避差徭。故富者三岁一役曾不以为多，贫者一日受役，而家已立破，民之所病，莫斯为甚。①

至正十年（1350）婺州路始行鱼鳞类姓鼠尾之籍，税之所在，役即随之，甚多田者兼受他都之役而不可辞，少者称其所助而无幸免。②洪武元年（1368）行均工夫之法，田一顷出丁夫一人，不及顷者以他田足之。黄册成后，行里甲法，以上中下三户三等五岁均役。一岁中诸色杂目应役者，编第均之，银力从所便。后法稍弛，编徭役里甲者以户为断，放大户而勾单小，富商大贾免役而土著困，官吏里胥轻重其手而小民益穷蹙。又改行鼠尾册法，论丁粮多少，编次先后，市民商贾家殷足而无田产者听自占以佐银差。可是官府公私所需，仍责坊里长营办，给不能一二，供者或什百。甚至无所给，惟计值年里甲只应夫马饮食，而里甲病。一被佥为上供解户，往往为中官所留难，贡品被挑剔好坏，故意不收，只能就地改买进奉，率至破家倾产。③ 斗库粮长之役亦使民不聊生，王鏊曾痛陈其弊，

①② 《王忠文公集》卷六，《婺州路均役记》。

③ 《明史》卷七八，《食货志》二。

他说：

> 田之税既重，又加以重役，今之所谓均徭者大率以田为定，田多为上户，上户则重，田少则轻，无田又轻，亦不计其资力之如何也。故民惟务逐末而不务力田，避重役也。所谓重役者大约有三：曰解户，解军需颜料纳之内库者也。曰斗库，供应往来使客及有司之营办者也。曰粮长，督一区之税输之官者也。颜料之入内府亦不为多，而出纳之际，百方难阻，以百作十，以十作一，折阅之数，不免出倍称之息，称贷于京以归，则卖产以偿，此民之重困者一也，使客往来，厨传不绝，其久留地方者日有薪炭鲑菜膏油之供，加以馈送之资，游宴之费，罔不取给，此民之重困者二也。太祖患有司之刻民也，使推殷实有行义之家，以民管民，最为良法，昔之为是役者未见其患。顷者朝廷之征求既多，有司之侵牟滋甚，旧惟督粮而已，近又使之运于京，粮长不能自行，奸民代之行，多有侵牟，京仓艰阻，亦且百方，又不免称贷以归。不特此也，贪官又从而侵牟之，公务有急则取之，私家有需则取之，往来应借则取之。而又常例之输，公堂之刻，火耗之刻，官之百需多取于长，长能安不多取于民。及逋租积负，官吏督责如火，则拆屋伐木，鬻田鬻子女，竟不免死于榜掠之下，此民之重困者三也。三役之重，皆起于田，一家当之则一家破，百家当之则百家破，故贫者皆弃其田以转徙，富者尽卖其田以避其役。①

在原则上，都应“佥有力之家充之，名曰大户。究之所佥非富民，中人之产，辄为之倾”②。地主富民能和官吏勾结，受另一集团的保障，中农以下的平民，便只能忍受着破产倾家的苦痛，为国家服务。斗库之害，霍与瑕说得更为明白：

> 慈溪每年于均徭内额编绍兴府余姚县常丰四五仓斗级，每仓四名，每名役银五两，凡遭此役，无不破家，本县徭差内实

---

① 《王文恪公文集》卷三六，《吴中赋税书与巡抚李司空》。

② 《明史》卷七八，《食货志》二。

为上等苦役。据原编常丰四仓斗级某等连名开称，俱为官攒等役剥削科取，每遇斗级上役，仓官先取分例银二十四两，家人取分例银三两，攒典书手各二两，及年烛开仓开印封印猪酒作福猪胙岁造文册歇家包办府县差人饭食，每月买办纸札，迎送新旧官盘费，收粮放粮官并过往官员下程礼物买办家火等项，皆出斗级，每年用百数余两。后浥烂贴补米石，年纳二三百石。①

外夷入贡，例于指定地方驻扎，一切支给，俱出里甲。《明英宗实录》卷五十八琉球馆臣是其一例：

正统四年八月庚寅，巡按福建监察御史成规言：琉球国往来使臣俱于福州停住，馆谷之需，所费不赀。此者通事林惠、郑长所带番梢人从二百余人，除日给廪米之外，其茶盐醯酱等物出于里甲，相沿已有常例。乃故行刁蹬，勒折铜钱，及今未半年，已用铜钱七十九万六千九百有余，按数取足，稍或稽缓，辄肆詈殴。

政府有特别需要，便行科差，最为贫农之害。凡朝廷科买一物，辄差数人促办。所差之人又各有无赖十数人为之鹰犬，百倍科敛，民被箠楚，不胜其毒，百分之一归官，余皆入于私室。② 给价则十不及一，辗转克减，上下靡费，至于物主所得无几，名称买办，无异白取。③ 有时中间又需经过里长的一道剥削，土产或忍痛奉献，非土产则便要破家为朝廷征求：

永乐五年（1407）五月甲子，开平卫卒蒋文霆言：今有岁办各色物料，里长所领官钱悉入己，名为和买，其实强取于民，若其土产，尚可措办，非土地所有，须多方征求，以致倾财破产者有之。凡若此者，非止一端。④

---

① 《霍勉斋集》卷一八，《为乞恩痛革仓弊以苏民困事申察院》。

② 《明宣宗实录》卷五四。

③ 《明宣宗实录》卷四下。

④ 《明成祖实录》卷六七。

洪熙元年（1425）行在都察院右副都御史弋谦告诉皇帝说："一夫耕作，上农不过百亩，中下之农，仅有其半。除夏秋二税，所存无几，苟再分外侵耗，使民不贫而困者寡矣。"① 可是警告虽然提出，科买却依旧举行，三年后宣宗也警告他的臣下说：

比者所司每缘公务，急于科差，贫富困于买办，丁中之民，服役连年，公家所用，十不二三，民间耗费，常十数倍。加以郡邑官鲜得人，吏肆为奸，征收不时，科敛无度，假公营私，弊不胜纪。以致吾民衣食不足，转徙逃亡。凡百应输，年年逋欠。国家仓庾，月计不足。②

他们也明知"竭泽而渔"，不是一个办法。可是还是要图享用，还是要科买，结果是"百姓逃亡，仓廪不足"。

在农民方面，土地分配不均和赋税的过重是当时最严重的问题。例如北直隶的富农与贫农的比较：

正统五年（1440）四月庚子，大理寺右少卿李畛奏：北直隶洪武永乐时人稀，富家隐藏逃户，辟地多而纳粮少，故积有余财而愈富，贫家地少而差役繁重，故典卖田宅，产去税存而愈贫。③

税粮的分配也极不公道，例如归有光所记：

江右田地不相悬，而税入多寡殊绝。如南昌新建二县仅百里，多山湖，税粮十六万。广信县六，赣州县十，皆六万。南安四县粮二万。三郡二十县之粮不及两县，盖国初以次削平僭伪，田赋往往因其旧贯。论者谓苏州田不及淮安半，而吴赋十倍淮阴，松、江二县粮与畿内八府百二十七县埒，其不均如此。④

又有官粮、民粮之别，政府希望减轻农民的负担，减轻或免除民粮，结果却适得其反，又予地主以兼并的机会：

---

① 《明宣宗实录》卷四下。
② 《明宣宗实录》卷三九。
③ 《明英宗实录》卷六六。
④ 《震川集》卷二五，《李公行状》。

旧例应天、镇江、太平、宁国、广德四府一州官粮减半征收，民粮全免以致富家多民粮，下户多官粮，富者愈富，贫者愈贫。①

官田粮重，民田粮轻，官田价轻，民田价重，地主利粮轻，贫民利价重，故民田多归地主，官田粮重，贫民不能负担，只能逃税，出作流民，王鏊说：

吴中有官田，有民田。官田之税一亩有五斗六斗至七斗者。其外又有加耗，主者不免多收，盖几于一石矣。民田五升以上，似不为重，而加耗愈多，又有多收之弊也。田之肥瘠不甚相远，而一丘之内，咫尺之间，或为官，或为民，轻重悬绝。细民转卖，官田价轻，民田价重，贫者利价之重，伪以官为民，富者利粮之轻，甘受其伪而不疑。久之，民田多归于豪右，官田多留于贫穷。贫者不能供，则散之四方，以逃其税。税无所出，则摊之里甲。故贫穷多流，里甲坐困，去住相牵，同入于困。②

于是有“逃民”，有“流民”。

五

逃民和流民的分别，《明史·食货志》说：“其人户避徭役者曰逃户，年饥或避兵他徙者曰流民。”其实都是在本地不能生活，忍痛离开朝夕相亲的田地，漂流异地的贫农。

贫农除开上文所引述的一切人为的压迫和剥削外，又受自然的摧残，一有水旱，便不能生活：

困穷之民，田多者不过十余亩，少者或六七亩，或二三亩，或无田而佣佃于人。幸无水旱之厄，所获亦不能充数月之食，况复旱涝乘之，欲无饥寒，胡可得乎？③

---

① 王恕：《王端毅公文集》卷六，《石渠老人履历略》。

② 《王文恪公文集》卷三六，《吴中赋税书与巡抚李司空》。

③ 《明英宗实录》卷一八六。

或有疾病，便致流离：

> 农民之中，有一夫一妇受田百亩或四五十亩者，当春夏时耕种之务方殷，或不幸夫病而妇给汤药，农务既废，田亦随荒。及病且愈，则时已过矣。上无以供国赋，下无以养其室家。穷困流离，职此之由。①

或不能备牛具种子，无法耕种自己的田土，只好降为佃农，或乞丐度日，到处漂流。《明英宗实录》卷三四记：

> 正统二年（1437）九月癸巳，行在户部主事刘善言：比闻山东、山西、河南、陕西并直隶诸郡县，民贫者无牛具种子耕种，佣丐衣食以度日，父母妻子啼饥号寒者十室八九。有司既不能存恤，而又重征远役，以故举家逃窜。

洪熙元年（1425）闰七月，广西布政使周干奉命到苏、常、嘉、湖等府巡视民瘼。据他的报告，民之逃亡皆由官府弊政困民及粮长弓兵害民所致：

> 如吴江昆山民田亩旧税五升，小民佃种富室田亩，出私租一石，后因没入官，依私租减二斗，是十分而取其八也。拨赐公侯驸马等项田，每亩旧输租一石，后因事故还官，又如私租例尽取之。且十分而取其八，民犹不堪，况尽取之乎？尽取则无以给私家，而必至冻馁，欲不逃亡，不可得矣！又如杭之仁和、海宁，苏之昆山，自永乐十二年以来，海水沦陷官民田一千九百三十余顷，逮今十有余年，犹征其租，田没于海，租从何出？常之无锡等县，洪武中没入公侯田庄，其农具水车皆腐朽已尽，如而有司犹责税如故，此民之所以逃也。粮长之设，专以催征税粮。近者常、镇、苏、松、湖、杭等府无籍之徒，营充粮长，专掊克小民以肥私己。征收之时，于各里内置立仓囤，私造大样斗斛而倍量之，有立样米抬斛米之名以巧取之，约收民五倍。却以平斗正数付与小

① 《明太祖实录》卷二三六。

民，运付京仓输纳，缘途费用，所存无几，及其不完，著令赔纳，至有亡身破产者，连年逋欠，倘遇恩免，利归粮长，小民全不沾恩。积习成风，以为得计。巡检之设，从以弓兵，本用盘诘奸细，缉捕盗贼。常、镇、苏、松、嘉、湖、杭等府巡检司弓兵不由府县佥充，多是有力大户令义男家人营谋充当，专一在乡设计害民，占据田产，骗要子女，及稍有不从，辄加以拒捕私盐之名，各执兵仗，围绕其家，擒获以多桨快船送司监收，挟制官吏，莫敢谁何，必厌其意乃已。不然，即声言起解赴京，中途绝其饮食，或撼害致死。小民畏之，甚于豺虎，此粮长弓兵所以害民而致逃亡之事也。①

苏、松、常、镇、嘉、湖、杭一带，是全国财赋中心，农民所受的压迫，从一位政府官吏口中的报告已是如此，其他各地的情形更可想见了。

各地的赋役都有定额，由被禁锢在土地上的农民负责输纳。逃亡的情形一发生，未逃亡或不能逃亡的一部分农民便为已逃亡的农民负责，尽双重义务。原来的自己所负的一份已觉过重，又加上替人的一份，逼得没有办法，也只好舍弃一切，跟着逃亡。这情形中最先倒霉的是里长，《明成祖实录》卷九十九记：

永乐七年（1409）十二月丙寅，山西安邑县言："县民逃徙者田土已荒，而税粮尚责里甲赔纳，侵损艰难，请暂停之，以俟招抚复业，然后征纳。"上谕行在户部尚书夏原吉曰："百姓必耕以给租税，既弃业逃徙，则租税无出。若令里甲赔纳，必致破产，破产不足，必又逃徙，租税愈不足矣。"

次之是贫农，例如沅陵县的农民，多因赔纳而破产：

正统元年六月戊戌，湖广辰州府沅陵县奏：本县人民因多陪纳税粮，充军为事贫乏，将本户田产典借富人钱帛，岁久不能赎，产去税存，衣食艰难。②

① 《明宣宗实录》卷六。

② 《明英宗实录》卷一八。

清苑、临晋两县的未逃农民，幸得邀特典而暂缓赔纳：

> 正统三年正月辛亥，行在户部奏：直隶清苑县，人民逃移五百九十余户，遗下秋粮六百六十余石，草一万三千四百余束。山西临晋县人民逃移四千五百七十余户，遗下秋粮三万四千一百四十余石，草六万八千二百九十余束。此二县各称，见存人户该纳粮草，尚且逋欠，若又包纳逃民粮草，愈加困苦，乞暂停征。上以民无食故逃，其无征之税责于不逃之民，是又速其逃也，宜缓其征，逃民其设法招抚。①

可是也只怕把未逃的农民也逼逃，这已逃农民的粮草还是要追征，而未逃的农民追征，只是追征的手续叫地方官办得慢一点而已。

农民逃亡的情形，试再举诸城县的情形作例：

> 正统十二年（1447）四月戊申，巡按山东监察御史史濡等奏：山东青州府地瘠民贫，差役繁重，频年荒歉，诸城一县逃移者一万三百余户，民食不给，至扫草子削树皮为食。续又逃亡三千五百余家。地亩税粮，动以万计。②

单是一县逃亡的户数已达一万三千八百户。正统十四年据河南右布政使年富的报告，单是陈、颍二州的逃户就不下万余。③ 试再就逃民所到处作一比较，同年五月据巡抚河南山西大理寺少卿于谦的报告，各处百姓递年逃来河南者将及二十万，尚有行勘未尽之数。④《明史·孙原贞传》也说：

> 景泰五年冬，（原贞）疏言：臣昔官河南，稽诸逃民籍凡二十余万户，悉转徙南阳唐邓襄樊间，群聚谋生。

成化初年荆襄盗起，流民附贼者至百万。项忠用兵平定，先后招抚流民复业者九十三万余人。⑤ 成化十二年原杰出抚荆襄，复籍流民，

① 《明英宗实录》卷三八。
② 《明英宗实录》卷一五二。
③ 《明英宗实录》卷一八四。
④ 《明英宗实录》卷一五四。
⑤ 《明史》卷一七八，《项忠传》。

得户十一万三千有奇，口四十三万八千有奇。①

农民离开他的土地以后，同时也离去了登记他的户籍的黄册。虽然失去了倚以为生历代相传的田地，可是也从此脱离了国家的约束，不再向国家尽无尽的义务。他可以拣一个荒僻的地带，重新去开垦，作一个自由的农民。例如河南湖广等处的客朋，《明英宗实录》卷十六记：

> 正统元年四月甲子，巡抚陕西行在户部右侍郎李新奏：河南南阳府邓州内乡等州县及附近湖广均州光化等县居民鲜少，郊野荒芜，各处客商有自洪武永乐间潜居于此，娶妻生子成家业者，丛聚乡村号为客朋，不当差役，无所钤辖。

郧阳一带多山，地界湖广、河南、陕西三省间，又多旷土，山谷阨塞，林菁蒙密，中有草木，可采掘食，正统二年岁饥，民徙入不可禁，聚既多，无所禀约束。② 从此不再有任何压迫，也不再有任何负担，自耕自食，真是农民的理想生活。然而，地主不肯让农民逃走，因为他们感觉到没有人替他们耕种和服役的恐慌。官吏和胥役不肯让农民逃走，因为农民逃了不回来，他们便失去剥削的对象。国家更不肯让农民躲着不受约束，因为他们最需要农民的力量，农民最驯良，最肯对国家尽责任，国家需要他们的血汗来服役，更需要他们用血汗换来的金钱，供皇家和贵族们的挥霍。

他们都是农民头上的寄生虫，他们非要农民回来不可。于是有招抚逃民之举。

六

凡逃户，明初督令还本籍复业，赐复一年。老弱不能归及不愿归者，令所在着籍，授田输赋。③ 还是要责成所在地的官吏勒令逃

① 《明史》卷一五九，《原杰传》。

② 《明史纪事本末》卷三八，《平郧阳盗》。

③ 《明史》卷七七，《食货志》，《户口》。

民回到原籍去，给以一年的休息，第二年起还是照未逃亡前一样生活着。事实上不能强迫回到原籍去的，便令落籍在所逃亡的地方，照常尽百姓的义务，依旧被圈定在一土地的范畴。仍是不堪剥削，依旧逃亡。宣宗时特增府县佐贰官，专抚逃民。《明宣宗实录》卷七十七宣德六年（1431）三月丁卯条：

> 先是巡按贵州监察御史陈斌言："各处复业逃民，有司不能抚绥，仍有逃窜者。乞令户部都察院各遣官同布政司、按察司取勘名数及所逃之处，取回复业。府县仍增除佐贰官一员，专职抚绥"。上命行在户部兵部议。太子太师郭资等议："在外逃民多有复业而再逃者，今当重造籍册，民若逃亡，籍皆虚妄。今拟南北直隶遣御史二员，各布政司府州县皆添设佐贰官一员，专抚逃民。"上曰："凡郡县官俱以抚民为职，何用增设。官多徒为民蠹，其更令吏部拟议以闻。"至是吏部言："河南、山东、山西、湖广、浙江、江西有巡抚侍郎，其府州县七百三十五处已于额外增官一员，凡七百三十五员，宜改为抚民官。其余府州县宜各添设佐贰官一员。"上从之曰："此亦从权，若造册完，取回别用。"于是增除府州县佐贰官三百七十一员。

因为是刚到十年一度重造黄册的期间，质以特别增设抚民官。希望人口土地和册籍一致。可是这种重床叠屋的官制，头痛医头的办法，仍不能阻止农民的再度逃亡。《明英宗实录》卷十八正统元年六月甲寅条：

> 山西左参政王来言：逃民在各处年久成家，虽累蒙恩诏抚回，奈其田产荒凉，不能葺理，仍复逃去，深负朝廷矜恤之意，请令随处附籍当差。

农民逃亡后在另一地域已开垦成一新家，硬又让他们回到久已荒芜的老家去，自然不能不作第二次的逃亡。同年闰六月戊寅条：

> 巡抚河南山西行在兵部右侍郎于谦言："山西河南旱荒，人民逃移，遗下粮草，见在人户包纳。是以荒芜处所，民愈少而粮不减，丰熟地方，民愈多而粮无增。乞令各处入籍，就纳原

籍粮草，庶税无亏欠，国无靠损。”

以此重又下令命逃民占籍于所寓地方。同年十一月庚戌条：

先是行在户部奏：“各处民流移就食者，因循年久，不思故土。以致本籍田地荒芜，租税逋负。将蠲之则岁入不足，将征之则无从追究。宜令各府县备籍逃去之家并逃来之人，移交互报，审验无异，令归故乡。其有不愿归者，令占籍所寓州县，授以地亩，俾供租税。则国无游食之民，野无荒芜之地矣”。上命下廷臣议。至是佥以为便，从之。

这也只是一个理想的办法，因为经过几十年的流移，册籍早已混乱，无从互报。而且即使册籍具在，也不过是文字上的装饰，和实际情形毫不相干。例如宿州知州王永隆所说造册报部的情形：

正统二年二月辛酉，直隶凤阳府宿州知州王永隆奏：“近制各处仓库储蓄及户口田土并岁入岁用之数，俱令岁终造册送行在户部存照。州县惟恐后期，预于八月臆度造报。且八月至岁终，尚有四月，人口岂无消息，费用岂无盈缩，以此数目不清，徒为虚文。”①

正统五年四月又规定逃民抚恤办法：

一、各处抚民官务要将该管逃民设法招抚，安插停当，明见下落。其逃民限半年内赴所在官司首告，回还原籍复业，悉免其罪，仍优免其户下一应杂泛差役二年。有司官吏里老人等并要加意抚恤，不许以公私债负需索扰害，致其失所。其房屋田地，复业之日，悉令退还，不许占据，违者治罪。

一、逃民遗下田地，见在之民或有耕种者，先因州县官吏里老人等，不验所耕多寡，一概逼令全纳逃民粮草，以致民不敢耕，田地荒芜。今后逃户田地，听有力之家尽力耕种，免纳粮草。

---

① 《明英宗实录》卷二七。

> 一、逃民既皆因贫困不得已流移外境，其户下税粮，有司不恤民难，责令见在里老亲邻人等代纳，其见在之民被累艰苦以致逃走者众。今后逃民遗下该纳粮草，有司即据实申报上司，暂与停征，不许逼令见在人民包纳。若逃民已于各处附籍，明有下落者，即将本户粮草除豁。违者处以重罪。①

抚民官的派出，目的本在抚辑流亡。可是恰和实际情形相反，恤民之官累设而流亡愈多②，他们不但不能安抚，反加剥削，纵容吏胥里老人等生事扰害。③ 正统十年从张骥言，取回济南等府抚民通判等官。④ 一面又于陈州增设抚民知州，令负责招抚⑤，又置山东东昌府濮州同知、直隶凤阳府颍州府亳县县丞各一员，专管收籍逃户。⑥ 专负抚民的，河南山西巡抚于谦则抚定山东、山西、陕西等处逃民七万余户，居相近者另立乡都里，星散者就地安插。⑦ 可是不到一年，又复逃徙，同书卷一四六正统十一年十月乙巳条：

> 河南左布政使饶礼奏："外境逃民占河南者，近遇水旱，又复转徙，甚者聚党为非。"

另一面则虽设官招抚，逃民亦不肯复业。例如景泰三年（1452）五月敕巡抚河南左副都御史王暹所言："河南流民，虽常招抚，未见有复业者。"⑧

虽然有黄册，有逃户周知册，可是都只是官样文章，簿上的数目和实际上完全不符。由此发生两种现象，第一是户口和土地的减少，第二是分配不均的尖锐化。成化中（1465—1487）刘大夏上疏言：

---

① 《明英宗实录》卷六六。
② 《明英宗实录》卷八二。
③ 《明英宗实录》卷六六。
④ 《明英宗实录》卷一三三。
⑤ 《明英宗实录》卷一三二。
⑥ 《明英宗实录》卷一三五。
⑦ 《明英宗实录》卷一三四。
⑧ 《明英宗实录》卷二一六。

> 今四方民穷则竭，逃亡过半。版籍所载，十去四五。今为之计，必须痛减征敛之繁，慎重守令之选，使逃民复业，人户充实，庶几军士可充，营伍可实。①

从户口方面看，王世贞《弇山堂别集》卷十八户口登耗之异条：

> 国家户口登耗之异，有绝不可信者，如洪武十四年（1381）天下承元之乱，杀戮流窜，不减隋氏之末，而户尚有一千六百五十万四千三百六十二，口五千九百八十七万三千三百五。其后休养生息者二十余年，至三十五年（建文四年，1402），而户一千六十二万六千七百七十九，口五千六百三十万一千二十六。计户减二万二千五百八十三，口减三百五十七万二千二百七十九，何也？其明年为永乐元年，则户一千一百四十一万九千八百二十九，口六千六百五十九万八千三百三十七。夫是时靖难之师，连岁不息，长淮以北，鞠为草莽，而户骤增至七十八万九千五十余，口骤增至一千二十九万七千三百十一，又何也？明年户复为九百六十八万五千二十，口复为五千九十五万四百七十，比之三十五年，户却减九十四万一千七百五十九，口减五百三十五万五百五十六，又何也？……自是休养生息者六十年，而为天顺七年，户仅九百三十八万五千一十二，口仅五千六百三十七万二百五十，比于旧有耗而无登者何也？然不一年而户为九百一十万七千二百五，减二十七万七千八百七十二，口为六千四十七万九千三百三十，增四百十二万九千八十，其户口登耗之相反，又何也？成化中户不甚悬绝，二十二年（1486）而口至六千五百四十四万二千六百八十，此盛之极也。二十三年而仅五千二十万七千一百三十四，一年之间而减一千五百二十三万五千五百四十六，又何也？……然则有司之造册，与户部之稽查，皆儿戏耳。

实际上这数目突升突降的古怪，倒并不是儿戏，只是一种虚伪的造

① 《刘忠宣公遗集》卷一，《处置军伍疏》。

作。洪武十四年的户口数，也许是实际上经过调查，永乐元年的数字，只是臣下故意假造，去博得皇帝高兴的趋奉行为。以后流亡渐多，原额十去四五，册籍只是具文，州县官臆度造报，中央也就假装不知道。以此忽升忽降，竟和实际情形毫不相干。在田土数目方面也是同样的可怪，洪武二十六年（1393）时核天下水田，总八百五十万七千六百二十三顷，到弘治十五年（1502）天下土田止剩四百二十三万八千五十八顷，一百零九年间，天下额田已减强半。①户口和土田日渐消减，当然有其他种种原因，不过，农民的逃亡却是一个最重要的因素。逃亡的情形因政治的腐败而更加速度发展，登记人口和土田的黄册制度由之破坏，使农民和土地不相联系。这影响，一方面，慢慢的，统治阶级的基础因之日益动摇；一方面治安不能维持，农民叛乱接踵而起。在反面，逃民此往彼来，被抛弃的土地为地主所兼并，农民却跑到另一地带去和人争地。土地分配因之愈加不均，地主和贫农的关系也愈趋恶化。在这情形下，从天顺到正德爆发了几次空前的农民叛乱。

作者附识：这原是我预备要写的《明代的农民》一文中的一段札记。因为篇幅的限制，材料未及全盘整理，行文系统未能如意。凌乱破碎之讥，自知不免。阅者谅之。

十月三日

（原载天津《益世报·史学》第十二、十三期，1935年10月1日、15日）

① 《明史》卷七七，《食货志》一。

十六世纪前之中国与南洋
——南洋之开拓

一

现代人所称的南洋，前人称为东西洋。据明张燮《东西洋考》所载，分当时南洋诸国为东洋、西洋两部。西洋指印度支那（Indo-China）、马来半岛（Malay Archipelago）、苏门答剌（Sumatra）、爪哇（Java）及婆罗洲（Borneo）之西南海岸诸国。东洋则以菲律宾群岛（Philipnies ls.）为中心，包含麻六甲（Malucca）诸岛及婆罗洲北岸之文莱国（Brunei）。以文莱为东西洋之交点，谓为“东洋尽处，西洋所自起也”①。此种名词之构成，至晚亦当在元代以前。②系基于航海路线之东洋针路、西洋针路③而区分。④

纪元前三世纪时，秦之国力已达今日之东京及安南地方，其地土著已受印度化，百年之后，汉武帝时南海诸国皆来朝贡。《汉书·地理志》记：

> 自日南障塞、徐闻、合浦船行可五月，有都元国……又船行可二十余日，有谌离国；步行可十余日，有夫甘都卢国（蒲甘，Pagan）。自夫甘都卢国船行可二月余，有黄支国（Kanci，今Conjevraram，在Madras之西南），民俗略与珠厓相类。其州广大、户

① 《东西洋考》卷五，《文莱》。

② 元汪大渊《岛夷志略》苏录条：“（珠）重者出于西洋之第三港”；毗舍耶条：“故东洋闻毗舍耶之名，皆畏而逃焉”。

③ 《东西洋考》卷九，《舟师考》二，《洋针路》。

④ 和田清：《明代以前中国人所知之斐律宾群岛》，载《东洋学报》一二卷三号。

> 口多，多异物。自武帝（前140—前86）以来皆献见，有译长属黄门，与应募者俱入海市明珠璧流离，奇石异物，赍黄金杂缯而往，所至国皆禀食为耦，蛮夷贾船转送致之。亦利交易，剽杀人，又苦逢风波溺死，不者数年来还，大珠至围二寸以上。平帝元始中（公元1至6年）王莽辅政，欲耀威德，厚遗黄支王，令遣使献生犀牛。自黄支船行可八月，到皮宗（Pulaw Pisan）；船行可二月，到日南、象林界云。黄支之南有已程不国，汉之译使自此还矣。①

当时译使出发的目的第一是耀武海外，令诸国奉正朔，来贡献。第二是以国家为主体去经营国际贸易。在后来的两千年历史中，这种统系政策始终未曾改变。吴孙权时遣宣化从事朱应、中郎康泰通海南诸国，其所经及传闻则有百数十国。② 晋义熙七年（411），求法僧人法显自多摩梨帝海口（Tamaralipti，今Calcutta）载商人大舶汎海西南行至师子国（Ceylon），住二年后复附舶到耶婆提国（Yavadvipa=Java），再附商船东北趋广州，被风飘到长广郡界。③ 据其所撰《佛国记》，知在五世纪初年南洋商业已渐趋兴盛，有经十三昼夜大风而不沉没，与能储多人粮食水浆，经八十余日而不竭之大船，为交通上之利器。当时与南洋贸易，以广州为市场，商人来往频繁，故深悉南洋之地理及航路。④ 商业发达及航海术进步之结果，使南洋诸国逐渐与中国发生政治关系。中国之求法僧人接踵出国，印度高僧亦陆续来华，沟通两地之文化。

宋元嘉五年（428），师子国王刹利摩诃南（Raja Mahanaama）遣使奉表来献。⑤ 诃罗陁国于元嘉七年（430）遣使请求保护及准许通商。其表文云：

> 臣国先时人众殷盛，不为诸国所见陵迫。今转衰弱，邻国竞侵。伏愿圣王远垂覆护，并市易往返，不为禁闭。若见哀

① 《汉书》卷二八下；琅费：《昆仑及南海古代航行考》（冯承钧译本）。

② 《梁书》卷五四，《诸夷传序》。

③ 法显：《佛国记》；《高僧传》初集卷三，《法显传》。

④ 刘继宣：《中华民族南洋拓殖史隋以前南洋之归化》。

⑤ 《宋书》卷九七。

念……愿敕广州时遣舶还，不令所在有所陵夺。①

其他诃罗单（Karitan，在今爪哇）、婆皇（Pahang，在柔佛，Johore之北）、婆达（Battaks?）诸国并遣使来献，受中国策命，王其国中。阇婆婆达国（Ajva）表文有“虽隔巨海，常遥臣属”②之语。据正史所记当时婆罗洲（Borneo）、马来半岛（Malayarche）、苏门答剌（Sumatra）岛中诸国，均航海来称臣纳贡。中国朝廷视此类使臣之来朝，即为外国臣服之证，于其地之土地及政权初不过问，其唯一之条件即为奉中国正朔。而在实际上，除少数例外，大多国家之入贡，常以请求通商权利及得中国朝廷之赏赉逾于贡品之价值为目的，马端临所谓“岛夷朝贡，不过利于互市赐予，岂真慕义而来”者也。此种情形，中国朝廷亦未尝不明知，例如明洪武十三年（1380）明太祖谕爪哇（Java）国王诏所云：

圣人之治天下，四海内外，皆为赤子，所以广一视同仁之心。朕君主华夷，按驭之道，远迩无间。尔邦僻居海岛，顷尝遣使中国，虽云修贡，实则慕利，朕皆推诚以礼待焉。③

不过是要自居天朝，“君主华夷”，不得不用赏赐名器和通商利益去羁縻，以为夸耀中外之计而已。

中国与南洋贸易之中枢为广州，据僧鉴真所记：“七四九年（唐玄宗天宝八年）时，广州珠江之中，有婆罗门波斯昆仑舶无数。”④昆仑一名据费琅（Gabriel Ferrand）考定，在十三世纪以前，中国人以之统名苏门答剌、爪哇印度化之群岛人民，与大陆上印度化之占波（Campa）、吉蔑（Khmer）、得楞诸种，同用昆仑语（古爪哇之Kawi语）之人民。⑤ 当时往来东洋之商舶，较法显时代已大有进步，“舶大者长二十丈载六七百人”⑥。以师子国舶为最大，梯而上

①② 《宋书》卷九七。

③ 严从简：《殊域周咨录》八，《爪哇》。

④ 唐僧鉴真，赴日本传布戒律之始祖也。其弟子 Soemi no Matto Genkn 撰有《唐大和尚（鉴真）东征传》（《群书类从》第四辑卷六九）。此据费琅《昆仑及南海古代航行考》引文。

⑤ 费琅：《昆仑及南海古代航行考》。

⑥ （唐）玄应：《一切经音义》卷一。

下数丈，皆积宝货，豢养白鸽为通消息及搜索陆地之用。[①] 至十一二世纪之交华船航行已知利用指南针。[②] 外商之来广州多乘中国船。[③] 中国船之往大食，则以形体重大，于波斯湾航行不便，必自故临（Kaulam）易较小之波斯船以往。[④] 南洋航业几为中国及波斯商人所垄断。至元世祖注意海外，至元二十一年（1284）由国家造船给本，选人入番贸易诸货。[⑤] 其构造设备及载量皆冠绝千古。[⑥] 百余年后遂有郑和下西洋之壮举。

海外贸易渐盛，中国商船之出口及外国之商船之来华者日多，于是政府不得不设官管理。唐开元（713—741）初期已设市舶使之官，专司市舶。[⑦] 广州、交州、扬州、泉州、福州、明州（今宁波）、温州、松江并为当时贸易要港，而以广州为最繁盛。[⑧] 宋初指定广州、明州、杭州为外国贸易港，各置市舶司以征关税，凡与外国贸易有关者，一切均由其主管，当时谓之三司。北宋末年泉州之外国贸易渐盛，亦置市舶司。南渡后，以地近首都，贸易日盛，海舶辐辏，遂成为当时世界最大之贸易港。[⑨] 元至元十四年（1277）于泉州、庆元（宁波）、上海、澉浦立市舶司，每岁招集舶商，于蕃邦博易珠翠香货等物。[⑩]

中国历代对于南洋贸易，均甚注意。市舶司之职权除“掌蕃货、海舶、征榷、贸易之事，以来远人，通远物”[⑪] 之外，并负有买进政府专卖品及保护外商之责任。[⑫] 自太平兴国初（977）置榷易院

---

① （唐）李肇：《国史补》卷下。

② （宋）朱彧：《萍洲可谈》。

③ （宋）周去非：《岭外代答》卷三，《航海外夷》。

④ （宋）周去非：《岭外代答》卷二，《故临国》；Reinaud：*Relation des Voyages faits par les Arabes et les Persans dans I'Inde et a la Chinel*。

⑤ 《元史》卷九四，《市舶》。

⑥ Hans Von Mzik：*Reise des Arabers Ibn Batuta durcl Indi en and China*，pp. 303－305.

⑦ 《册府元龟》卷五四六；《新唐书》卷一一二，《柳泽传》。

⑧ 参看中村久四郎：《唐代之广东》，载《史学杂志》（大正六年三月至六日）。

⑨ 桑原骘藏：《蒲寿庚考》（陈裕菁译本），4～5页，本章论列多取材桑原氏此书不备举。

⑩ 《元史》卷九四，《食货志》，《市舶》。

⑪ 《宋史》卷一六七，《职官志》七。

⑫ 参看藤田丰八：《宋代市舶司及市舶条例》，载《东洋学报》（大正六年五月）。

后，即诏“诸蕃国香药宝货至广州、交趾、泉州、两浙，非出于官库者不得私相市易”①。因香料之需要广，得利厚，故政府专以为利。② 甚至下令舶务监官抽买乳香每及一百万两转一官。蕃商有以贩香料多得官者。③ 政府一意招徕蕃商，鼓励贸易，设蕃坊以居蕃商④，也有杂居民间者。⑤ 在法律上也给予蕃商以特殊便利，“化外人同类自相犯者各依本俗法”⑥。后来甚至蕃人和中国人的刑事案件，如非重罪，也只以送交蕃长依本国律处分了事。⑦ 蕃坊置蕃长一人，除管理蕃坊公事外，其职务为“专理招邀蕃商”⑧。一面政府也特派人到海外去经营贸易，招揽商贾，宋太宗雍熙四年（987）曾大规模派太监往南洋作此项活动！

> 遣内侍八人，赍敕书金帛，分四纲，各往海南诸蕃国，勾招进奉，博买香药、犀牙、真珠、龙脑。每纲赍空名诏书三道于所至处赐之。⑨

宋高宗南渡后，经费困乏，更一切倚办海舶。⑩ 绍兴七年（1137）特下诏奖励外国贸易：

> 市舶之利最厚，若措置得宜，所得动以百万计，岂不胜取之于民。朕所以留意于此，庶几可以少宽民力耳。⑪

结果市舶司岁入至占全国总收入二十分之一。⑫ 至元代亦积极招徕，

---

① 梁廷枏：《粤海关志》卷二，引《宋会要》。

②③ 《宋史》卷一八五，《食货》下七：“宋之经费，茶盐矾之外惟香之为利博，故以官为市焉。”

④ 《萍洲可谈》二：“广州蕃坊海外诸国人聚居。置蕃长一人，管勾蕃坊公事。”

⑤ （宋）岳珂《桯史》卷一一：“番禺有海獠杂居，其最豪者蒲姓……定居城中。”同时泉州也有华夷杂居的现象，楼钥《攻媿集》卷八八《赠特进汪公行状》：“蕃商杂处民间。”

⑥ 《唐律疏议》卷六，《名例》。

⑦ 《萍洲可谈》卷二；《宋史》卷三四七，《王涣之传》。

⑧ 《萍洲可谈》卷二。

⑨ 《粤海关志》卷二，引《宋会要》。

⑩ 顾炎武：《天下郡国利病书》卷二〇，《海外诸蕃》。

⑪ 《粤海关志》卷三，引《宋会要》。

⑫ 《蒲寿庚考》，200 页。

至元十五年（1278）诏行中书省唆都、蒲寿庚等曰：

> 诸蕃国列居东南岛砦者，皆有慕义之心。可因蕃舶人宣布朕意，诚能来朝，朕将宠礼之，其往来互市，各从所欲。①

以唆都为左丞行省泉州，奉玺书十道招谕南夷诸国。② 次年复遣广东招讨使达噜、噶齐、杨廷璧招俱蓝，十八年复命噶扎尔、哈雅、杨廷璧再往招谕，到马八儿（Maabar）时，其宰相言：

> 算端（Sultan）闻天使来，对众称本国贫陋，此是妄言。凡回回国金珠宝贝尽出本国，其余回回，尽来商贾。③

元使一到即对众宣称本国贫陋，由此可见当时出使招谕蕃国的目的实在贸易。使臣中最著者有亦黑迷失，曾四次奉使海外，至元二十九年（1292）以爪哇黥朝使右丞孟琪面，大发兵征讨，以亦黑迷失领海军，发舟千艘往征。谕降南巫里（Lambri）、速木都剌（Sumatra）诸国。④

海上交通频繁，香药、珠玉、象牙、犀角诸宝货输入日多，政府虽得巨额之关税以补岁入之不足，但输出额与输入额不能相抵，钱货遂如漏卮外溢，源源不绝。东至日本，南至南海诸国，均行用中国铜钱。⑤ 输入为奢侈品，输出则为正货，虽年年铸钱，而不能补其不足，遂发生"钱荒"之弊。⑥ 自唐宋以来，历朝均有极严厉之禁令，禁钱币出口。宋宁宗嘉定十二年（1219）下令凡买外货，以绢帛锦绮瓷漆为代价，不以金银铜钱。⑦ 法令虽严而钱币之流出仍有增无减。上流社会除好用外货之习惯外，并有蓄养黑奴之风气，

---

① 《元史》卷一〇，《世祖本纪》。

② 《元史》卷一二九，《唆都传》；卷二一〇，《马八儿等国》。

③ 《元史》卷二一〇，《马八儿等国》。

④ 《元史》卷一三一，《亦黑迷失传》；卷二一〇，《爪哇传》。关于元代与南海之交通，可参看 Rockhill：Notes on the Rclations and Trade of China with the Eastern Archipelago and the Coastof tho Indian Ocean during tho 14th Century.

⑤ 《大日本史》，《食货志》卷一五；马欢：《瀛涯胜览》，爪哇国条，旧港条。

⑥ 《宋史》卷一八〇。

⑦ 《宋史》卷一八五，《食货志》下七。

此风自南北朝以来即已盛行[①]，宋时广中富人多蓄之[②]。至元代则显贵家有不蓄黑奴者至为人所笑。[③] 上行下效，外货之需要日增，中国与南洋诸国之贸易亦日盛。华人至海外贸易，特被敬礼。如爪哇（Java）则“中国贾人至者，待以宾馆，食丰洁”[④]。浡泥（Borneo）则“尤敬爱唐人，醉则扶之以归歇处”[⑤]。宋赵汝适曾记当时华商到浡泥时之贸易情形云：

> 蕃舶抵岸三日，其王与眷属率大人（王之左右号曰大人）到船问劳，船人用锦藉跳板迎肃，款以酒醴，用金银器皿、褖席、凉伞等分献有差。既泊舟登岸，皆未及博易之事，商贾日以中国饮食献其王，故舟往佛泥，必挟善庖者一二辈与俱。朔望并讲贺礼。几月余，方请其王与大人论定物价，价定然后鸣鼓以召远近之人，听其贸易。价未定而私贸者罚。俗重商贾，有罪抵死者罚而不杀。船回日，其王亦釃酒椎牛祖席酢以脑子番布等称其所施。[⑥]

往往有侨居不归，至长子孙者。[⑦] 打板国（Tuban）之建筑受华侨影响，与中国同。[⑧] 三佛齐（Samboja＝Sumatra）至有中国文字，专用于朝贡中国时之章表。[⑨] 元人记龙牙门（Lingga＝Singapore）有中国人侨居，勾栏山（Gelam）有唐人与蕃人杂居，马鲁涧国之长酋长陈姓为元临漳人，威逼诸蕃。[⑩] 明初人记爪哇国有三等人，“一等

---

① 《通鉴·宋纪》卷一一大明七年条：“（帝）又宠一昆仑奴，令以杖击群臣。”唐人有《昆仑奴传》。

② 《萍洲可谈》卷二。

③ 叶子奇《草木子》卷三下《杂制篇》：“北人女使得高丽女孩童，家僮必得黑厮。不如此谓之不成仕宦。”

④ 《文献通考》三，卷三三二，《阇婆》。

⑤ 《岛夷志略》，《浡泥》。

⑥ 《诸蕃志》上，《浡泥国》。

⑦ 《诸蕃志》，麻逸条。阿剌伯人 Masudi 于 943 年（石晋天福八年）至苏门答剌见其地有华人甚多，从事耕植，而巴邻旁（Palembang）尤为荟萃之区。见其所著《黄金牧地》Les-Prairies dor。

⑧ 《诸蕃志》，苏吉丹条。

⑨ 《诸蕃志》，三佛齐条。

⑩ 《岛夷志略》，龙牙门条，勾栏山条，马鲁涧条。

唐人，皆是广东、漳泉等处人窜居此地，食用亦美洁，多有从回回教门受戒持斋者”。国中杜板（Tnban）多有广东及漳州人流居。革儿昔（Geresik）原系沙滩之地，因中国之人来此创居，遂名新村，村主为广东人，约有千余家。各处蕃人多到此处买卖，民甚殷富。苏鲁马益（Surabaya）亦有中国人。① 满剌加（Malucca）国肤白者为唐人种。② 又据传说，十四世纪间（略当元代）有闽人林旺者航海到斐律宾，为斐人烈山泽，驱猛兽，教斐人以种种耕稼上之知识，斐人始由游牧时代渐入农业时代。③ 由此可知在十四世纪以前华侨已遍布南洋，握有其地之经济权，筚路蓝缕，为其地之开发者。积千余年之经验，航船往来，直同内地，政府极力鼓励国际贸易，商人极力向外发展，中国在政治上为诸国宗主，在文化上为诸国先驱，到明初更极意经营，郑和七下西洋，兵威远届，中国在南洋的势力遂达顶点。

二

明太祖（1368—1398）承元而起，一面继续用武力削平大陆上的割据者，一面派使臣到南洋诸国，说明中朝已经换了朝代，命令他们向新统治者表示臣服的仪节。这仪节的手续分为几部分，第一是缴还元代所颁的印绶册诰，表示他们已和元室脱离关系。第二是重新颁赐新的印绶册诰，表示他们自此受新朝的册封，在名义上是新朝的藩国。第三是颁赐大统历，表示受新朝的正朔，永为藩臣。在受册封者一方面应表示的仪节是派使称臣入贡，恢复正常的外交关系。所受的权利是得和中国通商，外交上的使节同时也是商船上的领袖。

洪武初年出使南洋的使臣，二年（1369）有吴用、颜宗鲁使爪哇④，刘叔勉使西洋琐里（Chola），三年有赵述使三佛齐（Palem-

---

① 马欢：《瀛涯胜览》，爪哇条。

② 费信：《星槎胜览前集》，《满剌加国》。

③ 郑民：《斐律宾》，据刘继宣、束世澂《中华民族南洋拓殖史》引文。

④ 《明史》卷三二四，《爪哇传》；《殊域周咨录》卷八，《爪哇》。

bang)，张敬之、沈秩使浡泥（Borneo，Brunei)，塔海帖木儿使琐里。永乐元年（1403）有中官尹庆使满剌加（Malucca)、古里（Calicut)、柯枝（Cochin）诸国，闻良辅、宁善使西洋琐里、苏门答剌（Atcheh)。[①] 足迹已遍南洋。洪武二年谕爪哇之诏书纯为说明统治权之转移，书曰：

> 中国正统，胡人窃据百有余年，纲常既隳，冠履倒置。朕以是起兵讨之，垂二十年，海内悉定。朕奉天命以主中国，恐遐迩未闻，故专报王知之。颁去大统历一本，王其知正朔所在，必能奉若天道，俾爪哇之民安于生理，王亦永保禄位，福及子孙。其勉图之勿怠。[②]

次年其王昔里八达剌蒲[③]遣使朝贡，纳前元所授宣敕二道，诏封为国王。[④] 其他使臣之出发均负同样使命。

明太祖是个脚踏实地的消极主义者，在他在位的期中用全力去削平割据势力，奠定统一的规模，一面致力于沿海的海防，抵御倭寇的侵入，巩固北边的边防，防止蒙古人的南犯。同时内地诸蛮族叛乱纷起，自宁夏、凉州、洮州到湖南北、四川、两广、云南、贵州诸蕃蛮，三十年中几乎没有一年不用兵。他审虑自己的国力，只能巩固国内和抵御外来的侵犯，绝不能有余力去向外发展，因此他就立定主意不再南迈，洪武二年编定《皇明祖训·箴戒章》时就特别指出不可倚中国富强，无故对外兴兵，他也看出元代征爪哇失败的教训，特别列出不征的十五夷国，叫后人遵守。他说：

> 四方诸夷皆限山隔海，僻在一隅，得其地不足以供给，得其民不足以使令，若其自不揣量，来挠我边，则彼为不祥。彼既不为中国患，而我兴兵轻犯，亦不祥也。吾恐后世子孙倚中

---

① 据《明史》卷三二四至三二五《外国传》。

② 《殊域周咨录》卷八，《爪哇》。

③ 此据《明史》，《殊域周咨录》作昔里八达，《东西洋考》作昔里八达剌八剌蒲。

④ 《殊域周咨录》卷八，《爪哇》。《明史》作洪武二年太祖遣使以即位诏谕其国，三年以平定沙漠颁诏，九月其王昔里八达剌蒲遣使奉金叶表来朝贡方物，宴赉如礼。五年又遣使随朝使常克敬来贡，上元所授宣敕三道。

国富强，贪一时战功，无故兴兵，致伤人命，切记不可。但胡戎与西北边境，互相密迩，累世战争，必选将练兵，时谨备之。

今将不征诸国名列后：

东北：朝鲜国

正东偏北：日本国　虽朝实诈，暗通奸臣胡惟庸谋为不轨，故绝之。

正南偏东：大琉球国　小琉球国

西南：安南国　真腊国　暹罗国　占城国　苏门答剌

西洋国　爪哇国　彭亨国　白花国　三弗齐国　浡泥国①

除即位后派使臣去招谕而外，即采取大陆政策，不再向海外谋发展。在通商一方面，也循前朝旧例，海外诸国入贡，许附载方物，与中国贸易，设市舶司，置提举官以领之。洪武初设于太仓黄渡，寻罢②，复设于宁波、泉州、广州。③ 宁波通日本，泉州通琉球，广州通占城、暹罗、西洋诸国。永乐三年（1405）以诸蕃贡使益多，乃置驿于福建、浙江、广东三市舶司以馆之，福建曰来远，浙江曰安远，广东曰怀远。寻设交趾、云南市舶提举司④，接西南诸国朝贡者。⑤ 凡贡使附至蕃货，欲与中国贸易者，官抽六分，给价以偿之，仍除其税。⑥

---

① 《皇明祖训》首章，5页。

② 《明太祖实录》卷二八："吴元年十二月庚午置市舶提举司，以浙东按察司陈宁等为提举"；卷四九："洪武三年二月甲戌罢太仓黄渡市舶司，凡蕃舶至太仓者，令军卫有司同封借其数，送赴京师。"

③ 洪武中曾一度废止，《明太祖实录》卷九三："洪武七年九月辛未罢福建泉州、浙江明州、广东广州三市船司。"永乐初复设，《明成祖实录》卷二三："元年八月丁巳，上以海外蕃国朝贡之使，附带物货前来交易者，须有官专主之。遂命吏部依洪武初制，于浙江、福建、广东设市舶提举司，隶布政司，每司置提举司一员，从五品，副提举二员，从六品，吏目一员，从九品。""寻命内臣提督之。嘉靖元年给事中夏言奏倭祸起于市舶，遂革福建、浙江二市舶司，惟存广东市舶司。"（《明史》卷七五，《职官志》四）市舶提举司之职掌为"掌海外诸蕃朝贡市易之事，办其使人表文勘合之真伪，禁通蕃，征私货，平交易，闲其出入而慎馆谷之"。

④ 《明成祖实录》卷七五："六年正月戊辰设交阯、云南市舶提举司，置提举副提举各一员。"

⑤ 《明史》卷八一，《食货志》，《市舶》。

⑥ 《明太祖实录》卷四五。

为招谕蕃商计，货舶亦有时得邀免税的特典。①

贡使之来往往多挟蕃货，国家所费不赀。其馆驿又依例由地方人民负责②，官民为之交病。洪武七年（1374）以倭寇猖獗，罢三市舶司不设。同时又谕中书及礼部臣曰：

> 古诸侯于天子，比年一小聘，三年一大聘。九州之外，则每世一朝，所贡方物，表诚敬而已……远国如占城、安南、西洋琐里、爪哇、浡泥、三佛齐、暹罗斛、真腊诸国，入贡既频，劳费太甚。今不必复尔，其移牒诸国俾知之。

可是诸国仍贪入贡之利，来者不止。③ 当时朝廷以为海寇之起，多缘于通商互市，因之废市舶司不设。一面下禁海令，不许人民私自出海贸易。洪武十四年（1381）禁濒海民私通海外诸国。④ 可是沿海居民，迫于生计，仍私自出外贸易，禁令愈严，获利愈大，私出贸易者因之愈多，货币之流出亦愈不可问。二十三年（1390）诏户部申严交通外蕃之禁："上以中国金银铜钱段匹兵器等物，自前代以来，不许出蕃。令两广、浙江、福建愚民无知，往往交通外蕃，私易货物，以故严禁之。沿海军民官司纵令私相交易者悉治以罪。"⑤ 二十七年（1394）又下令禁民间用蕃香蕃货，使这一些蕃商失去市场，为釜底抽薪之计："先是上以海外诸夷多诈，绝其往来，唯琉球、真腊、暹罗许入贡。而沿海之人，往往私下诸蕃，贸易香货，

---

① 《明史》卷三二四《三佛齐》："洪武四年户部言其货舶至泉州宜征税，命勿征。"

② 《明成祖实录》卷二三六永乐十九年四月条："连年四方蛮夷朝贡之使，相望于道，实罢中国"。《明宣宗实录》卷五八宣德四年八月条："琉球国往来使臣俱于福州停住，馆谷之需，所费不赀。通事林惠、郑长所带番梢从人二百余人，除日给廪米之外，其茶盐醯酱等物出于里甲，相沿已有常例。乃故行刁蹬，勒折铜钱，及今未半年，已用铜钱七十九万六千九百有余，按数取足，稍或稽缓，辄肆詈殴。"卷六七宣德五年六月条："庚午上谕行在礼部臣曰：闻西南请蕃进贡海舶初到，有司封识，遣人入奏，俟有命然后开封起运。使人留彼，动经数月，供给皆出于民，所费多矣。其令广东、福建、浙江三司，今后蕃舡至，有司遣人驰奏，不必待报，三司官即令市舶司称盘明注文籍，遣官同使人运送，庶省民间供馈。"此虽洪武以后之记载，但俱为常例，则此种情形洪武时即已有之明甚。

③ 《明史》卷三二四，《暹罗传》。

④ 《明太祖实录》卷一三九。

⑤ 《明太祖实录》卷二〇五。

因诱蛮夷为盗。命礼部严禁绝之，敢有私下诸蕃互市者，必寘之重法。凡蕃香蕃货皆不许贩鬻，其见有者限以三月销尽，民间祷祀止用松柏枫桃诸香，违者罚之。其两广所产香木听土人自用，亦不许越岭货卖，盖虑其杂市蕃香，故并及之。”① 三十年（1397）又申禁人民无得擅出海与外国互市。②

成祖（1403—1424）于建文四年（1402）六月入南京即帝位，在他的登极诏书中，重又申明通蕃的禁例："沿海军民人等近年以来，往往私自下蕃，交通外国，今后不许，所司一遵洪武事例禁治。”③ 这命令仍是一纸虚文，不能禁遏这一股向南洋发展的洪流。政府没有法子，只好于次年八月重新恢复久已废置的三处市舶提举司④，希望将互市的利权收回国家，明认通商为合法，只要商人肯照例缴纳货税，便听其出入诸蕃。然而在事实上，一般商人久已习惯于无约束的自由贸易，海禁虽开，仍不愿领政府的执照，向政府缴纳出入口税。政府没有办法拘束这群私商，于是又想出一个主意，航海必须海船，把海船禁止航行，私商自然无法出海了。永乐二年正月又颁布了一条新禁令，《明成祖实录》记：

> 时福建濒海居民，私载海船，交通外国，因而为寇，郡县以闻。遂下令禁民间海船，原有海船者悉改为平头船，所在有司防其出入。⑤

这法子虽好，可是还要“所在有司防其出入”，海舶为当时最大利源，地方官每居为奇货，哪肯认真替国家查禁，而且沿海的文武官吏多半就是这些海舶的实际股东，即不然，也有豪富的仕绅为之撑腰，例如太祖时的军官通蕃案：

> 洪武四年十二月乙未，上谕大都督府臣曰：朕以海道可通

---

① 《明太祖实录》卷二三一。

② 《明太祖实录》卷二五二。

③ 《明成祖实录》卷一〇上。

④ 见本书120页注③。

⑤ 《明成祖实录》卷二七。

> 外邦，故尝禁其往来。近闻福建兴化卫指挥李兴、李春私遣人出海行贾，则滨海军卫岂无如彼所为者乎?①

周玄玮记通蕃情形：

> 闽广奸商，惯习通番，每一舶推豪富者为主。中载重货，余各以己资市物往，牟利恒百余倍。②

而且即使私商肯报官纳税，也是弊窦百出，政府所得无几，例如广州的市舶收入情形：

> 广属香山为海舶出入咽喉，每一舶至，常持万金，并海外珍异诸物，多有至数万者。先报本县申达藩司，令舶提举司县官盘验，各有长例，而额外隐漏，所得不资。其报官纳税者不过十之一二而已。③

试验尽了各种法子，私商依然照样出海，市舶司等于虚设。几条路都走不通，这才毅然决定了国营海外贸易的政策，由政府备船只武器资本货物大规模地派武装舰队到南洋诸国去贸易。这一政策的实现者是威震一代的明成祖，执行和代表者是历史上有名的三保太监郑和。

明初对南洋诸国的态度，从明太祖的消极的保境安民政策突转而为明成祖的积极经营海外政策，实有其内在的原因。原来自太祖建国后，连年征战，北征蒙古，东南防倭，西南蕃蛮迭次叛乱，加以宫室城庙的营建，诸王就封的王府兴造，国帑空虚，民生凋瘁。到建文帝（1399—1402）继位以后，靖难师起，转战四年，赤地千里。到成祖继位后，国家财政已经到了没有办法的地步，不能不改变政策，掉转头来向南洋发展，从国际贸易的收入上来解救当前的难关。关于这一历史事实的说明，我们有明代人的记载可以引证：

> 自永乐改元，遣使四出，招谕海番，贡献迭至，奇货重宝，

---

① 《明太祖实录》卷七〇。

②③ 《泾林续记》（《涵芬楼秘笈》本）。

前代所希，充溢府库。贫民承令博买，或多致富，而国用亦羡裕矣。①

使臣派出之目的在贸采琛异：

太宗皇帝入缵丕绪，将长驭远驾，通道于乖蛮革夷，乃大赉西洋贸采琛异……由是明月之珠，鸦鹘之石，沉南龙速之香，麟狮孔翠之奇，梅脑薇露之珍，珊瑚瑶琨之美，皆充舶而归。②

曾从郑和数度出使的回教徒马欢，在他的纪行书中有关于宝船和南洋诸国贸易的详细记载。《瀛涯胜览》古里条记当时贸易情形：

其二大头目受朝廷升赏。若宝船到彼，全凭二人主为买卖，王差头目并哲地未讷儿（Waligi Chitti?）计书算于官府，牙人来会，领船大人议择某日打价，至日，先将带去锦绮等物，逐一议价已定，随写合同价数，彼此收执。其头目哲地即与内官大人众手相挐。其牙人则言某月某日于众手中拍一掌已定，或贵或贱，再不悔改。然后哲地富户才将宝石、珍珠、珊瑚等物来看，议价非一日能定，快则一月，缓则二三月。若价钱较议已定，如买一主珍珠等物，该价若干，是原经手头目未讷儿计算该还纻丝等物若干，照原打手之货交还，毫厘无改。

溜山条：

中国宝船一二只亦到彼处收买龙涎香、椰子等物。

祖法儿国条：

中国宝船到彼，开读赏赐毕。其王差头目遍谕国人，皆将乳香血竭芦荟没药安息香苏合油木别子之类，来换易纻丝磁器等物。

阿丹国条：

分䑸内官周口领驾宝船数只到彼，王闻其至，即率大小头

---

① 《殊域周咨录》卷九，《佛郎机》。

② 黄省曾：《西洋朝贡典录序》。

目至海滨迎接诏敕赏赐。至王府行礼甚恭谨感服。开读毕，即谕其国人，但有珍宝，许令卖易。在彼买得重二钱许大块猫睛石，各色雅姑（Yaagut）等异宝。大颗珍珠，珊瑚树高二尺者数株，又买得珊瑚枝五柜、金珀、蔷薇露、麒麟（Giraffe）、狮子、花福鹿（Zebra）、金钱豹、驼鸡、白鸠之类而还。

阿枝国条：

第三等人名哲地（Chitti），系有钱财主。专一收买下宝石珍珠、香货之类候中国宝石（石字疑衍）船或别国蕃船客人来买。

暹罗条：

国之西北去二百余里，有一市镇名上水。中国宝船到暹罗，亦用小船去做买卖。

而以满剌加为博易总枢，严密警卫。同书满剌加条：

凡中国宝船到彼，则立排栅如城垣，设四门更鼓楼，夜则提铃巡警。内又立重栅如小城，盖造库藏仓廒，一应钱粮顿在其内。去各国船只回到此处取齐，打整蕃货，装载船内。等候南风正顺，于五月中旬开洋回还。

一方面南洋物产丰富，若干物货均为中国人日常生活所不可缺。所谓“夷中百货，皆中国不可缺者，夷必欲售，中国必欲得之”①。故不能不开放海禁，并且用国家的力量去经营。在贫民方面则更非开海禁不能生活：

海滨一带，田尽斥卤，耕者无所望岁，只有视渊若陵，久成习惯。富家征货，固得捆载归来，贫者为佣，亦博升斗自给。一旦戒严，不得下水，断其生活，若辈悉健有力，不肯搏手困穷，于是所在连结为乱，溃裂以出。②

① 《殊域周咨录》卷八，《暹罗》。

② 张燮：《东西洋考》卷七，《饷税考》。

因禁海后，沿海平民无从资生，往往流为海寇，“其久潜踪于外者，既触网不敢归，又连结远夷向导以入”①。要解决沿海平民的生活和海寇的骚扰，也不能不使朝廷突然改变计划，开海通商，使平民得沾贸易之利。同时武装舰队之派出目的，固在贸易蕃货，也附带负有解决海寇之使命。

在另一方面，郑和一行人的出使，还负有重要的秘密使命，郑晓说得好：

> 高皇何以有海外之使也？更始也。成祖西洋之舣，不已劳乎？郑和之泛海，胡濙之颁书也，国有大疑焉耳。②

所谓“大疑”，《明史·郑和传》已明白指出：

> 成祖疑惠帝亡海外，欲踪迹之。且欲耀兵异域，示中国富强，永乐三年六月命和及其侪王景弘等通使西洋。③

次之，自洪武末年以来，西南诸国久不通贡：

> 三十年，礼官以诸蕃久缺贡，奏闻。帝曰：洪武初，诸蕃贡使不绝。迩者安南、占城、真腊、暹罗、爪哇、大琉球、三佛齐、浡泥、彭亨、百花、苏门答剌、西洋等三十国，以胡惟庸作乱，三佛齐乃生间谍，绐我使臣至彼。爪哇王闻知，遣人戒饬，礼送还朝。自是商旅阻遏，诸国之意不通。惟安南、占城、真腊、暹罗、大琉球朝贡如故。④

成祖是一个好大喜功的英主，他要恢复洪武初年诸蕃朝贡的盛况，令海南诸国都稽首阙下，同为王臣，所以一即位便先派中官尹庆、马彬等出使爪哇、满剌加、柯枝、古里、西洋琐里、苏门答剌诸国，通告新帝的登极，一面调查南洋诸国的情形，作武装舰队派出的准备。

---

① 张燮：《东西洋考》卷七，《饷税考》。

② 《皇明四夷考序》。

③ 《明史》卷三〇四。卷一六九《胡濙传》亦云：“传言建文帝蹈海去，帝分遣内臣郑和数辈，浮海下西洋。”

④ 《明史》卷三二四，《三佛齐传》。

经过了洪武朝三十年的努力，叛侧尽平，国内无事。在极北对蒙古人的防御，明成祖自以身当敌冲，长驻北平，集中军力，使敌不敢南犯。在极南，郑和所率领的舰队第一次便得了相当的成功，成宣相继在三十年中，北则六次亲征，南则七下西洋，为有史以来之盛事。

三

在郑和所率领之远征军未出发之前二年，政府已着手大造海船，以其为下西洋取宝之用，又称宝船，或称宝舡。其承造者或为军卫有司①，或为工部②。至永乐十八年（1420）八月始置大通关提举司，置官如南京龙江提举司，专造舟舰。③ 在南京则有宝船厂，专造西洋宝船。④ 所造船，大船长四十四丈四尺，阔一十八丈；中船长三十七丈，阔一十五丈。⑤就第一次远征军之人数计之，每船平均可载四百五十人左右。远征军之组织，除使臣外，有“官校、旗军、火长、舵工、斑碇手、通事、办事、书算手、医士、铁锚木舱搭材等匠、水手、民梢人等”⑥。平均每次出发之人数约为二万七八千人左右。⑦ 占远征军中最多数之军人，大抵由南

① 《明成祖实录》卷二〇上：“元年五月辛巳命福建都司造海船百三十七艘。”卷二七：“二年正月壬戌命京卫造海船五十艘。”癸亥将遣使西洋诸国“命福建造海船五艘”。卷四三：“三年六月命浙江等都司造海舟千一百八十艘。”有一部分海船是由海运船（由海道运粮之船）改造，卷七一：“五年九月乙卯命都指挥汪浩改造海运船二百四十九艘，备使西洋诸国。”十一月丁巳“命浙江、湖广、江西改造海运船十六艘”。卷七六：“六年二月命浙江、金乡等卫改造海运船三十三艘。”卷九七：“七年十月壬戌命江西、湖广、浙江及苏州等府卫造海船三十五艘。”卷九九：“七年十二月丁未命扬州等卫造海船五艘。”卷一二〇：“九年十月辛丑命浙江、临山、观海、定海、宁波、昌国等卫造海船四十八艘。”

② 《明成祖实录》卷七五：“六年正月丁卯命工部造宝船四十八艘。”卷二一五：“十七年八月己卯造宝船四十一艘。”

③ 《明成祖实录》卷二二八。

④⑤ 顾起元：《客座赘语》卷一，宝船厂条。

⑥ 祝允明：《前闻记》（沈节甫：《纪录汇编》本卷二〇二）。

⑦ 第一次远征军二万七千八百余人，见《明史·郑和传》；第二次二万七千余人，见费信：《星槎胜览》；第七次二万七千五百五十员名，见《前闻记》。

京及直隶卫所运粮官军和水军右卫等卫官军中临时抽调。[①] 将校亦由各卫军官中选用。[②] 当时南洋诸国大抵多奉回教，故远征队中之通事（翻译人）多为回教徒，今可知者有会稽马欢，仁和郭崇礼[③]，西安羊市大清真寺掌教哈三[④]。郑和本人亦为一回教徒[⑤]，亦奉佛教，受菩萨戒[⑥]。其幕下书手有太仓费信[⑦]，应天巩珍[⑧]，各有纪行书传世[⑨]。南洋诸国亦有奉佛教者，故在第四次出发时有僧人胜慧同行[⑩]。前后同奉命远征之使臣中，可考者有内官王景弘[⑪]、侯

① 《明宣宗实录》卷六四："五年三月己巳平江伯陈瑄言：南京及直隶卫所运粮官军，今年选下西洋及征进交阯，分调北京，通计二万余人。又水军右卫等卫官军，今年选下西洋者亦多。"

② 例如《明成祖实录》卷一一八："九年十月壬辰论锡兰山战功，升锦衣卫指挥佥事李实、何义宗俱为本卫指挥同知。正千户彭以胜、旗手卫正千户林全俱为本卫指挥同知佥事。"卷一六六："十三年九月壬寅命兵部录苏门答剌战功。于是水军右卫流官指挥使唐敬、流官指挥佥事王衡、金吾左卫流官指挥使林子宣、龙江左卫流官指挥佥事胡复宽、河卫流官指挥同知哈只皆命世袭。锦衣卫正千户陆通、马贵、张通、刘海俱升流官指挥佥事。"卷一七一："十三年，升千户徐政、汪海为府军右卫指挥佥事，小旗张通为锦衣卫指挥佥事，以使西洋有劳也。"

③ 马欢、郭崇礼，曾三次随使西洋（永乐十年，十九年，宣德五年），欢撰有纪行书名《瀛涯胜览》，古朴《瀛涯胜览》后序："崇礼乃杭之仁和人，宗道乃越之会稽人，皆西域天方教，实奇迈之士也。昔太宗皇帝敕令太监郑和统率宝船往西洋诸蕃开读赏劳，而二君善通译蕃语，遂膺斯选，三随軿辂，跋涉万里。"（据冯承钧：《瀛涯胜览校注本》）

④ 西安羊市大清真寺嘉靖二年《重修清净寺记》："永乐十一年四月，太监郑和奉敕差往西域天方国，道出陕西，求所以通译国语可佐信使者，乃得本寺掌教哈三焉。"

⑤ 觉明：《三宝太监下西洋的几种资料》，载《小说月报》第二〇卷一号。

⑥ 冯承钧：《瀛涯胜览校注序》。

⑦ 字公晓。《星槎胜览序》："永乐至宣德间，选往西洋，四次随征正使太监郑和等至诸海外。"

⑧ 钱曾《读书敏求记》："永乐初敕遣中外重臣循西海诸国。宣宗嗣位，复命正使太监郑和、王景弘等往海外遍谕诸蕃。时金陵巩珍从事总制之幕往还三年。所至蕃邦二十余处。"

⑨ 费信所撰有《星槎胜览》二卷。有陆楫《古今说海》本（四卷），沈节甫《纪录汇编》本（一卷），《学海类编》本（四卷），《借月山房汇钞》本（四卷），《百名家书》本（一卷），《格致丛书》本（一卷），《国朝典故》本（二卷），罗以智校本（二卷），广州中山大学覆天一阁本（二卷），《历代小史》本（四卷），《小方壶斋舆地丛书》本；巩珍所撰有《西洋蕃国志》（一卷），见《四库存目》及《读书敏求记》。今未见传本。

⑩ 见永乐十八年刊本《太上说天妃救苦灵验经本后题记》。（据冯承钧：《郑和下西洋考序》）

⑪ 见《明史》卷三〇四，《郑和传》。七次远征中第一次、第二次、第七次均参加。

显①、杨庆、洪保②、杨敏、李恺③、李兴、朱良、杨真、周福、张达④诸人。将校中在锡兰山（Ceylon）、苏门答剌（Atcheh）两次战役中有功者有李实、何义宗、彭以胜、林全、唐敬、王衡、林子宣、胡复、哈只、陆通、马贵、张通、刘海诸人。⑤

郑和云南昆阳州人。本姓马，祖父均为回教徒。⑥ 其被阉入宫，当在洪武十四年（1381）傅友德、沐英定云南时。⑦ 事燕王于藩邸，从起兵有功，累擢太监。⑧ 姿貌才智内侍中无与比者。⑨ 永乐三年（1405）六月受命出使西洋，带领空前绝后之远征军出发。

第一次远征军航行印度洋时，其任务为“多赍金币”经营大规模的国际贸易，和“遍历诸番国，宣天子诏，因给赐其君长”，作经济和政治的活动。帅领将士卒二万七千八百余人，分乘六十二艘大舶。拥有最新组织和设备的海军，所到处有不服从的使用武力解决。⑩ 当时印度洋上海盗纵横，剽掠商旅，此次远征除负有上述任

---

① 《明史》附见《郑和传》：“五使绝域，劳绩与郑和亚。”郎瑛《七修类镐》卷一二《三保太监》条：“永乐丁亥（1407）命太监郑和、王景弘、侯显三人往东南诸国赏赐宣谕。”伯希和《郑和下西洋考》以为丁亥（五年）乃七年之误。因郑和于五年十月二日回京，是年所余之日无几也（冯承钧译本，35页）。

② 《读书敏求记》，西洋蕃国志条。

③ 冯承钧：《瀛涯胜览校注序》，9页。

④ 《读书敏求记》，西洋蕃国志条；钱谷：《吴都文粹续集》卷二八，郑和：《娄东刘家港天妃宫石刻通蕃事迹记》（《四库全书珍本初集本》）。

⑤ 见本书128页注②。

⑥ 袁嘉谷：《滇绎》卷三，李至刚撰：《昆阳马公墓志铭》。

⑦ 明初诸将用兵边境，有阉割俘虏幼童之习惯。例如叶盛《水东日记》所记：陈芜交阯人，以永乐丁亥侍太孙于潜邸。《明史·金英传》：“范弘交阯人，初名安。永乐中英国公张辅以交童之美秀者还，选为奄。弘及王瑾、阮安、阮浪等与焉。”王瑾即《水东日记》所记之陈芜。永乐丁亥（1407）张辅定安南，陈芜等盖即此役之俘虏。又沈德符《野获编补遗》阉幼童条：“正统十四年麓川之役，靖远伯王骥都督宫聚奏征思机发，擅用阉割之刑，以进御为名，实留自用。为四川卫训导詹英所奏。天顺四年镇守湖广、贵州太监阮让阉割东苗俘获童稚一千五百六十五人，既奏闻，病死者三百二十九人，复买之以足数，仍阉之。”比附上举诸例，则郑和当即洪武十四年（1381）定云南时所俘被阉之幼童。初侍燕王时其年当在十岁以内。靖难兵起时适为三十岁左右之壮年军官。是后七奉使海外，历成祖、仁宗、宣宗三朝，最后一次出使为宣德五年（1430），不久即老死，则其生卒年约为（1371—1435），存年约六十五岁左右。

⑧ 《明史》卷三〇四，《郑和传》。

⑨ 袁忠彻：《古今识鉴》卷八。

⑩ 《明史》卷三〇四，《郑和传》。

务外，附带有解决海盗、肃清航路的使命。

自唐宋以来，三佛齐①即为东西贸易之中心。② 至明代仍为诸蕃要会。③ 故华人之侨居者最多。在郑和未出使以前，有梁道明雄长其地。《明史》记：

> 有梁道明者广州南海县人，久居其国，闽粤军民泛海从之者数千家，推道明为首，雄视一方。会指挥孙铉使海外，遇其子挟与俱来。永乐三年成祖以行人谭胜受与道明同邑，命偕千户杨信等赍诏招之。道明及其党郑伯可随入朝贡方物，受赐而还。④

又有陈祖义亦广东人，亦为旧港（Palembang）头目，远征军过苏门答剌时祖义出降，遣使入贡：

> 永乐四年七月壬子，旧港头目陈祖义遣子士良，梁道明遣侄观政来朝，赐钞币有差。⑤

---

① 即今苏门答剌。古名室利佛逝（Crivijaya）。自904年始迄于宋明，复有三佛齐或佛齐（Samboja，Semboja）之号。冯承钧译费琅（Gabriel Ferrand）《苏门答剌古国考》（L'Emplre Sumatranais de Crivijaya），考证极详，可参看。

② 《诸蕃志》上《三佛齐》条："土地所产，玳瑁脑子沉速暂香粗熟香香降真丁香檀香蔻豆外，有真珠乳香蔷薇水栀子花腽肭脐没药芦荟阿魏木香苏合油象牙珊瑚树猫儿睛琥珀蕃布蕃剑等，皆大食（Arabes）诸蕃所产，萃于本国。蕃商（指中国商人）与贩用金银瓷器锦绫缬绢糖铁酒米干良姜大黄樟脑等物博易。其国在海中，扼诸蕃舟车往来之咽喉，古用铁链为限，以备他盗，操纵有机，若商舶至则纵之……若商舶过不入，即出船合战，期以必死。故国之舟辐凑焉。"

③ 《明史》卷三二四，《三佛齐传》。

④ 《明史》卷三二四，《三佛齐传》；《明史》卷三〇四，《郑和传》。《明成祖实录》卷三八永乐三年正月戊午条："遣行人谭胜受千户杨信等往旧港（Palembang）招抚逃民梁道明等……"卷四八："三年十一月甲寅行人谭胜受等使旧港还。以头目梁道明、郑伯可等来朝，贡马方物，赐道明等袭衣及钞百五十锭，文绮二十表里，绢七十匹。"

⑤ 《明成祖实录》卷五六。按《明史·三佛齐传》："五年郑和自西洋还，遣人招谕之，祖义诈降，潜谋要劫……"据《实录》祖义之入贡在四年七月，郑和之出发在三年六月，则招降当在第一次路经旧港时，故即于次年入贡。要劫则为归途经旧港时事，时为永乐五年。若招降为七年事，则四年之入贡在事实上为不可能。若以祖义之四年入贡同为谭胜受等所招谕，则梁道明之初次入贡在三年十一月，与其党郑伯可偕贡，初不及祖义。四年七月第二次入贡始与祖义使同来，可知系分作两次招谕，谭胜受初无招谕陈祖义之举。《明史》误系郑和招降陈祖义事于永乐五年即续记要劫被擒事，误。

一面仍为盗海上①，剽掠商旅②，贡使往来者苦之③。远征军回帆时，复谋要劫，被擒伏诛，《明成祖实录》记：

> 五年（1407）九月壬子太监郑和使西洋诸国还④。械至海贼陈祖义等。初和至旧港，遇祖义等，遣人招谕之，祖义诈降，而潜谋要劫官军。和等觉之，整兵堤备。祖义率众来劫，和出兵与战，祖义大败，杀贼党五千余人，烧贼船十艘，获其七艘，及伪铜印二颗。生擒祖义等三人。既至京师，命悉斩之。⑤

陈祖义的“潜谋要劫”，实由于施进卿之告密。施进卿为梁道明之副酋⑥，亦广东人⑦。

> 祖义诈降，潜谋要劫。有施进卿者告于和。祖义来袭，被擒，献于朝伏诛。⑧

即遣使随郑和入朝，以功授旧港宣慰使：

> 五年九月戊午旧港头目施进卿遣婿邱彦诚朝贡，设旧港宣慰使司，命进卿为宣慰使，赐印诰冠带文绮纱罗。⑨

后其子济孙袭职，亦遣使朝贡：

> 二十二年（1424）正月甲辰，旧港故宣慰使施进卿之子济孙遣使邱彦诚请袭父职，并言旧印为火所毁。上命济孙袭宣慰使，赐纱帽及花金带金织文绮袭衣银印，令中官郑和赉往给之。⑩

---

① 《明史》卷三二四，《三佛齐传》。

② 《明史》卷三〇四，《郑和传》。

③ 《明史》卷三二四，《三佛齐传》。

④ 伯希和《郑和下西洋考》29页：“永乐五年九月癸亥（1407年10月2日）郑和复使西洋。”（《明史》卷六，3页）注五：钧案伯希和译文解作郑和还。晗案郑和第一次出使归国，《明实录》及《明史》本纪俱作五年九月壬子，伯希和以为是五年九月癸亥，未知何据。《明史》本纪明记“郑和还”，伯希和译文不误，冯先生改译为“复使西洋”，亦不知何据。

⑤ 《明成祖实录》卷七一。

⑥ 《东西洋考》卷三，旧港条。

⑦ 《瀛涯胜览》，旧港条。

⑧ 《明史》卷三二四，《三佛齐传》。

⑨ 《明成祖实录》卷七一。

⑩ 《明成祖实录》卷二六七。

洪熙元年（1425）复遣使来贡金银香象牙等物。① 其后朝贡渐稀。②

第一次之远征军于永乐五年（1407）九月返国，在海上往返之三年中，此远征军曾至爪哇（Java）③、苏门答剌（Atcheh）④、南巫里（Lambri）⑤、古里（Calicut）⑥、锡兰（Ceylon）⑦ 诸地，其行踪似未越过印度海岸以外。

郑和一行人之使命，第一次远航即得满意的收获，海盗肃清，航路无阻。遂于次年（1408）九月癸亥复奉命统领官兵，驾驶海舶四十八艘⑧，赍敕使古里、满剌加（Malucca）、苏门答剌、阿鲁（Aru）、加异勒（Cail）、爪哇、暹罗（Siam）、占城（Campa）、柯枝（Cochin）、阿拨把丹、小阿兰（Quilon）、南巫里、甘巴里（Koyampali）诸国，赐其王锦绮纱罗。⑨

前一次之海外贸易，顺利归来，此次贸易，复又大获而归，遂为锡兰国王亚烈苦奈儿（Alagakkonara Nijaya Bahu VI）所觊觎，发兵要劫，为郑和所败，生擒亚烈苦奈儿而归。《明成祖实录》记：

> 九年（1411）六月乙巳内官郑和等使西详诸蕃还国。⑩ 献所俘锡兰山国王亚烈苦奈儿并其家属。和等初使诸蕃，至锡兰山，亚烈苦奈儿侮慢不敬，欲害和，和觉而去。亚烈苦奈儿又

---

① 《明宣宗实录》卷五。

② 《明史》卷三二四，《三佛齐传》。

③ 《明史》卷三二四，《爪哇传》。

④ 《明史》卷三二五，《苏门答剌传》。

⑤ 《明史》卷三二六，《南巫里传》。

⑥ 《瀛涯胜览》古里条；何乔远《王享记》三："永乐元年酋长马那必加剌满遣使朝贡，三年复贡，诏封为国王，郑和下蕃自古里始，西洋诸蕃之会也。"是郑和于永乐三年曾至古里封王。伯希和于《郑和下西洋考》中以为《瀛涯胜览》所记之五年是三年之误《郑和下西洋考》（30页注二）。与何氏所记正合。

⑦ 《郑和下西洋考》，31页注一。

⑧ 《星槎胜览》前集，《占城国》；陆容：《菽园杂记》。

⑨ 《明成祖实录》卷八三。按《娄东刘家港天妃宫石刻通蕃事迹记》记第二次航行以五年往，七年还；"永乐五年统领舟师往爪哇、古里、柯枝、暹罗等国，其国王各以方物珍禽兽贡献，至七年回还。"和《实录》及诸纪行书都不合。

⑩ 《王享记》三锡兰国条记有行人诸蕃偕郑和同使其国。诸蕃一名不见他书著录，或为诸蕃国之省文。

> 不辑睦邻国，屡邀劫其往来使臣，诸蕃皆苦之。及和归复经锡兰山，遂诱和至国中，令其子纳颜①索金银宝物，不与。潜发蕃兵五万余劫和舟，而伐木拒险，绝和归路，使不得相援，和等觉之，即拥众回船，路已阻绝。和语其下曰："贼大众既出，国中必虚，且谓我客军孤怯，不能有为。出其不意攻之，可以得志。"乃潜令人由他道至船，俾官军尽死力拒之。而躬率所领兵二千余由间道急攻王城破之，擒亚烈苦奈儿并家属头目。蕃军复围城，交战数合大败之。遂以归。群臣请诛之，上悯其愚无知，命姑释之，给与衣服，命礼部议择其属之贤者为王以承国祀。②

礼部询所俘国人，国人皆举耶巴乃那。永乐十年十一月复遣郑和使西洋赍诏印往封，并送亚烈苦奈儿归国。时国人已立不剌葛麻巴思剌查（Parakkama Bahu Raja）③ 为王，诏使逊位④。

远征军至苏门答剌时，王子苏干剌（Sekander）以赏赐不及，举兵邀杀，又为郑和所擒，献俘阙下，国威大振。《明成祖实录》记：

> 十三年（1415）九月壬寅，郑和献所获苏门答剌贼酋苏干剌等。初，和奉使至苏门答剌，赐其王宰奴里阿必丁（Zaynu-L-Abidin）彩币。苏干剌乃前伪王弟，方谋弑宰阿必丁以夺其位，且怒使臣赐不及己，领兵数万邀杀官军。和帅众及其国兵与战，苏干剌败走，追至南浡利国（Lambri），并其妻子俘以归。至是献于行在。兵部尚书方宾言：苏干剌大逆不道，宜付

① 《王享记》作纳言。

② 《明成祖实录》卷一一六。

③ 不剌葛麻巴思剌查应作不剌葛麻巴忽剌查。

④ 《王享记》三，锡兰条。邪巴乃那即不剌葛麻巴忽剌查，明人不知误以为二，见郑晓：《吾学编》卷六八。参看《郑和下西洋考》，33 页。按擒亚烈苦奈儿，《通蕃事迹记》以为第三次航行事，"永乐七年统领舟师前往各国，道经锡兰山国，其王亚烈苦奈儿负固不恭，谋害舟师，赖神灵显应知觉，遂生擒其王，至九年归献。寻蒙思宥，俾复归国"。以七年出发，九年还国，与《实录》不合。

法司正其罪，遂命刑部按法诛之。①

此行据马欢所撰纪行诗及《明史·外国传》之记载，凡占城、阇婆（Java）、三佛齐（Palembang）、苏门答剌（Atcheh）、锡兰（Ceylon）、柯枝（Cochin）、古里（Calicut）、五屿（Malucca）、溜山（Maldives）、忽鲁谟斯（Ormuz）、加异勒（Cail）、彭亨（Pahang）、急兰丹（Kelantan）、阿鲁（Aru）、南浡利（Lambri）诸国，均为航线所经，始越过印度南境，而抵于波斯湾中。②

第三次航行返国时，诸蕃国使臣随同朝贡。次年（1416）十二月，郑和又奉命赍敕及锦绮纱罗等物，偕诸蕃国使臣赐各国王。③此次航路除遍历前三次所经国家以外，并曾到过阿丹（Aden）、麻林（Malinde）④、沙里湾泥（Jurfattan）⑤、木骨都束（Mgedoxu）、不剌哇（Brawa）、剌撒（《武备志图》位置剌撒于阿剌伯半岛阿丹之西北）⑥，横断印度洋而远至非洲，于十七年（1419）七月返国。⑦

---

① 《明成祖实录》卷一六八，《明史·郑和传》本此。按《瀛涯胜览》及《明史·苏门答剌传》并云："其苏门答剌国王先被那孤儿花面王（Eattak）侵略战斗，身中药箭而死。有一子幼小，不能与父报仇。其王之妻与众誓曰：'有能报夫死之仇，复全其地者吾愿妻之，共主国事。'言讫，本处有一渔翁，奋志而言，我能报之。遂领兵众当先杀败花面王，复雪其仇。花面王被杀，其众退伏，不敢侵扰。王妻于是不负前盟，即与渔翁配合，称为老王，家室地赋之类，悉听老王裁制。永乐七年效职进贡而沐天恩，永乐十年复至其国。其先王之子长成，阴与部领合谋弑义父渔翁，夺其位，管其国。渔翁有嫡子苏干剌领众挈家逃去邻山，自立一寨，不时率众侵复父仇。永乐十三年正使太监郑和等统领大䑸宝船到彼，发兵擒获苏干剌，赴阙明正其罪。其王子感荷圣恩，常贡方物于朝廷。"与《明成祖实录》不合。

② 《郑和下西洋考》，43页。

③ 《明成祖实录》卷一八三。《通蕃事迹记》记第四次航行往返年月："永乐十二年统领舟师往忽鲁谟斯等国，其苏门答剌国伪王苏干剌寇侵本国，其王遣使赴阙陈诉，就率官兵剿捕，遂生擒伪王，至十三年归献。"

④ 《明史》，《成祖本纪》三。

⑤ 《明史》卷三二六；《郑和下西洋考》，46页。

⑥ 《明史》卷三二六。

⑦ 《明史》，《成祖本纪》三。第四次航行返国后，曾对屡次出使之将校加以升赏，《明成祖实录》卷二二五："十八年五月辛未命行在兵部，凡使西洋忽鲁谟斯等国回还官旗二次至四次者俱升一级。于是升龙江左卫指挥朱真为大宁都指挥佥事，掌龙江左卫事。水军右卫指挥使唐敬为都指挥佥事。"

永乐十九年（1421）正月，郑和等又奉命作第五次之航行。《明成祖实录》记：

> 癸巳，忽鲁谟斯等十六国使臣还，赐钞币表里，复遣太监郑和等赍敕及锦绮纱罗绫绢等物赐诸国，就与使臣偕行。①

在这一次航行的两年中，国内发生一件可笑的大事，原来在远征军派出后的三个月，新建筑落成的奉天、华盖、谨身三殿忽然闹火灾，照着传统的习惯，临时开放言禁，诏群臣直陈阙失。大概群臣中就有一部分人是反对由国家经营海外贸易的，也许这一些反对者同时就是闽广一带的豪富。结果是明令停止下蕃；其条款为：

> 一、下蕃一应买办物件并铸造铜钱，买办麝香、生铜、荒丝等物暂停。
>
> 一、往诸蕃国宝舡及迤西迤北等处买马等项暂行停止。
>
> 一、修造往诸蕃舡只，暂行停止，毋得重劳军民。②

可是在事实上，下蕃舰队早已派出，这命令也只是一种官样文章而已。

照着旧例，送每次随同入贡的使臣还国，这一次的航行又到了非洲东岸的木骨都束和不剌哇，阿剌伯沿岸的祖法儿（Djofar）、阿丹（Aden）。③ 二十年八月壬寅还，暹罗（Siam）、苏禄（Sulo）、苏门答剌（Atcheh，Sumatra）、哈丹（Aden）等国悉遣使随和贡方物。④

二十二年（1424）正月旧港（Palembang）酋长施济孙请袭宣慰使职，郑和又奉命作第六次之旅行。回国时明成祖已经晏驾，仁宗

---

① 《明成祖实录》卷二三三。第五次航行《通蕃事迹记》作永乐十五年事："永乐十五年统领舟师往西域，其忽鲁谟斯国进狮子、金钱豹、西马，阿丹国进麒麟，番名祖剌法，并长角马哈兽，木骨都束国进花福禄并狮子，卜剌哇国进千里骆驼并驼鸡，爪哇国进縻里羔兽。各进方物，皆古所未闻者。及遣王男王弟捧金叶表文朝贡。"

② 《明成祖实录》卷二三六。

③ 《明成祖实录》卷二三三。

④ 《明成祖实录》卷二五〇。

继位，罢西洋宝船，命和以下蕃诸军守备南京。①

仁宗宽弘仁厚，是一个守成的中主。在位几个月便死了，宣宗（1426—1435）继位。这青年皇帝从幼便为其祖父所钟爱，在性格和魄力方面也受了他祖父的遗传，很是精明强干。郑和这时位高望重，郁郁处南京，不能再作海上壮游，行动不免有些地方越轨，虽是三朝老臣，也不免被这一位青年皇帝所申斥。《明宣宗实录》记有一事，可以略见郑和这一时期的情形：

> 元年四月壬申，命司礼监移文谕太监郑和毋妄请赏赐。先是遣工部郎中冯春往南京，修理宫殿工匠各给赏赐。至是春还奏南京国师等所造寺宇工匠亦宜加赏。上谕司礼监曰："佛寺僧所自造，何预朝廷事！春之奏必和等所使，春不足责。其遣人谕和谨守礼法，毋窥伺朝廷。一切非理之事，不可妄有陈请。"②

据《古今图书集成·职方典》所记：

> 静觉寺在府治三山门内。明洪武间敕赐，宣德年重修。郑和题请其子孙世守之。③

可知郑和这时期已极不得意，乞寺庙为皈依之计。

可是这老军人和老航海家命运中注定还有一次周历印度洋的海上旅行。宣德五年（1430）帝以外蕃贡使多不至，遣和及王景弘遍历诸国。④ 又奉命仆仆作海上之行。《明宣宗实录》记：

> 五年六月戊寅，遣太监郑和等赍诏往谕诸蕃国，凡所历忽鲁谟斯、锡兰山、古里、满刺加、柯枝、卜剌哇、木骨都束、喃浡利、苏门答剌、剌撒、溜山、阿鲁、甘巴里、阿丹、佐法

---

① 《明史》卷三〇四，《郑和传》；《仁宗本纪》。第六次航行《通蕃事迹记》作永乐十九年事："永乐十九年统领舟师，遣忽鲁谟斯等各国使臣久侍京师者悉还本国。其各国王贡献方物视前益加。"

② 《明宣宗实录》卷一六。

③ 《古今图书集成》卷六六一，江宁府部汇考江宁府祠庙。

④ 《明史》卷三二五，《苏门答剌传》。

儿、竹步（Diobo）、加异勒等二十国及旧港宣慰司，其君长皆赐彩币有差。①

据祝允明所记此次航海里程郑和所率领之舰队以宣德五年闰十二月六日于南京龙湾开舡。② 然据《实录》则宣德六年二月中曾令满剌加使臣附郑和舟返国：

六年二月壬寅，满剌加国头目巫宝赤纳等至京，言国王欲躬来朝贡，但为暹罗国王所阻。暹罗素欲侵害本国，本国欲奏，无能书者。今王令臣三人潜附苏门答剌舟来京，乞朝廷遣人谕暹罗王无肆欺陵，不胜感恩之至。上命行在礼部赐赍巫宝赤纳等。遣附太监郑和舟还国。令和赍敕谕暹罗国王。③

由是可知舰队系分别出发，故满剌加使臣得附后发海船还国。主队出发时，并曾派分队到古里，由古里复派人赍货物到天方（Mekka）贸易：

天方……又曰默伽，水道由忽鲁谟斯四十日始至。自古里西南行三月始至。宣德五年郑和使西洋分遣其侪诣古里，闻古里遣人往天方，因使人赍货物附其舟偕行，往返经岁，市珍奇异宝及麒麟（Giraffe）、狮子、驼鸟以归。其国王亦遣陪臣随朝使来贡。④

于宣德八年（1433）七月六日回京。⑤

第七次远征军返国后的第三年，宣宗崩，英宗（1435 至 1449，1457 至 1464）冲龄继位，杨士奇、杨荣、杨溥诸老臣当国，于是又重新回到太祖时代的保守政策，不再想向海外发展。同时郑和也已到了望七的高龄，不能再作远行，三十年来的海外活动，于此告一

---

① 《明宣宗实录》卷六七。

② 《纪录汇编》卷二〇二；《前闻记》。按《通蕃事迹记》："宣德五年冬复奉使诸蕃国牺舟（娄东刘家港天妃宫）祠下。"又云："宣德五年仍往诸番开诏，舟师泊于祠下。"又云："明宣德六年岁次辛亥春朔正使太监郑和、王景弘副使太监朱良、周福、洪保、杨真左少监张达等"，则和等虽于五年六月奉命，十二月自龙湾开舡而自太仓启行则为六年春初事也。

③ 《明宣宗实录》卷七六。

④ 《明史》卷三三二，《天方传》；《瀛涯胜览》，天方国条。

⑤ 祝允明：《前闻记》。

结束。《明史》记：

> 和经事三朝，先后七奉使，所历占城（Campa）、爪哇（Java）、真腊（Kemboja）、旧港（Palembang）、暹罗（Siam）、古里（Calicut）、满剌加（Malucca）、渤泥（Borneo）、苏门答剌（Atcheh）、阿鲁（Aru）、柯枝（Cochin）、大葛兰、小葛兰（Quilon）、西洋琐里、琐里（Chola）、加异勒（Cail）、阿拨把丹、南巫里（Lambri）、甘把里（Kayampadi）、锡兰山（Ceylon）、喃渤利（即南巫里）、彭亨（Pahang）、急兰丹（Kelantan）、忽鲁谟斯（Ormuz）、比剌（Brawa?）、溜山（Maldives）、孙剌（Sanda?）、木骨都束（Mogedoxu）、麻林（Malinde）、剌撒、祖法儿（Djofor）、沙里湾泥（Jurfattau）、竹步（Djobo）、榜葛剌（Bengal）、天方（Mekka）、黎伐（Lide）、那孤儿（Battak）①，凡三十余国。所取无名宝物，不可胜计，而中国耗费亦不赀。自宣德以还，远方时有至者，要不如永乐时，而和亦老且死。自和后，凡将命海表者，莫不盛称和以夸外番，故俗传三保太监②下西洋，为明初盛事云。③

---

① 冯承钧《瀛涯胜览校注序》："考阿丹（Aden）一国，名见马欢、费信、巩珍之书，亦系郑和所历之地，郑和本传漏举其名。《星槎胜览》之卜剌哇（Brawa）亦系宝船所至之地，亦不见于郑和本传，有人以为即是传中之比剌，然与对音未合，未敢以为是也。"

② 三保太监一名词，明人有谓为郑和旧名者，如《七修类稿》卷一二三保太监条："永乐丁亥命太监郑和、王景弘、侯显三人往东南诸国赏赐宣谕。今人以为三保太监下（西）洋。不知郑和旧名三保，皆靖难内臣有功者。"有谓为合郑和、王景弘、侯显三人称三保太监者，如严从简《殊域周咨录》卷七《占城传》4页："三保之称，不知系是郑和旧名，抑岂西洋私尊郑和、王景弘、侯显等为三太保故耶。"有谓为三下西洋有功故称三宝太监者，王世贞《弇山堂别集》卷九《中官考》："永乐三年三月命太监郑和等率兵二万七千人行赏赐西洋、古里、满剌（加）诸国。案此内臣将兵之始也。和自是凡三下西洋皆有功。人谓之三宝太监。"按明初内官多有以三保为名者，如永乐八年五月初九日谕谭青诏："说与都督谭青、薛禄……内官王安、王彦、三保、脱脱尔等……"八年六月三十日敕王友、刘才诏："尔等启行之时，朕又遣内官三保说与尔等，但遇胡寇，务立奇功头功。"有内官三保。并见《弇山堂别集》卷八八，《诏令杂考》四。《明史》卷三三一《尼八剌传》有内官杨三保："永乐十一年命杨三保赍玺书银币赐其嗣王沙葛新的及地涌塔王可般。"此杨三保与永乐八年随征之内官三保虽未能定其即为一人与否，然明初内官中除郑和外另有名三保者，三保非尊称，乃系一普通人名，其例正如王彦之即为内官狗儿。则三保似即是郑和旧名也。和之僧名福善已见上文。

③ 《明史》卷三〇四，《郑和传》。

在三十年中郑和已遍历印度洋沿岸之地。据祝允明《前闻记》所记宝船里程，可知其前后七次航行之航线。据载由南京龙湾开船经刘家港而至长乐港，约停七月，乃开船出五虎门到占城，由占城到爪哇之苏鲁马益（Surabaya），由苏鲁马益到苏门答剌东南角之旧港，由旧港到满剌加，由满剌加到苏门答剌西北角之亚齐（Atcheh），由亚齐到锡兰，由锡兰到古里，由古里到波斯湾口之忽鲁谟斯，复由忽鲁谟斯回到古里。大䑸宝船由古里回洋，历经亚齐、满剌加、占城等地，径航太仓。

分队（明人称分䑸）出发之航线，大致有五：一为昔日占城之新州今日安南之归仁，其航线大致有三：一为赴浡泥岛文莱（Brunei）之航线，一为赴暹罗之航线，一为赴爪哇岛苏鲁马益之航线。后一线应经过假里马打（Karimata）、麻叶瓮（Billiton）两岛之间，主队（明人称大䑸宝船）所循者盖为此第三线。自是由苏鲁马益历旧港、满剌加、哑鲁而至亚齐。

二为亚齐，其航线有二：一为赴榜葛剌之航线，一为赴锡兰之航线，兹二航线虽在亚齐分道，似皆经过喃浡利、翠蓝屿（Nicobar）两地，然后分途航行，主队所循者乃后一航线也。

三为锡兰岛之别罗里（在今高郎步［Colombo］附近），其航线亦有二：一为西赴溜山群岛之航线，一为西北赴小葛兰之航线，亦即主队所经之航线，《明史》说锡兰可通非洲东岸之不剌哇（Brawa），大概就是溜山一线的延长线。

四为小葛兰，其航线亦有二：一为径航非洲东岸木骨都束之线，一为北赴柯枝之线，主队即遵此线经过柯枝而至古里。当时宝船似未北行至阿剌伯人之沙里八丹（Jarfattan）今 Cananore 及很奴儿（Honore）二国。

五为古里，其航线似亦有二：一为西北赴波斯湾口忽鲁谟斯岛之航线，一为赴阿剌伯南岸祖法儿（或应加入今地未详之剌撒）、阿丹等国之航线。当时宝船虽未径航默伽，所遣通事七人附载之古里舶，应亦循此线西北行而抵秩达（Jidda）。①

① 以上一段据冯承钧：《瀛涯胜览校注序》。

明初出使海外著劳绩的除郑和外，还有太监杨敕（敏）、侯显、尹庆诸人。杨敕于永乐十年奉使往榜葛剌等国，十二年回京，《星槎胜览》之作者费信此次曾在行中。① 侯显继之，二使榜葛剌：

> 十三年（1415）帝欲通榜葛剌（Bengal）诸国，复命显率舟师以行。其国即东印度之地，去中国绝远。其王赛佛丁（Saifu-d'-din）遣使贡麒麟及诸方物，帝大悦，锡予有加。榜葛剌曰西有国曰沼纳朴儿（Jaunpur）者，地居西印度中，古佛国也。侵榜葛之。赛佛丁告于朝。十八年（1420）九月命显往宣谕赐金币，遂罢兵。②

后又命周鼎等往使：

> 二十一年（1423）九月江阴等卫都指挥佥事周鼎等九百九十二人奉使榜葛剌等国回，皇太子令礼部赏钞有差。③

尹庆于永乐元年九月使满剌加、柯枝诸国。④ 三年九月返国，苏门答剌酋长宰奴里阿必丁、满剌加国酋长拜里迷苏剌、古里国酋长沙米的俱遣使随还朝见。诏俱封为国王，与印诰，并赐彩币袭衣。复命尹庆往使。十年命甘泉送满剌加王侄还国。⑤ 尹庆第一次使满剌加时，内官马彬亦同时被命使爪哇、西洋、苏门答剌诸蕃⑥，随行者有金吾左卫千户李名道、林子宣诸将校⑦。后又数奉命使占城。⑧ 张谦于六年与行人周航使浡泥国，十年、十四年、十八年复奉命往使，十五

① 《星槎胜览》前集。

② 《明成祖实录》卷一六六："十三年七月甲辰使太监侯显等使榜葛剌诸番国。"卷二二八："十八年八月乙亥遣中官侯显等使沼纳朴儿国。时榜葛剌国王言沼纳朴儿国王亦不剌金（Samsu'-d-din Ibrahim Sah）数以兵挠其境。故遣显等赍敕谕之，俾相辑睦，各保境土。因赐之彩币，并赐所过金刚宝座之地酋长彩币。"《明史》卷三〇四，《郑和传》。

③ 《明成祖实录》卷二六三。

④ 《明成祖实录》卷二三。

⑤ 《明成祖实录》卷四六；《明史》卷三二五，《满剌加传》。

⑥ 《明成祖实录》卷二三。

⑦ 《明成祖实录》卷四七。

⑧ 《东西洋考》卷二，《占城》。

年九月又出使古麻剌郎国。① 杨庆于十八年奉命往西洋公干，洪保于次年奉命送各蕃国使臣回还。② 吴宾于永乐初曾使爪哇。③ 永乐三年朝使曾往招谕吕宋、麻叶瓮、番速儿、来囊葛卜、南巫里、娑罗六国。④ 朝臣奉使西洋者有闻良辅、宁善⑤、王复亨⑥、马贵⑦诸人。

四

成宣间（1402 至 1435）努力向南洋发展之结果，第一为经济上之收获，用瓷器丝茶诸货物到南洋博易，政府和人民两受其益。第二是政治上的成功，国威远播，南洋诸国王，稽首来庭，甘为臣属。第三是文化的传播，宝船迭出，信使往来，使南洋诸国均染华风。第四是华侨移殖之增加及势力之发展，因航路之开辟及航海技术之进步，加以郑和一行使人在南洋之成功，使中国人在南洋之地位陡然提高，在各方面均得便利。因之渡海博易及留居之人数顿增，以其灵敏耐劳的手腕渐得当地人之信仰，华商遂取得南洋经济上领袖之地位，同时参预当地政治，有为当地执政者，甚至有为国王者。

当时人对于南洋通商的见解，以为“舶之为利也，譬之矿然，封关矿洞，驱斥矿徒，是为上策。度不能闭，则国收其利权，而自操之，是为中策。不闭不收，利孔漏泄，以资奸萌，啸聚其中，斯无策矣”⑧。

---

① 《明成祖实录》卷一〇八，卷一九〇，卷二三〇；《明史》卷三二五，《浡泥传》。

② 《读书敏求记》，《西洋蕃国志》条。

③ 《殊域周咨录》卷八，《爪哇》。

④ 《明成祖实录》卷四七；《明史》卷三二三，《吕宋传》。

⑤ 《明成祖实录》卷四六。

⑥ 《明成祖实录》卷四三：“永乐三年六丹壬辰，升正千户王复亨、副千户李满、总旗刘海、小旗马贵俱为锦衣卫指挥佥事。初满等由仪卫司校卫从征渡江，出使西洋，累著勋绩，故有是命。”

⑦ 《明成祖实录》卷一一二：“九年正月辛未升锦衣卫百户马贵为本卫指挥同知，录其奉使西洋、古里等处劳绩也。”

⑧ 《天下郡国利病书》卷九三，《福建洋税》。

以矿洞喻市舶司，矿徒喻海商。上策指洪武时代，中策指永乐至正德时代。无策指因倭寇而罢市舶之嘉靖时代。所谓“国收其利权而自操之”，实即指郑和时代所代表之国营贸易。

在郑和以前及以后，政府对蕃货的处置是用抽分的办法：“朝贡附至蕃货欲与中国贸易者，官抽六分，给价偿之，仍免其税。”① 政府有优先权抽买全部货物十分之六，以免税为交换条件。蕃货有贡蕃与私商之别，旧制应入贡蕃先给以符簿②，凡贡至，三司以合文视其表文方物无伪，乃送入京。若国王、王妃、陪臣等附至货物，抽其十分之五，其余官给之直。暹罗、爪哇二国免抽。③ 其蕃商私赍货物入为易市者，舟至水次，悉封籍之，抽其十二，乃听贸易。④ 永乐、宣德时除市舶抽分以外，直接由国家派远征舰队去海外博易，所得利益更大。宣德以后，宝船不出，诸蕃贡使来市，“椒木铜鼓，戒指宝石，溢于库市。蕃货甚贱，贫民承令博买，多致富”⑤。

市舶之利，嘉靖中都御史林富曾上疏言之。他说：

> 中国之利，盐铁为大，有司取办，仡仡终岁，仅充常额。一有水旱，劝民纳粟，犹惧不充。旧规至广蕃舶，除贡物外，抽解私货，俱有则例，足供御用，此其利之大者一也。蕃货抽分，解京之外，悉充军饷，今两广用兵连年，库藏日耗，借此足以充羡而备不虞，此其利之大者二也。广西一省

---

① 《明太祖实录》洪武二年九月。

② 《大明会典》卷一〇八《朝贡通例》：“凡勘合号簿，洪武十六年始给暹罗国，以后渐及诸国。每国勘合二百道，号簿四扇。如暹罗国暹字号勘合一百道及罗字号底簿各一扇俱送内府。罗字勘合一百道，及暹字号簿一扇，发本国收填。罗字号簿一扇发广东布政司收比。余国亦如之。每改元则更造换给。计有勘合国分：暹罗，日本，占城，爪哇，满剌加，真腊，苏禄国东王，苏禄国西王，苏禄国峒王，柯支，浡泥，锡兰山，古里，苏门答剌，古麻剌。”

③ 《大明会典》卷一一一《给赐》二外夷上贡物给价：琉球国：正贡外附来货物，官抽五分，买五分；暹罗：使臣人等进到货物，例不抽分，给与价钞；爪哇：贡物给价；浡泥国：正贡外附带货物俱给价；苏门答剌国：正贡外使臣人等自进物俱给价；苏禄国：货物例给价，免抽分；西洋琐里：永乐元年来朝，附载胡椒等物皆免税；满剌加国：正贡外，附来货物皆给价，其余货物许令贸易；榜葛剌国：使臣人等自进物俱给价。

④⑤ 《天下郡国利病书》卷一二〇，海外诸蕃条。

全仰给于广东，今小有征发，即措办不前，虽折俸椒木①，久已缺乏，科扰于民，计所不免。查得旧蕃舶通时，公私饶给，在库蕃货旬月可得银两数万，此其为利之大者三也。货物旧例有司择其良者如价给值，其次资民买卖，故小民持一钱之货，即得握菽，展转贸易，可以自肥，广东旧称富庶，良以此耳，此其为利之大者四也。助国给军，既有赖焉，而在官在民，又无不给，是因民之所利而利之者也，非所谓开利孔而为民罪梯也。②

互市之利如此，在成宣时代又加上大规模的国营贸易，虽然现在不能有确切记载证明当时的国库收入是如何浩大惊人，至少也可从这文件看出国家和地方政府靠互市收入的需要程度。照这情形类推，可以想见成宣时代郑和在南洋活动的成绩和当时朝野的需要。

四十年后，有太监迎合宪宗（1464 至 1487）的意思，到兵部查索宣德间郑和出使的水程，再作远征海外的壮举，为台谏所阻而罢：

成化间③有中贵迎合上意者举永乐故事以告，诏索郑和出使水程④。兵部尚书项忠命吏入库检旧案不得。盖先为车驾郎中刘大夏所匿。忠笞吏，复令入检，终莫能得。大夏秘不言。会台谏论止其事，忠诘吏谓库中案卷宁能失去，大夏在旁对曰："三保下西洋，费钱粮数十万，军民死且万计，纵得奇宝而回⑤，于国家何益！此特一敝政，大臣所当切谏者也。旧案虽存，亦当毁之以拔其根，尚何追究其有无哉！"⑥

① 明代广州官史，多以胡椒苏木折俸。《天下郡国利病书》卷一二〇："俸粮折色，椒木兼支。都布按三司文武官员及在省文职官吏于广丰库贮抽四胡椒苏木，计算各名下折色俸银每一两折八钱，折苏木一百斤，尚余二钱，胡椒五斤八两六钱八分。其余卫所武职官吏与夫境外各属，则无折支椒木之例。"

② 《殊域周咨录》卷九，佛郎机。

③ 《刘忠宣公年谱》列此事于成化九年（1473）。

④ 《年谱》作上命中官至兵部查宣德间王三保出使西洋水程。

⑤ 《年谱》作纵得珍宝而回。

⑥ 《殊域周咨录》卷八，古里条。

在政治方面，南洋诸国经过几度郑和所率领的远征军的武力制裁，和外交手腕的发挥，莫不来朝恐后，除循常例遣使臣入贡外，诸国王中有亲自航海到京师朝贡，表示臣属者。

永乐四年（1406）东洋冯嘉施兰（Pangassinan）土酋嘉马银等来朝。① 六年八月浡泥国王麻那惹加那②率妃及弟妹子女陪臣泛海来朝：

> 舟次福建，守臣以闻，遣中官往宴赉，所过州县皆宴，入朝朝见，帝奖劳之。王跪致词曰：陛下膺天宝命，统一万方，臣远在海岛，荷蒙天恩，赐以封爵，自是国中雨赐时顺，岁屡丰登，民无灾厉，山川之间，珍奇毕露，草木鸟兽，亦悉繁育，国中耆老咸谓此圣天子复冒所致，臣愿睹天日之表，少输诚悃，不惮险远，躬率家属陪臣诣阙献谢。帝慰劳再三。命王妃所进中宫笺及方物陈之文华殿，王诣殿进献毕，自王及妃以下悉赐冠带袭衣。帝乃飨王于奉天门，妃以下飨于他所。礼讫送于会同馆。礼官请王见亲王仪，帝令准公侯礼。寻赐王仪仗交椅银器伞扇销金鞍马金织文绮纱罗绫绢，衣十袭。余赐赉有差。
>
> 十月王卒于馆。帝哀悼，辍朝三日，遣官致祭，赙以缯帛。东宫亲王皆遣祭，有司具棺椁明器葬之安德门外石子冈，树碑神道，又建祠墓侧，有司春秋祀以少牢。谥曰恭顺。赐敕慰其子遐旺，命袭封国王。

十年遐旺复偕其母来朝。③ 满剌加国嗣王拜里迷苏剌于九年率妻子陪臣五百四十余人来朝。十年王侄入谢，十二年王子母干撒于的儿沙来朝，告其父讣，即命袭封。十七年王率妻子陪臣来朝。二十二年西里麻哈剌以父没嗣位，率妻子陪臣来朝。④ 十年中国王五次亲朝。苏禄有三王，十五年东王巴都葛叭哈剌、西王麻哈剌叱葛剌麻

---

① 《明成祖实录》卷五八。

② 《王享记》三，《殊域周咨录》卷八作麻那惹加那乃，此据《明史》。

③ 《明史》卷三二五。

④ 《明史》卷三二五，《满剌加传》。

丁峒、王妻叭都葛巴剌卜并率其家属头目，凡三百四十余人桴海朝贡，东王次德州，卒于馆，帝遣官赐祭，命有司营葬，勒碑墓道，谥曰恭定。命其长子都马含继位。① 斐律宾群岛中之古麻剌郎（Kumalarang）王干剌义亦奔敦亦于十八年（1420）率妻子陪臣来朝，受封爵封诰，还至福建，遘病卒，谥曰康靖，有司治坟，葬以王礼，命其子剌苾嗣为王。②

诸王除亲自入朝受中国册封外，并请求封其国中之山，如浡泥之长宁镇国山：

> 初故王（麻那惹加那）言：臣蒙恩赐爵，臣境土悉属职方，乞封国之后山为一方镇。新王（遐旺）复以为言，乃封为长宁镇国之山，御制碑文，令（中官张）谦等勒碑其上。③

满剌加之西山④。其他未经特封之山川，则附祭于沿海各省，如广西则附祭安南、占城、真腊、暹罗、琐里，广东则附祭三佛齐、爪哇，福建则附祭日本、琉球、浡泥，将祭则遣官一人往监其祀。⑤

南洋各地政治上的领袖和著名的山川都受中国册封，在经济方面，更是贸迁有无，息息相关。两地交通经过几千年的历史，更经过成宣时代的积极经营，南洋的社会文物渐有华北的趋势。如北婆罗洲之杜森族（Dasuns）为土著狄亚克族（Dyaks）与中国人之混合种，自称为中国人之苗裔，其耕织均用中国之法。⑥ 斐律宾之由游牧时代而进于农业时代，实由于闽人林旺之启导。⑦ 爪哇旧港南浡利诸地多使中国铜钱。⑧ 甚至地各亦中国化，如爪哇之新村，北婆罗洲之中国河（Ki-naKatangan）、中国寡妇峰（Kina Balu），拉布恩

---

① 《明史》卷三二五，《苏禄传》。
② 《明史》卷三二三，《古麻剌郎传》。
③ 《明史》卷三二五，《浡泥传》。
④ 《明史》卷三二五，《满剌加传》。
⑤ 《天下郡国利病书》卷一一九，《海外诸蕃》。
⑥ 温雄飞：《南洋华侨通史》，64 页。
⑦ 郑民：《斐律宾》。
⑧ 《瀛涯胜览》。

岛（Labuan）之中国河（Kina Benua River）。①

据《明史》："万历时为（婆罗）王者闽人也。或言郑和使婆罗，有闽人从之，因留居其地，其后人竟据其国而王之。"② 苏禄史亦言十四世纪时有中国使臣黄森屏（Ong sum ping）到浡泥，后任支那巴坦加总督。其女嫁文莱（Brunei）第二苏丹阿合曼（Akhmed），凡二十余传以迄今。其王统由女系递传。阿合曼之女嫁爱丽（Sherip Ali），后继王位，即今文莱王始祖也。③ 郑和部下留居南洋，确有史料可据。《明英宗实录》记前随郑和下蕃之太监洪保所属一船，由西洋发碇时船中凡三百人，后遭风漂泊，辗转流徙，经十八年后，得回国者仅府军卫卒赵旺等三人。④ 其余未能返国之二百余人，当然留居各地，从事于蛮荒之开发。又如商人下蕃者亦往往留居，如苏禄之留人为质：

> 土人以珠与华人市易，大者利数十倍。商舶将返，辄留数人为质，冀其再来。⑤

美洛居（Molucca）有香山，雨后香堕，沿流满地，居民拾取不竭，其酋委积充栋，以待商舶之售。东洋不产丁香，独此地有之，可以辟邪，故华人多市易。以此侨居者亦众。万历时荷兰人与葡萄牙人因争美洛居构兵，华人流寓者，游说两国，令各罢兵。⑥ 吕宋尤多华侨，以去漳近故贾舶多往。往往久住不归，名为压冬，聚居洞内为生活，渐至数万，间有削发长子孙者。⑦

华商久居南洋，占有势力。成化二十一年（1485）至令东莞商人张宣率官军二千送占城王古来还国。⑧ 或即为当地官吏执政，如

① 张星烺：《南洋史地》，135页。
② 《明史》卷三二三，《婆罗传》。
③ Baring Gould：《沙劳越史》。
④ 《明史》卷一六九。
⑤ 《明史》卷三二五，《苏禄传》。
⑥ 《明史》卷三二三，《美洛居传》。
⑦ 《东西洋考》卷五，《吕宋传》。
⑧ 《东西洋考》卷二，《占城传》。

漳州人张姓之为浡泥那督（Datu），那督华言尊官也。① 汀州人谢文彬之为暹罗岳坤，岳坤犹华言学士之类。② 饶州人朱复、南安人蔡璟之为琉球国相。③ 诸国来朝之译人及使臣亦多由华人充任，如万安人萧明举之为满剌加通事④，火者亚三之为葡萄牙人使者⑤，琉球使者则多为闽人⑥。

罪人及海盗以在中国境内不能立足，亦多避居南洋，如前文所引之梁道明、陈祖义、郑彦诚、施进卿诸人之雄长旧港，南海叛民何八观等之屯聚岛外⑦，嘉靖末年海寇余众遁居吉兰丹，生聚至二千余人，行劫海中，商舶苦之。⑧ 广东大盗张琏⑨逃居旧港，列肆为蕃舶长，漳泉人多附之，犹中国市舶官。⑩ 林凤（Limahong）、林道乾为官军所败，逃至海外，与西班牙人争夺斐律宾群岛，为中国及西班牙两国军队所击退。⑪

从成宣时代积极经营南洋以后，南洋已成为中国之一部，无论在政治方面、经济方面、文化方面，均为中国之附庸。南洋之开拓及开化完全属于中国人之努力，假如政府能继续经营，等不到欧洲人的东来，南洋诸国已成为中国之领地，合为一大帝国，或许世界史要从此变一样子。可是政府放弃了这责任，并且不愿继承前人的

① 《明史》卷三二五，《浡泥传》。

② 《殊域周咨录》卷八，《暹罗传》。

③ 《明史》卷三二三，《琉球传》。

④ 《明史》卷三二五，《满剌加传》。

⑤ 《明史》卷三二五，《佛郎机传》。

⑥ 《明史》，卷三二三，《琉球传》。

⑦ 《东西洋考》卷二，《暹罗传》。

⑧ 《东西洋考》卷三，《大泥传》。

⑨ 藤田丰八以为即西班牙史家 Fr. Juan de la Concepcion 所记之 Jchang S Lao，见《东洋学报》八卷一号《葡萄牙人之占据澳门》文中。按《续文献通考》作林朝曦："万历丁丑中国人见大盗林朝曦在三佛齐列肆为蕃舶长，如中国市舶官。"

⑩ 《明史》卷三二四，《三佛齐传》。

⑪ 《明史》卷二二二，《凌云翼传》；卷三二三，《吕宋传》。L. H. Fernandez：*A Brief History of the Philippines*，pp. 89-94。参看《东洋学报》八卷一号藤田丰八：《葡萄牙人之占据澳门》；《燕京学报》第八期张星烺：《斐律宾史上李马奔 Limabone 之真人考》，第九期李长傅：《斐律宾史上李马奔之真人考补遗》，第十期黎光明：《斐律宾史上之李马奔真人考补正》。

伟绩，退缨自守，听其自然。这担子便又重新放到无数千万的无名英雄身上，他们不但没有国家的力量作后盾，并且冒着违犯国家法令的危险，凭着勇气和求生的欲望，空拳赤手，乘风破浪，到海外去开辟他们的新世界新事业，凭着优秀民族的智慧去征服环境，作当地人的领导者。南洋群岛之有今日的繁荣正如砂劳越王查尔斯布罗克（Charles Drooke）所言："使南洋而无华侨，吾人将一无所能。"英总督瑞天咸所言："马来半岛之有今日，皆华侨劳力之所赐。"①

正统（1436至1449）以后，对南洋取放任政策。结果在商业方面由国营而恢复到以前的私人经营，在政治方面，南洋诸国复由向心力而恢复到以前的离心力。八十年后欧洲人为了找寻香料群岛（Spice Islands＝Malucca）陆续东来，他们不但拥有武力，作有组织的经营，并且有国家的力量作后盾，得以进步；不到几十年便使南洋改了一个样子，自然而然地替代了以前中国人的地位，瓜分豆剖，南洋成为欧洲人的殖民地。华侨寄居篱下，备受虐待和残杀，中国政府不能过问。这是中国史上一个大转变，也是世界史上一个大关键。②

二十四年九月十八日

（原载《清华学报》第十一卷第一期，1936年1月）

① 《中华民族拓殖南洋史》，6页。

② 欧人东来以后之南洋，作者另有文章阐述。

南人与北人

在新式的交通工具没有输入中国以前，高山和大川把中国分成若干自然区域，每一区域因地理上的限制和历史上的关系，自然地形成它的特殊色彩，保有它的方言和习惯。除开少数的商旅和仕宦以外，大部分人都窒处乡里，和外界不相往来。经过长期的历史上的年代，各地的地方色彩愈加浓厚，排他性因之愈强，不肯轻易接受新的事物。《汉书·地理志》记秦民有先王遗风，好稼穑，务本业；巴、蜀民食稻鱼，无凶年忧，俗不愁苦，而轻易淫佚，柔弱褊阨；周人巧伪趋利，贵财贱义，高富下贫，憙为商贾，不好仕宦；燕俗愚悍少虑，轻薄无威，亦有所长，敢于急人；吴民好用剑，轻死易发；郑土陿而险，山居谷汲，男女亟聚会，其俗淫；……是说明地方性的好例。

到统一以后，各地政治上的界限虽已废除，但其特性仍因其特殊的地理环境而被保留。虽然中间曾经过若干次的流徙和婚姻的结合，使不同地域的人有混合同化的机会，但这也只限于邻近的区域，对较远的和极远的仍是处于截然不同的社会生活。例如吴越相邻，这两地的方言、习惯，及日常生活、文化水准便相去不远，比较地能互相了解。但如秦、越则处于“风马牛不相及”的地位，虽然是同文同族，却各有不同的方言，不同的习惯，不同的日常生活，差别极远。以此，在地理上比较接近的区域便自然地发生联系，自成一组，在发生战事或其他问题时，同区域的人和同组的人便一致起而和他区他组对抗。在和平时，也常常因权利的争夺发挥排他性，排斥他区他组的人物。这种情形从政治史上去观察，可以得到许多极好的例证。

依着自然的河流，区分中国为南北二部，南人北人的名词因此也常被政治家所提出。过去历史上的执政者大抵多起自北方，因之政权就常在北人手中，南人常被排斥。例如《南史·张绪传》：

> 齐高帝欲用张绪为仆射，以问王俭。俭曰：绪少有佳誉，诚美选矣。南士由来少居此职。褚彦回曰：俭少年或未谙耳。江左用陆玩、顾和，皆南人也。俭曰：晋氏衰政，未可为则。

同书《沈文季传》：

> 宋武帝谓文季曰：南士无仆射，多历年所。文季曰：南风不竞，非复一日。

可见即使是在南朝，“南士”也少居要路，东晋用南人执政，至被讥为衰政。

北宋初期至约定不用南人为相，释文莹《道山清话》：

> 太祖常有言不用南人为相，国史皆载，陶谷《开基万年录》、《开宝史谱》皆言之甚详，云太祖亲写南人不得坐吾此堂，刻石政事堂上。

《通鉴》亦记：

> 宋真宗久欲相王钦若。王旦曰：臣见祖宗朝未尝有南人当国者。虽古称立贤无方，然须贤士乃可。臣为宰相，不敢阻抑人，此亦公议也。乃止钦若入相。钦若语人曰：为子明迟我十年作宰相。

当国大臣亦故意排斥南人，不令得志，《江邻几杂志》记：

> 寇莱公性自矜，恶南人轻巧。萧贯当作状元，莱公进曰：南方下国，不宜冠多士，遂用蔡齐。出院顾同列曰：又与中原夺得一状元。

《宋史·晏殊传》：

> 晏殊字同叔，抚州临川人，七岁能属文。景德初张知白安抚江南，以神童荐之。帝召殊与进士千余人并试廷中，殊神气不慑，援笔立成。帝嘉赏，赐同进士出身。宰相寇准曰：殊江

外人。帝顾曰：张九龄非江外人耶？

蒙古人入主中原后，南人仍因历史的关系而被摈斥。《元史·程钜夫传》：

至元二十四年（1287）立尚书省，诏以为参知政事，钜夫固辞。又命为御史中丞，台臣言钜夫南人，且年少。帝大怒曰：汝未用南人，何以知南人不可用。自今省部台院必参用南人。

虽经世祖特令进用南人，可是仍不能打破这根深蒂固的南北之见，南人仍被轻视，为北人所嫉忌。同书《陈孚传》：

至元三十年（1293）陈孚使安南还，帝方欲寘之要地，而廷臣以孚南人，且尚气，颇嫉忌之。遂除建德路总管府治中。

《元明善传》说得更是明白：

明善与虞集初相得甚欢。后至京师，乃复不能相下。董士选属明善曰：复初（明善）与伯生（集）他日必皆光显，然恐不免为人构间。复初中原人也，仕必当道。伯生南人也，将为复初摧折。今为我饮此酒，慎勿如是。

南人至被称为“腊鸡”，叶子奇《草木子》说：

南人在都求仕者，北人目为腊鸡，至以相訾诟，盖腊鸡为南方馈北人之物也，故云。

到明起于江南，将相均江淮子弟，南人得势。几个有见识的君主却又矫枉过正，深恐南人怀私摈斥北士，特别建立一种南北均等的考试制度。在此制度未创设以前，且曾发生因南北之见而引起的科场大案。《明史·选举志》记：

初制礼闱取士不分南北。自洪武，丁丑考官刘三吾、白信蹈所取宋琮等五十二人皆南士。三月廷试擢陈䢿为第一，帝怒所取之偏，命侍读张信十二人复按，䢿亦与焉。帝怒犹不已，悉诛信蹈及陈䢿等，戍三吾于边。亲自阅卷，取任伯安等六十一人。六月复廷试，以韩克忠为第一，皆北士也。

洪熙元年，仁宗命杨士奇等定取士之额，南人十六，北人十四。宣德正统间分为南北中卷，以百人为率，则南取五十五名，北取三十五名，中取十名。南卷为应天及苏松诸府、浙江、江西、福建、湖广、广东。北卷顺天、山东、山西、河南、陕西。中卷四川、广西、云南、贵州，及凤阳、庐州二府，滁、徐、和三州。成化二十二年，四川人万安周弘谟当国，曾减南北各二名以益于中。至弘治二年仍复旧制。到正德初年，刘瑾（陕西人）、焦芳（河南人）用事，增乡试额，陕西为百人，河南为九十五，山东西均九十。又以会试分南北中卷为不均，增四川额十名并入南卷，其余并入北卷，南北均取百五十名。瑾、芳败，又复旧制。天顺四年又令不用南人为庶吉士，《可斋杂记》说：

> 天顺庚辰春廷试进士第一甲，得王䕫等三人。后数日上召李贤谕曰：永荣宣德中咸教养待用，今科进士中可选人物正当者二十余人为庶吉士，止选北方人，不用南人。南方若有似彭时者方选取。贤出以语时，时疑贤欲抑南人进北人，故为此语，因应之曰：立贤无方，何分南北。贤曰：果上意也，奈何！已而内官牛玉复传上命如前，令内阁会吏部同选。时对玉曰：南方士人岂独时比，优于时者亦甚多也。玉笑曰：且选来看。是日贤与三人同诣吏部，选得十五人，南方止三人，而江南惟张元祯得与云。

但在实际上，仍不能免除南北之见，例如《朝野记略》所记一事：

> 正德戊辰，康对山海（陕西人）同考会试，场中拟高陵吕仲木柟为第一，而主者置之第六。海忿，言于朝曰：仲木天下士也，场中文卷无可与并者；今乃以南北之私，忘天下之公，蔽贤之罪，谁则当之。会试若能屈矣，能屈其廷试乎？时内阁王济之（鏊，震泽人）为主考，甚怨海焉。及廷试，吕果第一人，又甚服之。

到末年吴、楚、浙、宣、昆诸党更因地立党，互相攻击排斥，此伏彼起，一直闹到亡国。

在异族割据下或统治下，征服者和被征服者的关系愈形尖锐化。如南北朝时代“索虏”、“岛夷”之互相蔑视，元代蒙古、色目、汉人、南人之社会阶级差异，清代前期之满汉关系及汉人之被虐待、残杀、压迫。在这情形下，汉族又被看作一个整体——南人。在这整体之下的北人和南人却并不因整个民族之受压迫而停止带有历史性的歧视和互相排斥，结果是徒然分化了自己的力量，延长和扩大征服者的统治权力。这在上举元代的几个例证中已经说明了这个具体的事实了。

也许在近百年史中最值得纪念的大事，是新式的交通工具及方法之输入。它使高山大川失却其神秘性，缩短了距离和时间，无形中使几千年来的南北之见自然消除，建设了一个新的统一的民族。

（原载《禹贡》第五卷第一期，1936年）

明初卫所制度之崩溃

一

《明史·刘基传》：

> 太祖即皇帝位，基奏立军卫法。

《兵志序》：

> 明以武功定天下，革元旧制，自京师达于郡县，皆立卫所，外统之都司，内统于五军都督府。而上十二卫为天子亲军者不与焉。征伐则命将充总兵官，调卫所军领之。既旋则将上所佩印，官军各回卫所，盖得唐府兵遗意。

卫所的组织。《兵志二·卫所门》记：

> 天下既定，度要害地，系一郡者设所，连郡者设卫。大率五千六百人为卫，千一百二十人为千户所，百十有二人为百户所。所设总旗二，小旗十，大小联比以成军。

卫有指挥使，所有千户、百户，总旗辖五十人，小旗辖十人，卫统于都指挥使司，简称都司。洪武二十六年（1393）时定天下都司卫所，共计都司十七（北平、陕西、山西、浙江、江西、山东、四川、福建、湖广、广东、广西、辽东、河南、贵州、云南、大宁），行都司三（北平、江西、福建），留守司一（中部），内外卫三百二十九，守御千户所六十五。成祖以后，多所增改，都司增为二十一，留守司二，内外卫增至四百九十三。守御屯田群牧千户所三百五十九。约计明代卫所军兵的总数在三百万人以上。

卫所军兵的来源。《兵志二》记：

其取兵有从征，有归附，有谪发。从征者，诸将所部兵，既定其地，因以留戍。归附，则胜国及僭伪诸降卒。谪发，以罪迁隶为兵者。其军皆世籍。

从征、归附两项军兵大部分是建国前期的所组织，谪发一项当为建国以后的新兵，又名恩军。《明太祖实录》卷二三二：

洪武二十七年四月癸酉，诏兵部凡以罪谪充军者，名为恩军。

此外，最大的来源为垛集军。《兵志四》：

明初垛集令行，民出一丁为军，卫所无缺伍，且有羡丁……成祖即位……重定垛集军更代法。初，三丁已上，垛正军一，别有贴户。正军死，贴户丁补。至是，令正军、贴户更代，贴户单丁者免，当军家蠲其徭。

一被征发，便世世子孙都附军籍，和民户分开。《明太祖实录》卷一三一记：

洪武十三年五月乙未，诏曰：军民已定籍，敢有以民为军，乱籍以扰吾民者，禁止之。

户有一丁被垛为军，优免原籍一丁差役，使其供给军装盘缠。《明会典》卷一五五：

凡军装盘缠，宣德四年令每丁一名，优免原籍户丁差役。若在营余丁，亦免一丁差役，令其供给军士盘缠。

二

除从征和归附的军兵以外，谪发和垛集军是强迫被征的，被威令所逼，离开他们所惯习的农田和家属，离开了他们所惯习的日常生活，被安排到一个辽远的陌生的环境中去，替国家服务。一代一代的下去，子子孙孙永远继承着这同一的命运和生活。在这情形下，大部分的军士发生逃亡的现象。章潢《图书论》说：

国初卫军籍充垛集，大县至数千名，分发天下卫所，多至百余卫，数千里之远者。近来东南充军亦多发西北，西北充军亦多发东南。然四方风土不同，南人病北方之苦寒，北人病南方之暑湿，逃亡故绝，莫不由斯，道里既远，勾解遂难。

初期国家法令尚严，卫军比较地能安分服务。稍后政府不能约束官吏，卫军苦于虐待和乡土之思，遂逃亡相继，据王琼的观察，逃亡者的比例竟占十之八九。他在《清军议》中说：

国初乘大乱之后，民多流离失恒产。然当是时官皆畏法不敢虐下，故建卫从军，多安其役。自后日渐承平，流罪者悉改充戍，故人有怀土之思，不能固守其新业。于是乎逃亡者十常八九，而清勾之令遂不胜其烦扰矣。

卫所官吏一方面剥削卫军，使其不能生活，被逼逃亡。《明宣宗实录》卷一〇八记：

宣德九年二月壬申，行在兵部右侍郎王骥言：中外都司卫所官，惟故肥己，征差则卖富差贫，征办则以一科十。或占纳月钱，或私役买卖，或以科需扣其月粮，或指操备减其布絮，衣食既窘，遂致逃亡。

刘大夏《刘忠宣公集》卷一《条列军伍利弊疏》说：

在卫官军苦于出钱，其事不上一端。如包办秋青草价，给与勇士养马，比较逃亡军匠，责令包工雇役。或帮贴锦衣卫夷人马匹，或加贴司苑局种菜军人内外官人造坟皆用夫价，接应公差车辆，俱费租钱，其他使用，尚不止此。又管营内外官员，率与军伴额数之外，谪发在营操军役使，上下相袭，视为当然。又江南军士，漕运有修船盘削之费，有监收斛面之加，其他掊克，难以枚举。以致逃亡日多，则拨及全户，使富者日贫；贫者终至于绝。江南官军每遇京操，虽给行粮，而往返之费，皆自营办。况至京即拨做工雇车运料，而杂拨纳办，有难以尽言者。

一方面私役兵士，借以渔利。《明成祖实录》卷六一八：

永乐五年六月辛卯，御史蒋彦禄言：国家养军士以备功战，暇则教之，急则用之，今各卫所官龠缘为奸，私家役使，倍蓰常数，假借名义以避正差，贿赂潜行，互相蔽隐。

《明史·李邦华传》：

京营故有占役、虚冒之敝。占役者，其人为诸将所役，一小营至四五百人，且有卖闲、包操诸弊。虚冒者，无其人，诸将及勋戚、庵寺、豪强以苍头冒充选锋壮丁，月支厚饷。

结果是除大批的卫军逃亡外，又逼使一部分为盗贼，扰乱地方治安。《明英宗实录》卷一二六：

正统十年二月辛亥，直隶御史李奎奏：沿海诸卫所官旗，多克减军粮入己，以致军士艰难，或相聚为盗，或兴贩私盐。

卫军逃亡缺额，竟成为卫所官旗的利源，一方面他们可以干没逃亡者的月粮，一方面又可以向逃亡者索贿。以此一任行伍空虚，不加过问。《明成祖实录》卷一五七：

永乐十二年十月辛巳，上谕行在兵部臣曰：今天下军伍不整肃，多因官吏受赇，有纵壮丁而以罢弱充数者，有累岁缺伍不追补者，有伪作户绝及以幼小纪录者，有假公为名而私役于家者，遇有调遣，十无三四，又多是幼弱老疾，骑士或不能引弓，步卒或不能荷戈，缓急何以济事。

五年后，监察御史邓真上疏说军卫之弊。也说：

内外各卫所军士，皆有定数，如伍有缺，即当勾补。今各卫所官吏，惟耽酒色货贿，军伍任其空虚。及至差人勾补，纵容卖放，百无一二到卫。或全无者。又有在外聚妻生子不回者。官吏徇私蒙蔽，不行举发。又有勾解到卫而官吏受赃放免，及以差使为由，纵其在外，不令服役，此军卫之弊也。①

卫军或秘密逃亡。如《明英宗实录》卷四七所记：

正统三年十月辛未，巡按山东监察御史李纯言：辽东军士往往携家属潜从登州府运船，越海道逃还原籍，而守把官军受私故纵。饬严加禁约。

或公开请假离伍。如同书卷一四一所记：

正统十一年五月己卯福建汀州府知府陆征言：天下卫所军往往假称欲往原籍取讨衣鞋，分析家资，置借军装。其官旗人等，贪图贿赂，从而给与文引遣之。及至本乡，私通官吏邻里，推称老病不行，转将户丁解补，到役未久，托故又去，以至军伍连年空缺。

其因罪谪戍的，则预先布置，改易籍贯，到卫即逃，无从根补。《明宣宗实录》卷一〇七：

宣德八年十二月庚午，巡按山东监察御史张聪言：辽东军士多以罪谪戍，往往有亡匿者。皆因编发之初，奸顽之徒，改易籍贯，至卫即逃，此及勾追，有司谓无其人，军伍遂缺。

在这种情形之下，卫所制度建立的一天就已伏下崩溃的因素。《明史·兵志四》记起吴元年十月到洪武三年十一月，军士逃亡者四万七千九百余。到正统三年这数目就一跳跳到一百二十万有奇，占全国军伍总数的三分之一。② 同年据巡按山东监察御史李纯的报告，他所视察的某一百户所，照理应有旗军一百二十人，可是逃亡所剩的结果只留一人。③

这制度等不到土木之变，等不到嘉靖庚戌之变和倭寇的猖獗的试验，已经完全崩溃了。

---

① 《明成祖实录》卷二一九。

② 《明英宗实录》卷四六。

③ 《明英宗实录》卷四七。

三

卫所制度是明代立国的基础，卫所军兵之不断逃亡，一方面表明了这制度内在的弱点，一方面也泄露出统治权动摇的消息。这情形使政府感觉到非常的恐慌，极力想法补救。把追捕逃军的法律订而又订，规定得非常严密。《明史·兵志四》记：

> 大都督府言，起吴元年十月至洪武三年十一月，军士逃亡者四万七千九百余。于是下追捕之令，立法惩戒。小旗逃所隶三人，降为军。上至总旗、百户、十户皆视逃军多寡夺俸降革。其从征在外者罚尤严。

把逃军的责任交给卫所官旗，让他们为自己的利益约束军士。这制度显然毫无效果，因为在十年后又颁布了同样性质的科令。《明太祖实录》卷一三一：

> 洪武十三年五月庚戌，上谕都督府臣曰：近各卫士卒，率多逋逃者。皆由统之者不能抚恤，宜量定千百户罚格。凡一千户所逃至百人者千户月减俸一石，逃至二百人减二石。一百户所逃及十人者月减俸一石，二十人者减二石。若所管军户不如数及有病亡事故残疾事，不在此限。

洪武十六年命五军府檄外卫所，速逮缺伍士卒，给事中潘庸等分行清理之。洪武二十一年以勾军发生流弊，命卫所及郡县编造军籍。《明太祖实录》卷一九三：

> 九月庚戌，上以内外卫所军伍有缺，遣人追取户丁，往往鬻法且又骚动于民。乃诏自今卫所以亡故军士姓名乡贯编成图籍送兵部，然后照籍移文取之，毋擅遣人，违者坐罪。寻又诏天下郡县，从军户类造为册，具载其丁口之数，如遇取丁补伍，有司按籍遣之，无丁者止，自是无诈冒不实，役及亲属同姓者矣。

卫所的军额是一定的，卫军的丧失，无论是死亡或逃亡，都须设法补足。补额的方法，是到原籍拘捕本人或其亲属。同年又置军籍勘合。

是岁命兵部置军籍勘合，遣人分给内外卫所军士，谓之勘合户田，其中间写从军来历，调补卫所年月，及在营丁口之数。遇点阅则以此为验。其底簿则藏于内府。

这两种制度都为兵部侍郎沈溍所创，《明史·唐铎传》曾对这新设施的成效加以批评：

明初，卫所世籍及军卒勾补之法，皆溍所定。然名目琐细，簿籍繁多，吏易为奸。终明之世，颇为民患，而军卫亦日益耗减。

实际上不到四十年，这两种制度都已失其效用，不但不能足军，反而扰害农民。第一是官吏借此舞弊。《明宣宗实录》卷九九：

宣德八年二月庚戌，行在兵部请定稽考司军之令。盖故事都司卫所军旗伍缺者，兵部预给勘合，从其自填，遣人取补。及所遣之人，事已还卫，亦从自销。兵部更无稽考。以故官吏夤缘为弊，或移易本军籍贯，或妄取平民为军，勘合或给而不销，限期或过而不罪，致所遣官旗，迁延在外，娶妻生子，或取便还乡，二三十年不回原卫所者。虽令所在官司执而罪之，然积弊已久，猝不能革。

使奉命勾军的官旗，自身也成逃军。第二是军籍散失，无法勾稽。《明宣宗实录》卷一〇四：

宣德八年八月壬午，河南南阳府知府陈正伦言：天下卫所军士，或从征，或屯守，或为事调发边卫。其乡贯姓名诈冒吏改者多。洪武中二次勘实造册；经历年久，簿籍鲜存，致多埋没。有诈名冒勾者，官府无可考验虚实。

政府虽然派大臣出外清理军伍，宣德三年且特命给事御史按期清军，清军的条例也由八条而增为十九条，又增百二十二条，军籍也愈来愈复杂。嘉靖三十一年又于原定户口收军勾清三册以外，增编军贯、兜底、类卫、类姓四册。可是这一切只是多给予官吏以剥削的便利和机会，军伍由之愈空，平民由之愈苦。结果，卫所军士既不能作战，也不能保卫地方，徒然给国家和民众增加上一个不必要的负担。

四

勾军之弊，洪熙元年兴州左屯卫军士范济曾上书言：

> 臣在行伍四十余年，谨陈勾军之弊：凡卫所勾军有差官六七员者，百户所差军旗或二人或三人者，俱是有力少壮及平日结交官长、畏避征差之徒。重贿贪饕官吏，得往勾军。及至州县，专以威势虐害里甲，既丰其馈馔，又需其财物，以合取之人及有丁者释之，乃诈为死亡，无丁可取，是以宿留不回，有违限二三年者，有在彼典雇妇女成家者，及还，则以所得财物，贿其枉法官吏，原奉勘合，矇眬呈缴，较其所取之丁，不及差遣之官，欲求军不缺伍，难矣。①

正统元年九月分遣监察御史轩輗等十七人清理军政，在赐敕中也指出当时的弊害，促令注意。《明英宗实录》卷二二记：

> 武备国立之重事，历岁既久，弊日滋甚。户本存而谓其为绝，籍本异而强以为同，变易姓名，改易乡贯，夤缘作弊，非止一端。推厥所由，皆以军卫有司及里主人等贪赂挟私，共为欺蔽，遂致妄冒者无所控诉，埋没者无从追究，军缺其伍，民受其殃。

不但是法外的弊害使平民受尽苦痛，即本军本户的勾捕，也使一家人破家荡产，消耗了国家的元气。试举两例说明，第一例可以看出这制度曾破坏了多少美满的家庭，残酷到如何程度。《明太祖实

---

① 《明宣宗实录》卷五。

录》卷二一七：

> 洪武二十五年四月壬子，怀远县人王出家儿年七十余，二子俱为卒从征以死。一孙甫八岁，有司复追逮捕伍。出家儿诉其事于朝，命除其役。

这简直是杜甫《石壕吏》的本事，所不同的只是杜甫所写的是战时情形，这是平时情形而已。第二例子可以看出在这制度下的经济损失。《明成祖实录》卷一〇三：

> 永乐八年四月戊戌，湖广郴州桂阳县知县梁善言：本县人民充军数多，户有一丁者发遣补役，则田地抛荒，税粮无征，累及里甲。乞将军户一丁者存留，当差纳粮。或发遣当军，则以所遗田地与军屯种，开除粮额，庶军民两便。礼部仪军户一丁应合承继者仍令补役。田土付丁多之家佃种。如果无人承种，准开粮额。从之。

一到大举清军时，为害更甚。《明史·赵豫传》：

> （官松江知府）清军御史李立至，专务益军，勾及姻戚同姓，稍辨，则酷刑榜掠，人情大扰。诉枉者至一千一百余人。

《张宗琏传》：

> 谪常州同知。朝遣李立理江南军籍，檄宗琏自随。立受黠军词，多逮平民实伍。

《唐侃传》：

> （正德中官武定知州）会清军籍，应发遣者至万二千人。侃曰：武定户口三万，是空半州也。力争之……得寝。

《王道顺渠先生文录》卷四论清军之弊有三，第一是清勾不明，第二是解补太拘，第三是军民并役。他说：

> 清勾之始，执事不得其人，上官不屑而委之有司，有司不屑而付之吏胥。贿赂公行，奸弊百出，正军以富而幸免。贫民无罪而干连，有一军缺而致死数人之命，一户绝而破荡数家之

产者矣。此清勾不明之弊一也。国初之制，垛集者不无远近之异，谪戍者多罹边卫之科。承平日久，四海一家，或因迁发，填实空旷，或因商宦，流寓地方，占籍既久，桑梓是怀。今也勾考一明，必欲还之原伍，远或万里，近亦数千，身膺桎梏，心恋庭闱，长号即终，永诀终天，人非木石，谁能堪此，此解补太拘之弊二也。尔年以来，地方多事，民间赋役，十倍曩时，鬻卖至于妻子，算计尽乎鸡豚，苦不聊生，日甚一日，而又忽加之以军伍之役，重之以馈送之系，行责居送，天地可以息肩，死别生离，何时为之聚首，民差军需，交发互至，财殚力竭，非死即亡，此军民并役之弊三也。

至嘉靖时法令愈严，有株累数十家，勾摄经数十年者，丁口已尽，犹移复纷纭不已。顾起元《客座赘语》卷二《勾军可罢》条说：

> 南都各卫军在街者，余尝于送表日见之，尪羸饥疫，色可怜，与老稚不胜衣甲者居其大半。平居以壮仪卫，备国容犹不足，脱有事而责其效一臂力，何可得哉？其原繇尺籍，皆系祖军，死则必其子孙或族人充之，非盲瞽废疾，未有不编于伍者。又户绝，必清勾，勾军多不乐轻去其乡，中道辄逃匿。比至，又往往不耐水土而病且死，以故勾军无虚岁，而什伍日亏。且勾军之害最大，勾军之文至邑，一户而株累数十户不止，此勾者至卫所，官识又以需索困苦之，故不病且死，亦多以苦需索而荒。

卫军已逃亡的，“勾军无虚岁，而什伍日亏”。未逃亡或不能逃亡的，却连“平居以壮仪卫，备国容犹不足”。这是卫所制度崩溃后的现象。同时这崩溃的因素，又早已孕育在卫所制度初建立的一天。

关于卫所制度崩溃的其他原因，及屯田之破坏等等，另详专文。

（原载南京《中央日报·史学》第三期，1936年3月19日）

廷 杖

杖，这一字，拿清朝官吏惯说的话来翻译，是“打板子”。打老百姓的板子，自然不足为奇，可是打官吏就奇，打小官也罢了，可是打的是大官，是政府中要人就更奇。打的是大官，喝打的人，却是皇帝或太监，打的地方，就在殿廷，这就叫廷杖，廷杖这名词最流行的时期是明代，可是，创造制度的，却不是明太祖，蒙古人早已用这手段，对付他的文武大臣了。试引数例作证，《元史·桑哥传》：

> 至元二十四年十一月，桑哥言：臣前以诸道宣慰司及路府州县官吏，稽缓误事，奉旨遣人遍笞责之。

这一次打的是地方长官，虽然没有指明是哪一些地方的长官，可是从“诸”字看来，大概挨板子的一定不少。打了以后，并没罢官，大概是将息了几天，就起来办事。据同书《赵孟頫传》，也记有同样的事件：

> 至元二十四年诏遣尚书刘宣与孟頫，驰驿至江南，问行省丞相慢令之罪，凡左右司官及诸路官，则径笞之。孟頫受命而行，比还，不笞一人，丞相桑哥大以为谴。

这事和《桑哥传》所记时月相同，主使人也相同，可是罪案不同，也许不是同一件事。那么，从此看来，可见那时期的政府，是时常派使臣出去打地方官吏的板子的。最妙的是，赵孟頫派他去打人，他不肯打，后来却自己挨了一顿打，只因为迟到几分钟的关系，同传：

> 桑哥钟初鸣时即坐省中，六曹官后至者则笞之。孟頫（兵

部郎中）偶后至，断事官遽引孟频受笞。孟频入诉都堂右丞叶李曰：古者刑不上大夫，所以养其廉耻，教之节义，且辱士大夫，是辱朝廷也。桑哥亟慰孟频使出，自是所笞惟曹史以下。

可是比起周戭来，孟频总算便宜，《陈天祥传》：

左司郎中周戭因议事微有可否，（卢）世荣诬以沮法，奏令杖一百，然后斩之。

后来越打越手滑，即使是最小的过失，也照例打一顿，《阎复传》记：

元贞三年疏言：古者刑不上大夫，今郡守以征租受杖，非所以厉廉隅。

《韩镛传》：

至正七年，有旨以织币脆薄，遣使笞行省臣及诸郡长吏，独镛无预。

史臣竟因韩镛侥幸免打，而特笔记这件事，可见官吏挨打，在当时真做到家常便饭的地步了。

上引一些例，打的不过都是小臣，打的地方，都不在殿廷内。现在试引一件打的是宰相，又是在殿内打的史料，据《张珪传》：

延祐二年，拜中书平章政事……失列门传皇太后旨，召珪切责，杖之。珪创甚，舆归京师，明日遂出国门。

这可以说是明代廷杖的师范。同样，外面的最高地方长官，也有挨打的，《史弼传》：

至元二十九年，拜荣禄大夫福建等处行中书省平章政事，往征爪哇……朝廷以其失亡多，杖七十，没家赀三之一。

以上所记的，都不过是挨打而已，末年，竟有故意打死人的惨剧，《成遵传》：

至正十九年，用事者承望风旨，诬遵与参政赵中、参议萧庸等六人皆受赃。遵等竟皆杖死。

据《铁失传》，蒙古人也同样地挨打：

> 至治二年十月，江南行台御史大夫脱脱以疾请于朝，未得旨辄去职。铁失奏罢之，杖六十七，谪居云南。

《杨朵儿只传》：

> 江东、西奉使斡来不称职，权臣匿其奸，冀不问。朵儿只劾而杖之，斡来愧死。

这倒是一个血性汉子，比汉人有气骨多了。

从此看来，廷杖并不是国粹，是蒙古人传下来的习惯，他们过去在蒙古是不是动不动就用板子打人，我不知道。可是，在中国，据上面所记的看来，确然是常常打无疑，明朝的皇帝们，绝不能引廷杖的威风为荣，因为打的是汉人，被打的也还是汉人。可是这两个朝代，也还有一个共通的可以自豪的一点，这一点，是凡被打的，都是知识分子，而且大部分是儒生。怪不得明太祖一做皇帝，就立下“寰中士夫不为君用”之条，儒生不肯做官的一律杀头，当时人之所以不肯做官，想也是怕挨板子的缘故。然而明代一代做官的，不论大小，至少有百分之九十，还是儒生，不知道是怕杀头的缘故，还是已经练好挨板子的本领缘故？

那么，从此看来，建州人入关以后，无论中外官吏，都一律对皇帝自称奴才的理由，是可以解释的了。这理由很简单的，是在清代不很听说有人挨板子。

从挨板子而到自称奴才，这是五百年来知识分子的生活缩影。

明代的廷杖，早已脍炙人口，不赘。

二十四年除夕

（原载天津《益世报·史学》第二十四期，1936年3月27日）

元代之社会

一

从十三世纪初年蒙古部族兴起，成吉思汗率众南迈以后，铁骑所至，无坚不摧，西元1234年（宋理宗端平元年，金哀宗天兴三年，蒙古太宗六年）灭金，1279年（宋帝昺祥兴二年，元世祖至元十六年）灭宋，统一了全中国。直到1368年（元顺帝至正二十八年，明太祖洪武元年）明兵入大都，顺帝北走，蒙古族的汉地统治才告终结。在这一百四十年左右的外族统治时期中，不待说社会的各方面都有显著的变化。

蒙古人是游牧民族，日常的生活，饮食起居服饰，甚至婚姻、法制、思想、习惯都和汉人不一致。居穹庐（即毡帐），无城壁栋宇，迁就水草无常。食肉而不粒，饮马乳与牛羊酪。服右衽而方领。言语有音而无字。朔闰用十二支辰之象（如子曰鼠儿年之类），但是草青则为一年，新月初生则为一月。① 俗无文籍，或约之以言，或刻木为契。② 止用小木长三四寸刻之四角，且如差十马，则刻十角，大率只刻其数。③ 父死则妻其从母，兄弟死则收其妻，父母死无忧制。④ 以少子守父产，为家主。⑤ 以白为吉。⑥ 贱老而喜壮，俗无私斗。⑦ 最敬天地，每事必称天，闻雷声则恐惧不敢行师，以为天叫。⑧ 代

① （宋）彭大雅、徐霆：《黑鞑事略》。

② 李志常：《长春真人西游记》上。

③ 《黑鞑事略》。

④ 《元史》卷一八七，《乌古孙良桢传》。

⑤ 《蒙兀儿史记》卷二二，《帖木格斡惕赤斤传》；卷三三，《拖雷传》。

⑥ 《元文类》卷五七，宋子贞：《中书令耶律公神道碑》。

⑦ 《蒙鞑备录·风俗》。

⑧ 《蒙鞑备录·祭祀》。

有拜天之礼，衣冠尚质，祭器尚纯，帝后亲之，宗戚助祭，洒马潼以为礼，皇族之外，无得而与。① 祖宗祭享之礼，割牲奠马潼，以蒙古巫觋致辞。② 占筮则灼羊之枚子骨，验其文理之逆顺而辨其吉凶，天弃天予，一决于此，信之甚笃，谓之烧琵琶。③ 合罕的产生用选举方法，由皇族贵戚大臣诸王开大会名库利尔台决定之。④ 人人生长鞍马间，人自习战，自春徂冬，旦旦逐猎，乃其生涯，故无步卒，悉是骑军。⑤ 每丁起一军，年十五以上成丁，六十破老。⑥ 人二三骑，或六七骑，五十骑谓之一纠，武酋健奴自鸠为伍，专在主将之左右，谓之八都鲁军。⑦ 出师不以贵贱，多带妻孥而行，用以管行李衣服钱物之类。其妇女专管张立毡帐，收卸鞍马，辎重车驮等物事。⑧ 凡陷城则纵其掳掠子女玉帛，掳掠之前后，视其功之等差，前者插箭于门，则后者不敢入。⑨ 所得以份数均之，自上及下，虽多寡每留一份为成吉思皇帝献，余物则敷俵有差。宰相等在于朔漠不临戎者亦有其数焉。⑩ 其赋敛谓之差发，赖马而乳，须羊而食，皆视民户畜牧之多寡而征之。自汗后太子公主亲族而下，各有疆界，其民户皆出牛、马、车仗、人夫、羊肉、马妳，贵贱无有一人得免者。又有一项，各出差发为各地分醮中之需，上下亦一体。⑪

蒙古人自从侵入汉地以后，留住汉地的一部分人一变而为定居民族的生活，元太祖所信任的耶律楚材，元世祖幕府中的廉希宪、

---

① 《蒙鞑备录》卷七二，《祭祀志》，《郊祀》上。

② 《蒙鞑备录》卷七四，《宗庙》上。

③ 《黑鞑事略》。《元史》卷一四六《耶律楚材传》作灼羊胛："帝每征讨必令楚材卜，帝亦自灼羊胛以相符应"。《元文类》宋子贞撰《中书令耶律公神道碑》一烧羊胛骨："每出征必令公预卜吉凶，上亦烧羊胛骨以符之"。《蒙鞑备录》作烧羊胛骨："凡占卜吉凶，进退杀伐，每用羊骨扇以铁椎火椎之，看其兆坼，以决大事，类龟卜也"。

④ 箭内亘：《蒙古库利尔台之研究》。

⑤ 《蒙鞑备录》。

⑥ 《元史》卷一四九，《郭宝玉传》。

⑦ 《黑鞑事略》。

⑧ 《蒙鞑备录·妇女》。

⑨ 《黑鞑事略》。

⑩ 《蒙鞑备录·军政》。

⑪ 《黑鞑事略》。

王文统、许衡等都是儒生，都极力劝他们接受汉文化。耶律楚材替他们树立下中央集权的基础，许衡则主张全盘汉化，他说：

> 考之前代，北方之有中夏者，必行汉法，乃可长久……使国家而居朔漠，则无事论此也。今日之治，非此奚宜……国家之当行汉法无疑也，然万世国俗，累朝勋旧，一旦驱之下从臣仆之谋，改就亡国之俗，其势有甚难者……此在陛下尊信而坚守之，不杂小人，不责近效，不恤流言，则致治之功，庶几可成矣。①

郝经也竭力劝世祖“以国朝之成法，援唐宋之故典，参辽金之遗制，缘饰以文，附会汉法”②。事实上在典章制度方面，蒙古朝廷确已受了汉人的影响，接受一般儒生的劝告，奠定了立国的基础。③ 可是这变动立刻引起了蒙古藩王的抗议：

> 至元五年（1268）西北藩王遣使入朝，谓本朝旧俗与汉法异，今留汉地，建都邑城郭，仪文制度遵用汉法，其故何如？④

一方面中国只是蒙古帝国的一部分，另一方面蒙古贵族也不愿俯从亡国之俗，帝国政府自然不能不尊重他们的意见，除掉为统治汉地所必须的场合采用汉法以外，蒙古、色目人仍是让其遵守本俗，予以特别的保障。结果在法律上，在习惯上，在政治上，形成了两个或两个以上显然不同的集团，因民族的不同，在社会上的阶级地位也因之而异。蒙古皇族为蒙古诸族的中坚，在帝国中依据各种族的不同习惯统治着各种不同的种族，在中国也照这办法，听令各种族自以其法为治。蒙古人在中国除生活方面因环境不同而不能不有改变外，仍顽固地保有原来的色彩。皇族固然一仍蒙俗，即蒙古平民也不让他们汉化。蒙俗与汉俗最差异的一点是伦常观念，至正十五

---

① 《元史》卷一五八，《许衡传》。

② 《陵川文集》卷三二，《立政议》。

③ 《元史》，《耶律楚材传》；《王文统传》。

④ 《元史》卷一二五，《高智耀传》。

年（1355）大斡耳朵儒学教授郑咺曾建议改革，他说：

> 蒙古乃国家本族，宜教之以礼，而犹循本俗，不行三年之丧。又收继庶母叔婶兄嫂，恐贻笑后世，必宜改革，绳以礼法。

为政府所拒绝，置之不理。[①] 在文字方面，自八思巴制定蒙古字以后，蒙古字是国书，诸内外官五品以上进上表章并以蒙古字书，以汉字书副。[②] 诸内外百司应出给札付，有额设译史者并以蒙古字书写。[③]首都虽然建设在汉地，可是蒙古诸帝均不习汉文。蒙古诸贵族大臣亦极少能通汉文者。世祖时江淮行省至无一人通文墨。[④] 蒙古、色目人的官吏大多数不能执笔签自己的名字，只好用印章代替。[⑤]在习惯礼俗方面，也极力防止汉化，致和元年（1328）曾下令凡蒙古、色目人效汉法丁忧者除其名。[⑥] 凡有灾异，执政大臣引咎避位，是中国历来传统的举动，可是蒙古人便不理会。成宗大德三年（1299）正月丙戌太阴犯太白，中书省言天变屡见，大臣宜依故事引咎避位。帝曰："此汉人所说耳，岂可一一听从耶。"[⑦] 蒙古、色目人在原则上虽然有随便居住各地之权[⑧]，蒙古军人却不与汉儿民户一处相合作社[⑨]。社是劝农的组织，照规定："诸县所属村疃，凡五十家立为一社。不以是何诸色人等并行立社。"却独将蒙古探马赤除外，令其另行为社。[⑩] 以此蒙古人虽然征服了中国，却未被中国人所完全同化，仍旧保存了他们自己的语言、文字、风俗、习尚，保存了固有的民族性。在中国的统治权虽被推翻，却仍能退回蒙古去，维持民族的生命。

---

① 《元史》卷四四，《顺帝纪》。

②③ 《元史》卷一〇二，《刑法志》，《职制》上。

④ 赵翼：《廿二史劄记》卷三〇，《元诸帝多不习汉文》。

⑤ 陶宗仪：《辍耕录》卷二。

⑥ 《元史》卷三，《泰定帝纪》。

⑦ 《元史》卷二，《成宗纪》。

⑧ 《廿二史劄记》卷三，《色目人随便居住》。

⑨ 《元典章》卷二三，《户部》九，《蒙古军人立社》。

⑩ 《元典章·劝农立社事理》。

二

在蒙古人统治下的元代社会，依着征服的先后和民族的不同，显然地分成几个阶级。第一层是征服者的蒙古人，第二层是最先投附从征的色目人，第三层是中国人。中国人中又有二等：第一等是汉人，第二等是南人。汉人、南人之分以宋、金疆域为断，曾在金人治下之中国人曰汉人，凡契丹、女真、高丽皆属之。在宋朝治下之中国人曰南人，江浙、湖广、江西三行省及河南省之江北、淮南诸路属之。① 宋人最后降附，所以南人的地位更下于汉人，最受蒙古政府的冷遇。

蒙古人的地位在其他任何种族之上。从政治方面说，中央百司长官必为蒙古人，“官有常职，位有常员，其长则蒙古人为之”②。至元三年（1266）四月诏省院台部宣慰司廉访司及部府幕官之长并用蒙古、色目人。政治中枢的中书省长官依故事丞相必用蒙古勋臣，仁宗时回回久合散拜右丞相，以非例固辞。③ 即次相如平章之属，在承平时，虽德望汉人，亦抑而不与④，中央监察机关的最高长官御史台御史大夫非国姓不以授。顺帝时贺惟一拜御史大夫，引例辞职，诏特赐国姓蒙古氏而改其名为太平，始得就职。⑤ 后数入中书省为丞相，虽为朝廷所信任，却引起蒙古贵族的反感，《元史·太不花传》：

> 会朝廷复拜太平为中书左丞相。太不花闻之，意不能平。叹曰：“我不负朝廷，朝廷负我矣。太平汉人，今乃复居中用事，安受逸乐。我反在外勤苦邪！”⑥

---

① 钱大昕：《养新录》卷九。

② 《元史》卷八五，《百官志序》；《元史》卷三九，《世祖纪》。

③ 《元史》卷二五，《仁宗纪》。

④ 《元史》卷一八六，《成遵传》。

⑤ 《元史》卷一四〇，《太平传》。

⑥ 《元史》卷一四一。

枢密院是中央军事最高机关，可是汉人却不得与军政①，不使汉人阅兵籍，知兵数。② 行省官吏则各道廉访使必择蒙古人为之使，或缺则以色目世臣子孙为之，其次始参以色目及汉人。③ 致和元年（1328）命御史台凡各道廉访司官用蒙古二人，畏兀、河西、回回、汉人各一人。④ 地方长官则以蒙古人充各路达鲁花赤，汉人充总管，回回人充同知，永为定制。⑤ 诸王驸马所分郡邑达鲁花赤亦惟用蒙古人。⑥ 宫廷宿卫只用蒙古、色目人充任，不许汉人、南人投充。⑦ 至大二年（1309）遵旧制汰减宿卫，存蒙古、色目之有阀阅者，余悉革去。⑧ 四年又诏分汰宿卫士，汉人、高丽、南人冒入者还其元籍。⑨ 在法律方面，凡议重刑，必决于蒙古大臣。⑩ 蒙古、色目犯奸盗诈伪之罪隶宗正府，汉人、南人犯者属有司。⑪ 诸蒙古人居官犯法，论罪既定，必择蒙古人断之，行杖亦如之。⑫ 又订定了片面保护的法律，蒙古人杀死汉人不抵罪："诸蒙古人因争及乘醉殴死汉人者断罚出征，并全征烧埋银。"⑬ 蒙古人员殴打汉儿人，不得还报，指立证见，于所在官司赴诉。反之，则严行断罪。⑭ 又禁权人聚众与蒙古人互殴。⑮ 元律窃盗例须刺字，惟蒙古、色目人犯盗者免刺。⑯ 官吏的荫叙，蒙古、色目也和汉、南人不同，大德四年（1300）更定荫叙格，正一品子为正五，从五品子为从九，中间正

---

① 《元史》卷一八四，《王克敬传》。

② 《元史》卷九八，《兵志》。

③ 《元史》卷一九，《成宗纪》。

④ 《元史》卷三二，《泰定帝纪》。

⑤ 《元史》卷六，《世祖纪》。

⑥ 《元史》卷二一，《成宗纪》。

⑦ 《元史》卷一〇二，《刑法志》，《卫禁》。

⑧ 《元史》卷二三，《武宗纪》。

⑨ 《元史》卷二四。

⑩ 《元史》卷二〇五，《铁木迭儿传》。

⑪ 《元史》卷三〇，《顺帝纪》。

⑫ 《元史》卷一〇二，《刑法志》，《职制》上。

⑬ 《元史》卷一〇五，《刑法志》，《杀伤》。

⑭ 《元典章》卷四四，《刑部》六。

⑮ 《元史》卷七，《世祖纪》。

⑯ 《元史》卷三八，《顺帝纪》。

从以是为差。蒙古、色目人特优一级。① 八年整顿宿卫，降近侍官阶：

> 中书省臣言：自内降旨除官者，果为近侍宿卫，践履年深，依已除叙。尝宿卫未官者，视散官叙，始历一考，准为初阶，无资滥进，降官二级，官高者量降，各位下再任者，从所隶用，三任之上，听入常调。蒙古人不在此限。从之。②

蒙古人是例外。至大四年（1311）又降诸怯薛出身官，蒙古人降一等，色目人降二等，汉人降三等。③ 官吏的惩罚，对色目及汉人有明文规定："凡有官守不勤于职者，勿问汉人回回，皆论诛之，且没其家。"④ 对蒙古人却并无何等约束。在选举制度下，蒙古、色目人作一榜，汉人、南人作一榜。蒙古、色目人愿试汉人、南人科目中选者加一等注授。⑤ 在同样的考试中，蒙古、色目人只考二场，汉人、南人须考三场，题目和范围也有难易之别。⑥ 几次考不取的举人分发到各州路作学官，也有年龄上的差别的规定，泰定元年（1324）令蒙古、色目人年三十以上，并两举不第者与教授，以下与学正山长。汉人、南人年五十以上，并两举不第者与教授，以下与学正山长。⑦ 延祐二年（1315）所定国子监生员额数，蒙古五十人，色目人二十人，汉人三十人。蒙古、色目人占全额十分之七。学校中的出身和考试亦大有差别，至大四年（1311）立国子学试贡法，蒙古授官六品，色目正七品，汉人从七品。试蒙古生之法从宽，色目生稍加严，汉人生则全科场之制。⑧ 在服饰方面，延祐元年（1314）令中书省定服色等第，特别指出蒙古人及见当怯薛诸色人等不在禁限，惟不许服龙凤文。诸色目人等则除行营帐外，其余并与庶人同。汉人、高丽、南人等则即使报充怯薛，也在禁限。⑨ 在平民方面，对

---

① 《元史》卷二〇，《成宗纪》。

② 《元史》卷二一，《成宗纪》。

③ 《元史》卷八二，《选举志》。

④ 《元史》卷一〇，《世祖纪》。

⑤⑥⑦ 《元史》卷八一，《选举志》，《科举》。

⑧ 《元史》卷八一，《选举志》，《学校》。

⑨ 《元史》卷七八，《舆服志》。

国家的义务也显有不同。在征收马匹时，凡色目人有马者三取其二，汉民悉入官，敢匿与互市者罪之。① 又诏民间马牛羊百取其一，羊不满百者亦取之。惟色目人及数乃取。② 所谓民间即指汉、南人，色目人较受优待，蒙古人则征发不及。在处理征收军器时尤可看出民族待遇的差别，至元二十二年（1285）五月，分汉地及江南所拘弓箭兵器为三等，下等毁之，中等赐近居蒙古人，上等贮于库有行省行院行台者掌之，无省院台者达鲁花赤畏兀、回回居职者掌之。汉人新附人虽居职，无有所预。③

所谓色目人，包括汪古、乃蛮、回回、康里、钦察、阿速、唐兀等种族，在成吉思汗时已被征服，为蒙古人征讨四方，极著勋绩。蒙古对征服民族之惯例，以归附之先后定其所得之待遇。同一归附，自动来归和被逼投降之待遇，又有差别。前一例如世祖至元七年（1270）高丽国王王植来朝时，世祖谕曰："汝内附在后，故班诸王下。我太祖时亦都护（即《元朝秘史》中之亦都兀惕，为畏吾儿国主之称号）先附，即令齿诸王上，阿思兰（哈喇鲁国王）后附，故班其下。卿宜知之。"④ 后一例如契丹人耶律留哥至按坦孛都罕入觐，帝曰："汉人先纳款者先引见。"太傅阿海奏曰："刘伯林纳款最先。"帝曰："伯林虽先，然迫于重围而来，未若留哥仗义效顺也。其先留哥。"⑤ 色目人之归附，远在汉人、南人之先，故在任何方面均较汉、南人受优遇。同时，蒙古政府在统治中国之机构中，色目人亦占相当地位，无论在中央或地方政府中，均置色目官吏，以为牵制汉人之计。诸路达鲁花赤例由蒙古人充任，至元五年（1268）曾大举排斥非蒙古人之为达鲁花赤者，女真、契丹、汉人一例罢斥，而回回、畏吾儿、乃蛮、唐兀人之为达鲁花赤者仍旧。⑥ 一统以后，敕江南州

① 《元史》卷一四，《世祖纪》。

② 《元史》卷一九，《成宗纪》。

③ 《元史》卷一三，《世祖纪》。

④ 《元史》卷七，《世祖纪》。

⑤ 《元史》卷一四九，《耶律留哥传》。

⑥ 《元史》卷六，《世祖纪》。

郡兼用蒙古、回回人。① 至元二十一年（1284）所定军官格例中明定色目人之地位："以河西、回回、畏吾儿等依各官品充万户府达鲁花赤，同蒙古人。"② 色目人与汉人之充任同一职务，其地位及待遇即因其族类而异。元制尚右，延祐元年（1314）中书省奉诏举儒者赵世延为汉人参政，帝曰：世延诚可用，然雍古氏，非汉人，其署宜居右。遂拜中书参知政事。③ 七年（1320）诏行贡举，在所颁诏书中明指出所以设置色目官吏与汉官并列之用意。诏曰：

> 守令贤否，民之休戚所系。必得其人，乃能宣化。比者举劾殿最，掌任台察。今徒知黜贪而不知扬善，殊失劝惩之道。今后从监察御史肃政廉访司官，于常选人中，每岁贡举可任守令者二人，并须指陈廉能实迹。色目官初举，汉官复察。汉官初举，色目官复察。④

在被征服者方面，无论汉人、南人同受蒙古、色目人的压迫。在成吉思汗时代，虽然征服了中国的一部分，却并不重视这地带已归附的人民，当时曾有人提议尽杀汉人，夷中原为牧地：

> 初蒙古太祖征西域，仓库无斗粟尺帛之储。于是群臣咸言，虽得汉人，亦无所用。不如尽杀之，使草木畅茂，以为牧地。⑤

据《耶律楚材传》，提出这政策的是蒙古大臣：

> 太祖之世，岁有事西域，未暇经理中原，官吏多聚敛自私，资至巨万而官无储偫。近臣别迭等言，汉人无补于国，可悉空其人以为牧地。⑥

虽因耶律楚材之谏阻而未实行，对汉人却始终轻视怀疑。在用兵时，

① 《元史》卷一一。

② 《元史》卷一三。

③ 《元史》卷一八〇，《赵世延传》。

④ 《元典章》卷二。

⑤ 《宋史纪事本末》卷一〇〇，《蒙古立国之制》。

⑥ 《元史》卷一四六。

依着习惯，凡攻城邑，敌以矢石相加者即为拒命，既克必杀之。金首都汴梁之破，照例要屠城，一百五十万居民得耶律楚材一言而幸免。①太宗乙未（1235）太子阔出克德安，以尝逆战，其民数十万皆俘戮无遗。②屠许时惟工匠得免。③在平时，也任意屠戮汉人，毫不顾惜。太祖甲戌（1214）兵次牛阑山时，欲尽戮汉军，木华黎以汉军都统石抹孛迭儿可用，奏释之。④所释只是汉军将领一人，其部下当已尽被屠杀。统一中国后，因宋遗民的继续反抗，对汉、南人更怀猜忌，防范压迫，无所不至。除征发汉、南人所有马匹及兵器外，又设立里甲之制，编二十家为甲，以蒙古人为甲主，衣服饮食惟所欲，童男少女惟所命。⑤夜间禁止通行："一更三点钟声绝禁人行，五更三点钟声动听人行。"⑥并禁止夜间点灯："诸江南之地，每夜禁钟以前点灯买卖，晓钟之后，人家点灯读书工作者并不禁。"⑦除小贩儒生外都须遵从这禁例。这禁令的用意是："江南初定之时，为恐人心未定，因此防禁。"⑧一面禁止集众祠祷⑨，祈赛神社，集场买卖⑩，使汉、南人无团结之机会。又禁汉人田猎⑪，习武艺⑫，使汉人无习武之机会。又禁汉人不得学习蒙古、色目文字⑬，以断其与蒙古、色目人接触之机会。从中统三年（1262）山东李璮举兵投宋以后⑭，蒙古人对汉人更不放心，一面减削汉人的兵柄，如史天泽子侄之解兵权，《元史》记：

---

①《元史》卷一四六。

②《元史》卷一八九，《赵复传》；《元文类》卷三四，姚燧：《序江汉先生死生》。

③《元史》卷一六三，《张雄飞传》。

④《元史》卷一五一，《石抹孛迭儿传》。

⑤徐大焯：《烬余录》。

⑥《元典章》卷五七，《禁夜》。

⑦《元史》卷一〇五，《刑法志》，《禁令》。

⑧《元典章》卷五七，《禁夜》。

⑨《元史》卷一〇五，《刑法志》，《禁令》。

⑩《元典章》卷五七，《禁聚众》。

⑪《元史》卷一六，《世祖纪》。

⑫《元史》卷二七，《英宗纪》。

⑬《元史》卷三九，《顺帝纪》。

⑭参看《宋史纪事本末》卷一〇四，《李璮之纳》；《元史》卷二〇六，《叛臣传》、《李璮传》、《王文统传》。

言者谓李璮之叛，由诸侯权太重。天泽遂奏兵民之柄不可并于一门，行之请自臣家始。于是史氏子侄即日解兵符者十七人。①

以董文炳代将其世军之一部：

至元三年（1266）帝惩李璮之乱，欲潜销方镇之横。以文炳代史氏两万户为邓州、光化行军万户。②

以史格所领邓州旧军与张弘范所领亳军互易，使不能以世军有所动作。③ 同时汉人大将如张柔、董文炳之子弟亦均罢官去兵柄。④ 一面对汉军新附军特加约束，至元十六年（1279）禁诸奥鲁及汉人持兵器，其出征之所持兵仗，即输之官库。⑤ 皇庆二年（1313）敕汉人、南人、高丽人宿卫分司上都，勿给弓矢。⑥ 泰定二年（1325）禁汉人藏执兵仗，有兵籍者出兵则给之，还复归于官。⑦ 天历元年（1328）诸卫汉军及州县丁壮所给甲胄兵仗，皆令还官。⑧ 完全解除汉军非战时的武装。诸汉人官吏亦不得执持兵器，例外的几个是得自特许，如汪惟和：

至元二十六年（1289）六月巩昌汪惟和言：近括汉人兵器，臣管内已禁绝。自今臣凡用兵器，乞取之安西官库。帝曰：汝家不与他汉人比，弓矢不汝禁也。任汝执之。⑨

如乌古孙良桢：

至正十三年（1353）四月特命乌古孙良桢得用军器。⑩

---

① 《元史》卷一五五，《史天泽传》。

② 《元史》卷一五六，《董文炳传》。

③ 《元史》卷一五五，《史格传》。

④ 《元文类》卷二一，虞集：《元帅张忠献王庙碑》；卷四九，虞集：《翰林学士承旨董公（文用）行状》。

⑤ 《元史》卷一〇，《世祖纪》。

⑥ 《元史》卷二四，《仁宗纪》。

⑦ 《元史》卷二九，《泰定帝纪》。

⑧ 《元史》卷三二。

⑨ 《元史》卷一五，《世祖纪》。

⑩ 《元史》卷四三。

更不许参预军机，郑制宜之留守枢密院，也出自特典：

> 至元二十五年（1288）车驾幸上都。旧制枢府官从行，岁留一员司本院事，汉人不得与。至是，以属制宜。制宜逊辞。帝曰：汝岂汉人比耶！竟留之。①

至正十一年（1351）丞相脱脱奏事内庭，以事关兵机，而韩元善及参知政事韩镛皆汉人，使退避勿与俱。② 在地方上，则汉官例不得掌兵：

> 岭海瑶贼窃发，朝廷调戍兵之在行省者往讨之。会提调军马官缺。故事汉人不得与军政，众莫知所为。克敬抗言：行省任方面之寄，假令万一有重于此者，亦将拘法坐视邪！乃调兵往捕之。③

顺帝时吴当募民兵平寇成功，因其为南人，竟为当局所构罢。《元史·吴当传》：

> 授江西肃政廉访使，招捕江西诸郡，便宜行事。当以朝廷兵力不给，既受命至江南，即招募民兵，由浙入闽至江西境……建、抚两郡悉定。是时，参知政事朵歹总兵抚、建，积年无功，因忌当屡捷，功在己上，又以为南人不宜总兵，则构为飞语，谓当与兵部尚书黄昭皆与寇通。有旨解二人兵柄。④

为防汉人反侧计，一面到处驻防，以蒙古军屯河洛山东，据天下腹心。以汉军探马赤军戍淮江之南以尽南海，间亦厮以新附军。蒙古军即营以家，余军岁时践更，皆有成法。江南三行省凡设戍兵六十三处，最为政府所重视，其戍地历百年不改。⑤ 一面遍收民间兵器，至元十三年（1276）伯颜入临安后，即下令籍兵器，凡在军中尺铁寸杖不得在手⑥，民

---

① 《元史》卷一五四，《郑鼎传》。
② 《元史》卷一八四，《韩元善传》。
③ 《元史》卷一八四，《王克敬传》。
④ 《元史》卷一八七。
⑤ 《经世大典序录政典总序》（《元文类》卷四一）。
⑥ 《元史》卷一六八，《陈天祥传》。

户则铁尺手楇及杖之藏刃者均须输官。[①] 犯者籍而为兵。[②] 有马者拘入官。[③] 以后各朝都极严厉执行这法令，三翻四覆地申说："汉人、南人、高丽人禁执弓矢兵仗。"为维持地方上的治安，勉强准许路府州县捕盗者持弓矢，各路十副，府七副，县五副。[④] 在另一方面，各地驻扎的蒙古、色目探马赤军，在任何时都是武装着的，即使有意外的叛变，也不很费事就可扑灭。

汉人和南人虽然同样是被征服者，除高丽、女真、契丹外的汉人和南人并没有什么种族上的不同。但是因为汉人早于南人归附几十年，南人的抵抗和图谋恢复又较汉人为烈，所以在社会地位上也有显然的差别。蒙古初期所任用的文武大臣如耶律楚材、耶律铸、杨惟中、王文统、史天泽、董文炳等都是汉人，南人则立于中书省要路者，通元一代只有危素一人。[⑤]

世祖时曾下令省部台院必须参用南人，《元史·程钜夫传》：

> 至元二十四年（1287），立尚书省，诏以为参知政事，钜夫固辞。又命为御史中丞，台臣言钜夫南人，且年少。帝大怒曰：汝未用南人，何以知南人不可用。自今省部台院必参用南人。[⑥]

但在事实上，南人还是照样被摈斥：

> 至元三十年（1293），陈孚使安南还，帝方欲置之要地，而廷臣以孚南人，且尚气，颇嫉忌之，遂除建德路总管府治中。[⑦]

而且在习惯上，汉人和南人的差别待遇，已为当时朝野所默认。试举一例说明：

> 元明善与虞集初相得甚欢。至京师，乃复不能相下。董士选……属明善曰：复初（明善）与伯生（集）他日必皆光显，

① 《元史》卷一四，《世祖纪》。
② 《元史》卷一五，《世祖纪》。
③ 《元史》卷三九，《顺帝纪》。
④ 《元史》卷一四，《世祖纪》。
⑤ 《元史》卷四五，《顺帝纪》。
⑥ 《元史》卷一七二。
⑦ 《元史》卷一九〇，《陈孚传》。

> 然恐不免为人构间。复初中原人也，仕必当道。伯生南人，将为复初摧折。今为我饮此酒，慎勿如是。①

王都中以至元末年出仕，历官四十余年，至至正元年（1341）始卒，而《元史》说："当世南人以政事之名闻天下，而位登省宪者惟都中一人而已。"② 由此可见南人从世祖以来在政治上即无地位，不但不能和蒙古、色目比较，即和汉人比较也是相形见绌。不但台官少南人，即外台的书吏杂流，也不许南人充任：

> 王艮，绍兴诸暨人。淮东廉访司辟为书吏，迁淮西。会例革南士，就为吏于两淮都转运盐使司。③

怯薛向例以蒙古、色目世臣子孙充任，但往往有汉人、南人、高丽人冒充。武宗至大二年（1309）清汰宿卫，仅存蒙古、色目之有阀阅者，余皆革去。四年又诏汉人、南人、高丽人冒入者还其原籍。④ 至治二年（1322）敕四宿卫兴圣宫及诸王部勿用南人。⑤ 则专斥南人而不及汉人和高丽人。一直到顺帝时，东南叛乱纷起，这才想到应该联络南人，得其欢心：

> 至正十二年（1352）三月有旨：省院台不用南人，似有偏负，天下四海之内，莫非吾民。宜依世祖皇帝时用人之法，南人有才学者皆令用之。自是累科南方之进士始有为御史，为宪司官，为尚书者矣。⑥

当时南人中有名者如贡师泰：

> 拜监察御史。自世祖以后，省台之职南人斥不用。及是始复旧制，于是南士得居省台，自师泰始，时论以为得人。⑦

---

① 《元史》卷一八一，《元明善传》。

② 《元史》卷一八四，《王都中传》。

③ 《元史》卷一九二，《王艮传》。

④ 《元史》卷二三，《武宗纪》二。

⑤ 《元史》卷二八，《英宗纪》。

⑥ 《元史》卷九二，《百官志》，《科目》。

⑦ 《元史》卷一八七，《贡师泰传》。

周伯琦均得进用：

> 至正十二年有旨令南士皆得居省台。除伯琦兵部侍郎，遂与贡师泰同擢监察御史。两人皆南士之望，一时荣之。①

南人以东南叛乱的缘故，使蒙古政府开了四十年来的政治锢禁。在反面，汉人却又因中原汉人的叛变而被挫抑，却好成一对照：

> 至元三年（1337）五月戊申诏：汝宁棒胡，广东朱光卿、聂秀卿等皆系汉人。汉人有官于省台院及翰林集贤者，可讲求诛捕之法以闻。②

命令汉官讲求诛捕汉人之法。同时蒙古、色目的大臣又借这机会来排挤汉官：

> 汝宁棒胡反。大臣有忌汉官者，取贼所造旗帜及伪宣敕班地上，问曰：此欲何为耶？意汉官讳言反，将以罪中之。（许）有壬曰：此曹建年号，称李老君太子，部署士卒，以敌官军，其反状甚明，尚何言！其语遂塞。③

丞相伯颜竟提议杀张王刘李赵五姓汉人。④ 大约因为这五姓是汉人的著姓，人数最多的缘故。又以河南范孟反，矫杀省臣，事连廉访使段辅。风台臣言汉人不可为廉访使。⑤ 最值得注意的是蒙古政府对于芝麻李反于徐州时的意见：

> 事闻朝廷，省吏抱牍题曰谋反事。脱脱观其牍，改题曰河南汉人谋反事。⑥

脱脱是当时的首相重臣，他的意见也就代表整个蒙古政府和一般贵族的意见。这一举动提醒了汉人的民族意识，在二十年后，明太祖

---

① 《元史》卷一八七，《周伯琦传》。
② 《元史》卷三九，《顺帝纪》。
③ 《元史》卷一八二，《许有壬传》。
④ 《元史》卷三九，《顺帝纪》。
⑤ 《元史》卷一三八，《脱脱传》。
⑥ 权衡：《庚申外史》。

便据之提出民族革命的口号。

三

在蒙古政府统治下的中国人，要尽双重义务。一重是对中央的，一重是对本地的领主。这领主属于贵族集团，包括皇族，宗王，公主，驸马，勋臣，贵戚，一些有特殊身份的蒙古、色目人。

自成吉思汗以来，每征讨诸国，即封子弟一人镇之。合撒儿等四王以诸弟居东方①，封皇子拙赤汗于花剌子模之地②，察阿歹汗以西辽及西回鹘故地③，斡哥歹汗以叶密立河之地④，拖雷汗以少子分得斡难沐涟上源及合剌和林之地⑤。支庶日繁，诸王分国遍布欧亚。诸王除自有领土外，在中国亦有食邑，如察阿歹已建汗国，复受分太原四万七千三百三十户，又益封真定、深州万户。⑥ 阿里不哥分地在和林西北，其祖母孛儿帖可敦汤沐八万户在真定者，身后岁赋亦入阿里不哥。⑦ 海都分地在海押立，至元二年复以蔡为其食邑。⑧翁吉剌氏世与蒙古皇族通婚，生女为后，生男尚公主。阿勒赤以国舅封河西王，居可木儿、温都儿、答儿、纳兀儿、迭可儿等地，统其国族，复赐东平五千二百户为食邑。其族人亦各有分地，其所分汉地城邑丙申岁（1236）赐济宁路及济、兖、单三州，巨野、郓城、金乡、虞城、砀山、丰、肥城、任城、鱼台、沛、单父、嘉祥、滋阳、宁阳、曲阜、泗水十六县。至元十三年（1276）赐汀州路长汀、宁化、清流、武平、上杭、连城六县。至大元年（1308）赐永平路

① 屠寄：《蒙兀儿史记》卷二二。
② 《蒙兀儿史记》卷三四，《拙赤列传》。
③ 《蒙兀儿史记》卷三二，《察阿歹诸王列传》。
④ 《蒙兀儿史记》卷四，《斡哥歹可汗本纪》。
⑤ 《蒙兀儿史记》卷三三，《拖雷列传》。
⑥ 《蒙兀儿史记》卷三二，《察阿歹诸王列传》。
⑦ 《蒙兀儿史记》卷五六，《阿里不哥传》。
⑧ 《蒙兀儿史记·海都传》。诸王贵戚分赐汉地食邑情形详见：《蒙兀儿史记》卷四，《斡哥歹可汗本纪》，三八年六月条。

滦州、卢龙、迁安、抚宁、昌黎、石城、乐亭六县。皆得任其陪臣为达鲁花赤。其所治应昌、全宁等路，则自达鲁花赤总管以下皆得专任，其陪臣和中央无关。①

后妃公主亦有食采分地。② 如太宗以真定民户为孛儿帖可敦（成吉思汗皇后）汤沐邑。③ 大德十一年（1307）以永平路为皇妹鲁国长公主分地，租赋及土产悉赐之。④ 从世祖立皇太子以后，皇太子亦有分地，如至元十九年（1282）诏割江西隆兴路为东宫分地⑤，二十一年以云南城内洪城并察罕章棣皇太子⑥。又拨忽兰及塔剌不罕等四千户棣皇太子位下。⑦ 大德十一年以安西、平江、吉州三路为皇太子分地。⑧ 诸王分地如安西王忙哥剌之吉州路，北安王那木罕之临江路，平远王阔阔出之永福县，西平王奥鲁赤之南恩州，爱牙赤大王之邵武路光泽县，云南王忽哥赤之福州路福安县，忽都帖木儿太子之泉州路南安县。⑨ 勋臣如木华黎等十功臣之食邑东平⑩，史天泽之食邑于卫⑪。但是富饶肥沃的所在，都已被指定作贵族们的分地或食邑。

江北和江南的分地不同，江北征丝，江南征钞。太宗灭金后，命忽都虎大科汉民，分城邑以分功臣。⑫ 自甲午到丙申（1234 至 1236）用三年功夫才把民籍制定。⑬ 常时太宗预备照成例以汉地分封诸王功臣，耶律楚材劝他采折衷办法，行五户丝制：

---

① 《蒙兀儿史记》卷二三，《德薛禅传》。

② 《元史》卷九五，《食货志》三，《岁赐》。

③ 《元史》卷二，《太宗纪》。

④ 《元史》卷二二，《成宗纪》。

⑤ 《元史》卷一七三，《马绍传》；卷一一五，《裕宗传》。

⑥ 《元史》卷一三，《世祖纪》。

⑦ 《元史》卷一二。

⑧ 《元史》卷二二，《成宗纪》。

⑨ 《元史》卷九五，《食货志》，《岁赐》。

⑩ 《元史》卷一一九，《木华黎传》；卷一二〇，《术赤传》；卷一五二，《齐荣显传》；卷一五三，《王玉汝传》。

⑪ 《元史》卷一五五，《史天泽传》。

⑫ 《元史》卷一二一，《畏答儿传》。

⑬ 《元史》卷一三五，《铁哥术传》。

> 丙申七月忽都虎以民籍至。帝议裂州县赐亲王功臣。楚材曰：裂土分民，易生嫌隙，不如多以金帛与之。帝曰：已许，奈何？楚材曰：若朝廷置吏，收其贡赋，岁终颁之，使毋擅科征可也。帝然其计。遂定天下赋税，每二户出丝一斤，以给国用。五户出丝一斤，以给诸王功臣汤沐之资。①

这制度立刻见之施行：

> 岁丙申，太宗命五部将分镇中原。阔阔不花镇益都、济南，按察儿镇平阳、太原，孛罗镇真定，肖乃台镇大名，怯列台镇东平。括其民匠得七十二万户，以三千户赐五部将。阔阔不花得分户六百，立官治其赋，得荐置长吏，岁从官给其所得五户丝。②

到世祖平江南后，又各益以民户。时科差未定，每户折支中统钞五钱。至成宗复加至二贯。③此项加赋，系由官家拨给：

> 至元三十一年四月，中书省言：江南分土之赋，初止验其版籍，令户出钞五百文。今亦当有所加。然不宜增赋于民，请因五百文加至二贯，从今岁官给之。从之。④

此种分地或食邑又称投下：

> 太祖丙戌（1226）夏，诏封功臣户口为食邑曰十投下。⑤

蒙古人称降民为投拜户，食邑以户口为本位，投下之名或即因投拜户而来。又称爱马，杨瑀《山居新话》：“上亟命分其酒于各爱马（即各投下）”可证。

诸投下和中央的关系，依例须派陪臣到中央服务：“故凡事诸侯王各以其府一官入参决尚书事。”⑥王官须遣子入侍：“凡守亲王分地

① 《元史》卷一四六，《耶律楚材传》。
② 《元史》卷一二三，《阔阔不花传》。
③ 《元史》卷九五，《食货志》三，《岁赐》。
④ 《元史》卷一八，《成宗纪》。
⑤ 《元史》卷一一九，《木华黎传》。
⑥ 姚燧：《牧庵集》卷一二，《中书左丞李公（恒）家庙碑》。

者，一子当备宿卫。”① 天历元年（1328）晋王、辽王得罪，其所举宗正府札鲁忽赤中书省断事官亦连带革去。② 投下军队须听中央征调，如弘吉剌等五投下之从伐宋：

至元十一年（1274）世祖命相威总速浑察元统弘吉剌等五投下兵从，伐宋。③

济宁投下蒙古军之东征：

至元二十五年（1288）八月癸丑，诸王也真言：臣近将济宁投下蒙古军东征，其家皆乏食，愿赐济南路岁赋银，使易米而食。诏辽阳省给米万石赈之。④

至正十四年（1354）、二十五年（1365），脱脱及扩廓帖木儿之统诸王各爱马军人之出征。⑤ 平时则为中央镇守地方，得便宜发兵平乱。⑥

元帝多由亲王入继，即位后仍保有原来之分地。此项分地有特设之总管府管理之。如世祖之京兆分地，以王倚为工部尚书，行本位下随路民匠都总管。⑦ 孛儿帖可敦所分军民匠户之在燕京中山者以孟速思布鲁海牙统之。⑧ 至元二十四年（1287）设都总管府，以总皇子北安王民匠斡端大小财赋。⑨ 皇太子之隆兴分地，则以马绍为总管。⑩ 仁宗为皇太子，其所分安西王地所置之都总管府，以詹事察罕领之。⑪ 诸王则设王相府⑫，每位下各设王傅、傅尉、司马。⑬

---

① 刘因：《静修文集》卷一六，《泽州长官段公墓碑铭》。
② 《元史》卷三二，《文宗纪》。
③ 《元史》卷一二八，《相威传》。
④ 《元史》卷一五，《世祖纪》。
⑤ 《元史》卷四三、四六，《顺帝纪》。
⑥ 《元史》卷一一七，《宽彻普化传》、《帖木儿不花传》。
⑦ 《元史》卷一七六，《王倚传》。
⑧ 《元史》卷一二四，《孟速思传》；卷一二五，《布鲁海牙传》。
⑨ 《元史》卷一四，《世祖纪》。
⑩ 《元史》卷一三七，《马绍传》。
⑪ 《元史》卷一三七，《察罕传》。
⑫ 《元史》卷一九，《成宗纪》。
⑬ 《元史》卷八九，《百官志》。

又设断事官以理词讼，姚燧《平章政事忙兀公神道碑》：

> 诸侯王与十功臣既有土地人民，凡事干其城者，各遣断事官自司，听直于朝。①

或即由王傅处理：

> 至元二十七年敕诸王分地之民有讼，王傅与所置监郡同治。无监郡者王傅听之。②

刑事归地方有司，民事则由投下处理：

> 诸管军官、奥鲁官及盐运司、打捕鹰坊军匠、各投下管领诸色人等，但犯强窃盗贼、伪造宝钞、略卖人口、发冢放火、犯奸及诸死罪，并从有司归问。其斗讼、婚田、良贱、钱债、财产、宗从断绝及科差不公自相告言者，从本管理问。若事关民户者，从有司约会归问，并从有司追逮，三约不至者，有司就便归断。③

至大四年（1311）罢诸王断事官，其蒙古人犯盗诈者命所隶千户鞫问。④ 但至延祐三年（1316）又恢复断事官制度。⑤ 投下官吏俱由领主自辟，再由中央承认：

> 今之制郡县之官皆受命于朝廷。惟诸王邑司与其所受赐汤沐之地，得自举人。然必以名闻诸朝廷而后授职，不得通于他官。⑥

如陈祐之辟为穆王府尚书，河南府总管。⑦ 忙哥撒儿之治宪宗分地⑧，廉希宪之治世祖分地⑨，李惟忠之治淄川王分地⑩。到至元五年（1268）才规定投下官必须用蒙古人员。其总管府长官不入常选。

---

① 《牧庵集》卷一四。

② 《元史》卷一六，《世祖纪》。

③ 《元史》卷一〇二，《刑法志》，《职制》上。

④ 《元史》卷二四，《武宗纪》。

⑤ 《元史》卷二五《仁宗纪》："延祐三年正月增置晋王部断事官四员。"

⑥ 《经世大典序录·投下》。

⑦ 《元史》卷一六八，《陈祐传》。

⑧ 《元史》卷一二四，《忙哥撒儿传》。

⑨ 《元史》卷一二六，《廉希宪传》。

⑩ 《元史》卷一二九，《李恒传》。

所属州县长官则于本投下分到城邑内迁转。各投下有阙用人员，自于其投下内选用，不许冒用常选内人。① 勋臣食邑之官吏亦得自行选用，如宪宗赐史天泽以卫城，天泽以王昌龄治之。② 顺帝赐脱脱淮安路为其食邑，郡邑长吏听其自用。③

这一贵族集团所领有的分地中，人民除须对中央纳二户丝外，当地领主即为其统治者，须服从领主的约束。据下引一史实可以看出当时领主和其分地中人民的关系：

> （张础真定人）业儒。丙辰岁（1256）平章廉希宪荐于世祖潜邸。时真定为诸王阿里不哥分地。阿里不哥以础不附己，衔之。遣使言于世祖曰：张础我分地中人，当以归我。世祖命使者复曰：兄弟至亲，宁有彼此之间。且我方有事于宋，如础者实所倚任。俟天下平定，当遣还也。④

这虽是统一以前的情形，可是看后来屡次禁止投下招户的禁令，可见投下户和非投下户的关系是有不同的。《元史·刑法志·户婚》条：

> 诸系官当差人户，非奉朝省文字，辄投充诸王及各投下给使者，论罪。

由此可知投下户是不系官当差的。又：

> 诸投下官员招占已籍系官民匠户计者，没其家财，所占户归本籍。

由此可知投下户是和民户不同户籍的。至元十八年令甘州凡诸投下户依民例应站役。⑤ 则在此令以前投下户是不应站役的。大德九年诏诸王驸马部属及各投下，凡市佣徭役与民均输。⑥ 延祐五年又敕诸王位下民在大都者与民均役。⑦ 则在此二诏前投下人民并不和系

① 《元史》卷八二，《选举志》。

② 《元史》卷一五五，《史天泽传》。

③ 《元史》卷一三八，《脱脱传》。

④ 《元史》卷一六七，《张础传》。

⑤ 《元史》卷一一，《世祖纪》。

⑥ 《元史》卷二一，《成宗纪》。

⑦ 《元史》卷二六，《仁宗纪》。

官当差人户一样为政府服役。因为避免政府徭役的关系，一般民户军户站户以投附到各投下应役为得计，投下的官吏也尽可能地收容这些逃户，扩张自己的领地和收入。中央和各投下就因这问题而时常引起争执，屡屡申禁投下擅招民户：

> 至元二十三年（1286）（崔彧）奏：忽都忽那颜籍户之后，各投下毋擅招集，太宗既行之。江南民为籍已定，乞依太宗所行为是。从之。①

成宗元贞元年诏诸王驸马部民既隶军籍者，毋夺回本部。二年诏蒙古侍卫所管探马赤军人子弟投诸王位下者，悉遵世祖成宪，发还原役充军。② 又禁诸王公主驸马招户。③ 大德二年禁诸王公主驸马受诸人呈献公私田地及擅招户者。④ 禁令虽严，投下之招户仍不因之而少止，如江浙行省所报告：

> 有力富强之家，往往投充诸王位下……等诸项户计，影占不当杂泛差役，止令贫难下户承充里正主首，钱粮不办，偏负生受。各处行省俱有似此户计。⑤

河南行省所报告亦有同样情形：

> 孛罗欢为头河南行省官题说：俺管辖的地面里，将系官并民田每有一等歹人，诸王驸马每根底呈献的多有不系诸王驸马各投下分拨到的户计地土有。⑥

富户地主以此避免差役，平民则因此受累，破家荡产。

诸领主同时也是地主，经营高利贷者。有的得特许征收当地的商税和盐引，《元史·马亨传》：

> 世祖征云南，留亨为京兆榷课所长官。京兆，藩邸分地也，

---

① 《元史》卷一七三，《崔彧传》。

② 《元史》卷九九，《兵志》。

③ 《元史》卷一九，《成宗纪》。

④⑤ 《元典章》卷二五，《户部》一一，《影避》。

⑥ 《通制条格》卷三。

亨以宽简治之，不事掊克，凡五年，民安而课裕。丁巳（1257）亨时輂岁办课银五百梃，输之藩府。①

至元二十年诸王只必帖木儿请于常德分地二十四城自设管课官，不从。又请立拘榷课税所，其长从都省所定，次则王府差设，从之。②安西王府则擅中原盐利：

安西国王秦，凡河东河南山之南与陕西食解池盐，皆置使督其赋入，悉输王府。③

安西王被诛后以其分地赐仁宗：

大德十一年十一月皇太子言：近蒙恩以安西、吉州、平江为分地，租税悉以赐臣。臣恐宗亲昆弟援例，自五户丝外，余请输之内帑。其陕西运司岁办盐十万引向给安西王，以此钱斟酌与臣，惟陛下裁之。中书计会三路租税及盐课所入钞四十万锭。有旨：皇太子所思甚善。岁以十万锭给之，不足则再赐。④

天历二年（1329）以淮浙山东河间四转运司盐引六万为鲁国大长公主汤沐之资。⑤田租田土之赐则更漫无限制，如大德十一年以永平路为皇妹鲁国长公主分地，租赋及土产悉以赐之。⑥越王秃剌以绍兴路为食邑，岁割赐本路租赋钞四万锭。⑦延祐二年赐诸王别铁木儿永昌路及西凉州田租。⑧至顺元年封诸王卯泽为永宁王，以所隶封邑赐之。⑨所赐租赋天历二年改为折钞：

诸王公主官府、寺观拨赐田租，除鲁国大长公主听遣人征收外，其余悉输于官，给钞酬其直。⑩

---

① 《元史》卷一六三。

② 《元史》卷一二，《世祖纪》。

③ 姚燧：《牧庵集》卷一〇，《故提举太原盐使司徐君神道碑》。

④ 《元史》卷二二，《武宗纪》。

⑤ 《元史》卷三三，《文宗纪》。

⑥ 《元史》卷二二，《武宗纪》。

⑦ 《元史》卷三五，《文宗纪》。

⑧ 《元史》卷二五，《仁宗纪》。

⑨ 《元史》卷三四，《文宗纪》。

⑩ 《元史》卷三三，《文宗纪》。

诸王拥有田土之多，如延祐七年晋王也孙铁木儿遣使以地七千顷归朝廷，请有司征其租岁给粮草。① 至元二年（1336）以公主奴伦引者思之地五千顷赐伯颜。② 延祐五年赐丑驴答剌罕平江路田百顷③，天历元年以故平章黑驴平江田三百顷及嘉兴芦地赐西安王阿剌忒剌失里④，至顺元年以平江等处官田五百顷赐鲁国大长公主⑤，致和元年赐燕铁木儿平江官地五百顷⑥，至元元年以蓟州宝坻县稻田提举司所辖田土赐伯颜⑦，三年以完者帖木儿苏州之田二百顷赐郯王彻彻秃⑧，至正四年赐脱脱松江田，为立松江等处稻田提领所。⑨

除田土外，诸投下更擅有矿冶水利诸利权。如武宗复赐晋王也孙铁木儿以张铁木儿所献地土金银铜冶⑩，文宗以龙庆州之流杯园池水硙土田赐燕铁木儿⑪。顺帝以采珠户四万赐伯颜⑫，文宗赐燕铁木儿质库⑬。此外有每年例得岁赐，元贞二年（1296）定诸王朝会赐与，太祖位下金千两，银七万五千两，世祖位金各五百两，银二万五千两，余各有差。⑭ 至大四年度仁宗登极的朝会赏赐是金三万九千六百五十两，银百八十四万九千五十两，钞二十二万三千二百七十九锭，币帛四十七万二千四百八十八匹。⑮ 这全是民众的负担。

诸王以贵族兼地主的财力，更经营高利贷事业和商业：

---

① 《元史》卷二七，《英宗纪》。
② 《元史》卷三九，《顺帝纪》。
③ 《元史》卷二六，《仁宗纪》。
④ 《元史》卷三二，《文宗纪》。
⑤ 《元史》卷三四，《文宗纪》。
⑥ 《元史》卷三二，《文宗纪》。
⑦ 《元史》卷三八，《顺帝纪》。
⑧ 《元史》卷三九，《顺帝纪》。
⑨ 《元史》卷四一，《顺帝纪》。
⑩ 《元史》卷二三，《武宗纪》。
⑪ 《元史》卷三五，《文宗纪》。
⑫ 《元史》卷三九，《顺帝纪》。
⑬ 《元史》卷三四，《文宗纪》。
⑭ 《元史》卷一九，《成宗纪》。
⑮ 《元史》卷二四，《仁宗纪》。

其贾贩则自鞑主以至伪诸王伪太子伪公主等，皆付回回以银，或贷之民而衍其息。一锭之本展转十年后，其息一千二十四锭。或市百货而懋迁，或托夜偷而责偿于民。①

蒙古人不知商贩，此种事业不能不交由犹太及回人代为经营：

鞑人只是撒花，无一人理会得贾贩。只是以银与回回，令其自去贾贩以纳息。回回或自转贷与人，或自多方贾贩，或诈称被劫而责偿于州县民户。②

因为是交给犹太人负责经营的，蒙古人称犹太人为斡脱（Jude），因即称此种高利贷事业为斡脱官钱：

斡脱官钱者，诸王妃主以钱于人，如期并其子母征之，元初谓之羊羔儿息。③

诸王往往以令旨向民间取索钱债，骚扰万状，据下列文件，可见一斑：

中统二年（1261）六月五日都堂为诸投下招收人户，取索钱债，奏奉圣旨谕十道宣抚司。今体知得诸投下差使臣告奉到圣旨及令旨文字，不经由本路官司，径直于州县开读，索取钱债骚扰。为此特降圣旨：今后遇有各投下取索钱债，先须经由本路宣抚司行下达鲁花赤管民官，钱债公事，不得一同拘收人员取索。若委系己身借过钱债，照依先降圣旨于宣抚司定夺，立限归还，违者并行治罪。④

中统三年（1262）定诸王投下取索债负人员须至宣抚司彼此对证，委无异词，依一本一利还之。毋得将欠债官民人等强行拖曳人口头匹准折财产，搅扰不安，违者罪之。⑤ 至元元年（1264）又定诸王不得以银与非投下人为斡脱之令，大德元年又禁权豪斡脱⑥，使此种高

①② 《黑鞑事略》。

③ 柯劭忞：《新元史》卷七三，《食货志》，《斡脱官钱》。

④ 王恽：《中堂事记》。

⑤ 《新元史》卷七三，《食货志》。

⑥ 《元史》卷五，《世祖本纪》；《新元史》卷七三，《食货志》。

利贷事业为诸王所独擅。后来因为向百姓要账，感觉麻烦，于至元四年特立诸位斡脱总管府。八年又立斡脱所①，专为诸王追征本息。在中央则于至元二十年立斡脱总管府，专管借钱取息，姚燧《高昌忠惠王神道碑铭》：

世祖初独掌第一宿卫奏记兼监斡脱总管府，持为国假贷权，岁出入恒数十万锭缗。月取子八厘，实轻民间缗取三分者几四分三。②

诸王所取的利是上文所举的羊恙儿息，一锭本钱在十年后要还一千二十四锭。在法律所许可的利率是每月三分，中央的是八厘，相差太多，也许这碑文也如通常的“谀墓之辞”，不一定可信。诸投下所放高利贷，政府为特立法律保障：

元贞元年（1295）二月壬午诏贷斡脱钱而逃隐者罪之，仍以其钱赏首告者。③

政府虽然规定只取一本一利，可是实际上还是不免多取利息。孛术鲁翀《参知政事王公（忱）神道碑记》：

诸王分地恩州，其下以钱贷民，加倍征息。公令子母相当而止，余有罪。④

在这制度下，农民多因借斡脱钱而破产丧家：

大德二年诸王阿只吉索斡脱钱，命江西行省籍负债者之子妇。省臣以江南平定之后，以人为货，久行禁止，移中书省罢其事。⑤

诸王倚势不顾法令，径行追索骚扰：

---

① 《元史》卷六，《世祖纪》；《新元史》卷七三，《食货志》。按斡脱所，《元史·世祖纪》作至元九年立。

② 《牧庵集》卷一三。

③ 《元史》卷一八，《成宗纪》。

④ 《菊潭集》卷二。

⑤ 《新元史》卷七三，《食货志》；《元典章》卷二七，《户部》，《斡脱钱为民者倚阁》。

大德六年札忽真妃子念木烈大王位下遣使人燕只哥歹等追征斡脱钱物，不由中书省，亦无元借斡脱钱数目，止云借斡脱钱人不鲁罕丁等三人，展转相攀，牵累一百四十余户。

中书省议准："凡征斡脱官钱者，开坐债负户计人名数目，呈中书省转咨行省官同为征理，照验元坐取斡脱钱人姓名依理追征，毋致勾扰违错。著为令。"① 政府所能制定的律令，只是不许诸王径自追索，须经中央政府转行地方长官代为负责追取，然而实际上，这也不过是和其他约束一样，价值只是一纸空文而已。

诸贵族分地虽然规定只能收五户丝和户钞，可是在实际上却往往不照这规定，自征金银。农民无从得金银，只能将货物贱卖去换取，金银的价格因之日高，农业品及工艺品之价格就愈贱，结果不能应付，只能相率逃亡。例如郝经所言拔都之平阳分地：

平阳一道隶拔都大王，又兼真定河间道内鼓城等五处。以属籍最尊，故分土独大，户数独多。假使诸道内只纳十户四斤丝，一户包银二两，亦自不困。近岁公赋仍旧，而王赋皆使贡金，不用银绢杂色，是以独困于诸道。河东土产菜多于桑，而地宜麻，专纺绩织布，故有大布、卷布、板布等，自衣被外，折损价值，贸易白银以供官赋。民淳吏质，而一道课银独高天下。造为器皿，万里输献，则亦不负王府也，又必使贡黄金。始白银十折，再则十五折，复至二十三十折，至白银二两易黄金一钱。自卖布至于得白银，又至于得黄金，其费空筐篚之纺绩，尽妻女之钗钏，犹未充数，榜掠械系，不胜苦楚，不敢逃命，亦已极矣。②

同时所分领地得行再分割制，小领主日多，农民之苦痛亦日甚，郝经又说：

今王府又将一道细分，使诸妃王子各征其民，一道州郡至

① 《新元史》卷七三，《食货志》；《元典章》，卷二七，《户部》，《斡脱钱为民者倚阁》。

② 《陵川文集》卷三二，《河东罪言》。

分五七十头项，有得一城或数村者，各差官临督……诛求无艺，于是转徙逃散。①

此种情形到中叶犹然，延祐元年（1314）下令禁诸王支属径取分地租赋扰民②，可以看出这制度是普遍施行的，其他分地亦有同样情形。

太宗八年（1236）定各位下止设达鲁花赤，朝廷置官吏收其租颁之，非奉诏不得征兵赋。③ 这一条法令的用意原是约束诸投下，使不得和平民发生直接关系，任意加以压迫。可是单是表面上的法律，并不能约束诸领主，诸王可以直接用令旨命令地方官吏，如不听命，便利用他们的地位和武力，对地方官吏加以殴辱。皇庆元年对诸王任意宣旨加以取缔："禁诸王径宣旨于各路。"④ 大德七年禁诸王驸马毋辄杖州县官吏，违者罪王府官。⑤ 大德三年禁诸投下擅置官府，紊乱选法。⑥ 大德元年禁各位下擅据矿炭、山场。⑦ 诸领主更有擅据河泊、关津、桥梁并诸人扑认牙例诸名色抽分等钱的。⑧ 对平民则更任意剥削掠夺，官府不敢过问。在初期诸王廪膳并由民间供给：

诸王分土并门，廪饩岁取民间。或不能供，辄立契约，母息倍称。或不能偿，隶其子女。民患苦之。（王忱）请出钱县官赎还其亲者百二十四人。于是诸王膳资岁颁于官，民瘼始苏。⑨

更有私役富室为柴米户，任意科派赋外杂徭的。⑩ 至大德间，各投下官吏恃顽不同常调，但凡有所需物色，皆科拨本管人户。⑪ 在这

① 《陵川文集》卷三二，《河东罪言》。

② 《元史》卷二五，《仁宗纪》。

③ 《元史》卷二，《太宗纪》。

④ 《元史》卷二四，《仁宗纪》。

⑤ 《元史》卷二一，《成宗纪》。

⑥ 《元史》卷二〇，《成宗纪》。

⑦ 《元史》卷一九。

⑧ 《元典章》卷三。

⑨ 孛术鲁翀：《菊潭集》卷二，《参知政事王公神道碑》。

⑩ 《元史》卷一五，《世祖纪》。

⑪ 《通制条格》卷三。

双重统治下的元代平民，我们可以举邢州来代表：

> 邢州当要冲，初分二千户为勋臣食邑，岁遣人监领，皆不抚治，征求百出，民不堪命。①

贵族生活可以举威顺王来代表：

> 湖广地连江北，威顺王岁尝出猎，民病之。又起广乐园，多萃名倡巨贾以网大利，有司莫敢忤。②

四

除蒙古贵族以外，商人在蒙古政府中也占极大的势力。蒙古人不知经商，拥有土地和财富的贵族都把资本交给回回和斡脱（犹太人），请他们负责经营高利贷和大规模的国内的国际的商业。汉、南人虽然没有政治势力作后盾，也凭了他们刻苦和冒险的精神，在当时的商业界中占有地位。这一批新兴的资本家，操纵着全帝国的市场，包办了帝国财政事务，更进而掌握政权，使元代前期成为商人执政的局面。

在成吉思汗时代，回鹘商人已在政府中活动，占有势力。南侵汉地的动机，且由于商人之怂恿：

> 回鹘有田姓者饶于财，商贩巨万，往来于山东河北，具言民物繁庶，与纠同说鞑人治兵入寇。③

田姓即田镇海，后以功入为执政：

> 其相四人，曰镇海，回回人，专理回回国事。④

王国维以为：“《长春真人西游记》称镇海为田镇海或田相公，是镇

---

① 《元史》卷一五七，《张文谦传》。

② 《元史》卷一四四，《星吉传》。

③ 《蒙鞑备录》。

④ 《黑鞑事略》。

海田氏。又言至回纥昌八剌城，其王畏午儿与镇海有旧，是镇海与回纥素有渊源。又镇海与长春问答用汉语，是其人必曾往来中国者。余颇疑《备录》之回鹘人田姓即镇海矣”①。镇海历相太祖、太宗、定宗三朝。他在当时的政治地位至在耶律楚材之上：

> 凡中书省文书行于西域畏兀儿诸国者用畏兀文，镇海主之。行于中国及契丹女真者用汉文，耶律楚材主之。然仍于年月之前，镇海书畏兀字曰付与某人，用相参验。②

世祖时西域商人乌马儿亦以从军官至行省执政。《戴良丁鹤年传》：

> 鹤年西域人。曾祖阿老丁与弟乌马儿皆元初巨商，当世祖皇帝徇地西土，军饷不继，遂策杖军门，尽以其资归焉。仍数从征讨，下西北诸国如拉朽。廷论以功授官，阿老丁年老不愿仕，特赐田宅留京奉朝请。乌马儿推某道宣慰使，其后招降吐蕃有大功，遂自宣慰拜甘肃行中书左丞。③

中央和地方政府都有商人参予政治。在赋税制度未完全制定以前，政府的税收多由商人包办，由商人和政府合议估定某项税收的全年收入最高额，商人承包此项税收后，或预先交付或于年度完了时照

---

① 《黑鞑事略笺证》。按王国维于《黑鞑事略》镇海条下注：“彭氏云镇海回回人，案《元史》本传云：镇海怯烈台氏。”然颇有可疑者。本传言镇海从太祖同饮斑朱尼河水，则怯烈部未灭之前镇海已事太祖，一可疑也。此书言文书行于回回者则用回回字，镇海主之，行于汉人、契丹、女真诸亡国者只用汉字，移剌楚材主之。却又于后面日月之后，镇海亲书回回字云付与某人，以互相检柅，是镇海不独精通回回文字，亦当略知汉文，如系蒙古克烈部人，恐未易办此，二可疑也，以《元史》以镇海为怯烈台氏为疑。并引《蒙鞑备录》回鹘田姓一条，列举数证，以镇海为回回人，即《蒙鞑备录》之田姓。晗按《元史·镇海传》以镇海为怯烈部人者确误，镇海实田姓，元程钜夫《雪楼文集》卷一九《赵国公田府君神道碑铭》：“父讳子成，随父（嗣叔）攻城破栅，常为士卒先，说其帅田镇海曰：俘多百工有技艺，宜存之备任使。镇海言之上，上以为然，命阅实。”可证。《新元史·镇海传》：“从征乃蛮，又从攻西辽，七年从太祖伐金，师次抚州，与金将忽察虎战，流矢中左臂，裹创复战，竟拔其城。”是则镇海不特为商人，为执政，且曾为战将，确曾从伐金，与程碑合。《新元史》以此正旧史之误，改为：“镇海怯烈氏，或曰本田氏，至漠北始改为怯烈氏。或曰当时同名者三人，以管屯田，故称田镇海云。”然犹模棱其辞。今为附考于此，以证王说之确。

② 《新元史》卷一一三，《镇海传》。

③ 《九灵山房集》卷一九。

额缴纳，或预定分期缴纳。关于财政及税务行政即全由承包之商人处理，政府不加以过问。此种办法当时名为扑买。太宗时燕京刘忽笃马者阴结权贵，以银五十万两扑买天下差发，涉猎发丁者以银二十五万两扑买天下系官廊房地基水利猪鸡，刘庭玉者以银五万两扑买燕京酒课，又有回鹘以银一百万两扑买天下盐课，至有扑买天下河泊桥梁渡口者。① 其中最活动最为政府所信任的是奥都剌合蛮。《元史·耶律楚材传》：

> 自庚寅（1230）定课税格，至甲午（1234）平河南岁有增羡。至戊戌（1238）课银增至一百一十万两。译史安天合者谄事镇海，首引奥都剌合蛮扑买课税，又增至二百二十万两。楚材极力辩谏，至声色俱厉，言与涕俱。帝曰：尔欲搏斗耶？又曰：尔欲为百姓哭耶？姑令试行之。楚材力不能止，乃叹曰：民之困穷，将自此始矣。②

译史安天合据宋子贞《中书令耶律公神道碑》作回鹘译史安天合。奥都剌合蛮《神道碑》作回鹘奥都剌合蛮，《蒙兀儿史记·斡哥歹汗本纪》作西域商人奥都剌合蛮。由此知回鹘商人奥都剌合蛮因回鹘译史安天合之介绍，为回鹘商人任首相者田镇海所信任。这一群回鹘商人的财力使元太宗对耶律楚材失去信任，在准许扑买课税后一月，即以奥都剌合蛮充提领诸路课税所官举国家财政大权授之。③ 太宗崩后，皇后乃马真氏称制，奥都剌合蛮竟入为执政，《元史·耶律楚材传》：

> 奥都剌合蛮以货得政柄，廷中悉畏附之。楚材面折廷争，言人所难言，人皆危之。后以御宝空纸付奥都剌合蛮使自书填行之，楚材曰：天下者先帝之天下，朝廷自有宪章，今欲紊之，臣不敢奉诏，事遂止。又有旨凡奥都剌合蛮所建白，令史不为书者断其手。

---

① 《元文类》卷五七，宋子贞：《中书令耶律公神道碑》。
② 《元史》卷一四六。
③ 《蒙兀儿史记》卷四，《斡哥歹可汗本纪》。

这时镇海已为乃马真皇后所斥罢，奥都剌合蛮就代替了他的地位。一直到定宗元年（1246）乃马真皇后崩逝后，奥都剌合蛮始以奸利被告发伏诛。可是同时引荐奥都剌合蛮的田镇海却又被起复为中书右丞相，政权仍在回鹘商人手中。①

在元世祖三十几年的长期统治中，商人在政治舞台上更形活跃。因为屡次向海外用兵的结果，国家财政极为拮据，于是特立制国用使司及尚书省综理国家财政，回鹘人阿合马桑哥、汉人卢世荣先后用事，平时综理全国政务的中书省成为一个有名无实的机关，实权全为尚书省所夺。《元史·阿合马传》：

> 阿合马回纥人也。不知其所由进……为人多智巧言，以功利成效自负，众咸称其能。世祖急于富国，试以行事，颇有成绩。又见其与丞相线真、史天泽等争辨，屡有以诎之，由是奇其才，授以政柄，言无不从。②

据《新元史·阿合马传》：

> 阿合马回纥人。幼为阿勒赤那颜家奴，阿勒赤女察必皇后以为媵臣，执宫庭洒扫之役。世祖爱其干敏，中统三年，始命领中书左右部兼诸路都转运使，委以财赋之任。③

则阿合马为弘吉剌投下人。又：

> 枢密院奏以忽辛同签枢密院事。帝不允曰：彼贾胡，不可以机务责之。④

忽辛为阿合马子，世祖称以贾胡，其父当然也是投下的斡脱，以其工于心计，所以世祖付以财政上的经理全权。枢密院是最高军事机

---

① 《蒙兀儿史记》卷五，《古余克可汗本纪》。

② 《元史》卷二〇五。

③ 《新元史》卷二二三。

④ 《元史·阿合马传》作“世祖不允曰：彼贾胡事犹不知，况可责以机务乎？”《蒙兀儿史记》卷一〇六《阿合马传》作：“汗亦知其非才，曰：彼贾胡事且不知，其可责以机务耶！”和《新元史》所记恰相反。但无论忽辛之为贾胡或不知贾胡事，均可见当时回纥人大抵多经商，故提及回纥人即以贾胡称之。且阿合马为弘吉剌投下人，参前章所论，阿合马父子盖即弘吉剌投下之斡脱也。

关，和商人不相干，所以不许忽辛进去。阿合马是商人出身，他当国以后，也用作买卖的方法去创设开发利源的机关和制度：“挟宰相权为商贾以网罗天下大利，厚毒黎民，困无所诉。”①

阿合马失败以后，接着当国的是为桑哥所荐曾在阿合马手下作过官的卢世荣。卢世荣的出身也是商人：

> （至元）二十二年四月（陈）天祥上疏极言世荣奸恶。其略曰：世荣素无文艺，亦无武功。惟以商贩所获之资，趋附权臣，营求入仕，与赃辇贿，输送权门，所献不充，又别立欠少文券银一千锭，由白身擢为江西榷茶转运使……身当要路，手握重权，虽位在丞相之下，朝省大政，实得专之。②

执政后大批地用商人作地方财政官吏：

> 至元二十二年二月壬戌，中书省臣卢世荣请立规措所，经营钱谷，秩五品，所用官吏以善贾者为之，勿限白身人。帝从之。③

再接着卢世荣当国的是桑哥，以好言财利事得幸。他也是回纥人，善于放账生息，是一个高利贷的好手：

> 中书省尝令李留判者市油，桑哥自请得其钱市之，司徒和礼霍孙谓非汝所宜为，桑哥不服，至与相殴。且谓之曰：与其使汉人侵盗，曷若与僧寺及官府营利息乎！乃以油万斤与之。桑哥后以所营息钱进，和礼霍孙曰：我初不悟此也。④

阿合马和卢世荣的理财方策是国家专利，什么买卖都做，小至农器，也由官卖，大至国外贸易，也由官家造船给本，令人商贩，官七商三分所得红利，又创办抽牙侩税，官卖酒醋药材，开矿，食盐涨价，目的只在攒钱。只要能剥削得多，就是著名的坏人也让他作官。《卢

---

① 《元史·阿合马传》。

② 《元史》卷一六八，《陈天祥传》。

③ 《元史》卷一三，《世祖纪》；卷二〇五，《卢世荣传》。

④ 《元史》卷二〇五，《桑哥传》。

世荣传》：

> 世荣奏以宣德王好礼并为浙西道宣慰使。世祖曰：宣德人多言其恶。世荣奏彼入状中书，能岁办钞七十五万锭，是以令往。从之。

桑哥则专门和内外官署算账，第一著是钩校中书省，任意殴詈省臣。又立征理司以治财谷之当追者，以理算为事，毫分缕析，入仓库者无不破产。又偏遣官理算各行省钱谷，用法立威，以刑赏为货而贩之，奸谀之徒，奔走其门，入贵价以买所欲，贵价入则当刑者脱，求爵者得，纪纲大坏，人心骇愕。①

除回纥人以外，在蒙古政府统治下从事商业活动的以民族计有犹太人，有阿剌伯人，有欧洲人。以所信仰的宗教而论，有佛教、道教、也里可温教、回教诸宗派的信徒。除各投下斡脱外，诸教徒从事农商业经营者均受特别优遇。在成吉思汗时代，僧、道、也里可温（Arkaun，即基督教）、答失蛮（Danishmend，回教徒）种田出纳地税，买卖出纳商税，其余差役蠲免。自定宗以后，此项定例不复实行，商税地税均不交纳。至世祖中统五年重提旧制，通令诸教徒依旧纳税。②《元史·世祖纪》：

> 中统四年十二月敕也里可温、答失蛮、僧、道租田入租，贸易输税。③

僧徒及也里可温诸教徒多有经营大商业者，往往倚势不肯纳税：

> 至元三十年，省官人每奏，僧、道、也里可温、答失蛮依买卖百姓体例纳税。当年六月又奏海答儿等管课程的说，做大买卖的是和尚也里可温每，却不纳税呵，哏损着课程，多有执把著圣旨不肯纳税，降御宝圣旨呵，怎生奏呵，与者在前已了勾当，不是咱每的言语，是成吉思皇帝圣旨，有么道圣旨有来。④

---

① 《元史》卷二〇五，《桑哥传》。

② 《元典章》卷二四，《户部》一〇。

③ 《元史》卷五。

④ 《通制条格》卷二九。

元贞元年令依旧例征地税，商税则概予免除。“和尚、也里可温、先生（道教徒）、答失蛮买卖不须纳税，却不得将合纳税之人等物货，妄作己物，夹带隐蔽。”① 但此项优免虽然实行，禁例却仍不为这一特殊阶级所注意：

> 大德四年，省官人每河南省江浙省陕西省官人每奏将来，僧、道、也里可温、答失蛮将着大钱本开张店铺做买卖，却不纳税。他每其间夹带着别个买卖的人呵，难分间多亏兑课程，有么道，说将来呵，僧、道、也里可温、答失蛮自己穿的食的所用的要呵，并寺院里出产的物货卖呵，不纳呵，不宜因而夹带著不干碍的人也者，似这般的每，依例交纳税呵。②

大德间以“国家费用的钱粮浩大，近年以来，所入数少，不敷支用”，敕并依旧制纳商税。③ 至大间宣政院又奏免僧、道、也里可温、答失蛮租税，令依旧制征之。④ 天历二年又诏僧、道、也里可温、术忽（Djuhud 犹太人）、答失蛮为商者仍旧制纳税。⑤ 此项命令屡屡颁发，可以想见当时诸教徒的势力及其不肯如例纳税的情形。

这一特殊阶级除在内地经商外，并从事于国际贸易，至元三十年所颁布的市舶则法中有这样一条：

> 一、议得和尚、先生、也里可温、答失蛮人口，多是夹带俗人过番买卖，影射避免抽分。今后和尚、先生、也里可温、答失蛮人口等过番兴贩，如无执把圣旨许免抽分明文，仰市舶司依例抽分，如违以漏舶论罪依例断没。⑥

元代幅员辽广，领地横亘欧亚，海外贸易极为发达。宋末阿剌伯人蒲寿庚官泉州市舶提举，擅蕃舶利者三十年。⑦ 拥海舶甚多，降元

---

① 《元典章》卷二四。
② 《通制条格》卷二九。
③ 《通制条格》卷二九；《元史》卷二二，《武宗纪》。
④ 《元史》卷二三，《武宗纪》。
⑤ 《元史》卷三三，《文宗纪》。
⑥ 《元典章》卷二二，《户部》八。
⑦ 《宋史·瀛国公本纪》。

后以舟师从征，景炎帝遂不能驻闽，忽遽移粤。① 世祖时朱清、张瑄以海运起家，田园宅馆遍天下，库藏仓庾相望，巨艘大舶交番夷中。② 成宗时得罪籍没，命发所籍货财赴京师，其海外未还商舶，至则依例籍没。③ 当时著名之海商如回回佛莲：

> 泉南有巨贾南蕃回回佛莲者，蒲氏之婿也。其家富甚，凡发海舶八十艘。癸巳岁（至元三十年，1293）殂，女少无子。官没其家资，见在珍珠一百三十石，他物称是。④

如杭州张存：

> 杭州张存至元丙子后流寓泉州，起家贩舶。越六年壬午回杭，自言于蕃中获圣铁一块……遂就进呈。⑤

如嘉定沈氏：

> 嘉定州大场沈氏，因下番买卖致巨富。一日自番中还，先报家信，有云番船今到何处，发金甲先回。金甲者碓坊甲头也。后因逐一干仆，仆出此书首告，以为玉印未到，金甲先回。沈厚赂官府得理。⑥

都以下海与贩起家。世祖至元十四年立市舶司于泉州、庆元、上海、澉浦，每岁招集舶商，于番邦博易珠翠香货等物。⑦ 而以泉州之贸易为最盛，为当时世界第一大港。马哥博罗（Marco Polo）曾记：

> 泉州一港，印度商船来者频繁，输入香料及其他珍异。支那南部商人来此者极众。外国输入之无数珠玉及其他品物，均由彼等分配于南部各处。⑧

---

① 桑原骘藏：《蒲寿庚考》。

② 《辍耕录》卷五；《新元史》卷一八三，《朱清张瑄传》。

③ 《元史》卷二一，《成宗纪》。

④ 周密：《癸辛杂识续集》下。

⑤ 《辍耕录》卷二三。

⑥ 《辍耕录》卷二七。

⑦ 《元史》卷九四，《食货志》，《市舶》。

⑧ 俞尔考地尔：《马哥博罗》卷二，234～235页。

伊本拔都他（Ibn Batuta）亦云：

> 泉州为世界最大港之一，实则可云唯一之最大港。余见是港有大海船百艘，小者无数。①

至元二十一年卢世荣当国，收国际贸易权为国有，设市舶都转运司于杭泉二州，官自具船给本，选人入番贸易诸货，其所获之息以十分为率，官取其七，所易人得其三。凡权势之家皆不得用己钱入番为贾，违者罪之。② 由国家出财资，派舶商往海南贸易，宝货赢亿万数。③ 桑哥失败后，即解除此项禁令，诏有司勿拘海舶，听其自便。延祐元年复立市舶提举司，仍禁人下番，官自发船贸易。④ 从至元三十一年到延祐元年（1294 至 1314）这一期间，私人海外贸易又呈活跃状态：

> 延祐改元，铁木迭儿奏往时富民往诸蕃商贩，率获厚利，商者益众。中国物轻，蕃货反重。⑤

一面官本船也依旧出海贸易，黄溍《松江嘉定等处海运千户杨君墓志铭》：

> 大德五年致用院俾以官本船浮海至西洋。遇亲王合赞所遣使臣那怀等如京师，遂载之以来。那怀等朝贡事毕，请仍以君护送西还……以八年发京师，十年乃至，其登陆处曰忽鲁模斯云……用私钱市其土物白马黑犬琥珀蒲桃酒蕃盐之属以进。⑥

元统元年中书省臣至请发两艅船下番，为皇后营利。⑦

在陆路方面，回回商人垄断了中外贸易的大利。皇室的买办珍宝差不多全由回回商人包办，例如泰定帝时之中卖宝物：

---

① Hans von Mzik：Reise des Arabers Ibn Batuta durch Indien und China. p. 422.

② 《元史》卷九四，《食货志·市舶》；卷二〇五，《卢世荣传》。

③ 吴澄：《吴文正公集》卷三二，《赵国董忠宣公神道碑》。

④ 《元史》，《食货志》，《市舶》。

⑤ 《元史》卷二〇五，《铁木迭儿传》。

⑥ 《黄文献公全集》卷八。

⑦ 《元史》卷三八，《顺帝纪》。

> 左丞相倒剌沙当国得君，与平章政事乌伯都剌皆西域人。西域富贾以其国异石名曰瓓者来献，其估巨万。或未酬其值，诏酬累朝所献诸物之值。①

政府无钱还买珠宝的债，至令用番舶货物抵价。《元史・张珪传》：

> 泰定元年奏：中卖宝物世祖时不闻其事，自成宗以来，始有此弊。分珠寸石，售直数万，天下生民膏血，锱铢取之，从以捶挞，何其用之不吝？夫以经国有用之宝而易此不济饥寒之物，又非有司聘要和买，大抵皆时贵与斡脱中宝之人妄称呈献，冒给回赐，高其直且十倍，蚕蠹国财，暗行分用。如沙不丁之徒顷以增价中宝事败，事具吏牍。陛下即位之初，首知其弊，下令禁止，天下幸甚。臣等比闻中书乃复奏给累朝未酬宝价四十余万锭，较其元直，利已数倍，有事经年远者三十余万锭，复令给以市舶番货。计今天下所征包银差发岁入止十一万锭，已是四年征入之数，比以经费不足，急于科征，臣等议番舶之货宜以资国用纾民力，宝价请俟国用饶给之日给之。②

如大德间之买红剌：

> 大德间回回富商以红剌一块重一两三钱，中之于官，估直十四万锭。嵌于帽顶之上，累朝每于正旦与圣节大宴则服用之。③

西域贾人之进押忽大珠：

> 西域贾人有奉珍宝议售者，其价六十万锭。省臣平章顾谓（尚）文曰：此所谓押忽大珠也，六十万酬之不为过矣。④

可见回回商人和当时宫廷的关系。此种特殊商人在经济上享有特殊权益，又因种族关系和政治人物发生关联，在社会上形成一种介于

---

① 《元史》卷一八二，《宋本传》。

② 《元史》卷一七五。

③ 杨瑀：《山居新话》。

④ 《元史》卷一七〇，《尚文传》。

贵族和平民之间的特殊阶级，王恽《乌台笔补》记当时回回的情形：

中都路回回人户自壬子年元籍并中统四年续抄，计二千九百五十三户，于内多系富商大贾势要兼并之家，其兴贩营运百色侵夺民利，并无分毫差役。①

当时商人最受政府及贵族所优遇，政府因须利用商人为之流通物货，贵族更须利用商人为之营运生息，故不惜在法律上特设保护商人的条款。元初天下未定，商贾往来多为盗贼所掠夺，政府为保障商人利益和繁荣市面计，制定了一条新法律，如有失盗，令地方赔偿：

国初盗贼充斥，商贾不能行，则下令凡有失盗去处，周岁不获正贼，令本路民户代偿其物，前后积累，动以万计。②

民户无所得银，只好仍向回鹘商人借贷，利率是每年的百分之百，第二年加一倍，第三年又连本息加一倍，称为羊羔利，愈久愈多，往往使民户破家荡产，卖妻子还债都还不清。③地方政府在不能应付中央征发时，也不能不向回鹘商人想办法，《元史·史天泽传》：

甲午（1234）天泽还真定。时政赋繁重，贷钱于西北贾人以代输，累倍其息，谓之羊羔利，民不能给。④

《王珍传》：

岁庚子（1240）入见太宗，言于帝曰：大名困赋调，贷借西域贾人银八十锭（锭五十两）及逋粮五万斛。若复征之，民无生理矣。⑤

《王玉传》：

有民负西域贾人银倍其母不能偿，玉出银五千两代偿之。⑥

---

① 《秋涧集》八八。

②③ 《元文类》卷五七，宋子贞：《中书令耶律公神道碑》。

④ 《元史》卷一五五。

⑤ 《元史》卷一五二。

⑥ 《元史》卷一五一。

即汉人亦有此种高利贷行为：

> 真定富民出钱贷人者，不逾时倍取其息。①

每每利用他们的经济势力，私置刑狱，横行非法。《元史·王磐传》：

> 出为真定、顺德等路宣慰使……郡有西域大贾称贷取息，有不时偿者，辄置狱于家，拘系榜掠。其人且恃势干官府，直来坐厅事，指挥自若。磐大怒，叱左右捽下箠之数十。时府治寓城上，即挤诸城下几死，郡人称快。②

太宗十二年（1240）始下令商人失盗由政府代偿并禁止羊羔儿利：

> 十二月敕州郡失盗不获者以官物偿之。国初令民代偿，民多亡命，至是罢之。是岁以官民贷回鹘金偿官者岁加倍羊羔息，其害为甚。诏以官物代还，凡七万六千锭。仍命凡假贷岁久，惟子母相侔而止，著为令。③

至元十九年（1282）定民间贷钱取息之法，以三分为率。④ 中统五年（1264）设置巡防弓手以卫商旅：

> 八月初四日钦奉圣旨，道与中书省：在先遇有失盗，其各官府为无罪赏，并不严行根缉，三月不获，便令本处人赔偿。这般体例，今后革罢，再休行者。仰照依立定罪赏，设置巡捕弓手，防禁捕捉盗贼条格，遍行诸路，一体施行。⑤

并设立路引制度，一切行旅商民均须于本地觅保给引，方许他处勾当。经过关津并须验引放行，寄住寓店亦须验引明附店历。一切无文引人不许通行。⑥ 又令商贾须于村店设立巡防弓手处住宿，

---

① 《元史》卷一二五，《布鲁海牙传》。

② 《元史》卷一六〇。

③ 《元史》卷二，《太宗纪》。

④ 《元史》卷一二，《世祖纪》。

⑤ 《元典章》卷五一，《刑部》一三，《防盗设置巡防弓手》。

⑥ 《元典章》卷五一，《刑部》一三，《路人验引夜行》。

若有失盗，勒令本处巡防弓手立限根捉。否则，地方政府不负任何责任。① 在这样严密周到的保护之下，元代商业的发达和新资本家的抬头是当然的结果。

五

蒙古人原来是游牧民族，可是到了中国，得了政权以后，一部分留下的贵族都变成中国的地主。次之，色目人在政治上占较优越之地位，自然而然地也拥有极多的土地。除开这一类贵族地主以外，僧道寺院也占据了大部分的土地，数量之多真足骇人听闻。

元代诸帝在即位前均照例先受佛戒：

> 累朝皇帝先受佛戒九次，方正大宝，而近侍陪位者必九人或七人，译语谓之暖答世，此国俗然也。②

以喇嘛为帝师，优奉备至。一般僧侣凭着他们的特殊地位，非法横行，无所不至。寺院所拥有的财产虽藩王国戚亦所不及，历朝赐予之数，赵翼曾替他们约略估计了一下：

> 中统初赐庆寿、海云二寺陆地五百顷。至元六年置大护国仁王寺总管府。二十七年立江南营田提举，专掌僧寺资产。元贞初敕上都、大都从前所拨赐大乾元寺、大兴教寺、大护国仁王寺酒店，湖泊官为征收分给。改大承华、普庆寺总管府为崇祥监，立规运都总管领大崇恩福元寺钱粮。大德五年赐兴教寺地一百顷，上都乾元寺地九十顷，万安寺地六百顷，南寺地百二十顷。皇庆初赐大普庆寺腴田八万亩，邸舍四百间。置汴梁平江等处田赋提举司专掌诸寺资产。赐崇福寺河南田百顷，上都开元寺江浙田二百顷，普庆寺益都田七十顷……泰定三年赐殊祥寺田三百顷，大天源延圣寺吉安、临江二路田千顷。天历二年市故宋全太后田为

---

① 《元典章》卷五一，《刑部》一三，《商贾于店止宿》。

② 《辍耕录》卷二。

大承天护圣寺永业，市故瀛国公田为大龙翔集庆寺永业。括益都般阳宁海闲田十六万二千九百顷赐大承天护圣寺，遣太禧院监蔚州广灵县银矿岁入归大承天护圣寺……后至元七年又拨山东地十六万二千余顷给大承天护圣寺。①

就中大承天护圣寺前后两次所赐就达三十二万五千顷，以亩计是三千二百五十万亩，这真是一个了不得的数目。其实这统计是有遗漏的，例如大护国仁王寺的财产，在这统计中就无数字说明。至大元年（1308）大护国仁王寺的财产曾经政府派人为之整理，程钜夫替这寺做了一个恒产之碑。我们从这碑文中可以看出当时寺院地主的实况：

凡径隶本院，若大都等处者得水地二万八千六百六十三顷五十一亩有奇，陆地三万四千四百一十四顷二十三亩有奇，山林河泊湖渡陂塘柴苇鱼竹等场二十九，玉石银铁铜盐硝碱白土煤炭之地十有五，栗为株万九千六十一，酒馆一。隶河间、襄阳、江淮等处提举司提领所者，得水地万三千六百五十一顷，陆地二万九千八百五顷六十八亩有奇，江淮酒馆百有四十，湖泊津渡六十有一，税务闸坝各一。内外人户总三万七千五十九，实赋役者万七千九百八十八。殿宇为间百七十五，棂星门十，房舍为间二千六十五，牛具六百二十八，江淮牛之隶官者百三十有三。②

计有水陆田地十万多顷，横贯南北，有山林河泊湖渡陂塘柴苇鱼竹等场，有玉石银铁铜盐硝碱白土煤炭之地，有税务闸坝，有酒馆，有牛具，有宫殿房舍，有民户，更有政府特设的几种机关为之经理财产，这简直是一个具体而微的王国！再参看其他寺院所赐碑文，我们更知道以上所记的还不完备，当时寺院领有的更有碾磨、店舍、铺席、解典库、浴堂、船只、醋曲等项经营，试引一碑作例，如至大二年（1309）山西平遥清虚观圣旨碑：

---

① 赵翼：《陔余丛考》卷一八，《元时崇奉释教之滥》。

② 《雪楼文集》卷九。

长生天气力里，大福荫护助里皇帝圣旨：军人每根底，城子里达鲁花赤官人每根底，来往的使臣每根底，宣谕的圣旨，月哥台（太宗）皇帝，薛禅（世祖）皇帝，完泽笃（成宗）皇帝圣旨里；和尚，也里可温，先生每，不拣甚么差发休当，天根底祷告祈福祝寿者，那般这有来。如今依着在先圣旨体例里，不拣甚么差发休当，天根底祈福祝寿者，么道……这的每宫观里，他每的房舍，使臣休安下者，铺马衹应休拿者，商税地税休与者，但属宫观的庄田水土园林碾磨解典库店仓铺席浴堂船只竹苇醋曲货，不拣甚么差发休要者，不拣是谁倚气力者，不拣甚么他每的，休夺要者。更这的每道有圣旨么道，没体例的勾当休做者。做呵，他每不怕那。圣旨俺的，鸡儿年九月初五日，龙虎台有时分写来。[①]

僧道倚有政府的崇奉和保护，就任意吞并小农，强夺田土，著例如世祖时江南释教总摄杨琏真珈攘夺田二万三千亩[②]，仁宗时白云宗总摄沈明仁强夺民田二万顷[③]。诸寺院的佃户数目往往多至数万户，或出于特赐，如大护国仁王寺之三万七千五十九户，如至顺二年（1331）之以晋邸部民刘元良等二万四千余户隶寿安山大昭孝寺为永业户。[④] 或出于强占，如杨琏真珈之私庇平民不输公赋者二万三千户。[⑤] 杭州一地寺院佃户多至五十万户有余[⑥]，均为杨琏真珈所冒入，直至大德三年（1299）始行革正。[⑦] 或出于投献，希图避役，结果一经籍没，农民负担反因而更重，例如白云宗所属之佃户：

湖州豪僧沈宗摄承杨总统之遗风，设教诱众，自称白云宗，受其教者可免徭役。诸寺僧以续置田每亩妄献三升，号为赡众

---

① 冯承钧：《元代白话碑》，39页。

② 《元史》卷二二，《释老传》。

③ 《元史》卷二六，《仁宗纪》。

④ 《元史》卷三五，《文宗纪》。

⑤ 《元史·释老传》。

⑥ 《通制条格》卷三，《寺院佃户》。

⑦ 《元史》卷二〇，《成宗纪》。

粮。其愚民亦有习其教者，皆冠乌角桶子巾，号曰道人，朔望众会，动以百数。及沈败，粮籍皆没入官，后拨入寿安山寺，官复为经理，所献之籍则有额无田，追征不已，至于鬻妻卖子者有之，自杀其身者有之。僧田以常赋外，又增所献之数，遗患至今，延及里中同役者。①

至顺帝时犹有此弊，《元史·瞻思传》：

后至元三年（1337）除佥浙西肃政廉访使事。以浙右诸僧寺私蔽猾民，有所谓道民道人行童者，类皆渎常伦，隐徭役，使民力日耗。契勘嘉兴一路，为数已二千七百。乃建议请勒归本族，俾供王赋，庶以少宽民力。朝廷是之，即著以为令。②

照习惯田和役相连，卖了田地以后即无应役之义务，可是寺院却是例外，结果农民产去而役存，寺院却有产而无役：

泰定元年（1324）张珪奏，世祖之制，凡有田者悉役之，民典卖田，随收入户。铁木迭儿为相，纳江南诸寺贿赂，奏令僧人买民田者，毋役之以里正主首之属，逮今流毒细民。臣等议：惟累朝所赐僧寺田及亡宋旧业，如旧制勿征。其僧道典买民田及民间所施产业，宜悉役之，著为令……帝不能从。③

除寺院地主以外，元代的世臣制和戍兵制也是农民的磨难之一。元制降臣均令世守其地，《元史·廉希宪传》：

自国家开创以来，凡纳土及始命之臣，咸令世守，至今将六十年。子孙皆奴视部下，都邑长吏皆其皂隶僮使，前古所无。④

其横暴情形至于："生杀任情，至孥人妻女，取货财，兼土田。"⑤

---

① 孔齐：《至正直记》卷三，《豪僧诱众》。
② 《元史》卷一九〇。
③ 《元史》卷一七五，《张珪传》。
④ 《元史》卷一二六。
⑤ 《元史》卷一四六，《耶律楚材传》。

官吏素无俸给，只能以剥削农民为生，《元史·陈祐传》：

> 时州县官以未给俸多贪暴，祐独以清慎见称。①

世祖时程钜夫言：

> 江南州县官吏自至元十七年以来，并不曾支给俸钱，真是明白放令吃人肚皮，椎剥百姓。②

州县之官或擢自将校，或起自民伍，率昧于从政。甚者专以掊克聚敛为能，官吏相与为贪私以病民。③ 后来虽因汉人的劝告，废世臣制，行迁转法，官吏给俸，可是戍军之患却终元代未除：

> 国制既平江南，以兵戍列城。其长军之官皆世守不易，故多与富民树党，因夺民田宅居室，蠹有司政事，为害滋甚。④

而且兵民分治，民政长官无权约束戍军，戍军更得因而肆虐平民，宋本《绩溪县尹张公旧政记》说：

> 国制用中原兵戍江南列城，非大故不易，而兵若民多异属。万夫长千夫长百夫长恃世守凌轹有司，欺细民，细民畏之过守令。其卒众聚为虐。或讼之有司，举令甲召，其褊裨共蔽，则诺而不至，事卒中寝，民苦无可奈何。⑤

戍军侵扰平民，小军则又为军官所兼并：

> 汉军征戍岭海之南，岁病而死者十率七八。其所属军官利在危殆之际，必用资财拟指军人北方本家所有孳畜田产，厚息借贷，准折还纳。终至破产，不敢有词。中原军户日蹙，军官日富。⑥

汉、南人在社会地位上虽被压迫，但在本族则又倚其财力，肆行兼

---

① 《元史》卷一六八。
② 《雪楼文集》卷一〇，《吏治五事》，《给江南官吏俸钱》。
③ 《元史》卷一五九，《宋子贞传》。
④ 《元史》卷九九，《兵志》，《镇戍》。
⑤ 《元文类》卷三一。
⑥ 《元文类》卷一五，马祖常：《建白一十五事》。

并，侵侮小民，无所不至。南人负担较汉人为轻，故南人多大地主，小民之受压迫亦愈甚：

腹里汉儿百姓当着军站喂养马驼，和雇和买一切杂泛差役，更纳包银丝线，税粮差发好生重有。亡宋收附了四十余年也，有田的纳地税，做买卖纳商税，比这的外，别无差发，比汉儿百姓轻有。更田多富户，每一年有三二十万石租了的，占著三二千户佃户，不纳系官差发，他每佃户身上要租子重，纳的官粮轻。①

一部分曾任宋官归附的南人，趁着时局转变的机会，强夺民田，也成为大地主中之一员，如范文虎即是一例：

范文虎于宋末及国初所得湖州南浔及庆元慈溪等处田土，皆以豪势夺之者。②

另外一部分地主则利用金钱的力量一变而为现任官吏，作为扩张产业的一种手段，如延祐五年诏书所言：

近年间各衙门自奏选用的人，豪霸富户每往往营干了受宣敕的名分。这一等豪霸每在乡里间时，犹自欺凌百姓，把持官府。更做了受朝命职官么道，却似虎生两翼的一般，官府百姓根底更自把持欺凌。③

旧制诸院及寺监得奏用其僚属者，岁久多冒滥，富民或以赂进，有至大官者。④ 末年财政窘迫，地主更乘机活动，参预中央和地方的政治生活：

至正乙酉间，江南富户多纳粟补官，倍于往岁……先是三宝奴作相日，富户杂流皆可入官，有至贵受宣命秩高品者。讨人嘲诗有“茶盐酒醋都提举，僧道医工总相公”之句。至乙未丙申间，

---

① 《元典章新集·户部·赋役差发》。

② 《至正直记》二。

③ 《元典章新集·吏部·重惜名器》。

④ 《元史》卷一七五，《敬俨传》。

> 国家无才识之人，当朝而行纳粟之诏，许以二万石者正五品，于附近州县常选内委付，则诗人亦不暇嘲而天下事可知矣。①

一经入仕，便得以乡绅资格交结官府，剥削平民。以下所引大德八年的江西宣抚报告，可以代表当时地主压迫农民的情形：

> 江西福建道奉使宣抚呈：巡行至江西，据诸人言告，有一等骤富豪霸之家，内有曾充官吏者，亦有曾充军役离职者，亦有泼皮凶顽者，皆非良善。以强凌善，以众害寡，妄兴横事，罗织平民，骗其家私，夺占妻女，甚则害伤性命，不可胜言。交结官司，视同一家，小民既受其欺，有司亦为所侮，非理害民，纵其奸恶，亦由有司贪猥，驯至其然。②

或则百计千方，交结官府，把持政事，为害地方，如大德十一年杭州路达鲁花赤札儿忽儿歹所言：

> 把持官府之人，处处有之。其把持者杭州为最。每遇官员到任，百计钻刺，或求其亲识引荐，或赂其左右吹嘘，既得进见，即中其奸。始以口味相遗，继以追贺馈送，窥其所好，渐以苞苴，爱声色者献之美妇，贪财利者赂之玉帛，好奇异者与之玩器。日渐一日，交结已深，不问其贤不肖，序齿为兄弟，同席饮宴者有之，下棋打双陆者有之，并无忌惮。彼此家人妻妾不避其嫌疑，又结为姊妹，通家往还，至甚稠密。街坊之人见其如此，遇有公事，无问大小，悉皆投奔嘱托关节，俗号猫儿头，又曰定门。贪官污吏吞其钩饵，惟令是听，欲行即行，欲止即止。稍有相违，发言告诉，被其指勒，拱手俯听，是非颠倒，曲直不分，民之冤抑，无所申诉。③

次则令子孙跟随官员，以为隐避差徭，武断乡曲之计：

> 江南三省所辖之地，民多豪富兼并之家，第宅居室衣服器用，僭越过分。逞其私欲，靡所不至。重其财贿，结托上下，

---

① 《至正直记》卷四。

②③ 《元典章》卷五七，《刑部》一九，《禁豪霸》。

专令子孙弟侄辈华裾骏马，从朝至暮，相随省官，窥伺所欲，竞为趋陷，要一奉百，侈其贪心，使之亲爱如骨肉，出入无禁忌，举动郎中舍人之称呼，求干省官咨保充宣使知印译史并院务钱谷站赤，多闻影避差徭，欺凌路府州县，倚仗权势，莫敢谁何。以致间谍同僚不和，官府失政，每每皆然。又有一等恃势小人，挟旧仇，报私怨，致伤人命者有之。威福自专，豪强难制，侮弄省官，有同儿戏。递相仿效，渐以成风。①

结果是一切差役，都由贫农承当，地主置身事外，贫者因而愈贫，富者因而愈富，例如虞集所记之湖州地主：

湖富家私田跨郡邑，赀无算。援结大官贵人如平交，气势出守令上远甚。析其户役为数十，其等在最下，赋役常不及已，而中下户反代之供输，莫敢何问。②

《元史·崔彧传》：

大都高赀户多为桑哥等所容庇，凡百徭役止令贫民当之。③

至元二十八年所颁影占富户不交当差禁令亦是说明此种情形：

江浙行省所辖地面宽阔，人民众庶，事务繁多，军民弊病多端，户口贫富不同，诸衙门及权势之家将富上民户恃势影占，不当差役，却令供办草料柴薪蔬菜等物，或投充祇候面前私自占役。凡有公家差役，交无力小民替代，迤渐靠损。④

再次则投充王府宿卫，避免徭役。⑤ 如孔齐所记即其一例：

荆溪、句容、金坛等处富户，有避良民之籍而妄投河南王卜邻吉耳养老户计者，及其有势之时，可附可倚，颇称所欲。⑥

---

① 《元典章》卷五七，《豪富户子孙跟随官员》。

② 《道园学古录》卷一五，《户部尚书马公墓碑》。

③ 《元史》卷一七三。

④ 《元典章》卷五四，《刑部》一六。

⑤ 《元史》卷一二五，《忽辛传》。

⑥ 《至正直记》卷三。

这一群地主背后有政治势力的保障，国家的法律和制度在他们看来，全为约束贫农而设，和他们不相干。如余姚张甲之擅制一方：

余姚有豪民张甲，居海滨为不法，擅制一方，吏无敢涉其境。①

高阳土豪之私征通行税：

高阳土豪擅据沙河桥，取行者钱，人以为病。②

铅山豪民之私造伪钞：

铅山素多造伪钞者，豪民吴友文为之魁。远至江淮、燕蓟莫不行使。友文奸黠悍骜，因伪造致富，乃分遣恶少四五十人为吏于有司，伺有欲告之者辄先事戕之。前后杀人甚众，夺人妻女十一人为妾。民罹其害，衔冤不敢诉者十余年。③

亳州豪民之强占民田：

有豪民强占民田为己业，民五十余人诉于盖苗，苗讯治之，豪民咸自引服。④

清苑豪民之占据水利：

县西有塘水，溉民田甚广，势家据以为碓，民以失利来诉，(县尹耶律)伯坚命毁碓决其水而注之田，许以溉田之余月，乃得堰水置碓，仍以其事闻于省部，著为定例。⑤

而最为农民病害的是江浙一带地主之擅侵湖地，与水争利，一有水旱，便即成灾。例如练湖之泛溢：

练湖在镇江，元有江南之后，豪势之家于湖中筑堤围田耕种，侵占既广，不足受水，遂致泛滥。

① 《元史》卷一八四，《王都中传》。
② 《元史》卷二〇三，《孙威传》。
③ 《元史》卷一九二，《林兴祖传》。
④ 《元史》卷一八五，《盖苗传》。
⑤ 《元史》卷一九二，《耶律伯坚传》。

吴淞江之壅塞：

> （吴淞江）宋时设置撩洗军人，专掌修治。元既平宋，军士罢散，有司不以为务。势豪租占为荡为田，州县不得其人，辄行许准，以致湮塞不通，公私俱失其利久矣……至元三十年以后，两经疏辟，稍得丰稔，比年又复壅蔽，势家愈加租占，虽得征赋，实失大利……水旱连年，殆无虚岁。①

淀山湖之时有水灾：

> 世祖末年参政暗都剌言：此湖在宋时委官差军守之。湖旁余地不许侵占，常疏其壅塞以泄水势。今既无人管领，遂为势豪绝水筑堤，绕湖为田，湖狭不足潴蓄，每遇霖潦，泛溢为害。②

浙江也有同样情形：

> 浙多湖泊，广蓄泄以艺水旱。率为豪民占以种艺，水无所居积，故数有水旱。③

地主们对于水旱灾荒不负责任，开垦所得的利益全归地主，而因开垦湖地所引起的水旱灾荒却全部落在农民头上！农民没有财力，更没有任何政治关系作后盾，除了忍受以外，是没有地方可以控诉的。

在这由贵族（包括皇室、诸王、公主、驸马、勋臣诸蒙古色目人）、僧侣（包括僧、道、也里可温、答失蛮、白云宗诸宗派）、商人、地主所组成的统治势力之下，他们瓜分了全国最多而且最好的土地，他们拥有全国国富的绝大部分，他们有政府或私人的官吏为之管理财富，他们有各种军队为之保障安全，维持秩序，他们有若干万的佃奴为之耕种劳作。在反面，占全人口最多数的农民，却只领有最少数的土地，他们要按时纳赋税，应徭役，他们要忍受一切非人的困苦和压迫，为这一统治集团服役。

---

①② 《元史》卷六五，《河渠志》。

③ 《元史》卷一五六，《董士选传》。

六

蒙古人习于游牧的生活，对于农业是不理解而且是不肯尊重的。历朝虽然都设有劝农的官吏和屡布重农的诏令，不过只是纸上的虚文。他们看畜牧重于农桑，看战士重于农民。诸贵族都自有牧地，大抵多系强占民田所致：

> 今王公大人之家，或占民田近于千顷，不耕不稼，谓之草场，专放孳畜。①

《元史·郑鼎传》：

> 安西旧有牧地，圉人恃势冒夺民田十万余顷，讼于有司，积年不能理。②

劝农官的设置也只是给农民添上一种不必要的麻烦，替官吏开一条生财大道：

> 劝农者先期以告，鸠酒食，候郊原，将迎奔走，络绎无宁，盖数日骚然也。至则胥吏童卒，杂然而生威，路遣征取，下及鸡豚，名为劝之，其实扰之，名为扰之，其实劳之。③

常平仓和义仓同样是装点门面的名辞，实际上并无所蓄④，名存而实废⑤。

税粮和科差都是农民对政府所应尽的义务。大地主是有方法避免这种义务的，因之实际上对政府负责的只是中农以下的农民和佃农，他们并且还要替地主们尽双重义务，地主们所故意避免的一切赋役，都须由他们分担。税粮的法则有江北江南之别，江北采唐租

---

① 《钦定续文献通考》卷一，《田赋》一，赵天麟：《太平金镜策》。
② 《元史》卷一五四。
③ 张养浩：《忠告牧民省事条》。
④ 《元史》卷二〇五，《卢世荣传》。
⑤ 《元文类》卷四〇，《经世大典序录》。

庸调法，征丁税地税，江南采两税法，征秋税夏税。科差分丝料包银二种，丝每二户一斤，银汉户四两。① 税粮和科差大体以土地和人口为主而分配，可是在实际上元代从未精确地调查过所有的土地和人口，世祖至元七年定赋役册，《元史·杨湜传》：

时用壬子旧籍，定民赋役之高下。湜言贫富不常，岁久浸易，其可以昔时之籍而定今之赋役哉。廷议善之，因俾第其轻重，人以为平。②

可见这次定制是没有经过实际的丈量的。后来曾遣使到各处核实民田，也并未切实奉行：

延祐元年平章章闾言：经理大事，世祖已尝行之，但其间欺隐尚多，未能尽实，以熟田为荒地者有之，惧差而析户者有之，富民买贫民田而仍其旧名输税者亦有之。由是岁入不增，小民告病。③

如虎都铁木禄之奉使江西核田，竟置此项使命不理：

大臣奏核实江南民田，汉卿奉诏使江西，以田额旧定，重扰民不便，置不问。④

延祐元年平章章闾所请，遣官经理，以章闾等往江浙，尚书你咱马丁等往江西，左丞陈士英等往河南，令民以其家所有田自实于官。然期限猝迫，贪刻用事，富民黠吏，并缘为奸，以无为有，虚具于籍者往往有之，于是人不聊生，盗贼并起。⑤ 赣州农民蔡五九乱起，只好又停止土地呈报：

延祐二年八月丙戌赣州贼蔡五九陷汀州宁花县，僭称王号，诏遣江浙行省平章张驴等率兵讨之。乙未台臣言：蔡五九之变，

---

① 《元史》卷九三，《食货志》。
② 《元史》卷一七〇。
③ 《元史》卷九三，《食货志》，《经理》。
④ 《元史》卷一二二，《虎都铁木禄传》。
⑤ 《元史》卷九三，《食货志》，《经理》。

皆由昵匝马丁经理田粮与郡县横加酷暴逼抑至此。新丰一县撤民庐千九百区，夷墓扬骨，虚张顷亩，流毒居民。乞罢经理及冒括田租。制曰可。①

末年贾鲁议重正经界，也以困难太多，不能成为事实，《元史·贾鲁传》：

迁中书省检校官。上言：十八河仓，近岁沦没官粮百三十万斛。其弊由富民兼并，贫民流亡。宜合先正经界。然事体重大，非处置尽善，不可轻发。②

在这情形下，地主可以任意藏匿田土，躲避税粮，如《元史·燕公楠传》所记：

（至元）三十年复为大司农，得藏匿公私田六万九千八百六十二顷，岁出粟十五万一千一百斛，钞二千六百贯，帛千五百匹，麻丝二千七百斤。③

农民则为严刑所迫，只能虚报塞责：

先是朝廷令民自实田土，有司强以峻法，民多虚报以塞命。其后差税无所于征，民多逃窜流移者。④

在户口方面，也有同样情形。天下初定时，诸将多虚报户数以要利。《元史·董俊传》：

先是戊子岁（1228）朝于行在，诸将献户口各增数要利。吏请如众，（董）俊曰：民实少而欺以数多，他日上需求无应，必重敛以承命，是我独利而民日困也。⑤

太宗七年（1235）籍户口时，贤明的官吏故意少报，《元史·董文炳传》：

---

① 《元史》卷二五，《仁宗纪》。
② 《元史》卷一八七。
③ 《元史》卷一七三。
④ 《元史》卷一二二，《塔海传》。
⑤ 《元史》卷一四八。

> 岁乙未以父任为藁城令……朝廷初科民，令敢隐实者诛，籍其家。文炳使民聚口而居，少为户数。众以为不可。文炳曰：为民获罪，吾所甘心。民亦有不乐为者，文炳曰：后当德我。由是赋敛大减，民皆富完。①

反之则以多报为功：

> 岁乙未籍民户，有司多以浮客占籍，及征赋逃窜殆尽。②

土地和户口都未有精确的调查册籍，所定的赋役自然不能公平。地主借此为利，中农以下的自耕农和佃农则因之破产失业，发生农民逃亡的现象。例如崇安县：

> 崇安之为邑，区别其土田，名之曰都者五十。五十都之田，上送官者为粮六千石，其大家以五十余家而兼五千石，细民以四百余家而合一千石。大家之田连跨数都，而细民之粮或仅升合。有司常以四百之细民配五十大家之役，故贫者受役旬日而家已破。③

如衢州路：

> 先是为郡者于民间徭役，不尽校田亩以为则，吏得并缘高下其手。富民或优有余力，而贫弱不能胜者，多至破产失业。④

江北行包银法，初定户赋银六两，以张晋亨之抗议减为四两，他的理由是："五方土产各异，随其土产为赋，则民便而易足，必责输银，虽破民之产有不能办者。"⑤ 再以史天倪之请以银与物折，仍减其元数，定为二两。⑥ 农民负担虽已减轻三分之二，但在实际征收上则农民须付出减定额之十倍。⑦ 当时农民的困苦情形，庚申年

---

① 《元史》卷一五六。
② 《元史》卷一九一，《谭澄传》。
③ 《元史》卷一九二，《邹伯颜传》。
④ 《元史》卷一九二，《白景亮传》。
⑤ 《元史》卷一五二，《张晋亨传》。
⑥ 《元史》卷一四七，《史天倪传》。
⑦ 《元史》卷一八四，《王都中传》。

(1260) 四月初六日所颁诏书曾有叙述：

> 爰自包银之法行，积弊到今，民力愈困。朝廷之制本欲利民，而反害民，非法之弊，乃人弊之也。加之滥官污吏，夤缘侵渔，科敛则务求羡余，辅纳则暗加折耗，以致滥刑虐政，暴敛急征，使农夫不得安于田里者，为害非一，吾民安得不重困耶?①

延祐五年 (1318) 始征江南包银②，民贫有不能输者，有司以责之役户③，而南北俱困。

除对政府的负担外，公田和官田的制度也使农民感觉痛苦。公田以给职官俸米，无公田的地带，官俸也照例落在农民肩上成为一种附加税：

> 荆湖多弊政，而公田尤甚。部内实无田，随民所输租取之，虽水旱不免。④

官田则多成贵族私产，扰害更甚：

> 天下官田岁入所以赡卫士，给戍卒。自至元三十一年以后，累朝以是田分赐诸王、公主、驸马，及百官、宦者、寺观之属，遂令中书省酬直海漕，虚耗国储。其受田之家，各任土著奸吏为庄官，催甲斗级，巧名多取。又且驱迫邮传，征求饩廪，折辱州县，闭偿逋负，至仓之日，变鬻以归，官司交忿，农民窘窜。⑤

农民以农产品易银交纳包银及日常生活必需品，在交易时每受贵族及官吏之侵暴，一面又受商侩之剥削，例如前文所引之平原分地情形。《元史·朵尔直班传》所记之辽阳农民，所受此种苦痛亦其一例：

> 出为辽阳行省平章政事……至官询民所疾苦，知米粟羊豕

---

① 《元典章》卷三，《均赋役》。
② 《元史》卷一八五，《汪泽民传》。
③ 《元史》卷一八四，《王克敬传》。
④ 《元史》卷一二〇，《立智理威传》。
⑤ 《元史》卷一七五，《张珪传》。

薪炭诸货皆藉乡民贩负入城，而贵室僮奴、公府隶卒争强买之，仅酬其半直。又其俗编柳为斗，大小不一，豪贾猾侩得以高下其手，民咸病之。①

政府则算入锱铢，甚至田器亦由官卖：

中统三年阿合马奏以礼部尚书马月合乃兼领已括户三千兴煽铁冶，岁输铁一百三万七千斤，就铸农器二十万事，易粟输官者凡四万石。②

苛税至及白骨，《元史·王磐传》：

入谒宰相，首言方今害民之吏，转运司为甚，至税人白骨，宜罢去之，以苏民力。③

农民不能安生，只得出于逃亡一途，一有灾荒，流移更甚。宋子贞《中书令耶律公神道碑记》：

太宗戊戌，天下大旱蝗。初籍天下户得一百四万，至是逃亡者十四五，而赋仍旧，天下病之。公奏除逃户三十五万，民赖以安。④

《元史·刘秉忠传》：

天下户过百万，自忽都那颜断事之后，差徭甚大，加以军马调发，使臣烦扰，官吏乞取，民不能当，是以逃窜。⑤

《崔斌传》：

至元二十年上疏言时政曰：内地百姓流移江南，避赋役者已十五万户。去家就旅，岂人之情！赋重政繁，驱之至此。⑥

除四散流移外，农民只能将田土投献于贵族、寺院或地主的名下，

---

① 《元史》卷一三九。
② 《元史》卷二〇五，《阿合马传》。
③ 《元史》卷一六〇。
④ 《元文类》卷五七。
⑤ 《元史》卷一五七。
⑥ 《元史》卷一七三。

自降为佃户，避免政府的苛削：

国初溧阳之民，有以田土妄献于朱（清）、张（瑄）二豪者，遂为户计，一切科役无所预焉。是时朱、张首以海运为贡道，至于极品，天子又以特旨谕其户计，彼无敢挠之者，权豪奢侈可谓穷于天下。或两争之田，或吏胥之虐者皆往充户计，则争者可息，虐者可免，由是民皆乐而从之也。不数年朱、张皆构祸，借其户口财产，以数百万计，后立朱、张提举司以掌之，向者附势之人皆受祸，而投户计者隶为佃籍，增租重赋，倍于常民，受害不浅，虽悔无及矣。①

一隶佃籍，生活便不同常人。所交田租往往超过正赋数倍，至元二十二年二月诏曾明说："江南有地土之家，召募田客，所取租课，重于公税数倍，以致贫民缺食者甚众。"② 江南地狭人稠，大地主又特多，大部分的农民都须佃地主田地耕种：

蛮子百姓每，不似汉儿百姓每，富户每有田地，其余他百姓每无田地，种著富户每的田地。③

地主的剥削较政府更利害，所生男女均须为地主服役：

江南富户，止靠田土，因买田土，方有地客，所谓地客，即系良民。主家科派，其害甚于官司差发。若地客生男，便供奴役，若有女子，便为婢使，或为妻妾。④

佃户随田土而转移，或典或卖，其身份和奴隶无异：

至元十九年峡州路判官史择善呈：本路管下民户，辄敢将佃客计其口数立契，或典或卖，不立年分，与买卖驱口无异。间有略畏公法者，将些小荒远田地，夹带佃户典卖，称是随田佃客，公行立契外，另行私立文约。⑤

---

① 《至正直记》卷三，《势不可倚》。

②③ 《元典章》卷三，《圣政》二，《减私租》。

④⑤ 《元典章》卷五七，《刑部》一九。

峡州路的典卖随田佃客制度和江南之“因置田土，方有地客”相同。可见这是当时普遍流行的习惯。江南佃户子女须为地主服役，峡州路的佃户婚姻则须得地主许可：

> 佃客男女婚姻，主户常行拦当，需求钞贯布帛礼数方许成亲。其贫寒之人，力有不及，以致男女怨旷失时，淫奔伤俗。①

佃户在法律上的地位和奴婢娼相等，《元典章·刑部四》有杀奴婢娼佃一条，诸杀伤杀死为伴娼女，放良驱殴死他人奴婢，良殴死他人奴婢，主殴死佃户，江南豪户殴死佃户均杖一百七。在这制度下，佃户的生命毫无保障，如《元典章》所记傅汝明为佃客李小三不送文字，用棒打伤身死，私和埋葬。②《典章新集》富豪打伤佃户条：

> 饶州路鄱阳县豪民陶孟方因被盗金银等物，不即告官，诬指佃户程万二等为盗。同兄陶仁寿等僭设官府，非理用刑，将各家夫妇六人凌虐拷打，损伤肢体。

在平时则受地主致命之剥削，度非人之生活。大德八年诏佃户不给田主借贷，说明佃户的困苦情形：

> 江南佃民多无己产，皆于富家佃种田土，分收子粒，以充岁计。若值青黄未接之时，或遇水旱灾荒之际，多于田主之家借债贷粮，接缺食用，候至收成，验数归还。有田主之家，或于立约之时便行添答数目，以利作本，才至秋成，所收子粒，除田主分受外，佃户合得粮米尽数偿之，还本利更有不敷，抵当人口，准折物件，以致佃户逃移，土田荒废。③

政府也知道佃户私租之重，曾屡次下令减租，如至元二十三年诏“田主所取佃客租课，以十分为率，减免二分”。至元三十一年诏“诸色户计秋粮减三分”。但在实际上所免的是地主，佃户私租却仍须照样缴付地主。如至元三十一年十月初五日减私租诏所言：

---

① 《元典章》卷五七，《刑部》一九。

② 《元典章》卷四二，《刑部》四。

③ 《元典章》卷一九，《户部》五。

如今税粮免三分呵，免了地主每的有。地主却问佃户全要呵，于穷百姓每无益有。在前先皇帝江南免二分地税时也道，已免了的二分，地主每都却休转问佃户们要者道来。如今依那体例里，佃户每的三分也不交要呵，怎生说将来有，奏呵，有体例休交要者，圣旨了也。①

自由农和佃农都属于民户。此外还有儒户和匠户的生活值得我们注意。儒户是曾受教育的知识分子，政府因为很受这一阶级的帮忙，所以给以特别待遇。在开国时代即令儒人免奴籍，《元史·耶律楚材传》：

儒人被俘为奴者亦令就试，其主匿勿遣者死。得士凡四千三十人，免为奴者四之一。②

《廉希宪传》：

国制为士者无隶奴籍。京兆多豪强，废令不行。希宪至悉令著籍为儒。③

《高智耀传》：

时淮蜀士遭俘虏者皆没为奴。智耀奏言以儒为驱，古无有也。陛下方以古道为治，宜除之以风厉天下。帝然之，即拜翰林学士，令循行郡县区别之，得数千人。④

自此凡占儒籍者一切徭役均得蠲免，复其家。⑤ 儒户身份的取得，以通文字为标准，中统四年令：

不经分拣附籍漏籍儒人，或本是儒人，壬子年别作名色附籍，并户头身故，子弟读书。又高智耀收拾到驱儒，仰从实分拣，能通文字者依例免差，不通文字者收系一例当差外，诸色人户下子弟读书深通文字者止免本身杂役。⑥

---

① 《元典章》卷三，《圣政》二，《减私租》。
② 《元史》卷一四六。
③ 《元史》卷一二六。
④ 《元史》卷一二五，《高智耀传》。
⑤ 《元史》卷一七三，《叶李传》；卷一七〇，《雷膺传》。
⑥ 《元典章》卷一七，《户部》三一，《儒人户》。

这也只是蒙古政府羁縻汉人知识分子的一种策略，在实际上，儒人并不被朝廷看重，儒户的社会地位只是比其他户计较受优待而已。《经世大典序录·入官条》说：

> 择吏之初颇由于儒。而所谓儒者姑贵其名而存之耳。其自学校为教官显达者盖鲜……其以文学见用于朝廷，则时有尊异者，不皆然也。①

匠户也和儒户一样，世守其业，身份地位略和普通民户不同。蒙古人文化落后，却最重视工业，在行军作战时，被屠地带惟工匠得幸免残杀。《元史·孙威传》：

> 威每从战伐，恐民有横被屠戮者，辄以搜简工匠为言而全活之。②

刘因记武遂杨翁遗事：

> 保州屠城，惟匠者免。予冒入匠中，如予者亦甚众。或欲精择能否，其一人默语之曰：能挟锯即匠也。拔人于生，挤人于死，惟所择，事遂已。而凡冒入匠中者皆赖以生。③

此种以工匠幸免之俘囚，均列入匠籍：

> 合刺廉直多巧思。为初建金玉局使，奏释所获宋间谍钳钛输作者及渡江所俘童男女，皆教以工事，世守其业。④

刘因《浑源孙公（威）先茔碑铭》：

> 前后所领平山安平诸路工人，皆俘虏之余。⑤

金人南徙，迁诸州工人实燕京。⑥ 灭宋后，大批地籍江南民为工匠，凡三十万户。选其有艺业者十余万户为匠户。⑦ 至元十六年籍人匠

---

① 《元文类》卷四〇。
② 《元史》卷二〇三。
③ 《静修文集》卷二一。
④ 揭傒斯：《揭文安公集》卷一三，《陕西等处行中书省平章政事吕公墓志铭》。
⑤ 《静修文集》卷一六。
⑥ 《静修文集》卷一七，《洛水李君墓表》。
⑦ 《元史》卷一六七，《张惠传》。

四十二万，立局院七十余所，每岁定造币缟弓矢甲胄等物。① 以工艺的性质论，有兵器之工，玉工，金工，木工，抟埴之工，石工，丝枲之工，皮工，毡罽之工，画塑之工，等等，《经世大典序录·工典总叙》诸匠条说：

国家初定中夏，制作有程，乃鸠天下之工，聚之京师，分类置局，考其程度而给之食，复其户，使得以专于其艺。故我朝诸工制作，咸胜往昔矣。②

在首都，在地方，在诸王投下，都分别设有诸色人匠总管府，及提举司管理造作。③ 匠户有专门的匠籍，和普通户籍不同。

黄溍《茶陵州判官许君墓志铭》：

改赣州路录事。纹锦局吏窜毁匠籍而牵连追呼，滥及民伍。君白于郡，发架阁旧籍证之，其弊以绝。④

匠户免除普通徭役，所以一般地主也往往投充，借以避免差役，王恽《便民三十五事》：

各处富强之民，往往投充人匠，影占差役，以致靠损贫难户计。⑤

七

在蒙古、色目人统治之下，奴隶使用成为一种普遍的制度。奴隶的由来大部分是战争时所掠得的俘虏，蒙古军制：

凡攻大城，先击小都，掠其人民，以供驱使。乃下令曰：每一骑兵必欲掠十人，人足备则每名需草或柴薪或土石若干，

---

① 王恽：《秋涧集》卷五八，《浙西道宣慰使行工部尚书孙公神道碑铭》。
② 《元文类》卷四二。
③ 《元史·百官志》。
④ 《黄文献公集》卷八。
⑤ 《秋涧集》卷九〇。

昼夜追逐，缓者杀之，追逐填塞，壕堑立平，或供鹅洞炮座等用，不惜数万人，以此攻城壁，无不破者。①

在战争时利用俘虏作战地工役，在平时则利用奴隶供给军需：

蒙古汉军分戍江南，全籍各家驱丁，供给一切军需。②

或使习手工业，陆文圭《武节将军吕侯墓志铭》：

侯连岁出征，夫人躬自蚕织，家僮数十人称工艺廪食之，无惰游者。以故资用丰裕。③

或责其租赋，《元史·张雄飞传》：

荆湖行省阿里海牙以降民三千八百户没入为家奴，自置吏治之，岁责其租赋。④

《宋子贞传》：

东平将校占民为部曲户，谓之脚寨。擅其赋役，几四百所。⑤

奴隶在事实上是家产的一部分，替主人工作是他们的本分。如不工作须给主人以相当的农产品或金钱：

（蓨县民）翟彝自其大父因河南乱被掠为人奴，岁纳丁粟以免作。⑥

同时也等于一件货物，随时可以买卖，在市场上有一定的价格。姚燧《故提举太原盐使司徐君神道碑》：

民奴有严姓者，主利多值，鬻其男女六七于商胡。⑦

---

① 《蒙鞑备录》。
② 《元典章》卷三四，《兵部》一。
③ 《墙东类稿》卷一二。
④ 《元史》卷一六三。
⑤ 《元史》卷一五九。
⑥ 《元史》卷一八五，《吕思诚传》。
⑦ 《牧庵集》卷一八。

程钜夫《黄志尹墓志铭》：

> 丰城黄志尹以学行文章为后林李户部客。戊寅秋九月俘于兵，鬻于长安郑子诚家。①

《元史·羊仁传》：

> 羊仁，庐州庐江人。至元初，阿术兵南下，仁家为所掠，父被杀，母及兄弟皆散去。仁年七岁，卖为汴人李子安家奴。力作二十余年，子安怜之，纵为良。仁踪迹得母于颍州蒙古军塔海家，兄于睢州蒙古军岳纳家，弟于邯郸连大家，皆为役，尚无恙。乃遍恳亲故，贷得钞百锭，历诣诸家求赎之，经营百计，更六年乃得遂。大小二十余口，复聚居为良。②

吴澄《故善人申屠君墓表》：

> 宋平，家蓄奴虏余二百指，或以直购，勿许。悉纵为民，思复故乡者给以行橐。③

良民之被掠为驱口者，或由他人代赎，或自出资赎身，主人由此可得一批进款，实际上也等于卖奴，让奴隶用金钱来赎取他的自由。《元史·张惠传》：

> 至元元年冬迁参知政事，行省山东，以银赎俘囚三百余家为民。④

《虞集传》：

> 父汲尝再至京师，赎族人被俘者十余口而归，由是家益贫。⑤

《王忱传》：

① 《雪楼文集》卷一八。
② 《元史》卷一九七。
③ 《吴文正公集》卷三四。
④ 《元史》卷一六七。
⑤ 《元史》卷一八一。

颍州朱喜尝俘于兵，既自赎，主家利其赀，复欲以为奴。忱为正之。①

在举行奴隶买卖时，须立印有指纹之契约：

凡今鬻人皆画男女左右食指横理券为信，以其疏密判人短长壮少。②

此项契约须呈官投税，称为红契：

红契买到者则其元主转卖于人，立券投税者是也。③

奴隶经用金钱自赎或得主人解放而获得自由者谓之放良，亦须立有契约：

自愿纳财以求脱免奴籍，则主署执凭付之，名曰放良。④

所立契约称为良书，所放奴隶称为放良民户。奴隶一经放良，立即恢复平民身份，须和其他平民同样为国家服务，《元典章·放良民户》条规定：

诸良书该写任便住坐或为良者，即依良书收系当差。诸良书该写如遇抄过为良或作户者，仰依良书另立户名收系当差。诸放良户年限未满，或赎身钱未足者，仰合属官司籍记收户，候限满钱足，至日科差。⑤

良民的反面是奴隶，亦称驱口：

今蒙古、色目人之臧获，男曰奴，女曰婢，总曰驱口。盖国初平定诸国日，以俘到男女匹配为夫妻，而所生子孙，永为奴婢。亦曰家生孩儿。⑥

驱口为军前所掠，其主权属于驱口之主人。归顺民户称为投拜户，

① 《元史》卷一五一。
② 《牧庵集》卷二二，《浙西廉访副使潘公神道碑》。
③④ 《辍耕录》卷一七。
⑤ 《元典章》卷一七，《户部》三。
⑥ 《辍耕录》卷一七。

其主权属于中央政府。元初常因驱口和投拜户之分别发生争执。诸将滥占驱口，耶律楚材奏籍其寄留诸郡者为民：

> 时诸王大臣及诸将校所得驱口，往往寄留诸郡，几居天下之半。公因奏括户口，皆籍为民。①

太宗六年（1234）定驱口别居即为民户之制：

> 不论达达、回回、契丹、女真、汉儿人等，如是军前虏到人口，在家住坐做驱口。因而在外住坐于随处附籍，便系是皇帝民户，应当随处差发。主人见更不得认识。如是主人认识者断按打奚罪戾。②

至元二年（1265）定驱口与投拜户之别：

> 上都、北京、西京、隆兴、平滦五路户计为有争差，至元二年中书省钦奉圣旨，据纳陈驸马、帖里干驸马、头辇哥国王、锻真、忽都儿五投下户计，仰差官与各投下头目各州县管民官，勾唤元主并驱户一同对证得，委系各人出军时马后稍将来的人口，达达数目里有呵，分付本投下者，于当差额内除豁。如对证得委系好投拜人户及在外投属或本投下收底人户，作民当差，钦此！③

河南初破时，俘虏不堪虐待，逃亡极多，下令严禁，《元史·耶律楚材传》：

> 时俘获甚众，军还，逃者十七八。有旨：居停逃民及资给者灭其家，乡社亦连坐。由是逃者莫敢舍，多殍死道路。楚材从容进曰：河南既平，民皆陛下赤子，走复何之。奈何因一俘囚，连死数十百人乎！帝悟，命除其禁。④

---

① 《元文类》卷五七，宋子贞：《中书令耶律公神道碑》。

② 《元典章》卷七，《户部》三一，《驱良蒙古牌甲户驱》；《元史》卷一〇三，《刑法志》，《户婚》条。

③ 《通制条格》卷二。

④ 《元史》卷一四六。

为驱后仍是逃亡相继，大德五年蒙古都万户府言：

> 驱丁往往逃匿寺观为道为僧，或于局院佣工，或为客旅负贩。纵有贩获，鼓众夺去。请遍行诸路排门粉壁，远年近日应有在逃驱丁，拘刷得见，问取根脚，就发给属官司给主，不致消乏军力。①

后来又定缉获逃驱，赏以拐带的财物三分内一分之制②，屡屡申令，可见驱户逃亡的情形并不因禁令之严而减少。

元初制官吏不给俸禄，只就功劳大小分配抄掠所得。城邑破时先入者有掳掠之优先权，《元史·赵迪传》：

> 赵迪，真定藁城人也……真定既破，迪亟入索藁城人在城中得男女千余人，诸将欲分取之，迪曰：是皆我所掠，当以归我。诸将许诺。迪乃召其人谓曰：吾惧若属为他将所得则分奴之矣，故索以归之我。今纵汝往，宜各遂生产，为良民。众感泣而去。③

诸将俘掠之多者如阿里海牙所占多至数万户，《元史·张雄飞传》：

> 荆湖行省阿里海牙以降民三千八百户没入为家奴。④

《世祖纪》：

> 至元十七年命相威检核阿里海牙、忽失帖木儿等所俘三万二千余口，并放为民。⑤

《相威传》：

> 至元十九年，又奏阿里海牙占降民一千八百户为奴。阿里海牙以为征讨所得。有旨：果降民也，还之有司。若征讨所得，令御史台籍其数以闻，量赐有功者。⑥

---

① 《元典章》卷三四，《兵部》一。
② 《通制条格》卷二〇，《获逃驱》。
③ 《元史》卷一五一。
④ 《元史》卷一六三。
⑤ 《元史》卷一〇。
⑥ 《元史》卷一二八。

驱口只限于征讨所得，一般大将却都贪利喜功，滥以良民为俘虏：

> 是时江南新附，诸将市功且利俘获，往往滥及无辜。或强籍新民以为奴隶。（雷）膺出令得还为民者以数千计。①

《陈祐传》也说：

> 至元十四年，时江南初附，军士俘虏温台民男女数千口，祐悉夺还之。②

《董文炳传》：

> （兵）次台州，（张）世杰遁。诸将先俘州民。文炳下令曰：台人首效顺于我，我不暇有，故世杰据之，其民何罪！敢有不纵所俘者以军法论。由是得免者数万口。③

袁桷《户部尚书马公（煦）墓碑》：

> 湖广省臣托俘虏之借，私孥其人万家，无所诣诉，官亦莫敢正。公按还之为民。④

《元史·聂炳传》：

> 峒瑶寇边，湖广行省右丞秃赤统兵讨之……悍卒所至掠民为俘。炳言于秃赤，释其无验者数千人。⑤

地方官吏也不顾朝廷禁令，强抑良民为奴隶。如《元史·王利用传》：

> 都元帅塔海抑玉山县民数百口为奴，民屡诉不决。利用承檄复问，尽出为民。⑥

《袁裕传》：

---

① 《元史》卷一七〇，《雷膺传》。
② 《元史》卷一六八。
③ 《元史》卷一五六。
④ 《清容居士集》卷三五。
⑤ 《元史》卷一九五。
⑥ 《元史》卷一七〇。

南京总管刘克兴掠良民为奴隶。后以矫制获罪，当籍孥产之半，裕言于中书，止籍其家。奴隶得复为民者数百。①

《赵世延传》：

至大元年改四川肃政廉访司，军官或抑良为奴，世延除其弊而正其罪。②

《张础传》：

宣慰使失里贪暴，掠良民为奴，础劾黜之。③

各地的富豪地主亦有同样行为，《张文谦传》：

至元三年，诸势家言有户数千当役属为私奴者，议久不决。文谦谓以乙未岁户帐为断，奴之未占籍者归势家可也。其余良民无为奴之理。议遂定，守以为法。④

《李德辉传》：

中统三年起为山西宣慰使。权势之家，籍民为奴者，咸按而免之。复业近千人。⑤

奴隶的另一来源是犯罪籍没者的家属。《元史·纯只海传》：

朝廷遣使以（王）荣妻孥赀产赐纯只海家。纯只海给荣妻孥券，放为民。⑥

据《元史·世祖纪》、《成宗纪》及《刑法志》的记载，凡官吏溺职者，将校临阵退缩者，国民违犯酒禁者，赠亲女得官者，以匿名书惑众者，尤其是谋反者，除身受刑戮外，妻子并没官为奴。也有一部分是出于投靠，自愿为奴，托庇于贵族或地主之下，以保全生命或避免徭役为目的的。前者例如《元史·董俊传》所记：

---

① 《元史》卷一七〇。
② 《元史》卷一八〇。
③ 《元史》卷一六七。
④ 《元史》卷一五七。
⑤ 《元史》卷一六三。
⑥ 《元史》卷一二三。

南征时，人多归俊愿为奴者。既全其家，归悉纵为民。①

《李德辉传》：

兵后，孱民多依庇豪右，及有以身佣借衣食，岁久掩为家奴。悉还遣之为民。②

后者例如大德十一年十二月至大改元诏书所记：

近为汉人南人军站民匠等户，多有投充怯薛歹鹰房子等名色，影避差徭，滥请钱粮，靠损其他人户。已自元贞元年为始分拣，今后除正当怯薛歹蒙古色目人，毋得似前乱行投属。其怯薛歹各枝儿官员亦不得妄自收系，违者并皆治罪。

又至大四年三月十八日登极诏书：

诸色人户各有定籍，近者脱脱收聚康礼，劫立军卫，滥及各投下并州郡百姓诸色驱奴人等多至数万，已经散遣。今后各投下诸色人等，并遵世祖皇帝以来累朝定制，不得擅招户计，诱占驱奴，违者治罪。

以上所说的奴隶可分为官奴和私奴二种，官奴称为孛阑奚，又作阑奚，由收括阑奚官专管。世祖时以收括阑奚官也先阔阔出擅易官马及阑遗人畜，乃废此官，以诸路管民官兼领收括阑奚。私奴隶于诸宫中及诸王贵戚功臣者则称名怯怜口，亦作怯怜口，乃蒙古语 Gerün kümün 之音译，意为家之人，家之子。③

在普遍的使用奴隶风气之下，奴隶的买卖市场日形发达。此种由市场所买得之奴隶，大抵多为良民，或困于生活，自动鬻身，因法律禁止抑良为贱，往往冒用过房义子等名义：

北方诸色目人等，或因仕宦，或作商贾，或军人应役，久居江淮迤南地面，与新附人民既相习熟，将南人男女以转房乞

① 《元史》卷一四八。

② 《元史》卷一六三。

③ 《元典章》卷二，《圣政》一，《重民籍》。另详《孛阑奚及怯怜口考》。

养为名，亦有依照本俗典雇之例，聊与价钱，诱至收养，方到迤北，定是货卖作驱，是使无辜良民，永陷驱役，无所赴诉。①

元贞元年地方官吏报告：

两浙良民因值缺食，将亲生男女得价，虽称过房乞养，实与货卖无异。将来腹里转卖为驱奴，致使父子离散……吴越之风，典妻雇子，成俗久矣……江淮被灾，典卖过房男女，有司不为赈济，以致如今腹里亦与中原无异。②

延祐三年三月廉访司言：

中原江南州郡近年以来，良家子女假以乞养过房为名，恃有通例，公然辗转贩卖。致使往往陷为驱奴。③

在初期，奴隶的出产地是江南，渐渐地中原腹里也有良民卖为驱口的趋势。到中期，统治者的蒙古人也有被买卖为奴隶的事实：

延祐七年（1320）十一月至治改元诏书内一款：回回、汉人、南人典买蒙古子女为驱者，诏书到日分付所在官司应付口粮收养，听候具报开申中书省定夺。④

这时离成吉思汗创业不过一百年，离世祖统一中国不过只有四十年，蒙古贵族已经不能维持他们的统治者地位，他们的族人也同样地被典卖作被征服民族的驱奴了。这一批由政府收赎的蒙古驱奴有三千户，中央特别设立了一个宗仁卫来安置他们：

至治二年（1322）右丞相拜住奏：先脱别铁木叛时，没入亦乞列思人一百户，与今所收蒙古子女三千户，清州匏匠二千户合为行军五千，请立宗仁卫以统之。于是命右丞相拜住总卫事。⑤

① 《元典章》卷五七，《刑部》一九，《典雇男女》。
② 《元典章》卷五七，《刑部》一九，《典雇妻妾》条。
③ 《元典章》卷五七，《刑部》一九，《过房人口》条。
④ 《元典章》卷五七，《刑部》一九，《禁典卖蒙古子女》条。
⑤ 《元史》卷九九，《兵志》，《宿卫》。

市场上另一部分奴隶，则多为专业奴隶买卖者所掠诱而来。奴隶使用的风气一盛，市场供不应求，于是专以掠售良民为职业的暴徒乘机大肆活动。孛术鲁翀《参知政事王公（忱）神道碑》：

> 至元二十四年，时南北混一，无俚凶慝，略民子女，转卖四方。公谓此徒于圣天子仁覆天下之政，梗害非小，请严立法禁，从之。遂著令甲。①

程钜夫《梁国何文正公神道碑》：

> 河南无赖业掠卖良民，悉捕治之。②

《元史·赵世延传》：

> 至元二十九年出佥江南湖北道肃政廉访司事，严常、澧掠卖良民之禁。③

孔齐记溧阳有奸民以此为业：

> 国初兵革之后，居民荒业。至元间有一奸民，曾为北兵掠去，后复归径来山丰登庄寄住，每掠卖良民子女，投北转卖为奴婢。④

良民被掠卖为奴婢，历朝均有极严之法令，通行制裁。至元三十一年诏强掠者以强盗例科断，断人归本家，和诱者各断一百七下。大德八年六月令诸掠卖良人为奴婢者一人断一百七，流远。二人以上处死。和同相卖为奴婢者各断一百七。假以过房乞养为名因而货卖为奴婢者杖九十七。⑤

末年贵族社会中又流行一种养外国婢仆的风气：

> 北人女使必得高丽女孩童，家僮必得黑厮，不如此，谓之不成仕宦。⑥

---

① 《菊潭集》卷二。
② 《雪楼文集》卷八。
③ 《元史》卷一八〇。
④ 《至正直记》卷三。
⑤ 《元典章》卷五七，《刑部》一九。
⑥ 叶子奇：《草木子》卷三下，《杂制》。

同时奴隶也是一种国际商品，虽然没有正式记载可以说明这一事实的存在，但由下列禁令的反面，至少可以推断当时确曾有奴隶输出海外。《元史·刑法志》：

> 诸下海使臣及舶商，辄以中国生口宝货戎器马匹遗外番者，从廉访司察之。①

又：

> 诸市舶金银铜钱铁货男女人口丝缎匹金绫罗米粮军器等不得私贩下海。违者舶商船首纲首事头火长各杖一百七，船物没官。②

元代列朝各地所有的奴隶总数及其和全人口的比例，虽然没有一种记载可以说明，但从零碎的史料中，也可看出这是一个蓄奴最盛的时代。例如至大二年乐实所言江南地主：

> 江南平垂四十年，其民止输地税商税，余皆无与。其富室有蔽占王民奴使之者动辄百千家，有多至万家者。③

商人如吴澄所记申屠君蓄家奴二百指④，陆文圭《巽溪翁墓志铭》：

> 从计然之术，研得其精，为大区广陵市中，家僮数百指，北出燕齐，南抵闽广，懋迁络绎，资用丰沛。⑤

官吏蓄奴多者如平章政事车世安家僮不啻万指⑥，宁晋县令李让蓄家僮数百指⑦，史天祥于乙未括户时，纵其奴千余口为民⑧，王玉出家奴二百余口为良民⑨，王善放家僮五百人为民⑩，参知政事张德润献其家人四百户于皇太子⑪。将帅如前引阿里海牙等之蓄奴数万户，

---

① 《元史》卷一〇五，《禁令》。
② 《元史》卷一〇四，《食货》。
③ 《元史》卷二三，《武宗纪》。
④ 《吴文正公集》卷三四，《故善人申屠君墓表》。
⑤ 《墙东类稿》卷一三。
⑥ 《吴文正公集》卷四一，《平章政事车公墓志铭》。
⑦ 《秋涧集》卷六〇，《宁晋县令李公墓碣铭》。
⑧ 《元史》卷一四七，《史天祥传》。
⑨⑩ 《元史》卷一五一。
⑪ 《元史》卷一三，《世祖纪》。

寺院如大护国仁王寺之有户口数万，举一可以类推，奴隶数目之多当可想而知。

奴隶的身份在最下层，其价值几等于牛马，陶宗仪曾很感慨地说：

> 刑律私宰牛马杖一百，殴死驱口比常人减死一等，杖一百七，所以视奴婢与马牛无异。夫今之奴婢，其父祖初无罪恶，而世世不可逃，亦可痛矣。①

其实这还是统一定制以后的改革，在初期，奴隶的生死全凭主人喜怒，政府从不过问：

> 太宗时法制未定，奴有罪者主得专杀。布鲁海牙知其非法而不能救，尝出金赎死者数十人。②

定制以后，因定法过轻，奴隶的生命还是无所保障。旧例奴婢有罪不请官司而杀者杖一百，无罪而杀者徒一年。若有愆罪，决罚致死者勿论。奴主大都是贵族或地主，纸面上的条文并不能约束他们对奴隶的任意处置。例如张歹儿打杀驱妇燕粉儿案：

> 卫辉路申到东平路住坐探马赤张歹儿不合于至元五年七月十五日为失了马匹，用铁箸强打死驱妇燕粉儿，私下立与李留住全家放良文字。法司拟若依杀驱断罪，涉似太重，合无依准放良，将犯人免罪。部准拟呈省准。③

燕粉儿是无罪被杀的，凶手和法司都以放良李留住全家为打死燕粉儿的赎罪条件。关于处置有罪驱奴：

> 昔剌为驱妇乞赤斤无夫有孕，用劈柴殴打，因伤致死，暗行埋葬。部拟量决二十七下。

又：

---

① 《辍耕录》卷一七。

② 《元史》卷一二五，《布鲁海牙传》。

③ 《元典章》卷四二，《刑部》四，《打死无罪驱》。

杨珍为放良驱户邢粉儿年限未满逃走，捉获打死，部拟杖七十七下。①

私宰牛马杖一百，杀死驱奴却只杖二十七、七十七下，不但是与牛马无异，简直是不如牛马，这三件案子可以充分地表明奴隶在元代的社会地位。至于私自处刑，那更是为所欲为：

在都富势之家，奴隶有犯，并不经官言理，往往用铁枷钉锁，又有擅自刺面者。②

主人犯罪则奴隶被强逼为主人替死：

海盐多豪民杀人，率遣奴偿死。③

奴隶有财产，则即为主人所没收：

奴或致富，主利其财，则俟少有过犯，杖而锢之，席卷而去，名曰抄估。④

甚至平民先世曾隶奴籍者，亦往往为势豪诬陷抄占：

息民汪清占息民籍已再世矣。兵豪诉帅府曰：吾亡奴也。即驰骑数十杀清灭口，取其妻孥赀产。清子成逸出，赴民有司诉之，兵民文移往来，数年不决。诣王忱诉之，稽清占籍以岁壬寅，其奴亡以甲辰，白之镇南王府，诬者乃屈。⑤

逃奴如被发见，则并没其亲族及家赀。《元史・张雄飞传》：

宗王公主有家奴逃渭南民间为赘婿，主适过临潼识之，捕其奴与妻及妻之父母皆械系之，尽没其家。雄飞与主争辩，辞色俱厉。主不得已，以奴妻及妻之父母家赀还之，惟挟其奴以去。⑥

---

① 《元典章》卷四二，《刑部》四，《打死无罪驱》。

② 《元典章》卷五七，《刑部》一九，《禁富豪擅锢奴隶》。

③ 《清容居士集》卷三〇，《郑照磨墓志铭》。

④ 《辍耕录》卷一七。

⑤ 《菊潭集》卷二，孛术鲁翀：《参知政事王公神道碑》。

⑥ 《元史》卷一六三。

婚姻则只可自相婚嫁，例不许聘娶良家，若良家愿娶其女者听。① 其女从夫为良人。② 反之，良家妇女如愿与人奴为婚，即为婢奴。③ 驱女之婚姻须由主人主持，至少亦须得其同意：

> 至元十二年五月中书省御史台呈：阿台驱户杨仲椿不曾由问本使，将女金蝉许与朱得林长男为妻，受讫羊酒。都省议得杨仲椿既是阿台驱户，合令朱得林由问阿台许聘，依理下财成亲。④

最后，奴隶的市场价格，据《元史·赵孝妇传》：

> 以次子鬻富家得钱百缗。⑤

这是一个青年奴隶的价值，太老的和小孩价格自然不同，女奴虽然不知道价钱，大概总要比男奴不值钱一点吧！

二十四年十一月九日下午九时

（原载《社会科学》第一卷第三期，1936 年 4 月）

---

① 《辍耕录》卷一七。

② 《元史·刑法志·奸非》。

③ 《元史·刑法志·户婚》。

④ 《通制条格》卷三，《驱女由使嫁》。

⑤ 《元史》卷二百。

元帝国之崩溃与明之建国

一

十四世纪中叶勃发的民族革命，经过了二十年（1348至1368）的长期战争，方才告一结束。战争所波及的地带，北至和林，东至高丽，南至两广，西至陕甘，无一地不受蹂躏。战争的主角，最初是被统治的南人、汉人向统治者的蒙古、色目人进攻，夺取当地的政权形成群雄割据的局面。后来这些割据者的向外发展，引起各个利益的冲突，陷于混乱的互相残杀的吞并战中，同时对方的统治阶级也发生内部的政变，也同样地互相吞并，发生内战。这样，一方面是统治者和被统治者不断地在苦战，一方面统治者因内部分化而发生内战，被统治者也因个别发展而互相吞并，结果，双方的实力俱因内战外战而减削，许多有势力的领袖都自然地被淘汰，被吞并，形成一个混乱的分裂的局面。最后，统治者因内讧而失去抵抗的能力，被统治者的无数集团则为一后起的有力的革命领袖所吞并，一蹴而将盘踞中原百余年的蒙古族逐出塞外，建立了一个统一的汉族自治的大帝国。这一次大混战的发动，动机是民众不堪经济的政治的压迫而要求政权的让与，最后才一转而喊出民族革命的口号。在革命开始时，外表上蒙着极浓厚的宗教的迷信的罩袍，绝大多数的革命领袖和群众都是白莲教和弥勒教的信徒，举行着种种仪式，宣传弥勒下世救民疾苦的口号。一方面又假托是宋的后人，把这次革命解释为宋的复国运动。一直到朱元璋出来，他本人及其军队虽然曾隶属于上述的团体，可是一到了能独立行动的时候，他便决然地舍弃这双重的矛盾的策略——肤浅的欺骗的神话宣传和已经失去时效的冒牌的复宋掩护旗帜，更进一步赤裸裸地提出这一次革命的目标是民族的解放，汉族应由汉人治理。这一鲜明的转变，更掀起了过去百多年被剥削被压迫的民族仇恨，得到知识分子和一般民众的深切同情，地主们也因利益的保全而加入合作，十年中便完成了他们的使命，把整个汉族从蒙古人铁蹄之下解放出来。可是从另一方面看，二十年混战的结果虽然完成了民族革命的伟业，而在实质上，分析双方所含的因子，官吏地主商人完全拥护旧势力，和蒙古皇室及贵族站在同一战线。在反面，革命的领袖及其群众却完全是另一阶级，贫农、佃户、流民，组成了以推翻统治者为共同目标的革命势力。阶级意识的潜伏性划分了双方的群众，农民和地主冲突的尖锐化发动了这一次战争。统治者是代表地主利益的，革命集团所代表的却是农民的利益，所以在表面上，尽管是揭出政治的民族的解放口号，而在实质上，却完全是农民和地主的斗争。到后期民族意识的自觉，使革命集团的口号从政治经济的被压迫，转而侧重于民族地位的歧视方面去，因此，民族革命虽然完全成功，这一群领导者却已忘记了当初起事时的动机和目标，外族的压迫虽已解除，同族同种间的畸形的经济社会组织，却并未因之而有所改变。并且，这一群成功的领袖，都因他们的劳绩从下层爬到最上层，从平民变成新贵族，从农民变成大地主，代替他们所打倒的蒙古、色目人的贵族地主的地位，以暴易暴，农民所受的剥削，日积月累，愈来愈厉害，统治者的榨取技术，经过长期的训练，却愈来愈高明。这一口号的转变，虽然在当时是革命成功的主要手段，可是，同时也因为这转变，忽略了革命之所以发生的背景和最初所指出的社会病态，不能对最切要的土地问题加以彻底的解决，这是一个严重的失败。

二

蒙古人在中国失去政权，被逐回到蒙古去，与其说是被汉族用武力所推翻，不如说是元帝国的自然崩溃。

元代的社会组织，是畸形的，不健全的。在文化方面，蒙古族比汉族落后，在人口方面，蒙古族和汉族的比例正如苍鹰之和大鹏同笼，他们单凭了武力的优越来控制一切。皇室、贵族、僧侣、官吏、商人、地主所组成的统治阶级，和用以维持政权的巨额军队，一切的费用均由被征服的汉、南人负担。汉、南人的生命财产由统治者任意处分，在政治上享受差别待遇，在同为被征服者的色目人之下。汉、南人的一部分被强迫作奴隶，世世子孙都为政府及其主人服役。统治阶级一方面是大地主，拥有全国最大部分的土地，汉、南人除一小部分例外，都被逼失去土地降为贫农及佃户。国内最大的商业经营都被操纵在回鹘人手中，他们更替蒙古贵族经营惊人的高利贷，挤取汉、南人的血汗。一方面下令没收军器马匹，不许集党结合，各地遍驻戍军，武装弹压，用以防止汉、南人的叛乱。①

可是，正因为对于汉、南人钳制之过分精密，一方面不待说深深种下民族间被歧视的仇恨，一方面则统治者因之松懈了警备征服地的情绪，耽溺于生活服用之享受，放恣任性的政治行为，替自己掘下待终的坟墓。

元世祖（1260至1294）继承先人未竟的遗志，继续用武力统一中国，是一个雄才大略励精图治的英主。元代的一切规模都由他开始奠定。他在位的几十年中是元代的极盛时代，同时也由他的登极而种下帝国崩溃和覆亡的因素。

按蒙古族的习惯，合罕（即皇帝）的产生须由库利尔台（Khuriltai）选举。库利尔台在蒙古语中为聚会之义，凡国家有重大事件，须召集贵族大臣开库利尔台决定之。除选举合罕外，凡出征外国，颁布法令均有召集库利尔台之举。据可信记载，蒙古族自俺巴孩合罕（Ambakhai）以来即用选举制度。前合罕对其后继者有指名之惯例，但无左右库利尔台之权力，合罕之位，不但非父子世袭，即前合罕发表其所希望之后继者时，亦不必由己子中选之，而有由

① 详见《社会科学》第一卷第三期拙著《元代之社会》一文。

其他皇族选之者。1189年帖木真（Temudjin）由库利尔台选举为蒙古合罕，始称成吉思合罕（Chingis Khaghan）。1206年以统一北方民族之敌，由敖嫩河源地所开之库利尔台，更上同样尊号，举行第二次即位礼。成吉思合罕生前，指定第三子斡哥歹（Ogede）为后继者。成吉思合罕崩后，1229年秋于怯绿连河曲雕阿拉（即Kerülen河之Kodeghü-aral，Kodeghü为荒野草原之意，aral为岛之意）召开库利尔台，推戴斡哥歹为合罕。斡哥歹合罕（即太宗）初指定其子曲出（Guchu）为后继者，曲出死，更指定曲出之子失烈门（Shiramun）。但斡哥歹合罕死后，皇后朵咧格捏（Döregene）称制，召开库利尔台，不依指定改选己子贵由（Kuyuk即定宗）为合罕。不为皇族中最有势力之拔都大王（Batu）所赞同。定宗崩，拔都以与太宗后人不合之故，拥立成吉思合罕第四子拖雷（Tului）之子蒙哥（Müngge），虽经成吉思合罕长子察阿歹（Changhadai）系及太宗后人之反对，卒召开库利尔台立为合罕，是为宪宗。即位后对反对派大加屠杀，由此察阿歹汗国及斡哥歹汗国始不附。宪宗崩，末弟阿里不哥（Arigu Bukha）居守和林，中弟忽必烈（Khubilai）帅师征宋，回军在开平开库利尔台，即蒙古合罕之位。阿里不哥亦于漠北开库利尔台自立，内乱以起。宪宗诸子及察阿歹系诸王均附阿里不哥，太宗孙合失大王子海都（Khaitu）亦起兵助之。阿里不哥虽于至元元年（1264）势蹙来降，但海都仍拥兵与察阿歹后王笃哇联合抗中央。至元二十四年诸王乃颜叛于辽东，诸王哈丹等应之。由此钦察汗国、斡哥歹汗国、察阿歹汗国联为一系以与中央作战，数十年中兵祸相仍，蒙古大帝国在事实上完全瓦解，忽必烈合罕（世祖）及其子孙所领有的只是东方一部分的土地而已。①

世祖即位以后，库利尔台的形式虽然保存，但在实质上则已完全废弃，改选举制为世袭，采用汉人制度预立太子。至元十年二月立嫡长子真金（Chinkin）为皇太子，在册命中指明过去的内乱的原因是库利尔台制度的失败，他说：

---

① 箭内亘：《蒙古库利尔台之研究》；《元史纪事本末》卷二，《北边诸王之乱》；赵翼：《廿二史劄记》卷二九，《元代叛王》。

> 仰惟太祖皇帝遗训，嫡子中有克嗣服继统者，预选定之，是用立太宗英文皇帝，以绍隆丕构。自时厥后，为不显立冢嫡，遂启争端。①

制度虽然改变，但贵族大臣的势力仍足以左右帝室，成宗以后诸帝全由大臣拥立，再照例由库利尔台通过。世祖太子真金早薨，未及即位。真金子成宗（铁穆耳）方抚军北边，玉昔帖木儿拥之即位。成宗崩，丞相哈剌哈孙拥真金孙武宗、仁宗相继御极。仁宗立英宗为皇太子，英宗后为铁失所弑，拥立世祖长孙晋王甘麻剌子也孙铁木儿为泰定帝。泰定帝崩于上都，丞相倒剌沙立其皇太子阿速吉八为皇帝，枢密使燕铁木儿则立武宗子文宗，力战破上都军。文宗后让位其兄明宗，燕铁木儿弑明宗，仍立文宗。后文宗、宁宗相继崩，皇后卜答失里已遣人迎明宗长子妥懽帖木儿入京欲付以位，而燕铁木儿不愿，遂不得立，燕铁木儿死，顺帝始立。② 政变内乱，相继不已，帝位的继承全由权臣操纵，引起帝国的分裂和统治权之动摇，这是元室崩溃的第一步。

世祖自平宋后，即从事于海外之征服。至元十九年（1282）命阿塔海、范文虎、忻都、洪茶邱等率兵十万出海征日本，遇飓风破舟，丧师而还。帝大怒，欲再征日本，遣王积翁往招谕，为舟人杀于途，始终不得要领乃止。又兴安南之役，占城之役，缅国之役，爪哇之役。安南凡三征（1284至1294），最后师还，几为所邀截，从间道始得归。缅国凡两征（1282至1287），亦丧师七千，仅取其成。征占城（1282至1284）时舟为风涛所碎者十之七八，深入为所截，力战始得归。征爪哇（1292）亦不得要领。统计数十年中，无岁不用兵。用兵的军费无从设法，就从百姓头上打主意，任用擅于剥削的商人作财政官。中统三年即以财赋之任委阿合马，兴铁冶，增盐税，小有成效，拜中书平章政事。又立制国用使司，以阿合马领使事。已复罢制国用使司，立尚书省，以阿合马平章尚书省

① 《元史》卷一一五，《裕宗传》。

② 《廿二史劄记》卷二九，《元诸帝多由大臣拥立》；《元史纪事本末》卷一九至二二。

事，奏括天下户口，下至药材榷茶，亦纤屑不遗，其所设施，专以掊克敛财为事。逋赋不蠲，征敛愈急，天下之人无不思食其肉。阿合马死，又用卢世荣，亦以增多岁入为能，盐铁榷酤商税田课凡可以罔利者益利搜括。世荣诛死后，又用桑哥，再立尚书省，改行中书省为行尚书省，六部为尚书六部，以丞相领尚书兼统制使，奏遣忻都、阿散等十二人理算六省钱谷，以刑爵为贩卖，天下骚然，自至至元二十四年至二十八年始伏诛。世祖在位的三十几年中，几和这三位财政家相终始。① 政治腐败，民穷财尽的情形，恰和这时期用兵海外的成绩相映照。因黩武用兵而极力搜括民财，任用以理财见长的官吏，造成一种贪污刻薄的吏治空气，这是元室崩溃的第二步。

除用兵外，对于诸王和僧侣的负担，也是促进元室崩溃的一个主要因素。上文曾说过合罕之举出须经库利尔台的同意；而库利尔台之最主要人物即为帝室同族的诸王及贵族勋臣。诸王贵族例有岁赐，如察阿歹大王位岁赐银一百锭（锭五十两），缎三百匹，绵六百二十五斤，常课金六锭六两。斡真那颜位岁赐银一百锭，绢五千九十八匹，绵五千九十八斤，缎三百匹，诸物折中统钞一百二十锭，羊皮五百张，金一十六锭四十五两。又有岁例外之赐与，如中统四年赐公主巴古银五万两。至元二年赐诸王只必帖木儿银二万五千两，钞千锭。四年赐诸王玉龙答失银五千两，币三百匹，岁以为常。其非时之赐予，如武宗以金二千七百五十两，银十二万九千二百两，钞万锭，币帛二万二千二百八十匹奉兴圣宫，赐皇太子（弟仁宗）亦如之。又有朝会之赐与，元贞二年（1296）定太祖位下金千两，银七万五千两，世祖位下金各五百两，银二万五千两，余各有差。成吉思合罕的宗族后人遍布欧亚，这几笔开支的数目是无法计算的。单就库利尔台会后赐与一项算，如武宗至大元年（1308）中书省臣言朝会应赐者为钞总三百五十万锭，已给者百七十万，未给者犹百八十余万，两都所储已罄。至大四年

① 《廿二史劄记》卷三〇，《元世祖嗜利黩武》；《元史纪事本末》卷七，《阿合马卢桑之奸》；《元史》卷二〇五，《奸臣传》。

仁宗即位时的赐与总数是金三万九千六百五十两，银百八十四万九千五十两，钞二十二万三千二百七十九锭，币帛四十七万二千四百八十八匹。① 这一年的额外赏赐是钞三百余万锭。② 僧侣的费用也占国家支出之大部，赵翼记：

> 古来佛事之盛，未有如元朝者。邵戒三谓元起朔方，本尚佛教，及得西域，世祖欲因其俗以柔其人，乃即其地设官分职尽领之帝师，初立宣政院，正使而下，必以僧为副，帅臣而下亦必僧俗并用。于是帝师授玉印，国师授金印，其宣命所至，与朝廷诏敕并行，自西土延及中夏，务屈法以顺其意，延及数世，寖以成俗，而益至于积重而不可挽……此体制之僭，虽亲王太子不及……仗卫之侈，虽郊坛卤簿不过……土木之费，虽离宫别馆不过……供养之费，虽官俸兵饷不及……财产之富，虽藩王国戚不及……威势之横，虽强藩悍相不过。③

并且时代愈后，僧侣势力愈大，费用也愈多。至大三年（1310）张养浩上疏言僧侣之病国云：

> 古者十农夫而闲民或一，今也十闲民而农夫仅一焉。欲民无饥寒之虞邈矣。夫富民之道，固不必家赐户赏，塞其蠹财害民之源而已……今释老二氏之徒，畜妻育子，饮醇啖腴，萃逋逃游惰之民，为暖食饱衣之计，使吾民日羸月瘠，曾不得糠秕蓝缕以实腹盖体焉。今日诵藏经，明日排好事，今年造某殿，明年构某宫，凡天下人迹所到，精蓝胜观，栋宇相望，使吾民穴居露处，曾不得茎茅撮土以覆顶托足焉……谬论生死，簧鼓流俗，聚徒结党，使人施五谷以为之食，奉丝麻以为之衣，纳子弟以为之童仆，构木石以为庐室，而人见其不蚕不稼，不赋不征，声色自如，而又为世所钦，为国家所重，则莫不望风奔效，髡首从游，所以奸民日繁，实本于此……臣尝略会国家经

---

① 《新元史》卷七八，《食货志》，《赐赉》下。
② 《元史》卷二四，《仁宗纪》。
③ 《陔余丛考》卷一八，《元时崇奉释教之滥》。

> 费三分为率，僧居二焉。以之犒军则卒有余粮，以之振民则民有余粟，以之裕国则国有余资。①

僧侣的耗费竟占国家经费的三分之二。试以具体的事实作证，以内廷佛事一项而论，至元中内廷佛事之目每岁仅百有二，大德七年(1303)再立功德司，其目增至五百有余。十年中增至五倍。以内廷佛事的费用一项而论，据延祐四年(1317)宣徽院会计，岁供以斤计者：面四十三万九千五百，油七万九千，酥二万一千八百七十，蜜二万七千三百，他物称是。延祐五年前各寺作佛事，日用羊至万头。② 元代的国家财政岁出岁入，据至大四年(1311)的报告，每岁支出钞六百余万锭，土木营缮百余处计钞数百万锭，北边军需又六七百万锭，又加上内降旨赏赐三百余万锭，总计约须二千万锭。岁入常赋则仅钞四百万锭，入京师者又只二百八十万锭。而且同年十一月份国库所存止十一万锭③，岁出竟超过岁入十分之八。弥补的办法一面饮鸩止渴，豫卖盐引，动支钞本，例如至大元年的办法：

> 二月……乙未，中书省臣言：陛下登极以来，锡赏诸王，恤军力，赈百姓，及殊恩泛赐，帑藏空竭，豫卖盐引。今和林、甘肃、大同、隆兴、两都军粮，诸所营缮，及一切供亿，合用钞八百二十余万锭。往者或遇匮急，奏支钞本。臣等固知钞法非轻，曷敢轻动，然计无所出。今乞权支钞本七百一十余万锭，以周急用，不急之费姑后之。④

结果是阻滞盐法和钞法，扰乱金融，国家和人民都受其弊。另一办法是加税，延祐元年(1314)的课额已比国初时增五十倍。⑤ 中叶以后，课税较世祖时代亦增二十余倍，即包银之赋亦增至二十余倍。⑥ 可是国家财政仍不免入不敷出，陷于破产的地位，《元史·

---

① 《归田类稿》卷二，《时政书》。
② 《陔余丛考》卷一九，《元时崇奉释教之滥》。
③ 《元史》卷二四，《仁宗纪》；《新元史》卷六八，《食货志序》。
④ 《元史》卷二二，《武宗纪》。
⑤ 《元史》卷二〇五，《铁木迭儿传》。
⑥ 《新元史》卷六八，《食货志序》。

陈思谦传》记：

> 至顺二年（1331）九月上言：户部赐田，诸怯薛支请，海青狮豹肉食，及局院工粮，好事布施，一切泛支，以至元三十年以前较之，动增数十倍。至顺经费，缺二百三十九万余锭。①

柯劭忞论元代财政，以为“夫承平无事之日，而出入之悬绝若此，若饥馑荐臻，盗贼猝发，何以应之。是故元之亡，亡于饥馑盗贼。盖民穷财尽，公私困竭，未有不危且乱者也”②。是说得很中肯的。

三

元代中叶的政治情形，武宗至大三年（1310）有一概括的报告。在这文件中已经很感慨地说一代不如一代，世祖时代的搜括政治，已成为后人咏叹的资料了。这文件的开头就说：

> 近年以来，稽厥庙谟，无一不与世祖皇帝时异者……世祖皇帝时官外者有田，今乃假禄米以夺之。世祖皇帝时江南无质子，今乃入泉谷以诱之。世祖皇帝时用人必循格，今则破宪法以爵之。世祖皇帝时守令三载一迁，今则限九年以困之。世祖皇帝时楮币有常数，今则随所费以造之。世祖皇帝时省台各异选，今则侵其官而代之。世祖皇帝时墨敕在所禁，今则开幸门以纳之。世祖皇帝时课额未常添，今则设苛禁以括之。世祖皇帝时言事者无罪，今则务锻炼以杀之。

以下列举当时政治腐败的情形，最值得注意的几点，第一是名爵太轻：

> 故于左右之人，往往爵之太高，禄之太重，微至优伶屠沽

① 《元史》卷一八四，《陈思谦传》。

② 《新元史》卷六八，《食货志序》。

僧道，有授左丞平章参政者。其他因修造而进秩，以技艺而得官曰国公，曰司徒，曰丞相者相望于朝。自有国以来，名器之轻，无甚今日……今朝廷诸大臣不知有何勋何戚，无一不阶开府仪同三司者。①

左右近侍因之恃恩骫法，紊乱官政，《元史》记：

至大二年正月乙巳，塔思不花、乞台普济言：诸人恃恩径奏，玺书不由中书，直下翰林院给与者，今核其数，自大德六年至至大元年所出，凡六千三百余道，皆于田土、户口、金银铁冶、增余课程、进贡奇货、钱谷、选法、词讼、造作等事，害及于民。②

更互相援引，以中旨授官，破坏铨法：

时承平日久，风俗奢靡，车服僭拟，上下无章，近臣恃恩，求请无厌。时宰不为裁制，乃更相汲引，望幸恩赐，耗竭公储，以为私惠。③

英宗时近臣传旨以姓名赴中书铨注者六七百员，选曹为之壅滞。④ 此种由嬖幸得官之内外官吏，其对于平民及政府之恶影响，当可想见。第二是贵族擅政：

今国家为制宽大，所以诸王家室皆有生杀人进退人之权……天下淫僧邪巫庸医谬卜游食末作及因事亡命无赖之徒，往往依庇诸侯王驸马，为其腹心羽翼。无位者以之而求进，有罪者以之而祈免。出则假其势以凌人，更因其众而结党。入则离间宗戚，造构事端，啖以甘言，中以诡计，中材以下鲜不为其所惑。⑤

第三是刑禁太疏，纪纲破坏。僧侣和嬖幸的恣肆，使法律成为

---

① 《归田类稿》卷二，《时政书》。

② 《元史》卷二三，《武宗纪》。

③ 《元史》卷一七五，《李孟传》。

④ 《元史》卷一三六，《拜住传》。

⑤ 《归田类稿》卷二，《时政书》。

具文，如秃鲁麻：

> 西僧为佛事，请释罪人祈福，谓之秃鲁麻。豪民犯法者皆贿赂之以求免。有杀主杀夫者，西僧请被以帝后御服，乘黄犊出宫门释之，云可得福。不忽木曰：人伦者，王政之本，风化之基，岂可容其乱法如是。帝责丞相曰：朕戒汝无使不忽木知，今闻其言，朕甚愧之。使人谓不忽木曰：卿且休矣，朕今从卿言。然自是以为故事。①

如大赦之频数，张养浩说：

> 近年臣有赃败，多以左右贿赂而免。民有贼杀，多以好事赦宥而原。加以三年之中未尝一岁无赦，杀人者固已幸矣，其无辜而死者冤孰伸耶？……臣尝官县，见诏赦之后，罪囚之出，大或仇害事主，小或攘夺编氓，有朝蒙恩而夕被执，旦出禁而暮杀人，数四发之，未尝一正厥罪者。又有始焉鼠偷，终成狼虎之噬者。问之则曰赦令之频故耳。意者以为先犯幸而不死，今犯则前日应死之罪，两御人货而止坐一罪，于我已多，况今犯未必死，我因而远引虚攀，根连株逮，故蔓其狱，未及期岁，又复宥之。岂人性固恶，防范不能制哉！诚以在上者开其为盗之涂故也。②

奖励官吏及人民之犯罪。政事浊乱如此，在荒旱交逼的时候，统治者犹自大兴土木，极宫室犬马之娱：

> 累年山东河南诸郡蝗旱洊臻，沴疫暴作，郊关之外，十室九空。民之扶老携幼，累累焉鹄形菜色，就食他所者络绎道路。其他父子兄弟夫妇至相与鬻为食者在在皆是……今闻创城中都崇建南寺，外则有五台增修之扰，内则有养老宫展造之劳，括匠调军，旁午州郡，或度辽伐木，或济江取材，或陶甓攻石，督责百出。蒙犯毒瘴，崩沦压溺而死者无日无之。粮不实腹，衣不覆体，万目睊睊，无所控告，以致道上物故者在所不免。③

---

① 《元史》卷一三〇，《不忽木传》。

②③ 《归田类稿》卷二，《时政书》。

在另一方面，基于种族的成见，内外官之长必以蒙古人为之，以汉人、南人为贰，色目人则与汉、南人处于互相钳制的地位。①南北的区分，种族的畛域，分别极严，歧视极甚，使当时人极感愤恨，叶子奇说：

> 元朝自混一以来，大抵皆内北国而外中国，内北人而外南人，以至深闭固拒，曲为防护，自以为得亲疏之道。是以王泽之施，少及于南，渗漉之恩，悉归于北。②

蒙古、色目人不谙中国情势，不习政治，甚至不识中国文字：

> 国朝故事以蒙古、色目不谙政事，必以汉人佐之，官府色目居长，次设判署正官，谓其识治体练时务也。近年以来，正官多不识字。③

叶子奇记：

> 北人不识字，使之为长官。或缺正官，要题判署事，及写日子，七字钩不从右七转而从左ㅗ转，见者为笑。④

其唯一的使命即为牵制汉官，事事掣肘：

> 国朝之制，州府司县各置监临官谓之达鲁花赤，州府官往往不能相下。⑤

蒙古官之作威肆恶，固不待说，即和蒙古官有关系之汉官亦倚以肆虐，此种关系，当时称为蒙古根脚：

> 新昌州有人命狱，府委公（刘基）覆检，案核得其故杀状。初检官得罢职罪。其家众倚蒙古根脚欲害公以复仇。⑥

色目官吏则更豪横，殴詈汉官，一无忌惮，如宋濂所记邵武路

---

① 箭内亘：《蒙汉色目待遇考》；吴晗：《元代之社会》。

② 《草木子》卷三，《克谨篇》。

③ 李翀：《日闻录》卷一。

④ 《草木子》卷四，《杂俎篇》。

⑤ 王磐：《中书右丞相史公神道碑》（《元文类》卷五八）。

⑥ 吴伯生：《诚意伯刘公行状》（《诚意伯文集》卷首）。

长官事：

> 郡长官乃西域人，恃与宪部有连，其猛若虎，与守议稍不合，遽引杖击之，守俯首遁去。①

上下相蒙，惟以贪污相尚，卖官鬻爵，贿赂公行：

> 元初法度犹明，尚有所惮，未至于泛滥。自秦王伯颜专政，台宪官皆谐价而得，往往至数千缗。及其分巡，竟以事势相渔猎而偿其直，如唐债帅之比。于是有司承风，上下贿赂，公行如市，荡然无复纪纲矣。肃政廉访司官，所至州县各带库子，检钞秤银，殆同市道矣。②

各项勒索及贿赂均有名色：

> 元朝末年，官贪吏污，始因蒙古、色目人罔然不知廉耻之为何物。其问人讨钱，各有名目，所属始参曰拜见钱，无事白要曰撒花钱，逢节曰追节钱，生辰曰生日钱，管事而索曰常例钱，送迎曰人情钱，勾追曰赍发钱，论诉曰公事钱。觅得钱多曰得手，除得州美曰好地分，补得职近曰好窠窟，漫不知忠君爱民之为何事也。③

当时最高的弹劾机关为御史台，末期的御史大夫几乎成为首相亲属的专官，如太平王燕铁木儿为相，即用其弟买里古思为御史大夫。秦王伯颜为相，即用其兄子脱脱为御史大夫。脱脱为相，亦用其弟野先不花为御史大夫。答麻为相，御史大夫又是其弟雪雪。④行政权和监察权同属于一人之手，政权虽因势力之消长而有转移，但执政的始终仍是这一群为时人所诅咒不知廉耻的蒙古、色目人。

任用官吏除种族的差别外，又有地域上的差别，两广和江淮是两个划然不同的政治区域，被任为两广官吏的便一生无升调之望，只好向百姓剥削，作发财之计：

---

① 《宋学士文集》卷三，《元故翰林待制朝散大夫致仕雷府君墓志铭》。

②③ 《草木子》卷四，《杂俎篇》。

④ 《草木子》卷三，《杂制篇》。

五岭之南，列郡数十，县百有一十，统于广、桂、雷三大府。自守令至簿尉，庙堂岁遣郎官御史与行省考其岁月，第其高下而迁之，谓之调广海选。仕于是者政甚善不得迁中州江淮，而中州、江淮夫士一或贪纵不法，则左迁而归之是选焉，终身不得与朝士齿。虽良心善性油然复生，悔艾自新，不可得已。夫如是则孜孜为利，旦旦而求仇贼其民而鱼肉之……地益远而吏益暴，法益隳而民益偷。①

吏治的情形如此，在军伍方面，恰也有同样趋势。蒙古、色目军世驻中原的结果，荒于酒色，完全失去作战能力：

元朝自平南宋之后，太平日久，民不知兵，将家之子累世承袭，骄奢淫佚，自奉而已。至于武事，略不之讲。但以飞觞为飞炮，酒令为军令，肉阵为军阵，讴歌为凯歌，兵政于是不修也久矣。②

在平时除耗费国家俸饷外，最主要的工作是向百姓敲诈勒索，和地方官吏采一致行动。元人有作诗嘲当时官吏和盗贼相差无几的：

廉访司官分巡州县，每岁例用巡尉司弓兵旗帜金鼓迎送，其音节则二声鼓一声锣。起解杀人强盗，亦用巡尉司金鼓，则用一声鼓一声锣。后来风纪之司，赃污狼藉，有轻薄子为诗嘲之曰：解贼一金并一鼓，迎官两鼓一声锣，金鼓看来都一样，官人与贼不争多。③

无独有偶，当时的军人竟有一面作皇帝的侍卫，一面是横行无阻的盗魁的。张宪《怯薛行》：

怯薛儿郎年十八，手中弓箭无虚发，黄昏偷出齐化门，大王庄前行劫夺。通州到城四十里，飞马归来门未启，平明立在白玉墀，上直不曾违寸晷。两厢巡警不敢疑，留守亲侄尚书儿，

---

① 朱思本：《贞一斋杂著》卷一，《广海选论》。

② 《草木子》卷三，《克谨篇》。

③ 《草木子》卷四，《谈薮篇》。

官军但追上马贼，冒夜又差都指挥。都指挥，宜少止，不用移文捕新李，贼魁近在王城里。①

在战时则但知劫掠，见敌即溃：

朝廷闻红军起，令枢密院同知赫厮领阿速军六千并各支汉军讨颍上红军。阿速者绿睛回回也，素号精悍善骑射。与河南行省徐左丞俱进军，二将沉湎酒色，军士但以摽掠为务。赫厮军马望见红军阵大，扬鞭曰阿卜，阿卜者走也，于是所部皆走，至今淮人传以为笑。②

当时名相脱脱弟野先不花率重兵平乱，也遇敌即逃：

汝宁余寇尚炽，丞相脱脱命其弟中台御史大夫野先不花董师三十万讨之。至城下，与贼未交锋即跃马先遁。汝宁守官某执马不听其行，即拔佩刀欲斫之曰：我的不是性命。遂逸，师遂大溃。汝宁不守，委积军资如山，率为盗有。脱脱匿其败，反以捷闻。③

蒙古、色目军既不能用，只得调湖广的苗军来剿除叛乱，苗军是以犷悍著名的士兵，无军纪可言，淫掠更甚：

杨完者凶肆掠人货钱，至贵家命妇室女，见之则必围宅勒取淫污，信宿始得纵还。少与相拒，则指以通贼，纵兵屠害。由是部曲骄横。凡屯壁之所，家户无得免焉。民间谣曰：死不怨泰州张（士诚），生不谢宾庆杨。④

就官军和叛军的军纪比较，恰好相反，有下列一事可以证明：

至正十二年（1352）七月初十日，蕲黄徐寿辉贼党入杭州城……其贼不杀不淫，招民投附者注姓名于簿，借府库金银悉辇以去。至二十六日，浙西廉访使自绍兴率盐场灶丁过江，同

① 《玉笥集》卷三。
② 权衡：《庚申外史》。
③ 《草木子》卷三，《克谨篇》。
④ 姚桐寿：《乐郊私语》。

罗木营官军克复城池，贼遂溃散……四平章教化自湖州统军归，举火焚城，残伤殆尽。①

蒙、汉兵都不能用，于是有募兵和义兵出来。募兵是用钱雇人为兵：

江州已陷，贼据池阳。太平官军止有三百人，贼号百万……乃贷富人钱，募人为兵。先是，行台募兵，人给百五十千，无应者。至是，星吉募兵，人五十千，众争赴之。一日得三千人。②

义兵则为地主及官吏所组织的地方私军。这两种军队的领袖大体都是汉人，在帝国将亡的前夕，蒙古人种族之见仍未稍泯，汉人有功亦不蒙赏，而对于叛军领袖则一抚再抚，縻以好爵，结果义军大部均次第叛变，加入对面的队伍中去。叶子奇记：

天下治平之时，台省要官皆北人为之，汉人、南人万中无一二，其得为者不过州县卑秩，盖亦仅有而绝无者也。后有纳粟获功二途，富者往往以此求进。令之初行，尚犹与之，及后求之者众，亦绝不与。南人在都求仕者，北人目为腊鸡，至以相訾诟，盖腊鸡为南方馈北人之物也，故云。及方寇起，濒海豪杰如蒲圻、赵家、戴纲司家、陈子游等，倾家募士，为官收捕，至兄弟子侄皆歼于盗手，卒不沾一命之及，屯膏吝赏至于此。其大盗一招再招，官已至极品矣。于是上下解体，人不向功，甘心为盗矣。又获功之官，于法非得风宪体覆牒文，不辄命官。宪使招权非得数千缗，不与行遣，故有功无钱者往往事从中辍，皆抱怨望。其后盗塞寰区，空名宣敕，遇微功即填给，人已不荣之矣。③

在另一方面无功而有钱之富商大贾，则都乘机用贿拜官：

---

① 钱谦益：《国初群雄事略》卷三。

② 《元史》卷一四四，《星吉传》。

③ 《草木子》卷三，《克谨篇》。

庐州开义兵三品衙门，而使者悉以富商大贾为之。有一巨商五兄弟受官者，此岂尝有寸箭之功！而有功者皆不受赏。故寇至之日，得赏者皆以城降，而未赏者皆去为贼。①

在这局面下，当时比较有眼光的学者的看法，一派人以为是纪纲败坏的结果，应由中央负责：

承平以来，百年于兹。礼乐教化，日益不明，纪纲法度，日益废弛，上下之间，玩岁愒日，率以为常，恬不为怪。一旦盗贼猝起，茫若无措，总兵者唯事虚声，秉钧者务存姑息，其失律丧师者未闻显戮一人，玩兵养寇者未闻明诛一将。是以不数年间，使中原云扰，海内鼎沸，山东、河北莽为丘墟，千里王畿，举皆骚动，而终未见尺寸之效者，此无他，赏罚不明而是非不公故也。②

另一派人以为是吏治腐败的缘故，应由地方负责：

国家承平百年，武备浸弛，盗发徐、颍，炽于汉、淮、武昌，南纪雄藩，一旦灰灭，洪省坚壁，寇蔓延诸郡，水陆犬牙，北来名将，相继道殒。丞相出督步骑，直抵高邮，事垂成以谗废，方面多贵游子弟，贪鄙庸才，漫不省君臣大义，草芥吾民，虚张战功，肆意罔上，诛求冤滥，惨酷百端。重以吏习舞文，旁罗鹰犬，意所欲陷，则诬与盗贼通，其弊有不忍言者。间存一二廉介，则又矜独断，昧远图，坐失机会，民日以弊，盗日以滋。③

可以说是都说中了，但只是病态的一面。

四

元代的土地大部分属于处征服者地位的蒙古、色目的贵族及僧

① 余阙：《青阳山房集》卷二，《再上贺丞相书》。
② 李士瞻：《经济文集》卷一，《上中书丞相书》。
③ 周霆震：《石初集》卷二，《古金城谣并序》。

佀，一部分集中于汉、南人的大地主手中。占极大多数的农民只耕种着最小部分的土地，同时却负担着国家赋役的绝大部分，除掉他们自己应尽的义务和应纳的赋税以外，他们还应当替贵族和地主们尽一部分对国家的责任。①

世祖平江南后，于各地遍驻戍军，官吏和军帅的苛扰，使农民不能忍受，到处发生叛乱。内中一部分假宋后为名，如至元二十年建宁路总管黄华第二次叛变时称宋祥兴年号。二十三年西川赵和尚自称宋福王子广王作乱。一部分则纯为对新治权之反抗，如至元十七年漳州陈桂龙、建宁黄华之乱，二十年广州新会林桂芳、赵良钤等拥众万余，号罗平国，称延康年号。二十一年漳、邕、宾、梧、韶、衡诸州农民之乱。二十三年婺州永康县民陈巽四之乱。二十五年广东民董贤举，浙江民杨镇龙、柳世英，循州民钟明亮相继起兵，皆称大老，明亮势尤猖獗，数降数叛。二十七年江西贼华大老、黄大老等掠乐昌诸郡。成宗元贞二年赣州民刘六十聚众至万余，建立名号。二十年中蒙古人眼光中所称为南人的地带，无一处无一年不发生变乱。②《元史》记福建之叛系由戍军扰民所致：

> 至元十六年左丞唆都行省福建……中书言：唆都在福建，麾下扰民，致南剑等路往往杀长吏叛。③

再叛则由长吏贪残之故：

> 至元二十六年，授（王恽）少中大夫、福建闽海道提刑按察使……乃进言于朝曰：福建所辖郡县五十余，连山距海，实为边徼重地。而民情轻诡，由平定以来官吏贪残，故山寇往往啸聚，愚民因而蚁附，剽掠村落，官兵致讨，复蹂践之甚。④

农民是最能忍耐最驯顺的，可是到了山穷水尽无可容受时，也会突变为最勇敢的斗士，奋臂一呼，立刻成为一支不可侮的革命势

① 参看作者所著《元代之社会》一文。
② 《元史纪事本末》卷一，《江南群盗之平》。
③ 《元史》卷一三一，《忙兀台传》。
④ 《元史》卷一六七，《王恽传》。

力。在开始的十几年，蒙古军队的压迫愈厉害，农民的抵抗力也愈强，一波未平，一波又起，使元军疲于奔命。可是，到后来，刘六十叛变之平定，却并未经过武力的镇压，政府所采的手段只是除去害民的官吏：

> 赣州盗刘六十伪立名号，聚众至万余。朝廷遣兵讨之，主将观望退缩不肯战，守吏又因以扰良民，贼势益盛。（董）士选请自往，众欣然托之，即日就道，不求益兵，但率掾史李霆镇、元明善二人持文书以去，众莫测其所为。至赣境，捕官吏害民者治之。民相告语曰：不知有官法如此！进至兴国县，去贼巢不百里，命择将校分兵守地待命察知激乱之人，悉置于法，复诛奸民之为囊橐者。于是民争出请自效，不数日遂擒贼魁，散余众归农。①

农民除受地方军政长官之压迫及剥削外，最使农民陷于绝境的是中央政府的搜括和过重的负担。因赋税之无法完纳，不能不舍弃乡里而度逃亡生活的农民大流动在元代是常见的现象。在未统一前，刘秉忠曾上书太宗说：

> 天下户过百万，自忽都那演断之后，差徭甚大。加以军马调发，使臣烦扰，官吏乞取，民不能当，是以逃窜。宜比旧减半，或三分之一，就见在之民以定差税，招逃者复业，再行定夺。②

这文件指明当时汉人逃亡已超过总数的三分之一。嘉熙二年（1238）的报告，农民因灾逃亡者竟占十分之四五：

> （太宗）戊戌，天下大旱蝗……初籍天下户得一百四万，至是逃亡者十四五，而赋仍旧，天下病之。公（耶律楚材）奏除逃户三十五万，民赖以安。③

---

① 《元史》卷一五六，《董士选传》。

② 《元史》卷一五七，《刘秉忠传》。

③ 宋子贞：《中书令耶律公神道碑》（《元文类》卷五七）。

统一后仍有此种情形，北人多流徙江南。至元二十年（1283）崔彧言：

内地百姓流移江南避赋役者，已十五万户。去家就旅，岂人之情，赋重政繁，驱之致此。

二十三年又奏：

军站诸户，每岁官吏非名取索，赋税倍蓰，民多流移。①

在江南，则政府要增加税收，理算天下钱粮，农民被逼逃亡，政府仍不放松，发兵搜捕：

先是，桑哥遣忻都及王济等理算天下钱粮，已征入数百万，未征者尚数千万。害民特甚，民不聊生，自杀者相属。逃山林者，则发兵捕之，皆莫敢沮其事。②

引起了农民的强烈反感，结合抵抗政府的无理压迫。欧阳玄《魏国赵文敏公神道碑记》：

（此役）名曰理算，其实暴敛无艺，州县置狱株逮，故家破产十九，逃亡入山，吏发兵搜捕，因相挺拒命，两河间盗有众数万。③

延祐元年（1314）又从章闾之议，经理钱粮，括江南民田，作增税之计，"期限猝迫，贪刻并用，官府震动，人不聊生，富民黠吏，并缘为奸，盗贼并起，田莱荒芜"④。《元史》记：

延祐改元……铁木迭儿奏：……江南田粮，往岁虽尝经理，多未核实。可始自江浙，以及江东、西，宜先事严格信罪赏，令田主手实顷亩状入官，诸王、驸马、学校、寺观亦令如之。仍禁私匿民田，贵戚势家毋得沮挠。请敕台臣协力以成，则国用足矣。仁宗皆从之。寻遣使者分行各省，括田增税，苛

---

① 《元史》卷一七三，《崔彧传》。

② 《元史》卷一七二，《赵孟頫传》。

③ 《圭斋文集》卷九，《魏国赵文敏公神道碑记》。

④ 《经世大典序录·经理》（《元文类》卷四）。

急烦扰，江右为甚。致赣民蔡五九作乱宁都，南方骚动，远近惊惧，乃罢其事。①

当时经理情形，地方官务以增多为功：

延祐二年吴元珪奏曰：今经理江淮田土，第以增多为能，加以有司头会箕敛，俾元元之民，困苦日甚。②

农民无法，也只好虚报塞责：

朝廷令民自实田土，有司绳以峻法，民多虚报以塞命。其后差税无所于征，民多逃窜流移者。③

剥削过甚，于是延祐二年有蔡五九之变：

八月丙戌，赣州贼蔡五九陷汀州宁花县，僭称王号。诏遣江浙行省平章张驴等率兵讨之……乙未，台臣言蔡五九之变，皆由昵匝马丁经理田粮，与郡县横加酷暴，逼抑至此。新丰一县撤民庐千九百区，夷墓扬骨，虚张顷亩，流毒居民。乞罢经理及冒括田租。制曰可。④

昵匝马丁因括田激起民变，遣张驴率兵平定，政府并即下令罢冒括田租，这事似已告一结束了。但这只是书面上的报告，括田的举动并不因民变而暂停，因为蔡五九叛于延祐二年八月，同年九月又有负责平变的张驴以括田逼死九人的记载。⑤并且括田所得的新租，还是照样征收，三年后在同一地点又引起第二次的民变：

五年十月癸丑，赣州路雩都县里胥刘景周，以有司征括田新租，聚众作乱，敕免征新租，招谕之。

同年七月，亦因同样原因罢河南省左丞陈英等所括民田，止如旧例输税。⑥ 可是两年后又改变了策略，江南田地一律增加田赋：

---

① 《元史》卷二〇五，《铁木迭儿传》。
② 《元史》卷一七七，《吴元珪传》。
③ 《元史》卷一二二，《塔海传》。
④⑤ 《元史》卷二五，《仁宗纪》。
⑥ 《元史》卷二六，《仁宗纪》。

七年四月己巳，增两淮、荆湖、江南东西道田赋，斗加二升。①

同时凡括田地带未经农民武装反抗的仍照新加赋额征收：

泰定元年（1324）（张珪）奏：国家经费，皆取于民。世祖时，淮北内地惟输丁税。铁木迭儿为相，专务聚敛，遣使括勘两淮、河南田土，重并科粮。又以两淮、荆襄沙碛作熟收征，徼名兴利，农民流徙。臣等议：宜如旧制，止征丁税。其括勘重并之粮及沙碛不可田亩之税，悉除之……帝终不能从。②

除田赋外，又对日常生活必需品茶盐酒醋之类课以重税，一增再增，后来竟超过原额数十倍，这也是农民的直接负担：

近来盗贼四起，在在用兵，课赋无艺，即税额一节，往往增加无算，市中不堪其扰。当延祐间，程文宪条言：江南茶盐酒醋等税，近来节次增添，比初时十倍。今又逐季增添，正缘管课程官虚添课额以谄上司，其实利则归己，虚额则张挂欠籍云云。奉仁宗皇帝圣旨，诸色课程从实恢办，既许从实，岂可虚增。除节累增课额实数及有续次虚增数目，特与查照，并行蠲减，从实恢办。明旨凛然，今但挂壁而已。③

农民在生活方面已经苦到无可再苦，一遇荒年，政府不管，社会不管，除忍饿外，还须应付催租吏的勒索。随便打开一种元人文集，便可看见当时诗人同情农民疾苦的呼声，例如耶律铸《苦旱叹》：

六月亢旱田苗枯，自嗟自叹耕田夫，差官咫尺征秋税，今岁田家一粒无。饥民日日望霖雨，雨意欲成云散去，天公胡不用老龙，年年只被蛟螭误。④

---

① 《元史》卷二七，《英宗纪》。

② 《元史》卷一七五，《张珪传》。

③ 姚桐寿：《乐郊私语》。

④ 《双溪醉隐集》卷二。

张养浩《闵农》：

> 父子傅衣出，夫妻趁熟分，未言先欲泣，乍见内如焚，征负敲门急，充饥饮水勤，何当天雨粟，四海共欢欣。①

政府在名义上虽有劝农使的设置，却并不过问农民所遭遇的困难，陈泰《苗青青》：

> 苗青青，东阡西陌苗如云，经年不雨过秋半，苗穗不实空轮囷。田家留苗见霜雪，免使枭岁劳耕耘，县官催租吏胥急，籴粟输官莫论直，劝农使，不汝恤。②

一方面徭役繁重，农民只能忍痛卖去田产去换取个人的自由。元淮《农家》：

> 田夫有话向谁言，麦饭依稀野菜羹，半顷薄田忧户役，近来贱卖与人耕。③

有若干地带的壮丁被征发充军，田土即随之而荒芜，无论年岁丰歉，均不免于饥寒，童冀所咏永州即是一例：

> 永州荒田多宿草，永州田多人苦少，南村田荒无人耕，北村草深人不行。往年峒瑶据城壁，驱迫编户充军役，十户迨今无一存，当时宁望长儿孙，壮者随军入军伍，老者尽作泉下土，少者仅存虽长成，十家九户惟单丁。应当门户倦奔走，岂有余力到农亩。荒苗积草如人长，熟田近年亦抛荒。男啼女号饭不足，草根本实常充腹。荒田幸免官征科，熟田征科真奈何，永民自叹生来苦，不信人间有乐土。④

农民困于赋役和荒旱，在本土不能生活，只好相率逃亡，成为流民，张养浩的《哀流民操》最能道出这种情形：

> 哀哉流民，为鬼非鬼，为人非人。哀哉流民，男子无缊袍，

① 《归田类稿》卷一六。

② 《所安遗集》。

③ 《金囦集》。

④ 《尚絅斋集》卷三，《荒田行》。

妇女无完裙。哀哉流民，剥树食其皮，掘草食其根。哀哉流民，昼行绝烟火，夜宿依星辰。哀哉流民，父不子厥子，子不亲厥亲。哀哉流民，言辞不忍听，号泣不忍闻。哀哉流民，朝不敢保夕，暮不敢保晨。哀哉流民，死者已满路，生者与鬼邻。哀哉流民，一女易斗粟，一儿钱数文。哀哉流民，甚至不得将，割爱委路尘。哀哉流民，何时天雨粟，使汝俱生存，哀哉流民。①

可是旁的地带也同样是蒙古人在统治着，同样不能生活，结果人自相食，弱肉强食，演成人类史上的悲剧。如大德十一年（1307）两浙饥，浙东为甚，越民死者殆尽，人相食以图苟存。② 吾衍《丁未岁哀越民》说：

越壤吴江左，州民泰伯余，田莱空草莽，井邑共萧疏，相食能无忍，传闻信不虚，寒沙满骸骨，掩骼意何如?③

周霆震描写人相食的惨状：

髑髅夜哭天难补，旷劫生人半为虎，昧甘同类日磨牙，肠腹深于北邙土。郊关之外衢路旁，旦暮反接如驱羊，喧呼朵颐择肥胾，快刀一落争取将。凭陵大嚼剜心燎，竟赌兕觥夸饮醑，不知剑吼已相随，后日还贻髑髅笑。阴风腐余犬鼠争，白昼鬼语偕人行，衔冤抱恨连死骨，著地春草无由生。④

甚至沟中死尸也不免为饥民所食。张翥《书所见》：

沟中人啖尸，道上母抛儿，有眼不曾见，无方能疗饥，干戈未解日，风雪正寒时，归与妻孥说，毋嫌朝食糜。⑤

这是至正十八年（1358）的事。蒙古政府对于此种情形的处置，我们可以举一个可信的记载来作代表。余阙《书合鲁易之作颍川老

① 《归田类稿》卷一二。

② 吾衍：《闲居录》。

③ 《竹素山房集》卷一。

④ 《石初集》卷三，《人食人》。

⑤ 《蜕庵诗集》卷一。

翁歌后》：

> 至正四年（1344）河南、北大饥，明年又疫，民之死者半。朝廷尝议鬻爵以赈之，江淮富民应命者甚众，凡得钞十余万锭，粟称是。会夏小稔，赈事遂已。然民罹此大困，田莱尽荒，蒿藜没人，狐兔之迹满道。时予为御史，行河南、北请以富民所入钱粟贷民具牛种以耕，丰年则收其本，不报。①

政府不但不肯负责救济，并且连赈款也整个吞没。《元史·顺帝纪》记陈思谦事可以作这一记述的旁证：

> 至正五年三月，以陈思谦参议中书省事。先是思谦建言：所在盗起，盖由岁饥民贫，宜大发仓廪赈之，以收人心，仍分布重兵镇守中夏。不听。②

农民左右是死路一条，铤而走险，势所必至。再加上地方官吏的盲目的压榨，农民遂揭竿而起，和政府对抗。刘基所述永嘉的农民暴动可以代表这一时期的情形：

> 永嘉浙名郡，有州曰平阳，面海负山林，实维瓯闽强，闽寇不到瓯，倚兹为保障，官司职防虞，当念怀善良，用民作手足，爱抚勿害伤，所以获众心，即此是仞墙，奈何纵毒淫，反肆其贪攘，破廪取菽粟，夷垣劫牛羊，朝出系空橐，暮归荷丰囊，丁男跳上山，妻女不得将，稍或违所求，便以贼见戕，负屈无处诉，哀号动穹苍，斩木为戈矛，染红作巾裳，鸣锣撼岩谷，聚众守村乡，官司大惊怕，弃鼓撇旗枪，窜伏草莽间，股栗面玄黄，窥伺不见人，湍江走伥伥，可中得火伴，约束归营场，顺途劫寡弱，又各夸身强，将吏悉有献，欢喜赐酒觞，杀贼不计数，纵横书荐章，民情大不甘，怨气结肾肠，遂令父子恩，化作虿与蝗，恨不斩官头，剔骨取肉尝。③

---

① 《青阳山房集》卷五。

② 《元史》卷四一，《顺帝纪》。

③ 《诚意伯文集》卷一三，《赠周宗道六十四韵》。

朱德润替这运动下一经济的解释，他说：

今太平日久，民不知兵，经费所入，江、浙独多。（岁给馈饷二百五十余万）而比岁以来，水旱频仍，田畴淹没，昔日膏土今为陂湖者有之。而亲民之官不谙大体，重赋横敛，务求羡余，致有激变。所得有限，所费不贷。且以州县税粮言之，有额无田，有田无收者一例闭纳，科征之际，枷系满屋，鞭笞盈道，直致生民困苦，饥寒迫身，此其为盗之本情也。至于酒课盐课税课，比之国初，增至十倍，征需之际，民间破家荡产，不安其生，致作贩夫入海者有之。目今沿海贫民食糠秕不足，老弱冻饿，而强壮者入海为盗者有之。一夫唱首，众皆胁从，此其为盗之本情也。其言谓与其死于饥寒，孰若死于饱暖，因是啸聚群起，劫掠官粮，杀伤军民。①

在未叛乱的地带，则官军所至，鸡犬皆空，舒頔《感时歌》：

郡邑自从乱离后，官设总制因防寇，奉公守法能几人，窃禄贪婪来贸贸。大府日夜催军需，和籴草料无时无，富家卖田为供给，贫者缚窘充寨夫。老幼不得息，抱恨向天泣，元戎贪利病民力，盐半斤，斗米入……道路多白骨，髑髅带绛抹，道旁遇行人，一半是兵卒。荒田弥望无人耕，深夜时见鬼火明，居无室庐隐无所，排列县官不识名。②

犒赏饮食，均强迫农民负担，周霆震《农谣》：

万田草生农务忙，饭牛夜半饥且僵，侵晨荷耒散阡陌，和买犒军官取将，高堂大嚼饮继烛，持遗妻子丰括囊（官吏饱足之后，复以大囊满贮，送至其家），苍头庐儿饱欲死，义丁畴敢染指尝，锄耰漫劳犊方稚，十步九顿空徬徨，将军大笑不负腹，东皋南亩从渠荒。③

---

① 《存复斋续集·平江路问弭盗策》。

② 《贞素家藏集》卷三序：“移曳元帅为总制，病民本甚，邑中添设罔计数，无非苛政，姑计之。”

③ 《石初集》卷二。

征敛税粮，较平时更形苛急，袁彦章《征粮叹》：

至正十七载，丁酉夏六月，江淮尚兵戈，岁久未休息，捍敌百万兵，甲胄生虮虱，有司供馈饷，费冗每匮乏，上官急诛求，僚属走折屐，嗟此穷海邦，田赋岁不给，巨室能几家，何如有蓄积，况罹去年秋，农苗半无买，民生正艰危，朝来不谋夕，未秋先借粮，粮米从何出？吏曹幸此灾，公檄出如蝶，皂隶且欣然，纷纷入村落，喧呼夜打门，鸡犬尽惊怛，恣取无不为，孰忍受驱迫，顾兹田野间，青黄曾未接，米舡久无来，楮币不堪籴，一升百青蚨，杖头何处觅，督责严限程，十室九逃匿，田莱尚多荒，讵暇顾耕织，隔篱有邻翁，头颅白如雪，七十若膺门，一日两遭责，日暮寄衣归，斑斑血犹湿，相看重叹伤，家赀复谁惜，负郭数亩田，出鬻不论值，求售卒亦难，搔首了无策，新谷曾沫升，粜一从折十，肯为身后思，且济目前急，养兵固自壮，剥民无乃瘠，寄言吾父母，夫何至此极。①

结果是已叛乱区域的势力蔓延日广，未叛乱的区域也因加速度的压迫而被逼反抗，革命的队伍在同一目标之下向统治者进攻。

五

至正十一年（1351）五月刘福通作乱陷颍州，奉韩林儿诈称宋徽宗九世孙，颁发诏书，略曰：

蕴玉玺于海东，取精兵于日本。贫极江南，富称塞北。

前两句指宋广王走崖山，丞相陈宜中走倭，托此说以动摇天下。后两句指出蒙古人统治下的掠夺结果，说明反抗的动机。前两句是政治的宣传，后两句则为经济的解剖。“时天下承平已久，法度宽纵，人物贫富不均，多乐从乱，曾不旬月，从之者殆数万人。”②

① 《书林外集》卷一。

② 叶子奇：《草木子》卷三，《克谨篇》。

韩山童是一个白莲教世家，同时又倡弥勒佛（Maitreya）下生之说，《元史·顺帝纪》：

> 初，栾城人韩山童祖父，以白莲会烧香惑众，谪徙广平永平县。至山童，倡言天下大乱，弥勒佛下生，河南及江淮愚民皆翕然信之。刘福通与杜遵道、罗文素、盛文郁、王显忠、韩咬儿复鼓妖言，谓山童实宋徽宗八世孙，当为中国主。福通等杀白马黑牛，誓告天地，欲同起兵为乱，事觉，县官捕之急，福通遂反。山童就擒，其妻杨氏，其子韩林儿，逃之武安。[①]

起事时以红巾为号，故号红军。以烧香礼弥勒佛，又号香军。[②]同年八月，萧县李二及老彭、赵君用反，攻陷徐州。李二号芝麻李，亦以烧香聚众而反。蕲州罗田县人徐贞一（寿辉）与麻城人邹普胜等，以妖术阴谋聚众，举兵为乱，亦以红巾为号。[③] 又有北锁红军，南锁红军：

> （刘福通起兵），河、淮、襄、陕之民翕然从之。故荆、汉、许、汝、水东、丰、沛以及两淮红军皆起应之。颍上者推杜遵道为首，陷朱皋，据仓粟，从者数十万，陷汝宁、光、息、信阳。蕲、黄者宗彭莹玉和尚，又推徐真逸为首，陷德安、沔阳、安陆、武昌、江陵、江西诸郡。起湘、汉者推布王三、孟海马为首，布王三号北锁红军，奄有唐、邓、南阳、嵩、汝、河南府。孟海马号南锁红军，奄有均、房、襄阳、荆门、归、峡。起丰、沛者推芝麻李为首。[④]

在几个月内，湖南、北、河南、安徽、江苏、山东诸地纷纷起事，不约而同地都称红军，把元帝国中截为二，南北不通。元人记红军起后，“当时贫者从乱如归”[⑤]。可见这是一种贫农的结合。再

---

① 《元史》卷四二，《顺帝纪》。

② 权衡：《庚申外史》卷上。

③ 《元史》卷四二，《顺帝纪》。

④ 《庚申外史》卷上。

⑤ 《草木子》卷三，《克谨篇》。

看前后红军和非红军的起事领袖的身份，如方国珍和张士诚是贩私盐的，陈友定是农人，曾为佣于富家。韩林儿的祖父被罪迁谪，郭子兴是相命的儿子，陈友谅为渔家子，徐寿辉（真一）是贩布的，明玉珍家世务农，朱元璋是游方穷和尚，没有一个是出身于有产阶级的。①

至正十一年红军的起事，只是最后一次的大爆发，事实上在元代前期已有此种秘密组织，并曾陆续地发生过几次暴动。红军是白莲教徒的武装团体，所崇拜的偶像是弥勒佛。元代是信仰自由的时代，白莲教也被准许公开传教，成宗时（1295至1307）并曾特降圣旨受政府的保护，并建有寺院，有报恩堂、复一堂、清应堂诸祠宇。以都掌教为首领。② 武宗即位后忽然取消此项特权，至大元年（1308）五月丙子禁白莲社，毁其祠宇，以其人还隶民籍。③ 至治二年（1322）五月癸卯又下诏禁白莲佛事。④ 从此白莲教便成秘密团体，不能公开活动。弥勒佛下生当有天下的预言，也早在泰定二年（1325）即已流行，《元史》记：泰定二年六月，息州民赵丑厮、郭菩萨，妖言弥勒佛当有天下，有司以闻，命宗正府刑部枢密院御史台及河南行省官杂鞫之。⑤ 后伏诛。⑥ 至元三年（1337）弥勒教徒反于河南。

> 二月棒胡反于汝宁信阳州。棒胡本陈州人，名闰儿。以烧香惑众，妄造妖言作乱，破归德府鹿邑，焚陈州，屯营于杏冈。命河南行省左丞庆童领兵讨之……己丑，汝宁献所获棒胡弥勒佛小旗、伪宣敕，并紫金印量天尺。⑦

同年朱光卿等反于广东，自拜其徒为定光佛：

---

① 钱谦益：《国初群雄事略》。
② 《元典章》卷三三，《礼部》六，《白莲教》。
③ 《元史》卷二二，《武宗纪》。
④ 《元史》卷二八，《英宗纪》。
⑤ 《元史》卷二九，《泰定帝纪》。
⑥ 《新元史》卷一九，《泰定帝纪》。
⑦ 《元史》卷三九，《顺帝纪》。

正月癸卯，广州增城县民朱光卿反，其党石昆山、钟大明率众从之，伪称大金国，改元赤符。命指挥狗札里江西行省左丞沙的讨之……四月己亥，惠州归善县民聂秀卿、谭景山等造军器，拜戴甲为定光佛，与朱光卿相结为乱，命江西行省左丞沙的捕之。①

据至正二十六年（1366）朱元璋讨张士诚檄所数元廷罪状：

近睹有元之末，王居深宫，臣操威福，官以贿成，罪以情免，宪台举亲而劾仇，有司差贫而优富，庙堂不以为忧，方添冗官，又改钞法，役数十万民，湮塞黄河，死者枕藉于道，哀苦声闻于天，致使愚民，误中妖术，不解偈言之妄诞，酷信弥勒之真有，冀其治世，以苏其苦。聚为烧香之党，根据汝、颍，蔓延河、洛，妖言既行，凶谋遂逞。焚荡城郭，杀戮士夫，荼毒生灵，无端万状。②

按此檄文中所指弥勒为一事，烧香又为一事，弥勒（Maitreya）为佛教中之重要人物，相传“弥勒菩萨应三十劫，当成无上正真等正觉”③。应入世三十次，佛薄伽梵（Buddha Bhagavat）灭度后八百年，胜军王都有阿罗汉名难提蜜多罗（Nandimitra）在般涅槃前预言人寿七万岁时，十六阿罗汉（Arhat）既护法藏毕，造窣堵波（Stupa）赞叹已，至窣堵波金地之中，入般涅槃，释迦牟尼正法遂灭：

次后弥勒如来应正等觉出现世间时，瞻部州（Jambudvipa）广博严净，无诸荆棘，溪谷堆阜，平正润泽，金沙覆地，处处皆有清池茂林，名华瑞草，及众宝聚，更相辉映，甚可爱乐。人皆慈心修行十善，以修善故，寿命长远，丰乐安稳。士女殷稠，城邑邻次，鸡飞相及。所营农稼，一营七获，自然成实，不须耘耨。④

这是佛教徒所幻想的极乐园，也是农民所最渴望的理想世界。

① 《元史》卷三九，《顺帝纪》。

② 祝允明：《九朝野记》。

③ 《增一阿含》第四十二品八难品，《八大人念经》。

④ 《大阿罗汉难提蜜多罗所说法住记》。

烧香则为白莲教徒必需举行的仪式。白莲教徒有政治的目的，可是缺少一个为农民所了解所注意的最后目标。弥勒佛的下生预言已经流传了快一千年，为农民所熟知，其意义即等于救世主。白莲教徒就利用这传说，强合为一，宣传弥勒已经降生为尘世主宰，其使命即为解除现在农民身受之一切疾苦。农民久困于异族统治下之苛政重敛，一听有能使他们“所营农稼，一营七获”，并且是“自然成实，不须耘耨”的救主出来，自然死心塌地的信仰，一致加入去追求这理想的乐园了。并且，农民是不很能了解政治革命的意义的，一般的都以忍耐苟安为最好的德性，要他们来参加革命，也非加上一些宗教的或迷信色彩的外障不可。弥勒佛和定光佛的出现，正是一种麻醉农民，集中其意志力的手段。

红军中势力最大的，是韩林儿、芝麻李、徐寿辉三支。韩林儿最先起，兵力最强。芝麻李不久即为元所灭。徐寿辉的势力后分二系，一为陈友谅，一为明玉珍。非红军中最强的是张士诚、方国珍、陈友定三支。红军的目的是推翻蒙古政府的政权，从异族压迫之下解放自己，和蒙古政府完全处于敌对的不两立的地位。非红军则无一定宗旨，起事的目的只是为自己个人的生命安全，割据一隅，恣意于生活的享受，和蒙古政府的关系也以利害为转移，时降时叛，时合时离，和红军则处于敌对地位，互相攻击。

在蒙古政府方面，贵族和官吏为保持自己的地位和身家，当然竭力拥护政府，可是这一些养尊处优惯的上流人和他们的军队一样，事实上并不能作战。和红军抵抗作战的却是各地的地主，他们在逼不得已的环境之下，出私财，募义军，用全力保卫自己的家族和家产，间接地也替蒙古政府支持了十几年。各地的义兵倏起倏灭的不可计数，如东莞李氏、凌氏：

> 东莞李氏尤豪于诸族。朝政不行，盗贼蜂起，富民各专武断，聚兵自卫。既而各据乡土，争为长雄，或更相攻掠，井邑萧然，凌氏亦结民为保，内援官军，外御群盗，里人赖之以安。①

① 王叔英：《静学文集》卷二，《凌府君行录》。

龙泉胡氏：

至正壬辰，江、淮俶扰，盗贼蔓延闽、浙，由建之浦城、松溪入龙泉。公（胡深）叹曰：浙水东地气白矣。生民无所赖，祸将及矣。乃集乡民，共为守御计而结寨于湖山。①

京山刘氏：

至正辛卯两河乱。（京山人刘则礼）割财募兵，隶四川平章爻著麾下，攻安陆、襄、樊、唐、邓，悉讨平之。兄弟子侄多死于兵。②

临川陈氏：

元至正十二年壬辰大盗起江、汉间，郡县相继陷落，聚民争揭竿为旗以应寇。天锡顿足曰：事急矣，可奈何！即跃马入郡城，白监郡完者帖木儿曰：天锡家世以义声著吴、越间。今天下大乱，贼以红巾帕首，呼啸成群，所蹴蹈处绝无一人御者。天锡虽不才，愿竭忠以报国家。自度乡里健儿，一呼之间，可得千人，甲胄糗粮当一一自给，不以烦县官。教以坐作击刺进退之法可用，或攻或守，惟明公所命。即从所请奖励者甚力。天锡还，朝夕聚兵训练如前谋。③

江阴许氏：

至正十二年十月红巾陷江阴州。州大姓许晋，字德昭，与其子如章聚无赖恶少，资以饮食。贼四散抄掠，诱使深入，殪而埋之。战于城北之祥符寺，父子皆死。④

其他地方官吏所率之军队，亦多由地主私军改编，如王宣之黄军：

淮东豪民王宣……募城墅骄勇惯捷者，可以攻城，前后各

① 王袆：《王文忠公集》卷二二，《故参军缙云郡伯胡公行述》。
② 李继本：《一山文集》卷六，《刘则礼传》。
③ 宋濂：《翰苑别集》卷九，《元赠进义副尉金溪县尉陈府君墓铭》。
④ 陶宗仪：《辍耕录》。

得三万人，皆黄衣黄帽，号曰黄军……须臾脱脱至，一鼓攻之，遂夷其城。①

答失八都鲁所统之义丁：

至正十二年，遂用宋廷杰计，招募襄阳官吏及土豪避兵者，得义丁二万，编排部伍，申其约束。行至蛮河……贼大败。②

地主不约而同地自组私军，抵抗农民的攻击，名义上是红军和蒙古政府作战，而实际上则成为农民和地主的战争。内中势力最大，和红军相持最久的是起自沈丘的察罕帖木儿父子。《元史·察罕帖木儿传》：

察罕帖木儿字廷瑞，系出北庭……幼笃学，尝应进士举，有时名……居常慨然有当世之志。至正十一年盗发汝、颍，焚城邑，杀长吏，所过残破，不数月，江、淮诸郡皆陷。朝廷征兵致讨，卒无成功。十二年察罕帖木儿乃奋义起兵，沈丘之子弟从者数百人。与信阳之罗山人李思齐合兵，同设奇计，袭破罗山。事闻，朝廷授察罕帖木儿中顺大夫、汝宁府达鲁花赤。于是所在义士俱将兵来会，得万人，自成一军，屯沈丘，数与贼战，辄克捷。

十五年定河北，十七年定关陕，十九年复汴梁，定河南，韩林儿遁走，檄书始能达江浙，以兵分镇关陕、荆襄、河洛、江淮，而重兵屯太行，营垒旌旗相望数千里，谋大举以复山东。正在准备东征的时候，和另一支抵抗红军的有力军队孛罗帖木儿发生地盘的冲突，内战已起。③

孛罗帖木儿为答失八都鲁之子，答失八都鲁是蒙古政府的世将，红军起后，率义丁复襄阳。十五年攻克亳州，韩林儿遁走。数和刘福通作战，均有功。④ 死后，子孛罗帖木儿领其众，移镇大同。陕

① 权衡：《庚申外史》卷上。
② 《元史》卷一四二，《答失八都鲁传》。
③ 《元史》卷一四一，《察罕帖木儿传》。
④ 《元史》卷一四二，《答失八都鲁传》。

西、晋、冀之地皆察罕帖木儿所平定，孛罗帖木儿欲据晋、冀，两军交战数年，政府几次派人为之讲和，二十一年冬兵始解。时察罕帖木儿已收复山东大部，二十二年围攻益都，为降人田丰、王士诚所刺死，子扩廓帖木儿代领其兵，攻克益都，山东悉平。而孛罗帖木儿复以兵来争晋、冀，内战又起。①

同时蒙古政府和宫廷间也发生重大的政变，名相脱脱于至正十二年出师复徐州，擒芝麻李后，威名大震。与幸臣哈麻交恶，十四年脱脱率大兵征张士诚，围高邮，城垂破，为哈麻所谮贬死，士诚势复振。② 哈麻为相后，以前进西天僧劝帝行秘密法为耻，谋废帝立皇太子爱育失里达腊，事发诛死。③ 太子母高丽奇皇后和皇太子仍图废立，遣宦者朴不花喻意于丞相太平，太平不肯，为皇太子所恶，谮杀之。④ 时扩廓帖木儿正和孛罗帖木儿相持，于是皇太子派丞相搠思监及朴不花倚扩廓为外援，皇帝派老的沙则为皇太子所怒，逃奔孛罗军中。皇太子怨孛罗匿老的沙，搠思监、朴不花等遂诬孛罗帖木儿与老的沙等谋不执，二十四年四月诏扩廓帖木儿举兵讨之。孛罗知非帝命，先举兵向阙，皇帝派杀搠思监、朴不花以谢，孛罗始还大同。皇太子出走，再征扩廓兵讨孛罗，攻大同，孛罗复帅兵犯阙，皇太子战败逃太原，孛罗入京师，拜中书右丞相。二十五年皇太子调扩廓及诸路兵进讨，孛罗战败，被刺死于宫中。⑤ 太子奔太原时，欲用唐肃宗灵武故事自立，扩廓不可。及孛罗死，扩廓还京师，奇皇后谕指令以重兵拥太子入城，胁顺帝禅位，扩廓又不听，因此扩廓为太子所恨。⑥ 先至正二十六年扩廓奉命总天下兵出平江淮，檄关中四将军会师大举，李思齐以与察罕帖木儿同起义兵，得檄怒不肯受命，下令一甲不得出武关。张思道、孔兴、脱列伯三军亦不受节制，连兵力拒扩廓。相持经年数百战，未能决。顺帝谕扩

① 《元史》卷一四一，《察罕帖木儿传》；卷二〇七，《孛罗帖木儿传》。

② 《元史》卷一三八，《脱脱传》；卷二〇五，《哈麻传》。

③ 《元史》卷二〇五，《哈麻传》。

④ 《元史》卷一四〇，《太平传》；卷二〇四，《朴不花传》。

⑤ 《元史》卷二〇七，《孛罗帖木儿传》；卷二〇四，《朴不花传》。

⑥ 《明史》卷一二四，《扩廓帖木儿传》。

廓罢兵南征，扩廓不听，其部下骁将貊高、关保叛归朝廷，和李思齐等合。顺帝乃尽削扩廓官，分其兵隶诸将，并令关保戍太原。扩廓怒，尽杀朝廷所置官吏，顺帝令诸将四面讨之。时朱元璋兵已下山东，收大梁，元兵方忙于内战，列城望风降遁，无一人抗者。兵逼潼关，李思齐等仓皇解兵西归，而貊高、关保亦皆为扩廓所擒杀，顺帝大恐，立刻复扩廓官，令与思齐等分道南征，诏下一月，朱元璋兵已逼大都，元帝北走。扩廓仍拥兵西北，谋恢复，洪武元年败明将汤和于韩店，北出雁门欲攻北平，明将徐达、常遇春乘虚攻太原，扩廓还救大败，以十八骑遁去。明兵遂西入关，李思齐以临洮降，张思道、张良臣败死。洪武三年明徐达大败扩廓于沈儿峪，扩廓奔和林，时顺帝已崩，皇太子继位，复任以国事。四年明复遣大将徐达、李文忠、冯胜将十五万人出塞攻扩廓，至岭北与扩廓遇，明兵大败，死者数万人。明年扩廓复攻雁门，以明兵严备不得入。后随宣光帝徙金山，洪武八年卒。①

蒙古人虽失去在中国的政权，可是在漠北，却仍未失去合罕的地位。明前期国力强时，数出兵北讨，蒙古族逐渐北徙。自明成祖五次北征以后，明兵力渐衰，国防线渐由开平内移，三卫弃而辽东和宣大的声援隔绝，东胜、兴和徙而边防虚，蒙古族又渐南移，至入居河套，边墙之外，即为敌国，三百年中汉人和蒙古人的战争迄未停止。“北虏”的威胁至使明用全力防御北边，偏设戍兵，置九边要塞，国力为之疲敝，为明一代的大患。

六

蒙古政府的政变和内战，给红军以一个发展的好机会。红军的内讧和对非红军的混战，又给一个后起的红军小领袖朱元璋以一个发展的好机会。这一幸运的成功者在称帝后三年发表一道极有趣味

① 《元史》卷一四一，《察罕帖木儿传》；《明史》卷一二四，《扩廓帖木儿传》。

的文件，说明他的成功是偶然的，他取天下于群雄之手，元的覆亡是自身的崩溃。他说：

> 当元之季，君宴安于上，臣跋扈于下，国用不经，征敛日促，水旱灾荒，频年不绝。天怒人怨，盗贼蜂起，群雄角逐，窃据州郡，朕不得已起兵欲图自全。及兵力日盛，乃东征西讨，削除渠魁，开拓疆宇。当是时，天下已非元氏有矣。向使元君克畏天命，不自逸豫，其臣各尽乃职，罔敢骄横，天下豪杰曷得乘隙而起。朕取天下于群雄之手，不在元氏之手。①

他是起义于濠州红军领袖郭子兴的部下，郭子兴死后，代为领袖，直隶于韩林儿，受宋的官爵，用龙凤年号，是红军中后起的一支有力部队。可是一到红军干部因内讧而势力锐减，韩林儿失去根据地来投奔以后，就立刻抛去红军的宗教意味的宣传，严厉地加以指斥。在至正二十六年讨张士诚的檄文中，竟公开地抨击红军说：

> 致使愚民误中妖术，不解偈言之妄诞，酷信弥勒之真有，冀其治世以苏其苦，聚为烧香之党，根据汝、颍，蔓延河、洛。妖言既行，凶谋遂逞，焚荡城郭，杀戮士夫，荼毒生灵，无端万状。②

前一部分斥红军为妖术为妖言，后一部分以采恐怖手段，屠杀地主——有产阶级为红军的罪状。接着他说：

> 元以天下钱粮兵马大势而讨之，略无功效，愈见猖獗，终不能济世安民。是以有志之士，旁观熟虑，乘势而起。或假元氏为名，或托香军为号，或以孤军独立，皆欲自为，由是天下土崩瓦解。余本濠县之民，初列行伍，渐至提兵，灼见妖言，不能成事，又度胡运，难与立功，遂引兵渡江。

指斥蒙古政府之不能维持治安，把自己的立场和红军分开，不愿分担红军所负的责任。可是这时候在名义上他还是韩林儿的臣下，

---

① 《明太祖实录》卷五三。

② 祝允明：《九朝野记》。

在这文件的开首还不能不用“皇帝圣旨，吴王令旨”，末后也不能不用龙凤十二年的年号。同年十二月他采取更进一步的手段，彻底排除红军的残余势力，授意部下大将廖永忠，沉韩林儿于瓜步①，以次年为吴元年，自为最高领袖。韩林儿死后，他听取了幕中儒生的劝告，把这次革命解释为民族自决运动，喊出驱逐蒙古人的口号。原来韩林儿在起事时虽假托宋后，国号也用宋的旧称，以图收拾民心。可是这到底是一幕假制的剧本，在实际上并不能发生什么效力。韩林儿之非赵氏子孙，是举世皆知的事实，日子一久，马脚渐露，他们也就索性不提宋后的话，专意于弥勒救世的宣传。到这时候红军势力消失，社会秩序混乱，弥勒之说已不能再鼓动人心，所以不能不提出一个新口号，从复宋的旧口号扩充放大为民族革命的口号，从恢复一家一系的帝统扩大到争取整个民族的自由。明显地指示出这次革命是民族与民族的战争，集合汉族的力量。同时也给予知识分子及旧地主官吏以安全的保障，求其合作。吴元年（至元二十七年，1367）十月丙寅檄谕齐鲁、河洛、燕蓟、秦晋之人，以北伐之意曰：

> 自古帝王临御天下，中国居内以制夷狄，夷狄居外以奉中国，未闻以夷狄居中国治天下者也……当此之时，天运循环，中原气盛，亿兆之中，当降生圣人，驱逐胡虏，恢复中华，立纲陈纪，救济斯民……方今河洛、关陕虽有数雄，忘中国祖宗之姓，反就胡虏禽兽之名，以为美称，假元号以济私，恃有众以要君，凭陵跋扈，遥制朝权，此河洛之徒也。或众少力微，阻兵据险，贿诱名爵，志在养力，以俟衅隙，此关陕之人也。二者其始皆以捕妖人为名，乃得兵权。及妖人既灭，兵权已得，志骄气盈，无复尊主庇民之意，互相吞噬，反为生民之巨害，皆非华夏之主也……予恭天成命，罔敢自安，方欲遣兵北逐群虏，拯生民于涂炭，复汉官之威仪……归我者永安于中华，背我者自窜于塞外。盖我中国之民，天必命中国之人以安之，夷狄何得而治哉。②

---

① 朱权：《通鉴博论》；钱谦益：《太祖实录辨证》。

② 《明太祖实录》卷二六；王世贞：《诏令杂考》一（《弇山堂别集》卷八五）。

这是一个划时代的转变，也是朱元璋之所以成功的条件之一。

红军诸领袖之所以不能成功，一方面是受地主阶级的顽强抵抗，一方面是红军内部的分裂。红军之发动地为河南、湖北一带，起事后诸领袖人自为战，不相统属，并各自称帝称王，互相颉颃。至正十五年（1355）刘福通等立韩林儿为帝，国号宋，年号龙凤（1355至1366），建都于亳。至正十八年迁都汴梁。十九年察罕帖木儿破汴梁，韩林儿退据安丰。二十三年吴张士诚将吕珍破安丰，韩林儿奔滁州依朱元璋。宋势力最盛时，四出略地，所至无不摧破，至元十七年分兵三道，关先生、破头潘、冯长舅、沙刘二、王士诚趋晋、冀，白不信、大刀敖、李喜喜趋关中，毛贵出山东，刘福通则率众出没河南、北。白不信一支被察罕帖木儿、李思齐所破走入蜀，毛贵一支则陷济南、蓟州，略柳林，直逼大都，蒙古政府至议迁都以避之。关先生一支则分军为二，一出绛州，一出沁州，逾太行，破辽潞，陷冀宁，掠大同、兴和塞外诸郡，至陷上都，毁诸宫殿，转掠辽阳，抵高丽，复折回陷大宁，犯上都。李喜喜余党则陷宁夏，掠灵武诸边地。黄河以北，东至高丽，北至和林，西至宁夏，蹂躏殆遍。可是初建国时，同党就争权夺利，互相残杀，丞相杜遵道得宠用事，平章政事刘福通阴令甲士挝杀之，自为丞相，国事均决于福通，韩林儿只是一个象征的偶像，丝毫不能过问。其他诸将俱与福通同起事，率不肯遵约束，福通不能制，兵虽盛，威令不行。所攻城邑，亦不能守，随得随失。接着在山东最得民心的毛贵为同党赵均用所杀，赵均用又被其党续继祖所杀，所部自相攻击。远征诸大将李喜喜、关先生等转战万里，亦多走死。于是在北为蒙古军队所围剿，在南则又受张士诚的攻击，安丰破后，势力就完全消灭。①

起自湖北的徐寿辉（1351至1360），于至正十一年称帝，国号天完，建元治平，都蕲水。后迁都汉阳，分兵四出陷饶信，连陷湖广、江西诸郡，东南发展至杭州、太平诸路。天完和宋一样，同样地也陷于内讧的局面。至正十七年丞相倪文俊谋弑寿辉自立，不克

---

① 《明史》卷一二二，《韩林儿传》；《国初群雄事略》卷一，《韩林儿》。

奔黄州。其将陈友谅杀文俊代其位。二十年弑寿辉自立为帝，国号汉，改元大义（1360至1363），尽有江西、湖广之地。① 寿辉别部明玉珍略地四川，闻寿辉被弑，因自立为陇蜀王，以兵塞瞿塘，绝不与友谅通。至正二十年即皇帝位于重庆，国号夏，建元天统（1362至1366）。②

陈友谅势力方盛时，朱元璋亦起据集庆路，取太平和友谅接界。友谅陷池州，元璋遣将击取之，由是结仇，连兵不解。友谅大将赵普胜守安庆最骁勇，为朱元璋所间，友谅杀普胜，并其军。恃其兵强，欲东取应天，约张士诚从东面夹攻，朱元璋惧两面受敌，以计促友谅先发兵，大败之于龙湾。其部下诸将因赵普胜被杀，多不安，于光、欧普祥、吴宏、王溥、胡廷瑞等纷纷以所守地来降，友谅疆土日蹙。至正二十三年大发兵来围洪都，与朱元璋军相遇于鄱阳湖，大战三日，友谅兵败中矢死，大将张定边挟其次子理奔还武昌，立为帝。至正二十四年二月朱元璋亲督师围武昌，陈理出降，汉亡。③玉珍在位五年死，子昇嗣位方十岁。诸大臣皆粗暴不肯相下，大将万胜以私憾杀知院张文炳，内府舍人明昭复矫皇后旨杀万胜。胜为玉珍开国大将，功最高，人心多不平，保宁镇守平章吴友仁举兵杀明昭，入执国政，朝事大坏。洪武四年明将汤和、廖永忠、傅友德等伐蜀，昇出降，夏亡。④

在非红军的集团中，张士诚以被地主凌侮起事：

> 以操舟运盐为业，缘私作奸利。颇轻财好施，得群辈心。常鬻盐诸富家，富家多凌侮之，或负其直不酬。而弓手丘义尤窘辱士诚甚。士诚忿，即帅诸弟及壮士李伯昇等十八人杀义，并灭诸富家，纵火焚其居。入旁郡场，招少年起兵。盐丁方苦重役，遂共推为主。⑤

① 《明史》卷一二三，《陈友谅传》；《国初群雄事略》卷三，《天完徐寿辉》。
② 《明史》卷一二三，《明玉珍传》；《国初群雄事略》卷五，《夏明玉珍》。
③ 《明史》卷一二三，《陈友谅传》；《国初群雄事略》卷四，《汉陈友谅》。
④ 《明史》卷一二三，《明玉珍传》；《国初群雄事略》卷五，《夏明玉珍》。
⑤ 《明史》卷一二三，《张士诚传》。

陷泰州、高邮。至正十四年自称诚王，国号大周，建元天祐。十六年陷平江、湖州、松江、常州诸路，改平江为隆平府，自高邮来都之。时朱元璋亦下集庆，境遂相接。士诚遣将攻镇江，徐达败之于龙潭。朱元璋亦遣将来攻常州，士诚大败，由此交兵不已。士诚所据要塞长兴、常州、江阴相继失，兵不得四出，不得已请降于元，乘间袭取杭州，所据南抵绍兴，北逾徐州，达于济宁之金沟，西距汝、颍、濠、泗，东至海，二千余里，带甲数十万。二十三年九月复自立为吴王。士诚无远图，自据吴后，渐奢纵，怠于政事。诸将帅日夜歌舞自娱，偃蹇不用命，不以军务为意。及丧师失地还，亦概置不问。已，复用为将。陈友谅约士诚夹攻应天，士诚欲守境观变，虽许而兵不出。及陈友谅既平，朱元璋遂大发兵取吴，至正二十七年九月破平江，擒张士诚，吴亡。①

浙东的方国珍的起事，和张士诚颇相类，其对蒙古政府的态度，也和张士诚同样地反复不定。《明史》记：

> 元至正八年，有蔡乱头者行剽海上，有司发兵捕之。国珍怨家告其通寇，国珍杀怨家，遂与兄国璋，弟国瑛、国珉亡入海，聚众数千人，劫运艘，梗海道。

地方官往讨为所败，胁使请于朝，授定海尉。未几复叛，再又降元为海道漕运万户，进行省参政，据有温、台、庆元之地。以兵和张士诚相攻，至士诚亦降元，始罢兵。朱元璋取婺州，与国珍接境，国珍惧不敌，自请纳土，未几又反复不受命。张士诚被擒后，朱元璋将朱亮祖、汤和取浙东，国珍不能抗，奉表降。②

非红军领袖中始终对蒙古政府维持君臣的关系的是陈友定。友定以乡农立功为黄土寨巡检，十年中以次削平闽、粤叛乱，西拒陈友谅，北拒朱元璋，累官至平章，尽有福建八郡之地。所收郡县仓库悉入为家赀，收官僚以为臣妾，有不从者必行诛窜。八郡之政皆用其私人以总制之，朝廷命官不得有所与。方国珍败降后，朱元璋

① 《明史》卷一二三，《张士诚传》；《国初群雄事略》卷七，《周张士诚》。

② 《明史》卷一二三，《方国珍传》；《国初群雄事略》卷八，《方谷真》。

即发兵由海陆两道入闽，洪武元年（1368）明兵取建宁、延平二路，友定被执死。①

在这样一个混乱局面之下，红军中的三等头目朱元璋竟能利用机会，统一全国，逐出蒙古人，建设汉人自治的帝国，除开上述提出民族革命的口号以外，是有其他的重要原因的。他出身于贫农之家，很懂得农民的心理。青年时代过的是漂流乞食的生活：

> 年十七，父母兄相继殁，贫不克葬。里人刘继祖与之地，乃克葬，即凤阳陵也。太祖孤无所依，乃入皇觉寺为僧。逾月，游食合肥……凡历光、固、汝、颍诸州三年，复还寺。

起兵后极力拉拢知识分子，一方面给自己以历史的训练，一方面受儒家的政治教育。至正十三年（1353）破滁州后即得名儒范常，留置幕下。范常首先劝他整饬兵纪：

> 诸将克和州，兵不戢。常言于太祖曰：得一城而使人肝脑涂地，何以成大事？太祖乃切责诸将，搜军中所掠妇女，还其家，民大悦。②

十五年（1355）渡江取太平后，又得耆儒李习、陶安。陶安批评当时诸领袖的行为，独推重他的不乱杀人：

> 海内鼎沸，豪杰并争，然其意在子女玉帛，非有拨乱救民安天下心。明公渡江，神武不杀，人心悦服，应天顺人，以行吊伐，天下不足平也。③

十六年克集庆，立即宣布政纲。他说：

> 元政渎扰，干戈蜂起，我来为民除乱耳。其各安堵如故。贤士吾礼用之，旧政不便者除之，吏毋贪暴殃吾民。④

这正是农民所渴望的政治，地主阶级因为地方治安得以保持，

---

① 《元史》卷一二四，《陈友定传》；《国初群雄事略》卷一三，《陈友定》。
② 《明史》卷一三五，《范常传》。
③ 《明史》卷一三六，《陶安传》。
④ 《明史》卷一，《太祖本纪》。

也对新政权表示好感。十七年克徽州后，耆儒朱升劝他“高筑墙，广积粮，缓称王”①。十八年克婺州后，得学者范祖干、叶仪、许元等十三人，二十年复征学者刘基、宋濂、叶琛、章溢，为其定策安民，及取天下大计。农民地主和知识分子三方面的合作，是他之所以成功的最大原因。

次之，个人的人格意志和军事学识的卓越也是他之所以成功的要素之一。在天下平定后，他曾自述成功的原因：

> 朕遭时丧乱，初起乡土，本图自全。及渡江以来，观群雄所为，徒为生民之患，而张士诚、陈友谅尤为巨蠹。士诚恃富，友谅恃强，朕独无所恃。惟不嗜杀人，布信义，行节俭，与卿等同心共济。初与二寇相持，士诚尤逼近，或谓宜先击之，朕以友谅志骄，士诚器小，志骄则好生事，器小则无远图，故先攻友谅。鄱阳之役，士诚卒不能出姑苏一步，以为之援。向使先攻士诚，浙西负固坚守，友谅必空国而来，吾腹背受敌矣。二寇既除，北定中原，所以先山东，次河洛，止潼关之兵不遽取秦、陇者，盖扩廓帖木儿、李思齐、张思道皆百战之余，未肯遽下，急之则并力一隅，猝未易定，故出其不意，反旆而北。燕都既举，然后西征。张、李望绝势穷，不战而克，然扩廓犹力抗不屈。向令未下燕都，骤与角力，胜负未可知也。②

这是一个最公平的自白。

至正二十七年（1367）冬天的时候，红军势力除僻处四川的夏国以外，已全部消灭，非红军方面，张士诚已被扑灭，方国珍来降。北面则已派徐达、常遇春乘元军内战北伐，南面则汤和、廖永忠已逼福州，两路大军均势如破竹，天下指日可定。遂以至正二十八年为洪武元年，即皇帝位，定有天下之号曰明，是为明太祖（1368至1398）。

洪武元年陈友定平后，即命廖永忠率舟师取广东，广东行省左

① 《明史》卷一三六，《朱升传》。

② 《明史》卷三，《太祖本纪》。

丞何真迎降。广西亦继定。北征军方面以次定山东、河南，八月入大都，元帝北走。十二月扩廓帖木儿走甘肃，山西平。二年八月徐达克庆阳，斩张良臣，陕西平。四年元平章刘益以辽东降。明昇降，四川平。时元梁王把匝剌瓦尔密犹据云南，纳哈出据辽东。十四年遣傅友德定云南。二十年复大举讨纳哈出，时大宁已为明所取，纳哈出和蒙古政府的呼应断绝，势竭来降，始成大一统之业。

七

蒙古人在中国所施的种族压迫政策，引起了汉族的反感，发生一场战争二十年的民族革命，终于被逐回到蒙古去。这教训明太祖是很记得的。他北征时的口号虽然是“驱逐胡虏”，但其意义只限于推翻异族的统治权，对蒙古、色目人并不采歧视的态度。在北征檄文中并特别提出这一点说：

> 如蒙古、色目虽非华夏族类，然同生天地之间，有能知礼义，愿为臣民者，与中国之人抚养无异。①

即位以后，蒙古、色目的官吏和汉人同样地登用，中央官如以鞑靼指挥安童为刑部尚书，以咬住为副都御史，忽哥赤为工部右侍郎②，以高昌安为吏部侍郎。③ 外官如以高昌安为河东盐运司同知。以脱因为廉州知府。以道同为番禺知县。④ 军官如以鞑靼酋长孛罗帖木儿为庐州卫指挥佥事，仍领所部鞑官二百五十人。⑤ 即亲军中亦有蒙古军队，如洪武五年之置蒙古卫亲军指挥使司，以答失里为佥事。⑥ 二十二年特设泰宁、朵颜、福余三卫于兀良哈之地，以居降胡。⑦

---

① 王世贞：《弇山堂别集》卷八五。
② 《明太祖实录》卷一九九。
③ 《明太祖实录》卷二〇二。
④ 《明太祖实录》卷二〇二；《明史》卷一三八《周祯传》，卷一四〇《道同传》。
⑤ 《明太祖实录》卷一九〇。
⑥ 《明太祖实录》卷七一。
⑦ 《明太祖实录》卷一九六。

时蒙古、色目人多改为汉姓，与汉人无异，有求仕入官者，有登显要者，有为富商大贾者。① 洪武三年曾一度下诏禁止擅改汉姓：

> 四月甲子，禁蒙古、色目人更易姓氏。诏曰：……朕起布衣，定群雄为天下主，已尝诏告天下，蒙古诸色人等皆吾赤子，果有材能，一体擢用。比闻入仕之后，或多更姓名。朕虑岁久，其子孙相传，昧其本源，诚非先王致谨氏族之道。中书省其告谕之，如已更易者听其改正。②

但此项法令不久即自动取消：

> 永乐元年九月庚子，上谓兵部尚书刘儁曰：各卫鞑靼人多同名，无姓以别之，并宜赐姓。如是兵部请如洪武中故事，编置勘合，给赐姓名。从之。③

可知在洪武时代已有“编置勘合，给赐姓名”之举。其唯一的限制为特立一条蒙古、色目人的婚姻法：

> 凡蒙古、色目人听其与中国人为婚姻，务要两相情愿。不许本类自相嫁娶，违者杖八十，男女入官为奴。其中国人不愿与回回、钦察为婚姻者，听从本类自相嫁娶，不在禁例。④

这禁例的用意一面是要同化蒙古、色目人，一面是防止其种类之繁殖。法令虽然颁布，可是实行的程度，也许也和禁改汉姓一样，实际上并不发生效力。

在反面，太祖登极后立刻下令将衣冠恢复唐制，并禁止生活习俗之蒙古化：

> 洪武元年二月壬子，诏复衣冠如唐制……其辫发椎髻、胡服（男裤褶窄袖及辫线腰褶，妇女衣窄袖短衣，下服裙裳）、胡语、胡姓一切禁止。⑤

---

① 《明太祖实录》卷一〇九。
② 《明太祖实录》卷五一。
③ 《明成祖实录》卷二三。
④ 《明律》卷六，《户律》。
⑤ 《明太祖实录》卷三〇。

元制尚右，吴元年十月令百官礼仪尚左。① 元人轻儒，至有九儒十丐之谣，谢枋得记：

滑稽之雄以儒为戏者曰：我大元制典，人有十等，一官二吏，先之者贵之也，贵之者谓有益于国也。七匠八娼九儒十丐，后之者贱之也，贱之者谓无益于国也。嗟乎卑哉，介乎娼之下丐之上者今儒也。②

郑思肖也说：

鞑法：一官二吏三僧四道五医六工七猎八民九儒十丐。③

这虽都是宋末遗老的话，但元人也有同样记载，余阙《贡泰父文集序》：

至元初奸回执政，乃大恶儒者，因说当国者能科举，摈儒士。其后公卿相师，皆以为常然，而小夫贱隶亦皆以儒为嗤诋。当是时士大夫有欲进取立功名者，皆强颜色，昏旦往候于门，媚说以妾婢，始得尺寸。④

可见儒者在元代之被摈斥。而明则在太祖初起时已重儒者，建国以后，大臣多用儒生，后来流弊至以科举为入官之唯一途径。反之元人重吏：

国初有金宋，天下之人，惟才是用之，无所专主，然用儒者为居多也。自至元以下始浸用吏，虽执政大臣亦以吏为之。由是中州小民，粗识字能治文书者，得入台阁供笔札，累日积月皆可以致通显。⑤

方孝孺《林君墓表》也说：

---

① 《明史》卷一，《太祖纪》。
② 《叠山集》卷六，《进方伯载归三山序》。
③ 《心史》下，《大义略》。
④ 《青阳先生文集》卷四，《贡泰父文集序》。
⑤ 《青阳先生文集》卷四，《杨君显民诗集序》。

元之有天下，尚吏治而右文法。凡以吏仕者捷出取大官，过儒生远甚。①

因法令极繁，案牍冗泛，故吏得恣为奸利，为弊最甚。明兴即革此弊，从简严法令下手：

吴元年十一月壬寅，上谓省台官曰：近代法令极繁，其弊滋甚。今之法令正欲得中，毋袭其弊。如元时条格极繁冗，吏得夤缘出入为奸，所以其害不胜……今立法正欲矫齐旧弊，大概不过简严下手，简则无出入之弊，严则民知畏而不敢轻犯。②

洪武十二年又立案牍减繁式颁示诸司：

初元末官府文移案牍最为繁冗，吏非积岁莫能通晓，欲习其业必以故吏为师。凡案牍出入，惟故吏之言是听。每曹自正吏外，主之者曰主文，附之者曰贴书曰小书生，骫文繁词，多为奸利。国初犹未尽革。至是，吏有以成案进者，上览而厌之曰：繁冗如此，吏焉得不为奸弊而害吾民也。命廷臣议减其繁文，著为定式，镂版颁之，俾诸司遵守。③

自后吏员遂为杂流，其入仕之途，惟外府外卫盐运司首领官，中外杂职入流未入流官，由吏员承差等选。④ 这是一个大变化。一面用严法重刑来肃清元代所遗留的政治污迹，《明史》记：

太祖惩元纵弛之后，刑用重典……凡官吏人等犯枉法赃者，不分南北，俱发北方边卫充军。

采辑官民过犯，条为《大诰》、《续诰》，后又增为《三编》，诸司敢不急公而务私者，必穷搜其原而罪之。凡所列凌迟枭示种诛者无虑千百，弃市以下万数。《三编》稍宽容，然所记进士监生罪名自一犯至四犯者犹三百六十四人，幸不死还职，率戴斩罪治事。郭桓

① 《逊志斋集》卷二二。

② 《明太祖实录》卷二七。

③ 《明太祖实录》卷一二六。

④ 《明史》卷七一，《选举志》。

之狱，直省诸官吏系死者数万人：

郭桓者，户部侍郎也。帝疑北平二司官吏李彧、赵全德等与桓为奸利，自六部左右侍郎下皆死，赃七百万，词连直省诸官吏，系死者数万人。核赃所寄借遍天下，民中人之家，大抵皆破。

空印之狱，也施行一次官吏的大屠杀：

十五年空印事发。每岁布政司、府州县吏诣户部核钱粮、军需诸事，以道远，预持空印文书，遇部驳即改，以为常。及是，帝疑有奸，大怒，论诸长吏死，佐贰榜百戍边。①

由此中外官吏均重足凛息以“不保首领”为惧，以生还田里为大幸。②

在另一方面，蒙古人的政权虽然被推翻，但在典章制度方面，则仍有若干部分被因袭保留，最显明的是官制、兵制和教育制度。

中央的官制，在洪武十三年以前，大抵依据元制，行政最高机关为中书省，置左右丞相、平章政事、左右丞、参知政事等官，下设吏礼户兵刑工六部为执行机关。监察最高机关则为御史台，置御史大夫、御史中丞等官。军政最高机关改元之枢密院为大都督府，置左右都督、同知都督等官。洪武十三年胡惟庸党案发生后，更改官制，提高皇权，集中军政庶务一切权力在皇帝个人手中。废中书省不设，提高六部地位，使得单独执行政务，改御史台为都察院，分大都督府为五军都督府，均直隶于皇帝。地方行政则置行中书省，设行省平章政事等官，改路为府，设知府，州设知州，县设知县。洪武九年改浙江、江西、福建、北平、广西、四川、山东、广东、河南、陕西、湖广、山西诸行省俱为承宣布政使司，后增设云南、贵州为十三布政使司（北平后改为京师，与南京称为两京，直隶中央），置布政使、参政、参议诸官。司法则仍元制置各道提刑按察

① 《明史》卷九四，《刑法志》。

② 《明史》卷一三八，《杨靖传》附《严德珉传》。

司，设按察使及副使佥事领之。军政则置都指挥使司十三（北平、陕西、山西、浙江、江西、山东、四川、福建、湖广、广东、广西、辽东、河南），行都指挥使司三（陕西、山西、福建），后增都司三（云南、贵州、万全，北平改为大宁），行都司二（四川、湖广），置都指挥使领之，掌一方军政。①

在兵制方面，元代内设左右前后中五卫，卫设都指挥使，下设镇抚所、千户所、百户所，以总宿卫诸军。又因各族兵设阿速、唐兀、贵赤、蒙古、西域、钦察诸卫亲军指挥使司。外则万户之下置总管，千户之下置总把，百户之下置弹压，立枢密院以总之。军士则蒙古壮丁无众寡尽佥为兵，汉人则以户出军，定入尺籍伍符，不可更易，死则役次丁，户绝别以民补之。② 明兴后，中外皆用卫所制，亲军都尉府（后改为锦衣卫）统中左右前后五卫，其下有南北镇抚司。又别置金吾前后、羽林左右、虎贲左右、府军左右前后十卫，以时番上，号亲军。外则革诸将袭元旧制枢密平章元帅总管万户诸官号，度要害地，系一郡者设所，连郡者设卫，大率五千六百人为卫，千一百二十人为千户所，百十有二人为百户所，所设总旗二，小旗十，大小联比以成军。卫以指挥使领之，外统之都指挥使司，内则统于五军都督府。这是依元亲军制扩充的。征伐则命将充总兵官，调卫所军领之，既旋，则将上所佩印，官军各回卫所，将无专兵，兵无私将。这又是模仿唐代的府军制度。③ 其内军之分配训练，则又略近汉制。刘献廷说：

明初军制仿佛汉之南北军。锦衣等十二卫卫宫禁者南军也。京营等四十八卫巡徼京师者北军也。而所谓春秋班换，独取山东、河南，中都、大宁者，则又汉调三辅之意也。④

军士则行垛集令，民出一丁为军。三丁以上，垛正军一，别有贴户，正军死，贴户丁补。外又有从征，有归附，有谪发。从征者，

① 《明史》卷七六，《职官志》。
② 《元史》卷九八，《兵志》；卷八六，《百官志》。
③ 《明史》卷八九、卷九〇，《兵志》。
④ 《广阳杂记》卷一。

诸将所部兵，既定其地，因以留戍。归附，则胜国及僭伪诸降卒。谪发，以罪迁隶为兵者。其军皆世籍。①

在教育制度方面，元制于京师立国子学、蒙古国子学、回回国子监，教授汉、蒙、回学术。监设祭酒、监丞、博士、助教，教授生徒。地方则诸路府州县皆置学，其他先儒过化之地，名贤经行之所，与好事之家出钱粟赡学者并立为书院。凡师儒之命于朝廷者曰教授，路府上中州置之。命于礼部及行省宣慰司者曰学正、山长、学录、教谕，路州县及书院置之。又有医学及阴阳学教授专门人才。生徒皆廪饩于官，诸学皆有学田。各行省设儒学提举司，提举凡学校之事。② 明代完全接受这制度，于京师设国子监，府州县卫所皆建儒学，生员各地皆有定额。生员考试初由地方官吏主持，后特设提督学政官以领之。士子未入学者通谓之童生；入学者谓之诸生（有廪膳生、增广生、附学生之别）。三年大比，以诸生试之直省曰乡试，中式者为举人。次年以举人试之京师曰会试，中式者再经皇帝亲自考试曰殿试，分三甲。一甲止三人，曰状元、榜眼、探花，赐进士及第。二甲若干人，赐进士出身。三甲若干人，赐同进士出身。状元授修撰，榜眼、探花授编修，二三甲考选庶吉士者，皆为翰林官。其他或授给事、御史、主事、中书、行人、评事、太常、国子博士，或授府推官、知州、知县等官。举人贡生不第，入监而选者，或授小京职，或授府佐及州县正官，或授教职。由此入仕必由科举，而科举则必由学校，《明史》说：

> 盖无地而不设之学，无人而不纳之教。庠声序音，重规叠矩，无间于下邑荒徼，山陬海涯。此明代学校之盛，唐、宋以来所不及也。③

学校的教育和科举的范围，元初许衡即提议罢诗赋，重经学。皇庆二年（1313）中书省臣言：

---

① 《明史》卷九一、卷九〇，《兵志》。
② 《元史》卷八一，《选举志》，《学校》。
③ 《明史》卷六九，《选举志》。

> 夫取士之法，经学实修己治人之道，词赋乃摘章绘句之学，自隋、唐以来，取人专尚词赋，故士习浮华。今臣等所拟，将律赋省题诗小义皆不用，专立德行明经科，以此取士，庶可得人。帝然之。①

由此专重经学，“四书”、“五经”成为学者的宝典，入仕的津梁。至明更变本加厉，专取“四书”、“五经”命题取士，又特定一种文体，略仿宋经义，然代古人语气为之，体用排偶，通谓之制义。② 指定限于几家的疏义，不许发挥自己见解。文章有一定的格式，思想又不许自由，这是明代科举制度的特色。学校和科举打成一片，官吏的登用必由科举，而科举则必由学校，政治上一切人物均由学校产生，而训练这一些未来政治人物的工具，却是过去几千年前的古老经典，这些经典又不许用自己的见解去解释去研究。选用这一些未来政治人物的方法，却是一种替古代人说话，替古代人设想，依样画葫芦的八股文。这是近代史上最大的一个污点，这污点从元传到明，明传到清，束缚了多少人的聪明才智，造成了无量数的八股政治家，是一个消磨民族精力的最大损失。

红军之起，最大的目的是要求经济的政治的民族的地位之平等，在政治和民族方面说，明的兴起已经完全解决了过去的歧视。在经济方面，虽已推翻了蒙古、色目人对汉族的控制特权，但就汉族而说，则本土的地主和农民之间的纠纷，并未觅得解决的途径。

在上文曾经说明地主是拥护旧政权的，在混乱的局面之下，他们要保存自己的地位，便用尽可能的力量组织私军来抵抗农民的袭击。可是一等到有一个新政权建立，而这一新政权是能够保持地方秩序的时候，他们便毫不犹疑地投入这一新政权的怀抱，竭力拥护。同时一批新兴的贵族、大臣、官吏也因他们的劳绩获得大量的田土，成为新的地主。新兴的政府对这两种地主不能不加顾虑，因之农民的生活问题就被搁浅，永远不能提出一个解决彻底的办法。

---

① 《元史》卷八一，《选举志·科目》。

② 《明史》卷七〇，《选举志》。

明太祖及其大部分臣下都是农民出身的，他们过去曾身受过地主的压迫。但是在革命的过程中，他们又不得不靠地主的财力和他们合作。在这矛盾的关系之下，产生对地主的双层矛盾政策。他们一面仍旧和地主合作，让地主参加政治，如登用富户，《明史·选举志》：

俾富户耆民皆得进见，奏对称旨，辄予美官。①

洪武八年十月特下诏举富民素行端洁达时务者。② 如用地主为粮长：

洪武四年九月丁丑，上以郡县吏每遇征收赋税，辄侵渔于民。乃命户部令有司科民土田，以万石为率。其中田土多者为粮长，督其乡之赋税。且谓廷臣曰：此以良民治良民，必无侵渔之患矣。③

《明史》记：

粮长者，太祖时，令田多者为之，督其乡赋税。岁七月，州县委官偕诣京，领勘合以行。粮万石，长副各一人，输以时至得召见，语合，辄蒙擢用。④

但在另一方面，则又极力排除地主势力。排除的方法第一是迁徙，如初年之徙地主于濠州：

吴元年十月乙巳，徙苏州富民实濠州。⑤

建国后徙地主实京师，《明史》记：

（太祖）惩元末豪强侮贫弱，立法多右贫抑富。尝命户部籍浙江等九布政司应天十八府州富民万四千三百余户，以次召见，徙其家以实京师，谓之富户。⑥

① 《明史》卷七一，《选举志》。
② 《明史》卷二，《太祖纪》。
③ 《明太祖实录》卷六八。
④ 《明史》卷七八，《食货志》，《赋役》。
⑤ 《明太祖实录》卷二六。
⑥ 《明史》卷七七，《食货志》。

第二是用苛刑诛灭，方孝孺《采苓子郑处士墓碣》：

妄人诬其家与权臣（胡惟庸）通财。时严通财党与之诛，犯者不问实不实，必死而覆其家……当是时浙东西巨室故家多以罪倾其宗。①

不问实不实，必诛而覆其家，这是消灭地主的另一手段。

对农民方面，在开国时为了应付农民过去的要求和谋赋税之整顿，曾大规模地举行土地丈量：

元季丧乱，版籍多亡，田赋无准。明太祖即帝位，遣周铸等百六十四人，核浙西田亩，定其赋税。复命户部核实天下土田。②

以后每平定一地后，即派人丈量土地，如：

洪武五年六月乙巳，命户部遣使度四川田，以蜀始平故也。③

洪武十九年，又再丈量一次，方孝孺《贞义处士郑君墓表》：

洪武十九年诏天下度田，绘疆畛为图，命太学生莅其役。④

量度田亩方圆，次以字号，悉书主名及田之丈尺，编类为册，状如鱼鳞，号曰鱼鳞图册。另一面则调查人口，编定黄册：

洪武十四年诏天下编赋役黄册。以二百一十户为一里，推丁粮多者十户为长，余百户为十甲，甲凡十人。岁役里长十人，甲首一人，董一里一甲之事。先后以丁粮多寡为序。

以户为主，详具旧管新收开除实在之数为四柱式。而鱼鳞图册以土田为主，诸原阪、坟衍、下隰、沃瘠、沙卤之别毕具。以鱼鳞图册为经，土田之讼质焉，黄册为纬，赋役之法定焉。凡买卖田土备书税粮科则，官为籍记之，毋令产去税存，以为民害。⑤ 这法度

① 《逊志斋集》卷二二。

② 《明史》卷七七，《食货志》。

③ 《明太祖实录》卷七四。

④ 《逊志斋集》卷二二。

⑤ 《明史》卷七七，《食货志》；参看梁方仲先生：《明代鱼鳞图册考》，载《地政月刊》第八期。

虽然精密，可是地主舞弊的方法也随之而进步，农民仍然和过去一样，要负几重义务，生活之困苦，并不因政权之转换而稍减。①

最后，元代因滥发交钞的结果，财政破产，民生困瘁。《元史》记：

> 至正十一年，置宝泉提举司，掌鼓铸至正通宝钱、印造交钞，令民间通用，行之未久，物价腾踊，价逾十倍。又值海内大乱，军储供给，赏赐犒劳，每日印造，不可数计，舟车装运，轴轳相接，交料之散满人间者无处无之，昏软者不复行用，京师料钞十锭易斗粟不可得。既而所在郡县皆以物货相贸易，公私所积之钞，遂俱不行，人视之若弊楮，而国用由是遂乏矣。②

原来在初行钞法时，钞本和钞相权印造，钞本或为丝，或为银，分存在中央和地方，所以钞和物货能维持稳定的比率，流通无阻。到末年钞本移用一空，却一味印发，用多少就印多少，自然物价愈高，钞价愈跌，驯至不能行使市面了。明兴以后，仍沿其弊。洪武初年铸大中通宝钱，商贾用钞惯了，都不愿用钱。洪武七年设宝钞提举司，造大明宝钞，命民间通行，分六等：曰一贯，曰五百文，四百文，三百文，二百文，一百文。每钞一贯，准钱千交，银一两，四贯准黄金一两。禁民间不得以金银物货交易，违者罪之。可是并无钞本，政府唯一的准备是允许用钞交纳赋税。初期凭政治的威力，虽然滥发，钞法尚通，后来钞价渐跌，钱重钞轻，一贯只值钱一百六十文，物价愈贵，政府虽屡次想法改进钞的价值，严禁其他货币行使，可是仍不相干。宣德初年米一石至用钞五十贯，成化时钞一贯至不值钱一文。这是蒙古人遗传给明代的一个最大祸害。

在这样一个局面之下，农民并没有从革命得到什么好处，也许比从前还更糟，可是新的统治权并不因此而发生动摇。这有两个原因可以解释，第一是已经经过几十年的战争，农民已经厌倦了，不能再忍受那样的生活了，暂时能够苟安一下，虽然还是吃苦，也比

---

① 参阅吴晗：《明代之农民》，载天津《益世报·史学》第十二、三期，1935年10月。

② 《元史》卷九七，《食货志》，《钞法》。

在兵火之下转侧强一点。并且壮丁多已死亡，新统治者的军力超过旧政府远甚，农民只好屈服。第二是战争的结果，天然地淘汰了无数千万的人口，空出了大量无人耕种的土地，人口比过去少，土地却比过去多，农民生活暂时得到一个解决。元末残破的情形试举一例：

> 丁酉（1357）十月甲申，遂命元帅缪大亨取扬州，克之。青军元帅张明鉴以其众降……明鉴日屠城中居民以为食。至是大亨攻之，明鉴等不支，乃出降……按籍，城中居民仅余十八家。（李）德林以旧城虚旷难守，乃截城西南隅筑而守之。①

这是至正十七年的事，扬州是江南最繁富的地方，几年的战争，便残破如此，其他各地的情形可想而知。土地空旷的情形也举一例：

> 洪武三年（1370）六月丁丑，济南府知府陈修及司农官上言：北方郡县近城之地多荒芜，宜召乡民无田者垦辟，户率十五亩，又给地二亩，与之种蔬。有余力者不限顷亩，皆免三年租税。其马驿巡检司急递铺应役者各于本处开垦，无牛者官给之。守御军在远者亦移近城。若王国所在，近城存留五里以备练兵牧马，余处悉令开耕。从之。②

可是一过几十年，休养生息，人口又飞快地增加，土地又不够分配，同时政府的军力也逐渐衰敝的时候，政治的腐化，政府和地主的苛索，又引起了接连不断的农民革命。③

一九三五年除夕

（原载《清华学报》第十一卷第二期，1936年4月）

---

① 《明太祖实录》卷五。

② 《明太祖实录》卷五三。

③ 参看《明代之农民》；吴晗：《晚明流寇之社会背景》，载天津《大公报·史地周刊》第五至六期，1934年10月。

十四世纪时之纺织工厂

从蒙古人入主中国后，掳民之有艺业者为军匠及诸色工匠，著籍为匠户。世世替国家服役。明朝也沿其遗制，法制且比前朝加密。直到建州人入关后，顺治二年（1645）才令各省俱除匠籍为民。

在《元文类》和《马哥孛罗游记》诸书中，我们知道从十三世纪后期以来国营工厂的盛况。从《元史》、《明史》诸记载中，我们知道当时一部分匠户的数目就是三十万户①，同时在工作的军匠民匠人夫有过二十五万九千余人的记录②。

在这一长期的国营工厂时代中（约1280—1645），最使我们感觉兴味的是私人工厂的出现。在下文所引史料中，第一件可以看出从个人手工业的出产到集体手工业生产的过渡契机，明徐一夔《始丰稿》卷一《织工对》：

> 钱塘之相安里有饶于财者，率居工以织，每夜至二鼓。老屋将压，杼机四五具，南北向列工十数人，手提足蹴，皆苍然无神色。日佣为钱二百缗，吾衣食于主人，而以日之所入养吾父母妻子，虽食无甘美而亦不甚饥寒。于凡织作，咸极精致，为时所尚，故主之聚易以售，而佣之直亦易以入。

由资本家出房子、机械、原料、工资，工人则出卖劳力，这和近代的工厂毫无区别。所不同的是工作时间过长，一天要作十三四小时工作，和衣食都由厂主供给，比近代工人稍被优遇而已。并且这一类小规模的工厂，在当时似乎很发达，厂和厂间也有竞争，肯出高价延揽技术熟练的工人。徐氏又记：

---

① 《元史》卷一三，《世祖本纪》。

② 《明宣宗实录》卷四五。

有同业者佣于他家，受直略相似。久之乃曰：吾艺固过于人，而受直与众工等，当求倍直者而为之佣。已而他家果倍其直佣之。主者阅其织，果异于人。他工见其艺精，亦颇推之。主者退自喜曰：得一工，胜十工，倍其直，不吝也。

徐氏是十四世纪中叶的著名学者，他曾以在野学者的地位，替明政府修过礼书，同时又对元史的修纂贡献过意见。根据他在社会上活动的时间，他的《织工对》一文大约写成于明兴以前。他所记的工厂至少是十四世纪中叶以前的情形。

除国营的、私人的工厂以外，第三种的工业生产方式是奴隶手工业，试举两例，元陆文圭《墙东类稿》卷一二《武节将军吕侯墓志铭》：

侯连岁出征，夫人躬自蚕织。家童数十人称工艺廪食之，无惰游者，以故资用丰裕。

明于慎行《穀山笔麈》卷四：

吴人以织作为业。即士大夫家多以纺织求利。其俗勤啬好殖，以故富庶。然而可议者，如华亭相在位，多蓄织妇，岁计所织，与市为贾，公仪休之所不为也。

前一例是十三世纪时事，后一例是十六世纪中叶时事。蒙古旧制，将士出征自备武器及给养，一切所须都取给于奴隶所生产。这种制度在几百年后仍被部分地保留着。徐阶是嘉靖后期的首相，家蓄奴隶千余人，以殖产为世所讥。在这两例中我们看出元明两代除利用奴隶于农业畜牧商业诸部门外，并且也利用到手工业方面。

国营工厂，资本家的工厂，官吏贵族的奴隶手工业，再加上个人的和副业的手工业者的活动，同时在发展着。这中间的消长和相互的影响，是值得我们详细研究的一个问题。

十一月十五日晚，病后试笔。

（原载《清华周刊》第四十五卷第五期，1936 年）

后金之兴起

一、建州三卫之分设

当明太祖崛起于濠泗，用兵力统一中国时，清代皇室的始祖童猛哥帖木儿（肇祖孟特木）也正在朝鲜境内活动。二百年后，他的后人努尔哈赤吞并海西、蒙古诸部，起而和明对抗。二百五十年后，经山海关守将吴三桂开门请入，就定都北京，继承了明室的统治权。

童猛哥帖木儿属于女直族中之建州部。女直分三种：分布于松花江以北一带者为海西女直，居住于自依兰县（三姓）至瑚尔喀江沿岸，绵亘于长白山一带者为建州女直。在东方沿海州一带者则为野人女直。海西以松花江一名海西江得名，建州则以依兰县旧为渤海时代之建州，野人则指其文化之落后。前二种明人称为熟女直，后者称为生女直，又以此部族皆行猎于黑龙江支流之忽剌温江沿岸，亦称为忽剌温野人（清人记载亦称为扈伦）。熟女直为金人后裔，生女直则或为东北西比利亚族之一种。以上所说的女直原名女真，因避辽兴宗讳更名女直。

女直诸族分布东北，东滨海，西接兀良哈，南邻朝鲜，北至奴儿干。三面强邻。明太祖建国后，更和辽东都司接壤。以此，在明代几百年中，女直诸族始终介在明和蒙古、朝鲜的三方关系中，利用三方面的不同关系，时而归附朝鲜，时而归明，时而助蒙古攻明，又时而助明征蒙古，周旋于三大国之间，慢慢地养成一股不可侮的实力，起而收服蒙古诸部，征服朝鲜，入主中国。在这长期活动中的主角和成功者是自称为后金的建州部。

建州前期之史事，始见于朝鲜《李朝实录》及《龙飞御天歌》，

《实录》太祖十二年条。

> 东北一道本肇基之地也，畏威怀德久矣。野人酋长，远至移阑豆漫，皆来服事。常佩弓剑，入卫潜邸，昵侍左右，东征西伐，靡不久焉。如女真则斡朵里，豆漫夹温猛哥帖木儿，火儿阿豆漫古论阿哈出，托温豆漫高卜儿阏……等是也。上即位量授万户千户之职。

《龙飞御天歌》卷七第五十三章记：

> 斡朵里，火儿阿，托温三城，其俗谓之移阑豆漫，犹言三万户也。盖以万户三人分领其地，故名之。自庆源府西北行一月而至。

移阑女真语数词 ilan 即“三”，豆漫 Tumen 意为万，移阑豆漫即三万户之译文。此三万户所领斡朵里地在海西江（松花江）之东，火儿阿江（瑚尔喀江）之西。火儿阿地在二江合流之东，即今依兰县。托温地在二水合流之下流地点，和元代水达达路的五万户的比对，恰当其中的三万户。上记三酋长中，猛哥帖木儿为后来明廷所设建州左卫酋长，阿哈出则为建州卫军民指挥使司指挥使。

当女直三万户臣服于朝鲜李朝时，明廷也正在努力经营东北，绥抚女直诸族。洪武四年（西元 1371）元平章刘益以辽东降附后，即设定辽都卫于辽东，列戍置将，着手经营。洪武五年三路出师北伐后，蒙古人远窜西北，明廷得以全力经略东北，置金、盖、复三州，收复开原、铁岭之地。六年置辽阳府县。八年改定辽都卫为辽东都司，废所属州县悉隶卫所，一切均以军政行之。时高丽政府仍和北元交通，明将周鹗、徐玉、陈玉等乃深入经略，直至鸭绿江右岸以北至辉发河流域之地，断绝高丽与北元之交通路，强迫高丽降服。洪武十六年元海西右丞阿鲁灰率众内附，二十年命冯胜率军征服盘踞金山和北元呼应的纳哈出。二十一年复击溃元军于捕鱼儿海，元主脱古思帖木儿仅以身免，寻为其臣也速迭儿所弑，自是蒙古遂分东西二部，不复能与明抗。东虏诸将相继降明，明为置全宁卫于今巴林地，泰宁卫于今洮南附近，福余卫于今齐齐哈尔地，朵颜卫于今儿洮河上源，应昌卫于达里泊湖畔以安置之，全宁、应昌二卫寻叛去，泰宁、福余、朵颜则仍服属于明，是为兀良哈三卫。又置大宁卫于热河，寻改为北平行都司，封宁王于此以镇之。又置广宁、义州诸卫，封辽王于广宁，封韩王于开原，沈王于沈阳，经略东北未附诸地。

元在辽东之势力既尽颠覆，明廷乃于东北三姓方面置三万卫以镇抚北部，东南朝鲜境置铁岭卫以统御南部。《明太祖实录》洪武二十年十二月庚午条：

置辽东三万卫指挥使司，以千户侯史家奴为指挥佥事。

三万卫原设于建州部所在之斡朵里，后以粮饷难继，退设于元开元故城（在珲春东，与辽河之开原不同地）。又承元旧置兀者野人乞列迷女直军民万户府以招抚野人，所辖区域包含今黑龙江下流一带。同时依元以合兰府为中心统辖女直野人之制，于朝鲜咸镜南道南端，江原道界上之铁岭置铁岭卫。铁岭原为元代极盛时之南边界线，但此时已成为朝鲜内地，深入设卫，在事实上发生困难，《明太祖实录》洪武二十年十二月壬申条录记要求高丽归还元代旧疆，仍以铁岭为两国界线：

命户部咨高丽王，以铁岭北东西之地，旧属开元，与土著军民女直、鞑靼、高丽人等辽东统之。铁岭之内，旧属高丽，人民悉听本国管属。疆境既正，各安其守，不得复有所侵越。

又二十一年三月辛丑条：

先是诏指挥佥事刘显等至铁岭立站，招抚鸭绿江以东夷民。

《高丽史》卷一三十《辛禑传》亦记：

西北面都安抚使崔元沚报：辽东都司遣指挥二人，以兵千余，来至江界，将立铁岭卫。帝豫设本卫镇抚等官，皆至辽东。自辽东至铁岭，置七十站，站置百户。

高丽君臣大震，以崔莹为八道都统使，领兵五万攻辽。大将李成桂行至威化岛，回军虏崔莹，废辛禑，不久即自立为王，是为李朝之始。同时明军来设卫者亦阻于事实上的困难，不能深入高丽腹地，仅于高丽江界（满浦）对岸之黄城（洞沟）附近进行招抚工作。未几又以后方之联络困难，移卫址于奉集堡，《明太祖实录》洪武二十一年三月辛丑条：

> 置铁岭卫指挥使司。先是元将校金完哥等率其部属金千吉等来附。至是遣指挥佥事李文、高颙镇抚杜锡置卫于奉集县，以抚安其众。

廿六年四月又再徙于沈阳、开元两界古嚚州今铁岭地。

明设三万卫、铁岭卫后，和女直部族发生直接关系，火儿阿万户阿哈出入朝南京，纳女于燕王①，至成祖即位，阿哈出复入朝，赐姓名为李思诚②。永乐元年十一月诏设建州卫军民指挥使司，以阿哈出为指挥使。并遣千户王可仁等至朝鲜招抚女直。继由阿哈出之进言，永乐三年复遣使至斡朵里③招谕童猛哥帖木儿，时朝鲜官猛哥帖木儿为上护军，并令其弟及养子与妻弟均入宿卫，极力以爵赏笼络，不使归明。继又官猛哥帖木儿为庆源等处管事万户，使当守边之任。但猛哥帖木儿仍随明使入朝，受职为建州卫都指挥使，是为建州左卫之始。

在另一方面，永乐元年遣行人邢枢于黑龙江流域，招抚奴儿干诸部野人酋长来朝，二年置奴儿干卫，七年四月又置奴儿干都指挥使司，先后置卫所一百八十四，兀者托温千户等所二十，又于开原设安乐州，于辽阳设自在州以处降人，量授以官，听其耕牧自便。极力用分化政策，因地设卫，各领敕书印绶，予以定期入贡及互市之权利，使不致团结入寇，为患边境。

建州卫自归明后，极为忠顺，除遣子弟入侍外，并调军随从征伐。永乐八年八月阿哈出子释家奴以从征阿鲁台功，由建州卫指挥使升为都指挥佥事，并赐姓名为李显忠。时黑龙江一带野人经明廷

---

① 见《李朝太宗实录》四年十二月庚午条。

② 此据叶向高《四夷考》，《明实录》作李诚善。

③ 吾都里、斡朵怜，在朝鲜会宁境内斡木河地。童猛为兀狄哈所侵，南下出珲春平野，入居朝鲜境内，所住地仍系旧名。

之招抚，骤然得势，南下压迫西南方面之建州女直，李显忠遂舍去原住之依兰地，永乐十年十一月得明廷准许，悉众南下移卫所于今吉林北面之乌拉街。永乐末年复受忽剌温野人之侵逼，李显忠子李满住再率众南徙于婆猪江（佟家江、佟佳江）沿岸怀仁县附近。时朝鲜英主世宗努力向北边拓地，建州卫不堪其逼胁及忽剌温野人之扰害，正统三年复远徙灶突山（呼兰哈达）东南浑河之上，赫图阿拉之地。忽剌温野人则随建州卫之退徙而进展，据有吉林及乌拉之地，是为后来之海西四部。

左卫童猛哥帖木儿时在朝鲜境内亦大肆活动，朝鲜受其威胁，至废庆源府，移王室祖墓德陵、安陵于咸州以避之。永乐九年以避朝鲜之攻击，移住于前代开元路之凤州（辉发江上流之房州，山城子）。永乐末年福余卫及忽剌温受蒙古之排击而南下，凤州感受威胁，左卫又复还至会宁旧居。宣德八年明廷进猛哥帖木儿官为右都督，其弟凡察为都指挥使。同年七月开阳（开原）女直阳木答兀纠合七姓野人（东海兀狄哈诸部野人女直之一派）攻杀猛哥帖木儿及其长子权豆（阿古），左卫部众多死。朝鲜乘机经营东北面，恢复旧地，猛哥帖木儿弟凡察及其子董山谋徙入朝鲜内地被拒，且被压迫，于是遂谋西徙，正统五年潜从会宁逃出，辗转西奔至赫图阿拉和建州本卫合住，傍明塞下安居。分处多年的两卫到此因意外之结果而重复合流团结，这在建州女直发展史上是一件特别值得注意的大事。

左卫西迁后，凡察和董山又因争掌卫印，发生内讧。

初猛哥帖木儿死后，凡察代领其众，以卫印亡失，请明廷另给新印，时董山深得部众之望，又获已失之旧印，遂和凡察争为酋长，明廷几度调停，凡察和董山仍不相下，正统六年八月辽东总兵官曹义提出一个折衷办法，解决左卫的争端，始得无事，《明英宗实录》记：

> 丁丑辽东总兵官都督佥事曹义言：此奉敕旨，以凡察、董山争掌卫印，宜审其所部人情所属者授之，臣即遣人奉宣诏旨，而二人各执一词，纷纷不已。遂同至开原，臣反覆谕以朝廷法制，凡察乃黾勉出其新印，且欲身自入朝陈论。已省令暂还本卫，至秋后赴京，臣窃观其部落意响，颇在董山，而凡察快快，

> 终难安靖。永乐中野人恼纳塔失叔侄争印，太宗皇帝令恼纳掌忽鲁哈卫，塔失掌弗提卫，其人民各随所属。今兹事体，与彼颇同，请设建州右卫以处凡察，庶消争衅。以靖边陲。上命俟其来朝议之。

至次年二月遂下令分建州左卫设建州右卫，升都督佥事董山为都督同知，掌左卫事，都督佥事凡察为都督同知，掌右卫事，董山收掌旧印，凡察给新印收掌。从此建州始分为二，凡察仍居赫图阿拉，董山则复南下移住佟佳江流域。至万历时右卫酋长王杲及其子阿台跋扈，为名将李成梁所灭，左卫董山的后裔叫场及其子他失实为明军向导，他失子努尔哈赤即后来之清太祖，其母即为右卫酋长王杲（阿古）的孙女，明人因此称之为“王杲遗孽”。

从此建州三卫都近明边，和辽东接壤，接受中原文化，奠定了后来发展的基础。

二、明之贡市政策与成化三年之役

明廷对东北的治理方法，在洪武时代取积极的招抚政策，以三万卫和铁岭卫为南北两大军事中心，于辽东置东宁卫及安乐、自在二州，安置来降的夷人。这政策的施行遭遇到两种困难，第一是所拟设的军事中心和后方距离太远，运输粮饷及补充军实均感困难；第二是降人的安置耗去国家过大的费用，不能持久。因此这两个预期深入女直所处地带的军事中心不能不渐次移近塞下，对于安置降人的特别区的兴趣也逐渐冷淡下去。到永乐时代，改取消极的招抚政策，利用东北的大族和女直的名酋作中心，用赏赐爵禄去招抚各地的土人，每一个来朝的酋长都给以敕书和印绶，因地而立卫所的名称，即以其酋长为指挥使、指挥佥事、镇抚等官，统率其部服属于明。凡卫所移徙及酋长承继必须得政府许可。他们对明廷的义务是“忠顺看边”，“约束部下安居乐业”。所得的权利是入贡和互市。这样，明廷不费巨大的军力和粮饷，每年耗费一些照例的赏赐，便得以保持东北一带的统治权，和维持辽东边塞的安全。同时，因卫所的个别设立，无形中分化了女直诸族的团结，使其个别独立，成为一盘散沙的局面，不能起来和明廷为难，这政策在当时收到了显著的功效，保持了几十年的安定局面。

入贡和互市的名义虽然不同，其实都是一种特许贸易。这两种不同名义的贸易，都须证明确属某卫酋长的派遣方许入关，证明的手续是呈验明廷所颁的敕书。因此，凡欲和明贸易的夷人，必须先在政治上服属于明，方能领得敕书，得到通商权利。女直诸族的文化比较落后，他们需要铁器、农具、丝织品、衣料诸工艺品，不能不以东北所产的人参、貂皮、药材、牲畜诸天然产品来和明人交易。在这种正常的通商关系之下，维持了两个民族间之和平。反之，在这种关系破裂，不能换取他们所需要的生活必需品的时候，便不惜用武力来侵袭边塞，掳掠熟谙耕种方法的农民和工人去为他们作生产劳动者。据《朝鲜李朝实录》的记载，此项被女直种人所掳的汉人，不堪虐待，秘密逃奔朝鲜，由朝鲜政府护送回国者为数极多，其大部分无法逃脱者便永远被留，成为女直种人的奴隶和生产技术的教师。被掳者中的知识分子便成为他们的文化教师和谋主，直接促进女直诸族的文化和经济生活的发展。同样地朝鲜边民也遭受了此种厄运，朝鲜政府并且因为转送逃亡汉人的缘故，引起女直诸族的忿恨，边境屡被攻击。

入贡和互市都有了严密的规定。入贡时每卫人数和贡路都由政府指定，《明会典》记：

> 建州卫、建州左卫、建州右卫、毛怜卫每卫岁许一百人，建州寄住毛怜达子岁十二人。其余海西各卫并站所地面，每处岁不过五人。其都督来朝许另带有进贡达子十五人同来。贡道由辽东开原城。近年定海西每贡一千人，建州五百人，岁以十月初验放入关，十二月终止，如次年正月以后到边者边臣奏请得旨，方准验放。

贡物则规定为马、貂鼠皮、舍利猻皮、海东青、兔鹘、黄鹰、阿胶、殊角（即海象牙）。所得到的代价是称为“回赐”的彩缎绢布，按贡物的价值偿还相当的货物。其入贡人员自都督以下照各人的身份别有缎绢衣服的给赐。贡事完毕后许于特设的国际商场会同馆开市三日，和商民交易。

入贡之贸易对象为政府，互市则为定期之边地贸易，明廷开设市场之目的在求马匹，故通常称为马市。王世贞《弇州史料》记：

> 永乐三年立辽东、开原、广宁马市，定价上上马绢八匹、布十二匹，上马绢四匹、布六匹，中马绢三匹、布五匹，下马绢二匹、布四匹，驹绢一匹、布三匹。其互市一于开原城南以待海西女直，一于开原城东，一于广宁以待朵颜三卫，各去城四十里。

开原一市为女直诸部之指定市场，距海西较近，而建州诸部则须北上经广顺、镇北二关，始能入市。自三卫合住后，建州女直已逼处明塞下，天顺八年（西元 1464）经建州左卫都督董山之请求，特开抚顺关，专为建州入贡及互市之入口，《明宪宗实录》天顺八年四月乙未条：

> 敕辽东镇守总兵等官，遇有建州等卫女直到边，须令从抚顺关口进入，仍于抚顺城往来交易，务在抚谕得宜，防闲周密，以绝奸宄之谋，毋或生事阻当，致失夷情，及纵令窥瞰，致引边患。

从此不必再绕道从镇北关出入，直接西向入关，距辽沈密迩，独处关门要地，通辽人，输辽货，和汉人同化，奠定了建州本部发展的基础。

正统以前，明国力充裕，边备整饬，女直慑于明之威力，虽间有寇扰，不为大害。至正统末年宦官王振当国，贿赂公行，政事废弛，土木之变，英宗被掳，瓦剌也先入寇京师，别部脱脱不花犯辽东，建州诸酋李满住、董山等并从为乱，抄略边境，在连年混战中，许多大酋都死于兵乱，尽失所赐敕书，以此其子孙不得袭职，在入贡时不能享受卫所高级官吏的待遇，只能用舍人名义入关，“在道不得乘驿传，赐宴不得预上席。赏赐视昔又薄”。所进土产质地不好的立为边臣所退还，不能享受“给赐”的权利，由此对明廷发生反感，边警因之日增。同时，因兵乱的影响，不但丧失了许多部落的领袖和证明身份的文件，而且无形中使许多卫所自然消灭，许多卫所因之而流移迁徙，和原住地不生关系，给予少数的强酋以兼并强大的机会。

在另一方面，女直诸部贪于入贡之利，来朝人数渐多，明廷不胜供给之费，下令限定人数。《明宪宗实录》记：

> 天顺八年十月乙巳，会昌侯孙继宗、吏部尚书王翱等议奏：自古抚御外夷，来则嘉其慕义，固不厌其多而拒之，亦不病其少而招之。今野人女直僻在东荒，永乐间相率归附，时月有期，名数有限。近来络绎不绝，动以千计。彼所贪得者宴赏之优厚，而豺狼之心，亦何厌之有哉。若不限其来数，中国劳费实多，限之太狭，则失其向化之心，合酌量事体，建州、毛怜等卫，卫许百人，海西、兀者等卫，卫许三五（十）人，不得重复冒名，审验然后入关，从之。

女直诸部骤然失去一批进益，多不平。在边关互市时，又时为地方官吏克减抚赏盐物，更挑起他们的愤恨，由此时时阑入盗寇，在成化二年一年中建州、海西两部寇边至九十七次，杀掠至十余万人。这时辽东长吏也已深知边患的起因，奏请戒饬守臣，勿过为拣选贡物，《实录》又记：

> 成化二年十月甲寅，整饬边备左都御史李秉言：建州、毛怜、海西等诸部落野人女直来朝贡，边臣以礼部拟定名数，验其方物，貂皮纯黑，马肥大者始令入贡，否则拒之。且貂产于黑龙江迤北，非建州、毛怜所有。臣闻中国之待夷狄，来则嘉其慕义，而接之以礼，不计其物之厚薄也。若必责其厚薄，则虏性易离，而或以启衅，非圣朝怀远人厚往薄来之意。今年海西、建州等夷人，结构三卫，屡扰边疆，进贡使臣，一介不至，凡以此也。今边报日开，若不更定其制，恐边患日甚一日，所系非轻。礼部因请戒饬辽东守臣，自后夷人来朝入贡，验数放

入，不得过为拣择，以起边衅，从之。

可是这时的海西、建州已经是“进贡使臣，一介不至”，起而“结构三卫，屡扰边疆”，明廷虽然命令边吏改善态度，也不能制止他们的侵掠了。

女直诸部从土木之变后，对明廷已失去过去之敬畏态度，桀骜恣肆，不大肯听约束。经景泰至天顺中，愈形活动。同时朝鲜英主世祖登极，极力笼络诸名酋，李满住、董山及其亲属纷纷入朝，受朝鲜官职，乞取盐粮及赏赐，朝鲜方面，也采取和明廷同样的政策，厚抚入朝诸酋，保持边境的安宁。事为明廷所知，遣使严词诘问，不许双方私交，彭孙贻《山中闻见录》九记：

天顺二年董山潜结朝鲜，授中枢院使。巡抚都御史程信令自在知州佟成阳廉他事，得朝鲜授山制书以闻，上遣给事中往朝鲜，锦衣译者往建州，各支吾，出制书，始慑服，贡马谢。

自后明廷虽屡次敕禁朝鲜私通中国属夷，但朝鲜仍在明人监视下秘密和建州诸部交通，建州三卫则取两属的形式，向双方维持有利的关系，向时又乘机入寇，攻明则暱鲜，攻鲜则又暱明，贡使和武装的游击队往往同时出发，两国边境连年被扰，结果有成化三年之役。

明廷深知董山为寇边之祸首，特派都督佥事武忠往建州招谕，董山虽悔罪入朝，但仍桀骜无礼，其部落仍寇边不绝。明廷因决定大举入剿，成化三年五月命左都御史李秉提督军务，武靖伯赵辅佩靖虏将军印，充总兵官，往辽东调兵征建州女直。七月礼部主事高冈请拘留董山于辽东，时董山已还至广宁，复崛强不听敕谕，因被拘系。同时，又遣使朝鲜令从后路夹攻。

朝鲜方面亦正苦于建州之攻掠，在明兵未出前，已定分五路捣巢剿灭之计。但恐为明廷责其擅杀属夷，因迟迟未发，八月得李秉、赵辅移咨云：

建州三卫世蒙国恩，授与官职以荣其身，拨与土地以安其居。迩者悖逆天道，累犯辽东边境，致廑圣虑。特命当爵等统领大势官军，将以捣其巢穴，绝其种类，以谢天神之怒，以雪

> 生灵之忿。但缘建州后路与朝鲜国地方相连，虑有残贼败走，遁入彼国边方逃命投生。为照朝鲜国乃礼义之邦，自祖敬顺朝廷，好善恶恶，彼此同心。纵有前贼奔入边境，必能拒而擒捕。已经议奏请敕朝鲜国王随机设备，截其后路……倘遇建州穷寇奔遁到彼，就便截杀。①

因即乘机出兵，命大将康纯、南怡、鱼有沼等分二道，以九月二十六日由满浦入攻婆猪江，斩李满住及其子古纳哈等，候明兵不至，焚掠而还。明军五万人分三道以九月二十四日出兵，沿途遇强烈抵抗，至十月初四五日始抵建州三卫之根据地，屠古城（即灶突山），收所掳男妇一千二百余人。以冰雪班师。于是诛董山于广宁，建州名酋一时并灭。

建州经此打击后，虽势力骤衰，但其实力则并未全被歼灭，余众声言为董山复仇，仍入寇不已。明廷仍不能不致力于防边，筑抚顺、叆阳、清河诸堡，设兵戍守。朝鲜则特设仇宁万户，备建州入侵。时董山子脱罗（土老）继起领诸部，明廷因使袭职为都指挥同知，李满住孙完者秃、凡察后人卜哈秃亦并袭职，仍时时寇边。成化末年太监汪直用事，边吏邀功，几度出塞剿杀，俱无成功，会建州方面亦渐趋衰微，不能为大患，脱罗以下之世系至不见于记录。嘉靖初海西诸部骤强，替代了建州的地位，和明廷接触。

三、南关与北关之仇杀与努尔哈赤之兴起

建州名酋董山在成化初年谋连合海西女直对明作战，董山被诛后，海西诸部仍纠合建州残部为明边患，其最著者为叶赫、哈达、乌拉、辉发四部。

叶赫出于明初之塔鲁木卫，正德初酋长速长加以寇边被斩于开原，其子祝孔革②就抚，官都督。至嘉靖初塔山前卫酋长速黑忒③以

---

① 《李朝世祖实录》卷四十三。

② 《明实录》作竹孔革，清人记录作褚孔格，《山中闻见录》作祝孔革。

③ 《清人纪录》作绥屯，又作锡赫忒。何乔远《名山藏》作速黑武，此据《全边略记》及《山中闻见录》。

杀山贼猛克，通诸夷贡路功，进官左都督，是为哈达族之祖。叶赫初据吉林近旁之山地，后移进开原，于镇北关通贡市，明人称为北关。哈达为建州语山峰之义，即野人女直中之山夷，初据离开原四百里之松花江边，后移至开原东南之哈达城，于广顺关通贡市，明人称为南关。其别部据吉林北方之乌拉街为乌拉（乌喇、兀拉）部。辉发（灰扒）出于黑龙江岸之尼麻察部，渐移至松花江上支流之辉发江，因以为族名。清人合称为扈伦四部，扈伦即朝鲜记录之忽剌温，亦即今黑龙江之呼伦。原住开原附近之海西女直为野人女直所侵逼，弃地南下，海西地带为扈伦四部所有，由是野人女直之扈伦四部，转而为海西女直。

嘉靖二十二三年左右，哈达酋长王忠（速黑忒子）以叶赫酋长祝孔革寇扰明边，执而戮之，以功进都督佥事。其侄王台①继掌卫事，对明益恭顺，为明御边垂数十年，忠勤不懈，时祝孔革遗孽逞加奴②、仰加奴③亦对明臣服，取得由镇北关入贡之特权。王台恐其报怨，以女妻仰加奴，又纳祝孔革女温姐为妾。至万历三年擒杀建州酋长王杲，威势愈盛。

王杲④，为凡察后裔，袭任建州右卫都指挥使，好乱数盗边，自嘉靖三十六年以后，前后杀明边将数十人，万历四十一年副总兵黑春捣杲巢，杲诱伏媳妇山，生得春磔之。常深入辽阳，掠孤山，掳抚顺汤站。万历二年复诱杀守备裴承祖，辽东总兵李成梁提兵攻破其所居红力寨，杲逃奔哈达，王台奉明廷命执送阙下，诏赐爵为龙虎将军，以其二子为都督佥事，由此哈达所属东尽辉发乌拉，南尽清河建州，北尽叶赫，延袤千里，内属堡塞。时明廷亦努力于辽东之拓殖事业，徙长宽奠六堡（宽奠、长奠、永奠、大甸、新甸、张其哈喇甸），逐出占住之建州女直，尽收鸭绿江下流沃土之利，屯田殖边。东建州酋长王兀堂等环跪请市，自此开原以南，抚顺、清河、

---

① 《清实录》作万汗。
② 《清实录》作清嘉努。
③ 《清实录》作杨吉努。
④ 《清实录》作阿古都督。

叆阳、宽甸皆有市场，悉从明约束。

王台晚年势渐不振，叶赫仰加奴谋报父仇，结婚蒙古以与哈达及明抗，王杲遗子阿台①亦时时谋报复。台子虎儿罕（扈尔干）又嗜杀，部下多叛投叶赫，辉发乌拉及建州多不受节制，所辖二十余寨仅余五寨。诸子又生内讧。万历十年台竟以忧愤死，诸子虎儿罕、猛骨孛罗、康古陆争父遗业，康古陆遂亡命叶赫，未几虎儿罕死，遗子歹商幼弱，猛骨孛罗得袭，康古陆复归，妻其父妾温姐，三分遗业，猛骨孛罗以其母温姐故，亦助康古陆攻歹商，哈达势益衰。叶赫乘机勾引蒙古诸族来攻，明廷以哈达为中国藩屏，谕令罢兵，不听。辽东巡抚李松与总兵李成梁因设计伏兵中固城，叶赫二酋入关索赏，擒斩之。又出兵围叶赫本部，勒令听南关约束，哈达以此得少安息。可是不久逞加奴子卜寨、仰加奴子那林孛罗收拾余烬，又日夜谋报仇，勾引蒙古恍忽太攻掠不已，猛骨孛罗、康古陆反投叶赫攻歹商（猛骨孛罗为仰加奴婿）。万历十六年李成梁复出兵助反商攻叶赫降之，分海西敕书九百九十九道，以五百道归南关，四百九十九道归北关，令无相侵犯。未几康古陆、温姐相继死，歹商乃结婚于新兴之强酋建州部努尔哈赤以自固，万历十九年为叶赫所刺杀。其部下尽属猛骨孛罗，又日与北关构怨，势益孤。那林孛罗复纠蒙古族攻南关。猛骨孛罗不能抵抗，质子女于建州求援，努尔哈赤执杀之，以次尽杀王台遗裔，遂灭南关。

王杲死后，其子阿台亡命叶赫，诱其攻明及哈达报父仇。数深入辽东掳掠，万历十一年春复入寇沈阳。李成梁用阿台婿他失父子为间，举兵剿灭之。《明史钞略·李成梁传》记：

> 春，阿台复纠虏大举，分道入至沈阳城，南临浑河，成梁引军驰至虎皮驿援之，阿台方拥千骑掠抚顺，徐引去。成梁闻阿台有婿曰他失，其父曰叫场，乃使叫场给阿台而潜以兵袭之，从抚顺出塞百余里，直捣古勒塞，寨三面壁立，壕堑甚设，成梁火攻之二昼夜，射阿台死，而秦得倚已自他道捣其党阿海寨

① 《清人纪录》作阿太章京。

诛之，凡得级三千三百有奇。我军死伤亦略相当。王杲子孙至是无噍类。已而并杀叫场、他失于阿台城下。他失子即清太祖也，以幼得不死，留置帐下。

阿台清人称为阿太章京，阿海为毛怜卫夷，清人称为阿亥章京。叫场《清实录》作觉昌安，称景祖，他失《清实录》作塔克世，称显祖，叫场为建州左卫都督佥事，嘉靖三十九年叩关入贡，至此遂为明军作间谍诱杀阿台，功成后父子并为明军所杀。

他失子努尔哈赤自幼即以质子入侍大将李成梁门下，濡染汉人文化，阿台灭后，成梁俾为都指挥，领祖父遗众，时时于抚顺二关诸堡送还所掠人口，以自结于明，复听命斩叛夷克五十以献。万历十五年筑居城于哈阑哈达，尽收苏子河流域诸部，次年佟佳江边之董鄂部来归后，势力骤盛。万历十七年以功升都督，骤跻崇阶，与南关埒，藉中国名号耀东方，势愈强。《皇明从信录》记：

又因贡夷马三非，述祖父与图王杲珂台，有殉国忠。今复身率三十二酋保塞，且钤東建州、毛怜等卫，验马起贡，请得升职长东夷。时开原参政成逊、辽海参政栗在廷会查，本夷原领敕三十道，系都指挥。伊祖父为乡导剿王杲，并死兵火，良然。今努尔哈赤屡还汉人口，且斩克五十有功，得升都督制东夷使。总督侍郎张缙彦以闻，报可。是时万历十七年九月也。

时南北关构怨，战争无虚日，努尔哈赤因操纵其间，收渔人之利。至万历二十年日本侵朝鲜，明廷征全国兵往救，努尔哈赤因请出兵征倭自效，虽为明及朝鲜所拒，但仍以保塞功，于万历二十三年进秩为龙虎将军，继王台而雄长东方。

努尔哈赤崛起之际，正明廷内忧外患交迫之时，万历十七年播州宣慰司使杨应龙反，用兵数十万，相持十年，西南大部糜烂，至二十八年始为刘綎所平。万历二十年二月宁夏土达哱拜反，至九月始平。五月日本丰臣秀吉大发兵侵朝鲜，明倾全国力发兵往救，用兵七年，明倾全国均为之疲敝。经过这接连而来的几次大战争，财政陷于破产，不能支持，再加上皇室的过分豪奢，浪用国库的款项，诸王大婚、宫殿营造等等费用，更增加了国民的负担，弄得民穷财尽，于是到处派遣矿使开矿，《明史·陈增传》：

> （万历）二十年宁夏用兵费帑金二百余万，其冬朝鲜用兵，首尾八年费帑金七百余万，二十七年播州用兵又费帑金二三百万，三大征踵接，国用大匮。而二十四年乾清、坤宁两宫灾，二十五年皇极、建极、中极三殿灾。营建乏资，计臣束手，矿税由此大兴矣。其遣官自二十四年始，其后言矿者争走阙下，帝即命中官与其人偕往，天下在在有之……大珰小监纵横绎骚，吸髓饮血，以供进奉，大率入公帑者不及什一，而天下萧然，生灵涂炭矣。

这一倒行逆施的举动，更促进了整个社会的经济破产，到处因矿使和税监的残暴和过分剥削，引起民变和兵变，派驻了辽东的税监高淮专横尤甚，任意陷害地方官吏，扣除军士月粮，和边将争功，山海关内外咸被其毒。同时御边名将李成梁也因年老位高，暮气渐深，其诸子及将均习于奢靡，不能作战。在这情形下，给予努尔哈赤以一个自由发展的机会。

努尔哈赤统一东北部族的方法：结婚政策和武力讨伐并用，一面和叶赫、哈达、乌拉缔结多方面的婚姻关系，更进一步和蒙古科尔沁札鲁特诸族通婚，利用血缘关系扩展其势力和联络许多有力的部族，一方面用其卓越之军力征服其敌人，万历二十一年击破来袭之北关南关乌拉辉发及蒙古诸族之联军于古勒寨下，杀卜寨，擒乌拉会长卜占台，其势力遂达松花江上流之地。二十七年又乘南北两关之争，执杀猛骨孛罗，二十九年遂并南关，和明廷正式立于敌对的地位，三十五年灭辉发，四十一年灭乌拉，其酋长卜占台逃奔北关，又以兵力招抚东海长白山及瑚尔喀江流域散居之瓦尔喀渥集虎尔哈等女直部族，征发其壮丁为兵。至万历四十三年时，辽东边墙外东北全境之大半，统统为他所统一了。

在内治方面，因平定诸部兵数增加之结果，万历二十九年创定兵制，以三百人为一牛录（niau），以额真（ejen）一人为其长，至四十三年以牛录为单位，五牛录为甲喇（jujo），置甲喇额真，更合五甲喇为固山（Gnsa），置固山额真，固山额真之下又置左右梅勒（Meise）

额真。初设四固山，以旗区别为四旗统兵三万，后增为八旗（红、黄、白、蓝、镶红、镶黄、镶白、镶蓝）统兵六万，以亲族任固山额真谓为固山贝勒，后来兵力发展，又加入蒙古人和汉人的军队，别出为蒙古旗、汉军旗，奠定了一代兵制基础。民政方面的设施也和兵制的创定相表里，万历四十三年六月下令各牛录额真，部内各出十人和四牛屯田，开垦荒地，贮谷以备不时之用。别设哈番（haian）官十六员，笔帖式（bijeei，书记）八员以掌会计，置理政听讼大臣五人，札尔固齐（Jarugllcl，断事官）十人佐理国事。在工艺方面，因武器和农具之需要增加，为求自给自足计，于万历二十七年始开金银矿及铁冶。同年又命额尔德尼噶盖以蒙古字合女真语创制新字，颁行国中，后经著名学者达海之修改，成为后来之"满"文。

万历四十四年（西元1616）正月努尔哈赤以国内粗定，自称为覆育列国英明皇帝，建元天命。自以为金之后人，命国号为后金，定姓为爱新觉罗，爱新（Aishin）意为金，觉罗（Giols）意为族，表明其承金而起，以收揽女直诸部之人心。两年复遂誓师攻明，作更进一步之发展。

四、后金国与明之冲突及其发展

万历初年李成梁所开拓之宽奠六堡，包有鸭绿江下流之沃土，二十余年后，招集屯垦户数至六万余家。时受建州侵袭，辽东兵力疲敝，不能维持。至万历三十三年竟弃地予敌，《明史钞略·李成梁传》记：

> 清太祖（努尔哈赤）以保塞功加龙虎将军，奄有建州、毛怜诸卫，侵朝鲜，并灰扒黑龙江上诸夷，拓地数千里，数使人来言新疆，新疆者成梁所开宽奠六堡也。成梁乃谋于巡抚赵楫，谓鸦鹘关外，鸭绿以西，宽奠以东数百里居民逼建州耕所市易，请弃其地予之，而招其民内徙，楫以闻。副总兵刘应棋争之曰：今张其佃哈喇泊之间，居民输租屯粮，乐业已久，一旦迁徙，惊扰居民。况边地尺寸不可弃，敌心何厌，亏边境，损国威，

> 无甚此者。成梁大怒，应棋抑郁成疾告归。冬十一月成梁招谕居民不以，使其侄婿韩宗功率军数千驱之内徙，遂焚其庐舍器物皆尽。时天寒冰雪，哭声动地，多僵馁不支及堕水缢死者无算，弃新疆，予建州。复屡请金增，即以叆阳、清河缘边田税赏之，坐得膏腴地数百里，益富强，轻中国。

此后又为参假及越境采参，车价诸问题发生纠纷，万历四十二年和明边将定立界碑，明不越界屯种，建州不越界为盗。但此种约言双方均不能实行。至四十六年遂以七大恨誓师，大举攻明。所谓七大恨主要的几条是："二祖无罪见杀，曲护北关，越界采参，自称其祖宗与南朝看边进贡，忠顺已久……怀此七恨，莫可告诉，辽东都司既已尊若神明，万历皇帝复如隔于天渊，踌躇徘徊，无计可施，于是告天兴师，收聚抚顺，欲使万历皇帝因事询情，得申冤怀。"四月十五日以入市为名，勒众三万，诱陷抚顺，降游击李永芳，总兵张承胤自广宁往援，中伏全军陷没。七月自鸦鹘关入陷清河城，守将邹储贤战死，辽东大震。

在明廷方面，这时朝廷正忙于党争，大臣纷纷去位，库藏空虚，生民涂炭，万历三十六年十月大学士叶向高曾疏言此时情形说：

> 今日九卿大僚，缺乏已极，每衙门不过一人，而又或以真病，或以被言，皆杜门求去。其见在供职者，惟戎政尚书李化龙、礼部侍郎杨道宾、工部侍郎刘元霖三人，而道宾又欲给假，化龙又偶感寒疾，尚未出户，长安道上，遂无九卿之迹。又户部尚书赵世卿以边饷匮乏，无可设处，困苦悲号，几无生处。工部又以夷赏无措，兵部光禄寺又以供应难支，求借户工二部，彼此束手，相怨相尤。又京民困苦，逃亡流窜，每闻号诉，尽为酸心，叩其受害之故，半为铺垫，半为奸胥，与国家曾无分毫之利，而徒竭民脂膏，填此沟壑，其亦倒置之甚也。倘有风尘之警及于国门，九列无官，仓库无钱，京师无民，即有民亦不肯为我用，臣不知何所恃也。

神宗高拱深宫，三十年不和廷臣见面，齐、楚、浙三党极力排斥东林党人，因京察和梃击问题互相攻击排挤。边饷则累年积欠，将士解体，内地则饥歉连年，盗贼蜂起。努尔哈赤一起兵袭击，便手足无措，到处显示崩溃的现象。可是党争仍不因之稍息，反借封疆为题目，边臣守御大计受制于朝中不谙事故的言官，边臣的起黜以党论为依归，军事的进退亦以朝臣的纸上文章为依据，于是辽东遂一坏而不可收拾。

清河陷没后，以杨镐为经略，整理边备。万历四十七年二月二十一日分四路出师，各将二万五千人，总兵马林出靖安堡趋开原铁岭与叶赫兵南下攻后金之北，杜松出抚顺趋沈阳攻其西，李如柏出鸦鹘关趋清河攻其南，刘綎出晾马佃趋宽奠攻其东，以朝鲜都元帅姜弘立、金景瑞所统兵万三千为诸后援。时军饷兵器均未经充分筹备，綎将又多起自废籍，匆促出征，未能招集其久经训练之部下精锐，李如柏为经略杨镐所亲信，和杜松、刘綎不和，刘綎为南将，又和西将杜松不相下，朝廷则恐师老财匮，强迫即日出兵，于是草率部署誓师，同日于辽阳出发。

后金于事先得明兵四路来征之情报，窥定抚顺方面为明军主力所在，以全力抵抗，三月一日大破杜松军于浑河之萨尔浒山，杜松战死，一军皆没。二日复乘胜败马林军于尚间崖，马林遁还，叶赫兵闻败退走。后金既败西北二路之明兵，急还兴京（赫图阿拉）守御，时刘綎军转战深入，已迫兴京，四日为后金军所包围，全军皆覆，綎亦战死。朝鲜军不战降。李如柏军逗留不进，三路败报闻急撤还。在四日中明三路军皆覆没，将吏死者三百余，丧师四万六千。在后金方面，则几无损失而获得非常之胜利。同年六月后金乘胜取开原，七月屠铁岭，破蒙古喀尔喀部，八月遂灭叶赫，除去明廷最后之东北边藩。自次东北除辽东辽西一部分外完全为后金所统治。

三路覆没后，明廷以熊廷弼为辽东经略，廷弼锐意兴复，极力整军设备，图保辽阳。他在赴任前《赴边甚急疏》中刻划当时廷臣的疲缓心理说：

> 往抚顺之败，诸臣尝急矣，及贼去则缓，以致清河之陷，而诸臣又急，贼去则又缓，以致三路之败，而诸臣又急，贼去

> 则又缓，及致开原之陷，而诸臣又大急矣，及闻贼去，又私幸可旦夕无事也，此诸臣之情也。当其急而议兵议饷，门面之语，岂不通融，而及其缓，则争执如故。当其急而议调议募，纸之数岂不好看，而及其缓，则寝阁勿提，当其急而用臣催臣，相需之意，岂不甚殷，而及其缓，则推卸不顾，此又于诸臣之情也……贼急而急，贼缓而缓……以致有今日之祸，则听缓急于贼而不能自急之效也。

当时辽东的兵备情形，他在《辽左大势久去疏》中也很沉痛地说道：

> 辽东见在兵有四种：一曰残兵，以主将赵甲逃阵，甲死而归钱乙，又以钱乙逃阵，乙死而归孙丙，或七八十人，或二三百人，身无片甲，手无寸械，随营糜饷，装死扮活，不肯出战，此残兵之形也。一曰额兵，开原一道，全额已亡，辽阳道所属清、宽、抚、叆一带全额亦亡，即臣标下左右翼两营亦并亡，至于阖镇额兵或死于征战，或图厚饷逃为新兵者又皆亡去其大半，此额兵之形也。一曰募兵，佣徒厮役，游食无赖之流，或能弓马惯熟、或能膂力过人，朝投此营，领出安家月粮而暮逃彼营，暮投河东，领出安家银两，而朝投河西，点册有名，及派工役而忽去其半。领粮有名，及闻贼犯而又去其半，此募兵之形也。一曰援兵，各镇挑选，谁肯以强人壮马来？谁肯以坚甲利刃来，每一过堂，弱军羸马，朽甲钝戈，不堪入目。而事急需人，又不暇发回以另换其精壮，此援兵之形也。皇上以为有兵如此，能战乎？能守乎？自丧败以来，总兵以下副忝游都备守以至中军千把总指挥千百户死者五六百员。降者百余员，辽将援将已是一扫净尽。今残兵零碎皆无人统率，而赞画（刘国缙）募兵万数千人即求一世职为中军千把总分布管领亦不可得，况今一二见在将领，皆屡次征战存剩及新纠废之人，一闻贼至，无不心惊胆丧，皇上以为将如此，能战乎？能守乎？良马数万，一朝而空……坚甲利刃长枪火器，丧失俱尽……军皆闻贼而逃，望贼而逃，先贼而逃……民则沈阳先已逃尽，辽阳先逃者已去不复返，见在者虽畏不敢逃，而事急之时，臣安能保……

在这样情形下，他深知除固守边疆外，别无办法。对方之努尔哈赤亦深知廷弼之难侮，不轻出兵。辽东复转危为安，暂保苟安的局面。可是辽东一安，朝中又复鼎沸，交章责备廷弼不事进取，以为廷弼不罢，“辽东之存亡未可知也”。赞画刘国缙、御史冯三元、给事中姚宗文等结党攻廷弼，罢任，以袁应泰代。

熊廷弼去辽东后，天启元年闰二月后金长驱陷沈阳，复进陷辽阳，尽收辽河以东七十余城。天启二年于辽阳东太子河右岸营东京城，自兴京迁都来，作进据辽西之计。

沈辽相继陷没，明廷又大急，又起熊廷弼经略辽东，以王化贞为巡抚。化贞前曾守辽西，怀柔蒙古稍有成效，受任后即联络蒙古，用蒙古兵攻后金，结李永芳为内应，分兵守三岔河。又用毛文龙领游兵恢复镇江，谋克期大举，廷弼则坚主守定而后可以进战，建三方布置策，广宁用步骑兵，于辽河沿岸列坚垒，以控制敌之全势，天津及山东之登州、莱州置海军，乘虚冲敌南部以分其势，而于山海关设经略，节制三方。又以为蒙古人不可用，李永芳不可信，进兵非时机，和化贞议论不合，因失和。时廷议多右化贞，主进战，廷弼名虽经略，实无兵可用。廷中议论未决，后金兵已于天启二年正月渡河逼广宁，围西平堡，化贞尽发广宁兵往救大败，部下孙得功以广宁降，化贞单骑出奔，与廷弼俱逃入关，并下狱论死。天启五年后金复迁都沈阳，《清太祖实录》记迁都之理由云：

> 三月己酉朔上欲自东京迁都沈阳，与贝勒诸臣议。贝勒诸臣谏曰：迩者筑城东京，宫室既建，而民之庐舍尚未完缮，今复迁移，岁荒食匮，又兴大役，恐烦苦我国。上不许曰：沈阳形胜之地，西征明由都尔鼻渡辽河，路直且近。北征蒙古，二三日可至。南征朝鲜，可由清河路以进，且于浑河、苏克苏浒河之上流伐木顺流下，以之治宫室为薪，不可胜用也。时而出猎，山近兽多，河中水族亦可捕而取之。

在明廷方面则自广宁陷没后，廷议纷纭，朝令夕改，经略亦不能久任，数数更易，终于尽弃山海关以外地，用全力守关，关外惟袁崇焕守宁远孤城，誓死不去。天启六年正月，后金以倾国兵来攻宁远，时明由澳门之葡萄牙人输入西洋大炮，用以守城，炮发后金军小挫，努尔哈赤亦受伤，乃焚掠觉华岛而班师，至七月努尔哈赤因伤死（西元1559—1625），是为清太祖。

五、朝鲜蒙古之征服与明清之对立

太祖死后，第四子皇太极自立，更积极向外发展。过去和明作战后，失去天然产物之输出市场，同时又杜塞国内必需品之输入，国民生计甚感困难。同时朝鲜为朝廷东方所余之唯一藩国，如继续向明用兵，则必需先征服朝鲜，以免后顾之虑。太祖时代曾努力和朝鲜交涉，以求得贸易上之利益，又因朝鲜降将姜弘立等之关系，和朝鲜通好。但因明将毛文龙以皮岛为根据地，活动于海上，监视朝鲜，攻击后金，数数进出于沿海一带，天启六年至出浑河袭萨尔浒城，后金和朝鲜的交通因被阻隔，时朝鲜发生政变，叛党韩润等逃入金国，劝金兵入侵，皇太极得悉半岛内情形后，即于天启七年正月举兵逼朝鲜，分兵讨毛文龙于铁山，文龙避入岛中。侵韩军连陷朝鲜义州、安州、平壤，朝鲜仁祖遁于江华岛，后金军进围江华，朝鲜乞和，在去明天启年号，以王弟为质，约为兄弟的条件之下，于三月三日交换江都誓文，缔结和议，次年二月开市于中江，十月开市于会宁，输入米谷以济军食。

朝鲜降服后，后金之兵锋又转向蒙古。先是，从万历二十一年科尔沁诸部和扈伦四部联军来攻建州，败于古勒城下后，战胜者的努尔哈赤即和科尔沁喀尔喀通婚，发生密切关系。到萨尔浒役后，又败喀尔喀兵擒宰赛，因和喀尔喀族订攻守同盟的誓约，合力对明。天启四年（后金天命九年）科尔沁欲脱察哈尔林丹汗之羁绊，努尔哈赤则谋讨察哈尔以并内蒙，又订攻守同盟，合力对察哈尔。天启五年林丹汗出兵嫩江围科尔沁，后金闻讯往援，林丹汗遂解围西奔，后金与科尔沁因之和好益密。天启六年努尔哈赤又以弟舒尔哈赤孙女妻科尔沁酋长奥巴，奠定经营内蒙的基础。

察哈尔之林丹汗（明人称为虎墩兔，即林丹汗尊号库图克图之译音）为元昭宗后第十九代合罕，成化嘉靖间达延汗（明人称小王子，北元第十五代合罕）统一内外蒙古，分其所属地于诸子，至林丹汗继位，拥有东蒙部族，欲恢复达延汗之祖业，声势极盛。林丹汗与努尔哈赤同娶于叶赫，努尔哈赤灭叶赫后，其余众逃奔察哈尔，明廷谍知此种关系，因厚赂林丹汗，使与其他喀尔喀诸酋联络抵抗后金，林丹汗志在统一蒙古，谋阻后金西迈，万历四十七年（后金天命四年）遣使后金争广宁，其国书云：

> 统兵四十万众巴图鲁成吉思汗问水滨三万众金国主无恙。明与吾二国仇雠也，闻自午年来汝数苦明国，今年夏我已亲往明之广宁，招抚其诚，收其贡赋。倘汝兵往广宁，吾将牵制汝。汝吾二人非素有衅端也，但以吾已服之城为汝所得，吾名安在。若不以吾言，则吾二人是非，天必鉴之。先时二国使者常相往来，因汝使臣谓吾不以礼相遇，构吾二人，遂不复聘问。如以吾言为是，汝其令前使来，复至我国。

两方由此决裂。至天启七年（后金天聪元年）蒙古敖汉奈曼诸部归金，次年老哈河上流之喀喇沁部亦来会盟，林丹汗遂陷于孤立的地位。同年九月后金主亲率兵讨察哈尔，后金之势力遂达西剌木伦河域，从此北京东北方之藩篱被撤，后金攻明之路线不必再经险阻难攻之山海关，可直由东蒙古入明，在战略上益占最利之形势。崇祯四年（天聪五年）十一月林丹汗出兵西剌木伦河上流，后金主得报，大会内蒙古诸部于西剌木伦河上，遂过兴安岭，出多伦诺尔北方之达里泊，潜兵往袭，林丹汗知之，率所部人畜十余万遁去，经归化城西走入西藏，病死于距青海十日程之大草滩。后金乘机兼并其所属诸部，至崇祯八年（天聪九年）多尔衮收服林丹汗之子额哲及其部众，得传国玺而还，内蒙古诸部至是遂为后金所统一，明之左翼全被切断了。

后金于朝鲜与蒙古征讨之时，同时又经略黑龙江一带地域，或遣使招谕，或派兵征服，萨哈连（鄂爱珲之东，黑龙江北）萨哈尔察部，嫩江流域之卦尔察部，黑龙江边之索伦部，喀木尼堪部先后归附，至崇德末年黑龙江全境索伦诸部均属版图。

朝鲜蒙古既定，同时和皇太极争权的从兄弟阿敏莽古尔泰先后幽死，其他拥有实力之兄弟如代善、济尔哈郎、多尔衮多为皇太极之兵力所慑伏，在政治上皇太极已获得独裁的地位，于是崇祯九年四月即帝位，受宽温仁圣皇帝之尊号，改元为崇德，改国号为大清。同时又因满住（建州酋长之尊称，由佛教文殊一名词转来）之旧称，伪造满洲一新名词为族号及国号，极力隐讳建州旧称，以表明其始终为一独立民族，从未臣服于明。又以后金一名词含有复兴女真族之金朝之意义，予汉人以不良影响，废去不用，将过去一切文件涉及后金处都改为满洲。在政治方面于崇祯四年（天聪五年）依汉制设吏户礼兵刑工六部，执行政务，以诸王为其长。崇祯九年（天聪十年）又分旧设之文馆（掌记注及翻译）为内国史院、内秘书院、内弘文院三院。内国史院掌记注诏令及用兵行政诸人事，纂修国史及排次一切机密文稿。内秘书院掌外国往来书札拟各衙门奏疏及词状之敕谕。内弘文院掌御前进讲及制度之颁布。在实际上三院为当时之最高行政中枢。

朝鲜虽因兵败屈服，和后金结为兄弟之国，但对明则因万历壬辰之役及历史关系，始终忠顺，谨守臣节。皇太极即帝位前，遣使至朝鲜吊丧，同时作承认尊号之交涉，改变原来之兄弟关系为君臣关系，朝鲜朝野大愤，儒生多上疏请焚虏书斩虏使，政府为所动，下谕八道绝和备战。内谕平安道之教书为后金吊使英俄尔岱所夺。至举行登极典礼时，朝鲜使臣罗德宪、李廓又不肯参予，归国时又遗弃后金所发国书于中路，于是两国关系突然恶化。

崇祯九年（清崇德元年）十二月朔日，清集诸部之兵十万于盛京，翌日发程南下，十四日进围朝鲜京城，国王李倧遁入南汉山城，为清军所围，诸道勤王师多逡巡不进。至次年正月清兵陷江华岛，王族及大臣家属均被掳，不得已出城降服，传送主战论领袖吴达济、尹集，缔结称臣纳贡去明年号助兵攻明之降约，正月三十日国王出降于三田渡受降坛，朝鲜从此为清属国。清军凯旋时命新降之汉军及朝鲜水军攻陷毛文龙余部所据之皮岛。自此清军无东顾之忧，得一意向明进攻。

努尔哈赤死后，后金欲用兵于朝鲜，乘明宁远巡抚袁崇焕遣使来吊之机会，遣使议和，袁崇焕亦利用议和之机会，暂缓敌兵之入侵，但双方均无诚意，几度交涉后即告破裂。天启七年（后金天聪元年）正月金兵降朝鲜后，即谋大举攻宁远，报努尔哈赤创死之恨。五月皇太极亲率兵直陷辽西诸堡，进攻锦州不下，乃西向宁远，又为红夷炮（葡萄牙炮）所击败，死伤极多，七月退还沈阳图再举。

袁崇焕于宁锦大捷后，触忌于太监魏忠贤，告病去。至思宗登极，魏党尽被诛逐，复召崇焕为兵部尚书督师蓟辽，时毛文龙守东江，牵制后金后路，勾结朝廷权要，跋扈自恣，不听命令，崇祯二年六月崇焕以巡海为名，诱致文龙于双岛，数以十二罪斩。文龙死，东江骤衰，后金兵因乘机入侵，这时蒙古喀喇沁部已和后金同盟，用为向导，以宁远山海方面不能突过，取道大凌河上流出西剌木伦河上流，突破喜峰口破遵化，复由顺义至通川，进围北京。督师袁崇焕奉诏入援，后金用反间计构之下狱死。因祭金太祖世宗陵于房山，降固安，屠良乡，复趋北京城外，斩名将满桂，转掠通州及张家湾。崇祯三年陷永平府，拔迁安、滦州诸县，时孙承宗守山海关，兵力极厚，乃留贝勒阿敏守永平，大军于三月由冷口关还沈阳，永平孤立无援，不久即为孙承宗所攻陷，守将阿敏逃归。在此役中最值得注意的两件事，第一是充分地证明兵力之衰退，无抵抗能力。第二是四方勤王之师，因兵饷不发，一部分哗变溃散，加入陕甘的流寇集团，流寇声势由之愈大，直接毁坏了明廷的政治经济基础。

毛文龙被诛后，其部下孔有德、耿仲明、李九成等走山东，依登莱巡抚孙元化。崇祯四年八月后金兵围大凌河急，元化遣有德等赴援，中途哗变，还兵攻掠山东诸州县，至崇祯六年四月为明军所包围，由登州浮海至旅顺，说守将尚可喜同降后金，后金由此成立汉军，为入侵之向导。同时孙元化奉命专铸红夷炮，孔有德等降金后并携此项最新式军器来归，后金军力因之骤增数倍。

崇祯四年从孙承宗议修筑大凌河城为恢复辽东之根据，后金大发兵围攻，至十月以粮尽被陷。孙承宗被抢去。崇祯七年（后金天聪八年）后金复分兵四路由内蒙入犯，山西省东南一带尽被残破。崇祯九年（清崇德元年），又越石口（山西省有一石口，此处之石口疑为独石口之误，独石口在居庸关之北，清军入关常由此路），入居庸关，过昌平，逼北京，过保定，大小五十六战，陷十二城，俘获人畜十八万。《山中闻见录》记清兵凯旋时情形说：

> 九月壬寅朔，清兵出冷口，命取所掠子女，皆艳妆乘骑，奏乐凯归。砍塞上木白书之榜于道曰：官兵免送。守将崔秉德请率兵遏归路，总监高起潜不敢进，扬言当半渡击之，侦骑报清师已尽行四日，起潜始进石汀山，报斩三级。

崇祯十一年九月清兵又大举入墙子岭，转掠直隶、河南、山东三省，陷济南府，掳德王，俘虏人口六十四万，白金百余万。督师卢象升为兵部尚书杨嗣昌及太监高起潜所扼，力战贾庄死之，象升死后，清兵遂如入无人之境，纵掠至次年二月始出青山口凯旋。

清军虽几度入明内地，以为山海关所阻，除掳掠子女玉帛外，不能得尺寸地。崇祯十四年三月出兵用全力攻围锦州，为攻取山海关之计，明遣蓟辽总督洪承畴率吴三桂等八总兵以步兵十三万骑兵四万来援，进驻松山，为清兵所大败，八总兵之兵皆溃，松山被围，至十五年二月松山陷，洪承畴被擒降敌，锦州、塔山、杏山继陷，明廷大震。

时流寇声势愈炽，李自成陷河南，杀福王，张献忠陷襄阳，杀襄王，陕督傅宗龙败没于项城，汪乔年败没于襄城，腹地无处不被兵，情势极为危殆。松山败后，内外交迫，明廷不得已，向清求和，由兵部尚书陈新甲密遣兵部职方司员外马绍愉至沈阳商和约，《东华录》记清所提出条件如下：

（一）两国有吉凶大事，须当遣使交相庆吊。

（二）每岁明馈兼金万两，银百万两。清馈人参千斤，貂皮千张。

（三）清满洲蒙古人及朝鲜人等有逃叛至明者当遣还，明人有逃叛至清者亦遣还。

（四）以宁远双树堡中间土岭为明国界，以塔山为清国界，以连山为适中之地，两国俱于此互市。

（五）陆道自宁远双树堡土岭界北至宁远北台直抵山海长城一带，海道自宁远双树堡中间土岭沿海至黄城岛，以西属明，以东属清，两国人有越境者均处死。

明廷方面对议和事严守秘密，不意因偶然之机会泄露于外，朝野哗然，主持和议之陈新甲下狱处死。《明史·陈新甲传》记：

> 初，新甲以南北交困，遣使与大清议和，私言于傅宗龙。宗龙出都日以语大学士谢升，升后见疆事大坏，述宗龙之言于帝，帝诏新甲诘责，新甲叩头谢罪，升进曰：倘肯议和，和亦可恃。帝默然。寻谕新甲密图之，而外廷不知也，已，言官谒升，升言：上意主合，诸君幸勿多言。言官骇愕，交章劾升，升遂斥去。帝既以和议委新甲，手诏往返者数十，皆戒以勿泄。外廷渐知之，故屡疏争，然不得左验。一日，所遣职方郎马绍愉以密语报新甲，新甲视之置几上，其家僮误以为塘报也，付之抄传。于是言路哗然，给事中方士亮首论之。帝愠甚，留疏不下，已，降严旨斥责新甲，令自陈。新甲不引罪，反自诩其功，帝益怒。至七月给事中马嘉植复劾之，遂下狱……弃市。

新甲死，和议遂告中止。同年十月清军再由界岭黄崖口毁边墙入犯，时明于关内并建二督，又设二督于昌平、保定，又有宁远、永平、顺天、保定、密云、天津六巡抚，宁远、山海、中协、西协、昌平、通州、天津、保定八总兵，星罗棋置，无地不防，而事权反不一，互相观望。警报至，急征诸镇入援，而清兵已趋蓟州，分道南向，河间以南多失守，至山东下兖州诸州，鲁王自杀，连下三府十八州六十七县，获金银数百万，俘人民三十六万余口，至崇祯十六年四月始北还，自山东至近畿，车驼亘三十余里，渡卢沟桥，十日犹未尽。时大学士周延儒自请督师，驻通州不敢战，惟与幕下客饮酒娱乐而日腾章奏捷。督师范志完龙恇怯甚，不敢一战，所在州县覆没，惟尾而呵噪，兵所到剽虏。蓟督赵光忭于清兵入犯时，奉命兼督诸路援军，诸援军观望，河间迤南皆失守，光忭不敢救，尾而南，已闻塞上警，又驱而北。至清兵北还时，光忭合八镇兵邀截于螺山，又大败。至五月清兵复折墙子岭数里，徐拥辎重出关，行二日始尽。

八月清帝皇太极死，是为清太宗（西元1627至1643）。子福临继位，睿亲王多尔衮摄政。至次年三月流寇李自成破北京，明思宗殉国，山海关守将吴三桂遣使乞师破贼，开山海关迎入清兵，清兵不费一矢而入多年不能攻下之关门，定鼎北京，接受了明廷的统治权，建立了第二次女直统治的大帝国。

（原载《越风》第二卷第一、二期，1937年1月、2月）

元明两代之“匠户”

一

“匠户”是元明两代户籍法中的一种特殊制度，这制度是用种种方式把有特殊技艺的工匠编为“匠户”，子孙世守其业，替国家服役。又以工作的对象和军民户籍的关系，分为“军匠”和“民匠”二种。在户籍中除“民户”和次多数的“军户”外，“匠户”的户数和人口超过其他任何特殊户籍，如僧道盐灶诸户及陵户、园户、海户之类。这制度从元初制定，一直到清初才明令取消（约自西元1200至1645年），施行了四百多年。

蒙古人文化落后，关于军器和日常生活必需品的制造，大部都需仰给于其他高文化的民族。成吉思汗兴起后，因军力之膨胀和疆土之日益扩大，工业品之需要日渐加强，从事制造的工人也因之而特被重视。在攻城作战时，照蒙古军法凡敌人曾经抵抗，城破后依例屠城。惟有艺业的工匠才能免死。西元1232年蒙古军攻汴梁将下时，大将速不台奏请屠城，耶律楚材以“奇巧之功，厚藏之家，皆萃于此。若尽杀之，将无所获”的理由，救免避兵居汴的一百四十七万人的生命。① 被兵处所的遗民也往往以冒为工匠而苟全，如《元史·张雄飞传》所记：

> 国兵屠许，惟工匠得免。有田姓者（雄飞父）琮故吏也，自称能为弓，且诈以雄飞及（琮妾）李氏为家人，由是获全，遂徙朔方。

---

① 《元史》卷一百四十六，《耶律楚材传》。

刘因《静修文集·记武遂杨翁遗事》，据杨翁自述：

保州屠城，惟匠者免。予冒入匠中。如予者亦甚众。或欲请择能否，其一人默语之曰："能挟锯即匠也。拔人于生，挤人于死，惟所择。"事遂已。而凡冒入匠中者皆赖以生。

这一些假冒的工匠自然被编入军匠户籍，一部分从军，一部分则被迁徙到朔方工作。同时心地慈祥的将吏也往往借搜简工匠的名义，使难民免于屠戮。《元史·孙威传》记：

威每从战伐，恐民有横被屠戮者，辄以搜简工匠为言而全活之。

刘因《浑源孙公先茔碑铭》也说他：

前后所领平山安平诸工人，皆俘虏之余。

或则使俘虏学习工艺，著籍为匠户。揭傒斯《揭文安公文集》十三《陕西等处行中书省平章政事吕公墓志铭》记：

合剌廉直多巧思，为初建金玉局使。奏释所获宋间谍钛输作者及渡江所俘童男，皆教以工事，世守其业。

至于技艺熟练的优秀工人，则在平金和平宋时均曾大规模地尽室迁徙。《静修文集》十七《济水李君墓表》记：

金人南徙，国朝迁诸州工人实燕京。

《元史》和《元典章》亦记伯颜入临安，尽以文思院、都作院所属工匠北行。或则就地方设局，使俘囚工作。《元史·何实传》：

实分兵攻汴、陈、蔡、唐、邓、许、钧、睢、郑、亳、颍，俘工匠七百余人。孛鲁复命驻兵邢州，分织匠五百户置局课织。

《镇海传》亦记：

先是收天下童男童女及工匠置局弘州。既而得西域织金绮纹工三百余户，及汴京织毛褐工三百户，皆分隶弘州，命镇海世掌焉。

至元十三年（西元1276）又籍江南民为工匠，凡三十万户。① 三年后又大举籍民匠，王恽《浙西道宣慰使行工部尚书孙公神道碑铭志》：

十六年冬授正议大夫浙西道宣慰使兼行工部事。籍人匠四十二万，立局院七十余所，每岁定造币缟弓矢甲胄等物。②

至元二十一年（西元1284）重选定江南所取民匠，留下十一万户。《元史·世祖纪》：

五月乙丑，阿鲁忽奴言：曩于江南民户中拨匠户三十万，其无艺业者多。今已选定诸色工匠，余十九万九百余户，宜纵令为民。从之。

到至元二十四年（西元1287）又下令括江南诸路匠户。③

民匠和军匠的分别，民匠只在规定的局所工作，军匠则往往须随军工作，有时且须正式参加作战，被编为匠军。《元史·兵志序》说：

或取匠为军曰匠军。

例如太宗七年（西元1235）七月签宣德、西京、平阳、太原、陕西五路人匠充军。命各处管匠头目，除织匠及和林建宫殿一切合干人等外，应有回回、河西、汉儿匠人等，通验丁数，每二十人出军一名。④ 到天下大定后，军匠工作变成固定，始下令造作军人休教出征，如《元典章》所记：

至元三十一年（西元1294）正月福建行省准中书省咨：近准湖广行省咨：造作局院军匠，元系亡宋都作院人匠，见行成造常课生活，及供给交阯军器。有管军官依奉行院札付，将八局人匠尽行拖领前去交阯出军，止落后下老弱残病久疾不堪造

---

① 《元史》，《张惠传》。
② 《秋涧集》卷五十八。
③ 《元史》，《世祖纪》。
④ 《元史》，《兵志》，《兵制》条。

> 作人数。兼前项军匠系八局造作籍定匠数，已有定到常课工程即与常调宣人不同。若将上项人匠差拨充军，诚恐失误造作术使，请明白闻奏事。①

可是这只指有固定局所的“军匠”而言，不许将“军匠”充作“匠军”。至于随军的军匠，则恐仍不受这禁令的拘束。

诸民匠户一部分属于工部，分领于诸局所总管府。《元史·百官志一》记诸民匠户所属有：

> 诸色人匠总管府，秩正三品，掌百工之技艺……其下有梵像、出蜡局、铸泻等提举司及铜局、银局、镔铁局、石局、木局、油漆局等局。
>
> 诸司局人匠总管府，掌毡毯等事。
>
> 提举右八作司，掌都局院造作镔铁、铜、钢、鍮石，东南简铁州都支持皮毛、杂色羊毛、生熟斜皮、马牛等皮、鬃尾、杂行沙里陀等物。
>
> 诸路杂造局总管府，其下有帘网局。
>
> 茶迭儿局总管府，管领诸色人匠造作等事。
>
> 大都人匠总管府，其下有绣局、纹锦总院、涿州罗局等。
>
> 随路诸色民匠都总管府，掌仁宗潜邸诸色人匠。

等总管府。又于大都通州等处置皮货所，晋宁路、冀宁路、南宫、中山、深州、宏州、云内州、大同、恩州、保定、大宁路、顺德路、彰德路、怀庆路、宣德府、东圣州等地置织染提举司。

一部分属于将作院，《百官志四》记：

> 将作院，秩正二品，掌成造金玉珠翠犀象宝贝冠佩器皿，织造刺绣段匹纱罗，异样百色造作。

其下有诸路金玉人匠总管府，所属有玉局、金银器盒局、玛瑙局、金丝子局、鞓带斜皮局、瓘玉局、浮梁磁局、画局、妆钉局、大小雕木局、温犀玳瑁局、漆纱冠冕局等提举司及所。有异样局总管府，所属

---

① 《元典章》卷三十四，《出征》条。

有异样纹绣、绫绵织染、纱罗等提举司，及大都等路民匠总管府，所属有备章总院、尚衣局、御衣局、高丽提举司、织佛像提举司等。

一部分属于中政院，《百官志四》记：

> 中政院，秩正二品，掌中宫财赋营造，内正司秩正三品，掌百工营缮之役。

其下有尚工署，管领六盘山等处齐哩克昆民匠都提举司，有翊正司，掌齐哩克昆民匠五千余户，管领上都等处诸色人匠提举司及管领诸路打捕鹰房民匠等户总管府，辽阳等处金银铁冶都提举司等司所。

一部分属于随路诸色人匠总管府。《百官志五》记：

> 中统五年（西元1264）命招集析居放良还俗僧道等户习诸色匠艺，立管领齐哩克昆总管府以司其造作。

其他列帝潜邸及中宫太子诸王均各有所属民匠，不能备举。

军匠则属于武备寺。其下有大同路、平阳路、太原路、保定、真定路、辽河等处蔚州、宣德、大宁路等军器人匠提举司，广平路、通州、蓟州、大都等甲局，归德府、汝宁府、陈州军器局、箭局、弦局、杂造局等等。

《元经世大典·工典总叙》分诸工匠的工作大要为二十二门：一宫苑，二官府，三仓库，四城郭，五桥梁，六河渠，七郊庙，八僧寺，九道宫，十庐帐，十一兵器，十二卤簿，十三玉工，十四金工，十五木工，十六抟埴之工，十七石工，十八丝枲之工，十九皮工，二十毯罽之工，二十一画塑工，二十二诸匠。诸匠户的户数试以金玉工作例：

> 中统二年（西元1261）敕徙和林白八里及诸路金玉码玛诸工三千余户于大都，立金玉局。至元十一年（西元1274）陞诸路金玉人匠总管府。

一总管府的匠户就有三千多户，其他可想而知。每门中又分若干部，如木工：

> 木工之名则一，而其艺有大小，如营建宫室则大木之职也，若舟车以济不通，几案以适用，此皆小木之为也。故镟匠有局，

缮工有司，民匠杂造之有府，岁为定制，以备用焉。①

诸匠工除汉人、南人外，又遍取各国族之人以充之，如丝枲之工之有高丽诸工、西域诸工，漆匠之取于云南，兵器匠之取于西域旭烈木发里，妆塑绘画之取于尼波罗国。《经世大典·工典》诸匠条说：

国家初定中夏，制作有程。乃鸠天下之工，聚之京师，分类置局，以考其程度，而给之食，复其户，使得以专于其艺。故我朝诸工，制作精巧。咸胜往昔矣。②

工专其业，并且同一业的都聚于一地，或就出产的场所置局生产，用政府的威力和财力来统制一切工业部门，从上文所引可以想见当时的盛况。

匠户所得的待遇，是蠲免徭役，由政府维持其生活。以此往往有土豪地主自动投充匠户，以为避免徭役之计，元初王恽在他所上的《便民三十五事》中说：

各处富强之民，往往投充人匠，影占差役，以致靠损贫难户计。③

至元十七年（西元1280）曾敕民避役窜名匠户者复为民。④ 可是到后来法度废弛，匠户被工官剥削，生活日趋困苦，如《元史·察罕传》所记：

察罕从孙立智理威，大德十年（西元1306）官湖广行省左丞。湖广岁织币上供，以省臣领工作。造使买丝他郡，多为奸利。工官又为剥削，故匠户日贫，造币益恶。⑤

匠户是另有户籍的。在初期富强之民要作弊窜名匠籍，到这时却好相反，舞弊的官吏有故意把民户列为匠籍，以为敲诈之计的。黄溍

① 《元经世大典·工典总叙》。

② 苏天爵：《元文类》卷四十二。

③ 《秋涧集》卷九。

④ 《元史·世祖纪》。

⑤ 此处引文出处似误。——编者注

《茶陵州判官许君墓志铭记》有一例：

> 改赣州录事。纹锦局吏窜毁匠籍而牵连追呼滥及民伍。君白于郡，发架阁旧籍证之，其弊以绝。①

在工作时则有长（作头）管束，宋本《土狱》说：

> 京师小木局木工数百人，官什伍其人，置长分领之。②

词讼则不归有司，由政府特置官处理。《元史·百官志》记有：

> 管领随路人匠都提领所提领一员，大使一员。但受者檄掌工匠词讼之事。至元十二年（西元 1275）置。

匠户所有土地的纳税方法，也和民户不同。民户该纳丁税和地税，丁税少而地税多者纳地税，地税少而丁税多者，纳丁税。匠户因为已经“复户”，取消了丁税，所以也和僧道一样。验地纳税不再计丁了。③

二

明沿元旧制，分户籍为三等，曰民户，曰军户，曰匠户。④ 匠户又分二等，曰住坐，曰轮班。⑤ 住坐者隶内府内官监，轮班者隶工部。⑥ 至军匠则大部分分属于卫所，一部分属于内府兵仗局。

明代匠户的鉴定，完全依据元代旧籍，不许私自变动，《大明会典》说：

> 洪武二年（西元 1369）令凡军民医匠阴阳诸色户，许各以原数抄籍为定，不许妄行变乱，违者治罪，仍从原籍。⑦

---

① 《黄文献公集》卷八。
② 《元文类》卷四十一。
③ 《元史》，《食货志》，《税粮》。
④ 《明史》，《食货志》，《户口》。
⑤ 《明史》，《赋役》。
⑥ 《大明会典》卷一百八十八，《工匠》一。
⑦ 《大明会典》卷十九，《户口》一。

从此匠户的身份，便被固定，不但是本人，连后代的子孙的命运也被这一纸诏令所决定了。工人虽有文学亦不能预士流，官清要。除非是蒙特旨落去匠籍为民，例如永乐时之五墨匠陈宗渊：

> 文庙（明成祖）选中书舍人二十八人专习羲、献书，以黄文简公（淮）领之。一日上谓文简公曰：诸生习书如何？公对曰：日惟致勤耳。惟今翰林有五墨匠陈宗渊者，亦日习书，而不敢侪诸人之列，但跪阶下临拓，颇逼真。上曰：卿尝持其所书来否？公因出诸袖中。上览之喜甚，目公曰：此何乡人？对曰：越陈刚中之后也。上闻刚中名，改容久之曰：自今当令此人与二十八人同习书。公曰：然尚在匠籍，又须如例与饮食给笔札。上从之。且令有司落其籍。宗渊遂得入士流。雅善山水，又能传神。习书未久，为中书舍人。历仕三朝，以刑部主事致仕云。①

此外则技艺绝伦的工人，特蒙皇帝赏识，亦有从工官超躐到卿贰的。如永乐十五年（西元1417）营建北京宫殿之木工蒯祥，以营缮所丞累官至工部左侍郎。同时蔡某亦以造宫殿授衔至尚宝司丞。② 杨青以瓦工为都工，营建宫阙，官亦至工部左侍郎。③ 蔡信以营缮所正至工部侍郎。④ 宣德时（西元1426—1435）石匠陆祥官至工部左侍郎，嘉靖间（西元1522—1566）木工徐杲官至工部尚书。⑤ 蒯刚、郭文英俱以木工官至工部右侍郎。⑥

属于轮班的各地方匠户，每三年应到京师工作三月，给有勘合。《大明会典》记：

> 凡轮班人匠，洪武十九年（西元1386）令籍诸工匠，验其

---

① 刘昌：《悬笥琐探》。
② 《苏州府志》。
③ 《松江府志》。
④ 《武进县志》。
⑤ 沈德符：《野获编》卷十九。
⑥ 王世贞：《弇山堂别集》卷十。

> 丁力，定以三年为班，更番赴京轮作三月，如期交代，名曰轮班匠，仍量地远近以为班次，置勘合给付之。至期赍至部听拨免其家他役。①

这制度据《明史》，系秦逵所定：

> 秦逵……洪武十八年进士……擢工部侍郎。时营缮事繁，部中缺尚书，凡兴作事，皆逵领之。初议籍四方工匠，验其丁力，定三年为班，更番赴京，三月交代，名曰轮班匠。未及行。至是逵议量地远近为班次，置籍为勘合付之，至期赍至部，免其家徭役，著为令。②

到洪武二十六年（西元1393）政府举办大工程，各地工匠被征发到京师的达二十余万户。又规定被征匠户户役一人，更番工作之制，《明史·严震直传》：

> 洪武二十六年六月进工部尚书。时朝廷事营建，集天下工匠于京师凡二十余万户。震直请户役一人，书其姓名所业于官。有役则按籍更番召之。役者称便。③

和《明太祖实录》所记参证，原来这二十余万户的匠户是这年轮到被征发的总数，政府只是照例征发，匠户也遵令到班，可是政府并未预先计画好这二十几万人的工作，以致匠户到京后，大部分无工可作，废时失业。政府才又规定这依工作需要规定应役工人数目的法令。《太祖实录》记：

> 洪武二十六年十月己亥，先是诸色工匠，岁率轮班至京受役，至有无工可役者，亦不敢失期不至。至是工部以为言。上乃令先分各色匠所业而验在京诸司役作主繁简，更定其班次，率三年或二年一轮，使赴工者各就其役，而无费日，罢工者得安家居。而无费业。④

---

① 《大明会典》卷一百八十九。
② 《明史》卷一百三十八，《薛祥传》。
③ 《明史》卷一百五十一。
④ 《明太祖实录》卷二百三十。

上工以一季为满，凡给勘合二十三万二千八十九名。① 这制度的颁布，似乎政府已给工人以休息的机会，可是仍未解决匠户的根本困难。因为匠户被征发到京的往返行费食粮均须自备，在人力和财力两方面说都极不经济。例如《明英宗实录》所说：

正统十二年（西元1447）闰四月丙戌，福建福州府闽县知县陈敏政言：轮班诸匠正班虽止三月，然路程窎远者，往还动经三四余月。则是每应一班，须六七月方得宁家。其三年一班者常得二年休息，二年一班者亦得一年休息。惟一年一班者奔走道路，盘费罄竭。②

因之逃亡相继。宣德元年（西元1426）正月工匠逃亡的达五千余人。③ 到景泰元年（西元1450）十二月逃匠的总数遂达三万四千余人。④ 政府处置逃匠的办法，一面用高压手段，设清理匠役官逮捕逃匠，勒令工作。《明英宗实录》记：

正统二年（西元1437）二月己巳，行在工部奏：天下工匠蒙放遣休息者三千七百余人，俱刻期使自来赴工。今过期不至者二千九百余人，请令所司械送赴京。从之。⑤

同书又记：

三年（西元1438）十二月甲戌，命各处有司逮逃匠四千二百五十五人。⑥

逮至逃匠皆带刑具罚工。⑦ 或罚充军匠。⑧ 其逃亡他处者，则令就地附籍当差。《大明会典》说：

正统元年（西元1436）令山西、河南、山东、湖广、陕西、

① 《大明会典》卷一百八十九；《明史·严震直传》。
② 《明英宗实录》卷一百五十三。
③ 《明宣宗实录》卷十三。
④ 《明英宗实录》卷一百九十九。
⑤ 《明英宗实录》卷二十七。
⑥ 《明英宗实录》卷四十九。
⑦ 《明英宗实录》卷八十。
⑧ 《明英宗实录》卷二。

南北直隶、保定等府州县，造逃户周知文册，备开逃民乡里姓名男妇口数军民匠灶等籍，及遗下田地税粮若干，原籍有无人丁应承粮差。原系军匠者，仍作军匠附籍，该轮班匠则发遣一丁当匠。①

又令逃匠自首免罪，不首者发边卫充军。②一面又制定征银法，使匠户得以银代役。《大明会典》又记：

成化二十一年（西元1485）奏准，轮班工匠有愿出银价者，每名每月南匠出银九钱免赴京，所司类赍勘合赴部批工。北匠出银六钱，到部随即批放。不愿者仍旧当班。③

弘治十八年（西元1505）改为每班征银一两八钱，遇闰征银二两四钱。无力者每季连人匠勘合解部投当，上工满日批放。匠价尽行解部。从嘉靖四十一年（西元1562）起，又改为通行征价，不许私行赴部投当，以旧规四年一班，每班征银一两八钱，分为四年，每名每年征银四钱五分。统计各省府班匠共十四万二千四百八十六名，每年征银六万四千一百十七两八钱。④从此以后，轮班匠便名存实亡，轮班匠户的义务并非工作而为征纳代工银了。李诩记江阴匠班银之弊说：

余邑有匠班银，匠户每名出银四钱二分（按应作四钱五分）此定于国初，而户籍一成不变。（按此制定于弘治，修正于嘉靖，非国初所定）夫银以匠名，为其有利而课之也。今其子孙不为匠者多矣，犹可责其办者，承祖户而力亦胜也。中间有绝户，有逃户，则里甲赔贼，出于无辜。有零丁，有乞丐，每遇追并，必至于尽命。何无一人以通变之法，以闻于司牧者乎？⑤

所记虽多谬误，但其记逃户及绝户与无力者之追并情形，则可供参考。

---

①② 《大明会典》卷十九。

③④ 《大明会典》卷一八九。

⑤ 《戒庵漫笔》。

住坐工匠属于内府内官监。永乐间（西元1403—1424）迁江浙工匠于北京，《大明会典》记：

> 宣德五年（西元1430）令南京及浙江等处工匠起至北京者，附籍大兴、宛平二县，仍于工部食粮。①

这一批附籍的匠户经过几度的淘汰，到嘉靖十年（西元1531）还存留了军民匠一万二千二百五十五名，分配在内廷的司礼监、尚衣监、御马监、印绶监、司设监、内承运库、供用库、织染局、针工局、银作局、兵仗局，和工部所属的营缮所、文思苑、织染所、皮作局、鞍辔局、宝源局、颜料局、军器局、楮本厂、大木厂、黑窑厂、琉璃厂以及兵部所属的盔甲厂和钦天监诸处工作。三十年后（西元1561）又增加到一万八千多名。隆庆元年（西元1566）又重定为一万五千八百八十四名。②

住坐匠户都由“匠官”管理工作，由工部的清匠主事管理补役及注销。逃亡者在内由锦衣卫等衙门挨拿，在外由清军巡按御史行属清查问罪起解。每户正匠做工得免杂差，仍免一丁帮贴应役。其余丁每名每年出办工食银三钱，以备各衙门因公务取役雇觅之用。正匠每月工作十日，月粮由政府供给，其数量因军民及工作性质以为差别。③

民匠中除轮班和住坐两种匠户以外，还有一种匠户是存留在本地工作的。如山西《盂县志·任役门》所说：

> 凡工役皆隶于工部，役于京师，有住坐者，有轮班者，又有存留本府而执役于织染局者。

《永平府志》也说：

> 工在籍谓之匠。考额府属役曰银，曰铁，曰铸铁，曰锡，曰钉铰，曰穿甲，曰木，曰桶，曰砖，曰石，曰黑窯，曰氈，曰熟皮，曰染，曰乌墨，曰搭采，曰絮，曰双线，曰篾，曰冠服，曰镟，曰秤。有在京住坐，有遵化铁厂内轮班之长工，今罢。凡逃移者多。亦有种地户代当者，有为商贾者。

---

①②③ 《大明会典》卷一八九。

一府内的存留匠户，职业的分工竟到二十二类，由此可知各地存留匠户的数目一定很大。至于中央在各直省所设工局，以织染为最多。明有两京，京内和京外都置织染局，内局以应上供，外局以备公用。内局除上文已提及之内廷织染局外，南京有神帛堂，供应机房和织染局。外局如洪武时代（西元1368—1398）之四川、山西诸行省及浙江绍兴织染局，南京后湖织染局；永乐时代（西元1403—1424）之歙县织染局；陕西驼毼织染局；正统（西元1436—1449）时之泉州织造局；天顺（西元1454—1464）以后之苏、松、杭、嘉、湖等府织造局；嘉靖隆庆间之南京、苏、杭、陕西等处织造局；万历时（西元1573—1619）又增设浙江、福建、常、镇、徽、宁、扬、广德诸府州织造局，陕西羊羢局，南直浙江纻丝纱罗绫绸绢帛局，山西潞绸局。其次是烧造如临清苏州之砖厂，饶州景德镇之御用瓷器厂。① 大概也都由存留当地的匠户就地工作。

军匠可分作两部分，一部分属于中央工部的军器局和内廷的兵仗局，明朝制度是把兵器的制造权集中，外地更不置局。这两局以制造火器为主，兼造其他刀牌弓箭枪弩狼筅蒺藜甲胄战袄等军用品。一部分属于各地卫所，称为杂造局。② 军匠的户数，在内府工作的有六千户，《明史·蒋瑶传》说：

> 正德时（西元1560—1521）言：内府军器局（按应作兵仗局）军匠六千，中官监督者二人。今增至六十余人，人占军匠三十，他局称是，行伍安得不耗。③

在各卫所工作的有二万六千户。《明史·张本传》：

> 宣德初（西元1426—1435）工部侍郎蔡信乞征军匠家口隶锦衣卫。本言：军匠二万六千人，属二百四十五卫所，为匠者暂役其一丁。若尽取以来，家以三四丁计，则数近十万，军伍既缺，人情惊骇，不可。帝善本言。④

---

① 《明史》，《食货志》六。

② 《明史》卷九十二，《兵志》。

③ 《明史》卷一百九十四。

④ 《明史》卷一百五十七。

由上一例知内廷军匠多被中官占役，后一例知各卫军匠在宣德时曾被户征一丁到中央工作。

匠户的应役是以户为单位的，世世承袭，不许变动。同时也不许分户，《大明会典》说：

> 景泰二年（西元1451）奏准，兄弟各爨者，查照各人户内，如果别无军匠等项役占规避窒碍，自愿分户者听。如人丁数少，及有军匠等项役占窒碍，仍照旧不许分居。①

《宜兴县志》也说“军匠例不分户”。这制度的用意是为防止“军匠逃亡事故”而设的。逃亡是指匠户离开著籍地贯，事故是指正匠死病老疾，照例都须勾其次丁或余丁补役。如果许其分户，则勾补无人，匠额即缺。可是结果这制度却意外地发生两种流弊，第一是军户和役户都借合户为名，逃避差徭；章潢在《图书编》中记：

> 嘉靖九年（西元1530）十月内户部题该学士桂萼奏：臣考近来有工匠不许开户之例，盖为军匠逃亡事故而设。尔来军户有原不同户而求告合户者，有串令近军同姓之人投告而合户者，匠籍亦然。于是军匠有人及数千丁，地及数千顷，辄假例不分户为辞，于是里长甲首人丁事户不及军，匠人户百分之一。

若干户合为一户，则只须一丁应役，余户因户籍消灭而得逃避差役。接着自然发生第二种弊端，《驹阴琐记》说：

> 今制军匠等户不分析，民间口之入籍者十漏六七。

户籍的户数和口数因之不能作精确的统计。从这一点上我们可以看出为什么弘治、万历时代的户口反少于洪武时代的理由的一方面。明代的户口统计如下表（表见339页）②，在每朝户数中都包括有军户三百多万，匠户二十余万：

---

①《大明会典》卷二十。

② 根据《万历会典》。参看梁方仲：《明代户口田地及田赋统计》第十七、二十及第二十一表。

年代	户数	口数
洪武二十六年（西元1392）	10 652 870	60 545 812
弘治四年（西元1491）	9 113 446	53 281 158
万历六年（西元1578）	10 621 436	60 692 856

在经元末二十年混战之后，人口死亡极多的明初户数有一千六十五万，可是经过一百年的休养生息，户数却减到九百十一万，再经过九十年的繁息，户数仍只一千六十二万，比开国时的统计还少。这原因除开我在《明代之农民》① 和《明代之军兵》②、《明初卫所制度之崩溃》③ 数文中所指出军民逃亡情形以外，军户和匠户的合户也是最重要的因素之一。

从轮班匠通行以征银代工役以后，政府方面以银雇工无征发清理之繁，匠户方面从此也可就农耕，无废时失业之苦。两方面都感觉方便。在事实上则匠户已无工作之义务。和民户并无分别，同时匠户户籍之保留且和国家的徭役有碍，照理这历史上的名词早就可以取消了，可是正值明末内忧外患交逼，政府没有工夫来计及匠籍之存废。一直到清世祖入关以后，才下令废除匠籍，《顺治东华录》记：

> 顺治二年（西元1645）五月庚子，免山东章丘、济阳二县京班匠价，并令各县俱除匠籍为民。

四百五六十年来的“匠户”制度，于此告一结束，名实都废，成为历史上的名辞。

民国廿七年六月十三日于云大

（原载《云南大学学报》第一期，1938年）

① 天津《益世报·史学》第十二、三期。
② 国立中央研究院社会科学研究所：《中国社会经济史集刊》第五卷第二期。
③ 南京《中央日报·史学》第三期。

明代之粮长及其他

第一　明代米价

刘辰《国初事迹》："市俗以铜钱一十二文易米一升，一百二十文易米一斗，一千二百文易米一石。"叶盛《水东日记》卷十一《洪武四年闰三月王轸父家书》："浙西米价极廉，白者十文一升，可见太平之时矣。"轸，德清人，其父家书全文见沈节甫《纪录汇编》。此洪武前期之米价也。《明太祖实录》卷一七六："洪武十八年十二月己丑，命户部凡天下有司官禄米，以钞代给之：每钞二贯五百文代米一石。"则以钞价低落，故钞数较钱数为多也。《明史·食货志》："洪武三十年定逋赋折色，银一两折米四石。"

《明英宗实录》卷五一："正统四年二月甲戌，山东按察司佥事薛瑄奏云，山东每银一两买米五石。"（至六年用兵麓川，转运劳费，军前米一石至费银四两。卷七十六："六年二月辛巳，麓川寇叛，道路险隘，挽运艰苦，米一石易银四两。"）卷六一："四年十一月乙巳，巡御宣府大同右佥都御史卢睿奏，山西上年拨送折粮银一十万两，每银一两准粮四石。今宣府米价腾踊，请每银一两准二石五斗。从之。"卷六三："五年正月辛酉，行在翰林院修撰邵弘誉言，比年辽东边境丰稔，银一两买米六石至十石。"卷八二："八年九月癸卯，南京守备丰城侯李贤、户部右侍郎张凤奏，南京米价腾踊。军民艰食，发锦衣等卫仓粮以济之，计粮八十万石，得银二十一万七千两，差官解京。"仍合银一两米四石。此土木之变以前之米价也。

郎瑛《七修类稿》卷五："嘉靖乙巳（公元1545）天下十荒八九，吾浙百物腾踊，米石一两五钱。时疫大行，饿莩横道。"

天启时吴中饥，守吏责饷急，米价突涨，叶绍袁《启祯记闻录》卷一："天启五年，是岁吴中饥荒，而国储告匮，责饷东南甚急。新漕院奉旨催粮甚峻，提责金坛管粮县丞三十板，立毙杖下，次及各县粮衙，俱欲提责，太尊寇慎亲下仓征比，吴中大为驿骚，米价顿加至每一石一两二钱，盖自此始，从前所未有也。小民甚以为骇，从渐习而安之矣。"

崇祯末年兵灾、天灾交至并作，米价遂成倍的上涨，《明史·左懋第传》："十四年督催漕运，道中驰疏言：'臣自静海抵临清，见人民饥死者三，疫死者三，为盗者四。米石银二十四两，人死取以食，惟圣明垂念。'……又言：'臣去冬抵宿迁，见督漕臣史可法言，山东米石二十两，而河南乃至百五十两'。"黄宗羲《吾悔集》卷四《熊公雨殷行状》："崇祯辛巳（十四年）江南荒疫，人死且半，米价（石）四两有余。"叶绍袁《启祯记闻录》卷二："崇祯十年……米价向来腾踊，冬粟每石一两二钱，白粟一两一钱，此荒岁之价，而吴民习为常矣……十三年，旧岁苏松皆有秋，今春二麦亦登，夏间禾稼盈畴，非荒岁也。只以邻郡水旱，客米不至，米价加至每石一两六钱，未几一两八钱，民心惶惶。七月中冬粟加每石二两之外，真异事也。崇祯十四年正月糙粟每石二两二钱，冬粟二两五钱。是岁田禾，夏苦亢旱，至秋复蝗，大约所收不及十之三四，十月中糙米价至二两八钱，白粟三两之外，凡中人之家，皆艰于食，吴中向推饶丽，今则饿莩在途，豆谷糠秕，皆以为食，贫民皆面无人色。十五年米值至每升九十文有零，人相食。"袁绍苏州人。

第二　小地主之生活

艾南英《天傭子集》卷三《历年租借序》："天启改元辛酉（公元1621）乃借吾父所授产，通计一百十七亩，亩以一石计，自佃与佃人之所入，借而记之。至壬申（公元1632）乃增岁入十之一……食指五十余口，取给于百十七亩之人。每岁至十一月初，则告粜请贷，富人拒者半。而自戊辰至辛未（公元1628至1631）谷价腾踊，苦甚于昔。”南英字千子，江西东乡人。

第三　佃　户

黄溥《闲中今古录》：“黄岩风俗，贵贱等分甚严。若农家种富室之田，名曰佃户，见田主不敢施揖，俟其过而后行。（方）谷珍父为佃户，过于恭主。谷珍兄弟四人，既长，谷珍谓父曰：田主亦人尔，何恭如此！父曰：我养赡汝等，由田主之田也，何可不恭！谷珍不悦。父卒；兄弟戮力，家遂渐裕，酿酒以伺田主之索租……（因杀之而反）。”《明史·方国珍传》记国珍世以贩盐浮海为业，以“怨家告其通寇”，因杀怨家入海反，所记与此不同。

杨维桢《东维子文集》卷二《代冯县尹送司农丞杭公还京序》：“浙地官民田土，夙有成籍，然仰人租额，岁为地主有增无减，阡陌日荒，庄佃日贫，至于今盖穷极无所措手足矣。”《明太祖实录》卷六十八：“洪武四年十月甲辰，中书省奏公侯佃户名籍之数，六国公二十八侯，凡三万八千一百九十四户。”卷七三：“五年五月，诏佃见佃主，不论齿序，并如少事长之礼。若在亲属，不拘佃主，则以亲属之礼行之。”《英宗实录》卷五：“宣德十年五月乙未，行在刑科给事中年富言：江南小民，佃富人之田，岁输其租。今诏免灾伤税粮，所蠲特及富室，而小民输租如故。乞特命被灾之处，富人田租如例蠲免。从之。”

第四　粮　长

《明太祖实录》卷六八：“洪武四年九月丁丑，上以郡县吏每遇征收赋税，辄侵渔于民，乃命户部令有司料民土田，以万石为率，其中田土多者为粮长，督其乡之赋税。且谓廷臣曰：此以良民治良民，必无侵渔之患矣。”于每粮万石中，选其田土多者为粮长，洪武六年九月又于粮长下设知数、斗级、运粮夫以佐之，《实录》卷八五：“辛丑，诏松江、苏州等府，于旧定粮长下，各设知数一人，斗级二十人，送粮夫千人，俾每岁运纳，不致烦民。”并特令粮长有犯，许纳钞赎罪。《实录》卷一〇二：“洪武八年十二月癸巳，上谕御史台臣曰：比设粮长，令其掌收民租，以总输纳，免有司科扰之弊，于民甚便。自今粮长有杂犯死罪及徒流者，止杖之，免其输作，使仍掌税粮。御史台臣言，粮长有犯许纳钞赎罪。制可。”洪武三十年又改设正副粮长，《实录》卷二五四：“七月乙亥，命户部下郡县更置粮长，每区设正副粮长三名，以区内丁粮多者为之。编定次序，轮流应役，周而复始。”《明史·食货志二·赋役》：“粮长者，太祖时，令田多者为之，督其乡赋税。岁七月，州县委官偕诣京，领勘合以行。粮万石，长、副各一人，输以时至，得召见，语合辄蒙擢用。末年更定，每区正、副二名轮充。宣德间，复永充。科敛横溢，民受其害，或私卖官粮以牟利。其罢者，亏损公赋，事觉，至殒身丧家。”英宗时又改永充为轮役，《英宗实录》卷九五：“正统七年八月辛丑，命苏、松、常、嘉、湖、杭六府粮长，岁一更之，从监察御史柳寻奏也。”《明史·食货志二》：“景泰中革粮长，未几又复。自官军兑运，粮长不复输京师，在州里间颇滋害。”嘉靖二年“谕德顾鼎臣条上钱粮积弊四事：一曰催办岁征钱粮：成、弘以前，里甲催征，粮户上纳，粮长收解，州县监收。粮长不敢多收斛面，粮户不敢搀杂水谷糠秕，兑粮官军不敢阻难多索，公私两便。近者，有司不复比较经催里甲负粮人户，但立限敲扑粮长，令下乡催征。豪强者则大斛倍收，多方索取，所至鸡犬为空。孱弱者为势豪所凌，耽延欺赖，不免变产补纳。至或旧役侵欠，责偿新佥，一人逋负，株连亲属，无辜之民死于笔楚囹圄者几数百人。且往时，每区粮长不过正、副二名，近多至十人以上。其实收掌管粮之数少，而科敛打点使用年例之数多。州县一年之间，辄破中人百家之产，害莫大焉。宜令户部议定事例，转行所司，审编粮长，务遵旧规。如州县官多佥粮长，纵容下乡，及不委里甲催办，辄酷刑限比粮长者，罪之，致人命多死者，以故勘论”。“疏下，户部言：‘所陈俱切时弊，令所司举行。’迁延数载如故。”以上有明一代粮长制之沿革也。

粮长制之设，宋景濂曾原其立法之意为之说，《朝京稿》卷五《上海夏君新圹铭》：“国朝有天下，患吏之病细民，公卿建议以为吏他郡人，与民情不孚，又多蔽于黠胥宿豪，民受其病固无怪。莫若立巨室之见信于民者为长，使主细民土田之税，而转输于官。于是以巨室为粮长，大者督粮万石，小者数千石。制定而弊复生，以法绳之，卒莫能禁。”吴宽《匏翁家藏稿》卷五二《恭题粮长敕谕》则以为粮长之制特重于东南，至颁以重其事：“昔在高皇帝初定天下，以苏、松等府粮饷所资，择产厚之民，俾理其事，号曰粮长，每岁将征敛例赴阙下，而听宣谕而还。自鼎迁于北，累朝恪遵其制，率下敕词于南京户部，人给一道。”太祖所谓田土多者，景濂所谓巨室，匏翁所谓产厚之民，以今名释之，即大地主也。平居鱼肉兼并之不足，一旦假以事权，责之收纳，如虎傅翼，其恶乃愈肆，驯至富者愈富，贫者愈贫，而民生乃不可问。其弊胎于立法之际，炽于犯罪许赎之时，而极于永充之日。至中叶以后，朝政不纲，任役者家业立碎，则巨室产厚者又以贿去其籍，贫难下户一被佥发，率举室逃散，视为畏途矣。此制为明太祖所亲定，顾不廿年而弊端百出，太祖虽悔之而不能改，则以其立国之基，固凭借于厚产之巨室也。其弊之见于官书者，如太祖所亲颁之《大诰续诰》第二十一：

> 嘉定县校长金仲芳等三名，巧立名色（虐民）凡一十有八：
>
> 一定舡钱　一包纳运头米　一临运钱　一造册钱　一车脚钱　一使用钱　一络麻钱　一铁炭钱　一申明旌善亭钱　一修理仓廒钱　一点舡钱　一馆驿房舍钱　一供状户口钱　一认役钱　一黄粮钱　一修墩钱　一盐票钱　一出曲子钱

同书第四十七：

> 粮长郑阿乃起立名色，科扰粮户。其扰民之计，立名曰舡水脚米，斛面米，装粮饭米，车脚钱，脱夫米，造册钱，粮局知房钱，看米样中米，灯油钱，运黄粮脱夫米，均需钱，棕软

箧钱一十二色，通计敛米三万二千石，钞一万一千一百贯，正米止该一万，便做加五收受，尚余二万二千石，钞一万一千一百贯。民无了纳者，以房屋准之者有之，揭屋瓦准者有之，变卖牲口准者有之，衣服段匹布帛之类准者亦有之，其锅灶、水车、农具尽皆准折。

宣宗时，南京监察御史李安上言粮长苛征之害，《宣宗实录》卷七四：

宣德五年闰十二月壬寅，南京监察御史李安言：各处粮长皆殷实之家以承充之，故习于豪横，威制小民，妄意征求，有折收金银段匹者，有每石征二三石者，有准折子女、畜产者；任情费用，或纵恣酒色，或辗转贩卖。营私有余，输官不足，稽其递年税粮完者无几。宜禁革以便民，命行在户部计议施行。

江西耆民则陈诉永充粮长之怙势害民，《宣宗实录》卷七四：

宣德五年闰十二月庚戌，江西庐陵、吉水二县耆民建言：永充粮长怙势害民，如征夏税，一图不及一石，而甲首十人各科棉布一匹，又折使用棉布五匹，至二十倍有余。若征收秋粮，每石加倍以上，又征用绵布十五匹。复以官府支费为名，每甲首一人别科银二两。甚至在乡强占灌田陂塘，阻遏水利，民多怨苦。皆因永充之故。

监察御史张政又痛陈粮长之作奸犯科，《宣宗实录》卷七八：

宣德六年四月癸亥，监察御史张政言：洪武间设粮长专办税粮。近见浙江嘉、湖、直隶、苏、松等府粮长，兼预有司诸务，徭役则纵富役贫，科征则以一取十，词讼则颠倒是非，粮税则征敛无度，甚至役使善良，奴视里甲，作奸犯科，民受其害，乞为禁治。命行在户部禁约。

仁、宣两代在明代号为极盛，吏治修明，民生乐业，史家多艳称之，顾粮长之弊，乃与续诰所言无异，甚且过之。小民困不聊生。国库输纳不足，损民蠹国，而粮长乃愈肥，大地主乃愈大。英宗时常熟知县郭南言粮长奸敝，负欠税粮《英宗实录》卷五：

宣德十年五月辛卯，直隶苏州府常熟县知县郭南奏：各州县佥替粮长，多不循公，致奸弊不一，负欠税粮。乞遇佥替时，令州县官选丁多殷实为众所服者充投，仍具姓名，申达上司。奏下行在户部，请如其言，从之。

次年江南县民复奏粮长违诏科征，巧立名色，以致小民逋欠，《英宗实录》卷一四：

正统元年二月丁未，应天府江宁县民奏：本县抛荒官田，令民佃种，已有诏例准民田起科，而粮长不遵，一依官田全征，民受其害。又巧立过乡名色，每年夏税秋粮索取麦稻，以致小民逋欠。奏下行在户部，覆奏令巡抚侍郎体实具闻，以凭究问。上恐累及平人，但令移交禁止之。

驯至剖理词讼，屈抑无辜，正统十一年特诏禁止，《英宗实录》卷一四一：

正统十一年五月甲戌，湖广布政使萧宽奏：近年民间户婚、田土、斗殴等讼，多以粮长剖理，甚至贪财坏法，是非莫辨，屈抑无辜。乞严加禁约，今后不许粮长理讼。从之。

黄省曾《吴风录》记粮长之兼并，及与地方官勾结之情形云：

自郭令信任巨万富粮长，纳其赃贿千万，以至粮长倍收人户，吞并乡民，莫之控诉，而粮长自用官银买田、造宅、置妾，百费则又开坐于小户，谬言其逋。至今粮长虎噬百姓，以奉县官。

政府以巨室为爪牙，巨室复假国家之威灵以遂其鱼肉兼并之计，而蚩蚩小民，乃无复有所告诉。农为民本，国本既穷，国斯不国，此太祖所遗之虐政，亦明室积贫积弱之主因也。

第五　田　　价

钱泳《履园丛话·旧闻门》云："前明中叶田价甚昂，每亩直五十余两至百两，然亦视其田之肥瘠。崇祯末年，盗贼四起，年谷屡荒，咸以无田为幸，每亩止值银一二两，成田之稍下者，送人亦无有受诺者。至顺治初，良田不过二三两，康熙年间涨至四五两不等，雍正间仍复顺治初价值。至乾隆初年田价渐涨。然余五六岁时，亦不过七八两，上者十余两，今阅五十年，竟亦涨至五十余两矣。”

钱谦益《有学集》卷二七《扬州石塔寺复雷塘田记》：“近寺有雷塘田一千二百五十余亩，寺僧开垦作常住田。乃者开荒清丈，寺僧奉甲令估纳价银一千四百五十九两。”

第六　徙民垦田

自元末群雄兵起，至太祖统一区宇，前后历时凡二十年。农民转徙沟壑，田畴芜为蒿莱，旷土沃野，往往皆是。谋国者因议徙狭乡之民于宽乡，使田畴增辟，游民就农，足国富民，二利具举。于是有徙民垦田之举，移南实北，徙狭就宽，前后凡三十年。《明史·食货志》虽略记之，顾不详备，今采《明史·太祖本纪》、《明太祖实录》徙民之文著于篇。

《明太祖实录》卷五三：“洪武三年六月丁丑，济南府知府陈修及司农官上言：北方郡县近城之地多荒芜，宜召乡民无田者垦辟，户率十五亩，又给地二亩与之种蔬菜，有余力者不限顷亩，皆免三年租税。其马驿、巡检司、急递铺应役者，各于本处开垦，无牛者官给之。守御军屯远者，亦移近城。若王国所在，近城存留五里，以备练兵牧马，余处悉令开耕。从之。”《明史·太祖本纪》：“洪武三年六月辛巳，徙苏州、松江、嘉兴、湖州、杭州民无业者田临濠，给资粮牛种，复三年。四年三月乙巳，徙山后民万七千户屯北平。六月徙山后民三万五千户于内地。又徙沙漠遗民三万二千户屯田北平。”《食货志》谓此举也，“置屯二百五十四，开地千三百四十三顷”。寻“复徙江南民十四万户于凤阳”。《本纪》：“九年十一月戊子，徙山西及真定民无产者田凤阳。”《实录》卷一四八：“十五年九月，晋府长史致任桂彦良言：中原为天下腹心，号膏腴之地，因人力不至，久致荒芜。近虽令诸军屯种，垦辟未广。莫若于四方地瘠民贫、户口众多之处，令有司募民（移宽乡）开耕。愿应募者资以物力，宽其徭赋，使其乐于趋事。及凡犯罪者亦谪之屯田，使荒闲之田，无不农桑，三五年间，中州富庶，则财用丰足矣。”卷一九三：“二十一年八月癸丑，户部郎中刘九皋言：古者狭乡之民，迁于宽乡，盖欲地不失利，民有恒业，今河北诸处，自兵后田多荒芜，居民鲜少。山东西之民，自入国朝，生齿日繁，宜令分丁徙居宽闲之地，开种田亩。如此，则国赋增而民生遂矣。上谕户部侍郎杨靖曰：山东地广，民不必迁，山西民众，宜如其言。于是迁山西泽、潞二州民之无田者，往彰德、真定、临清、归德、太康诸处闲旷之地，令自便置屯耕种，免其赋役三年，仍户给钞二十锭，以备农具。”卷一九六：“二十二年四月乙亥朔，命杭、湖、温、台、苏、松诸郡民无田者，许命往淮河迤南滁、和等处就耕。官给钞户三十锭，使备农具，免其赋役三年。上谕户部尚书杨靖曰：朕思两浙民众地狭，故务本者少，而事末者多，苟遇岁歉，民即不给。其移无田者于有田处就耕，庶田不荒芜，民无游食……国家欲使百姓衣食足给，不过因其利而利之，然在处置得宜，毋使有司侵扰之也。”卷一九七：“二十二年九月壬申，后军都督朱荣奏：山西贫民徙居大名、广平、东昌三府者，凡给田二万六千七十二顷。”卷二一六：“二十五年二月庚辰，监察御史张式奏徙山东登、莱二府贫民无恒产者五千六百三十五户，就耕于东昌。”卷二三一：“二十七年二月丁酉，迁苏州府崇明县无田民五百余户于昆山开种荒田。时昆山县民上言，其邑田多荒芜，而赋额不蠲，故有是命。”卷二三九：“二十八年七月乙未，山东布政使杨镛奏，青、兖、登、莱、济南五府民五丁以上及小民无田可耕者，起赴东昌，编籍屯种，凡一千五十一户，四千六百六十六口。”综上所记，知太祖一朝之徙垦，初年山东地旷人稀，临濠（凤阳）帝乡，北平则北边重镇地，徙民垦辟，甫十数年而山东西之民生齿日繁。中原（河南北）则以人力不至，久致荒芜，洪武二十年以后始徙民垦辟河南北，二十二年始徙两浙民垦淮南。就宽狭论，则登、莱等五府就近徙东昌，山西泽、潞二府徙彰德、大名等四府，两浙垦淮南，崇明迁昆山，此其大较也。垦田总数及增收田租，仅东昌等三府彰德等四府著于史，《太祖实录》卷二四三："二十八年十一月戊寅，后军都督佥事朱荣言：东昌等三府屯田，迁民五万八千一百二十四户，租三百二十二万五千九百八十余石，棉花二百四十八万斤。右军都督佥事陈春言：彰德等四府屯田凡三百八十一，屯租二百三十三万三千三百一十九石，棉花五百二万五千五百余斤。"成祖即位后，又徙山西民实北平，《成祖实录》卷十二下："洪武三十五年九月乙未，命户部遣官核实山西太原、平阳二府泽、潞、辽、沁、汾五州丁多田少及无田之家，分其丁口以实北平各府州县，仍户给钞，使置牛具、种子，五年后征其税。"此洪武朝徙民之尾声也。盖自开国以来，经三十余年之休养生息，经数十次之迁徙垦辟，益以军屯、商屯，生齿日繁，沃土尽辟。成祖而后，盖已不复有事于徙民矣。

第七　户　帖

《明史·太祖本纪》："洪武三年十一月辛亥，诏户部置户籍、户帖，岁计登耗以闻，著为令。"按《明史》此条史源，出《明太祖实录》卷五八。《实录》云："洪武三年十一月辛亥，核民数给以户帖。户部制户籍、户帖，各书其户之乡贯、丁口、名、岁，合籍与帖，以字号编为勘合，识以部印，籍藏于部，帖给之民。仍令户部岁计其户口之登耗，类为籍册以进。著为令。"《明史·食货志·户口》："太祖籍天下户口，置户籍、户帖，具书名、岁、居地，籍上户部，帖给之民。有司岁计其登耗以闻。"《明宣宗实录》卷六九："宣德五年八月乙未，兼掌行在户部事兵部尚书张本言：天下人民，国初俱入版籍，给以户帖，父子相承，徭税以定。"则户帖盖洪武十四年编定全国赋役黄册以前之制度，户帖给之民，综户帖而为户籍，藏于户部，合籍与帖，又以字号编为勘合，以便稽校。丁产岁有增减，则又岁计登耗，类册以进也。

按户帖之制，先行于宁国，创行者为宁国知府陈灌，《明史》卷二八一《陈灌传》："创户帖以便稽民。帝取为式，颁行天下。"《宁国府志》记："知府庐陵陈灌作户帖以定版籍，民甚德之。后以其法诏行天下。"其规制则谈迁记之甚详，《枣林杂俎·逸典》："洪武三年十一月辛亥，给民户帖。以户部半印勘合，令有司各户比对，不合者遣戍，隐匿者斩。男女田产备载于后。户部尚书邓德、左侍郎程进诚、侍郎某、员外郎某、主事某各押名，又本州县正、以官知印吏亦押名，部官押名俱刻本州县，押名细书。帖不满二尺。"

王鏊《王文恪公集》卷三五有邢丽文家藏洪武三年定户口勘合帖一文，亦记当时规制。

第八　户　　口

明制户口以籍为定，《明律》卷四《户》一："凡军、民、驿、灶、医、卜、工、乐诸色人户，并以籍为定。若诈冒脱免、避重就轻者，杖八十；其官司妄准脱免及变乱版籍者，罪同。"《明史·食货志》记洪武二十六年、弘治四年、万历六年三次户口总数，计

时代	户数	口数
洪武二十六年（公元1393）	16 052 870	60 545 812
弘治四年（公元1491）	9 113 446	53 281 158
万历六年（公元1578）	10 621 436	60 692 856

《食货志》因谓："太祖当兵燹之后，户口顾极盛。其后承平日久，反不及焉。靖难兵起，淮以北鞠为茂草，其时民数反增于前。后乃递减，至天顺间为最衰。成、弘继盛，正德以后又减。"周忱推论户口之所以减削，谓一投倚于豪门，二冒匠窜两京，三冒引贾四方，四举家舟居，莫可踪迹。此殆笃论。

顾犹有进者，我国往昔官场，调查呈报，第为文具，下行上报，徒美观瞻，史籍所具数字，根本不可置信。就不可信之数字而推论

其增减之由，直空中楼阁耳，试举二例，以实吾说。《明英宗实录》卷二七："正统二年（公元 1437）二月辛酉，直隶凤阳府宿州知州王永隆奏：近制各处仓库储蓄及户口、田土，并岁入岁用之数，俱令岁终造册，送行在户部存照。州县惟恐后期，预于八月臆度造册报。且八月至岁终尚有四月，人口岂无消息，费用岂无盈缩，以此数目不清，徒为虚文。请令有司今后岁终造册，期以次年二三月至部，则无臆度之患矣。从之。"由此知正统以前之岁终报部，率由臆度，徒为虚文也。部臣综州县之呈报，汇为户口总数，《实录》据之，编年排列，《明史》复据之以论明代户口升降。永隆所陈虽经报允，而绳以往者官场之颟顸，证以今日官场之等因奉此，则其效亦可睹矣，今试再以《明实录》所记之洪武二十四年户口总数，与《食货志》所记作一对比，《明太祖实录》卷二一四：

郡县更造赋役黄册成，计
人户 10 684 435
口 56 774 561

地名	户数	口数
直隶十四府四州	1 876 638	10 061 873
浙江布政司	2 282 704	8 661 640
山东布政司	720 282	5 672 543
北平布政司	340 523	1 980 895
河南布政司	330 294	2 106 991
陕西布政司	294 503	2 489 805
山西布政司	593 065	4 413 437
广东布政司	607 241	2 581 719
江西布政司	1 566 613	8 105 610
湖广布政司	739 478	4 091 905
广西布政司	208 047	1 392 248
福建布政司	816 830	3 293 444
四川布政司	232 864	1 567 654
云南布政司	75 690	354 797

各布政司之呈报非不详备也。浙江户多于直隶四十万，而口则少于直隶一百四十万，河南户多于陕西四万，而口则减于陕西三十八万。再与后二年之户口数对比：

洪武二十四年（公元1391）户10 684 435　口56 774 561

洪武二十六年（公元1393）户16 052 860　口60 545 812

则相隔甫二年而户增五百三十三万，口增三百七十七万，约一丁为二户，或一户而仅有半丁，此固事理之不可能，其为臆度报部之成果又无疑也。执此以论明代户口，则尽信书不如无书，执此以论明代户口升降之故，则直是痴人说梦矣。

第九　明初之大地主

明祖起于侧微，定浙东后，礼聘宋濂、刘基、叶琛、章溢四人入幕室，参谋议。四人皆儒生，亦浙东之大地主也。刘、章尤魁杰，聚兵保乡里，一呼万人立集，苗军之变，刘基一言而定处州，章氏父子则以所部兵转战立功。其他各地之巨室输粮助镪，望风投顺以求庇佑者，盖不可以数计。明祖借其力以缔王业，然实深忌之。吴元年平张士诚，以苏民为张氏固守故，徙其富民于濠州①，此盖师秦政故智，所谓强干弱枝者也。建国后又次第徙各地富民实京师。事先经缜密之调查，《明太祖实录》卷四十九：

> 洪武三年二月庚午，先是上问户部，天下民孰富？产孰优？户部臣对曰：以田税之多寡较之，惟浙西多富民巨室。以苏州一府计之，民岁输粮一百石以上至四百石者四百九十户，五百石至千石者五十六户，千石至二千石者六户，二千石至三千八百石者二户，计五百五十四户，岁输粮十五万一百八十四石。

至洪武三十年（公元1397）遂徙东南富民田赢七顷以上者实京师，《明太祖实录》卷二五二：

> 洪武三十年四月癸巳，户部上富民籍名。奏云南、两广、四川不取，籍得浙江等九布政司、直隶应天十八府州田赢七顷

---

① 《明太祖实录》卷二十六。

者，万四千二百四十一户，列其户名以进。命藏于印绶监，以次召至，量才用之。

同年八月，又徙山东、河南、淮东富民实京师，《实录》卷二五四：

戊申，吏部尚书杜泽言：富民既名登天府，宜依次取用。上命先取山东、河南、淮东者至京选用之。

选用富民事别详下文。洪武、永乐二代之迁徙富民，亦详见《明史·食货志》：

（太祖）惩元末豪强侮贫弱，立法多右贫抑富。尝命户部籍浙江等九布政司、应天十八府州富民万四千三百余户，以次召见，徙其家以实京师，谓之富户。成祖时，复选应天、浙江富民三千户，充北京宛、大二县厢长，附籍京师，仍应本籍徭役。供给日久，贫乏逃窜，辄选其本籍殷实户佥补。宣德间定制，逃者发边充军，官司邻里有隐匿者俱坐罪。弘治五年，始免解在逃富户，每户征银三两，与厢民助役，嘉靖中减为二两，以充边饷。太祖立法之意，本仿汉徙富民实关中之制，其后事久弊生，遂为厉阶。

被徙者率破家，至贫困不能自存，《明史》卷一六一《黄润玉传》：

黄润玉，字孟清，鄞人。永乐初，徙南方富民实北京，润玉请代父行，官少之。对曰："父去，日益老，儿去，日益长。"官异其言，许之。

《明英宗实录》卷九：

宣德十年九月庚午，免得胜关富户原籍户丁徭役。时耆民翟原奏：本关富户王永保等一千四百五十七户，俱系各布政司府州县取来填实京师，岁久贫乏，乞免原籍户丁徭役供给。奏下行在户部，议免二丁，从之。

其被徙实凤阳者，以潜回原籍有禁，率多托为游丐，回籍省视，习俗相沿，至今东南沿海一带，犹时见凤阳花鼓沿村卖唱。清赵翼《陔余丛考》卷四一《凤阳丐者》条：

江苏诸郡，每岁冬必有凤阳人来，老幼男妇成群逐队，散入村落间乞食，至明春二三月间始回，其唱歌则曰："家住庐州并凤阳，凤阳原是好地方，自从出了朱皇帝，十年倒有九年荒。"以为被荒而逐食也。然年不荒，亦来行乞如故。《蚓庵琐语》云："明太祖时徙苏、松、杭、嘉、湖富民十四万户以实凤阳，逃归者有禁。是以托丐潜回省墓探亲，遂习以成俗，至今不改。"理或然也。

江南巨室，以次被徙而日零落。其中魁桀豪长则特被宠召，任以中外要职。盖徙之使去乡土，所以弭其蟠结雄长之患，而官之则以科举之制未定，官司需人急，巨室子弟多通文，縻以爵禄，荣以衣冠，又坐收四方豪杰之用也。明祖之权略，大率类是。《明史・太祖本纪》：

洪武八年十月丁亥，诏举富民素行端洁达时务者。

所举者名人材亦曰税户人才，吴宽《匏翁家藏集》卷七五《施孝先墓表》：

国初科举法未定，诏选富民入官，有初命为方岳牧守者，号曰人材。

其著者如乌程严震直，《匏翁家藏集》卷四十三《尚书严公流芳录》序：

（震直）公湖之乌程人，世力田，为旧族。洪武初设粮长，郡县推择得公，每岁率先输粮，乡民素感公德，恐提期累公，无逋负者。时方征富民出仕，号税户人才。上察公朴直勤事，授布政司参议，而留治通政司事，累迁工部尚书。

浦江郑沂兄弟，《明史・郑濂传》：

濂受知于太祖，昆弟由是显。濂以赋长诣京师，帝欲官之，以老辞。弟湜，擢为左参议。二十六年，擢濂弟济与王懃为春坊左右庶子。后又征濂弟沂，自白衣擢礼部尚书。濂从子榦官御史，棠官检讨。他得官者复数人。济、棠皆学于宋濂，有文行。

诛之使穷，官之使贵，而犹未能尽销巨室之势力，收魁杰之效用，则以党案株锄之，大肆屠戮，巨室死丧尽，其家产则籍没而收为国用。自洪武十三年后有胡惟庸之狱，李善长之狱，蓝玉之狱，郭桓之狱，空印之狱。前后十数年，其所诛夷无虑十数万，而东南之巨室无不破家荡产矣。方孝孺《逊志斋集》卷二十二《采苓子郑处士（濂）墓碣》：

> 妄人诬其家与权臣（胡惟庸）通财，时严通财党与之诛，犯者不问实不实，必死而覆其家。当是时，浙东西巨室故家，多以罪倾其宗，而处士家数千指特完，盖忠信之报云。

正学先生与郑济棠同出宋景濂之门，所记自得实，至云“犯者不问实不实，必死而覆其家”，当时之恐怖情形可以想见。抑由此可知明祖兴党狱之用意，不在实不实，而在必死巨室，必覆其家也。吴宽《匏翁家藏集》多为东南巨室作碑碣，其述明初事，有足与史印证者，如卷六十一《先考封儒林郎翰林院修撰府君（融）墓志》：

> 先祖生值元季，逮国初，能晦匿自全……所居城东，遭世多故，邻之死徙者殆尽，荒落不可居。

卷五十七《先世事略》：

> 先祖生元末……生平畏法，不入府县门，每戒家人闭门勿预外事。故历洪武之世，乡人多被谪徙或死于刑，邻里殆空，独能保全无事。

此匏翁记其父祖幸免之事迹也。此外如华亭朱氏以出居免，卷七十四《山西提刑按察司副使朱公墓表》：

> 国初其祖士清为邑乌溪（华亭）大姓赵惠卿赘婿，赵以富豪于一方。士清逆知其家必罹法禁，出居于外以避之。后竟保其家。

吴江莫氏以附尺籍免，卷五十八《莫处士（辕）传》：

> 时莫氏以赀产甲邑中，所与通姻，皆极一时富豪。处士窃忧之，每指同姓棣洱海卫者一人曰是吾族也，人莫测其意。后

党祸起，芝翁（湜）与其子侍郎公（礼）相继死于法，余谪戍幽闭，一家无能免者，而处士卒以尝附尺籍免。

无锡华氏以散财免，卷七十三《怡隐处士墓表》：

家故多田，富甲邑中。至国初，尽散所积以免祸。

匏翁于《莫处士传》中更畅论三吴巨室所以致罪之由曰：

吴自唐以来，号称繁雄。延及五代，钱氏跨有浙东西之地，国俗奢靡，用度不足，则益赋于民，不胜其困。宋兴，钱氏纳土，赖其臣湛其藉于水，更定赋法，休养生息。至于有元，极矣。民既习见故俗，而元政更弛，赋更薄，得以其利自私，服食宫室，僭拟逾制，卒之徒足以资寇兵而已。皇明受命，政令一新，豪民巨室，划削殆尽，盖所以鉴往弊而矫之也。

《贝琼清江集》卷十九《横塘农诗》序二，记巨室尽倾其宗，而秦文刚侥幸独全，其述文刚言曰：

三吴巨姓，享农之利而不亲其劳。数年之中，既盈而覆，或死或徙，无一存者。吾以业农独全，岁于贡赋外，则击鲜酿酒，合族人乡党，酌而相劳，荣辱得丧，举不挠吾胸中矣。

前朝所遗之巨室，以徙，以诛夷而略尽，代之而起者则为帝室之皇庄，公侯勋戚宦寺之庄田，大官老吏之轻裘，举人进士乡宦所营之投献田土，一害去，四害增，统治者饱，小民哭。

（原载《云南大学学报》第一期，1938年）

明代汉族之发展

明初八十年中（西元 1368 至 1448）汉族的发展，可以分作三方面：第一是西南边区，第二是南洋群岛，第三是东北边区的开拓。

明太祖建国以后，蒙古人残留在国内的势力有云南的梁王和东北的纳哈出。到洪武四年（西元 1371）消灭了割据四川的夏国（明昇）以后，便立刻着手解决这两个边区，以洪武五年到八年先后派出使臣王祎和吴云到云南招降，都被梁王所杀。到洪武十四年便决意用武力平定，派出傅友德、蓝玉、沐英三将军分两路进攻。这时云南在政治和地理上分作三个系统，第一是直属于蒙古政府以昆明为中心的梁王，第二是在政治上隶属于蒙古政府以大理为中心的土酋段氏。以上所属的地域都被分作路府州县。第三是在上述两系统底下和南部（今思普一带）的非汉族诸部族，就是明代人叫作土司的地域。在这三系统中汉化程度以第一为最深，第二次之，第三最浅或竟未汉化。现在贵州的西部在元代属于云南行省。其东部则另设八番顺元诸军民宣慰使司管理罗罗及苗族土司。元至正二十四年（西元 1364）明太祖平定湖南湖北，和湖南接界的贵州土人头目思南（今思南县）宣慰和思州（今思县）宣抚先后降附。到洪武四年平夏后，四川全境都入明版图，和四川接境的贵州其他土司大起恐慌，贵州宣慰和普定府总管即于第二年自动归附。明太祖对待这些土司的办法，也仿照前代成例，仍用其原来头目管理，分别给以土官衔号（宣慰司、宣抚司、招讨司、安抚司、长官司），或设土府州县，即以其酋长充任。这些官都是世袭的并且有一定的辖地和土民，但其继承必须得中央政府的允许。平时对中央政府缴纳少数名义上的赋税，在战时政府如有征调则必须服从。明代中叶对外战争如倭寇建州诸役，湖南、四川、广西各地的土司都曾出了很大的气力，调出最好的士兵，为国家作战。总括地说，土司和中央政府的关系，在土司方面是借中央所给予的地位和权威，来镇慑部下百姓，在中央方面则用爵赏政策牢笼土司，使其约束土民，维持地方安宁，可以说是互相为用的。贵州的土司大部分已经投顺明朝，云南在东北两面便失去屏蔽，明兵便从这两面进攻。一路由四川南下取乌撒（今云南镇雄、贵州威宁等地），这地方是四川、云南、贵州三省的接壤处，恰似犬牙突入，在军事上可以和在昆明的梁王主力军呼应，并且是罗罗族领域的中心。一路由湖南向西取普定（今贵州安顺），进攻昆明。以明军动员那天算起，不过一百多天的工夫，明东路军便已直抵昆明，梁王兵败自杀。明兵再回师和北路军会攻乌撒，把蒙古军消灭了，附近东川（今云南会泽）、乌蒙（今云南昭通）、芒部（今云南镇雄）诸罗罗族都望风降伏。昆明附近诸路也大都以次归顺。洪武十五年正月置贵州都指挥使司和云南都指挥使司，树立了军事统治的中心。二月又置云南布政司，树立了政治的中心。布置一定，又再向西进攻大理，经略西北和西南部诸地，招降麽些、罗罗、扑刺、僰诸族。又分兵南下，以次勘定各土司。分云南为五十二府，六十二州，五十四县，在要害处所设兵置卫。云南边外的缅国和八百媳妇（今暹罗地）都遣使内附，置缅中、缅甸和老挝（今暹罗）、八百诸宣慰司。又令沐英以西平侯（后来进封为黔国公）世守云南。沐家世代都有政治上和军事上的人才，他们竭力输入汉族文化，兴学校，修水利，垦荒地，经过三百年的经营，人文渐盛，到建州入关后，云南竟成为明朝最后一个皇帝（永历帝）的抗战根据地了。在贵州方面，到永乐初年思南和思州两土司因争地自相仇杀，永乐十一年（西元1413）才分贵州为八府四州，设贵州布政使司，以长官司七十五分隶之，在系统上属于户部，都指挥使司领十八卫及七长官司，直隶于兵部。从此贵州也成为内地了。

云贵内属后，中国和安南的关系更加密切。安南东北和广西、西北和云南接壤。洪武元年定两广后，安南王陈日煃即遣使臣进贡纳款，受册封为安南国国王。数传后为国相黎季犛所篡，改国号为大虞，自改姓名为胡一元，子苍改名奃，自称太上皇，以子奃为皇帝。对明朝则诈称陈氏已绝，奃为陈氏外甥，请以奃权署安南国事。明成祖不知是诈，就派使册封为王。可是黎氏父子在国内仍自称帝，并且出兵侵夺广西和云南边境土司的土地。直到永乐二年（西元1404）八月老挝宣慰使派人护送逃亡到老挝来的前安南王孙陈天平到京后，明朝才知黎氏篡逆的情形，立刻遣使责问。黎季犛在表面上非常恭顺，不但派使臣来谢罪，并请求陈天平回国。明成祖高兴极了，派了使臣和几个将军带五千兵护送陈天平回去，不料黎季犛却伏兵在中途，把陈天平和护送的使臣都杀了。明成祖大怒，永乐四年七月派朱能、沐晟、张辅等二十五将军分出云南、广西讨伐安南。朱能在军中病殁，张辅代为统帅。入安南境后，即宣告黎氏罪状和出兵复立陈氏之意。明朝出兵本来名正言顺，得了安南百姓的同情，并且士马精壮，连战都捷，势如破竹。五年大败安南军，获黎季犛父子，安南平。时陈氏子孙已绝，安南人自动请求改为郡县，于是置交趾布政司和都指挥使司按察司，分交趾为十七府，四十七州，一百五十七县。用中国官吏治理，同于内地。一年后，陈氏遗臣简定反，自称日南王，后来又立陈季扩为大越皇帝，自称上皇，声势很是浩大。明成祖再派张辅出兵，擒了简定，招降陈季扩以为交趾右布政使。季扩反复不听命，永乐九年第三次派张辅出征，到十二年才擒获陈季扩，交趾再度平定。明成祖这时感觉到单用武力镇压是不够的，又添设交趾府州县的“儒学”和“医学”，努力输入汉族文化。布置稍定，便召张辅回京。不料张辅一走，交趾黎利又反。原来从明成祖即位以后，立下一个惯例，大将出征或戍守必置中官（太监）监军，中官是皇帝的近侍，势力大，这时交趾的监军中官叫马骐，性贪而又残忍，引起交趾人民的痛恨，黎利乘机起事，势力愈来愈大，从永乐十六年到宣德三年（西元1418至1428）明朝始终不能平定。宣德三年七月明兵大败，统帅战死，明宣宗不得已只好放弃交趾，撤退所有的机关和官吏。从此安南又复独立，对中国却仍保持属国关系，按时派使朝贡。

和三征安南同时并行的开拓事业，有郑和的七下西洋。现在的南洋在元明间，叫作东洋和西洋。远在纪元前二世纪，中国和南洋已有交通。以后一千几百年中，中国的商人航海去买卖货物，僧侣去留学求经，外交使臣去封王赏赐，和南洋列国的使臣、僧侣、商人的不断到中国来，两方面的关系已经非常密切。中国商人至迟在唐朝已有侨住南洋生长子孙的。据元人和明初人的记载，当时南洋各地都已有大量的汉人在经营各种事业，势力很大。到明成祖永乐三年（西元1405）为着要耀武海外，和追踪被疑心为逃亡在海外的建文帝，派遣太监郑和率领了六十二条大舶和二万八千名将士，出使南洋。所到的地方宣示皇帝的恩意，赏赐当地君长以种种名贵的物品，谕他们称臣入贡，同时输出中国土产，买进南洋特产。总计郑和在二十八年中（西元1405至1432）前后远征南洋七次，每次的使命都博得伟大的成功。内中最可注意的是第一次远征，肃清苏门答剌的海盗，设置旧港（今巴林旁，在苏门答剌岛上）宣慰使司，成立了第一个海外殖民地的管理机关。第二次远征的俘获锡兰国王，和第三次远征的擒获苏门答剌王子，归国献俘，使大明国威震耀海外。七次远征队所到的地方，除遍历南洋群岛以外，并且还到过非洲的东岸。海外的侨民有强盛的祖国作后盾，移殖的人数日渐加多，事业也愈益发展，南洋群岛的富源因华侨而开辟，交通因华侨而发达，文化因华侨而提高。假如明朝再继续经营下去，也许在欧洲人未东来以前，南洋群岛已成为中国的郡县了。可惜明宣宗死后，政府不再注意南洋。正德以后又因倭寇掠沿海，采取锁国政策，禁止人民出海，这是我国海外移民事业的一大打击。但人民仍有冒险犯禁，秘密出海的。反之，中国的政治势力从南洋退缩，欧洲人则向南洋前进。从西元1516年葡萄牙人东来起，欧洲的商人拿着枪炮，教士捧着圣经，在政府的竭力鼓励之下，源源不绝地到东方来，几十年中就把华侨的势力压下去，霸住了整个的南洋群岛，作为他们的殖民地，从此汉族向南发展的道路完全被阻了。

在西北及东北方面明初也有很大的发展，元顺帝退回蒙古以后，仍拥有极大的土地和实力，西北方面有王保保的大军不断向明朝进攻，东北则有雄踞金山（在开原西北二百五十里，辽河北岸）的纳哈出，养兵蓄马，等候机会南下。辽阳、沈阳、开原一带也都有蒙古军屯聚。洪武四年（西元 1371）二月原辽阳守将刘益降后，即置辽东卫指挥使司，七月又置辽东都指挥使司，总辖辽东军马，逐渐地把辽、沈、开原等地征服。同时又从河北、山西、陕西各地几次分兵大举深入蒙古，击败王保保的主力军，到洪武八年王保保死后，蒙古西路和中路的军队日渐困敝，不敢再深入内地侵掠。明太祖乘机以次经营甘肃、宁夏一带，更进一步招抚西部各羌族和回族部落，给以土司名义或王号，使其分化，不能入寇中国，同时也利用他们来阻挡蒙古人的南下。在长城以北今内蒙地方则就各要害地点设置军事中心，逐渐把蒙古人赶往漠北，不使近塞。西北的问题解决后，再转过来对付东北。洪武二十年（西元 1387）命冯胜、傅友德、蓝玉等将军率兵北征纳哈出，大军出长城松亭关，筑大宁、宽河、会州、富峪（均在今热河境）四城，留兵屯守，切断纳哈出和蒙古中路军的呼应，再东向用主力进逼金山，纳哈出孤军无援，只好出降，辽东全定。到洪武二十三年蒙古主脱古思帖木儿被弑，部属分散，以后篡乱相继，势力日衰，明朝北边的边防也因之博得一个短时期的安宁。明太祖在这时候便努力经营东北，一方面封子韩王于开原，宁王于大宁（今热河），以控扼辽河之首尾，又封子辽王于广宁（今辽宁北镇），以阻止蒙古及女真之内犯。另一面采分化政策，把辽河以东诸女真部族分为若干卫所，个别地给其酋长以名义并指定住地，使其不能团结为患。女真这一部族原是金人的后裔，分为建州、海西、野人三种。到明成祖即位后，越发遣使四出招抚女真部族，拓地至今黑龙江口，继续设置卫所，连太祖时代所设的共百八十四卫。置奴儿干都司以统之。现在的俄领库页岛和东海滨省都是当时奴儿干都司的辖地。这些卫所的长官都以原来的酋长充任，许其世袭，并且给以玺书作为允许进贡和互市的凭证。诸卫中以建州卫为最强，建州卫后来又分出左卫和右卫，合称建州三卫。他们的原住地在今朝鲜境内东北部，因朝鲜之凌逼逐渐向西北移徙，和辽东接境，因之渐受汉化。

上文曾说明十六世纪初期因倭寇侵掠沿海，堵住汉族向南发展的路径。在北边也是一样，被蒙古部族所侵扰，明朝用了很大的力量，才能以长城为边界，保住内地。明代人所谓“南倭”和“北虏”，可说是汉族向外发展的两大阻力。原来在十五世纪的前期，蒙古瓦剌部兴起。在公元1449年瓦剌把明英宗所亲自统率的大军击败，把明英宗掳去，从此以后明朝不能，不用大部分的兵力守住长城，防御蒙古人。正德以后倭患越发厉害，到嘉靖后期（西元1542至1566）北有蒙古别部鞑靼，东南有倭寇，三面都受攻击，明朝用全力抵御，才能幸保无事。可是往外发展的道路却全被堵断了，在这种情形下只好掉过头来充实内部，明代汉族的发展于此转变到第二个阶段“改土归流”。

所谓“改土归流”，土是土官，即上文所说过的土司，用世袭的土官按土俗治理。流是流官，即非世袭的，由中央政府任免的普通官吏。“改土归流”的意思就是革去土司，用流官照汉法治理。在文化上可以说是加强汉化，在政治上可以说是各非汉族部族直接收归中央治理。

大概地说来，明代西南部非汉族各族的分布，在湖南、四川、贵州三省接壤处是苗族活动的中心，向南发展到了贵州。广西则是傜族（在东部）和僮族（在西部）的根据地。四川、贵州、云南三省接壤处是罗罗族活动的中心。四川西部和云南西北部则有麽些族，云南南部有僰族（即摆夷）。

在上述各区域中除纯粹由土官治理的土司以外，还有一种参用流官的制度，大致以土官为主官，另外派遣流官去帮他治理地方，使之逐渐汉化。相反的在设立流官的州县，境内却有不同部族的土司存在。从此不但在同一布政司治下，有流官的州县，有土官的土司，有土流合治的州县；即在同一流官治理的州县内，也有汉人和非汉人杂居的情形。中央政府对付这些部族的政策，在极边区域，只要他们秉承朝命，治民合理，和汉人相安无事，便叫其世世相承，不加干涉。在内地则采逐渐同化政策，如派遣流官助治，和开设学校，选派土人子弟到京师国子监读书等等。这政策的合理和宽大是无可非议的。可是明代中期以后却时时发生土汉的战争，内中尤以成化元年（西元 1465）到嘉靖十八年（西元 1539）的三次平定广西浔州大藤峡徭，用兵数十万，前后历时七十几年，万历十七年到二十八年（西元 1589 至 1600）的平定播州（今四川和贵州交界）杨应龙，天启元年到崇祯二年（西元 1621 至 1629）的平定贵州水西罗罗族巨酋奢安西族，三役为最著名。土汉战争所以引起的原因，大约不外四种，第一是有地方官吏贪功好杀，虐待土民，引起土司的反抗。第二是土司常因继承问题（土人女子亦有继承权，夫死无子妻可以代袭。又土司多妻，嫡庶子易引起争袭问题，女土司和族人亦易引起纠纷）和土司间的土地争夺发生战争，不受当地官吏制裁，往往由中央政府出兵平定。第三是政府对土司采放任政策，有的势力强大的土司，联合诸部，企图独立，和中央对抗。第四是汉人和土人因经济利益而引起的冲突，例如土人土地之被汉人开垦，商业之被汉人操纵等等。结果汉族自然占了胜利，战败的土司被消灭，所治理的人民和土地便由中央政府派官治理，这是改土归流的第一种方法。第二种是有的土司深受汉化或感受他族逼胁，自动请求改设流官。第三种是土官绝后，无人继承，政府因而改流。在这三种方法下，陆续地把各部族中的重要土司改为流官，设置州县，再以这些州县为根据，去同化其他邻近的土司。这运动到清代前期又继续进行，州县的设置愈多，土司的数目便越少。现在虽然在四川、湖南、贵州、广西、云南五省内还有少数的土司存在，大概不久后也将完全同化于汉族了。

（原载《中央日报·史学》第二十三期，
1939 年 5 月 30 日）

评梁嘉彬著《广东十三行考》

我国向来轻视商人阶级，以商殿四民之末。历史家也不能例外。自从卓绝的司马迁的《货殖列传》以后，正史中便再也没有商人的地位了。尽管商人的势力仍在继续活动发展，社会也缺少不了他们。可是商人还是永远被轻视，他们被安置为另一阶级，士大夫以出身于商家为耻，不肯说明自己的父祖是商人，女人呢，老大才嫁作“商人妇”。以此，不但过去一千多年没有专门记载商人活动的书，就连零碎的记载也极难于搜辑。

突然地从十六世纪初期开始，跟着新航路的发现，欧洲人到东方来了。航海术的日渐进步，使东西两半球的关系日趋密切。国际间的商业的发展，使中国不能不自动开门，放弃了以前的锁国政策，和世界各国发生外交的、政治的、文化的关系。中国沿海一带商人的活动也从东亚（包括日本和南洋群岛）而发展为世界的了。广州是当时最大最主要最繁盛的商港，广州商人因为历史的和地理的关系，在国际贸易中占最有利而重要的地位，内中最有名的是“十三行”，一个新兴的商业资本集团。

中国政府过去对于藩属的统治和交涉是有一贯的政策和方法的。可是对于这一些突然出现的远国，言语、习俗、政情都太隔膜了，以为他们也和其他藩属一样，航海远来是向天朝朝贡，贡后照例通商，只要不捣乱，这都是可以的。地方政府呢？索性把接待外夷的差使交给一般熟悉洋务的十三行商人，既显得自己尊贵，又省事。于是这一些一向被人看不起的商人，便一跃而为中外交涉的中间人。负着对“外人”的种种责任。

这一新兴的资本集团，不但实际上负外交的责任，同时因为他们资本雄厚，中央和地方遇有财政上的难关时，往往需要他们的接济，例如军费的报效、河工、赈灾等费用。数目往往很大。政府给他们的报酬是相当他们身份的官衔。于是这一向被仕宦阶级所看不起的商人，又一跃而成仕宦，跻于缙绅之林了。内中也有作实任官的，如太平军围攻上海时，负和外人交涉责任的上海道吴健彰，便是十三行行商之一。

鸦片战争以后，十三行行商虽然失去了法律上的对外地位，不能再包办对外贸易，可是在对外关系上仍然占极重要的地位. 英法联军之役，他们曾替政府出了不少力气。经过这两次战事，开放了许多海口，中国成为欧美各国的新市场，他们不能直接和内地人交易，于是又产生了所谓买办阶级，一些中国商人作外商的代理人或雇员，替他们推销货物。这一批楚材晋用的买办渐渐地自身也成为资本家，凭借着财力，在各通商口岸，俨然是上流社会的人物，风气转移，一般人又惟愿生儿作买办了。

从“锁国政策”到“五口通商”，在这两个最大的转变契机上，广东十三行是一个重要的枢纽。

过去东西学者研究广东十三行的，有法人 Henri Cordier，著有 *Les Marchands Henists de Canion*(《广州之行商》)。日人田中萃一郎著有《广东外国贸易独占制度》及《十三行》，根岸佶著有《广东十三洋行》，武藤长藏著有《广东十三行图说》，松本忠雄著有《广东之行商及夷馆》。他们所研究的成绩，是值得我们感谢的，可是不能令我们满意。因为研究这问题有几种困难应该克服，第一是史料的搜集，所有各种文字中关于这问题的记载，尤其是中文材料，都应一一加以研究和批评。第二是实地的采访，除文字的记载以外，还应从行商的后人和父老的传说中采访遗事，和文字的记载互相印证比较。第三是历史的研究，除横的方面就十三行本身作研究外，因这制度和中国历代市舶制度有关，更须向上追溯，作一纵的探讨。这三点在以上所举的许多著作中都是不能令我们满意。

梁嘉彬先生这本书是研究十三行问题后出的一本，除去尽量采取前人已有的成绩以外，更以他的努力克服以上所述的三种困难，他用几年的时间致力于这问题，他搜尽了一切能找到的中西史料，他在横的方面，遍访各行商后人，利用家谱行状和传说来补正过去学者的缺陷。在纵的方面，对过去历史作了一个详赡而扼要的鸟瞰。在行文体例方面，他把所有有关的史料和考证，都放在脚注中，使正文更醒目精彩。在本文前附有图二十三幅，都是极难得的作品。全书分三篇，第一序篇，总论过去学者的成绩，和著者自身之研究方法及见解。第二本篇，分三章，第一章十三行起源考，第二章广东十三行沿革考，第三章广东十三行行名人名及行商事迹考。第三篇尾篇，述行商组织，与政府及外人之关系及其困难等等。

关于十三行的起源问题，日人根岸佶以为起于乾隆二十五年（西元1760），松本忠雄以为康熙五十九年（西元1720）以后始有十三行之称。著者独据屈大均《银钱堆满十三行》诗及《澳门纪略》所言，断定在康熙二十四年（西元1685）粤海设关之年已有十三行。这是一个新颖的确实的发见。按清礼亲王昭梿《啸亭杂录》卷九《吴留村条》："郑氏既降。公又奏通商舶，立十三行，诸番商贾，粤东赖以丰庶"。吴留村即吴兴祚，从康熙十五年任福建按察使，十七年升任福建巡抚，征剿台湾有功，二十一年正月擢两广总督，至二十八年始改官。台湾平于康熙二十二年七月，吴留村于前一年即调任两广，昭梿所说"立十三行"当是吴氏在两广总督任内事。考清廷自康熙二十二年（西元1683年）开放海禁，康熙二十四年设粤海关。在海禁未开前，虽不许中国商人出洋，却已许外商来粤贸易，《清史列传·吴兴祚传》记："二十一年正月擢两广总督，兴祚履任疏言……市舶一项原与民无害。奸徒沈上达乘禁海之日，番舶不至，勾结亡命，私造大船，出洋为市。今廷议许番船自来，在香山澳与商民陆地贸易，内地之民，既不出洋，仍与海禁无害……"则十三行之立，当为康熙二十一年至二十四年（西元1682至1685）四年间事。因为在粤海关未设之前，外商到粤贸易，地方政府不能不特别组织一个团体来对付，这团体也许恰好是前明所留三十六行中之十三个行，因即称之为"十三行"。

这一点琐细的考证，替著者的发见加以强化，也许是著者所愿意接受的吧！

（原载《中国社会经济史集刊》第六卷第一期，1939年6月）

宋官制杂释

《宋史·职官志序》：

> 宰相不专任三省长官，尚书、门下并列于外，又别置中书禁中，是为政事堂，与枢密对掌大政。天下财赋，内庭诸司，中外管库，悉隶三司。中书省但掌册文、覆奏、考帐；门下省主乘舆八宝，朝会板位，流外考较，诸司附奏挟名而已。台、省、寺、监，官无定员，无专职，悉皆出入分莅庶务。故三省、六曹、二十四司，类以他官主判，虽有正官，非别敕不治本司事，事之所寄，十亡二三。故中书令、侍中、尚书令不预朝政，侍郎、给事不领省职，谏议无言责，起居不记注；中书常阙舍人，门下罕除常侍，司谏、正言非特旨供职亦不任谏诤。至于仆射、尚书、丞、郎、员外，居其官不知其职者，十常八九。

宋沿前朝之旧，官制最为混乱繁复。乾德以来，又因事设官，代有增置，重床叠架，名实俱紊。太宗时罗处约曾言其弊。《宋史》卷四四〇《罗处约传》：处约以朝议欲于三司增十二员判官，乃应诏上奏曰："臣以三司之制非古也……以臣所见，莫若复尚书都省故事，其尚书丞郎、正郎、员外郎、主事、令史之属，请依六典旧仪。以今三司钱刀粟帛管榷支度之事，均在二十四司，如此则各有司存，可以责其集事。今则金部、仓部安能知储廪帑藏之盈虚，司田、司川孰能知屯役河渠之远近，有名无实，积久生常……九寺、三监多为冗长之司，虽有其官，不举其职。"真宗即位，柳开亦上言："臣又以宰相、枢密，朝廷大臣，委之必无疑，用之必至当。铨总僚属，评品职官，内则主管百司，外则分治四海。今京朝官则别置审官，供奉、殿直则别立三班，刑部不令详断，别立审刑，宣徽一司全同散地。大臣不获亲信，小臣乃谓至公。至如银台一司，旧属枢密，近年改制，职掌甚多，加倍置人，事则依旧，别无利害，虚有变更。臣欲望停审官、三班，复委中书、枢密、宣徽院，银台司复归枢密，审刑院复归刑部，去其繁细，省其头目。”① 咸平四年（1021）杨亿上疏曰："国家遵旧制，并建群司，然徒有其名，不举其职。只知尚书会府，上法文昌，治本是资，政典攸出，条目皆具，可举而行。今之存者，但吏部铨拟，秩曹详覆。自余租庸管榷，由别使以总领；天籍伍符，非本司所校定。职守虽在，或事有所分；纲领虽存，或政非自出。丞辖之名空设而无违可纠，端揆之任虽重而无务可亲。周之六官，于是废矣。且如寺、监素司于掌执，台、阁咸著于规程，昭然轨仪，布在方册。国家虑铨拟之不允，放置审官之司；忧议谳之或滥，故设审刑之署；巩命令之或失，故建封驳之局。臣以为在于纪纲植立，不在于琴瑟更张。若辩论官材归于相府，即审官之司可废矣；详评刑辟属于司寇，即审刑之署可去矣；出纳诏命关于给事中，即封驳之局可罢矣。至于尚书二十四司各扬其职，寺、监、台、阁悉复其旧，按六典之法度，振百官之遗坠，在我而已，夫岂为难。如此则朝廷益尊，堂陛益严，品流益清，端拱而天下治者，由兹道也。”② 诸人所论均深中时弊，为后来熙宁校《唐六典》、元丰正官制张本。然宋初官之所以日冗，制之所以日繁，太祖、太宗实有深意，非惟徒沿前朝旧贯而已也。盖自唐中期以来，藩镇割据，赋税甲兵均归节下，中朝虚拱，受制群帅，周世宗欲矫其弊而未有所施为。太祖禅立，将帅宰执均周朝臣子，赵氏孤立于上，亦未敢有所更张。迨泽、潞（李筠）、淮南（李重进）相继削平，始罢石守信等以禁兵自隶。继诏诸州选骁卒入为禁兵，萃精锐于京师，因次第罢诸节镇兵权使入奉朝请，又置诸州通判。分地方长吏权。乾德二年始罢前朝范质等三相，代以亲臣赵普，以新进薛居正、吕余庆佐之。继置转运使，尽收诸道财赋实京师。至是地方分权之局乃一变而为中央集权之局，此一变也。大权既集，然立国未久，政府官

---

① 《宋史·柳开传》。

② 《宋史》卷一六八。

守均因前朝，中书枢密枢卫所寄，因事集而别置司局，所以分二府之权；因职分而创立“差遣”，所以收臂使之效；此虽杜朝官专擅之渐，然更深官冗职繁之弊。由中央集权，而又转为诸司分权，前朝旧官徒为寄禄，馆阁差遣浸成贵途，此又一变也。新朝佐命固已遍列二府，然中外官司犹是前代旧人；太宗继位后，遂特增举额，广罗俊彦，一经释褐，便入仕途，取士之多，前代无比，待士之厚，后世踵传。以新植之人材，任亲民之重寄，事新政令，屏卫宗家，此又一变也。宋初立国规模大略如此，其谋议大概均发自赵普，李攸《宋朝事实》卷九《官职门》原注：

> 太宗用赵普议，置考课院、审官院，以分中书之权。

注下有案语云：“案赵普卒在淳化三年七月，审官院、考课院置在四年五月。”考《九朝编年》云：从苏易简之请也。此书作赵普，或普先有此议，至是因易简踵成之，然其设官之意，在分中书之权则可断言也。

宋官制以元丰改制故，前后大不同，尤以寄禄官与散官为最易混淆。元人修《宋史》亦复不明前后之别，混杂书之。清儒钱大昕曾论之云：“宋之官制前后不同，元丰以前所云尚书、侍郎、给事、谏议、诸卿、监、郎中、员外郎之属，皆有其名而不任其职，谓之寄禄官，以为叙迁之阶而已。元丰以后，尚书、侍郎等皆为职事官，而以旧所置官为寄禄官。故元丰以后之金紫光禄大夫犹前之吏部尚书也，银青光禄大夫犹前之五部尚书也，正议大夫犹前之六部侍郎也，太中大夫犹前之谏议大夫也，朝请、朝散、朝奉郎，犹前之诸曹员外郎也。元人修史者未审宋时更改之由，其撰诸臣列传也，误以尚书侍郎等为职事官而一概存之，误以大夫郎为散官而多删去之。不知元丰以前所云散官不过如勋封功臣食邑之类，徒为文具无足重轻，史家固宜从略，其后改为寄禄，以校官资之崇卑，则亦不轻矣，著谓寄禄不必书，则如尚书侍郎等在宋初亦是寄禄之阶，又何须一一具载耶？愚意散官不必书而寄禄官不可不书，当以元丰三年为限断。”①

① 《潜研堂文集》卷二八，《跋宋史》。

又《宋史》所记典制仅标通旨，苦不详晰，单名类义，会通为难。今以前儒所曾论者略举数例，附著于篇。

（一）官、职、差遣　《宋史·职官志序》："其官人受授之别，则有官、有职、有差遣。官以寓禄秩、叙位著，职以待文学之选，而别为差遣以治内外之事。"《潜研堂文集》卷三四《答袁简斋书》："宋时百官除授，有官有职有差遣，如东坡以端明殿学士朝奉郎知州，知州事差遣也，端明殿学士职也，朝奉郎则官也。差遣罢而官职尚存，职落而官如故。古之优礼臣工如此。非有大罪，断无侪于编户之理，至明而待士之礼薄矣。"

（二）京朝官、常参官　《宋史·职官志序》："大凡一品以下谓之文武官，未常参者谓之京官。"《选举志》三："前代朝官自一品以下者皆曰常参官，其未常参者曰未常参官；宋曰常参者曰朝官，秘书郎以下未常参者曰京官。"陆游《老学庵笔记》卷八："唐自相辅以下皆谓之京官。言官于京师也。其常参者曰常参官，未常参者曰未常参官。国初以常参官预朝谒，故谓之升朝官，而未预者曰京官。元丰官制行，以通直郎以上朝预宴坐，仍谓之升朝官，而按唐制去京官之名。凡条制及吏牍止谓之承务郎以上，然俗犹谓之京官。"《宋会要·职官》五九之三："先是常参官自一品以下皆谓之京官，其未常参者谓之未常参官。近代以常参官为朝官，未常参官为京官，故有京朝官之目焉。"

（三）常调、出常调　洪迈《容斋四笔》卷二："偶见文潞公在元祐中任平章军国重事，宣仁面谕，令具自来除授官职次序一本进呈，公遂具除改旧制节目以奏。其一云：'吏部选两任亲民，有举主，升通判。通判两任满，有举主，升知州军，谓之常调。知州军有绩效，或有举荐，名实相副者，特擢升转运使副判官，或提点刑狱、府推、判官，谓之出常调。转运使有路分轻重远近之差，河北、陕西、河东三路为重路，岁满多任三司使副，或发运使，发运任满，亦充三司副使。成都路次三路，京东西、淮南又其次，江东西、荆湖、两浙又次之，二广、福建、梓、利、夔路为远小。以上三等路分，转运任满，或就移近上次等路分，或归任省府判官，渐次擢充三路重任。内提点刑狱，则不拘路分轻重除授’。潞公所奏乃是治平以前常行，今一切荡然矣。京朝官未尝肯两任亲民，才为通判，便望州郡至于监司，既无轻重远近之间，不复以序升擢云。”

（四）行、守、试 《宋会要·职官》五六之七：“元丰四年十月二十七日诏，自今除授职事官，并以寄禄官品高下为法。凡高一品以上者为行，下一品者为守，下二品以下者为试。品同者不用行、守、试。”《宋史·职官志三·吏部》、《职官志九·叙迁之制》所记同。《潜研堂文集》卷三四《答袁简斋书》：“行、守、试则以官与职之高下而别，《长编》载元丰四年诏：‘曰今除授职事官，并以寄禄官品高下为法。高一品者为行，下一品者为守，二品以下为试，品同者不用行、守、试。’……柳公权书符璘碑，其题云：‘辅国大将军行左神策军将军’，辅国大将军阶正二品，左神策将军阶从三品，此高一品为行之证也。其结衔云：‘朝议大夫守尚书工部侍郎。’朝议大夫阶正五品，侍郎官正四品，此下一品为守之证也。五代时李琪为宰相所私吏当得试官，琪改试为守，遂为同官所纠，此试不如守之证也。判与知之分，则宋次道《春明退朝录》所云‘品同为知，隔品为判’者，得之。宋初曹翰以观察使判颍州，盖用隔品为判之例。后来惟辅臣及官仆射以上领州府事称判，其余皆称知不称判矣。判、知之外又有云权发遣者，则以其资，轻而易进，故于结衔稍示区别。程大昌云：‘以知县资序隔二等而作州者，谓之权发遣以通判资序隔一等而作州者，谓之权知’是也。宋制六曹尚书从二品，而权尚书则正三品，侍郎从三品，而权侍郎从四品，则权知与知亦大有别矣。”

（五）两制、侍从 宋以翰林学士掌内制，中书舍人掌外制，合称两制。赵彦卫《云麓漫钞》卷五：“翰林学士司麻制批答等，为内制，中书舍人六员分房行词，为外制云。”洪迈《容斋三笔》卷一二：“国朝官称谓大学士至待制为侍从，谓翰林学士、中书舍人为两制，言其掌行内、外制也。舍人官未至者，则云知制诰，故称美之为三字。谓尚书侍郎为六部长贰，谓散骑常侍、给事谏议为大两省。其名称如此。今尽以在京职事官自尚书至权侍郎及学士、待制均为侍从，盖相承不深考耳。”

（六）选人 《宋史·选举志·铨法》具言选人入官之法，而不详选人之名何指。按《云麓漫钞》卷四“选人”一条所记较明晰，录以备读《宋史》之参证：“选人之制始于唐，自中叶以来，藩镇自辟召，谓之版授，时号假版官，言官未受王命故假摄之耳。国朝既收诸镇权，自一命以上皆注吏部选，而选人有七阶，留守判官至观察判官为一等，今承直郎。节度掌书记、观察支使为一等，今儒林郎。防御团练军事判官、京府至观察推官为一等，今文林郎。防御团练军事推官为一等，今从事郎。县令、录事参军为一等，今从政郎。试衔知县、知录事为一等，今修职郎。军巡判官、司户等参军、主簿、尉为一等，今迪功郎。宁和间方改从今制，有举官五员及六考以上无过许改入京官。考国初，壬子进士甚鲜，内而侍从、常参官，外而监司、守、倅皆得荐举。历任及四考，有举官四员，许改官。增考为六考，举官为五人于皇祐，罢常参官荐举于康定，罢知杂御史以上荐举于治平，罢通判荐举于熙宁，禁补发于乾道，削荐纸、严岁额于淳熙，增教官、添县丞、诸司属官而员益冗，举削日灭，人有淹滞之叹。”

（七）知县、县令 知县与县令不同，李心传《旧闻证误》卷一：“大抵国初之制，朝官出为县令则解内职，朝官出为知县则带本官。由此言之，令与知县不同，甚明。”《云麓漫钞》卷一〇：“唐制：县令阙，佐官摄县曰知县事。李翱任工部志文云：‘摄富平尉、知县事’是也。今差京官曰知县，差选人曰令，与唐异矣。”于慎行《笔麈》：“宋时大县四千户以上选朝官知，小县三千户以下选京官知，故知县与县令不同。以京朝官之衔知其县事，非外吏也。”

（八）朝官称谓 《宋史·职官志》八：“淳化三年（992）国子祭酒孔维上言：‘中外文武官称呼假借，逾越班制，伏请一切禁断’。太宗命翰林学士宋白等议之。白等请：‘自今文武台、省官及卿、监、郎中、员外并呼本官，太常博士、大理评事并不得呼郎中，诸司使、诸卫将军未领刺史者、及诸司副使不得呼太保，供奉官以下不得呼司徒，校书郎以下令、录事不得呼员外郎，判、司簿、尉不得呼侍御，待诏、医官不得呼奉御，其文武职事州县官，如有检校、兼、试、同正官者，称之。”唐人官称喜标新目，宋仍唐旧，士夫书状亦因仍之。洪迈《容斋四笔》卷一五：“唐人好以他名标榜官称……太尉为掌武，司徒为五教，司空为空士，侍中为大貂，散骑常侍为小貂，御史大夫为亚台、为亚相、为司宪，中丞为独坐、为中宪，侍御史为端公、南床、横榻、杂端，又曰脆梨，殿中为副端，又曰开口椒，监察为合椒，谏议为大坡、大谏，补阙（今司谏）为中谏，又曰补衮，拾遗（今正言）为小谏，又曰遗公，给事郎为夕郎、夕拜，知制诰为三字，起居郎为左螭，舍人为右螭，又并为修注，吏部尚书为大天，礼部尚书为大仪，兵部为大戎，刑部为大秋，工部为大起，吏部郎为小选、为省眼，考功、度支为振行，礼部为小仪、为南省舍人（今为南宫），刑部为小秋，祠部为冰（柄）厅，比部为比盘，又曰昆脚皆头，屯田为田曹，水部为水曹，诸部郎通曰哀鸟、依鸟，太常卿为乐卿，少卿为少常、奉常，光禄为饱卿，鸿胪为客卿，司农为走卿，大理为棘卿，评事为廷平，将作监为大匠，少监为少将，秘书监为大篷，少监为少篷，左右司为都公，太子庶子为宫相，宰相呼为堂老，两省相呼为阁老，尚书丞郎为曹长，御史拾遗为院长。下至县令曰明府，丞曰赞府、赞公，尉曰少府、少公、少仙。”唐、宋作者记此者倘多，汇而存之，亦治史者之一助也。

（原载《文史杂志》第一卷第十一期，1941年11月）

明初之南京旅馆业

宋濂《宋学士集》十《李疑传》:“金陵之俗，以逆旅为利。旅至，授一室，仅可榻，俯以出入，晓钟动起治他事，遇夜始归，息盥濯水，皆自具；然月责钱数千，否必诋诮致讼，或疾病，辄遣出，病危气息尚属，自睛睛未瞑，即舆弃之，而致其资；妇孕将产者，以为不祥，摈不舍：其少恩如此！非其性固然，地在辇毂下，四方人至者众，其势致尔也。”

（原载《文史杂志》第一卷第十二期，1941年12月）

注　籍

陈良谟《见闻纪训》上："凡京官俱书名籍上置长安门谓之门籍有病注，病字在名下，不朝参谓之注门籍"。刘继庄《广阳杂记》一："明时群僚被劾者自衙门归私宅则下轿帘以障之于门揭，注籍二字，闭门以待命。"

（原载《文史杂志》第一卷第十二期，1941年12月）

稿　费

明杨循吉《苏谈》："周伯器（桐村）往来吴中，尝以文自卖，平生所作盖将十篇，开卷视之，自初至终，非堂记即墓铭耳。甚至有庆寿哀挽之作，亦纵横其间——每为人作一篇，必有所得，多或银一两，少则钱一二百文。"叶盛《水东日记》一："三五年前翰林名人送行文，一首润笔银二三钱可求，事变（指土木之变，明英宗正统十四年，西元1449）后，文价顿高，非五钱一两不敢请，迄今犹然，此莫可晓也。"其实，此甚可晓，事变后物价高于前二三倍故也，故苦今日则物价高于战前数倍，而稿费则仅为战前之二三倍，此真莫可晓耳。

（原载《文史杂志》第一卷第十二期，1941年12月）

路　引*

明有路引之制，军民往来必凭路引，违者关津擒拿，按律论罪，定制极为严密。《弘治会典》一一三：“凡军民人等往来，但出百里者即验文引。凡军民无文引及内官内使来历不明，有藏匿寺观者必须擒拿送官。仍许诸人首告，得实者赏，纵容者同罪。”又：“凡天下要冲去处，设立巡检司，专一盘诘往来奸细及贩卖私盐犯人逃军逃囚无引面生可疑之人，须要常加提督。”《明太祖实录》八十三：“洪武六年六月癸卯，常州府吕城巡检司盘获民无路引者送法司论罪。问之，其人以祖母病笃远出求医急，故无验。上闻之曰：‘此人情可矜，勿罪释之’。”祝允明《前闻记》：“洪武中，朝旨开燕脂河，大起工役，先曾祖焕文与焉。时役者多死，先曾祖独生全。工满将辞归，偶失去路引，分该死，莫为谋。其督工百户谓之曰：‘主上神圣，吾当引汝面奏，脱有生理’。先曾祖从之。既见上，百户奏其故。上曰：‘既失去，罢’。（遂得无事）。”由此知乡民出百里外即须路引，以工赴役往来亦须路引，失引罪至死。至商贾远出经营，更非有路引不可。《明英宗实录》四十四：“正统三年七月甲申，湖广襄阳府宣城县知县廖仕奏：‘诸处商贾给引来县生理，因见地广，遂留恋不归，甚至娶妻生子，结党为非。窃恐天下地广人稀之所似此不少，宜加禁防。’事下行在户部，以为宜督责归家。其有愿占籍于所寓以供租赋者听。从之。”此则以路引仅为通过关津及证明身份之用，如流寓不归，则在所寓地为客户，不供租赋，在原籍则又为逃

---

* 这篇《路引》写于1942年。1947年，吴晗又写了一篇《传·过所·路引的历史》，又名《历史上的国民身份证》。《路引》一文只就路引之制署加以介绍，而《传·过所·路引的历史》对于我国历史上的国民身份证制度作了较详细的论述，因此这两篇文章一并收入。——编者注

户，逃避租赋。路引非居留证，政府自不能不加以干涉也。据陆楫《蒹葭堂杂著》："宗人有欲商贾四方以自给者，亦听从有司关给路引以行。回籍之日，付本府长史司验引发落。有司附册填注，以凭抚按刷卷类查，仍启王知，许其朝见而退，以笃亲亲之义。"比附以论，则平民在出里门日，须请发路引于地方有司，回籍日，必须缴还原发机关可知也。此制可以防奸细，利一；禁贼盗，利二；阻逃军，利三；清户口，利四。前代制度之精密如此！

（原载《文史杂志》第二卷第一期，1942年1月）

当　铺

当铺，唐、宋时名长生库，僧徒坐拥田园，收入至厚，设库质钱，独规厚利。陆游《老学庵笔记》八："今僧寺辄作库质钱取利，谓之长生库，至为鄙恶。予按梁甄彬尝以束苎就长沙寺库质钱，后赎苎还，于苎束中得金五两还之。则此事亦已久矣。"至元名解库或典库、质库，仍为僧寺道观所经营。至大二年（西元1309）山西平遥清虚观圣旨碑："但属宫观的庄田水土园林碾磨解典库店仓铺席浴堂船只竹苇醋曲货，不拣甚么差发休要者，不拣是谁倚气力者，不拣甚么他每的休夺要者"，是其一证也。《元史·文宗纪》："至顺元年正月乙亥，赐燕铁木儿质库。"《元典章》二十七《户部》十三有"解典"条，二十九《礼部》二有"军官解典牌面"条。《通制条格》二十七载有解库保护令："至元十六年六月，中书省钦奉圣旨，石招讨奏：亡宋时民户大本有钱，官司听从开解。自归附之后，有势之家方敢开解库，无势之家，不敢开库，盖因惧怕官司科扰致阻民家生理。乞行下诸路省会居民，从便生理，仍禁戢录事司不得妄行生事，敷敛民户。纵有误典贼赃，只宜取索，却不可以此为由收拾致罪。"则在南宋后期已有民户大家开设解库规利者矣。至明则且由政府规定当铺事例，全国各都会均有当铺，有山陕帮，有徽帮，以徽帮之势力为最大，其营业亦最发达。明艾南英《天傭子集》六，壬申（明思宗崇祯五年，西元1632）流贼退至吉安永丰，上蔡太尊论战守事宜书："当铺事例自南北两直隶至十三省，凡开当铺，例从抚按告给牒文，自认周年取息二分，以二十四月为期，不赎则毁卖原所当物，遇近例各县有当铺，辽饷则依法输纳，此天下通例也。独抚州当铺不然，其害民甚于流贼，抚州当铺，其受当也，首饰衣物直一金者止当五钱，满十月不赎，则即取当物毁卖，是以十月而发合倍之息矣。其依期取赎者按月三分入息，其放也每一金轻三四分，其取也每一金昂三四分。其收以晦日即以晦日为一月，其收以朔日即以朔日为一月。其书质券也，虽重锦例书破旧，虽赤金例书低淡，即于书券之时预伏将来毁卖，以杜其人告官之端。计一岁中当铺四五家，巧取城中民财不下三四千金，所以民间愈损。此风起于近五六年，不过二三市井之徒和集富民，朋收倍息，而时以酒食与乡绅子侄往来，为护身之符。为今之计，莫若以辽饷为重，限四门党约于半年内召请徽商，于郡开设，请牒抚按照依直省通例，小民自趋轻息，而兼并之家自不能行”。

（原载《文史杂志》第二卷第二期，1942年12月）

明成祖仁宗景帝之死及其他

明世宗中年好道，斋醮无虚日，其后卒死于金石，固尽人知之。若成祖、仁宗、景帝均非善终，则以史多讳言，不尽为人知也。成祖死于仙，方晚年多暴怒，不能治事。《明史》卷二九九《袁珙传》："礼部郎周讷自福建还，言闽人祀南唐徐知谔、知诲，其神最灵。帝命往迎其像及庙祝以来，遂建灵济宫于都城，祀之。帝每遘疾，辄遣使问神。庙祝诡为仙方以进，药性多热，服之辄痰壅气逆，多暴怒，至失音。中外不敢谏。忠彻一日入侍，进谏曰：'此痰火虚逆之症，实灵济宫符药所至。'帝怒曰：'仙药不服，服凡药耶？'忠彻叩首哭，内侍二人亦哭。帝益怒，命曳二内侍仗之，且曰：'忠彻哭我，我遂死耶？'忠彻惶惧，趋伏阶下，良久始解。"灵济宫祀事详孙承泽《春明梦余录》。

仁宗之死，传闻异辞。或云死于雷，或云为宫人所毒，见皇甫录《明纪略》、杨仪《螭头密语》。陆钎《病逸漫记》则云："仁宗皇帝驾崩甚速，疑为雷震，又疑宫人欲毒张后，误中上。予尝遇雷太监，质之，云皆不然，盖阴症也。"

景帝之死，陆钎《病逸漫记》："景泰帝之崩，为宦者蒋安以帛勒死。"查东山《罪惟录》所记同。

明诸帝中最雄武残暴者无如太祖，衡石量书，初未尝溺于女色。顾中年时曾纳陈友谅妾，后颇以为悔，于所颁《大诰》中自白其事，忸怩作态，亦大可笑也。《大诰·谕官无作无为第四十三》："朕当未定之时，攻城略地，与群雄并驱，十有四年余，未尝妄将一妇人女子。惟亲下武昌，怒陈友谅擅以兵入境，既破武昌，故有伊妾而归。朕忽然自疑，于斯之为，色乎？豪乎？智者监之。"

诸帝中最昏庸无识者莫如熹宗，顾熹宗实一无才之工程师，使其不为帝王，当为不世出之大匠。李逊之《三朝野记》卷二：“上性好盖房屋，自操斧锯凿削，巧匠不能及。日与亲近之臣涂文辅、葛九思辈朝夕营造，造成而喜，不久而弃，弃而又成，不厌倦也。当其斤斫刀削，解衣盘薄，非素昵近者不得亲视。王体乾等每闻其经营鄙事时，即从旁传奏文书，奏听毕，即曰：‘你们用心行去，我知道了。’所以太阿下移，魏忠贤辈操纵如意，而崔呈秀、魏广微辈通内者亦如桴鼓之旋踵也。”此所记出刘若愚《酌中志》卷一四。

（原载《文史杂志》第二卷第二期，1942年2月）

论所谓“中国式的代议制度”

最近，何永信先生在《观察》四卷十一期上发表《论中国式的代议制度》一文，指出从隋代以来的考试制度，便是中国式的代议制度，考试制度除了考试官吏以外，还有更重要的作用，“殆即政治上的代议 Representation 作用”。因为科举出身的人，不一定做官，做地方的绅士领袖与代言人，地方的疾苦由绅士去见县知事，由县知事上达给“吏部大员”学台，再由学台上达给皇帝，这是民情上达的一条路。为什么绅士可以把民情上达给县知事呢？因为说不定县知事就是他的同年的缘故。

另一个作用是朝廷的臣子都是从科举出身的，皇帝有什么大事，即下“廷议”。朝廷马上变成一个议会，朝臣既然由科举制度来自各方，则各方的意见和愿望都可在这“中国式的议会”内得个发泄。

结论是这个制度“不但制出来行政的官吏，且选出来议政的官吏，不但选出行政院的人，且拣出立法院的人，其为一代议制度盖在此。”考试制度是一部不花公家多少钱而能多多少少达到代议目的之一部机器。

何先生说这制度不但是中国人不懂，连欧美人也不懂我们固有的法子。我有幸为中国人，不幸对何先生所所谈的问题也稍为懂一点，过去也曾有机会研究和讲授这个问题。可惜我的看法和何先生的看法完全不一样，我的结论是科举制度是封建专制独裁君主用以选拔官僚，奴役运用士大夫的一种制度，和代议制度，绝不相干。民情也绝不能经由何先生的方式上达给皇帝，各方的意见和愿望也绝不能在这“中国式的议会”内得个发泄。

为了避免引经据典式的考证，在这篇短文里也应用何先生的文体，只作概括式的叙述，以就教于何先生和读者。

五月十七日于清华园

一、“皇粮”并不“少”

历史上皇家政权的维持费用，最主要的是地租，一类是依据土地的面积交纳实物的，谷类布类丝织物类等等，是为实物地租；一类是依据人口的数量和服役年龄来征发劳力的，如服义务劳役和兵役，是为劳力地租。这两类负担主要出自农民身上，概括一点说，说全部是农民的负担也不为过。

以外是商税，一类无税之名而有税之实，如盐铁茶香料之类民生必用物资，往往由政府直接管制或经营，获有极大的利润，寓征税于“国”营。一类是对普通商品所课的通过税和营业税。这两类的皇家收入，也间接由农民负担。

再有的是数不尽的苛捐杂税，如有名的间架税、除陌税，以至嫁妆有税，过河有税，买鸡有税，甚至有一位军阀调了差，老百姓说一句私下话：“如今拔去眼中钉了！”差没调成，这军阀一回来就征“拔钉税”。另一军阀情形差不多，当离任时，地方父老不敢说话，老年人摸摸胡子，会心微笑。不料这也得了罪，回任后征收“掂须钱”。

皇家征收的实物地租和劳力地租、商税以至无奇不有的苛税，何先生统名之为皇粮。就算是皇粮吧，据我看来，并不那么少，古代的老百姓也并不那么爽快，“给了就算！”有板子，有监狱在威胁着，他敢不给吗？

随便举例子吧，以实物地租而论，明太祖洪武二十四年（公元1391）的岁入是：

官民田地　三百八十七万四千七百四十六顷七十三亩
米麦豆粟　三千二百二十七万八千九百八十三石
绸绢布　六十四万六千八百七十四

丝绵水银诸物 三百六十六万五千三百九十斤
钞 四百〇五万二千七百六十四锭(锭五十贯)
白金 二万四千七百四十两
盐 一百十五万五千六百引

这一年的人口数字，计户一千六十八万四千四百三十五，口五千六百七十七万四千五百六十一。这数字要减去一部分卫所官军和家属约一千万人。余下的官户和儒户数量虽不大，负担能力却最大，这类人占有全国最多数最好的土地，可是享有免役免赋以至逃避交纳地租的特权，把负担分架在平民身上。有钱有力的人自成一帮，不交租，不服役，无钱无力的平民除了自己这一份担子以外，还得替地主乡绅们挑上另一份。假定依上面的数字作一估计，四千六百万人口除了半数女的，余下半数再除开老病和孩子，正在生产年龄的成年人不过只有总数四分之一，大约是一千二百万人，再假定这一千二百万人中官僚和贵族地主占千分之五，占有全国土地百分之七十，那么，余下的平民只占有全国土地百分之三十，全部负担了上面的实物地租，而且，依据当时情形，还得加上官吏的勒索和运输费用，通常情形，至少是原额的一倍。照此估计，明初的人民负担，平均每一家长每年得出粮六石至十石，其他的负担还不在内，这数目恐怕并不那么少吧？而且，得注意，这还是明初全盛时代，最最正常的情形呢！

至于劳力地租，更是要人民的命，北宋时代的衙前，被征的一两年就非破产不可。人民要逃避这苦役，有父亲自缢让儿子活命的，有祖母改嫁让孙子得救的。明朝的里役也是一样，中农之家假如没有一个孩子进学，一轮到值年，不搞成讨饭的也保证破产。

假如这些人地下有知，我相信他们会说，假如有选举，从自己人中间拣出一些靠得住的人来决定政府从抽税得来的钱应该怎样用，用时应该怎样监督，用后应该怎样算账，他们一定赞成。假定这种选举背面没有枪杆，不是圈定，不是分配，不止死人，我想，今天活着的人也愿意，决不会嫌麻烦、费事。

那么，为什么古代的人民不说话，不抗议呢？一句话，不许说话，不许抗议。皇家养着几百万军队，就为的对付这些人，史例太多，不必说了。

二、既不“代”也不“议”

首先，要指出何先生引的明初对付学政的故事，所加的解释是和史实不符合的。这故事的经过情形如此：“洪武三十年（公元1397）刘三吾、白信蹈等主考会试，榜发泰和宋琮第一，北士无预者。于是诸生言三吾等南人，私其乡。帝怒，命侍讲张信等复阅，不称旨。或言信等故以陋卷呈，三吾等实属之。帝益怒，信蹈等论死，三吾以老戍边，琮亦遣戍。帝亲赐策问，更擢六十一人，皆北士，时谓之南北榜，又曰春夏榜云。”① 据《明史·选举志》：“初制，礼闱取士，不分南北。自洪武丁丑，考官刘三吾、白信蹈所取宋琮等五十二人皆南士。三月廷试擢陈䢿为第一。帝怒所取之偏，命侍读张信等十二人复阅，䢿亦与焉。帝犹怒不已，悉诛信蹈及信、䢿等，戍三吾于边。亲阅试卷，取任伯安等六十一人。六月复廷试，以韩克忠为第一，皆北士也。然迄永乐间，未尝分地而取。”一直到洪熙元年，才规定会试名额的地方比例，南人取十分之六，北人取十分之四。宣德、正统间，分为南、北、中卷，南百分之五十五，北百分之三十五，中百分之十。照史实来说，何先生说这次考试结果，考上的江苏浙江人太多，远过于其所应得的定额，是不大对的。因为在洪熙元年（公元1425）以前，会试根本没有地方的定额。其次，这次考试所取全部是南人，南人的意义是广义的，刘三吾是湖南人，也是南人，这次考试并不是如何先生所说的“偏重江浙”。第三，何先生说：“可是考试制度，不能偏重某省，偏重就要杀头的。”如《明史》所记洪武三十年的考试并不是偏重某省，白信蹈之所以杀头，也不是因为偏重某省的缘故。第四，洪熙以后，也只大概分

① 《明史》卷一三七，《刘三吾传》。

出南北中三个区域的取士比例，并没有严格规定某省应取多少名额。

依我的了解，明太祖是南人，可是他作的不单是南人的皇帝。刘、白等主考根据考卷来定取录的标准，南人长于文墨，结果，一榜全是南人。在弥封誊录的制度下，考官是无法知道考取人的籍贯的。榜发后北人全部落第，自然感觉“偏枯”，认为是有意排斥，闹起来了。明太祖站在纯政治的立场，把上次的考试作废，重新出题考试，不按成绩，全取北方人。他的目的“偏重”北方这一次，是用来收买北方的士大夫人心的，表示他大公无私，不分南北。至于杀考官和考生的头，倒不是因为“偏重”，而是因为“偏轻”，得罪了北方人的缘故。

至于何先生说考试制度是中国的“代议制度”这一点，据我看来，进士们做了官就心满意足了，既不“代”，也不“议”。万一有时候真要说话，也不过代表他自己和自己这一集团而已。廷议当然也有机会参加，不过在官僚制度下，官阶最高权力最大的人有最多的甚至是独占的发言权，中下级官去参加廷议，不过旁听而已，签名而已，别的一概谈不上。明清两代的官僚记录参加廷议情形的，从来也找不出一个例子，中下级官敢在这场合说话，更找不出有什么官曾在这场合中替老百姓说过一句话。（反之，在科举制度成立以前，官僚制度建立的初期，倒有小官僚侃侃发言，不一定迎合权要意旨的集议，例如盐铁议的儒生议郎，弃朱崖议的贾山。）

何先生只有一句话是对的，他说：“最后的廷议本以皇帝为最后决定者，而在西洋的议会中则以议会的多数为最后决定者。”奇怪的是既然皇帝是最后决定者，那么，明明是独裁，又怎么会是议会政治？而且，西洋议会的议员是人民选出来的，至少，在形式上是如此。中国历史上参加廷议的官员，不管是两汉的丞相御史大夫议郎博士，抑或是宋代的侍从两制以上，明代的大小九卿，清代的王大臣部院官，总之都是官僚，人民从来没有选过他们，要他们代而议之，他们也从来没有说我是代表某区的人民说话的，不但没有说，连想也没有想到过。参加集议的官僚不但不是民选，不但不是官选党选，而且全是由皇帝任命的，指派的，不必经过任何人的同意。

参加会议的官僚也不一定全是由科举出身的人，举例说，有由父祖的荫袭得官的，有的是亲王勋贵，和科举根本不相干。

其次，科举制度和廷议是两件事，没有必然的联系。事实上，如秦始皇之命儒生议皇帝名号，汉代之议盐铁，议弃朱崖，以至魏晋南北朝的廷臣集议，都在科举制度成立之前。一定把两件事强粘在一起，似乎也不符合史实。

我们最多只能说，科举制度制出行政的官吏，为皇权服务。但绝不能说“选出议政的官吏”。要说是选，我们得问是谁选的？至于立法，皇帝并非法学专家，除了手谕手令以外，要创制法律条文，当然得拣出一批立法的官吏。这拣字也可以用指派两字代替。官僚们既不代表人民，也不议民间疾苦（皇家的事情倒是议的。）代议制在哪里？

三、“上达”什么？

科举出身的人，不一定做官，是对的。问题是做不到官呢？还是不肯做官？

科举出身而做不到官的人，做地方的绅士，领袖与代言人。这话也是有语病的。绅士也包括现任官的父兄子弟和退休的官僚。至于代言人，问题是代谁发言。假如只是代表他自己，和地方的绅士、地主、他的门生故旧、他的同一利害的集团发言，维护皇权发言，这是正确的，合于事实的。假如说是代表那“村子的痛苦、愿望、意见、需要及其他”，这话就是有问题了。代表村子里的哪一些人呢？地主呢？还是贫农？因为村子本身不会说话，也不会有痛苦等等的。

“绅士的工作”，不知是些什么？至于绅士在农村的生活，用死的和活的史料，都可以证明，“并不简单”。他们的生活当然是“独立”的，不过，“独立”的基础是对村人乡人的剥削敲诈和勒索。“决狱”是武断乡曲，其实，岂止决狱而已，有的还杀人放火，有的还私立公堂、私设牢狱呢！至于公益，那更是一种私人收益的手段，吃地方饭吃慈善饭的绅士滔滔皆是，肯掏腰包或白尽义务的不能说绝对没有，恐怕也不很多吧？

绅和官是一体的，我已在《论绅权》和《再论绅权》两篇文章里谈得很多。既然是一体，绅士的痛苦、愿望、意见、需要及其他当然可以上达。

至于从县知事把绅士的意见上达给学台，这倒不一定如此。第一学台——提督学政官和地方的民政官根本是两个系统。第二学台也并非“吏部大员”。县官要上达“舆情”，不必经过学台，而学台也未必一定替县官作传达员。

诚然，学台是可以在陛见时面陈地方情形，或用书面作报告给皇帝的。因为学台是钦差，是使臣，在历史上凡是皇帝的使臣，如两汉的刺史，唐代的观察使，宋代的转运使和提点刑狱公事，明代的巡按御史巡抚等官，都有权把地方官吏贤否民生利病报告给皇帝。这些人都是高高在上，根本和人民脱离甚至对立，他们从不到民间去，所听到的是绅士的陈述，下级官僚的报告所谓“舆情”，也不过如此而已。使臣奏事是维持皇权的一种方法，和科举制度似乎不大有关系，和代议制度也似乎说不到一起。

最后，我要说明的，是这篇文字的目的，在说明“中国式的代议制度”根本不存在。“科举制度”诚然是“中国式”的，但是，决不是“代议制度”。连“中国式”的“廷议”也完全不是“代议制度”。选举固然不一定非花很多钱不可，而花了很多钱办的选举，到头还是“中国式”的，也和“代议制度”完全不相干。

（原载《观察》第4卷第14期，1948年5月29日）

明初的恐怖政治

洪武二十八年（公元1395）正式颁布《皇明祖训》。这一年，朱元璋已经是六十八岁的衰翁了。

在这一年之前，桀骜不驯的元功宿将杀光了，主意多端的文臣杀绝了，不顺眼的地主巨室杀得差不多了，连光会掉书袋子搬弄文字的文人也大杀特杀，杀得无人敢说话，甚至出一口大气了。杀，杀，杀！杀了一辈子两手都涂满了鲜血的白头刽子手，踌躇满志，以为从此可以高枕无忧，皇基永固，子子孙孙吃碗现成饭，不必再操心了。这年五月，特别下一道手令说："朕自起兵至今四十余年，亲理天下庶务，人情善恶真伪，无不涉历，其中奸顽刁诈之徒，情犯深重，灼然无疑者，特令法外加刑，意在使人知所警惧，不敢轻易犯法。然此特权时措置，顿挫奸顽，非守成之君所用长法。以后嗣君统理天下，止守律与大诰，并不许用黥刺剕劓阉割刑，臣下敢有奏用此刑者，文武群臣即时劾奏，处以重刑。"①

其实明初的酷刑，黥刺剕劓阉割还算是平常的，最惨的是凌迟，凡是凌迟处死的罪人，照例要杀三千三百五十七刀，每十刀一歇一吆喝，慢慢地折磨，硬要被杀的人受长时间的痛苦。② 其次有刷洗，把犯人光身子放在铁床上，浇开水，用铁刷刷去皮肉。有枭令，用铁钩钩住脊骨，横挂在竿上。有称竿，犯人缚在竿上，另一头挂石头对称。有抽肠，也是挂在竿上，用铁钩钩入谷门把肠子钩出。有剥皮，贪官污吏的皮放在衙门公座上，让新官看了发抖。此外，还有挑膝盖、锡蛇游种种名目。③ 也有同一罪犯，加以墨面文身，挑

① 《明太祖实录》卷二百三十九。

② 邓之诚：《骨董续记》卷二十，磔条，引《张文宁年谱》；计六奇：《明季北略》，记郑鄤事。

③ 吕毖：《明朝小史》卷一，《国初重刑》。

筋去膝盖剁指，并具五刑的。① 据说在上朝时，老皇帝的脾气好坏很容易看出来，要是这一天他的玉带高高的贴在胸前，大概脾气好，杀人不会多。要是揿玉带到肚皮底下，便是暴风雨来了，满朝廷的官员都吓得脸无人色，个个发抖，准有大批人应这劫数。② 这些朝官，照规矩每天得上朝，天不亮起身梳洗穿戴，在出门以前，和妻子诀别，吩咐后事，要是居然活着回家，便大小互相庆贺，算是又多活一天了。③

四十年中，据朱元璋自己的著作，《大诰》、《大诰续编》、《大诰三编》，和《大诰武臣》的统计，所列凌迟枭示种诛有几千案，弃市（杀头）以下有一万多案。《三编》所定算是最宽容的了。“进士监生三百六十四人，愈见奸贪，终不从命三犯四犯而至杀身者三人，三犯而诽谤杀身者又三人，奸容戴斩、绞、徒流罪在职者三十人，一犯戴死罪徒流罪办事者三百二十八人。”④ 有御史戴死罪，戴着脚镣，坐堂审案的，有挨了八十棍回衙门作官的。其中最大的案件有胡惟庸案、蓝玉案、空印案和郭桓案，前两案株连被杀的有四万人，后两案合计有七八万人。⑤ 所杀的人，从开国元勋到列儒裨将，从部院大臣、诸司官吏到州县胥役、进士监生、经生儒士、富人地主、僧道屠沽，以至亲侄儿、亲外甥，无人不杀，无人不可杀，一个个的杀，一家家的杀，有罪的杀，无罪的也杀，“大戮官民不分臧否”⑥。早在洪武七年，便有人向他控诉，说是杀得太多了，“才能之士，数年来幸存者，百无一二”⑦。到洪武九年，单是官吏犯笞以上罪，谪戍到凤阳屯田的便有一万多人。⑧ 十八年九月在给萧安石

---

① 《大诰》，奸吏建言第三十三，刑余攒典盗粮第六十九；《续诰》，相验囚尸不实第四十二；《三编》，逃囚第十六。

② 徐祯卿：《翦胜野闻》。

③ 赵翼：《廿二史劄记》卷三十二，《明祖晚年去严刑条》，引《草木子》。

④ 《明史》卷九十四，《刑法志》；《大诰三编》二，进士监生戴罪办事。

⑤ 《明史》卷九十四，《刑法志》。

⑥ 《明史》卷一三九《周敬心传》：“洪武二十五年上疏极谏：洪武四年录天下官吏，十三年连坐胡党，十九年逮官吏积年为民害者，二十三年罪妄言者，大戮官民不分臧否。”

⑦ 《明史》卷一三九，《茹太素传》。

⑧ 《明史》卷一三九，《韩宜可传》。

子孙符上也自己承认："朕自即位以来，法古命官，列布华夷，岂期擢用之时，并效忠贞，任用既久，具系奸贪？朕乃明以宪章，而刑责有不可恕。以至内外官僚，守职维艰，善能终是者寡，身家诛戮者多。"① 郭桓案发后，他又说："其贪婪之徒，闻桓之奸，如水之趋下。半年间弊若蜂起，杀身亡家者人不计其数。出五刑以治之，挑筋剁指足髡发文身，罪之甚者欤？"②

政权的维持建立在流血屠杀、酷刑暴行的基础上，这个时代，这种政治，确确实实是名副其实的恐怖政治。

胡惟庸案发于洪武十三年，蓝玉案发于洪武二十六年，前后相隔十四年，主犯虽然是两个，其实是一个案子。

胡惟庸是初起兵占领和州时的帅府旧僚，和李善长同乡，又结了亲，因李善长的举荐，逐渐发达，洪武三年拜中书省参知政事，六年七月拜右丞相。

中书省综掌全国大政，丞相对一切庶务都有专决的权力，统帅百官，只对皇帝负责。这制度对一个平庸的、唯唯否否、阿附取容"三旨相公"型的人物，或者对手是一个只愿嬉游逸乐、不理国事的皇帝，也许不会引起严重的冲突。或者一个性情谦和容忍，一个刚决果断，柔刚互济倒也不致坏事，但是胡惟庸干练有为，有魄力，有野心，在中书省年代久了，大权在手，威福随心，兼之十年宰相，门下故旧僚友也隐隐结成一个庞大的力量，这个力量是靠胡惟庸作核心的。拿惯了权的人，怎么也不肯放下。朱元璋呢，赤手空拳建立的基业，苦战了几十年，拼上命得到的大权，平白被人分去了一大半，真是倒持太阿，授人以柄，想想又怎么能甘心！困难的是皇帝和丞相的职权，从来不曾有过清楚的界限，理论上丞相是辅佐皇帝治理天下的，相权是皇权的代表，两者是二而一的，不应该有冲突。事实上假如一切庶政都由丞相处分，皇帝没事做，只能签字画可，高拱无为。反之，如皇帝躬亲庶务，大小事情一概过问，那么，这个宰相除了伴食画诺以外，又有什么可做？这两个人性格相同，

① 《明朝小史》卷二。

② 《大诰三编》，逃回第十六。

都刚愎，都固执，都喜欢独裁，好揽权，谁都不肯相让，许多年的争执、摩擦，相权和皇权相对立。最后，冲突表面化了。朱元璋有军队，有特务，失败的当然是文官。在胡惟庸以前，第一任丞相李善长小心怕事，徐达经常统兵在外，和朱元璋的冲突还不太明显严重，（刘基自己知道性子太刚，一定合作不了，坚决不干。）接着是汪广洋，碰了几次大钉子，末了还是赐死。中书官有权的如杨宪，也是被杀的。胡惟庸是任期最长，冲突最厉害的一个。被杀后，索性取消中书省，由皇帝兼行相权，皇权和相权合而为一。洪武二十八年手令："自古三公论道，六卿分职，自秦始置丞相，不旋踵而亡，汉、唐、宋因之，虽有贤相，然其间所用者多有小人，专权乱政。我朝罢相，设五府、六部、都察院、通政司、大理寺等衙门，分理天下庶务，彼此颉颃，不敢相压，事皆朝廷总之，所以稳当。以后嗣君并不许立丞相，臣下敢有奏请设立者，文武群臣即时劾奏，处以重刑。"① 这里所说的"事皆朝廷总之"的朝廷，指的便是他自己。胡惟庸被杀在政治制度史上的意义，是治权的变质，也就是从官僚和皇家共治的阶段，转变为官僚成奴才，皇帝独裁的阶段。

胡惟庸之死只是这件大屠杀案的一个引子，公布的罪状是擅权枉法。以后朱元璋要杀不顺眼的文武臣僚，便拿胡案作底子，随时加进新罪状，把它放大、发展，一放为私通日本，再放为私通蒙古，日本和蒙古，"南倭北虏"是当时两大敌人，通敌当然是谋反。三放又发展为串通李善长谋逆，最后成为蓝玉谋逆案。罪状愈多，牵连的罪人也更多，由甲连到乙，乙攀到丙，转弯抹角像瓜蔓一样四处伸出去，一网打尽，名为株连。被杀的都以家族作单位，杀一人也就是杀一家。坐胡案死的著名人物有御史大夫陈宁，中丞涂节，太师韩国公李善长，延安侯唐胜宗，吉安侯陆仲亨，平凉侯费聚，南雄侯赵庸，荥阳侯郑遇春，宜春侯黄彬，河南侯陆聚，宣德侯金朝兴，靖宁侯叶升，申国公邓镇，济宁侯顾敬，临江侯陈镛，营阳侯杨璟，淮安侯华中和高级军官毛骧、李伯昇、丁玉，和宋濂的孙子

① 《明太祖实录》卷二三九。

宋慎。宋濂也被牵连，贬死茂州。坐蓝党死的除大将凉国公蓝玉以外，有吏部尚书詹徽、侍郎傅友文、开国公常升、景川侯曹震、鹤庆侯张翼、舳舻侯朱寿、东莞伯何荣、普定侯陈桓、宣宁侯曹泰、会宁侯张温、怀远侯曹兴、西凉侯濮兴、东平侯韩勋、全宁侯孙恪、沈阳侯察罕、徽先伯桑敬和都督黄辂、汤泉等。胡案有《昭示奸党录》，蓝案有《逆臣录》，把口供和判案都详细记录公布。让全国人都知道这些“奸党”的“罪状”。① 被杀公侯中，东莞伯何荣是何真的儿子，何真死于洪武二十一年，被帐下旧校捏告生前党胡惟庸，勒索两千两银子，何家子弟到御前分析，朱元璋大怒说：“我的法，这厮把作买卖！”把旧校绑来处死。到二十三年何荣弟崇祖回广东时：“兄把袂连声：弟弟，今居官祸福顷刻，汝归难料再会日。到家达知伯叔兄弟，勿犯违法事，保护祖宗，是所愿望！”

可是，逃过了胡党，还是逃不过蓝党，何家是岭南大族，何真在元明之际保障过一方秩序，威望极高，如何放得过？据何崇祖自述：

> 洪武二十六年，族诛凉国公蓝玉，扳指公侯文武家名蓝党，无有分别，自京及天下，赤族不知几万户。长兄四兄宏维暨老幼咸丧。三月二十日夜鸡鸣时，家人彭康寿叩门，吾床中闻知祸事，出问故，云：“昨晚申时，内官数员滞官军到衙，城门皆闭。是晚有公差出城，私言今夜抄提员头山何族，因此奔回。”……军来甚众，吾忙呼妻封氏各自逃生。

崇祖一房从此山居岛宿，潜形匿迹，一直三十一年新帝登极大赦，才敢回家安居。②

李善长死时已经七十七岁了，帅府元僚，开国首相，替主子办了三十九年事，儿子做驸马，本身封国公，富极贵极，到末了却落得全家诛戮。一年后，有人替他上疏喊冤说：

---

① 参看钱谦益：《太祖实录辨证》；潘柽章：《辩史考异》；吴晗：《胡惟庸党案考》，载《燕京学报》十五期。

② 何崇祖：《庐江郡何氏家记》（《玄览堂丛书续集》本）。

> 善长与陛下同心，出万死以取天下，勋臣第一，生封公，死封王，男尚公主，亲戚拜官，人臣之分极矣。藉今欲自图不轨，尚未可知。而今谓其欲佐胡惟庸者，则大谬不然。人情爱其子，必甚于兄弟之子（善长弟存义子佑是胡惟庸的从女婿），安享万全之富贵者，必不侥幸万一之富贵。善长与惟庸，犹子之亲耳，于陛下则亲子女也。使善长佐惟庸成，不过勋臣第一而已矣，太师国公封王而已矣，尚主纳妃而已矣，宁复有加于今日？且善长岂不知天下之不可幸取，当元之季，欲为此者何限，莫不身为齑粉，覆宗绝祀，能保首领者几何人哉！善长胡乃身见之，而以衰倦之年身蹈之也？凡为此者，必有深仇激变，大不得已，父子之间，或至相挟以求脱祸。今善长之子祺，备陛下骨肉亲，无纤芥嫌，何苦而忽为此？若谓天象告变，大臣当灾，杀之以应天象，则尤不可。臣恐天下闻之，谓功如善长且如此，四方因之解体也。今善长已死！言之无益，所愿陛下作戒将来耳。

说得句句有理，字字有理，朱元璋无话可驳，也就算了。①

二案以外，开国功臣被杀的，还有谋杀小明王的凶手德庆侯廖永忠，洪武八年以僭用龙凤不法等事赐死。永嘉侯朱亮祖父子于十三年被鞭死。临川侯胡美于十七年犯禁伏诛。江夏侯周德兴于二十五年以帷薄不修，暧昧的罪状被杀。二十七年，杀定远侯王弼、永平侯谢成、颍国公傅友德，二十八年杀宋国公冯胜。周德兴是朱元璋儿时放牛的伙伴，傅友德、冯胜功最高，突然被杀，根本不说有什么罪过，正合着古人说的“飞鸟尽，良弓藏；狡兔死，走狗烹”的话。②

不但列将以次诛夷，甚至替他坚守南昌七十五日，力拒陈友谅，造成鄱阳湖大捷，奠定王业的功臣，义子亲侄朱文正也以“亲近儒生，胸怀怨望”被鞭死。③ 义子亲甥李文忠，十几岁便在军中南征北伐，立下大功，也因为左右多儒生，礼贤下士，有政治野

---

① 《明史》卷一百二十七，《李善长传》。

② 王世贞：《史乘考误》；钱谦益：《太祖实录辨证》；潘柽章：《国史考异》。

③ 刘辰：《国初事迹》；孙宜：《洞庭集》，《大明初略》三；王世贞：《史乘考误》卷一。

心被毒死。[1] 刘基是幕府智囊，运谋决策，不止有定天下的大功，并且是奠定帝国规模的主要人物，因为主意多，看得准，看得远，被猜忌最深，洪武元年便被休致回家[2]，又怕隔得太远会出事，硬拉回南京，终于被毒死。[3] 徐达为开国功臣第一，小心谨慎，也逃不过。洪武十八年病了，生背疽，据说这病最忌吃蒸鹅，病重时皇帝却特赐蒸鹅，没法办，流着眼泪当着使臣的面吃，不多日就死了。[4] 这两个元功的特别被注意，被防闲，满朝文武全知道，给事中陈汶辉曾经上疏公开指出："今勋旧耆德，咸思辞禄去位，如刘基、徐达之见猜，李善长、周德兴之被谤，视萧何、韩信其危疑相去几何哉！"[5]

武臣之外，文官被杀的也着实不少。有记载可考的有宋思颜、夏煜、高见贤、凌说、孔克仁，这几人都是初起事时的幕府僚属，宋思颜在幕府里的地位仅次于李善长。夏煜是诗人，和高见贤、杨宪、凌说一伙，专替朱元璋"伺察抟擊"，尽鹰犬的任务，告密栽赃，什么事全干，到末了也被人告密，先后送了命。[6] 朝官中有礼部侍郎朱同、张衡，户部尚书赵勉，吏部尚书余炘，工部尚书薛祥、秦逵，刑部尚书李质、开济，户部尚书茹太素，春官王本，祭酒许存仁，左都御史杨靖，大理寺卿李仕鲁，少卿陈汶辉，御史王朴、纪善、白信蹈等。[7] 外官有苏州知府魏观，济宁知府方克勤，番禺知县道同，训导叶伯巨，晋王府左相陶凯等。[8] 茹太素是个刚性人，爱说老实话，几次为了话不投机被廷杖，降官，甚至镣足治事，一

① 王世贞：《史乘考误》卷一；钱谦益：《太祖实录辨证》卷五；潘柽章：《国史考异》卷二。

② 刘辰：《国初事迹》。

③ 《明史》卷三〇八《胡惟庸传》，卷一二八《刘基传》；刘璟：《遇恩录》。

④ 徐祯卿：《翦胜野闻》。

⑤ 《明史》卷一三八，《李仕鲁传》附《陈汶辉传》。

⑥ 《明史》，卷一三五，《宋思颜传》。

⑦ 《明史》卷一三六《朱升传》，卷一三七《刘三吾传》、《宋纳传》、《安然传》，卷一三八《陈修传》、《周祯传》、《杨靖传》、《薛祥传》，卷一三九《茹太素传》、《李仕鲁传》、《周敬心传》。

⑧ 《明史》卷一四〇《魏观传》，卷二八一《方克勤传》，卷一四〇《道同传》，卷一三九《叶伯巨传》，卷一三六《陶凯传》。

天，在便殿赐宴，朱元璋赐诗，说："金杯同汝饮，不刃不相饶。"太素磕了头，续韵吟道："丹诚图报国，不避圣心焦！"元璋听了倒也很感动。不多时还是被杀。李仕鲁是朱熹学派的学者，劝皇帝不要太尊崇和尚道士，想学韩文公辟佛，来发扬朱学。料想着朱熹和皇帝是本家，这着棋准下得不错，不料皇帝竟不卖朱夫子的账，全不理会，仕鲁急了，闹起迂脾气，当面交还朝笏，要告休回家。元璋大怒，叫武士把他掼死在阶下。陶凯是御用文人，一时诏令封册歌颂碑志多出其手，作过礼部尚书，制定军礼和科举制度，只为了起一个别号叫"耐久道人"，犯了忌讳被杀。员外郎张来硕谏止取已许配的少女作官人，说"于理未当"，被碎肉而死，参议李饮冰被割乳而死。① 叶伯巨在洪武九年以星变上书，论用刑太苛说：

> 臣观历代开国之君，未有不以仁德结民心，以任刑失民心者。国祚长短，悉由于此……议者曰，宋、元中叶，专事姑息，赏罚无章，以致亡灭。主上痛惩其弊，故制不宥之刑，权神变之法，使人知惧而莫测其端也。臣又以为不然。开基之主，垂范百世，一动一静，必使子孙有所持守，况刑者，民之司命，可不慎欤！夫笞、杖、徒、流、死，今之五刑也。用此五刑，既无假贷，一出乎大公至正可也。而用刑之际，多裁自圣衷，遂使治狱之吏，务趋求意旨，深刻者多功，平反者得罪，欲求治狱之平，岂易得哉！近者特旨，杂犯死罪，免死充军，又删定旧律诸则，减宥有差矣。然未闻有戒饬治狱者，务从平恕之条，是以法司犹循故例，虽闻宽宥之名，未见宽宥之实。所谓实者，诚在主上，不在臣下也。故必有罪疑惟轻之意，而后好生之德洽于民心，此非可以浅浅期也。何以明其然也？古之为士者以登仕为荣，以罢职为辱，今之为士者以溷迹无闻为福，以受玷不录为幸，以屯田工役为必获之罪，以鞭笞捶楚为寻常之辱。其始也，朝廷取天下之士，网罗捃摭，务无余逸，有司敦迫上道，如捕重囚，比到京师，而除官多以貌选，所学或非其所用，所用

① 刘辰：《国初事迹》。

或非其所学。洎乎居官，一有差跌，苟免诛戮，则必在屯田工役之科，率是为常，不少顾惜。此岂陛下所乐为哉！诚欲人之惧而不敢犯也。窃见数年以来，诛杀亦可谓不少矣，而犯者相踵，良由激劝不明，善恶无别，议贤议能之法既废，人不自励而为善者怠也。有人于此，廉如夷、齐，智如良、平，少戾于法，上将录长弃短而用之乎？将舍其所长苛其所短而置之法乎？苟取其长而舍其短，则中庸之材争自奋于廉智；倘苛其短而弃其长，则为善之人皆曰某廉若是，某智若是，朝廷不少贷之，吾属何所容其身乎？致使朝不谋夕，弃其廉耻，或自掊克，以备屯田工役之资者，率皆是也。若是非用刑之烦者乎！汉尝徙大族于山陵矣，未闻实之以罪人也，今凤阳皇陵所在，龙兴之地，而率以罪人居之，怨嗟愁苦之声，充斥园邑，殆非所以恭承宗庙意也。

朱元璋看了气极，连声音都发抖了，连声说这小子敢如此！快逮来！我要亲手射死他。隔了些日子，中书省官趁他高兴的时候，奏请把叶伯巨下刑部狱，不久死在狱中。①

照规定，每年各布政使司和府州县都得派上计吏到户部，核算钱粮军需等账目，数目琐碎畸零，必需府合省，省合部，一层层上去，一直到部里审核报销，才算手续完备。钱谷数字有分毫升合不符合，整个报销册便被驳回，得重新填造。布政使司离京师的远六七千里，近的也是三四千里，册子重造不打紧，要有衙门的印才算合法，为了盖这颗印，来回时间就得一年半载。为了免得部里挑剔，减除来回奔走的麻烦，上计吏照例都带有预先备好的空印文书，遇有部驳，随时填用。到洪武十五年，朱元璋忽然发觉这事，以为一定有弊病，大发雷霆，下令地方各衙门的长官主印者一律处死，佐贰官杖一百充军边地。其实上计吏所预备的空印文是骑缝印，不能作为别用，也不一定用得着，全国各衙门都明白这道理，连户部官员也是照例默认的，算是一条不成文法律。可是案发后，朝廷上谁也不敢说明详情，有一个不怕死的老百姓，拼着命上书把这事解释

① 《明史》卷一百三十九，《叶伯巨传》。

明白，也不中用，还是把地方长吏一杀而空。当时最有名的好官济宁知府方克务（建文朝大臣方孝孺的父亲）也死在这案内。上书人也被罚充军。①

郭桓是户部侍郎，洪武十八年，有人告发北平二司官吏和郭桓通同舞弊，从六部左右侍郎以下都处死刑，追赃七百万，供词牵连到各直省官吏，死的又是几万人。追赃又牵连到全国各地，中产之家差不多全被这案子搞得倾家荡产，财破人亡。这案子激动了整个社会，也太伤了中产阶级和中下级官僚的心，大家都指斥攻击告发此案的御史和审判官，议论沸腾，情势严重，朱元璋一看不对，赶紧下手诏条列郭桓等罪状说是：

> 户部官郭桓等收受浙西秋粮，合上仓四百五十万石，其郭桓等止收六十万石上仓，钞八十万锭入库，以当时折算，可抵二百万石，余有一百九十万石未曾上仓。其桓等受要浙西等府钞五十万贯，致使府州县官黄文等通同刁顽入吏边源等作弊，各分入己。
>
> 其所盗仓粮，以军卫言之，三年所积卖空。前者榜上若欲尽写，恐民不信，但略写七百万耳。若将其余仓分并十二布政司通同盗卖见在仓粮，及接受浙西等府钞五十万张卖米一百九十万不上仓，通算诸色课程鱼盐等项，及通同承运库官范朝宗偷盗金银，广惠库富张裕妄支钞六百万张，除盗库见在金银宝钞不算外，其卖在仓税粮及未上仓该收税粮及鱼盐诸色等项，共折米算，所废者二千四百余万（石）精粮。
>
> 其应天等五府州县数十万没官田地夏秋税粮，官吏张钦等通同作弊，并无一粒上仓，与同户部官郭桓等尽行分授。

意思是追赃七百万还是圣恩宽容，认真算起来该有二千四百万。这几万人死得决不委屈。话虽如此说，到底觉得有些不妥，只好借审刑官的头来平众怒，把原审官杀了一批，再三申说，求人民的谅解。② 一

---

① 《明史》卷九十四，《刑法志》；卷一百三十九，《郑士利传》。

② 《明史》卷九十四，《刑法志》；《大诰》二十三郭桓卖放浙西秋粮，四十九郭桓盗官粮。

年后，他又特别指出："自开国以来，惟两浙、江西、两广、福建所设有司官，未尝任满一人，往往未及终考，自不免于赃贪。"① 可见杀这些贪官污吏是不错的，是千该万该的。不过，倒过来说，杀了二十年的贪官污吏，而贪官污吏还是那么多，沿海比较富饶区域的地方官，二十年来甚至没有一个能够作满任期，都在中途犯了赃贪得罪，由此可见专制独裁的统治，官僚政治和贪污根本分不开，单用严刑重罚，恐怖屠杀去根绝贪污，是不可能有什么效果的。

在鞭笞、苦工、剥皮、抽筋，以至抄家灭族的威胁空气中，凡是作官的，不论大官小官，近臣远官，随时随地都会有不测之祸，人人在提心吊胆，战战兢兢过日子。这日子过得太紧张了，太可怕了，有的人实在受不了，只好辞官，回家当老百姓，不料又犯了皇帝的忌讳，说是不肯帮朝廷作事："奸贪无福小人，故行诽谤，皆说朝廷官难做。"② 大不敬，非杀不可。没有作过官的儒士，怕极了，躲在乡间不敢出来应考作官，他又下令地方官用种种方法逼他们出来，"有司敦迫上道，如捕重囚"。还立下一条法令，说是："率土之滨，莫非王臣，寰中士大夫不为君用，是自外其教者，诛其身而没其家，不为之过。"③ 贵溪儒士夏伯启叔侄各剁去左手大指，立誓不作官，被拿赴京师面审，元璋气呼呼发问："昔世乱居何处？"回说："红寇乱时，避兵于福建、江西两界间。"不料红寇这名词正刺着皇帝的痛处：

> 朕知伯启心怀忿怒，将以为朕取天下非其道也。特谓伯启曰：尔伯启言红寇乱时，意有他忿。今去指不为朕用，宜枭令籍没其家，以绝狂愚夫仿效之风。

特派法司押回原籍处决。④ 苏州人才姚润、王谈被征不肯作官，也都被处死，全家籍没。⑤

---

① 《大诰续篇》。

② 《大诰》，奸贪诽谤第六十四。

③ 《大诰二编》，苏州人才第十三。

④ 《大诰三编》，秀才剁指第十；《明史》卷九十四，《刑法志》。

⑤ 《大诰三编》，苏州人才第十三；《明史》卷九十四，《刑法志》。

洪武朝朝臣幸免于屠杀的，只有几个例子：一个是大将信国公汤和，原是朱元璋同村子人，一块儿长大的看牛伙伴，比元璋大三岁，起兵以后，诸将地位和元璋不相上下的，都闹别扭，不听使唤，只有汤和规规矩矩，小心听话，服从命令。到晚年，徐达、李文忠死已多年，汤和宿将功高，明白老伙伴脾气，心里老大不愿意，让诸大将仍旧掌兵权，苦的是嘴里说不出。他首先告老交出兵权，元璋大喜，立刻派官给他在凤阳盖府第，赏赐稠渥，特别优厚，算是侥幸老死在床上。① 一个是外戚郭德成，郭宁妃的哥哥，一天他陪朱元璋在后苑喝酒，醉了爬在地上去冠磕头谢恩，露出稀稀的几根头发，元璋笑着说："醉风汉，头发秃到这样，可不是酒喝多了。"德成仰头说："这几根还嫌多呢，剃光了才痛快。"元璋不作声。德成酒醒，才知道闯了大祸，怕得要死，只好索性装疯，剃光了头，穿了和尚衣，成天念佛。元璋信以为真，告诉宁妃说："原以为你哥哥说笑话，如今真个如此，真是疯汉。"不再在意，党案起后，德成居然漏网。② 一个是御史袁凯，有一次朱元璋要杀许多人，叫袁凯把案卷送给皇太子复讯，皇太子主张从宽。袁凯回报，元璋问："我要杀人皇太子却要宽减，你看谁对?"袁凯不好说话，只好回答："陛下要杀是守法，东宫要赦免是慈心。"元璋大怒，以为袁凯两头讨好，脚踏两头船，老滑头，要不得。袁凯大惧，假装疯癫，元璋说疯子不怕痛，叫人拿木钻来刺他的皮肤，袁凯咬紧牙关，忍住不喊痛。回家后，自己拿铁链锁住脖子，蓬头垢面，满口疯话，元璋还是不放心，派使者去召他作官，袁凯瞪眼对使者唱月儿高曲，爬在篱笆边吃狗矢，使者回报果然疯了，才不追究。这一次朱元璋却受了骗，原来袁预先叫人用炒面拌砂糖，捏成段段，散在篱笆下，爬着吃了，救了一条命，朱元璋哪里会知道?③

吴人严德珉由御史升左佥都御史，因病辞官，犯了陈讳，被黥面充军南丹（今广西），遇赦放还，布衣徒步作老百姓，谁也不知道

---

① 《明史》卷一百二十六，《汤和传》。

② 《明史》卷一三一，《郭兴传》。

③ 《明史》卷二百八十三，《袁凯传》；徐祯卿：《翦胜野闻》；陆深：《金台纪闻》。

他曾作过官。到宣德时还很健朗，一天因事被御史所逮，跪在堂下，供说也曾在台勾当公事，颇晓三尺法度。御史问是何官，回说洪武中台长严德珉便是老夫。御史大惊谢罪，第二天去拜访，却早已挑着铺盖走了。有一个教授和他喝酒，见他脸上刺字，头戴破帽，问老人家犯什么罪过，德珉说了详情，并说先时国法极严，作官的多半保不住脑袋。说时还北面拱手，嘴里连说“国恩！国恩！”①

元璋有一天出去私访，到一破寺，里边没有一个人，墙上画一布袋和尚，有诗一首：“大千世界浩茫茫，收拾都将一袋藏，毕竟有收还有放，放宽些子有何妨。”墨迹还新鲜，是刚画刚写的，赶紧使人去搜索，已经不见了。② 这故事不一定是真实的，不过，所代表的当时人的情绪却是真实的。

（原载《中建》半月刊华北航空版第2期，总第3卷第5期，1948年8月5日）

① 《明史》卷一三八，《周祯传》。

② 徐祯卿：《翦胜野闻》。

历史上的国民身份证
——传·过所·路引

一

今天在各地所施行的国民身份证制度，尽管立法的人是自以为学的“先进”国家的衣钵，其实，仔细研究一下，形式虽欧化，骨子里的精髓，却道道地地是东方的，有其历史上的根源，我的意思是说，这一套办法确是两千年来的统治术的复活，旧内容，新形式。

我愿意以历史学者的立场，对这问题加以历史的探索。

从历史上来考研身份证制度，这东西古代叫作传，唐代叫作过所，宋代称为公凭，明代则名为路引。凡外国人入境，本国人从甲地到乙地，都必须随身携带，证明他的身份职业、行李多少和旅行目的；尤其是年龄，在征兵制度下，合于兵役年龄的壮丁，是不许可无故离开所属的兵役区的，没有身份证的，不是罪犯，便是逃兵，关津不许通过。君权的支柱之一是军队，身份证是保障兵源的重要措施。君权的永固必须铲除异己的力量，无论是思想上或行动上的反对者，身份证恰恰保证了这一点。明代军民分开，路引制度的重点就特重在防闲人民，把人民圈禁在土地上，使之不能动弹反侧这一措施上。

二

王国维《简牍简署考》：“传信有二种，一为出入关门之传，郑氏《周礼注》所谓若今过所文书是也。”《周礼·地官·司徒》郑注：“传如今过所文书，当载人年几及物多少，至关至门，皆别写一通入关家门家，乃案勘而过，其内出者义亦然。”崔豹《古今注》记传之形制说：“凡传皆以木为之，长五寸，书符信于上，又以一板封之，皆封以御史印章，所以为信也，如今之过所也。”《汉书·文帝纪》：“十二年三月（前168）除关无用传。”注：“张晏曰：传，信也，若今过所也。如淳曰：两行书帛，分持其一，出入关合之乃得过，谓之传也。李奇曰：传，棨也。师古曰：张说是也。古者或用棨，或用缯帛，棨者刻木为合符也。”由此知古代之传，即后代之过所，传有两种，一种用木，一种用帛，都有正副两份。

汉代的传，或用或废，前后不一，文帝十二年废传，景帝时复置，武帝初年又废，《汉书·窦婴传》说：“文帝时除关无用传，景帝四年（前153）以七国反复置。武帝时窦婴为丞相，复除之。”婴死后，又恢复了。《终军传》说：“年十八选为博士弟子，从济南当诣博士，步入关，关吏予军繻，军问以此何为？吏曰：为复传。还当以合符。军曰：大丈夫西游，终不复传还，弃繻而去。军为谒者，使行郡国，建节东出关，关吏识之曰：此使者乃前弃繻生也。”窦婴以汉武帝建元元年为丞相，元光四年死（前140至前131），除传当是这十年内的事。终军年十八为博士弟子，元朔五年（前124）六月置博士弟子五十八。死时年二十余，故世谓之终童。军入关至长安上书言事，拜为谒者给事中，从上幸雍，祠五畤，获白麟一角而五蹄，由是改元为元狩（前122）。军入关时已复用传，知复传当在元朔五年以前。《汉书》注：“张晏曰：繻音须，繻，符也。书帛裂而分之，若券契矣，苏林曰：缉，帛边也。旧关出入皆以传，传烦，因裂繻头，合以为符信也。”复传，师古注曰：“复，返也，谓返出关，更以为传。”由此知汉武帝复传以后，传的形制渐趋简单化，过关才用，管传的便是关吏。又知平民出入关用传，朝廷使者仗节出入，便用不着了。这制度似乎到东汉还因仍旧贯，《后汉书·郭丹传》说：“后从师长安，买符入函谷关。乃慨然叹曰：丹不乘使者车，终不出关。”注：“符即繻也，买符非真符也。《东观纪》曰：丹从宛人陈洮买入关符，既入关，封符乞人也。”和终军的故事一样，所不同的是终军是地方保送到长安受学的博士弟子，有官方的证明文件，关吏无条件予繻。郭丹则是以私人身份入关，而入关是要证明的，得想法从宛人陈洮买繻。从买字说，必定得付一笔钱，也是可想而知的。

隋代叫传作公验，《隋书·文帝纪》：“开皇十八年（公元598）九月庚寅敕，客舍无公验者，坐及刺史县令。”

唐代叫作过所，定制最为详密。《旧唐书·职官志》：“尚书刑部司门郎中、员外郎（各一人）之职，掌天下诸门及关出入往来之籍，赋而审其政。关所以限中外，隔华夷，设险作固，闲邪正禁者也。凡关呵而不征。凡度关者，先经本部本司请过所，在京则省给之，在州则州给之，而虽非所部，有来文者，所在亦给（出塞逾月者给行牒，猎手所过给长籍，三月一易）。”括弧内用《新唐书·百官志》补。地方则有户曹司户参军，专掌户籍计帐，道路过所。关有关令，凡行人车马出入往来，必据过所以勘之。《唐律疏议·卫禁》：“诸私度关者徒一年，越度者加一等。（不由门为越）疏议曰：水陆等关，两处各有关禁。行人来往，皆有公文，谓驿使验符券，传送据递牒，军防丁夫有总历，自余各请过所而度。若无公文私从关门过，合徒一年。越度者谓关不由门，津不由济而度者，徒一年半。诸不应度关而给过所，（取而度者亦同），若冒名请过所而度者，各徒一年。疏义曰：不应度关者，谓有征役番期及罪谴之类，皆不合辄给过所，而官司辄给，及身不合度关而取过所度者，若冒他人名请过所而度者，徒一年。”过所必需本人执用，如家人相冒，杖八十。主司及关司知情，各与同罪。甚至家畜出入亦需请过所。诸关津度人，无故留难者，一日主司笞四十，一日加一等，罪止杖一百。若军务急速而留难不度，致稽废者，自从所稽废重论。诸私度有他罪重者，主司知情，以重者论。疏议曰：或有避死罪逃亡，别犯徒以上罪，是各有他罪重，关司知情者，以故纵罪论，各得所度人重罪。到宝应元年（公元762）因军务关系，又令骆谷、金牛、子午等路，往来行客所将随身器仗，今日以后，除郎官御史诸州都统进奉等官，任将器械随身，自余私客等，皆须过所上具所将器械色目，然后放过。

如过所上不具所将器械色目数者，一切于守捉处勒留。①

唐过所形制，据日本《三善清行智证大师传》所录圆城寺所藏圆珍过所，依原来的款式，移录如下：

越州都督府

日本国内供奉　敕赐紫衣僧圆珍年四十三行者丁满年五十驴两头并随身经书衣钵等

上都已来路次检案内人二驴两头并经书衣钵等

得状称仁寿三年七月十六日离本国大中七年九月十四日到

唐国福州至八年九月二十日到越州开元寺听习今欲

略往两京及五台山等巡礼求法却来此听读恐

所在州县镇铺关津堰寺不练行由伏乞给往

还过所勘得开元寺三纲僧长泰等状同事须给过所者准给者此已给讫幸依勘过

大中九年三月十九日　给

功曹参军　　府
史
丞

潼关六月十五勘入

仁寿是日本文德天皇年号，仁寿三年当唐宣宗大中七年，公元853年。

唐末扰乱，政府统治力量一天比一天不行，过所制度也自然而然地破坏了。梁开平三年（公元909）政府想重新整顿，加强控制，特派宰相专管，《五代会要·司门》："十月敕，过所先是司门郎中员外郎出给，今寇盗未平，恐漏奸诈，宜令宰臣赵光逢专判。凡出给过所，先具状经中书点检判下，即本司郎中据状出给。"到后汉乾祐元年（公元948）又敕："左司员外郎卢振奏，请应有经过关津州府诸色人等，并须于司门请给公验，令所在辨认，方可放过，宜依所

① 《唐会要·关市》。

陈，颁示天下。”据《旧五代史·杨邠传》：“邠即专国政……自京师至诸州府行人往来，并须给公凭。所由司求请公凭者，朝夕填咽。旬日之间，民情大扰，行路拥塞，邠乃止其事。”公凭《新五代史》作过所。乾祐上距开平，不过四十年，乾祐的办不通，那么，开平的怕也是纸面文章吧。宋代继承杨邠的办法，也叫公凭。使用的人似乎以商旅为最多，李焘《续资治通鉴长编》一〇六：“天圣六年（公元1028）九月癸丑，益州钤辖刘承颜言：商旅入川无公凭者，多由葭萌私路往，请如剑门置关，仍令逐处给公凭，至者察验之，谓从其请。”便是一例。

从汉唐两代的制度推测，据《唐律》，有征役番期及罪谴之人，皆不合给过所，可以知道过所的主要作用，是防止军士或后备军的逃亡，附带的才是罪人或逃犯的度越。汉行征兵制，唐行府兵制，传或过所必须载明身份年龄籍贯，为的是防止合龄壮丁军伍的逃匿，是保障兵源的重要步骤。汉末征兵制度破坏，代以募兵，唐后期藩镇割据，朝廷和藩镇都以募兵作战，由此，也可以了解从汉末到魏晋南北朝这一段和唐末到元这一长时期，关于身份证制度记载不详的原因了。

三

公凭在明代叫作路引，军民往来，必凭路引，违者关津擒拿，按律治罪。

假如汉唐的传和过所，目的是偏重在保障兵源的话，那么，明代的路引，用意是偏重在钳制、束缚、管辖和镇压人民。

要明白明代路引制度的作用，最好用创立这制度的人自己的话来说明。明太祖在洪武十九年（公元1386）颁行的《御制大诰续编》里几次提到路引。他要四民各安其业，特别指出要互知丁业，也就是互相监视，训词说：“先王之教，其业有四，曰：士农工商。昔民从教，专守四业，人民大安。异四业而外乎其事，未有不堕刑宪者也。朕本无才，曰先王之教，与民约告，诰出，凡民邻里，互相知丁，互知务业，俱在里甲。县府州务必周知，市村绝不许有逸夫。若或异四业而从释道者，户下除名。凡有夫丁，除公占外，余皆四业，必然有效。若或不遵朕教，或顽民丁多，及单丁不务生理，捏巧于公私，以构患民之祸，许邻里亲戚诸人等，拘拿赴京，以凭罪责。若一里之间，百户之内，见诰仍有逸夫，里甲坐视，邻里亲戚不拿其逸夫者，或于公门中，或在市间里，有犯非为，捕获到官，逸夫处死，里甲四邻，化外之迁，的不虚示！”人人都安于四业，才好统治。所谓逸夫，是不务四业之人，专会煽惑鼓动，不说“明王出世”，就喊“弥勒降生”，像元末传播革命的彭莹玉、韩山童、郭子兴和他自己，都是好例子。要清除这类危险分子，必须知丁，如何知丁？“知丁之法，某民丁几，受农业者几，受士业者几，受工业者几，受商业者几。”也就是调查户口，这一项他已经花了十几年功夫，调查停当，作了户帖（户口卡片）和黄册（户口调查清册），并且把户口编成里甲，十户为甲，十甲为里。甲有甲长，里有里长，头头是道了。问题是如何才能保证每一丁都是安分良民呢？一个方法是互相监视，“且欲士者志于士，进学之时，师友某氏，习有所在，非社学则入县学，非县必州府之学，此其所以知士丁之所在。已成之士为未成士之师，邻里必知生徒之所在，庶几出入可验，无异为也。”学生是有学籍的，先生有人看着，也不会有异为。至于农民：“农业者不出一里之间，朝出暮入，作息之道互知焉。”大家都彼此知道的，可以放心。这两类人假如要出门，离家百里之外，就必得有路引来证明身份。至于工人和商人，流动性较大，“专工之业，远行则引明所在，用工州里，往必知方，巨细作为，邻里探知。巨者归迟，微者归疾，出入有不难见也。商本有巨微，货有重轻，所趋远迩水陆，明于引间，归期艰限其业，邻里务必周知。若或经年无信，二载不归，邻里当觉之询故，本户若或托商在外非为，邻里勿干”。工商人外出，引上是载明远近和水陆路程的，邻里有责任调查明白，过期要向官府报告，才脱得了干系。为什么要这样做呢？是怕“使民恣肆冗杂，构非成祸，身堕刑宪，将不得其死者多矣”。

一句话，复杂得很，危险得很。接着他又提出辨验丁引的诰词："此诰一出，自京为始，遍布天下，一切臣民，朝出暮入，务必从容验丁。市村人民舍客之际，辨人生理，验人引目相符而无异。然犹恐托业为名，暗有他为，虽然业兴引合，又识重轻巨微贵贱，倘有轻重不伦，所赍微细，必假此而他故也。良民察焉。"验商引物："今后无物引老者（引老是引已过期者），虽引未老，无物可鬻，终日支吾者，坊厢村店拿捉赴官，治以游食，重则杀身，轻则黥窜化外。设若见此不拿，为他人所获，所安（住）之处，本家邻里罪如上。"凡是良民，都要自动辨验生人的引目，要注意引和人相符，和货相符，如有问题，要立刻擒拿赴官，否则，要处连坐之罪。这样一来，就构成了一个全体四民的天罗地网，人人都是侦察调查的对象，"逸夫"就无所逃于天地之间，皇基也就永固了。

根据这原则制定的法律，《弘治会典》一一三："凡军民人等往来，但出百里者，即验文引。凡军民无文引，及内官内使来历不明，有藏匿寺观者，必须擒拿送官，仍许诸人首告。得实者赏，纵容者同罪。"又"凡天下要冲去处，设立巡检司，专一盘诘往来奸细，及贩卖私盐，犯人逃军逃囚，无引面生可疑之人，须要常加捉督"。《明律·兵律》："凡无文引私度关津者，杖八十。关不由门，津不由渡而越度者，杖九十。若越度缘边关塞者，杖一百，徒三年，因而出外境者绞。若军民出百里之外不给引者，军以逃军论，民以私度关津论。"法意和《唐律》相同，但把军民的活动范围，限于百里之内，也就是把人民的生活圈禁在生长的土地上，法律造成了无形的百里宽广的监狱，则又比汉唐严酷得多了。

这制度就许多史料看来，在明代是被严格执行着的。如《大续编》第二十二《粮长瞿仲亮害民》："上海县粮长瞿仲亮拘收纳户各人路引，刁蹬不放回家。"由这例子，可见纳粮户没有路引，是不能回家的。如《明太祖实录》八十三："洪武六年（公元1373）六月癸卯，常州府吕城巡检司盘获民无路引者，送法司论罪。问之，其人以祖母病笃，远出求医，急，故无验。上闻之曰：此人情可矜，勿罪释之。"这一例子又说明了请引要用相当时间。如祝允明《前闻记》："洪武中，朝旨开燕脂河，大起工役，先曾祖焕文与焉。时役者多死，先曾祖独生全。工满将辞归，偶失去路引，分该死。"则替政府服役也要路引，失路引且有死罪。《明英宗实录》四十四："正统三年（公元1438）七月甲申，湖广襄阳府宜城县知县廖仕奏：诸处商贾给引来县生理，因见地广，遂留恋不归，甚至娶妻生子，结党为非，宜加禁防。事下行在户部，以为宜督责归家，其有愿占籍于所寓以供租赋者听，从之。"陆楫《蒹葭堂杂著》："宗人有欲商贾四方以自给者，听从有司关给路引以行，回籍之日，付本府长史司验引发落，有司附册填注，以凭抚案刷卷类查。"前一例是普通商贾，后一例则是皇家商人了。陆容《菽园杂记》十："成化末年（公元1478）京师多盗，兵部尚书余公议欲大索京城内外居民，乃差科道部属等官五十员，分投街巷，望门审验。时有未更事者，凡遇寄居无引者悉以为盗，送系兵马司。"大索即大检查户口，也可译为户口普查。寄居无引者都被捕送官，则可见在原则上，当时的外籍侨寓人也必须有引了。朱国桢《涌幢小品》卷二十万里寻亲记："万历乙亥（公元1575）云南大理府太和县人赵重华请路邮于郡太守以出，从丹阳过毗陵，被盗攫其资去，所遗者独胸囊路邮耳。"又卷十二："陈淡，江都人，尝按云南，遣人诣其家文书匣检阅，有江西贩客路引。"张居正《张文忠公集·书牍十二·答台长陈楚石》："巡检官职虽卑，关系甚重，此官若得其职，则诘盗查奸，功居地方有司之半，非浅鲜也。况近奉旨清查路引，严关隘，则此官尤当加意者，亟宜题请修复。"从这三个例子看来，一直到十六世纪后期，路引制度还是明朝政府所奉行的控制人民的统治术，张居正作宰相，甚至还着实的整顿了一下。

明代的引也像汉代一样，是要付钱买的，《大诰》第二十一《勾取逃军》："兵部勾取逃军，其布政司府州县贪图贿赂，不将正犯解官，往往拿解同姓名者……父母妻子悲啼送礼……有司刁蹬，不与引行。既而买引，沿途追赶。"得引不容易，管引的官也有拿卖引生利的，《大诰续编》第三十八《匿奸卖引》："南城兵马指挥赵兴胜，警巡坊厢，路引之弊脏多，凡出军民引一张，重者（钞）一锭，中者四贯，下者三贯，并无一贯两贯引一张者。其引纸皆系给引之人自备。兴胜却乃具文关支，三年间一十五万有奇，已往七年不追，止追十八年半年纸札，其钞已盈万计。”

因为有引便可保证行旅的安全，关津的查诘，因之就发生空引（空白路引）的问题，不能不用严刑取缔。《大诰三编》第五《空引偷军》：“所在官民，凡有赴京者，往往水陆赴京，人皆身藏空引，及其至京，临归也，非盗逃军而回，即引逃囚而去。此弊甚有年矣。今后所在有司，敢有出空引者、受者皆枭，令籍没其家。关津隘口及京城各门盘获空引者赏钞十锭，赍引者罪如前，拿有司同罪。”

唯一例外，不需路引的是到京都去告密的地主豪绅，《大诰》第四十六《文引》：“凡布政司府州县耆民人等赴京而奏事务者，虽无文引，同行人众，或三五十名，或百十名，至于三五百名，所在关津把隘关去处，问知而奏，即时放行，毋得阻当。阻者，论如邀截实封律。”

除了大量的军队镇压，除了层层的官僚统治，除了大规模的屠杀，除了锦衣卫和东、西厂的特务恐怖，明代还应用自古以来从传到过所这一套制度，把它发展，严密地组织。以人民为假想敌，强迫人民互知（互相侦察）举发，没有一丝漏洞，构成了窒杀人民、囚禁人民的天罗地网，来维持朱家万世一系专制独裁昏淫残暴的统治，这就是明代的路引制度。

有了这一套，洪武十五年（公元1382）明太祖安心的叫户部榜谕两浙江西之民说：“为吾民者当知其分。田赋力役出以供上者，乃其分也。能分其分，则保父母妻子，家昌身裕，为仁孝忠义之民，刑罚何由及哉！近来两浙江西之民，多好争讼，不遵法度，有田而不输租，有丁而不应役，累其身以及有司，其愚亦甚矣！曷不观中原之民，奉法守分，不妄兴词讼，不代人陈诉，惟知应役输租，无负官府，是以上下相安，风俗淳美，共享太平之福，以此较彼，善恶昭然。今将喻尔等，宜速改过迁善，为吾良民，苟或不悛，则不但国法不容，天道亦不容矣。”人民出粮出丁是本分，不出，不但国法不容，连天道也不容。至于为什么要出粮出丁，出了能得什么好处，不但明太祖和他的子孙没有说过，连想也从来没有想到过。

三十六年十二月于清华园

（原载《中国建设》五卷四期，1948 年 1 月。发表时篇名是《传・过所・路引的历史——历史上的国民身份证》）

中古时代的水力利用
——碾、硙、碓

农家用以除去谷类外皮，和碾米麦成粉的工具，有硙，有碾，有碓。

《方言》："硙或谓之䃺"，即磨也。《说文》："磨，石硙也。"则硙和磨和䃺是一物异名。但据《世本》，公输般作磨硙之始，编竹附泥，破谷出米曰硙。凿石上下，合研米麦为粉曰磨，二物皆始于周。则硙是泥竹合制的，磨是石制的，功用相同，因制造原料不同而别称为硙，为磨。因之，《说文》说磨是石硙，反过来也可说石硙是磨，道理是一样的。《世本》又说硙因地异名，自山而东谓之硙是磨，江浙之间或曰砻，一直到现在，我的家乡，浙东还叫编竹附泥的磨制工具为砻，叫去谷皮为砻谷。

碾是比硙或磨规模更大的工具，据说始于后魏崔亮，《后魏书》说："亮在雍州，读杜预传，见其为八磨，嘉其有济时用，因教民为碾（辗）。"其形制据《通俗文》："今以粝石甃为圆槽，周或数丈，高逾二尺，中央作台，植以簨局，上穿干木，贯以石碢，有用前后二碢相逐，前备撞木，不致相击，仍随带榄杷，畜力挽行，循槽转辗，日得米三十斛。"崔亮是北魏孝文帝、孝明帝朝的大臣，卒于正光二年（公元522），则碾的发明，当是六世纪初年的事。

碓是从杵臼转化出来的工具，埋石臼于地，以巨木为杵，下设杠杆，以人为蹈杵舂米，比手舂省力，而且产量更多。《物原》说："轩辕臣雍文作碓"，和其他发明物的传说一样，是靠不住的。

硙、磨形积小，费用少，一般农家还能制备，至于碾、碓，规模大，投资多，就只有地主豪族才能设置了，进步的技术在不同的经济情况下，自然而然为地主豪族所包办、垄断。

到了技术更进步，应用水力作动力，造成水硙、水磨、水碾、水碓的时候，需要的资本更庞大，而且要截断水源，妨害了一般农田的灌溉，在这种场合，普通的豪族地主也不够能力，于是，新兴的进步的生产技术，又被更高级的帝王、公主、贵戚、大官和寺院所专利了。

《资治通鉴》卷七十八："景元四年（公元263），司马昭辟任城魏舒为相国参军。初舒少时迟钝，不为乡亲所重。从叔父吏部郎衡有名当世，亦不知之，使守水碓。"注："为碓水侧，置轮碓后，以横木贯轮，横木之两头，复以木长二尺许，交午贯之，正直碓尾，木激水灌轮，轮转则交午木戛击碓尾木而自舂，不烦人力，谓之水碓。"这一条大概是历史上最早的最详尽的应用水力作动力的记录。魏衡是吏部郎，是当世知名之士，家有水碓，可见新技术一开始应用，便落在官僚手中。

和魏衡同时，豪族大官王戎、石崇竞以水碓作累积资本的手段，以此生利，《晋书·王戎传》："戎好兴利，广收八方园田，水碓周遍天下。"《石苞传》："苞子崇被害，有司簿阅崇，水碓三十余区，他田宅称是。"皇家的公主也不甘落后，遍设水碓，《刘颂传》说："颂迁京兆太守，转反内郡（公元280），郡界多公主水碓，遏塞流水，转为侵害。颂表罢之，百姓获其便利。"这几个例子说明了官僚贵族剩余资本的出路。

王隐《晋书》："邓攸去石勒投李矩，借水碓舂于城东。"说明当时水碓兴设的普遍。用水力来使硙工作的，是杜预。《传畅晋诸公赞》说："杜预元凯作连机水硙，由此洛下谷价丰贱。"硙一作碾。《韵府》："机硙，水硙也。"庾信诗："决渠移水碓，开远扫平林。"水碓至于入诗，也可见那时代利用水力的盛况。

到四世纪初年，水碓已经成为社会经济里具有决定性的生产工具了，没有了它，就使米价昂贵，市场混乱。《晋书》四："太安二年（公元303）十一月辛巳，张方决千金堨，水碓皆涸，乃发王公奴婢，手舂给兵廪，公私穹踧，米石万钱。"隔了四年才修复；"永嘉元年（公元307）九月，始修千金堨于许昌以通运。"二百年后，崔亮又仿杜预遗制，"奏于张方桥东，堰谷水，造硙磨数十区，其利十倍，国用便之”[①]。既然说是国用，可见政府也伸出了手来控制，成为官营了。

降及隋代，权贵如杨素，也经营此业，《独异志》说：“杨素家富侈之极，都会之处，邸店碾硙，不知纪极。”寺院经营长生库，无尽藏（典当业），广收八方供养，资本无出路，也投资到水力来，《广弘明集》六：“隋大业八年（公元612）天子在辽。有王文同者，郊东王堡人也，夙与僧争水硙之利。”便是确证。

为什么有权有势的特殊人物，都对水力生产发生兴趣呢？答案是如《事物原始》所说：“今之水碓，又利于蹈碓百倍。”生产技术的进步，使生产量提高，成为最有利的投资事业，一般人拿不出这一笔大资本，即使有，还得有权有势，才能设置。这样，这新事业就走上了为特殊阶层独占的道路。

唐代的例子更多，如唐玄宗的宠奴高力士，“于京城西北，截澧水作碾，并转五轮，日破麦三百斛”[②]。《王方翼传》：“再迁肃州刺史，乃出私钱作水硙，簿其赢以济饥瘵。”[③] 升平公主陪嫁的脂粉硙两轮，郭子仪的私硙两轮[④]，长安附近的河渠都被阻遏截断，成为私人的企业了，下流的农田失去灌溉，影响农产收成，也侵蚀了国库的租赋收入，贵族官僚的利益和政府发生矛盾，于是政府在保护农民的大题目（其实是保证国库收入）下，和贵族官僚冲突了，结果是政府以政治的力量，压迫贵族官僚屈服，撤毁碾硙，也就是破坏前进的技术。第一次在721年，《唐会要》八十九：

> 开元九年正月，京兆少尹李元肱奏疏三辅诸渠，王公之家，沿渠立硙，以害水功，一旦毁之，百姓大获其利。至广德二年（公元764）三月，户部侍郎李栖筠、刑部侍郎王翊、京兆少尹崔昭奏拆京城北白渠上王公寺观硙碾七十余所，以广水田之利，计岁收粳稻三百万石。

---

① 《北史》卷四十四；《魏书》六十六作：造水碾磨数十区。

② 《旧唐书》卷一八四。

③ 《新唐书》卷一一一。

④ 《旧唐书·郭子仪传》。

《旧唐书·李元紘传》：

> 累迁雍州司户，时太平公主与僧寺争碾硙，公主方承恩用事，百司皆希其旨意，元紘遂断还僧寺。窦怀贞为雍州长史，大惧太平势，促令元紘改断，元紘大署判后曰："南山或可改移，此判终无摇动"。竟执正不挠，怀贞不能夺之……开元初……俄擢为京兆尹，寻有诏令元紘疏决三辅，诸王公权要之家，皆缘渠立硙，以害水田。元紘令吏人一切毁之，百姓大获其利。

第二次是764年，已见上文。第三次在778年，《唐会要》八十九："大历十三年正月四日奏，三白渠下碾有妨，合废拆，总四十四所，自今以后，如更置，即宜录奏。"《旧唐书》十一："大历十三年正月，坏白渠碾硙八十余所，以夺农溉田也。"这一次法令的执行，还经过一番曲折，《旧唐书·郭子仪传》（《新唐书·齐国昭懿公主传》）：

> 大历十三年，有诏毁除白渠水交流碾硙，以妨民溉田。升平有脂粉硙两轮，郭子仪私硙两轮，所司未敢毁撤。公主见代宗诉之。帝谓公主曰，吾行此诏，盖为苍生耳，尔岂不识我意耶？可为众率先，公主即日命毁，由是势门碾硙八十余所皆毁之。

到宋代也重申这妨碍农田的禁令，李焘《续资治通鉴长编》卷二四五：

> 熙宁六年（公元1073）五月戊申，诏创水硙碾，有妨灌溉农田者，以违制论，不以去官赦降原减，官司容纵亦如之。

《续文献通考》：

> 金宣宗贞祐中（公元1214至1216），谕中书省，议弛诸处碾硙，以水灌溉民田。

在唐代，六十年中在同一地区拆毁碾硙三次，最后一次还是皇帝向公主求情才办通，由此可以看出贵族官僚独占的坚持、顽强的情况，也可以看出政府法令有效的地区性和时间性。这问题如上引的宋金史料看来，一直到十三世纪初年还无法解决。

这是一个贵族官僚资本控制、独占新的生产技术、方法，因而毁灭了（至少使它停滞）这生产技术方法的最具体的例子。

这个例子也解答了贵族官僚由贪污聚敛所累积的资本，投资于新兴生产事业所发生的破坏、摧毁，以致停滞生产，一句话，反生产的作用。

朱元璋的统治术

一、大明帝国和明教

吴元年（1367，元至正二十七年）十二月，朱元璋的北伐大军已经平定山东。南征军已降方国珍，移军福建，水陆两路都势如破竹。一片捷报声使应天的文武臣僚欢天喜地，估量军力、人事，和元政府的无能腐败，加上元朝将军疯狂的内战，荡平全国已经是算得出日子的事情了。苦战了十几年，为的是什么？无非是为作大官，拜大爵位，封妻荫子，大庄园，好奴仆，数不尽的金银钱钞，用不完的锦绮绸罗，风风光光，体体面面，舒舒服服过日子。如今，这个日子来了。吴王要是升一级作皇帝，王府臣僚自然也进一等作帝国将相了。朱元璋听了朱升的话，“缓称王”，好容易熬了这多年，才称王，称呼从主公改成殿下，如今眼见得一统在望，再也熬不住了，立刻要过皇帝瘾。真是同心一意，在前方斫杀声中，应天的君臣在商量化家为国的大典。

自然，主意虽然打定，自古以来作皇帝的一套形式，还是得照样搬演一下。照规矩，是臣下劝进三次，主公推让三次，文章都是刻板的烂调，于是，文班首长中书省左丞相宣国公李善长率文武百官奉表劝进：“开基创业，既宏盛世之舆图，应天顺人，宜正大君之宝位……既膺在躬之历数，必当临御于宸居……伏冀俯从众请，早定尊称。”不用三推三让，只一劝便答应了。十天后，朱元璋搬进新盖的宫殿，把要作皇帝的意思，祭告于上帝皇祇说：“惟我中国人民之君，自宋运告终，帝命真人于沙漠，入中国为天下主，其君臣父子及孙百有余年，今运亦终。其天下土地人民豪杰分争。惟臣帝赐英贤，为臣之辅，遂戡定诸雄，息民于田野。今地周回二万里广，诸臣下皆曰生民无主，必欲推尊帝号，臣不敢辞，亦不敢不告上帝皇祇。是用明年正月四日于钟山之阳，设坛备仪，昭告帝祇，惟简在帝心。如臣可为生民主，告祭之日，帝祇来临，天朗气清。如臣不可，至日当烈风异景，使臣知之。"①

即位礼仪也决定了，这一天先告祀天地，再即皇帝位于南郊，丞相率百官以下和都民耆老拜贺舞蹈，连呼万岁三声。礼成，具皇帝卤簿威仪导从，到太庙追尊四代祖父母父母都为皇帝皇后，再祭告社稷。于是皇帝服衮冕，在奉天殿受百官贺。天地社稷祖先百官和都民耆老都承认了，朱元璋成为合法的皇帝。

皇帝的正殿命名为奉天殿，皇帝诏书的开头也规定为奉天承运。原来元时皇帝白话诏书的开头是"长生天气力里，大福荫护助里"，文言的译作"上天眷命"，朱元璋以为这口气不够谦卑奉顺，改作奉作承，为"奉天承运"，表示他的一切行动都是奉天而行的，他的皇朝是承方兴之运的，谁能反抗天命？谁又敢于违逆兴运？

洪武元年正月初四日，朱元璋和他的文武臣僚照规定的礼仪节目，遂一搬演完了，定有天下之号曰大明，建元洪武。以应天为京师。去年年底，接连下雨落雪，阴沉沉的天气，到大年初一雪停了，第二天天气更好，到行礼这一天，竟是大太阳，极好的天气，元璋才放了心。回宫时忽然想起陈友谅采石矶的故事，作皇帝这样一桩大事，连日子也不挑一个，闹得拖泥带水，衣冠污损，不成体统，实在好笑，怪不得他没有好下场。接着又想起这日子是刘基拣的，真不错，开头就好，将来会更好，子子孙孙都会好，越想越喜欢，不由得在玉辂里笑出声来。

奉天殿受贺后，立妃马氏为皇后，世子标为皇太子，以李善长、徐达为左右丞相，各文武功臣也都加官进爵。皇族不管死的活的，全都封王。一霎时闹闹攘攘，欣欣喜喜，新朝廷上充满了蓬勃的气象，新京师里添了几百千家新贵族，历史上也出现了一个新朝代。②

---

① 《明太祖实录》卷二四。

② 《明太祖实录》卷二五。

皇族和其他许多家族组织成功一个新统治集团，代表这集团执行统治的机构是朝廷，这朝廷是为朱家皇朝服务的，朱家皇朝的建立者朱元璋，给他的皇朝起的名号——大明。

大明这一朝代名号的决定，事前曾经经过长期的考虑。

历史上的朝代称号，都有其特殊的意义。大体上可以分作四类：第一类用初起时的地名，如秦如汉。第二类用所封的爵邑，如隋如唐。第三类用特殊的物产，如辽（镔铁）如金。第四类用文字的含义，如大真大元。① 大明不是地名，也不是爵邑，更非物产，应该归到第四类。

大明这一国号出于明教。明教有明王出世的传说，主要的经典有《大小明王出世经》。经过了五百多年公开的秘密的传播，明王出世成为民间所熟知所深信的预言。这传说又和佛教的弥勒降生说混淆了，弥勒佛和明王成为二位一体的人民救主。韩山童自称明王起事，败死后，他的儿子韩林儿继称小明王，西系红军别支的明昇也称小明王。朱元璋原来是小明王的部将，害死小明王，继之而起，国号也称大明。② 据说是刘基提出的主意。③

朱元璋部下分红军和儒生两个系统，这一国号的采用，使两面人都感觉满意。就红军方面说，他们大多数都起自淮西，受了彭莹玉的教化。其余的不是郭子兴的部曲，就是小明王的余党，天完和汉的降将，总之，都是明教徒。国号大明，第一表示新政权还是继承小明王这一系统，所有明教徒都是一家人，应该团结在一起，共享富贵。第二告诉人"明王"在此，不必痴心妄想，再搞这一套花样了。第三使人民安心，本本分分，来享受明王治下的和平合理生活。就儒生方面说，他们固然和明教无渊源，和红军处于敌对地位，用尽心机，劝诱朱元璋背叛明教，遗弃红军，暗杀小明王，另建新朝代。可是，对于这一国号，却用儒家的看法去解释，"明"是光亮

① 赵翼：《廿二史劄记》卷二九，《元建国始用文义》条。

② 孙宜：《洞庭集·大明初略》四："国号大明，承林儿小明号也"。吴晗：《明教与大明帝国》，载《清华周报》三十周年纪念号。

③ 祝允明：《九朝野记》卷一。

的意思，是火，分开来是日月，古礼有祀“大明”朝“日”夕“月”的说法，千多年来“大明”和日月都算是朝廷的正祀，无论是列作郊祭或特祭，都为历代皇家所看重，儒生所乐于讨论的。而且，新朝是起于南方的，和以前各朝从北方起事平定南方的恰好相反。拿阴阳五行之说来推论，南方为火，为阳，神是祝融，颜色赤，北方是水，属阴，神是玄冥，颜色黑，元朝建都北平，起自更北的蒙古大汉。那么，以火制水，以阳消阴，以明克暗，不是恰好？再则，历史上的宫殿名称有大明宫，大明殿，古神话里，“朱明”一名词把国姓和国号联在一起，尤为巧合。因此，儒生这一系统也赞成用这国号。一些人是从明教教义，一些人是从儒家经说，都以为合式，对劲。①

元朝末年二十年的混战，宣传标榜的是“明王出世”，是“弥勒降生”的预言。朱元璋是深深明白这类预言，这类秘密组织的意义的。他自己从这一套得到机会和成功，成为新兴的统治者，要把这份产业永远保持下去，传之子孙，再也不愿意，不许别的人也来要这一套，危害治权。而且，“大明”已经成为国号了，也应该保持它的尊严。为了这，建国的第一年就用诏书禁止一切邪教，尤其是白莲社、大明教和弥勒教。接着把这禁令正式公布为法律，《大明律·礼律》禁止师巫邪术条规定：“凡师巫假降邪神，书符咒水，扶鸾祷圣，自号端公、太保，师婆，妄称弥勒佛，白莲社，明尊教、白云宗等会，一应左道乱正之术，或隐藏图像，烧香集众，夜聚晓散，佯修善事，扇惑人民，为首者绞，为从者各杖一百，流三千里。”句解：端公、太保，降神之男子；师婆，降神之妇人。白莲社如昔远公修净土之教，今奉弥勒佛十八龙天持斋念佛者。朋尊教谓男子修行斋戒，奉牟尼光佛教法者。白云宗等会，盖谓释氏支流派分七十二家，白云持一宗如黄梅曹溪之类也。明尊教即明教，牟尼光佛即摩尼。《昭代王章》条例：“左道惑众之人，或烧香集徒，夜聚晓散，为从者及称为善友，求讨布施，至十人以上，事发，属军卫者俱发

① 吴晗：《明教与大明帝国》。

边卫充军，属有司者发口外为民。”善友也正是明教教友称号的一种。招判枢机定师巫邪术罪款说：“有等捏怪之徒，罔领明时之法，乃敢立白莲社，自号端公，拭清风刀，人呼太保，尝云能用五雷，能集方神，得先天，知后世，凡所以煽惑人心者千形万状，小则人迷而忘亲忘家，大即心惑而丧心丧志，甚至聚众成党，集党成祸，不测之变，种种立见者，其害不可胜言也。”① 何等可怕，不禁怎么行？温州、泉州的大明教，从南宋以来就根深蒂固流传在民间，到明初还“造饰殿堂甚侈，民之无业者咸归之”。因为名犯国号，教堂被毁，教产被没收，教徒被适归农。② 甚至宋元以来的明州，也改名为宁波。③ 明教徒在严刑压制之下，只好再改换名称，藏形匿影，暗地里活动，成为民间的秘密组织了。

事实是，法律的条款和制裁，并不能也不可能消除人民对政治的失望。朱元璋虽然建立了大明帝国，并没有替人民解除了痛苦，改善了生活，二十年后，弥勒教仍然在农村里传播，尤其是江西。朱元璋在洪武十九年年底诰戒人民说：“元政不纲，天将更其运祚，而愚民好作乱者兴焉。初本数人，其余愚者闻此风而思为之，合共谋倡乱。是等之家，吾亲目睹……秦之陈胜、吴广，汉之黄巾，隋之杨玄感、僧向海明，唐之王仙芝，宋之王则等辈，皆系造言倡乱者致干戈横作，物命损伤者既多，比其事成也，天不与首乱者，殃归首乱，福在殿兴。今江西有等愚民，妻不谏夫，夫不戒前人所失，夫妇愚于家，反教子孙，一概念诵南无弥勒尊佛，以为六字，又欲造祸，以殃乡里……今后良民凡有六字者即时烧毁，毋存毋奉，永保已安，良民戒之哉！”他特别指出凡是造言首事的都没有好下场，“殃归首乱”，只有他自己是跟从的，所以“福在殿兴”。劝人民不要首事肇祸，脱离弥勒教，翻来覆去地说，甚至不惜拿自己作例证。可以看出当时民间对现实政治的不满意，和渴望光明的情形。

---

① 以上并据玄览堂丛书本《昭代王章》。

② 宋濂：《芝园续集》卷四，《故岐宁卫经历熊府君墓铭》；何乔远：《闽书》卷七，《方域志》。

③ 吕毖：《明朝小史》卷二。

政府对明教的压迫虽然十分严厉，小明王在西北的余党却仍然很活跃。从洪武初年到永乐七年（1409）四十多年间，王金刚奴自称四天王，在沔县西黑山天池平等处，以佛法惑众，其党田九成自称后明皇帝，年号还是龙凤，高福兴自称弥勒佛，帝号和年号都直承小明王，根本不承认这个新兴的朝代。前后攻破屯寨，杀死官军。① 同时西系红军的根据地蕲州，永乐四年"妖僧守座聚男女成立白莲社，毁形断指，假神扇惑"被杀。永乐七年在湘潭，十六年在保定新成县，都曾爆发弥勒佛之乱。② 以后一直下来，白莲教、明教的教徒在不同时期，不同地点的传播以至起义，可以说是史不绝书。虽然都被优势的武力所平定了，也可以看出这时代，人民对政府的看法和愤怒的程度。③

二、农民被出卖了！

经过二十几年的实际教育，在流浪生活中，在军营里，在作战时，在后方，随处学习，随时训练自己，更事事听人劝告，征求专家的意见，朱元璋在近代史上，不但是一个伟大的军事统帅，也是一个成功的政治家。

他的政治才能，表现在他所奠定的帝国规模上。

在红军初起时，标榜复宋，韩林儿诈称是宋徽宗的子孙，暂时的固然可以发生政治的刺激作用，可是这时去宋朝灭亡已经九十年了，宋朝的遗民故老死亡已尽，九十年后的人民对历史上的皇帝，对一个被屈辱的家族，并不感觉到亲切、怀念、依恋。而且，韩家父子是著名的白莲教世家，突然变成赵家子孙，谁都知道是冒牌，真的都不见得有人理会，何况是假货？到朱元璋北伐时，严正的提出民族独立自主的新号召，汉人应该由汉人自己治理，应该用自己

---

① 《明成祖实录》卷九〇；沈德符：《野获编》卷三〇，《再僭龙凤年号》。

② 《明成祖实录》卷五六、九六、二〇〇。

③ 本节参看吴晗：《明教与大明帝国》。

的方式生活，保存原有的文化系统，这一崭新的主张，博得全民族的热烈拥护，瓦解了元朝治下汉官、汉兵的敌对心理。在檄文中，更进一步提出，蒙古、色目人只要参加这文化系统，就一体保护，认为皇朝的子民。这一举措，不但减低了敌人的抵抗挣扎行为，并且，也吸引过来一部分敌人，化敌为友。到开国以后，这革命主张仍然被尊重为国策，对于参加华族文化集团的外族，毫不歧视。蒙古、色目的官吏和汉人同样登用，在朝廷有做到尚书侍郎大官的，地方作知府、知县，一样临民办事。① 在军队里更多，甚至在亲军中也有蒙古军队和军官。② 这些人都由政府编置勘合（合同文书），给赐姓名，和汉人一无分别。③ 婚姻则制定法令，准许和汉人通婚，务要两相情愿，如汉人不愿，许其同类自相嫁娶。④ 这样，蒙古、色目人陶育融洽，几代以后，都同化为中华民族的成员了。内中有十几家军人世家，替明朝立下不可磨灭的功绩。对于塞外的外族，则继承元朝的抚育政策，告诉他们新朝仍和前朝一样，尽保护提携的责任，各安生理，不要害怕。

相反的，却下诏书恢复人民的衣冠如唐朝的式样，蒙古人留下的习俗，辫发椎髻胡服——男袴褶窄袖及辫线腰褶，妇女衣窄袖短衣，下服裙裳——胡语、胡姓一切禁止。⑤ 蒙古俗丧葬作乐娱尸，礼仪官品坐位都以右手为尊贵，也逐一改正。⑥ 复汉官之威仪，参酌古代礼经和事实需要，规定了各阶层的生活、服用、房舍、舆从种种规范和标准，使人民有所遵守。

红军之起，最主要的目的是要实现经济的、政治的、民族的地位平等。在政治和民族方面说，大明帝国的建立已经完全达到目的，过去的被歧视情形，不再存在了。可是，在经济方面，虽然推翻了

---

① 《明太祖实录》卷一九九、卷二〇二；《明史》卷一三八《周祯传》，卷一四〇《道同传》。

② 《明太祖实录》卷七一、卷一九〇。

③ 《明太祖实录》卷五〇；《明成祖实录》卷三三。

④ 《明律》卷六，《户律》。

⑤ 《明太祖实录》卷三〇。

⑥ 《明史・太祖本纪》。

外族对汉族的剥削特权，但是，就中华民族本身而说，地主对农民的剥削特权，并没有因为政权的改变而有所改变。

元末的农民，大部分参加红军，破坏旧秩序，旧的统治机构。地主的利益恰好相反，他们要保全自己的生命财产，就不能不维持旧秩序，就不能不拥护旧政权。在战争爆发之后，地主们用全力来组织私军，称为民军或义军，建立堡砦，抵抗农民的袭击。这一集团的组成分子，包括现任和退休的官吏、乡绅、儒生和军人，总之，都是丰衣足食，面团团的地主阶层人物。这些人受过教育，有智识，有组织能力，在地方有号召的威望。虽然各地方的地主各自作战，没有统一的指挥和作战计划，战斗力量也有大小强弱之不同，却不可否认是一个比元朝军队更为壮大，更为顽强的力量。他们决不能和红军妥协，也不和打家劫舍的草寇，割据一隅的群雄合作。可是，等到有一个新政权建立，而这一个新政权是有足够的力量，保护地主利益，维持地方秩序的时候，他们也就毫不犹豫，拥戴这一属于他们自己的新政权了。① 同时，新朝廷的一批新兴贵族、官僚，也因劳绩获得大量土地，成为新的地主（洪武四年十月的公侯佃户统计，六国公二十八侯，凡佃户三万八千一百九十四户）。② 新政府对这两种地主的利益，是不敢，也不能不特别尊重的。这样，农民的生活问题，农民的困苦，就被搁在一边，无人理睬了。

朱元璋和他的大部分臣僚都是农民出身的。过去都曾亲身受过地主的剥削和压迫，但在革命的过程中，本身的武装力量不够强大，眼看着小明王是被察罕帖木儿、李思齐和孛罗帖木儿两支地主军打垮了的，为了要成事业，不能不低头赔小心，争取地主们的人力财力的合作。又恨又怕，在朱元璋的心坎里，造成了微妙的矛盾的敌对的心理，产生了对旧地主的两面政策。正面是利用有学识、有社会声望的地主，任命为各级官吏和民间征收租粮的政府代理人，建立他的官僚机构。原来经过元末多年的内战，学校停顿，人才缺乏，将军们会打仗，可不会作办文墨的事务官。有些读书人，怕朱元璋

---

① 吴晗：《元帝国之崩溃与明之建国》五，载《清华学报》十一卷二期。

② 《明太祖实录》卷六八。

的残暴、侮辱，百般逃避，抵死不肯作官，虽是立了“士人不为君用”就要杀头的条款，还是逼不出够用的人才。没奈何只好拣一批合用的地主，叫作税户人才，用作地方县令长、知州知府、布政使，以至朝廷的九卿。另外，以为地主熟悉地方情形，收粮和运粮都比地方官经手方便省事，而且，可以省去一层中饱。规定每一个收粮万石的地方，派纳粮最多的大地主四人作粮长，管理本区的租粮收运。这样，旧地主作官，作粮长，加上新贵族新官僚新地主，构成了新的统治集团。① 反面则用残酷的手段，消除不肯合作的旧地主，一种惯用的方法是强迫迁徙，使地主离开他的土地，集中到濠州、京师（南京）、山东、山西等处，釜底抽薪，根本削除了他们在地方的势力。其次是用苛刑诛灭，假借种种政治案件，株连牵及，一网打尽，灭门抄家，洪武朝的几桩大案如胡惟庸案、蓝玉案、空印案，屠杀了几万家，不用说了。甚至地方的一个皂隶的逃亡，就屠杀抄没了几百家，洪武十九年朱元璋公布这案子说：“民之顽者，莫甚于溧阳、广德、建平、宜兴、安吉、长兴、归安、德清、崇德、蒋士鲁等三百七户。且如潘富系溧阳县皂隶，教唆官长贪赃枉法，自己挟势持权，科民荆杖。朕遣人按治，潘富在逃，自溧阳节次递送至崇德豪民赵真胜奴家。追者回奏，将豪民赵真胜奴并二百余家尽行抄没，持杖者尽皆诛戮。沿途节次递送者一百七十户，尽行枭令，抄没其家。”② 豪民尽皆诛戮，抄没的田产当然归官，再由皇帝赏赐给新贵族新官僚，用屠杀的手段加速度改变土地的持有人，据可信的史料，三十多年中，浙东、浙西的故家巨室几乎到了被肃清的地步。③

为了增加政府的收入，财力和人力的充分运用，朱元璋用二十年的功夫，大规模举行土地丈量和人口普查，六百年来若干朝代若干政治家所不能做到的事情，算是划时代地完成了。丈量土地的目的，是因为过去六百年没有实地调查，土地簿籍和实际情形完全不

① 吴晗：《明代之粮长及其他》，载《云南大学学报》第二期。

② 《大诰三编》，递送潘富第十八。

③ 吴晗：《明代之粮长及其他》。

符合，而且连不符合的簿籍大部分都已丧失，半数以上的土地不在簿籍上，逃避政府租税，半数的土地面积和负担轻重不一样，极不公平。地主的负担转嫁给贫农，土地越多的交租越少，土地越少的交租越多，由之，富的愈富，穷的更穷。经过实际丈量以后，使所有过去逃税的土地都登记完粮。全国土地，记载田亩面积方圆，编列字号，和田主姓名，制成文册，名为鱼鳞图册，政府据以定赋税标准。洪武二十六年（1393）全国水田总数八百五十万七千六百二十三顷①，夏秋二税收麦四百七十余万石，米二千四百七十余万石。和元代全国岁入粮数一千二百十一万四千七百八石②比较，增加了一倍半。

人口普查的结果，编定了赋役黄册，把户口编成里甲，以一百一十户为一里，推丁粮多的地主十户作里长，余百户为十甲，每甲十户，设一甲首，每年以里长一人甲首一人，管一里一甲之事，先后次序还是根据丁粮多少，每甲轮值一年，十甲在十年内先后轮流为政府服义务劳役，一甲服役一年，有九年的休息。每隔十年，地方官以丁粮增减重新编定黄册，使之合于实际。洪武二十六年统计，全国有户一千六百五万二千六百八十，口六千五十四万五千八百十二③，比之元朝极盛时期，世祖时代的户口，户一千一百六十三万三千二百八十一，口五千三百六十五万四千三百三十七④，户增加了三百四十万，口增加了七百万。

表面上派大批官吏，核实全国田土，定其赋税，详细记载原坂、坟衍、下隰、沃瘠、沙卤的区别，凡置卖田土，必须到官府登记税粮科则，免去贫民产去税存的弊端。十年一次的劳役，轮流休息，似乎是替一般穷人着想的。其实，穷人是得不到好处的，因为执行

---

① 《明史》，《食货志》一，《田制》。

② 《明史》，《食货志》二，《赋役》。《明太祖实录》卷二三〇作：粮储三千二百七十八万九千八百余石。《元史》卷九三，《食货志》，《税粮》。

③ 《明史》，《食货志》，《户口》。《明太祖实录》卷二一四洪武二十四年十二月，天下郡县更造赋役黄册成，计人户一千六十八万四千四百三十五，口五千六百七十七万四千五百六十一。

④ 《元史》卷九三，《食货志》，《农桑》。

丈量的是地主，征收租粮的还是地主，里长甲首依然是地主，地主是决不会照顾小自耕农和佃农的利益的。其次，愈是大地主，愈有机会让子弟受到教育，通过科举成为官僚绅士，官僚绅士享有非法的逃避租税，合法的免役之权。前一例子，朱元璋说得很明白："民间洒派包荒诡寄移丘换段，这等俱是奸顽豪富之家，将次没福受用财富田产，以自己科差洒派细民。境内本无积年荒田，此等豪猾，买嘱贪官污吏，及造册书算人等，当科粮之际，作包荒名色，征纳小户。书算手受财，将田洒派，移丘换段，作诡寄名色，以此靠损小民。"① 后一例子，洪武十年（1377）朱元璋告诉中书省官员："食禄之家，与庶民贵贱有等，趋事执役以奉上者，庶民之事也。若贤人君子，既贵其身，而复役其家，则君人野人无所分别，非劝士待贤之道。自今百司见任官员之家，有田土者，输租税外，悉免其徭役，著为令。"② 不但见任官，乡绅也享受这特权，洪武十二年又著令："自今内外官致仕还乡者，复其家终身无所与。"③ 连在学的学生，生员之家，除本身外，户内也优免二丁差役。④ 这样，见任官、乡绅、生员都逃避租税，豁免差役，完粮当差的义务，便完全落在自耕农和贫农的身上了，他们不但出自己的一份，连官僚绅士地主的一份，也得一并承当下来。统治集团所享受的特权，造成了更激烈的加速度的兼并，土地愈集中，人民的负担愈重，生活愈困苦。这负担据朱元璋说是"分"，即应尽的义务，洪武十五年他叫户部出榜晓谕两浙江西之民说："为吾民者当知其分，田赋力役出以供上者，乃其分也。能安其分，则保父母妻子，家昌身裕，为忠孝仁义之民。"不然呢？"则不但国法不容，天道亦不容矣！"应该像"中原之民，惟知应役输税，无负官府"。只有如此，才能"上下相安，风俗淳美，共享太平之福！"⑤

里甲的组织，除了精密动员人力以外，最主要的任务还是布置

① 《大诰续诰》四五。

② 《明太祖实录》卷一一一。

③ 《明太祖实录》卷一二六。

④ 张居正：《张太岳集》卷三九，《请申旧章饬学政以掘兴人才疏》。

⑤ 《明太祖实录》卷一五〇。

全国性的特务网，严密监视并逮捕危害统治的人物。

朱元璋发展了古代的传、过所、公凭这一套制度，制定了路引（通行证或身份证）。法律规定："凡军民人等往来，但出百里即验文引。如无文引，必须擒拿送官，仍许诸人首告，得实者赏，纵容者同罪。天下要冲去处，设立巡检司，专一盘诘往来奸细及贩卖私盐犯人逃囚，无引面生可疑之人。"① 处刑的办法："凡无文引私度关津者杖八十；若关不由门，津不由渡而越度者杖九十；若越度缘边关塞者，杖一百，徒三年；因而出外境者绞。"军民的分别："若军民出百里之外不给引者，军以逃军论，民以私度关津论。"② 这制度把人民的行动范围，用无形的铜墙铁壁严密圈禁。路引是要向地方官请领的，请不到的，便被禁锢在生长的土地上，行动不能出百里之外。

要钳制监视全国人民，光靠巡检司是不够的，里甲于是被赋予了辅助巡检司的任务。朱元璋在洪武十九年手令"要人民互相知丁"，知丁是监视的意思："诰出，凡民邻里互相知丁，互知务业，俱在里甲，县府州务必周知，市村绝不许有逸夫。若或异四业而从释道者，户下除名。凡有夫丁，除公占外，余皆四业，必然有效。一，知丁之法，某民丁几，受农业者几，受士业者几，受工业者几，受商业者几。且欲士者志于士，进学之时，师友某代，习有所在，非社学则入县学，非县必州府之学，此其所以知士丁之所在。已成之士为未成士之师，邻里必知生徒之所在，庶几出入可验，无异为也。一，农业者不出一里之间，朝出暮入，作息之道互知焉。一，专工之业，远行则引明所在，用工州里，往必知方，巨细作为，邻里采知，巨者归迟，细者归疾，出入不难见也。一，商本有巨微，货有重轻，所趋远近水陆，明于引间，归期艰限其业，邻里务必周知，若或经年无信，二载不归，邻里当觉（报告）之询故。本户若或托商在外非为，邻里勿干。"逸夫指的是无业的危险分子，如不执行这命令："一里之间，百户之内，仍有逸夫，里甲坐视，邻里亲戚不拿，其逸夫或于公门中，或在市闾里，有犯非为，捕获到官，逸

① 《弘治大明会典》卷一一三。

② 《明律》卷一五，《兵律》。

夫处死，里甲四邻化外之迁，的不虚示。”① 又说：“此诰一出，自京为始，遍布天下，一切臣民，朝出暮入，务必从容验丁。市井人民，舍客之际，辨人生理，验人引目，生理是其本业，引目相符而无异，犹恐托业为名，暗有他为。虽然业与引合，又识重轻巨微贵贱，倘有轻重不论，所赍微细，必假此而他故也，良民察焉。”② 异为，非为，他为，他故，都是法律术语，即不轨、不法的意思。前一手令是里甲邻里的连坐法，后一手令是旅馆检查规程，再三叮咛训示，把里甲和路引制度关联成为一体，不但圈禁人民在百里内，而且用法律、用手令，强迫每一个人都成为政府的代表，执行调查、监视、告密、访问、逮捕的使命。③

三、新官僚养成所

专制独裁的君主，用以维持和巩固皇权的两套法宝，一是军队，二是官僚机构，用武力镇压，用公文统治，皇权假如是车子，军队和官僚便是两个车轮，缺一不可。

朱元璋从亲兵爬到宋朝的丞相、国公，作吴王，一直作到皇帝，本来是靠武力起的家，有的是军队，再加上刘基的组织方案——军卫法，一个轮子有了（详后）。

另一个轮子可有点麻烦，从朝廷到地方，从部、院、省、寺、府、监到州、县，各级官僚要十几万人，白手成家的朱元璋，从哪儿去找这么些听话的忠心的能干的文人？

用元朝的旧官僚吧？经过二十年战争的淘汰，生存的为数已不甚多，会办事有才力的一批，早已来投效了。不肯来的，放下脸色一吓唬，说是：“您不来，敢情在打别的主意？”④ 也不敢不来。剩

---

① 《大诰续诰》，互知丁业第三。

② 《大诰续诰》，辨验丁引第四。

③ 吴晗：《传・过所・路引的历史——历史上的国民身份证》，载 1948 年 1 月《中国建设》月刊五卷四期。

④ 《明史》卷二八五，《张以宁传》附《秦裕伯传》。

下的不是贪官污吏，便已老朽昏庸，不是眷怀胜国的恩宠，北迁沙漠①，便是厌恶新朝的暴发户派头，恐惧新朝的屠杀侮辱，遁迹江湖，埋名市井。② 尽管新朝用尽了心机，软说硬拉，要凑齐这个大班子，人数还差得太远。

第二想到的是元朝的吏，元朝是以吏治国的。从元世祖以后，甚至执政大臣也用吏来充当，造成风气。③ 朱元璋深知法令愈繁冗，条格愈详备，一般人不会办，甚至不能懂，吏就愈方便舞文弄弊，闹成吏治代替了官治，代替了君治，这是万万要不得的。④

第三只好起用没有作过官的读书人了。读书人当然想作官，可是也有顾忌，顾忌的是失身份："海岱初云扰，荆蛮遂土崩，王公甘久辱，奴仆尽同升。"⑤ 和奴仆同升也许还不太要紧，要紧的是这个政权还不太巩固，对内未统一，对外，北边蒙古还保有强大力量。顾忌的是这个政权是淮帮，大官位都给淮人占完了，"两河兵合尽红巾，岂有桃源可避秦？马上短衣多楚客，城中高髻半淮人"⑥。更顾忌的是恐怖的屠杀凌辱，作官一有差跌，不是枭示种诛，便是戴斩罪镣足办事，"以鞭笞捶楚为寻常之辱，以屯田工役为必获之罪"⑦。不是不得已，又谁敢作官？

第四是任用地主作官，称为荐举。有富户、耆民、孝弟力田、税户人才（纳粮最多的大地主）等名目。有一出来便作朝廷和地方的大官的，最多的一次到过三千七百多人。⑧ 可是，还不够用，而且，这些地主官僚的作风，也不完全适合新朝统治的需要。

旧的人才不够用，只好想法培养新的了。朱元璋决心用自己的方法，新造一个轮子——国子监，来训练大量的新官僚。

---

① 《明史》卷一二四，《扩廓帖木儿传》附《蔡子英传》；《明太祖实录》卷一一〇。
② 《明史》卷二八五，《杨维桢传》、《丁鹤年传》。
③ 余阙：《青阳文集》卷四，《杨君显民涛集序》。
④ 《明太祖实录》卷二六、卷一二六。
⑤ 贝琼：《清江诗集》卷八，《述怀二十二韵寄钱思复》。
⑥ 贝琼：《清江诗集》卷五，《秋思》。
⑦ 《明史》卷一三九，《叶伯巨传》。
⑧ 《明史》卷七一，《选举志》。

国子监的教职员，从祭酒（校长）、司业、博士、助教、学正到监丞，都是朝廷命官，任免都出于吏部，国子监官到监是上任作官，学校是学校官的衙门。政治和教育一体，官僚和师儒一体。祭酒虽然是衙门首长，“严立规矩，表率属官”，但是，并无聘任教员之权，因为一切教职员都是部派的。监丞品位虽低，却参领监事，凡教官怠于师训，生员有戾规矩，课业不精，并从纠举。不但管学生规矩课业，还兼管教员教课成绩。办公处叫绳愆厅，特备有行扑红凳二条，拨有直厅皂隶二名，“扑作教刑”，刑具是竹篦，皂隶是行刑人，红凳是让学生伏着挨打的。照规定，监丞立集愆册一本，各堂生员敢有不遵学规，即便究治。初犯记录（记过），再犯决竹篦五下，三犯决竹篦十下，四犯发遣安置（开除，充军，罚充吏役）。监丞对学生，不但有处罚权，而且有执行刑讯之权，学校、法庭、刑场合而为一。当然．判决和执行都是片面的，学生绝对没有辩解申说和要求上诉的权利。① 膳夫由朝廷拨死囚充役，如三遍不听使令，即处斩刑，学校又变作死囚的苦工场了。②

学校的教职员全是官，学生呢？来源有两类，一类是官生，一类是民生。官生又分两等，一等是品官子弟，一等是外夷子弟（包括日本、琉球、暹罗和西南土司子弟）。官生是由皇帝指派分发的，民生是由各地地方官保送府、州、县学的生员。③ 原来立学的目的，是为了训练官生如何去执行统治，名额是一百名，民生只占五十名。④ 可是后来官生入学的日少，民生依法保送的日多，以洪武二十六年（1393）的在学人数为例，总数八千一百二十四名，里面官生只有四名，国子监已经失去原来的用意，成为广泛训练民生作官的机构了。

功课内容分《御制大诰》、《大明律令》、四书、五经、刘向《说苑》等书。⑤ 最重要的是《大诰》。《大诰》是朱元璋自己写的，有

---

① 黄佐：《南廱志》卷九，《学规本末》。

② 《南廱志》卷一〇，《谟训考》。

③ 《南廱志》卷一五。

④ 《大明礼令》。

⑤ 《南廱志》卷一；《皇明太学志》卷七。

《续编》、《三编》、《大诰武臣》，一共四册。主要的内容是列举所杀官民罪状，使官民知所警戒，和教人民守本分，纳田租，出夫役，老老实实替朝廷当差的训话。洪武十九年以《大诰》颁赐监生，二十四年令“今后科举岁贡生员，俱以《大诰》出题试之”。礼部行文国子监正官，严督诸生熟读讲解，以资录用，有不遵者，以违制论。① 违制是违抗圣旨的法律术语，这罪名是非同小可的。至于《大明律令》，因为学生的出路是作官，当然是必读书。四书、五经是儒家的经典，治国平天下的大道理都在里面，孔子的思想是没有问题的，尊王正名，君君臣臣父父子子这一大套，最合帝王的脾胃，所以朱元璋面谕国子博士：“一以孔子所定经书诲诸生。”② 可是，《孟子》就不同了，洪武三年，他开始读这本书，读到好些对君上不客气的地方，大发脾气，对人说：“这老头要是活到今天，非严办不可!”下令国子监撤去孔庙中的孟子牌位，把孟子逐出孔庙。后来虽然迫于舆论，恢复孟子配享，对于这部书还是认为有反动毒素，得经过严密检查。洪武二十七年（1394）特别敕命组织一个《孟子》审查委员会，执行检删职务的，是当时的老儒刘三吾，把《尽心篇》的“民为贵，社稷次之，君为轻”，《梁惠王篇》“国人皆曰贤，国人皆曰可杀”一章，“时日曷丧，予及汝偕亡!”和《离娄篇》“桀纣之失天下也，失其民也。失其民者，失其心也”一章，《万章篇》“天与贤则与贤”一章，“天视自我民视，天听自我民听”，“君有大过则谏，反覆之而不听，则易位”，以及类似的“闻诛一夫纣矣，未闻弑君也”，“君之视臣如草芥，则臣视君如寇仇”，一共八十五条，以为这些话，不合“名教”，太刺激了，全给删节掉了。只剩下一百七十几条，刻板颁行全国学校。这部经过凌迟碎割的书，叫做《孟子节文》。所删掉的一部分，“课士不以命题，科举不以取士”③。至于《说苑》，是因为“多载前言往行，善善恶恶，照然于方册之间，深

①② 《南廱志》卷一。

③ 《明史》卷一三九《钱唐传》，卷五四《礼志》四；李之藻：《类宫礼乐疏》卷二；全祖望：《鲒埼亭集》卷三五，《辨钱尚书争孟子事》；北平图书馆藏洪武二十七年刊本《孟子节文》；刘三吾：《孟子节文题辞》；容肇祖：《明太祖的孟子节文》，载《读书与出版》二年四期。

有劝戒”。是作为修身或公民课本被指定的。此外，也消极地指定一些不许诵读的书，例如“苏秦、张仪，由战国尚诈，故得行其术，宜戒勿读”①。由此可见学校功课的项目，内容的去取，必读书和禁读书，学校教官是无权说话的，一切都由皇帝御定。有时高兴，他还出题目“圣制策问”来考问学生呢！

学生日课，规定每日写字一幅，每三日背《大诰》一百字，本经一百字，四书一百字，每月作文六篇，违者都是痛决（打）。低年级生只通四书的，入正义、崇志、广业三堂，中等文理条畅的升入修道、诚心二堂，在学满七百天，经史兼通的入率性堂。率性堂生一年内考试满八分的与出身（作官）。②

监生的制服叫裥衫，也是御定的。膳食全公费，阖校会馔。有家眷的特许带家眷入学，每月支食粮六斗。监生和教员请假或回家，都要经皇帝特许。③

管制学校的监规，是钦定的，极为严厉。前后增订一共有五十六款，学生对课业有疑问，必需跪听，绝对禁止对人对事的批评，和团结组织，甚至班与班之间也禁止来往，以及不许议论饮食美恶，不许穿常人衣服。有事先于本堂教官处通知，毋得径行烦紊。凡遇出入，务要有出恭入敬牌，和无病称病，出外游荡，会食喧哗，点闸（名）不到，号房（宿舍）私借他人住坐，酣歌夜饮等等二十七款，下文都是违者痛决。最最严重的一款是“敢有毁辱师长，及主事告讦者，即系干名犯义，有伤风化，定将犯人杖一百，发云南地面充军”④。朱元璋寄托培养官僚的全部责任于国子监，这一条的法意就是授权监官，用刑法清除所有不服从和敢于抗议的监生。毁辱师长的含义是非常广泛的，无论是语言、文字、行动、思想上的不同意，以至批评，都可任意解释。至于生事告讦，更可随便应用，凡是不遵从监规的，不满意现状的，要求对教学及生活有所改进的，

① 《南廱志》卷一。
② 《南廱志》卷九。
③ 《南廱志》卷一。
④ 《南廱志》卷九，《学规本末》。

都可以援用这条款片面判决之，执行之。国子监第一任祭酒宋讷是这条监规的起草人，极意严酷，在他的任内，监生走投无路，经常有人被强制饿死，被迫缢死，祭酒连尸首也不肯放过，一定要当面验明，才许收殓。① 后来他的儿子宋复祖当司业，也学父亲的办法，“诫诸生守讷学规，违者罪至死”②。学录金文征反对宋讷的过分残暴，想法子救学生，向皇帝控诉说：“祭酒办学太严，监生饿死了不少人。”朱元璋不理会，说是祭酒只管大纲，监生饿死，罪坐亲教之间，文征又设法和同乡吏部尚书余烷商量，由吏部出文书令宋讷以年老退休，这年宋讷七十五岁，照规定是该告老的，不料宋讷在辞别皇帝时，说出并非真心要辞官，朱元璋大怒，追问缘由，立刻把余烷、金文征和一些关联的教官都杀了，还把罪状榜示在监前，也写在《大诰》里头。这次反迫害的学潮，在一场屠杀后被压平。③

洪武二十七年第二次学潮又起，监生赵麟受不了虐待，出壁报提出抗议，照监规是杖一百充军，为了杀一儆百，朱元璋法外用刑，把赵麟杀了，并且在监前立一长竿，枭首示众（这在朱元璋的口语叫枭令，比处死重一等）。二十八年又颁行赵麟诽谤册和惊愚辅教二录于国子监，到三十年七月二十三日，又召集祭酒和本监教官监生一千八百二十六员名，在奉天门当面训话整顿学风，他说：

> 恁学生每听着：先前那宋讷做祭酒呵，学规好生严肃，秀才每循规蹈矩，都肯向学，所以教出来的个个中用，朝廷好生得人，后来他善终了，以礼送他回乡安葬，沿路上著有司官祭他。
>
> 近年著那老秀才每做祭酒呵，他每都怀着异心，不肯教诲，把宋讷的学规都改坏了，所以生徒全不务学，用著他呵，好生坏事。
>
> 如今著那年纪小的秀才官人每来署著学事，他定的学规，

---

① 赵翼：《廿二史劄记》卷三一，《明史立传多存大体》条，引叶子奇：《草木子》。按通行本《草本子》无此条。

② 《明史》卷一三七，《宋讷传》。

③ 《南廱志》卷一、卷一〇；《明史·宋讷传》。

恁每当依着行。敢有抗拒不服，撒泼皮，违犯学规的，若祭酒来奏着恁呵，都不饶，全家发向武烟瘴地面去，或充军，或充吏，或做首领官。

今后学规严紧，若无籍之徒，敢有似前贴没头帖子诽谤师长的，许诸人出首，或绑缚将来，赏大银两个。若先前贴了票子，有知道的，或出首，或绑缚将来呵，也一般赏他大银两个。将那犯人凌迟了，枭令在监前，全家抄没，人口迁发烟瘴地面。钦此！①

和统制监生一样，国子监的教官也是在严刑重罚的约束之下的。以祭酒为例，三十多年来的历任祭酒，只有以残酷著名的宋讷是善终在任上，死后的恩礼也特别隆重，可以说是例外，其他的不是得罪放逐，便是被杀。②

痛决、充军、罚充吏役、枷镣终身、饿死，自缢死、枭首示众、凌迟，一大串刑罚名词，明初的国子监与其说是学校，不如更合式地说是监狱，是刑场。不止是学生，也包括教官在内，在受死亡所威胁的训练，造成绝对服从的、无思想的、奴性的官僚。

从洪武二年到三十一年这一时期监生任官的情形来看，第一，监生并没有一定的任官资序，最高的有作到地方大吏从二品的布政使，最低的作正九品的县主簿，以至无品级的教谕。第二，监生也没有固定的任官性质，朝廷的部院官、监察官，地方最高民政财政官、司法官，以至无所不管亲民的府、州、县官和学校官。监生万能，几乎无官不可作。第三，除作官以外，在学的监生，有奉命出使的，有奉命巡行列郡的，有稽核百司案牍的，有到地方督修水利的，有执行丈量、记录土地面积、定粮的任务的，有清查黄册的（每年一千二百人），有写本的，有在各衙门办事的，有在各衙门历事的（实习），几乎无事不能作。第四，三十年来监生的任官，以洪武二年和二十六年为最高（洪武二年擢监生为行省左右参政，各道

① 《南廱志》卷一〇，《谨训考》。

② 《南廱志》卷一。

按察司佥事，及知府等官。二十六年以监生六十四人为行省布政、按察两使及参政、参议、副使、佥事等官），十九年为最多（命祭酒司业择监生千余人送吏部，除授知州，知县等职）。“故其时布列中外者，太学生最盛。”① 大体说来，从十五年以后，监生的出路，已渐渐不如初年，从作官转到作事，朝廷利用大批监生作履亩定粮、督修水利、清查黄册等基层技术工作。至于为什么洪武二年和二十六年，大量利用监生作高官呢？理由是，第一，刚开国人才不够，如上文所说过的，没有别的人可用，只能以受过训练的监生出任高官。第二，洪武二十六年二月蓝玉被杀，牵连致死的文武官僚、地方大吏为数极多，许多衙门都缺正官，监生因之大走官运。至于为什么洪武十九年监生任官的竟有千余人之多呢？那是因为上年闹郭桓贪污案，供词牵连到直省官吏，因而系死者有几万人，下级官吏缺得太多的缘故。至于为什么从洪武十五年以后，监生作官的出路一天不如一天呢？那是因为从十五年以后，会试定期举行，每三年一次，进士在发榜后即刻任官，要作官的都从进士科出身，甚至监生也多从进士科得官，官僚从科举制度里出来，国子监失去了培养官僚的独占地位。进士释褐授官，这些官原来都是监生的饭碗，进士日重，监生日轻，只好去作基层技术工作和到诸司去历事了。

地方的府州县学和国子监一样，生员都是供给廪膳（公费）的，从监生到生员都享有免役权，法律规定“免其家差徭二丁”。

洪武十二年颁发禁例十二条于全国学校，镌立卧碑，置于明伦堂之左，不遵者以违制论。禁例中最重要的是：“生员家若非大事，毋轻至于公门。”“生员父母欲行非为，则当再三恳告。”前一条不许生员交结地方官，后一条要使生员为皇家服务，替朝廷消弭“非为”。另一条“军民一切利病，并不许生员建言。果有一切军民利病之事，许当该有司，在野贤才，有志壮士，质朴农夫，商贾技艺，皆可言之，诸人毋得阻当，惟生员不许！”② 重复地说“不许生员建言”，“惟生员不许”，为什么单单剥夺了生员讨论政治

① 《南廱志》卷一；《明史》卷六九，《选举志》。

② 《大明会典》卷七八，《学校》。

的权利呢?因为他害怕群众，害怕组织，尤其害怕有群众基础有组织能力的知识分子，这个有号召力量的学生群，他是认清楚他们的力量的。

地方学校之外，洪武八年又诏地方立社学——乡村小学。

府州县学和社学都以《御制大诰》和律令作主要必修科。

在官僚政治之下，地方学校只存形式，学生不在学，师儒不讲论。社学且成为官吏迫害剥削人民的手段，“有愿读书无钱者不许入学，有三丁四丁不愿读书者，受财卖放，纵其愚顽，不令读书。有父子二人，或农或商，本无读书之暇，却乃逼令入学。有钱者又纵之，无钱者虽不暇读书，又不肯放，将此凑生员之数，欺诳朝廷”①。朱元璋虽然要导民为善，却对官僚政治无办法，叹一口气，只好把社学停办，省得“逼坏良民不暇读书之家”②。

※　※　※

除国子监以外，政府官吏的来源是科举制度。国子监生可以不由科举，直接任官，而从科举出身的人则必须是学校的生员。府、州、县学的生员（俗称秀才）每三年在省城会考一次，称为乡试，及格的为举人。各布政司举人的名额是一定的，除直隶（今江苏安徽）百人最多，广东、广西二十五人最少，其他九布政司都是四十人。第二年全国举人会考于京师，称为会试，会试及格的再经一次复试，地点在殿廷，叫作廷试，亦称殿试。这复试是形式上的，主要意义是让皇帝自己来主持这论才大典，选拔之权，出于一人，及格的是天子门生，自然应该死心塌地替皇家服务，发榜分一二三甲(等)，一甲只有三人，状元、榜眼、探花，赐进士及第。二甲若干人，赐进士出身。三甲若干人，赐同进士出身。状元、榜眼、探花的名号是御定的，民间又称乡试第一名为解元，会试第一名为会元，二三甲第一名为传胪。乡试由布政使司，会试由礼部主持。状元授翰林院修撰，榜眼、探花授编修，二三甲考选庶吉士的都为翰林官，其他或投给事、御史、主事、中书、行人、评事太常

① 《御制大诰》，社学第四四。

② 本节参看吴晗:《明初的学校》，载1948年《清华学报》十四卷二期。

国子博士，或授府推官、知州、知县等官。举人、贡生会试不及格，改入国子监，也可选作小京官，或作府佐和州县正官，以及学校教官。

科举各级考试，专用四书、五经来出题目，文体略仿宋经义，要用古人口气说话，只能根据几家指定的注疏发挥，绝对不许有自己的见解。体裁排偶，叫作八股，也称制义。这制度是朱元璋和刘基商量决定的。十五年以后，定制子午卯酉年乡试，辰戌丑未年会试，乡试在八月，会试在二月。每试分三场，初场四书义三道，经义四道。二场试论一道，判一道，诏诰表内科（选）一道。三场试经史时务策五道。①

学校和科举并行，学校是科举的阶梯，科举是学生的出路。学生通过科举便作官，不但忘了学校，也忘了书本，于是科举日重，学校日轻。学校和科举都是制造和选拔官僚的制度，所学习和考试的范围完全一样，都是四书、五经，不但远离现实，也绝不许接触到现实。诚如当时人宋濂所说："自贡举法行，学者知以摘经拟题为志，其所最切者惟四子一经之笺，是钻是窥，余则漫不加省。与之交谈，两目瞪然视，舌木强不能对。"② 学校呢？"稍励廉隅者不愿入学，而学行章句有闻者，未必尽出于弟子员。"③ 到后来甚至弄到"生徒无复在学肄业，入其庭不见其人，如废寺然"④。科举人才不读书，不知时事，学校没有学生，加上残酷的统制管理，严格的检查防范，学校生员除了尊君和盲从古人之外，不许有新的思想、言论。于是整个学术文化界、思想界、政治界，从童生到当国执政，都向往三王，服膺儒术，都以为"天王圣明，臣罪当诛"，挨了打是"恩谴"，被斫头是"赐死"，挨了骂不消说有资格才能挨得着，天下无不是的父母，更不会有不是的皇帝，君权由此巩固，朱家万世一系的统治也安如泰山了。

---

① 《明史》卷七〇，《选举志》。

② 宋濂：《銮坡集》卷七，《礼部侍郎曾公神道碑铭》。

③ 宋濂：《轴苑别集》卷一，《送翁好古教授广州序》。

④ 陆容：《菽园杂记》。

四、皇权的轮子——军队

皇权的一个轮子是军队。

朱元璋在攻克集庆以后，就厉行屯田政策，广积粮食，供给军需。他和刘基研究古代的兵制，征兵制的好处是全国皆兵，有事召集，事定归农，兵员素质好，来路清楚，政府在平时无养兵之费。坏处是兵员都出自农村，如有长期战争，便影响到农村的生产。而且兵源有限制，不适合于大规模的作战。募兵制呢？好处是应募的多为无业游民，当兵是职业，数量和服役的时间，都可以不受农业生产的限制。坏处是政府经常要维持大量数目的常备军，军费负担太重。而且募的兵来路不明，没有宗族乡党的挂累，容易逃亡，也容易叛变。理想的办法是折衷于两者之间，有两者的好处，而避免个别的坏处，主要的原则，是要使战斗力量和生产力量一致。

刘基创立的办法是卫所制度。①

卫所的兵源有四种，一种是从征，即起事时所统的部队，也就是郭子兴的基本队伍。一种是归附，包括削平群雄所得的部队和元朝的投降军。一种是谪发，指因犯罪被谪发充军的，也叫做恩军。一种叫垛集，即征兵，照人口比例，一家有五丁或三丁出一丁为军。前两种是定制时原有的武力，后两者则是补充的武力。这四种来源的军人都是世袭的，为了保障固定员额的维持，规定军人必须娶妻，世代继承下去，如无子孙继承，则由其原籍家属壮丁顶补，种族绵延的原则，被应用到武装部队里来，兵营成为武装的家庭群了。②

军有特殊的社会身份，单独有军籍。在明代户口中，军籍和民籍、匠籍平行，军籍属于都督府，民籍属于户部，匠籍属于工部。军不受普通行政官吏的管辖，在身份上，法律上和经济上的地位，都和民不同，军和民是截然地分开的。民户有一丁被垛为军，政府

---

① 《明史》卷一二八，《刘基传》。

② 《明史》卷九一，《兵志》。

优免他原籍老家一丁差徭，作为优恤。军士到戍所时，由宗族替他治装。在卫的军士除本身为正军外，其子弟称为余丁或军余，将校的子弟则称为舍人。日常生活概由政府就屯粮支给，按月发米，称为月粮，马军月支米二石，步军总旗一石五斗，小旗一石二斗，步军一石（守城的照数支给，屯田的半支）。恩军家四口以上一石，三口以下六斗，无家口的四斗。衣服岁给冬衣棉布棉花夏衣夏布，在出征时则例给胖袄鞋裤。①

军队组织分作卫、所两级，大体上以五千六百人为卫，卫有指挥使。卫分五千户所，所一千一百二十人，有千户。千户所分十百户所，所百十二人，有百户。百户有总旗二，小旗十，总旗领小旗五，小旗领军十人。大小联比以成军。卫所的分布，根据地理险要，小据点设所，关联几个据点的设卫。集合一个军区的若干卫所，又设都指挥使司，作为军区的最高军事机构，长官是都指挥使。洪武二十五年（1392）全国共有十七个都指挥使司，内外卫三百二十九，守御千户所六十五，首都和地方的兵力分配如下：

在京武官	二七四七员
军　士	二〇六二八〇人
马	四七五一匹
在外武官	一二七四二员
军　士	九九二一五四人
马	四〇三二九匹②

这十七个都指挥使司又分别隶属于五军都督府。

军食出于屯田，大略是学汉朝赵充国的办法，在边塞开屯，一部分军士守御，一部分军士受田耕种。目的在省去运输费用，和充裕军食，减轻国库的负担，使战斗力和生产力一致。跟着内地卫所也先后开屯耕种，以每军受田五十亩作一分，官给耕牛、农具，开头几年是免纳田租的，到成为熟地后，每亩收税一斗，规定边地守

① 吴晗：《明代的军兵》，载1939年《中国社会经济史集刊》五卷二期。

② 《明太祖实录》卷二二三。

军十分之三守城，七分屯种，内地是二分守城，八分屯种，希望能达到自足自给的地步。①

军队里也和官僚机构一样，清廉的武官是极少见的，军士经常被苛敛剥削，朱元璋曾经愤恨地指出：

> 那小军每一个月只关得一担儿仓米。若是丈夫每不在家里，他妇人家自去关呵，除了几升做脚钱，那害人的仓官又斛面上打减了几升。待到家里鲊（音伐）过来呵，止有七八斗儿米，他全家儿大大小小要饭吃，要衣裳穿，他那里再得闲钱与人？②

正军本人的衣着虽由官家支给，家属的却得自己制备，一石米在人口多的家庭，连吃饭也还不够，如何还能孝敬上官，如何还能添制衣服？军士活不了，只好逃亡，只好兼营副业，做苦力、做买卖全来，军营就空了，军队的士气、战斗力也就差了。

除军屯外，还有商屯。边军粮食发生困难时，政府就用开中法来接济。开中法是把运输费用转嫁给商人，政府有粮食有盐，困难的是运输费用过大，商人有资本也有人力，却无法得到为政府所专利的盐，开中法让商人运一定数量的粮食到边境，拿到收据，就可以向政府领到等价的盐，自由贩卖，从而获取重利。商人会打算盘，索性雇人在边上开屯，就地缴粮，省去几倍的运费。③ 在这一交换过程中，不但边防充实了，政府省运费，省事，商人也发了财，皆大欢喜。而且，边界荒地开垦了，不但增加了政府的财富，也造成了地方的繁荣。

军权分作两部分，统军权归五军都督府，军令权则属于兵部。武人带兵作战，文人发令决策。在平时卫所军各在屯地操练、屯田，战时动员令一下，各地卫军集合成军，临时指派都督府官充任将军总兵官，统带出征。战事结束，立刻复员，卫军务回原卫，将军交回将印，也回原任。将不专军，军无私将，上下阶级分明，纪律划

① 宋讷：《西隐文稿》卷一〇，《守边策略》；《明史》卷七七，《食货志》。

② 《大诰武臣》，科敛害军第九。

③ 《明太祖实录》卷五三，卷五六；《明史》卷一五〇，《郁新传》。

一。唐宋以来的悍将跋扈、骄兵叛变的弊端，在这制度下是完全根绝了。

朱元璋对军官军士是用十二分的注意来防闲的，除开在各个部队里派义子监军，派特务人员侦伺以外，洪武五年还特地降军律于各卫，禁止军官军人，不得于私下或明白接受公侯所与信宝，金银、段匹、衣服、粮米、钱物，及非出征时，不得于公侯之家门首侍立。其公侯非奉特旨，不得私自呼唤军人役使，违者公侯三犯准免死一次，军官军人三犯发海南充军。① 后来更进一步，名义上以公侯伯功臣有大功，赐卒一百十二人作卫队，设百户一人统率，颁有铁册，说明“俟其寿考，子孙得袭，则兵皆入卫”。称为奴军，亦称铁册军。事实上是防功臣有二心，特设铁册军来监视的。功臣行动，随时随地都有报告，证人是现成的，跟着是一连串的告密案和大规模的功臣屠杀。②

在作战时，虽然派有大将军指挥大军，指挥战争进行的还是朱元璋自己，用情报、用军事经验来决定前方的攻战，甚至指挥到极琐细的军务。即使最亲信的将领像徐达、李文忠，也是如此。例如吴元年（1367）四月十八日给徐达的手令，在处分军事正文之后，又说：“我的见识只是如此，你每见得高处、强处、便当处，随着你每意见行着，休执着我的言语，恐怕见不到处，教你每难行事。”洪武三年四月：“说与大将军知道……这是我家中坐着说的，未知军中便也不便，恁只拣军中便当处便行。”给李文忠的手令：“说与保儿老儿：……我虽这般说，计量中不如在军中多知备细，随机应变的勾当。你也厮活落些儿也，那里直到我都料定！”大体上指导的原则是不能更动的，统师所有的只是极细微的修正权。

对待俘虏的方针是屠杀，如龙凤十一年十一月初五日的令旨：“吴王亲笔，差内使朱明前往军中，说与大将军左相国徐达、副将军平章常遇春知会：十一月初四日捷音至京城，知军中获寇军及首目人等六万余众，然而俘获甚众，难为囚禁，今差人前去，教你每军

---

① 宋濂：《洪武圣政记》，肃军政第四。

② 沈德符：《野获编》卷一七，《铁册军》。

中，将张（士诚）军精锐勇猛的留一二万，若系不堪任用之徒，就军中暗地去除了当，不必解来。但是大头目，一名名解来。”十二年三月且严厉责备徐达不多杀人：“吴王令旨，说与总兵官徐达，攻破高邮之时，城中杀死小军数多，头目不曾杀一名。今军到淮安，若系便降，系是泗州头目青旛黄旗招诱之力，不是你的功劳。如是三月已里，淮安未下，你不杀人的缘故，自说将来！依奉施行者。”吴元年十月二十四日因为俘虏越狱逃跑，又下令军前：“今后就近获到寇军及首目人等，不须解来，就于军中典刑。”洪武三年四月：“说与大将军知道：止是就阵得的人，及阵败来降的王保保头目，都休留他一个，也杀了。止留小军儿，就将去打西蜀了后，就留些守西蜀便了。”则不但俘虏，连投降的头目也一概残杀了。

有一道令旨是关于整饬军纪的，说明了这一举措的军事理由。时间是龙凤十二年三月：“（张军）男子之妻多在高邮被掳，总兵官为甚不肯给亲完聚发来？这个比杀人那个重？当城破之日，将头目军人一概杀了，倒无可论。掳了妻子，发将精汉来，我这里陪了衣粮，又费关防，养不住。杀了男儿，掳了妻小，敌人知道，岂不抗拒？星夜教冯副使（胜）去军前，但有指挥、千户、百户及总兵官的伴当，掳了妇女的，割将首级来。总兵官的罪过，回来时与他说话。依奉施行者。”① 男子指的是张士诚的部队，被掳是指的被朱元璋自己的部队所掳。把俘虏的妻女抢了，送俘虏来，养不住，白赔粮食，白费事看守。掳了妇女，杀了俘虏，敌人知道了，当然会顽强抵抗。为了这个道理，朱元璋只好派特使去整顿军风纪了。

五、皇权的轮子——新官僚机构

由于历史包袱的继承，皇权的逐步提高，隋唐以来的官僚机构，以巩固皇权为目的的三省制度——中书省出命令，门下省掌封驳，

---

① 王世贞：《弇山堂别集》卷八六，《诏令考》二。

尚书省主施行——中书官和皇帝最亲近，接触机会最多，权也最重。宋代后期，门下省不能执行审核诏令的任务，尚书省官只能平决庶务，不能与闻国政，三省事实上只是一省当权。到元代索性取消门下省，把尚书省的官属六部也归并到中书，成为一省执政的局面。地方则分设行中书省，总揽军民大政。其下有路、府、州、县，管理军民。

三省制的形成有它的历史背景和原因，就这制度本身而论，把政权分作三份，一个专管决策，一个负责执行，而又另有一个纠核的机构，驳正违误，防止皇权的滥用和官僚的缺失，对巩固皇权，维持现状的意义上说，是很有用的。可是，在事实上，官僚政治本身破坏了瘫痪了这个官僚机构，皇权和相权的冲突，更有目的地摧毁了这个官僚机构。

官僚政治特征之一是作官不作事，重床叠屋，衙门愈多，事情愈办不好，拿薪水的官僚愈多，负责作事的人愈少。例如从唐以来，往往因事设官；尚书都省原有户部，专管户口财政，在国计困难时，政府要张罗财帛，供应军需，大张旗鼓，特设盐铁使、户部使、租庸使、国计使等官，由宰相或大臣兼任，意思是要提高搜刮的效率，可是这样一来，户部位低权轻，职守都为诸使所夺，便变成闲曹了。兵部专管军政，从五代设了枢密使以后，兵部又无事可做了。礼部专掌礼仪，宋代却又另有礼院。几套性质相同的衙门，新创的抢了旧衙门的职司，本衙门的官照例作和本衙门不相干的事，或者索性不作事。千头万绪，名实不符，十个官僚有九个不知道自己的职司。冗官日多，要官更多，行政效率也就日益低落。① 到元代又添上蒙古的部族政治机构，衙门越发多，越发庞大，混乱复杂，臃肿不灵，瘫痪的病象在在显露了。

而且就官僚的服务名义说，也有官、职、差遣之分，官是表明等级、分别薪俸的标识，职以待文学侍从之臣，只有差遣是“治内外之事”的。皇家的赏功酬庸，又有阶、勋。爵、食邑、功臣号等

---

① 《宋史》，《职官志》一。

名目。以差遣而论，又有行、守、试、判、知、权知、权发遣的不同。其实除差遣以外，其他都是不大相干的。①

皇权和相权的矛盾，例如宋太宗讨厌中书的政权太重，分中书吏房置审官院，刑房置审刑院②，为了分权而添置衙门，其实是夺相权归之于皇帝。皇帝的诏令照规矩是必须经过中书门下，才算合法，所谓“不经凤阁鸾台，何名为敕？”③ 用意是防止皇权的滥用，但是，这规矩只是官僚集团的规矩，官僚的任免生杀之权在皇帝，升沉荣辱甚至诛废的利害超过了制度的坚持，私人的利害超过了集团的利害，唐武后以来的墨敕斜封（手令），也就破坏了这个官僚制度，摧毁了相权，走上了独裁的道路。

朱元璋继承历代皇权走向独裁的趋势，对官僚机构大加改革，使之更得心应手，为皇家服务。

元代的行中书省是从中书省分出去的，职权太重，到后期鞭长莫及，几乎没有法子控制了。朱元璋要造成绝对的中央集权，洪武九年（1376）改行中书省为承宣布政使司，设左右布政使各一人，掌一区的政令。布政使是朝廷派驻地方的代表、使臣，禀承朝廷，宣扬政令。全国分浙江、江西、福建、北平、广西、四川、山东、广东、河南、陕西、湖广、山西十二布政使司，十五年增置云南布政使司。④ 布政使司的分区，大体上继承元朝的行省，市政使的职权却只掌民政、财政，和元朝行中书省的无所不统，轻重大不相同了。而且就地位论，行省是以都省的机构分设于地方，布政使则是朝廷派驻的使臣，前者是中央分权于地方，后者是地方集权于中央，意义也完全不同。此外，地方掌管司法行政的另有提刑按察使司，长官为按察使，主管一区刑名、按察之事。布、按二司和掌军政的

① 司马光：《司马文正公传家集》卷二一，《乞分十二等以进退群臣上殿札子》；钱大昕：《潜研堂文集》卷三四，《答袁简斋书》。

② 司马光：《涑水纪闻》卷三；李攸：《宋朝事实》卷九；李焘：《续资治通鉴长编》卷一二五。

③ 《旧唐书》卷八七，《刘祎之传》。

④ 明成祖永乐元年（1403）以北平布政司为北京，五年置交阯布政使司，十一年置贵州布政使司。宣德三年（1428）罢交阯布政使司，除两京外定为十三布政使司。

都指挥使司合称三司，是朝廷派遣到地方的三个特派员衙门，民政、司法、军政三种治权分别独立，直接由朝廷指挥，为的是便于控制，便于统治。布政司之下，真正的地方政府分两级，第一级是府，长官为知府，有直隶州，即直隶于布政使司的州，长官是知州，第二级是县，长官是知县，有州，长官是知州，州县是直接临民的政治单位。①

中央统治机构的改革，稍晚于地方。洪武十三年（1380）胡惟庸案发后②废中书省，仿周官六卿之制，提高六部的地位；吏、户、礼、兵、刑、工，每部设尚书一人，侍郎（分左右）二人。吏部掌全国官吏选授、封勋、考课，甄别人才。户部掌户口、田赋，商税。礼部掌礼仪、祭祀、僧道、宴飨、教育及贡举（考试）和外交。兵部掌卫所官军选授、简练和军令。刑部掌刑名。工部掌工程造作（武器、货币等）、水利、交通。都直接对皇帝负责，奉行政令。

统军机关则改枢密院为大都督府，节制中外诸牢。洪武十三年分大都督府为中、左、右、前、后五军都督府，每府以左右都督为长官，各领所属都司卫所，和兵部互相表里。都督府长官虽管军籍、军政，却不直接统带军队，在有战事时，才奉令出为将军总兵官，指挥作战。战争结束，便得交还将印，回原职办事。③

监察机关原来是御史台，洪武十五年改为都察院，长官是左右都御史，下有监察御史百十人，分掌十二道（按照市政使司政区分道）。职权是纠劾百司，辨明冤枉，凡大臣奸邪，小人构党作威福乱政，百官猥葺、贪污、舞弊，学术不正和变乱祖宗制度的，都可随时举发弹劾。这衙门的官被皇帝看作是耳目，替皇帝听，替皇帝看，有对皇权不利的随时报告。也被皇帝看作是鹰犬，替皇帝追踪，搏击一切不忠于皇帝的官民，是替皇帝监视官僚的衙门，是替皇帝检举反动思想、保持传统纲纪的衙门。监察御史在朝监视各个不同的官僚机构，派到地方的，有巡按、清军、提督学校、巡监、茶马、

① 《明史·职官志》。

② 《明史·胡惟庸传》；吴晗：《胡惟庸党案考》，载《燕京学报》十五期。

③ 宋濂：《洪武圣政记》，《肃军政》第四。

监军等职务，就中巡按御史算是代皇帝巡狩，按临所部，大事奏裁，小事立断，是最威武的一个差使。

行政、军事、监察三种治权分别独立，由皇帝亲身总其成。官吏内外互用，其地位以品级规定，从九品到正一品，九品十八级，官和品一致，升迁调用都有一定的法度。百官分治，个别对皇帝负责。系统分明，职权清楚，法令详密，组织严紧。而在整套统治机构中，互相钳制，以监察官来监视一切臣僚，以特务组织来镇压威制一切官民，都督府管军不管民，六部管民不管军，大将在平时不指挥军队，动员复员之权属于兵部，供给粮秣的是户部，武器的是工部，决定战略的是皇帝。六部分别负责，决定政策的是皇帝。在过去，政事由三省分别处理，取决于皇帝，皇帝是帝国的首领。可是在这新统治机构下，六部府院直接隶属于皇帝，皇帝不但是帝国的首领，而且是这统治机构的负责人和执行人，历史上的君权和相权到此合一了，皇帝兼理宰相的职务，皇权由之达于极峰。①

※　　　※　　　※

历史的教训使朱元璋深切地明白宦官和外戚对于政治的祸害。他以为汉朝、唐朝的祸乱，都是宦官作的孽，这种人在宫庭里是少不了的，可是只能作奴隶使唤，洒扫奔走，人数不可过多，也不可用作耳目心腹，作耳目，耳目坏，作心腹，心腹病，对付的办法，要使之守法，守法自然不会作坏事，不要让他们有功劳，一有功劳就难于管束了。订下规矩，凡是内臣都不许读书识字，又铸铁牌立在宫门，上面刻着："内臣不得干预政事，犯者斩。"又规定内臣不许兼外朝的文武官衔，不许穿外朝官员的服装，作内廷官不能过四品，每月领一石米，穿衣吃饭官家管。并且，外朝各衙门不许和内官监有公文往来。这几条规定针对着历史上所曾发生的弊端，使内侍名符其实地作宫廷的仆役。② 对外戚干政的对策，是不许后妃干政，洪武元年三月即命儒臣修《女诫》，纂集古代贤德妇女和后妃的故事，刊刻成书，来教育宫人，要她们学样。又立下规程，皇后只

① 参看《明史·职官志》。

② 宋濂：《洪武圣政记》；《明史》卷七四，《职官志》。

能管宫中嫔妇的事，宫门之外不得干预。宫人不许和外间通信，犯者处死，断绝外朝和内廷的来往以至通信，使之和政治隔离。外朝臣僚命妇按例于每月初一、十五朝见皇后，其他时间，没有特殊缘由，不许进宫。皇帝不接见外朝命妇，皇族婚姻选配良家子女，有私进女口的不许接受。元璋的母族和妻族都绝后，没有外家，后代帝王也都遵守祖训，后妃必选自民家。外戚只是高爵厚禄，作大地主，住大房子，绝对不许预闻政事。① 在洪武一朝三十多年中，内臣小心守法，宫廷和外朝隔绝，和前代相比，算是家法最严的了。

其次，元代以吏治国，法令极繁冗，档案堆成山。吏就从中舞弊，无法根究。而且，正因为公文条例过于琐细，不费一两年功夫，无从通晓，办公文、办公事成为专门技术，掌印正官弄不清楚，只好由吏作主张，结果治国治民的都是吏，不是官，小吏们唯利是图，毫不顾到全盘局面，政治（其实是吏治）自然愈闹愈坏。远在吴元年，朱元璋便已注意到法令和吏治的关系，指令台省官立法要简要严，选用深通法律的学者编定律令，经过缜密的商订，去烦减重，花了三十年功夫，更改删定了四五次，编成《大明律》，条例简于《唐律》，精神严于《宋律》，是中国法律史上极重要的一部法典。又为简化公文起见，于洪武十二年立案牍减烦式颁示各衙门，使公文明白好懂，文吏无法舞弊弄权。从此吏员在政治上被斥为杂流，不能作官。官和吏完全分开，官主行政，吏主事务，和元代的情形完全不同了。②

和吏文相同的是文章的格式。唐宋以来的政府文字，从上而下的制诰，从下达上的表奏，照习惯是骈骊四六文，尽管有多少人主张复古，提倡改革，所谓古文运动，在民间是成功了，政府却仍然用老套头，同一时代用的是两种文字，庙堂是骈偶文，民间是古文，朱元璋很不以为然，他以为古人作文章，讲道理，说世务，经典上

---

① 《明史》卷一〇八《外戚恩泽侯表序》，卷一一三《后妃列传序》，卷三〇〇《外戚传序》。

② 《明太祖实录》卷二六，卷一二六；《明史》卷七一，《选举志》。

的话，都明白好懂，像诸葛亮的《出师表》，又何尝雕琢，立意写文章？可是有感情，有血有肉，到如今读了还使人感动，怀想他的忠义。近来的文士，文字虽然艰深，用意却很浅近，即使写得和司马相如、杨雄一样好，别人不懂，又中什么用？以此他要秘书——翰林——作文字，只要说明白道理，讲得通世务就行，不许用浮辞藻饰。① 到洪武六年，又下令禁止对偶四六文辞，选唐柳宗元《代柳公绰谢表》和韩愈《贺雨表》作为笺表法式。② 这一改革不但使政府文字简单、明白，把庙堂和民间打通，现代人写现代文，就文学的影响说，也可以说很大，韩愈、柳宗元以后，他是提倡古文最有成绩的一个人。他自己所作的文章，写得不好，有时不通顺，倒容易懂。信札多用口语，比文章好得多，想来是受蒙古白话圣旨的影响，也许是没有念过什么书，中旧式文体的毒比较轻的缘故吧？

唐、宋两代还有一样坏风气，朝廷任官令发表以后，被任用的官照例要辞官，上辞官表，一辞再辞甚至辞让到六七次，皇帝也照例拒绝，下诏敦劝，一劝再劝再六次七次劝，到这人上任上谢表才算罢休。辞的不是真辞，劝的也不是真劝，大家肚子里明白，是在玩文字的把戏，误时误事，白费纸墨。朱元璋认为这种做作太无聊，也把它废止了。

六、建都和国防

自称为淮右布衣，出身于平民而作皇帝的朱元璋，在拥兵扩土、称帝建国之后，最惹他操心的问题第一是怎样建立一个有力量的政治中心，即建都，建在何处？第二是用什么方法来维持皇家万世一系的独占统治？

远在初渡江克太平时（1355），陶安便建议先取金陵，据形势以

① 《明太祖实录》卷三九。

② 《明太祖实录》卷八五。

临四方。[①] 冯国用劝定都金陵，以为根本。[②] 叶兑上书请定都金陵，然后拓地江广，进则越两淮以北征，退则画长江以自守。[③] 谋臣策士一致主张定都应天，经过长期的研究以后，龙凤十二年（元至正二十六年，1366）六月，扩大应天旧城，建筑新宫于钟山之南，到次年九月完工，这是吴王时代的都城。

洪武元年称帝，北伐南征，着着胜利，到洪武二十年辽东归附，全国统一。在这二十年中，个人的地位由王而帝，所统辖的疆域由东南一角落，扩大为大明帝国，局面大不相同。吴王时代的都城是否可以适应这扩大以后的局面便大成问题。而且，元帝虽然北走沙漠，仍然是蒙古大汗，保有强大的军力，时刻有南下恢复的企图。同时沿海倭寇的侵扰，也是国防上重大的问题。以此国都的重建和国防计划的确立，是当时朝野所最关心的两件大事。

基于自然环境的限制，从辽东到广东，沿海几千里海岸线的暴露，时时处处都有被倭寇侵掠的危险。东北和西北方面呢？长城以外便是蒙古人的势力，如不在险要处屯驻重兵，则铁骑奔驰，黄河以北便不可守。可是防边要用重兵，如把边境军权付托诸将，又怕尾大不掉；有造成藩镇跋扈的危机。如以重兵直隶中央，则国都必须扼驻国防前线，才能收统辖指挥的功效。东南是全国的经济中心，北方为了国防的安全，又必须成为全国的军事中心。国都如建设在东南，依附经济中心，则北边空虚，无法堵住蒙古人的南侵。如建立在北边，和军事中心合一，则粮食仍须靠东南供给，运输费用太大，极不经济。

帝国都城问题以外，还有帝国制度问题。是郡县制呢？还是封建制呢？就历史经验论，秦、汉、唐、宋之亡，没有强大的藩国支持藩卫，是衰亡原因之一。可是周代封建藩国，又闹得枝强干弱，威令不行。这两个制度的折衷办法是西汉初期的郡国制，一面立郡县，设官分治，集大权于朝廷，一面又置藩国，封建子弟，使为皇家捍御。把帝国建都和制度问题一起解决，设国都于东南财富之区，

---

① 《明史》卷一三六，《陶安传》。

② 《明史》卷一二九，《冯胜传》；孙承泽：《春明梦余录》卷一。

③ 《明史》卷一三五，《叶兑传》。

封子弟于北边国防据点，在经济上，在军事上，在皇家统治权的永久维持上，都圆满解决了。

明初定都应天的重要理由是经济的，第一因为江浙富庶，不但有长江三角洲的大谷仓，而且是丝织工业、盐业的中心，应天是这些物资的集散地，所谓“财赋出于东南，而金陵为其会”①。第二是吴王时代所奠定的宫阙，不愿轻易放弃，且如另建都城，则又得重加一番劳费。第三从龙将相都是江淮子弟，遭地南方人，不大愿意离开乡土。可是在照应北方军事的观点看，这个都城的地理地位是不大合适的。洪武元年取下汴梁后，朱元璋曾亲去视察，觉得虽然地位适中，可是无险可守，四面受敌，论形势还不如应天。②为了西北未定，要运饷和补充军力，不能不有一个军事上的补给基地，于是模仿古代两京之制，八月以应天为南京，开封（汴梁）为北京。次年八月陕西平定，北方全入版图，形势改变，帝都重建问题又再度提出。廷臣中有主张关中险固，金城天府之国。有人主张洛阳为全国中心，四方朝贡距离一样。也有提议开封是宋朝旧都，漕运方便。又有人指出北平（元大都）宫室完备，建都可省营造费用。七嘴八舌，引经据典。朱元璋批评这些建议都有片面的理由，只是都不适应现状。长安、洛阳、开封过去周、秦、汉、魏、唐、宋都曾建都，但就现状说，打了几十年仗，人民还未休息过来，如重新建都，供给力役都出于江南，未免过于和百姓下不去。即使是北平吧，旧宫室总得有更动，还是费事。还不如仍旧在南京，据形势之地，长江天堑，龙蟠虎踞，可以立国。次之，临濠（濠州）前长江后淮水，地势险要，运输方便，也是一个可以建都的地方。③就决定以临濠为中都，动工修造城池宫殿，从洪武二年九月起手，到八年四月，经刘基坚决反对，以为凤阳虽是帝乡，但就种种条件说，都不合适于建都，方才停工，放弃了建都的想头。④ 洪武十一

① 邱濬：《大学衍义补·都邑之建》。

② 刘辰：《国初事迹》。

③ 黄光昇：《昭代典则》。

④ 《明史》卷一二八，《刘基传》；卷二，《大祖纪本》二。

年（1378）才改南京为京师，踌躇了十年的建都问题，到这时才决心正名定都。①

京师虽已奠定，但是为了防御蒙古，控制北边，朱元璋还是有迁都西北的雄心，选定的地点仍是长安和洛阳。洪武二十四年八月，特派皇太子巡视西北，比较两地的形势。太子回朝后，献陕西地图，提出意见。不料第二年四月太子薨逝，迁都大事只好暂时搁下。②

京师新宫原来是燕尾湖，填湖建宫，地势，南面高，北边低、就堪舆家的说法是不合建造法则的。皇太子死后，老皇帝很伤心，百无聊赖中把太子之死归咎于新宫的风水不好，这年年底他亲撰《祭光禄寺灶神文》说：

> 朕经营天下数十年，事事按古有绪。唯宫城前昂后洼，形势不称。本欲迁都，今朕年老，精力已倦。又天下新定，不欲劳民。且废兴有数，只得听天。惟愿鉴联此心，福其子孙。③

六十五岁的白发衰翁，失去勇气，只好求上天保佑，从此不再谈迁都的话了。

分封诸王的制度，决定于洪武二年（1369）四月初编《皇明祖训》的时候，三年四月，封皇第二子到第十子为亲王。可是诸王的就藩，却在洪武十一年定鼎京师之后。④ 从封王到就藩前后相隔九年，原因是诸子未成年，和都城未定，牵连到立国制度也不能决定。到京师奠定后，第二子秦王建国西安，三子晋王建国太原，十三年四子燕王建国北平，分王在沿长城的国防前线。十四年五子周王建国开封，六子楚王出藩武昌，十五年七子齐王建国青州，十八年潭王到长沙，鲁王在兖州，以后其他幼王逐一成年，先后就国，星罗棋布，分驻在全国各军略要地。

就军事形势而论，诸王国的建立分作第一线和第二线，或者说

---

① 《明史》，《地理志》一。

② 《明史》卷一一五《兴宗孝廉皇帝传》，卷一四七《胡广传》；姜清：《姜氏秘史》卷一；郑晓：《今言》卷二七四。

③ 顾炎武：《天下郡国利病书》卷一三，《江南》一。

④ 《明史》卷二，《太祖本纪》。

是前方和后方，第一线诸王的任务在防止蒙古入侵，都凭借天然险要，建立军事据点，有塞王之称。诸塞王沿长城线立国，又可分作外内二线，外线东渡榆关，跨辽东，南制朝鲜，北联开原（今辽宁开原），控扼东北诸夷，以广宁（今辽宁北镇）为中心建辽国，经渔阳（今河北蓟县）、卢龙（今河北卢龙），出喜峰口，切断蒙古南侵道路，以大宁（今热河平泉）为中心，包括今朝阳赤峰一带，建宁国。北平天险，是元朝故都，建燕国。出居庸，蔽雁门，以谷王驻宣府（察哈尔宣化），代王驻大同。逾河而西，北保宁夏，倚贺兰山，以庆王守宁夏。又西控河西走廊，扃嘉峪，护西域诸国，建肃国。从开原到瓜、沙，联成一气。内线是太原的晋国和西安的秦国。后方诸名城则开封有周王，武昌有楚王，青州有齐王，长沙有潭王，兖州有鲁王，成都有蜀王，荆州有湘王等国。①

诸王在其封地建立王府，设置官属，亲王的冕服车旗仅下皇帝一等，公侯大臣见王要俯首拜谒，不许钧礼。地位虽然极高极贵，却没有土地，更没有人民，不能干预民政，王府以外，便归朝廷所任命的各级官吏统治。每年有一万石的俸米和其他赏赐，唯一的特权是军权。每王府设亲王护卫指挥使司，有三护卫，护卫甲士少者三千人，多的到万九千人。② 塞王的兵力尤其雄厚，如宁王所部至有带甲八万，革车六千，所属朵颜三卫骑兵，都骁勇善战。③ 秦、晋、燕三王的护卫特别经朝廷补充，兵力也最强。④《皇明祖训》规定："凡王国有守镇兵，有护卫兵。其守镇兵有常选指挥掌之，其护卫兵从王调遣。如本国是险要之地，遇有警急，其守镇兵、护卫兵并从王调遣"。而且守镇兵的调发，除御宝文书外，并须得王令旨方得发兵："凡朝廷调兵，须有御宝文书与王，并有御宝文书与守镇官。守镇官既得御宝文书，又得王令旨，方许发兵。无王令旨，不得发兵。"⑤ 这规定使亲王成为地方守军的监视人，是皇帝在地方的

---

① 何乔远：《名山藏》，《分藩记》一。

② 《明史》，《兵志》二，《卫所》；《诸王传序》。

③ 《明史》，《宁王传》。

④ 《明史》，《太祖本纪》洪武十年。

⑤ 《兵卫章》。

军权代表，平时以护卫军监视地方守军，单独可以应变。战时指挥两军，军权付托给亲生儿子，可以放心高枕了。诸塞王每年秋天勒兵巡边，远到塞外，把蒙古部族赶得远远的，叫作肃清沙漠①，凡塞王都参预军务，内中晋、燕二王屡次受命将兵出塞，和筑城屯田，大将如宋国公冯胜，颍国公傅友德都受其节制，军中小事专决，大事才请示朝廷，军权独重，立功也最多。②

以亲王守边，专决军务，内地各大都会，也以皇子出镇，星罗棋布，尽屏藩皇室，翼卫朝廷的任务。国都虽然远在东南，也安如磐石，内安外攘，不会发生什么问题了。

七、大一统和分化政策

朱元璋以洪武元年称帝建立新皇朝，但是大一统事业的完成，却还须等待二十年。

元顺帝北走以后，元朝残留在内地的军力还有两大支，一支是云南的梁王，一支是东北的纳哈出，都用元朝年号，雄踞一方。云南和蒙古本部隔绝，势力孤单，朱元璋的注意力先集中在西南，从洪武四年（1371）消灭了割据四川的夏国以后，便着手经营，打算用和平的方式使云南自动归附，先后派遣使臣王祎、吴云去招降，都被梁王所杀。到洪武十四年决意用武力占领，派出傅友德、沐英、蓝玉三将军分两路进攻。

这时云南在政治上和地理上分作三个系统：第一是直属蒙古大汗，以昆明为中心的梁王。第二是在政治上隶属于蒙古政府，享有自治权利，以大理为中心的土酋段氏。以上所属的地域都被区分为路府州县。第三是在上述两系统下和南部（今思普一带）的非汉族

---

① 《明史》，《兵制》三，边防；祝允明：《九朝野记》卷一。

② 《明史·晋恭王传》，《太祖本纪》三，二十六年三月："诏二王军务大者始以闻。"本节参看吴晗：《明代靖难之役与国都北迁》，载1935年10月天津《益世报·史学》。

诸部族，就是明代人叫作土司的地域。汉化程度以第一为最深，第二次之，第三最浅，或竟未汉化。现代贵州的西部，在元代属于云南行省，其东部则另设八番、顺元诸军民宣慰使司，管理彝族及苗族各土司。元至正二十四年（1364），朱元璋平定湖南、湖北，和湖南接界的贵州土人头目思南（今思南县）宣慰，和思州（今思县）宣抚先后降附。到平定夏国后，四川全境都入版图，和四川接境的贵州其他土司大起恐慌，贵州宣慰和普定府总管即于第二年自动归附。贵州的土司大部分都已归顺明朝，云南在东北两面便失去屏蔽了。

明兵从云南的东北两面进攻，一路由四川南下取乌撒（今云南镇雄、贵州威宁等地），这区域是四川、云南、贵州三省的接壤处，犬牙突出，在军事上可以和在昆明的梁王主力军呼应，并且是彝族的主要根据地。一路由湖南西取普定（今贵州安顺），进攻昆明。从明军动员那天算起，不过一百多天功夫，明东路军便已直抵昆明，梁王兵败自杀。明兵再回师和北路军会攻乌撒，把蒙古罕消灭了，附近东川（今云南会泽）、乌蒙（今云南昭通）、芒部（今云南镇雄）诸彝族完全降附，昆明附近诸路也都依次归顺。洪武十五年二月置贵州都指挥使司和云南都指挥使司，树立了军事统治的中心，闰二月又置云南布政使司，树立了政治中心。① 分别派官开筑道路，宽十丈，以六十里为一驿，把川、滇、黔三省的交通联系起来，建立军卫，“令那处蛮人供给军食”，控扼粮运。② 布置好了，再以大军向西攻下大理，经略西北和西南部诸地，招降麽些、彝掸、赞诸族，分兵戡定各土司。分云南为五十二府，五十四县。云南边外的缅国和八百媳妇（暹罗地）见况，派使臣内附，又置缅中、缅甸和老挝（今暹罗）八百诸宣慰司。为了云南太远，不放心，又特派义子西平侯沐英统兵镇守，沐家世代出人才，在云南三百年，竟和明朝的国运相始终。

---

① 《明史》卷一二四《把匝剌瓦尔密传》，卷一二九《傅友德传》，卷一二六《沐英传》，卷一三二《蓝玉传》。

② 张纨：《云南机务钞黄》，洪武十五年闰二月二十五日敕。

纳哈出身是元朝世将，太平失守后被俘获，放遣北还，元亡后拥兵虎踞金山（在开原西北，辽河北岸），养精蓄锐，等候机会南下，和蒙古大汗的中路军、扩廓帖木儿的西路军，互相呼应，形成三路钳制明军的局面。在东北，除金山纳哈出军以外，辽阳、沈阳、开元一带都有蒙古军屯聚。洪武四年（1371）元辽阳守将刘益来降，建辽东指挥使司，接着又立辽东都指挥使司，总辖辽东军马，以次征服辽沈、开元等地。同时又从河北、陕西、山西各地出兵大举深入蒙古，击破扩廓的主力军（元顺帝已于前一年死去，子爱猷识里达腊继立，年号宣光，庙号昭宗）。并进攻应昌（今热河经棚县以西察哈尔北部之地），元主远遁漠北。到洪武八年扩廓死后，蒙古西路和中路的军队日渐衰困，不敢再深入到内地侵掠，朱元璋乘机经营甘肃、宁夏一带，招抚西部各羌族和回族部落，给以土司名义或王号，使其分化，个别内向，不能合力入寇，并利用诸部的军力，抵抗蒙军的入侵。在长城以北今内蒙地方则就各要害地方建立军事据点，逐步推进，用军力压迫蒙古人退到漠北，不使靠近边塞。西北问题完全解决了，再转回头来收拾东北。

洪武二十年冯胜、傅友德、蓝玉诸大将奉命北征纳哈出。大军山长城松亭关，筑大宁（今热河里城）、宽河（今热河宽河）、会州（今热河平泉）、富峪（今热河平泉之北）四城，储粮供应前方，留兵屯守，切断纳哈出和蒙古中路军的呼应，再东向以主力军由北面包围，纳哈出势穷力蹙，孤军无援，只好投降，辽东全部平定。①于是立北平行都司于大宁，东和辽阳，西和大同应援，作为国防前线的三大要塞。又西面和开平卫（元上都，今察哈尔多伦县地）、兴和千户所（今察哈尔张北县地）、东胜城（今绥远托克托县及蒙古茂明安旗之地）诸据点，连成长城以外的第一道国防线，从辽河以西几千里的地方，设卫置所，建立了军事上的保卫长城的长城。② 两

① 钱谦益：《国初群雄事略》卷一一，《纳哈出》；《明史》卷一二九《冯胜传》，卷一二五《常遇春传》，卷一三二《蓝玉传》。

② 《明史》，《兵志》三；严从简：《殊域周咨录》卷一七，《鞑靼》；方孔炤：《全边略记》卷三；黄道周：《博物典汇》卷一九。

年后，蒙古大汗脱古思帖木儿被弑，部属分散，以后经过不断地政变、篡立、叛乱，实力逐渐衰弱，帝国北边的边防，也因之而获得几十年的安宁。

东北的蒙古军虽然降附，还有女真族的问题急待解决。女真这一部族原是金人的后裔，依地理分布，大别为建州、海西、野人三种。过去不时纠合向内地侵掠，夺取物资，边境军队防不胜防，非常头痛。朱元璋所采取的对策，军事上封韩王于开原，宁王于大宁，控扼辽河两头，封辽王于广宁（今辽宁北镇），作为阻止蒙古和女真内犯的重镇。政治上采分化政策，把辽河以东诸女真部族，个别用金帛招抚（收买），分立为若干羁縻式的卫所，使其个别的自成单位，给予各酋长以卫所军官职衔，并指定住处，许其禀承朝命世袭，各给玺书作为进贡和互市的凭证，满足他们物资交换的经济要求，破坏部族间的团结，无力单独进攻。① 到明成祖时代，越发积极推行这政策，大量的全面的收买，拓地到现在的黑龙江口，增置的卫所连旧设的共有一百八十四卫，立奴儿干都司以统之。②

辽东平定后，大一统的事业完全成功了。和前代一样，这大一统的帝国领有属国和许多藩国。从东面算起，洪武二十五年高丽发生政变，大将李成桂推翻亲元的王朝，自立为王，改国号为朝鲜，成为大明帝国的属国。藩国东南有琉球国，西南有安南、真腊、占城、暹罗和南洋群岛诸岛国。内地和边疆则有许多羁縻的部族和土司。

藩属和帝国的关系缔结，照历代传统办法，在帝国方面，派遣使臣宣告新朝建立，藩国必需缴还前朝颁赐的印绶册诰，解除旧的臣属关系。相对地重新颁赐新朝的印绶册诰，藩王受新朝册封，成为新朝的藩国。再逐年颁赐大统历，使之遵奉新朝的正朔，永作藩臣。旧藩国方面则必须遣使称臣入贡，新王即位，必须请求帝国承认册封。所享受的权利是通商和皇帝的优渥赏赐。和其他国家发生纠纷，或被攻击时，得请求帝国。在沿海特别开放三个通商口岸，

---

① 孟森：《明元清系通纪》，《清朝前纪》。

② 内藤虎次郎：《明奴儿干永宁寺碑考》，载《北平图书馆馆刊》四卷六期。

主持通商和招待蕃舶使的衙门是市舶司，宁波市舶司指定为日本的通商口岸，泉州市舶司通琉球，广州市舶司通占城、暹罗南洋诸国。

朱元璋接受了元代用兵海外失败的经验，打定主意，不向海洋发展，他要子孙遵循大陆政策，特别在《皇明祖训》中郑重告诫说：

> 四方诸夷皆限山隔海，僻在一隅，得其地不足以供给，得其民不足以使令。若其不自揣量，来挠我边，则彼为不祥。彼既不为中国患，而我兴兵轻犯，亦不祥也。吾恐后世子孙倚中国富强，贪一时战功，无故兴兵，杀伤人命，切记不可。但胡戎与中国边境互相密迩，累世战争，必选将练兵，时谨备之。
>
> 今将不征诸国名列于后：
>
> 东北：朝鲜国
>
> 正东偏北：日本国　（虽朝实诈，暗通奸臣胡惟庸谋为不轨，故绝之）
>
> 正南偏东：大琉球国　小琉球国
>
> 西南：安南国　真腊国　暹罗国　占城国　苏门答剌国
>
> 西洋国　爪哇国　湓亨国　白花国　三弗齐国　渤泥国①

中国是农业国，工商业不发达，不需要海外市场，版图广大，用不着殖民地，人口众多，更不缺少劳动力，向海外诸国侵掠，“得其地不足以供给，得其民不足以使令”。从经济的观点看，是没有什么好处的。从利害的观点看，打仗要花一大笔钱，占领又得费事，不幸打败仗越发划不来。还是和平相处，保境安民，多一事不如少一事，这样一打算盘，主意就打定了。②

属国和藩国的不同处，在于属国和帝国的关系更密切，在许多场合，属国的内政也经常被过问，经济上的连系也比较的强。

内地的土司也和藩属一样，要定期进贡，酋长继承要得帝国许可。内政也可自主。所不同的是藩国使臣的接待衙门是礼部主客司，册封承袭都用诏旨，部族土司领兵的直属兵部，土府土县属吏部，

---

① 《皇明祖训·箴戒章》。

② 参看吴晗：《十六世纪前之中国与南洋》，载1936年1月《清华学报》十一卷一期。

体统不同。平时有纳税，开辟并保养驿路，战时有调兵从征的义务。内部发生纠纷，或者反抗朝廷被平定后，往往被收回治权，直属朝廷，即所谓“改土归流”。土司衙门有宣慰司、宣抚司、招讨司、安抚司、长官司、土府、土县等名目，长官都是世袭，有一定的辖地和土民，总称土司。土司和朝廷的关系，在土司说，是借朝廷所给予的官位威权，来镇慑部下百姓，肆意奴役搜括。在朝廷说，用空头的官爵，用有限的赏赐，牢笼有实力的酋长，使其倾心内向，维持地方安宁，可以说是互相为用的。

大概地说来，明代西南部各小民族的分布，在湖南、四川、贵州三省交界处是苗族活动的中心，向南发展到了贵州。广西则是瑶族（在东部）、壮族（在西部）的根据地。四川、云南、贵州三省交界处则是彝族的大本营，四川西部和云南西北部则有麽些族，云南南部有僰族，四川北部和青海、甘肃、宁夏有羌族。

在上述各区域中，除纯粹由土官治理的土司而外，还有一种参用流官的制度。流官即朝廷所任命的有一定任期、非世袭的地方官。大致是以土官为主，派遣流官为辅，事实上是执行监督的任务。和这情形相反，在设立流官的州县，境内也有不同部族的土司存在。以此，在同一布政使司治下，有流官的州县，有土官的土司，有土流合治的州县，也有土官的州县。即在同一流官治理的州县内，也有汉人和非汉人杂处的情形，民族问题复杂错综，最容易引起纷乱以至战争。汉人凭借高度的生产技术和政治的优越感，用武力，用其他方法占取土民的土地物资，土民有的被迫迁徙到山头，过极度艰苦的日子，有的被屠杀消灭，有的不甘心，组织起来以武力反抗，爆发地方性的甚至大规模的战争。朝廷的治边原则，在极边是放任的愚民政策，只要土司肯听话，便听任其作威作福，世世相承，不加干涉。在内地则取积极的同化政策，如派遣流官助理，开设道路驿站，选拔土司子弟到国子监读书，从而使其完粮纳税，应服军役，一步步加强统治，最后是改建为直接治理的州县，扩大皇朝的疆土。①

---

① 《明史·土司传》。

治理西北羌族的办法分两种：一种是用其酋长为卫所长官，世世承袭。一种因其土俗，建设寺院并赐番僧封号，利用宗教来统治边民。羌族的力量分化，兵力分散，西边的国防就可高枕无忧了。现在的西藏和西康当时叫作乌斯藏和朵甘，是喇嘛教的中心地区，僧侣兼管政事，明廷因仍元制，封其长老为国师法王，令其抚安番民，定期朝贡。又以番民肉食，对茶叶特别爱好，在边境建立茶课司，用茶叶和番民换马，入贡的赏赐也用茶和布匹代替。① 西边诸族国的酋长僧侣贪图入贡和通商的利益，得保持世代袭官和受封的权利，都服服帖帖，不敢反抗，明朝三百年，西边比较平静，没有发生什么大的变乱，当然，也说不上开发，从任何方面来说，这一广大地区比之几百年前，没有任何进步或改变。

（原载《中国建设》第六卷第三、四期，
1948年6月）

---

① 《明史·西域传》。

明初社会生产力的发展

一、农业生产的恢复和发展

“地主阶级对于农民的残酷的经济剥削和政治压迫，迫使农民多次地举行起义，以反抗地主阶级的统治。从秦朝的陈胜、吴广、项羽、刘邦起，中经汉朝的新市、平林、赤眉、铜马和黄巾，隋朝的李密、窦建德，唐朝的王仙芝、黄巢，宋朝的宋江、方腊，元朝的朱元璋，明朝的李自成，直至清朝的太平天国，总计大小数百次的起义，都是农民的反抗运动，都是农民的革命战争。中国历史上的农民起义和农民越争的规模之大，是世界历史上所仅见的。在中国封建社会里，只有这种农民的阶级斗争、农民的起义和农民的战争，才是历史发展的真正动力。因为每一次较大的农民起义和农民战争的结果，都打击了当时的封建统治，因而也就多少推动了社会生产力的发展。”①

明初的社会生产力的发展是元末农民起义的结果，它首先表现在农业生产的恢复和发展方面。

经过二十年长期战争的破坏，人口减少，土地荒芜，是明朝初年的普遍现象。例如唐宋以来的交通要道、繁华胜地的扬州，为青军（又名一片瓦、长枪军，是地主军队）元帅张明鉴所据，军队搞不到粮食，每天杀城里的老百姓吃。龙凤三年朱元璋部将缪大亨攻克扬州，张明鉴投降，城中居民仅余十八家。新任知府以旧城虚旷难守，只好截西南一隅筑而守之。②如颍州，从元末韩咬儿在此起义

① 《毛泽东选集》卷二，625页。

② 《明太祖实录》卷五。

以后，长期战乱，民多逃亡，城野空虚。① 特别是山东河南地区，受战争破坏最重，“多是无人之地”②。洪武元年闰七月大将军徐达率师发汴梁，徇取河北州县，时兵革连年，道路皆榛塞，人烟断绝。③ 有的地方，积骸成丘，居民鲜少。④ 洪武三年，济南府知府陈修和司农官报告：北方郡县近城之地多荒芜。⑤ 到洪武十五年晋府长史致仕桂彦良还说，“中原为天下腹心，号膏腴之地，因人力不至，久致荒芜。”二十一年河北诸处，还是田多荒芜，居民鲜少。三十年常德、武陵等十县土旷人稀，耕种者少，荒芜者多。⑥ 名城开封，以户粮数少，由上府降为下府。⑦ 洪武十年，以河南、四川等布政司所属州县，户粮多不及数，凡州改县者十二，县并者六十。十七年令凡民户不满三千户的州改为县者三十七。⑧

针对这种情况，朱元璋于吴元年五月下令凡徐、宿、濠、泗、寿、邳、东海、襄阳、安陆等郡县及今后新附土地人民，桑麻谷粟税粮徭役，尽行蠲免三年，让老百姓喘一口气，把力量投入生产。⑨ 集中力量，振兴农业，用移民屯田、开垦荒地的办法调剂人力的不足。兴修水利，种植桑棉，增加农业生产的收入。官给耕牛种子，垦荒地减免三年租税，遇灾荒优免租粮等措施，解决农民的困难。此外，还设立预备仓、养济院等救济机关。

他常说：“四民之中，莫劳于农，观其终岁勤劳，少得休息。时和岁丰，数口之家犹可足食，不幸水旱，年谷不登，则举家饥困……百姓足而后国富，百姓逸而后国安，未有民困穷而国独富安者。”⑩ 又说：“夫农勤四体，务五谷，身不离畎亩，手不释耒耜，终岁勤动，

---

① 《明太祖实录》卷三三。
② 顾炎武：《日知录》卷一〇，《开垦荒地》。
③ 《明太祖实录》卷二九。
④ 《明太祖实录》卷一七六。
⑤ 《明太祖实录》卷五三。
⑥ 《明太祖实录》卷一四八、二五〇。
⑦ 《明太祖实录》卷九六、一九三。
⑧ 《明太祖实录》卷一一二、一六四。
⑨ 《明太祖实录》卷一八。
⑩ 《明太祖实录》卷二五〇。

不得休息。其所居不过茅茨草榻，所服不过练裳布衣，所饮食不过菜羹粝饭，而国家经费皆其所出……凡一居处服用之间，必念农之劳，取之有制，用之有节，使之不致于饥寒，方尽为上之道。若复加之横敛，则民不胜其苦矣。”① 政府收入主要来自农村，粮食布帛棉花、人力都靠农民供给，农业生产如不恢复和发展，这个政权是支持不下去的。

移民的原则是把农民从窄乡移到宽乡，从人多田少的地方移到人少地广的地方。洪武三年六月，徙苏州、松江、嘉兴、湖州、杭州无业农民四千多户到濠州种田，给牛具种子，三年不征其税。又移江南民十四万户于凤阳。九年十月徙山西及真定民无产者于凤阳屯田。十五年九月迁广东番禺、东莞、增城降民二万四千四百余人于泗州屯田。十六年迁广东清远瑶民一千三百七人于泗州屯田，以上皆为繁荣起义根据地及其附近的措置。二十一年八月以山东、山西人口日繁，迁山西泽、潞二州民之无田者往彰德、真定、临清、归德、太康诸处闲旷之地，置屯耕种。二十二年以两浙民众地狭，务本者少而事末者多，命杭、湖、温、台、苏、松诸郡民无田者许令往淮河迤南滁、和等处起耕。山西贫民徙居大名、广平、东昌三府者，凡给田二万六千七十二顷。二十五年徙山东登、莱二府贫民五千六百三十五户就耕于东昌，二十七年迁苏州府崇明县无田民五百余户于昆山开种荒田。二十八年青、兖、登、莱、济南五府民五丁以上及小民无田可耕者起赴东昌，编籍屯种，凡一千五十一户，四千六百六十六口。到二十八年十一月东昌三府屯田迁民共五万八千一百二十四户，政府收租三百二十二万五千九百八十余石，棉花二百四十八万斤。彰德等四府屯田凡三百八十一处，屯田租二百三十三万三千三百一十九石，棉花五百零二万五千五百余斤。② 凡移民垦田都由政府给予耕牛种子路费。洪武三年定制，北方郡县荒芜田地，召乡民无田者垦辟，户给十五亩，又给地二亩种蔬菜，有余力的不限顷亩，皆免三年租税。其马驿巡检司急递铺应役者，各于

① 《明太祖实录》卷二二。

② 《明太祖实录》卷二二三、二三六、二四三；《明史》卷七七，《食货志》卷一。

本处开垦，无牛者官给之。若王国所在，近城存留五里以备练兵牧马，余处悉令开耕。① 又令凡开垦荒田，各处人民先因兵燹遗下田土，他人开垦成熟者听为己业。业主已还，有司于附近荒田拨补。复业人民现在丁少而原来田多者，不许依前占护，止许尽力耕垦为业。见今丁多而原来田少者，有司于附近荒田验丁拨付。② 洪武二十四年令公侯大官以及民人，不问何处，惟犁到熟田，方许为主。但是荒田，俱系在官之数。若有余力，听其再开。又令山东概管农民，务见丁著役，限定田亩，著令耕种。敢有荒芜田地流移者，全家迁发化外充军。二十八年令，二十七年以后新田地，不论多寡，俱不起科（收田租），若地方官增科扰害者治罪。鼓励人民大力开垦。③

也有从少数民族地区移民到内地屯垦的，如徐达平沙漠，徙北平山后民三万五千八百余户散处诸府卫，充军的给衣粮，为民的给田土。又以沙漠遗民三万二千八百多户屯田北平，置屯二百五十四，开地一千三百四十三顷。

此外，吴元年十月徙苏州富民到濠州居住，因为他们帮着张士诚抵抗，还不断说张王好话的缘故。④ 洪武十五年命犯笞杖罪的犯人都送到滁州种苜蓿。⑤ 二十二年命户部起山东流民居京师，人赐钞二十锭，俾营生业。⑥ 二十八年徙直隶、浙江民二万户于京师，充仓脚夫。⑦

江南苏、松、杭、嘉、湖一带十四万户富民被强迫迁住凤阳，离开了原来的乡里田舍，还不许私自回去。这举动对于当时东南地主阶级是极大的打击。旧社会的旧统治阶级离开了原来占有的土地，同时也就丧失了社会地位和政治上的作用。相对的以朱元璋为首的新统治阶级却从而加强了对这一地区人民的控制了。这十几万家富

① 《明太祖实录》卷五三。
② 《大明会典》卷一七，《户部田土》。
③ 《大明会典》；《明太祖实录》卷二四三。
④ 《明太祖实录》卷二一。
⑤ 《明太祖实录》卷一四三。
⑥ 《明太祖实录》卷一九六。
⑦ 《明太祖实录》卷二四三；《明史》卷七七，《食货志》一。

户从此以后，虽然不敢公开回原籍，但却伪装成乞丐，以逃荒为名，成群结队，老幼男妇，散入江南诸郡村落乞食，到家扫墓探亲，第二年二三月间又回到凤阳。年代久了，也就成为习惯。五六百年来凤阳花鼓在东南一带是妇孺皆知的民间艺术。歌词是：

> 家住庐州并凤阳，凤阳原是好地方，
> 自从出了朱皇帝，十年倒有九年荒。①

朱元璋在克集庆后，便注意水利。到建国以后，越发重视，用全国的财力人力进行大规模的水利工程。洪武元年修江南和州铜城堰闸。周回二百余里。四年修治广西兴安县灵渠，可以溉田万顷。六年开上海胡家港，从海口到漕泾千二百余丈；以通海船。八年开山东登州蓬莱阁河，浚陕西泾阳县洪渠堰，溉泾阳、三原、醴泉、高陵、临潼田二百余里。九年修四川彭州都江堰。十二年修陕西西安府甜水渠，引龙首渠水入城，居民从此才有甜水可吃。十四年筑海盐海塘，浚扬州府官河。十七年筑河南磁州漳河决堤。决荆州岳山坝以通水利，每年增官田租四千三百余石，修江南江都县深港坝河道。十八年修筑黄河、沁河、漳河、卫河、沙河堤岸。十九年筑福建长乐海堤。二十三年修江南崇明海门决堤二万三千九百余丈，役夫二十五万人。疏四川永宁所辖水道。二十四年修浙江临海横山岭水闸、宁海奉化海堤四千三百余丈，筑上虞海堤四千丈，改建石闸。浚定海、鄞二县东钱湖，灌田数万顷。二十五年凿江南溧阳银墅东坝河道四千三百余丈，役夫四十万人。二十七年浚江南山阳支家河。凿通广西郁林州相隔二十多里的南北二江，设石陡诸闸。二十九年修筑河南洛堤。三十一年修治洪渠堰，浚渠十万三千余丈。这些规模巨大用人力到几十万人的工程，没有统一的安定的全国力量的支持，是不可能设想的。除此以外，元璋还要全国各地地方官，凡是老百姓对水利的建议，必须即时报告。洪武二十七年又特别嘱咐工部工员，凡是陂塘湖堰可以蓄水泄水防备旱灾潦灾的，都要根据地势一一修治。并派国子生和人材到全国各地督修水利。二十八年综计全国郡县

① 赵翼：《陔余丛考》卷四一，《凤阳丐者》。

开塘堰四万九百八十七处①，河四千一百六十二处，陂渠堤岸五千四十八处。②

移民屯田，开垦荒地，兴修水利是增加谷物产量，增加国家租税的主要措施。也就是经过革命斗争后，政府不得不稍为对农民让步的具体表现。此外，元璋还特别着重经济作物的增产，主要的是桑麻木棉和枣柿栗胡桃等等。龙凤十一年六月下令凡农民有田五亩到十亩的，栽桑麻木棉各半亩，十亩以上的加倍，田多的照比例递加。地方官亲自督视，不执行命令的处罚。不种桑的使出绢一匹，不种麻和木棉的出麻布或棉布一匹。③ 洪武元年把这制度推广到全国，并规定科征之额，麻每亩科八两，木棉每亩四两，栽桑的四果以后再征税。二十四年于南京朝阳门钟山之麓，种桐、棕、漆树五千余万株，岁收桐油棕漆，为修建海船之用。④ 二十五年令凤阳、滁州、庐州、和州每户种桑二百株，枣二百株，柿二百株。令天下卫所屯田军士每人种桑百株，随地宜种柿栗胡桃等物，以备岁歉。二十七年令户部教天下百姓务要多种桑枣和棉花，并教以种植之法。每一户初年种桑枣二百株，次年四百株，三年六百株。栽种过数目造册回奏，违者全家发遣充军。执行的情况，如湖广布政司二十八年的报告，所属郡县已种果木八千四百三十九万株。全国估计，在十亿株以上。二十九年以湖广诸郡宜于种桑，而种之者少，命于淮安府及徐州取桑种二十石，派人送到辰、沅、靖、全、道、永、宝庆、衡州等处（今湖南及广西北部一带），各给一石，使其民种之。发展这一地区蚕丝生产和丝织工业。⑤ 为了保证命令的贯彻执行，下诏指出农桑为衣食之本，全国地方官考课，一定要报告农桑的成绩，并规定二十六年以后栽种桑枣果树，不论多少，都免征赋。⑥

---

①《明太祖实录》；《明史》卷八八，《河渠》六，《直省水利》。

②《明太祖实录》卷二四三；顾炎武：《日知录》卷一二，《水利》。

③《明太祖实录》，卷一五；《明史》卷一三八，《杨思义传》。

④《明太祖实录》，卷二七、二〇七；查继佐：《罪惟录》；《明太祖本纪》一。

⑤《明太祖实录》，卷二一五、二二二、二三二、二四三、二四六；《明会典》；朱国桢：《大政记》；《明通纪》。

⑥《明太祖实录》卷七七、二四三。

作为官吏考绩的主要内容，违者降罚。又设置老人击鼓劝农，每村置鼓一面，凡遇农种时月，五更擂鼓，众人闻鼓下田，该管老人点闸（名）。若有懒惰不下田的，许老人责决，务要严切督并，见丁著业（每人都做活），毋容惰夫游食。若是老人不肯劝督，农民穷窘，为非犯法到官，本乡老人有罪。平时老人每月六次手持木铎，游行宣讲勤农务本的道理。① 颁发教民榜文说：

> 今天下太平，百姓除粮差之外，别无差遣，各宜用心生理，以足衣食，如法栽种桑麻枣柿棉花，每岁养蚕，所得丝绵，可供衣服，枣柿丰年可以卖钞，俭年可当粮食。里老尝督，违者治罪。②

洪武元年下诏田器不得征税。③ 四年、二十五年遣官往广东、湖广、江西买耕牛以给中原屯种之民。④ 二十八年命乡里小民或二十家或四五十家团为一社，每遇农急之时有疾病，则一社助其耕耘，庶田不荒芜，民无饥窘。户部以此意广泛晓谕。⑤ 各地报告修城垣建营房浚河道造王宫等工程，都反复告以兴作不违农时的道理，等秋收农隙时兴工。⑥ 对农业增产有成绩的地方官，加以擢升。如太平知府范常积极鼓励农民耕作，贷民种子数千石，到秋成大丰收，官民都庾廪充实。接着兴学校，延师儒，百姓很喜欢。召为侍仪。⑦ 陶安知饶州，田野开辟，百姓日子过得好，离任时，百姓拿他初来时情况比较，歌颂他："千里榛芜，侯来之初；万姓耕辟，侯去之日。"南丰百姓也歌唱典史冯坚："山市晴，山鸟鸣，商旅行，农夫耕，老瓦盆中洌酒盈，呼嚣隳突不闻声。"⑧ 农村里呈现出一片繁荣欢乐的气象。

---

① 《明太祖实录》卷二五五；谷应泰：《明史纪事本末》卷一四，《开国规模》。
② 《古今图书集成》，《农桑部》。
③ 《明太祖实录》卷三〇。
④ 《明太祖实录》卷六一、二二三。
⑤ 《明太祖实录》卷二三六。
⑥ 《明太祖实录》卷一一二、一一八、一五三、一五九、一六三。
⑦ 《明太祖实录》卷二七。
⑧ 朱彝尊：《明诗综》卷一〇〇。

对贪官污吏，用严刑惩治。洪武二年二月元璋告谕群臣说："尝思昔在民间时，见州县官吏多不恤民，往往贪财好色，饮酒废事，凡民疾苦，视之漠然，心实恨之。故今严法禁，但遇官吏贪污蠹害吾民者，罪之不恕。"① 四年十一月立法凡官吏犯赃罪的不赦。下决心肃清贪污，说："此弊不革，欲成善政，终不可得。"二十五年又编《醒贪简要录》，颁布中外。② 官吏贪赃到钞六十两以上的枭首示众，仍处以剥皮之刑。府州县衙门左首的土地庙，就是剥皮的刑场，也叫皮场庙。有的衙门公座旁摆人皮，里面是稻草，叫作官的触目惊心，不敢作坏事。③ 地方官上任赏给路费，家属赐衣料。来朝时又特别诰诫以："天下新定，百姓财力俱困，如鸟初飞，木初植，勿拔其羽，勿撼其根。"④ 违法的按法惩办。从开国以来，两浙、江西、两广、福建的地方官，因贪赃被法办，很少人做到任满。⑤

苏、松、嘉、湖田租特别重，洪武十三年下诏减削。⑥ 凡各地闹水旱灾荒歉收的，蠲免租税。丰年无灾荒，也择地瘠民贫的地方特别优免。灾重的免交二税之外，还由官府贷米，或赈米和布、钞。各地设预备仓，由地方耆老经管，存贮粮食以备救灾。设惠民药局，凡军民之贫病者，给以医药。设养济院，贫民不能生活的许入院赡养，月给米三斗，薪三十斤，冬夏布一匹，小口给三分二。灾伤州县，如地方官不报告的，特许耆民申诉，处地方官以死刑。二十六年又令户部，授权给地方官在饥荒年头，得先发库存米粮赈济，事后呈报，立为永制。三十多年来，赏赐民间布、钞数百万，米百多万石，蠲免租税无数。⑦

几十年的安定生活，休养生息，积极鼓励生产的结果，社会生

---

① 《明太祖实录》卷三八。

② 《明太祖实录》卷六九、二二〇。

③ 赵翼：《廿二史札记》卷三三，《重惩贪吏》。

④ 《明史》卷二八一，《循吏传序》。

⑤ 《大诰续诰》。

⑥ 《明太祖实录》卷一三〇。

⑦ 《明太祖实录》卷五三、二〇二、二一一、二三一；朱健：《古今治平略》；《明史》卷七八，《食货志》二。

产力不但恢复，而且大大发展了：

第一表现在垦田数目的增加，以洪武元年到十三年的逐年增加的垦田数目来作例：

洪武元年	七百七十余顷
二年	八百九十八顷
三年	二千一百三十五顷（山东、河南、江西的数字）
四年	十万六千六百六十二顷
六年	三十五万三千九百八十顷
七年	九十二万一千一百二十四顷
八年	六万二千三百八顷
九年	二万七千五百六十四顷
十年	一千五百十三顷
十二年	二十七万三千一百四顷
十三年	五万三千九百三十一顷

十三年中增加的垦田数字为一百八十万三千一百七十一顷。到洪武十四年全国官民田总数为三百六十六万七千七百一十五顷。增垦面积的数字占十四年全国官民田数字的二分之一。由此可知洪武元年的全国已垦田面积不过一百八十多万顷。（不包括东北、西北未定地方和夏的领土四川和云贵等地）再过十年，十四年的数字为三百八十七万四千七百四十六顷。[①] 经过多年的垦辟和大规模全面的丈量，二十六年的数字为八百五十万七千六百二十三顷。[②] 比十四年又增加了四百八十四万顷，比洪武元年增加了六百七十万顷。

第二表现在本色税粮收入的增加，洪武十八年全国收入麦米豆谷二千八十八万九千六百一十七石[③]，二十三年为三千一百六十万七千六百石[④]，二十四年为三千二百二十七万八千九百八十三石[⑤]，二十六年为三千二百七十八万九千八百石[⑥]。二十六年比十八年增

① 《明太祖实录》卷一四〇、二一四。

② 《明史》卷七七，《食货志》一，《田制》。

③ 《明太祖实录》卷一七六。

④ 《明太祖实录》卷二〇六。

⑤ 《明太祖实录》卷二一四。

⑥ 《明太祖实录》卷二三〇。《明史·食货志》："赋役作夏秋二税，收麦四百七十余万石，米二千四百七十余万石。"

加了三分之一的收入。和元代全国岁入粮数一千二百十一万四千七百余石相比，增加了差不多两倍。① 历史家记述这时期生产发展的情况说："是时宇内富庶，赋入盈羡，米粟自输京师数百万石外，府县仓廪蓄积甚丰，至红腐不可食。岁歉，有司往往先发粟赈贷，然后以闻。"②

第三表现在人口数字的增加，洪武十四年统计，全国有户一千六十五万四千三百六十二，口五千九百八十七万三千三百五。③ 二十六年的数字为户一千六百五万二千八百六十，口六千五十四万五千八百十二。④ 比之元朝极盛时期，元世祖时代的户口：户一千一百六十三万三千二百八十一，口五千三百六十五万四千三百三十七⑤，户增加了三百四十万，口增加了七百万。

第四表现在府县的升格，明制以税粮多少定府县等级：县分上中下三等，标准为田赋十万石、六万石、三万石以下。府也分三等，标准为田赋二十万石以上、以下，十万石以下。⑥ 从洪武八年起，因为各地方经济的恢复和发展，垦田和户口的增加，田赋收入增加了，不断地把府县升格，例如开封原为下府，因为税粮数超过三十八万石，八年正月升为上府，河南怀庆府税粮增加到十五万石，陕西平凉府户口田赋都有增加，三月升为中府。十二月以太原、凤阳、河南、西安岁收粮增加，升为上府，扬州、巩昌、庆阳升为中府，明州之鄞县升为上县。山东莱州税粮不及，降为中府。⑦ 扬州残破最重，经过八年时间，已经恢复到收田赋二十万石下的中府了，从这个名城的恢复，可以推知全国各地社会生产力

---

① 《元史》卷九三，《食货志》，《税粮》。

② 《明史》卷七八，《食货志》二，《赋役》。《明太祖实录》卷二四一："山东济南府广储、广丰二仓，粮七十五万七千百，蓄积既多，岁久红腐。"

③ 《明太祖实录》卷一四〇；卷二一四："二十四年为户一千零六十八万四千四百三十五，口五千六百七十七万四千五百六十一。"口数比十四年少三百万，是不应该的，可能传写有错误，今不取。

④ 《明史》卷七七，《食货志》一，《户口》。

⑤ 《元史》卷九三，《食货志》。

⑥ 《明史》卷七八，《食货志》二，《赋役》。

⑦ 《明太祖实录》卷九六、九八、一〇二。

的恢复和发展的情况。

第五由于粮食的增产，特别是桑麻棉花和果木的普遍种植，农民的收入增加了，生活改善了，购买力提高了。农业生产的恢复和发展，一方面为纺织工业提供了原料，一方面农民所增加的购买力又促进了刺激了商业市场的繁荣，出现了许多新的以纺织工业为中心和批发绸缎棉布行号的城市。

二、棉花的普遍种植和工商业

棉布传入中国很早，南北朝时从南洋诸国输入，称为吉贝、白叠。① 国内西北高昌（今新疆吐鲁番）产棉，唐灭高昌，置西州交河郡，土贡氎布。氎布就是白叠。② 宋元间已有许多地区种棉，但是在全国规模内普遍种植和纺织技术的提高，则是明朝初年的事情。③

在明代以前，平民穿布衣，布衣指的是麻布的衣服。④ 冬衣南方多用丝棉作袍，北方多用毛皮作裘。虽然也有用棉布作衣服卧具的，但因为“不自本土所产，不能足用”⑤。唐元稹诗：“木绵温˙当棉衣。”元太祖世祖遗衣皆缣素木绵，动加补缀。⑥ 宋谢枋得诗：“洁白如雪积，丽密过锦纯，羔缝不足贵，狐腋难比伦……剪裁为大裘，穷冬胜三春。”⑦ 可见棉布到宋末还是很珍贵的物品。

---

① 张勃：《吴录·地理志》；《南史》，《呵罗单传》、《干陀利传》、《婆利传》、《中天竺传》、《渴盘陀传》；《北史·真腊传》；《梁书·林邑传》；《唐书·环王传》。

② 《南史·高昌传》；《唐书·地理志》。

③ 明丘濬《大学衍义补》：“至我国朝，其种乃遍布于天下，地无南北皆宜之，人无贫富皆赖之，其利视丝枲盖百倍焉。故表出之，使天下后世，知卉服之利，始盛于今代。”

④ 孔鲋《小尔雅》：“麻纻葛曰布。”桓宽《盐铁论》：“古者庶人耋老而后衣丝，其余则仅麻枲，故曰布衣。”《陈书·姚察传》：“门生送麻布一端，谓之曰：‘或所衣者，止是麻布’”。

⑤ 元王桢：《木绵图谱序》，引《诸番杂志》。

⑥ 《元史·英宗本纪》。

⑦ 《古今书图集成》，《木绵部》。

宋代福建、广东种植棉花的日多[①]，琼州是纺织中心之一，妇女以吉贝织为衣衾，是当地黎族的主要副业生产。[②] 元代从西域输入种子，种于陕西，捻织毛丝，或棉装衣服，特为轻暖。[③] 元灭南宋后，浙东、江东、江西、湖广诸地区也推广棉花的种植，生产量增加，棉布成为商品，服用的人日多。[④] 至元二十六年（公元1289年）四月置浙东、江东、江西、湖广、福建木绵提举司，责令当地人民每年输纳木绵十万匹，以都提举司总之。二十八年五月罢江南六提举司岁输木棉。[⑤] 成宗元贞二年（公元1296年）始定江南夏税输以木绵布绢丝绵等物。[⑥]

由于种棉面积的增加，种植和纺绩的技术需要总结和交流，元世祖至元十年司农司编印《农桑辑要》，以专门篇幅记棉花的种植方法。[⑦] 纺绩的工具和技术由于各地方劳动人民的创造和交流，日益进步。据十二世纪八十年代间的记载，雷化廉州南海黎峒的少数民族，采集棉花后，“取其茸絮，以铁筯辗去其子，即以手握茸就纺”[⑧]。稍后的记载提到去子后，“徐以小弓，弹令纷起，然后纺绩为布”[⑨]。到十三世纪中期，诗人描写长江流域纺绩情形说：“车转轻雷秋纺雪，弓湾半月夜弹去。”[⑩] 已经有纺车、弹弓和织机了。江南地区的织工，“以铁铤辗去其核，取如绵者，以竹为小弓，长尺四

---

① 周去非：《岭外代答》卷六；赵汝适：《诸番志》下。方勺《泊宅编》：“闽广多种木绵。”彭乘《续墨客挥犀》上：“闽岭以南多木棉，土人竞植之，有至数千株者，采其花为布，号吉贝布。”《通鉴》卷一五九胡三省注：“木绵江南多有之……织以为布，闽广来者尤为丽密。”邱濬《大学衍义补》：“宋元之间始传其种入中国，关陕闽广首得其利，盖此物出外夷，闽广通海舶，关陕壤接西域故也。”李时珍《本草纲目》：“此种出南番，宋末始入江南”。

② 《宋史·崔与之传》。

③ 《农桑辑要》卷二。

④ 王祯《木绵图谱序》：“木绵产自海南，诸种艺制作之法，骎骎北来，江淮川蜀，既获其利。至南北混一之后，商贩于此，被服渐广，名曰吉布，又曰棉布。”

⑤ 《元史》卷一五，《世祖本纪》。

⑥ 《元史》卷九三，《食货志》，《税粮》。

⑦ 《农桑辑要》卷二。

⑧ 赵汝适：《诸番志》下；周去非：《岭外代答》卷六。

⑨ 方勺：《泊宅编》中。

⑩ 陆心源：《宋诗纪事补》卷七五，艾可叔：《木棉诗》。

五寸许，牵弦以弹绵，令其匀细，卷为小筒，就车纺之，自然抽绪如缫丝状”①。但是所织的布，不如闽广出产的丽密。琼州黎族人民所织的巾，上出细字，杂花卉，尤为工巧。② 黄河流域主要陕西地区的纺织工具和技术比较简陋，只有辗去棉子的铁杖和木板，棉花的用途只是捻织粗棉线和装制冬衣。③ 一直到十三世纪末年，松江乌泥泾的人民，因为当地土地硗瘠，粮食不够，搞副业生产，从闽广输入棉花种子，还没有蹈车椎弓这些工具，用手剖去子，用线弦竹弧弹制，工具和技术都很简陋，产品质量不高，人民生活还是很艰苦。④

元成宗元贞间（公元1295—1296年）乌泥泾人黄道婆从琼州附海舶回来，她从小就在琼州旅居，带回来琼州黎族人民的先进纺织工具和技术，教会家乡妇女以做造、扞、弹、纺、织之具，和错纱、配色、综线、絜花的技术，织成被褥带帨，其上折技、团凤、棋局、字样，粲然若写。一时乌泥泾所制之被成为畅销商品，名扬远近，当地人民生活提高，靠纺织生活的有一千多家。⑤ 诗人歌咏她：“崖州布被五色缫，组雾紃云粲花草，片帆鲸海得风回，千柚乌泾夺天造。”⑥ 当地妇女参加纺绩生产的情形，诗人描写：“乌泾妇女攻纺绩，木棉布经三百尺，一身主宰身窝低，十口勤劳指头宜。”⑦ 到了明朝初年，不但江南地区的农村妇女普遍参加纺绩劳动，连有些地主家庭的妇女，也纺纱绩布，以给一岁衣资之用了。⑧ 松江从此成为明代出产棉布的中心，“其布之丽密，他方莫并”⑨。“衣被天下。”⑩ 松江税粮宋绍兴时只有十八万石，到明朝增加到九十七万

---

① 《资治通鉴》卷一五九，胡三省注。

② 方勺：《泊宅编》中。

③ 《农桑辑要》。

④ 陶宗仪：《辍耕录》卷二四，《黄道婆》。

⑤⑥ 王逢：《梧溪集》卷三，《黄道婆祠》。

⑦ 王逢：《梧溪集》卷七，《半古歌》。

⑧ 郑涛《旌义编》二：“诸妇每岁公堂（公共所有）于九月俵散木棉，使成布匹，限以次年八月交收，通卖钱物，以给一岁衣资之用。”郑涛是浙江浦江著名大族地主郑义门的族长，《旌义编》有洪武十一年宋濂序。

⑨ 《群芳谱》。

⑩ 《梧浔杂佩》。

石，其他杂费又相当于正赋，负担特别重，主要是依靠纺织工业的收入，“上供赋税，下给俯仰”①。

黄道婆传入琼州制棉工具和技术之后的二十年，王祯所著《农书》，列举制棉工具有搅车即蹈车，是去棉子用的。二弹弓，长四尺许，弓身以竹为之，弦用绳子。三卷筳，用无节竹条扦棉花成筒。四纺车。五拨车，棉纱加浆后稍干拨于车上。六軖车，用以分络棉线。七线架。到元末又有了檀木制的椎子，用以击弦。② 生产工具更加完备和提高了，为明代纺织工业的发展准备了技术条件。

朱元璋起事的地区，正是元代的棉业中心之一。灭东吴后，又取得当时全国纺织业中心的松江，原料和技术都有了基础，使他深信推广植棉是增加农民收入和财政收入的有效措施。龙凤十一年下令每户农民必须种木棉半亩，田多的加倍。洪武元年又把这一法令推广到全国。棉花的普遍种植和纺织技术的不断提高，明代中叶以后，棉布成为全国流通的商品，成为人民普遍服用的服装原料，不论贵贱，不论南北，都以棉布御寒，百人之中，止有一人用茧绵，其余都用棉布。过去时代人穿的缊袍，用旧絮装的冬衣，完全被用木棉装的胖袄所代替了。③ 就全国而论，北方河南、河北气候宜于植棉，地广人稀，种植棉花的面积最大，是原料的供给中心。南方特别是长江三角洲一带，苏州、松江、杭州等地人民纺绩技术高，是纺绩工业的中心。这样又形成原料和成品的交流情况，原棉由北而南，棍布由南而北。④ 从经济上把南方和北方更紧密地连系起来了。

明初松江之外，另一纺织工业中心是杭州，由于简单商品经济的发展，出现了置备生产工具和原料的大作坊资本家，和除双手以外一无所有出卖劳动力的手工业工人。资本家雇用工人，每天工作到夜二鼓，计日给工资。这种新的剥削制度的出现，正表示着社会内部新的阶级的形成，除封建地主对农民的剥削以外，又产生了大

---

① 徐光启：《农政全书》卷三五，《木棉》。

② 参看俞正燮：《癸巳类稿》卷一四，《木棉考》。冯家升：《我国纺织家黄道婆对于棉织业的伟大贡献》，载《历史教学》，1954（4）。

③ 宋应星：《天工开物》卷上，《乃服》。

④ 王象晋：《木棉谱序》；徐光启：《农政全书》卷三五，《木棉》。

作坊资本家对手工业工人的剥削关系。明初曾经作过杭州府学教授徐一夔所作的《织工对》，典型地记述了这种新现象：

> 钱塘相安里有饶于财者，率居工以织，每夜至二鼓。老屋将压，杼机四五具南北向，列工十数人，手提足蹴，皆苍然无神色。日佣为钱二百，衣食于主人。以日之所入，养父母妻子，虽食无甘美而亦不甚饥寒。于凡织作，咸极精致，为时所尚。故主之聚易以售；而佣之直亦易以入。有同业者佣于他家，受直略相似。久之，乃曰：吾艺固过于人，而受直与众工等，当求倍直者而为之佣。已而他家果倍其直。佣之主者阅其织果异于人，他工见其艺精，亦颇推之。主者退自喜曰：得一工胜十工，倍其直不吝也。①

由此可见明初大作坊的一般情况，值得注意的是：在同一里巷，有若干同一性质的大作坊；大作坊主人同时也是棉布商人；从个体的生产到大作坊的集体生产，有了单纯协作，出品精致畅销；经营这种大作坊有利可图，资本家很赚钱，作坊也多了。资本家付给技术高的工人工资，虽为一般工人工资的两倍，但仍可得到五倍的剩余价值。

棉花棉布的生产量大大增加，政府的税收也增加了，以税收形式缴给国库的棉花棉布，成为供给军队的主要物资和必要时交换其他军需物资的货币代用品。洪武四年七月诏中书省："自今凡赏赐军士，无妻子者给战袄一袭；有妻子者给棉布二匹。"②每年例赏，如洪武二年六月以木棉战袄十一万赐北征军士③，四年七月，赐长淮卫军士棉布人二匹，在京军士十九万四百余人棉布人二匹。④ 十二年给陕西都指挥使司并护卫兵十九万六千七百余人棉布五十四万余匹，棉花十万三千三百余斤。⑤ 北平都指挥使司卫

---

① 《始丰稿》卷一。徐一夔，天台人，《明史》卷二八五有传。

② 《明太祖实录》卷六七。

③ 《明太祖实录》卷四二。

④ 《明太祖实录》卷六七。

⑤ 《明太祖实录》卷一二五。

所士卒十万五千六百余人布二个七万八千余匹，棉花五万四千六百余斤。[①] 十三年赐辽东诸卫士卒十万二千一百二十八人，棉布四十三万四百余匹，棉花十七万斤。十六年给四川等都司所属士卒五十二万四千余人，棉布九十六万一千四百余匹，棉花三十六万七千余斤。[②] 十八年给辽东军士棉布二十五万匹，北平燕山等卫棉布四十四万三千匹，太原诸卫士卒棉布四十八万匹，等等。[③] 平均每年只赏赐军衣一项已在百万匹上下，用作交换物资的如洪武四年七月以北平、山西运粮困难，以白金三十万两、棉布十万匹，就附近郡县易米，以给将士。又以辽东军卫缺马，发山东棉布贯马给之。[④] 十三年十月，以四川白渡纳溪的盐换棉布，遣使入西羌买马。[⑤] 十七年七月诏户部以棉布往贵州换马，得马一千三百匹。三十年以棉布九万九千匹往"西番"换马一千五百六十匹。[⑥] 皇族每年供给，洪武九年规定亲王冬夏布各一千匹，郡王冬夏布各一百匹。[⑦] 在特殊需要的情况下，临时命令以秋粮改折棉布，如六年九月诏直隶府州和浙江、江西二行省，今年秋粮以棉布代输，以给边戍。[⑧]

※　　※　　※

和鼓励普遍植棉政策相反，朱元璋对矿冶国营采取消极的方针。往往听任人民自由开采。磁州临水镇产铁，元时尝于此置铁冶，炉丁万五千户，每年收铁百余万斤。洪武十五年有人建议重新开采，元璋以为利不在官则在民，民得其利则利源通而有利于官，官专其利则利源塞而必损于民。而且各冶铁数尚多，军需不缺，若再开采，必然扰民。把他打了一顿，流放海外。[⑨] 济南、青州、莱州三府每

---

① 《明太祖实录》卷一二八。
② 《明太祖实录》卷一五〇、一五六。
③ 《明太祖实录》卷一七二、一七四。
④ 《明太祖实录》卷六七。
⑤ 《明太祖实录》卷一三四。
⑥ 《明太祖实录》卷一六三、二五二。
⑦ 《明太祖实录》卷一四。
⑧ 《明太祖实录》卷八五。
⑨ 《明太祖实录》卷一四五。

年役民二千六百六十户，采铅三十二万三千多斤，以凿山深而得铅少，也命罢采。[①] 十八年以劳民罢各布政司煎炼铁冶。二十五年重设各处铁冶，到二十八年内库贮铁三千七百四十三万斤，后备物资已经十分充足，又命罢各处铁冶。并允许人民自由采炼，岁输课程，每三十分取其二。三十一年以内库所贮铁有限，而营造所费甚多，又命重开铁冶。[②] 综计洪武时代设置的铁冶所：江西进贤、新喻、分宜，湖广兴国、黄梅，山东莱芜，广东阳山，陕西巩昌，山西交城、吉州，太原、泽、潞各一所共十三所。此外还有河南均州新安、四川蒲江、湖南茶陵等冶，每年输铁一千八百四十余万斤。[③]

※　　　　※　　　　※

宫廷和军队所需的一切物品，都由匠户制造。匠户是元明两代的一种特殊制度，把有技艺的工匠征调编为匠户，子孙世袭。分为民匠、军匠二种。明初匠户的户籍，完全依据元代的旧籍，不许变动。[④] 洪武二十六年定每三年或二年轮班到京役作的匠户名额为二十三万二千八十九名[⑤]，由工部管辖。固定作工的叫住坐匠户，由内府内官监管辖。军匠大部分分属于各地卫所，一部分属于内府兵仗局、军器局和工部的盔甲厂。[⑥] 属各地卫所的军匠总数二万六千户。[⑦] 每户正匠做工，得免杂差，仍免家内一丁以帮贴应役。余丁每名每年出办缴纳工食银三钱，以备各衙门因公务取役雇觅之用。正匠每月工作十天，月粮由官家支给。[⑧]

轮班匠户包括六十二行匠人。后来又细分为一百八十八种行业，从戕纸、表背、刷印、刊字、铁匠、销金、木、瓦、油、漆、象开、纺棉花，到神箭、火药等等，每种人数由一人到八百七十五人不等。内廷有

---

① 《明太祖实录》卷一五〇。

② 《明太祖实录》卷一七六、二四二、二五六。

③ 《明史》卷八一，《食货志》，《铁冶所》；《大明会典》。

④ 《大明会典》卷一九，《户口》。

⑤ 《大明会典》卷一八九；《明史·严震直传》。

⑥ 《大明会典》卷一八八。

⑦ 《明史》卷一五七，《张本传》。

⑧ 《大明会典》卷一八九。

织染局、神帛房，和后湖（今南京玄武湖）织造局，四川、山西诸行省和浙江绍兴织染局，规模都较大。留在地方的匠户除执役于本地织染局的以外，如永平府就有银、铁、铸铁、锡、钉铰、穿甲等二十二行。①

匠户人数多，分工细，凡是宫廷和军队所需用的手工业制造品，都由匠户执役的官手工业工场的各局制造供给。这种封建制度的生产，使得宫廷和军队的需要，不需倚靠市场，便可得到满足；同时它所生产的成品，亦不在市场流通，这样，就直接对社会上的私人手工业作坊的扩大生产起了束缚和阻碍的作用。官手工业工场的生产是不须计较成本的，因为劳力和原料都可以向人民无代价征发或由全国各地贡品的方式供给，不受任何限制，官营手工业工场的产品即使有部分作为商品而流入市场，私人手工业作坊的产品也不能和它竞争；在另一面，自元代以来就把技术最好的工人签发为匠户，子孙世袭，连技术也被垄断了，私人手工业作坊所能雇用的只是一般工人，技术提高受了一定的限制。明初把匠户分作住坐、轮班两种，轮班的除分班定期轮流应役以外，其余的时间归自己支配，制成的产品可以在市场出售，对于技术的钻研及其改进发生一定的刺激作用，所以轮班制对于社会生产力的发展是比较上为害略小的。但是总而言之，这种无偿的强制的劳役，不能不引起匠户的反抗，逃亡之外，唯一可以采取的手段是怠工和故意把成品质量降低。以此，匠户制度虽然曾经在个别情况下对生产技术的改进起了作用，推进了社会生产力的发展，但就其全面而说，则是束缚和阻碍生产技术的不断提高；妨碍私人手工业工场的发展；隔绝商品的流通；对社会生产力的发展和原始资本积累都起着扼制、停滞的消极作用。

※　　　　※　　　　※

朱元璋对商业采轻税政策，凡商税三十分取一，过此者以违令论。税收机构在京为宣课司，府县为通课司。洪武元年诏中书省，命在京兵马指挥司并管市司，三日一次校勘街市斛斗秤尺，稽考牙侩姓名，规定物价。在外府州各城门兵马，一体兼管市司。② 十三

① 吴晗：《元明两代之“匠户”》，载《云南大学学报》，第一期，1938年。

② 《明太祖实录》卷三四。

年谕户部，自今军民娶嫁丧葬之物，舟车丝布之类都不征税。并大量裁减税课司局三百六十四处。南京人口密集，军民住宅都是公家修建，连廊栉比，没有空地。商人货物到京无处存放，有的停在船上，有的寄放城外，牙侩从中把持价格，商人极以为苦。元璋了解这种情况以后，就叫人在三山门等门外盖几十座房子，叫作塌坊，专放商货，上了税后听其自相贸易。① 为了繁荣市面，二十七年命工部建十五座楼房于江东诸门之外，令民设酒肆其间，以接四方宾客，名为鹤鸣、醉仙、讴歌、鼓腹、来宾、重译等等。修好后还拿出一笔钱，让文武百官大宴于醉仙楼，庆祝天下太平，与民同乐。②

棉花的普遍种植，棉布质量的提高，工资制手工业作坊的产生，新的蚕丝纺织工业区的开辟，轮班匠的技术和产品的投入市场等等，加上税收机构的减缩和轻税政策的刺激，商业市场大大活跃了，不但连系了南方和北方，也连系了城市和乡村以及全国的边远地区，繁荣了经济，改善了提高了人民生活，进一步地加强了国家的统一。

商品的生产和吐纳的中心，手工业作坊和批发行号的所在地，集中着数量相当巨大的后备工人和小商摊贩，城市人口剧烈地增加了。明初的工商业城市有南京、北平、苏州、松江、镇江、淮安、常州、扬州、仪真、杭州、嘉兴、湖州、福州、建宁、武昌、荆州、南昌、吉安、临江、清江、广州、开封、济南、济宁、德州、临清、桂林、太原、平阳、蒲州、成都、重庆、泸州等地。③

※ ※ ※

随着生产的恢复和发展，工商业的活跃，作为贸易媒介的全国统一货币的需要是愈来愈迫切了。

在朱元璋称王以前，元代的不兑现纸币中统交钞因为发行过多；军储供给，赏赐犒劳，每日印造，不可数计，舟车装运，轴轳相接，

---

① 《明太祖实录》卷二一一；《明史》卷八一，《食货志》，《商税》。

② 《明太祖实录》卷二三四。

③ 《明宣宗实录》卷五〇。

京师用钞十锭（一锭为钞五十贯，一贯钞的法定价格原为铜钱一千文）换不到一斗米。① 至正十六年中统交钞已为民间所拒用，交易都不用钞，所在郡县都以物货相交易。② 十七年铸至正之宝大钱五品称为权钞，以硬币代替纸币，结果纸币也罢，大钱代钞也罢，人民一概不要。人民嘲笑权钞的歌谣中说："人吃人，钞买钞，何曾见？"

朱元璋占应天后，首先铸大中通宝钱，以四百文为一贯，四十文为两，四文为一钱。平陈友谅后，命江西行省置货泉局。即帝位后，发行洪武通宝钱，分五等：当十、当五、当三、当二、当一。当十钱重一两，当一钱重一钱。应天置宝源局，各行省都设宝泉局专管铸钱，严禁私铸。洪武四年改铸大中洪武通宝大钱为小钱。虽然有了统一的货币，但是铜钱分量重，价值低，不便于数量较大的交易，也不便于远地转运，并且，商人用钞已经有了长期的历史，成为习惯了；用钱感觉不方便，很有意见。③

铜钱不便于贸易，决定发行纸币。七年设宝钞提举司，下设抄纸、印钞二局，宝钞、行用二库。八年命中书省造"大明宝钞"，以桑穰为纸料，纸质青色，高一尺，广六寸，外为龙文花栏，上横额题"大明通行宝钞"，其内上栏之两旁各篆文四字：右旁篆"大明宝钞"，左旁篆"天下通行"。其中图绘钱贯形状，以十串为贯，标明币值一贯，下栏是："中书省（十三年后改为户部）奏准印造大明宝钞，与铜钱通行使用，伪造者斩，告捕者赏银二十五两。（十三年后改为赏银二百五十两）仍给犯人财产。洪武年　月　日。"背和面都加盖朱印。边沿标记字号一贯的画钱十串，五百文的画五串，以下是四百文、三百文、二百文、一百文，共六种。规定每钞一贯准钱千文，银一两。四贯准黄金一两。二十一年加造从十文到五十文的小钞。④

---

① 《元史》卷九七，《食货志》，《钞法》。

② 孔齐：《至正直记》卷一；《元史》卷九七，《食货志》，《钞法》。

③ 《明史》卷八一，《食货志》，《钞法》。

④ 《大明会典》卷三一，《钞法》；《明史》卷八一，《食货志》，《钞法》。

为了保证宝钞的流通，在发行时就以法律禁止民间不得以金银物货交易，违者治罪，告发者就以其物给赏。人民只准以金银向政府掉换宝钞。并规定商税钱钞兼收，比例为收钱十分之三，收钞十分之七，一百文以下的止收铜钱。① 在外卫所军士每月食盐给钞，各盐场给工本钞。十八年命户部凡天下官禄米以钞代给，每米一石支付钞二贯五百文。②

宝钞的发行是适合当时人民需要的，对商业的繁荣起了作用。但是朱元璋抄袭元朝的钞法，只学了后期崩溃的办法，没有懂得元代前期钞法之所以通行，受到广大人民喜爱的道理。原来元初行钞，第一，有金银和丝为钞本准备金，各路无钞本的不发新钞；第二，印造有定额，计算全国商税收入的金银和烂钞兑换数量作为发行额数；第三，政府有收有放，丁赋和商税都收钞；第四，可以兑换金银，人民持钞可以向钞库换取金银。相反，元代钞法之所以崩溃，是因为把钞本动用光了；无限制滥发造成恶性膨胀，只发行不收回；不能兑换金银；烂钞不能换新钞。③ 洪武钞法以元代后期钞法作依据，因之，虽然初行的几年，由于行用方便和习惯，还能保持和物价的一定比例，但是，由于回收受限制，发行量没有限制，发行过多，收回很少，不兑现纸币充斥于市场，币值便不能维持了。

宝钞发行的情况，以洪武十八年二月二十五日到十二月止为例，宝钞提举司钞匠五百八十名所造钞共九百九十四万六千五百九十九锭。④ 明代以钞五贯为一锭，这一年的发行额约为五千万贯；合银五千万两。明初每年国库银的收入，不过几万两，一年的发行额竟相当于银的收入一千倍左右，加上以前历年所发，数量就更大了。更由于印制的简陋，容易作假，伪钞大量投入市场⑤，币值就

---

① 《大明会典》卷三一，《钞法》。

② 《明太祖实录》卷一七六。

③ 参看1946年7月《中国社会科学集刊》七卷二期吴晗《元史食货志钞法补》、1943年6月《人文科学学报》二卷一期吴晗《记大明通行宝钞》二文。

④ 《大诰续诰》，钞库作弊第三二。

⑤ 《大诰》伪钞第四八：“宝钞通行天下，便民交易。其两浙江东西民有伪造者，句容县民杨馒头本人起意，县民合谋者数多，银匠密修锡板，文理分明，印纸马之户同谋刷印，捕获到官。自京至于句容，所枭之尸相望。”

越发低落了。二十三年两浙市民以钞一贯折钱二百五十文①，二十七年降到折钱一百六十文②。到三十年杭州诸郡商贾，不论货物贵贱，一以金银定价，索性不用宝钞了。③元璋很着急，三番五次地申明：钞一贯应折钱一千文、旧钞可以换新钞、禁用铜钱；禁用金银交易等等办法，还是不济事，钞值还是日益低落，不被人民所欢迎。到成化时（公元1465—1487年）洪武钱民间全不通行，宝钞只是官府在用，一贯仅值银三厘，或钱二文，跌到原定法价的千分之二。④

大约百年以后由于对外贸易的发展，银子流入国内的一天天增多了。这样，在官府和市场就同时使用两种货币，官府支出用价值极低的纸币，收入却要银子，市场出入都用银子。银子终于逐渐代替了宝钞成为全国通行的通货。

三、人民的义务

红军起义的目的，就民族解放战争而说，洪武元年解放大都，蒙古统治集团北走。民族压迫的政权被推翻，这一历史任务是光辉地完成了。但是，另一个目的，解除阶级压迫的任务，却不可能完成。一部分旧的地主参加了新政权，出身农民的红军将领也由于取得政权而转化成新的地主阶级了，其中朱元璋和他的家族便是新地主阶级的代表人物。

元末红军起义对旧地主阶级发生了淘汰的作用，一部分地主被战争所消灭了，一部分地主却由于战争而巩固和上升了他们的地位。

元末的农民，大部分参加了革命战争。他们破坏了旧秩序和压迫人民的统治机构。地主们正好相反，他们要保全自己的生命财产，

---

① 《明太祖实录》卷二〇五。

② 《明太祖实录》卷二三四。

③ 《明太祖实录》卷二五一。

④ 陆容：《菽园杂记摘抄》卷五。

就不能不维护旧秩序，就不能不拥护旧政权，阶级利益决定了农民和地主分别站在敌对的阵营。在战争爆发之后，地主们用全力组织武装力量，称为“民”军或“义”军，建立堡砦，抵抗农民军的进攻。现任和退休的官吏、乡绅、儒生和军人是地主军的将领，他们受过教育，有文化，有组织能力，在地方上有威望，有势力。虽然各地方的地主军人各自为战，没有统一指挥和作战计划，军事力量也有大小强弱的不同，但因为数量多，分布广，作战顽强，就成为反对红军的主要的敌人了。经过二十年的战争，长江南北的巨族右姓，有的死于战争，有的流亡到外地。① 参加扩廓帖木儿、孛罗帖木儿两支地主军的湖、湘、关、陕、鲁、豫等地的地主，也随着这两支军队的消灭而消灭了。一部分地主为战争所消灭，另一部分地主如刘基、宋濂、叶琛、章溢等则积极参加了红军，共同建立新政权，成为大明帝国新统治集团的组成部分，和由农民起义转化的新地主们一起，继续对广大农民进行压迫和剥削。

朱元璋和他的将领都是农民出身的，过去曾亲身经受过地主的压迫和剥削。但在革命战争过程中，本身的武装力量不够强大，为了壮大自己，孤立敌人，又非争取地主们参加不可，浙东这几家大族的合作，是他的所以取得胜利的基本条件之一。到了他自己和将领们都转化成为大地主以后，和旧地主们的阶级利益一致了，但又发生了新的矛盾，各地地主用隐瞒土地面积、荫庇漏籍人口等手段和皇家统治集团争夺土地和人力，直接危害到帝国的财政税收，地主阶级内部矛盾的深化，促成了帝国赋役制度的整顿和改革。

元璋于龙凤四年取金华后，选用宁越（金华）七县富民子弟充宿卫，名为御中军。② 照当时的军事形势看来，这是很重要的军事措施，因为把地主们的子弟征发为禁卫军人，随军征战，等于作质，就不必担心这些地区地主的军事反抗了。洪武十九年选取直隶应天诸府州县富民子弟赴京补吏，凡一千四百六十人③，也是一样作用。

① 贝琼：《清江集》卷八，《送王子渊序》。

② 《明太祖实录》卷六。

③ 《明太祖实录》卷一七九。

对地主本身，洪武三年作的调查，以田税多少比较，浙西的大地主数量最多，以苏州一府为例，每年纳粮一百石以上到四百石的四百九十户；五百石到一千石的五十六户；一千石到二千石的六户；二千石到三千八百石的二户，共五百五十四户，每年纳粮十五万一百八十四石。① 三十年又作了一次调查，除云南、两广、四川以外，浙江等九布政司，直隶应天十八府州，地主们田在七顷以上的共一万四千三百四十一户。编了花名册，把名册藏于内府印绶监，按名册以次召来，量才选用。②

对地主的政策，双管齐下，一是任为官吏或粮长，一是迁到京师。在科举法未定之前，选用地主作官，叫作税户人材，有作知县、知州、知府的，有作布政使以至朝廷的九卿的。③ 又以地主为粮长，以为地方官都是外地人，不熟悉本地情况，吏胥土豪作弊，任意克削百姓。不如用有声望的地主来征收地方赋税，负责运到京师，可以减少弊病。④ 洪武四年九月命户部计算土田租税，以纳粮一万石为一区，选占有大量田地纳粮最多的地主为粮长，负责督收和运交税粮。⑤ 如浙江行省人口一百四十八万七千一百四十六户，每年纳粮九十三万三千二百六十八石，设粮长一百三十四人。⑥ 粮长下设知数一人，斗级二十人，运粮夫千人。⑦ 并规定对粮长的优待办法，凡粮长犯杂犯死罪和徒流刑的可以纳钞赎罪。⑧ 三十年又命天下郡县每区设正副粮长三名，编定次序，轮流应役，周而复始。⑨ 凡粮长按时运粮到京师的，元璋亲自召见，合意的往往留下作官。⑩ 元

① 《明太祖实录》卷四九。

② 《明太祖实录》卷二五二、二五四。

③ 吴宽：《匏翁家藏集》卷七五，《施孝先墓表》。

④ 宋濂：《朝京稿》卷五，《上海夏君新圹铭》；吴宽：《匏翁家藏稿》卷五二，《恭题粮长敕谕》。

⑤ 《明太祖实录》卷六八。

⑥ 《明太祖实录》卷七〇。

⑦ 《明太祖实录》卷八五。

⑧ 《明太祖实录》卷一〇二。

⑨ 《明太祖实录》卷二五四。

⑩ 《明史》，《食货志》二，《赋役》；《匏翁家藏稿》卷四十三，《尚书严公流芳录序》。

璋把征粮和运粮的权力交给地主，以为“此以良民治良民，必无侵渔之患矣”[①]。“免有司科扰之弊，于民甚便。”[②] 事实上恰好相反，地主作了粮长以后，在原来对农民剥削的基础上，更加上了国家赋予的权力，如虎傅翼，农民的痛苦更深更重了。如粮长郝阿乃起立名色，科扰民户，收舡水脚米、斛面米、装粮饭米、车脚钱、脱夫米、造册钱、粮局知房钱、看米样中米，等等，通计苛敛米三万二千石，钞一万一千一百贯。正米止该一万，郝阿乃个人剥削部分竟达米二万二千石，钞一万一千一百贯。农民交纳不起，强迫以房屋准折，揭屋瓦，变卖牲口以及衣服段匹布帛锅灶水车农具，等等。[③] 又如嘉定县粮长金仲芳等三名巧立名色征粮附加到十八种。[④] 农民吃够了苦头，无处控诉。[⑤] 朱元璋也发觉粮长之弊，用严刑制裁，尽管杀了一些人，粮长的作恶，农民的被额外剥削，依然如故。[⑥]

除任用地主作官收粮以外，同时还采用汉高祖徙天下豪富于关中的政策，洪武二十四年徙天下富户五千三百户于南京。[⑦] 三十年又徙富民一万四千三百余户于南京，称为富户。元璋告诉工部官员说：“昔汉高祖徙天下豪富于关中。朕初不取，今思之，京师天下根本，乃知事有当然，不得不尔。”[⑧]

地主们对作官作粮长当然很高兴，感激和支持这个维护本阶级利益的政权。但同时也不肯放弃增加占领田土和人力的机会，用尽一切手段逃避对国家的赋税和徭役，两浙地主所用的方法，把自己田产诡托（假写在）亲邻佃仆名下，叫作“铁脚诡寄”。普遍成为风气，乡里欺骗州县，州县欺骗府，奸弊百出，叫作“通天诡寄”[⑨]。此外，还有洒派、包荒、移丘换段等等手段。元璋在处罚这些地主

① 《明太祖实录》，卷六八。
② 《明太祖实录》卷一〇二。
③ 《大诰续诰》卷四七。
④ 《大诰续诰》卷二一。
⑤ 黄省曾：《吴风录》。
⑥ 宋濂：《朝京稿》卷五，《上海夏君新圹铭》。
⑦ 《明太祖实录》卷二〇。
⑧ 《明太祖实录》；《明史》卷七七，《食货志》一。
⑨ 《明太祖实录》卷一八〇。

以后，气忿地指出：

> 民间洒派、包荒、诡寄、移丘换段，这等都是奸顽豪富之家，将次没福受用财赋田产，以自己科差洒派细民；境内本无积年荒田，此等豪猾买嘱贪官污吏及造册书算人等，其贪官污吏受豪猾之财，当科粮之际，作包荒名色征纳小户，书算手受财，将田洒派、移丘换段，作诡寄名色，以此靠损小民。①

地主把负担转嫁给贫民，结果是富的更富，穷的更穷。② 地主阶级侵占了皇家统治集团应得的租税和人力，农民加重了负担，国家一方面田赋和徭役的收入、供应减少，一方面农民更加穷困饥饿，动摇了侵蚀了统治集团的经济基础，阶级内部发生矛盾，斗争展开了。

经过元末二十年的战争，土地簿籍多数丧失，保存下来的一部分，也因为户口变换，实际的情况和簿籍不相符合。大部分土地没有簿籍可查，逃避了国家赋役；有簿籍的土地，登记的面积和负担又轻重不一，极不公平。朱元璋抓住这中心问题，向地主进行斗争。方法是普遍丈量土地和调查登记人口。

洪武元年正月派周铸等一百六十四人往浙西核实田亩，定其赋税。③ 五年六月派使臣到四川丈量田亩。④ 十四年命全国郡县编赋役黄册。二十年命国子生武淳等分行州县，编制鱼鳞图册。⑤ 前后一共用了二十年的时间，才办好这两件事。

丈量土地所用的方法，是派使臣往各处，随其税粮多少，定为几区，每区设粮长四人，会集里甲耆民，量度每块田亩的方圆，作成简图编次字号，登记田主姓名和田地丈尺四至，编类各图成册，以所绘的田亩形状像鱼鳞，名为鱼鳞图册。

人口普查的结果，编定了赋役黄册。把户口编成里甲，以一百一十户为一里，推丁粮多的地主十户作里长，余百户为十甲。每甲

---

① 《大诰续诰》卷四五，《靠损小民》。

② 《明太祖实录》卷一八〇。

③ 《明太祖实录》卷二九。

④ 《明太祖实录》卷一七四。

⑤ 《明太祖实录》卷一三五、一八〇。

十户，设一甲首。每年以里长一人，甲首一人，管一里一甲之事。先后次序根据丁粮多少，每甲轮值一年。十甲在十年内先后轮流为国家服义务劳役，一甲服役一年，有九年的休息。在城中的里叫坊，近城的叫厢，乡都的皆叫作里。每里编为一册，里中有鳏寡孤独不能应役的，带管于一百一十户之外，名曰畸零。每隔十年，地方官以丁粮增减重新编定服役的次序，因为册面用黄纸，所以叫作黄册。

鱼鳞图册是确定地权的所有权的根据，赋役黄册是征收赋役的根据，通过土地和人户的普查，制定了这两种簿籍，颁布了租税和徭役制度。不但大量漏落的土田人口被登记固定了，国家增加了物力和人力，稳定了巩固了统治的经济基础，同时，也有力地打击了一部分地主阶级，从他们手中夺回对一部分土地和人口的控制，从而大大增强了皇家统治集团的权力，更进一步走向高度的集中、专制。朱元璋的政权，比过去任何一个时代，都更加强大、集中、稳定、完备了。

对城乡人民，经过全国规模的土地丈量，定了租税，在册上详细记载土地的情况，原坂、坟衍、下隰、沃瘠、沙卤的区别，并规定凡置买田地，必须到官府登记及过割税粮，免掉贫民产去税存的弊端，同时也保证了政府的税收，十年一次的劳役，使人民有轮流休息的机会，这些措施，确实减轻了人民的负担，鼓舞了农民的生产情绪，对于社会生产力的推进，起了显著的作用。

对破坏农业生产的吏役，用法律加以制裁，例如“松江一府坊厢中不务生理，交结官府者一千三百五十名，苏州坊厢一千五百二十一名，皆是市井之徒，不知农民艰苦，帮闲在官，自名曰小牢子、野牢子、直司、主文、小官、帮虎，其名凡六。不问农民急务之时，生事下乡，搅扰农业。芒种之时，栽种在手，农务无隙，此等赍执批文，抵农所在，或就水车上锁人下车者有之，或就手内去其秧苗锁人出田者有之……纷然于城市乡村扰害人民”①。元璋下令加以清

① 《大诰续诰》，罪除滥役第七四。

理，除正牢子合应正役以外，其他一概革除，如松江府就革除了小牢子、野牢子等九百余名。① 一个地方减少了四分之三为害农民的吏役，这对于农民正常进行生产是有很大好处。

朱元璋虽然对一部分地主进行了斗争，对广大农民作了让步，一部分地主力量削弱了，农民生产增加了。但是，这个政权毕竟是地主阶级的政权，首先为地主阶级服务，即使对农民采取了一些让步的措施，其目的也还是为了巩固和强化整个地主阶级的统治权。无论是查田定租，无论是编户定役，执行丈量的是地主，负责征收粮米的还是地主，当里长甲首的依然是地主，在地方和朝廷作官的更非地主不可，从下而上，从上而下的重重地主统治：地主首先要照顾的是自己家族和亲友的利益，决不会照顾到小自耕农和佃农。由于凭借职权的方便，剥削舞弊都可以通过国家政权来进行，披上合法的外衣，农民的痛苦越发无可申诉；而且，愈是大地主，愈有机会让子弟受到教育，通过科举和税户人才等等成为官僚绅士，官僚绅士享有合法的免役权，洪武十年朱元璋告诉中书省官员："食禄之家，与庶民贵贱有等，趋事执役以奉上者，庶民之事也。若贤人君子，既贵其身，而复役其家，则君子野人无所分别，非劝士待贤之道。自今百司见任官员之家有田土者，输租税外，悉免其徭役，著为令。"十二年又下令："自今内外官致仕还乡者，复其家终身无所与。"② 连乡绅也享有免役权了。在学的学生，除本身免役外，户内还优免二丁差役。③ 这样，现任官、乡绅、生员都豁免差役，有办法逃避租税，完粮当差的义务，便完全落在自耕农和贫农身上了。自耕农和贫农不但要出自己的一份，其实官僚绅士地主的一份，亦何尝不由农民实际负担，官僚地主不交的那一份，他们也得一并承当下来。官僚绅士越多的地方，人民的负担就越重。

人民的负担用朱元璋的话叫作"分"，即应尽的义务。洪武十五年他叫户部出榜晓谕两浙江西之民说："为吾民者当知其分，田赋力

---

① 《大诰续诰》，松江逸民为害第二。

② 《明太祖实录》卷一一一、一二六。

③ 张居正：《太岳集》卷三九，《请申旧章饬学政以振兴人才疏》。

役出以供上者，乃其分也。能安其分，则保父母妻子，家昌身裕，为忠孝仁义之民。”不然呢？则“不但国法不容，天道亦不容矣！”应该像“中原之民……惟知应役输租，无负官府。”只有如此，才能“上下相安，风俗淳美，共享太平之福”①。

朱元璋要求人民尽应役输税的义务，定下制度，要官吏奉公守法，严惩贪污，手令面谕，告诫谆谆，期望上下相安，共享太平之福。但是官吏并不肯照他的话办事，地主作官只是管百姓，并不想替百姓办事，结果许多制度命令都成为空文，官僚政治的恶果当时便有人明确地指出：

> 今之守令，以户口钱粮狱讼为急务。至于农桑学校，王政之本，乃视为虚文而置之，将何以教养斯民哉！以农桑言之，方春，州县下一白帖，里甲回申文状而已，守令未尝亲视种艺次第，旱涝戒备之道也。

官吏办的是公文。公文上办的事应有尽有，和实际情况全不相干。上官按临地方检查的也是公文，上下都以公文办事，“法出而奸生，令下而诈起”。这是洪武九年的情形。② 十二年后，解缙奉诏上万言书，也说：

> 臣观地有盛衰，物有盈虚，而商税之征，率皆定额，是使其或盈也，奸黠得以侵欺；其歉也，良善困于补纳。夏税一也，而茶椒有粮，果丝有税，既税于所产之地，又税于所过之津，何其夺民之利至于如此之密也。且多贫下之家，不免抛荒之咎。今日之土地无前日之生植，而今日之征聚有前日之税粮，或卖产以供税，产去而税存；或赔办以当役，役重而民困，土田之高下不均，起科之轻重无别，膏腴而税反轻，瘠卤而税反重。③

道理也清楚得很，正因为是“贫下之家”，才被迫抛荒，地主负担特别轻，不但不会抛荒的。而且尽力兼并，膏腴之田是地主的，

---

① 《明太祖实录》卷一五〇。

② 《明史》卷一三九，《叶伯巨传》。

③ 《明史》卷一四七，《解缙传》。

瘠卤之田是贫民的，地主阶级自己定的税额，当然是膏腴轻而瘠卤重。

严惩贪污，贪污还是不能根绝，用朱元璋自己的话来证明吧，他说：

> 浙西所在有司，凡征收，害民之奸，甚如虎狼。且如折收秋粮，府州县官发放，每米一石，官折抄二贯，巧立名色，取要水脚钱一百文，车脚钱三百文，口食钱一百文。库子又要办验钱一百文，蒲篓钱一百文，竹篓钱一百文，沿江神佛钱一百文。害民如此，罪可宥乎！①

折粮原来是便民的措施，浙西运粮一石到南京，要花四石运费，百姓困苦不堪。② 改折为钞，可以减轻了浙西农民五分之四的负担。钞是用不着很大运费和蒲竹篓包装的，但地方官还是照运粮的办法苛敛，用种种名色加征至九百文，约合折价的百分之五十。急得朱元璋只是跺脚，说："我欲除贪赃官吏，奈何朝杀而暮犯！今后犯赃者，不分轻重皆诛之！"③

洪武一朝，"无几时不变之法，无一日无过之人"④。是历史上封建政权对贪污进行斗争最激烈的时期，杀戮贪官污吏最多的时期。虽然随杀随犯，不可能根本清除贪污，但是朱元璋下定决心，随犯随杀，甚至严厉到不分轻重都杀，对贪污的减少是起了作用的，对人民有好处，人民是感谢他，支持他的。

一九五五年四月十四日

（原载《历史研究》第三期，1955年6月）

---

① 《大诰》，折粮科敛第四十一。

② 宋濂：《芝园续集》卷四，《故岐宁卫经历熊府君墓铭》。

③ 刘辰：《国初事迹》。

④ 《明史》卷一四七，《解缙传》。

论夷陵之战

夷陵之战发生于蜀章武元年（公元221年）。这年七月，刘备帅军伐吴，孙权写信请和，刘备盛怒不许。到第二年六月，吴将陆逊大破蜀军于夷陵（今湖北宜昌），刘备退屯白帝城，十月，孙权又遣使请和，刘备答应了。这一仗前后历时一年，吴将陆逊坚取守势，捕捉战机，最后以火攻取得大胜，是历史上有名的战役之一。

战事发生的原因是荆州的归属问题。

公元208年赤壁战役之后，曹军败退，留曹仁、徐晃守江陵，周瑜、刘备水陆并进，追到南郡（今湖北江陵县东南），瑜军围曹仁，相持了一年多，曹仁弃城走。孙权以周瑜为南郡太守。刘备推刘琦为荆州刺史，南征四郡，武陵（今湖南常德）、长沙（今湖南长沙）、桂阳（今湖南郴县）、零陵（今湖南零陵）皆降。刘琦病死，诸将推刘备为荆州牧，驻公安（今湖北公安）。刘备从此有了根据地了。

荆州原来不属孙权，赤壁之战，刘备是有功劳的，南征四郡是刘备自己的战果，蜀吴双方怎么会发生荆州的归属问题呢？据《吴书·鲁肃传》："后备诣京见权，求都督荆州，惟肃劝权借之，共拒曹公。"鲁肃死后，孙权评论他："后虽劝吾借玄德地，是其一短。"看来当时兵力，孙强刘弱，孙权兵力可以直取四郡，刘备要求有个立足之地，鲁肃从孙刘联盟，为曹操树敌的战略出发，劝孙权答应，有了这个默契，刘备才能南取四郡，和孙吴成掎角之势，所以"曹操闻权以土地业备，方作书，落笔于地"，给曹操以极大威胁。

公元214年，刘备取益州。第二年孙权就要讨还长沙、零陵、桂阳三郡。刘备不肯。孙权派吕蒙率军争取，刘备也到公安，派关羽争三郡。鲁肃驻益阳（今湖南益阳），和关羽相拒。鲁肃责备关羽不还三郡。关羽说：赤壁之战，刘备和吴军戮力破魏，岂能徒劳？连立足之地都没有！达不成协议。正好这时曹操南定汉中，蜀汉北方受到威胁，刘备赶紧与孙权联合，分荆州为二，江夏、长沙、桂阳属吴；南郡零陵、武陵属蜀，以湘水为界，双方罢兵。暂时妥协了，但问题并未根本解决。

公元219年，关羽率众攻曹仁于樊（今湖北襄阳），水淹于禁七军，斩将军庞德，威震华夏。曹操遣使说孙权，出军攻关羽后路，权将吕蒙诱降关羽在江陵、公安的守将，尽虏羽军妻子。羽军遂散，关羽父子出走，为孙权所杀。

刘备失了荆州，也就失去了向东出川的门户，和曹操抗衡的军事重镇，在战略上是非争不可的。

他和关羽、张飞的关系，从汉灵帝末年，公元184年黄巾起义以后，便相从征伐，“寝则同床，恩同兄弟”。小说上桃园结义之说，便是从这两句话演绎出来的。三四十年的战友、君臣，镇守出川门户的上将，一旦摧折，刘备的感情冲动是可想而知的。公元221年张飞又为部下所杀，持首级奔吴，旧仇加新恨，伐吴报仇便成为他的最后志愿，什么好话也听不进去了。

诸葛亮远在隆中对策时，便指出孙权“可与为援而不可图”。赤壁战前，他和鲁肃共同努力，定下了联合抗曹的大计。他是始终坚持刘、孙两家联合的方针的。但他也深知刘备的个性，对关羽、张飞的感情，和荆州在军事上的重要性，明知用言语是劝阻不了刘备的。夷陵败后，他叹气说：

> 使法孝直（正）若在，则能制主上，令不东行。就复东行，必不倾危矣。

赵云是坚决反对伐吴的，他指出主要的敌人是曹操，不是孙权。如先灭魏，则吴自服。当前形势，决不应该放掉主要的敌人，先和孙吴交兵。广汉处士秦宓也说天时不利，朝臣很多人都反对，刘备一概不听。

蜀吴交兵后，孙权遣使求和。吴将诸葛瑾驻公安，写信劝刘备，要他留意于大，不要用心于小。指出关羽和汉朝的轻重，荆州和海内的大小，虽然都应仇疾，但要分清先后。论点和赵云是一致的，刘备当然不能接受。

交战双方，蜀军由刘备自己指挥，兵四万余人，大将吴斑、冯习攻破权将李异、刘阿等于巫，进军秭归。将军黄权自请为先锋，劝刘备为后镇，刘备不听，派他督江北军以防魏师。夷陵败后，交通断绝，他不肯降吴，只好降魏。备军从巫峡、建平连营直到夷陵界，立数十屯，树栅连营七百多里，全军成一条直线，踞高临下，兵力分散。曹丕听说蜀军布置之后，笑道：刘备不懂兵法，岂有立营七百里而可以拒敌的！必败无疑。

吴军以陆逊为大都督，率诸将朱然、潘璋、宋谦、韩当、徐盛、鲜于丹、孙桓等五万人拒守。蜀军远来，利于速战，吴军诸将要迎击，陆逊坚决不许。他指出蜀军锐气方盛，而且乘高守险，不利进攻，如有不利，影响全局。不如坚闭固拒，伺机捕捉战机，以逸制劳，取得胜利。

两军对峙相持了七八个月，蜀军兵疲意沮，陆逊乘机发起攻击，先攻一营，得不到便宜。诸将正埋怨他枉然死了许多人，陆逊却说，我已经找到破敌的方法了，下令诸军每人拿一把茅草，乘风纵火，全线进攻，阵斩蜀大将张南、冯习，连破四十余营，蜀军溃败，刘备退守白帝城。

蜀军败后，吴诸将要求直取白帝，陆逊认为曹丕正在大合士众，不怀好意。下令退军。

这年十一月，孙权遣使到蜀汉聘问，刘备也遣使报聘，两国又恢复和平，重建了对魏的掎角之势。

这次战役，刘备犯了两个大错误：第一是政略的错误，正如赵云、诸葛瑾所指出的，他把大小、轻重摆错了次序，因荆州之失、关羽之死而发动对吴战争，破坏了两国联合共同抗曹的正确策略；第二是战略的错误，不听黄权的忠告，把他一军放在江北，削弱了兵力，又把全军列成纵深战斗序列，战线过长，兵力分散，前军一败，后军动摇，彼此不相呼应，造成全面的败局。

京剧《夷陵之战》是根据历史事实编成的历史剧，剧情是符合历史真实情况的。主题思想是通过战争的失败来批判刘备个人的“义气”，赵云、诸葛亮的谏阻，诸葛瑾的求和，直到马良死后刘备的自责，都表达了这个看法。就演出而论，是成功的。特别是保留了传统剧目哭灵牌一折，造成全剧的高潮。问题也正是出在这里，恰恰因为前半部把刘、关、张三人的关系写得深了，再加上这一哭，又哭得这么好，使观众的同情逐步引到刘备方面，相对地把主题思想削弱了。

剧中次要人物关兴是关羽的次子，作过侍中、中监军的官，早死。张飞的儿子张苞也是早夭的。看来都没有参加夷陵之战。剧本把这两人写成蜀军的大将，通过他们加强刘备主战拒和的决心，是完全可以的。

马良在征吴之役，奉命到武陵招抚当地少数民族，军败后，他也被杀。剧本把他写成掩护刘备，中箭身死，也是可以的。

（原载《北京日报》，1963年6月27日）

朱元璋的队伍和政权的性质

“在封建国家中，皇帝有至高无上的权力，在各地方分设官职以掌兵、刑、钱、谷等事，并依靠地主绅士作为全部封建统治的基础。”①

元末红军起义的目的是推翻蒙、汉地主阶级的联合统治。就这一点而说，任务是完成了，蒙、汉地主阶级的联合统治确是被推翻了。但是，更进一步，解除阶级对阶级的压迫，却失败了。广大各族人民共同斗争的胜利果实被朱元璋所吞没了。在朱元璋二十年血战的过程中，他最初掌握的主要军事力量是地主武装部队，后来一部分地主参加了他的政权，还陆续招降了一批地主武装部队，出身农民的红军将领也由于取得政权而转化成新的地主阶级了。其中朱元璋和他的家族便是新地主阶级的代表人物。这种变化是由阶级本质决定的。农民是小土地所有者，勤劳朴素，一生在饥饿线上挣扎。在遭遇到残酷压迫、剥削时，他们会奋不顾身，起而反抗。但是还有小私有者的一面，他们渴望能有更多的土地，过更好的日子。在取得胜利以后，他们中间的一些立了功的将领，就蜕变了，成为他们过去所坚决反对的地主阶级分子了。事物的发展使他们走到自己的反面。

元末红军起义时旧地主阶级发生了淘汰的作用。特别是中原地区，一部分大地主被战争所消灭了，遗留下数量很大的空闲的土地。元代后期土地过分集中的现象消失了，这些土地由无地少地的农民耕种。在一个历史时期内，中原地区的土地呈现出分散经营的过程，阶级矛盾缓和了。但在另一方面，东南地区一部分旧地主却由于战

① 《中国革命和中国共产党》，见《毛泽东选集》，第2卷，624页。

争而巩固和上升了他们的地位。同时，从战争中又涌现出一批新的地主阶级，他们占有的土地主要在东南人口较为密集的地区。旧新地主占有的土地越多，无地少地的农民也就越多，就这样，这些地区的阶级关系又紧张起来了。结果是从朱元璋建立新皇朝的时期起，江南地区新的农民战争，农民反抗地主的战争就汹涌澎湃地展开了。地区之大，次数之多，斗争的激烈程度，都超过了历史上任何时代。

元末的农民革命战争，破坏了旧秩序和推翻了压迫人民的蒙、汉地主联合统治机构。他们痛恨、仇视地主，尽管在认识上还不可能把地主当作一个阶级来对待，但在行动上，却对地主毫不宽容，逮住就杀，没收地主的粮食、浮财。例如地主阶级的文人宋濂记当时情况说：

> 当元之季，大盗起沔阳、蔓延江右，陷吉安，既而州兵捣走之。盗所过并落，民皆相梃为变，杀掠巨室，惨酷不忍闻。①

贝琼也说：

> 海内兵变，江南北巨姓右族，不死沟壑，则奔窜散处。②

地主阶级则正好相反，他们要保全自己的生命财产，就不得不维护旧秩序，就不能不维护旧政权。阶级利益决定了农民和地主分别站在敌对的阵营。在战争爆发之后，地主们用全力组织武装力量，称为“民”军、“义”军或乡兵，青军，黄军，建立堡砦，抵抗农民军的进攻。现任和退休的官吏、乡绅、儒生和军人是地主军的将领，他们受过教育，有文化，有组织能力，在地方上有威望，有势力。虽然各地方的地主军人各自为战，没有统一指挥和全面作战计划，军事力量也有大小强弱的不同，但因为数量多，分布广，作战顽强，就成为反抗红军的主要敌人了。见于明初人记载的如：

> 答失八都鲁：至正十二年（公元1352）五月，招募襄阳官吏及土豪避兵者得义丁二方，编排部伍，败“贼”于蛮河。③

---

①　宋濂：《宋学士文集》卷二十八，《故庐陵张府君光远甫墓碣铭》。

②　贝琼：《贝清江集》卷八，《送王子渊序》。

③　《元史》卷一百四十二，《答失八都鲁传》。

刘焘孙：至正壬辰（公元1352），天下兵起，红巾乱湖南，常宁陷，州长贰皆弃城遁，（儒学正刘）焘孙独不去，因集民为兵，有众万计，克服其州治，就以民兵守之。①

胡深：至正壬辰，江淮俶扰，盗贼蔓延闽浙间，由建之浦城、松溪入龙泉……公乃集乡民共为守御计，而结寨于湖山。②

胡嘉祐：元季处州属县寇蜂起……嘉祐走白县令……散家财，募武健之士，得千余人而什伍之，大署其旗为义兵，寇至辄迎击。③

陈天锡：元至正十二年壬辰，大盗起江汉间，郡县相继陷，聚落民争揭竿为旗以应寇。天锡白监郡……“自度乡里健儿，一呼之间可得千人，甲胄糗粮，当一一自给，不以烦县官……”……天锡还，朝夕聚兵训练如前谋。④

萧思和：当元季寇乱，所在靡宁……（吉安）萧思和父子挺然发帑倡义，保障其一乡，终乱不见兵，至今号其里曰桃源。⑤

徽州罗氏：至正辛卯（公元1351），蕲盗起……罗氏诸子募健儿数百人，整其队伍，部领诣辕门请自效。⑥

永康吕氏：元至正之季，民反处州为盗，转掠而东，陷永康、婺，诸县绎骚弗宁。永康太平里大族吕君文燧散家赀数千万，与弟文烨合谋，募里强壮子弟得二千人，将之与盗屡战，盗败走，复其邑，斩获甚众。⑦

东莞李氏：东莞李氏尤豪于诸族。朝政不行，盗贼蜂起，富民各耑武断，聚兵自卫。既而各据乡土，争为长雄，或更相

① 王袆：《王忠文公集》卷二十一，《刘焘孙传》。
② 王袆：《王忠文公集》卷二十二，《故缙云郡伯胡公行述》。
③ 苏伯衡：《苏平仲文集》卷三，《胡嘉祐传》。
④ 宋濂：《翰苑别集》卷九，《赠进义副尉金溪县尉陈府君墓铭》。
⑤ 杨士奇：《杨文贞集》，《旌义堂记》。
⑥ 宋濂：《芝园集》卷四，《徽州罗府君墓志铭》。
⑦ 宋濂：《芝园续集》卷二，《故嘉兴知府吕府君墓碑》。

攻掠，并邑萧然。府君亦结民为保，内援官军，外御群盗，里人赖之以安。①

经过二十年的长期战争，长江南北的巨族右姓，有的死于战争，有的逃亡到外地。如江阴州大姓许晋：

至正十二年七月，红巾陷钱塘，九月陷吴兴、延陵，十月陷江阴州。州大姓许晋与其子如章，聚无赖恶少，资以饮食，贼四散抄掠，诱使深入，殪而埋之。战于城北之祥符寺，父子俱死。②

安陆刘则礼：

至正辛卯，两河乱。乃割财募兵，隶四川平章殳著麾下，攻安陆、襄、樊、唐、邓，悉讨平之。兄弟子侄多死于兵。③

以上这些例子都是长江以南地区的。至于中原地区，战争更加激烈、惨酷，地区更广，时间更久，不只是这个地区的地主大量地为红军所消灭，就是参加扩廓帖木儿、孛罗帖木儿和关中四将（孔兴、脱列伯、李思齐、张良弼）的关、陕、鲁、豫等地的地主，也大部分随着这些地主军的消灭而消灭了。

一部分旧的大地主被消灭了。另有一部分中小地主的武装则因势力孤单，兵力不敌，投降了朱元璋，参加到这一新统治集团中来。如至正十八年（公元1358）十二月，浦江县民蒋可大等以民兵来降。二十一年池州东流县乡兵头目许山，自壬辰兵起，聚众二万余人以捍乡里，至是来降。二十二年江西宁州土豪陈龙遣其弟良平率分宁、奉新、通城、靖安、德安、武宁六县民兵二万来降。守吉安的土军元帅孙本立等也来降。二十四年温州土豪周宗道、湘乡土酋易华降等等。至于元璋初起时，裹胁驴牌寨的三千民兵和横涧山义兵元帅缪大亨以其众二万人降附，成为元璋军队的主力，那就更不用说了。

---

① 《王静学集》卷二，《凌府君行录》。

② 陶宗仪：《辍耕录》。

③ 李继本：《一山文集》卷六，《刘则礼传》。

这两部分地主，旧地主阶级的残存力量和新兴的地主阶级，构成朱元璋统治集团的基本力量，统治基础。

此外，还由于土地分散经营的结果，农业经济的恢复和发展，孳生了为数广大的中小地主阶层。这部分人的经济力量不大，却人数众多，有文化，有知识，在政治上没有特权，因而不能不拥护、支持新的统治阶级，企图从而取得政治上的特权，来保障和扩大自己的财富。这个阶层的代表人物，当时的知识分子——儒士，是新朝官僚机构所需要的官僚的主要来源。

朱元璋和他的绝大部分将领都是贫苦农民出身的，过去都曾亲身经受过地主的剥削和压迫。朱元璋的父、祖，几辈子都是佃农，他自己没有一寸土地，从小放牛，当和尚，要饭。大将徐达、常遇春、李文忠、邓愈、汤和、沐英、傅友德、廖永忠、吴良、吴祯、丁德兴、耿君用炳文父子、郭兴、郭英、张龙、华高、张铨、顾时、薛显、陈德、唐胜宗、陆仲亨、费聚、郑遇春、周德兴、曹震、张温、陈桓、谢成、李新、俞廷玉、通渊通海父子、胡大海、桑世杰、茅成、孙兴祖、濮英、严德、何文辉、徐司马等人都是出身于贫苦农民的。但是，朱元璋初起时所掌握的军力，却是原来的地主武装。在渡江以后，地主阶级的知识分子陶安、李习、夏煜、孙炎、杨宪、陈遇、秦从龙、杨元杲、阮从道、钱用壬、詹同、答录与权、朱梦炎、陶凯、曾鲁、朱升、崔亮、任昂、乐韶凤、安然、鲍恂、吴沉、桂彦良、陈南宾、宋讷、张美和、贝琼、赵俶、钱宰、刘崧、单安仁、朱守仁、开济、程徐、吕文燧等人，不是地主，便是元朝的官僚，大量地参加了。浙东的几家地主大族，刘基、胡深、叶琛、章溢也被迫参加了。各地的许多地主武装降附了。特别重要的是通过战争立了功劳，徐达等农民将领也逐渐拥有庄田佃户了。据洪武四年（公元 1371）的统计，六个国公和二十八个侯，都拥有大量庄田，单是佃户便有三万八千一百九十四户。他的政权也就不能不逐步变质，走到了反面，成为地主阶级的政权了。

（原载《人民日报》，1964 年 4 月 25 日）

明初统治阶级内部的斗争

朱元璋篡夺了元末农民战争的胜利果实作了皇帝，成为地主阶级政治利益的代表。他当然是尊重、维护地主阶级的利益的。但是，事情并不如他所想望的那样。大地主们也有两面性，一面同样尊重、维护他的统治，另一面，随着农业经济的恢复和发展，大地主们家里有人做官，倚仗政治力量，用隐瞒土地面积、荫庇漏籍人口等等手段来和皇家统治集团争夺土地和人力，直接影响到皇朝的财政、税收和人力使用。“国家存在的经济体现就是捐税。”[①] “赋税是政府机器的经济基础。”[②] 由于触犯他的利益的大地主们的强占、舞弊，皇朝的经济基础发生问题了，地主阶级内部矛盾发展了，激化了，为了保障自己的经济基础，非对触犯他的利益的大地主加以狠狠的打击不可。

朱元璋从渡江以后，就采取了许多保护地主阶级利益的措施。例如龙凤四年（公元1358）取金华，便选用金华七县富民子弟充宿卫，名为御中军。[③] 这件事一方面表示对地主阶级的尊重和信任，另一面也是很重要的军事措施，因为把地主们的子弟征调为禁卫军人，随军作战，等于作质，就不必担心这些地区地主的军事反抗了。洪武十九年（公元1386）选取直隶应天诸府州县富民子弟赴京补吏，凡一千四百六十人[④]，也是同样作用。对地主本身，洪武三年作的调查，以田税多寡比较，浙西的大地主数量最多，以苏州一府为例，每年纳粮一百石以上到四百石的四百九十户；五百石到一千石的五

① 《马克思恩格斯全集》第四卷，《道德化的批评和批评化的道德》，342页。

② 《马克思恩格斯文选》第二卷，《哥达纲领批判》，32页。

③ 《明太祖实录》卷六。

④ 《明太祖实录》卷一百七十九。

十六户；一千石到二千石的六户；二千石到三千八百石的二户，共五百五十四户，每年纳粮十五万一百八十四石。① 三十年又作了一次调查，除云南、两广、四川以外，浙江等九布政司，直隶应天十八府州，地主们田在七顷以上的共一万四千三百四十一户。编了花名册，把名册藏在内府印绶监，按名册以次召来，量才选用。② 应该看到，田在七顷以上，在长江以南的确是大地主了，但在长江以北，就不一定是大地主，而是中小地主了。

地主对封建统治集团和农民来说，也是有两面性的。一面是他们拥护当前的统治，依靠皇朝的威力，保身立业。朱元璋说过：孟子曰：有恒产者有恒心。今郡县富民，多有素行端洁，通达时务者。叫户部保荐交租多的地主，任命为官员、粮长。③ 一面他又指出："富民多豪强，故元时此辈欺凌小民，武断乡曲，人受其害。"④ 以此，他对地主的政策也是两面性的，双管齐下。一是选用作官僚，加强自己的统治基础；一是把他们迁到京师，繁荣首都，同时也削弱了地主在各地方的力量。在科举法未定以前，选用地主作官，叫作税户人才，有作知县、知州、知府的，有作布政使以至朝廷的九卿的。⑤ 例如浙江乌程大族严震直就以税户人才一直做到工部尚书，后来浦江有名的郑义门的郑沂竞从老百姓任命为礼部尚书。⑥ 又以地主为粮长。以为地方官都是外地人，不熟习本地情况，容易被黠胥宿豪蒙蔽，民受其害，不如用有声望的地主来征收地方赋税，负责运到京师，可以减少弊病。⑦ 洪武四年九月，命户部计算土田租税，以纳粮一万石为一区，选占有大量土地纳粮最多的地主为粮长，负责督收和运交税粮。⑧ 如

---

① 《明太祖实录》卷四十九。

② 《明太祖实录》卷二百五十二。

③ 谈迁：《国榷》卷六。

④ 《明太祖实录》卷四十九。

⑤ 吴宽：《匏翁家藏集》卷七十五，《施孝先墓表》。

⑥ 吴宽：《匏翁家藏集》卷四十三《尚书严公流芳录序》；《明史》卷二百九十六，《郑濂传》。

⑦ 宋濂：《朝京稿》卷五，《上海夏君新圹铭》；《匏翁家藏集》卷五十二，《恭题粮长敕谕》。

⑧ 《明太祖实录》卷六十八。

浙江布政司有人口一百四十八万七千一百四十六户，每年纳粮九十三万三千二百六十八石，设粮长一百三十四人。① 粮长下设知数（会计）一人，斗级（管斗斛秤量的）二十人，运粮夫千人。② 并规定对粮长的优待办法，凡粮长犯杂犯、死罪和徒流刑的可以纳钞赎罪。③ 三十年又命天下郡县每区设正副粮长三名，编定次序，轮流应役，周而复始。④ 凡粮长按时运粮到京师的，元璋亲自召见，谈话合意的往往留下作官。⑤ 元璋把征粮和运粮的权力交给地主，以为这个办法是“以良民治良民，必无侵渔之患”⑥；免地方官“科扰之弊，于民甚便”⑦。他把地主也当作良民了。但是事实恰好相反，不少地主在作了粮长以后，在原来对农民剥削的基础上，更加上了皇朝赋予的权力，如虎添翼，肆行额外剥削，农民的痛苦也就更深更重了。例如粮长郗阿乃起立名色，科扰民户，收舡水脚米、斛面米、装粮饭米、车脚钱、脱夫米、造册钱、粮局知房钱、看米样中米，等等，通共苛敛米三万二千石，钞一万一千一百贯。正米止该一万石，郗阿乃个人剥削部分竟达米二万二千石，钞一万一千一百贯。农民交纳不起，就强迫以房屋准折，揭屋瓦，变卖牲口，以及衣服、段匹、布帛、锅灶、水车、农具，等等。⑧ 又如嘉定县粮长金仲芳等三名，巧立名色征粮附加到十八种。⑨ 农民吃够了苦头，无处控诉。⑩ 朱元璋也发觉粮长之弊，用严刑制裁。尽管杀了不少人，粮长依然作恶，农民也依然被额外剥削，改不好，也改不了。⑪

除任用地主作官收粮以外，朱元璋还采用汉高祖徙天下豪富于

---

① 《明太祖实录》卷七十。

② 《明太祖实录》卷八十五。

③ 《明太祖实录》卷一〇二。

④ 《明太祖实录》卷二百五十四。

⑤ 《明史》卷七十八，《食货志》二，《赋役》；《匏翁家藏集》卷四十三，《尚书严公流芳录序》。

⑥ 《明太祖实录》卷六十八。

⑦ 《明太祖实录》卷一〇一。

⑧ 《大诰续诰》卷四十七。

⑨ 《大诰续诰》卷二十一。

⑩ 黄省曾：《吴风录》。

⑪ 宋濂：《朝京稿》卷五，《上海夏君新圹铭》。

关中的政策。洪武三年移江南民十四万户于凤阳（这时凤阳是中都），其中有不少是地主。洪武二十四年徙天下富户五千三百户于南京。① 三十年又徒富民一万四千三百余户于南京，称为富户。元璋告诉工部官员说；“从前汉高祖这样做，我很不以为然。现在想通了，京师是全国根本，事有当然，确实不得不这样做。”②

江南苏、松、杭、嘉、湖一带的地主被迫迁往凤阳，离开了原来的乡里田舍，还不许私自回去。这一措施对于当时东南地主阶级是绝大的打击。旧社会的地主阶级离开了原来占有的土地，也就丧失了社会地位和政治地位了。相对的，以朱元璋为首的新地主阶级却可以因此而加强对这一地区人民的控制了。这些家地主从此以后，虽然不敢公开回到原籍，却伪装成乞丐，以逃荒为名，成群结队，老幼男妇，散入江南诸州县乞食，到家扫墓探亲，第二年二三月间又回到凤阳。年代久了，也就成为习惯。五六百年来凤阳花鼓在东南一带是妇孺皆知的民间歌舞。歌词是：

家住庐州并凤阳，凤阳原是好地方，
自从出了朱皇帝，十年倒有九年荒。③

地主们对作官、作粮长当然很高兴，感激和支持这个维护本阶级利益的政权。但是，地主阶级贪婪的本性是永远也不能改变的，他们决不肯放弃任何一个可以增加占领土地和人力的机会，用尽一切手段逃避对皇朝应纳的赋税和徭役。例如两浙地主所使用的方法，把自己的田产诡寄（假写在）亲邻佃仆名下，叫作“铁脚寄诡”，普遍成为风气，乡里欺骗州县，州县欺骗府，奸弊百出，叫作“通天诡寄”。④ 此外，还有洒派、抛荒、移丘换段等等手段。元璋在处罚了这些地主以后，气忿地指出：

民间洒派、抛荒、诡寄、移丘换段，这等都是奸顽豪富之

① 《明太祖实录》卷二百十。
② 《明太祖实录》卷二百十；《明史》卷七十七，《食货志》一。
③ 赵翼：《陔余丛考》卷四十一，《凤阳丐者》。
④ 《明太祖实录》卷一百八十。

家，将次没福受用财赋田产，以自己科差洒派细民；境内本无积年荒田，此等豪猾买嘱贪官污吏及造册书算人等，其贪官污吏受豪猾土财，当科差之际，作包荒名色征纳小户，书算手受财，将田洒派，移丘换段，作诡寄名色，以此靠损小民。①

地主把自己的负担通过舞弊手段转嫁给“细民”、“小户”、“小民”，也就是贫苦农民，结果是富的更富，穷的更穷了。② 地主阶级侵占了皇家统治集团应得的租税和人力，贫苦农民加重了负担。皇朝一方面田赋收入和徭役征发都减少了，一方面贫苦农民更加穷困饥饿，动摇和侵蚀了统治阶级的经济基础。阶级内部发生矛盾，斗争展开了，地主不再是良民，而是“奸顽豪富之家”，是“豪猾”了。

朱元璋斗争的对象是地主阶级中违法的大地主。办法有两条，一条是用严刑重法消灭“奸顽豪富之家”，一条是整理地籍和户口。

洪武时代大地主被消灭的情况，据明初人记载，如贝琼说：

三吴巨姓享农之利而不亲其劳，数年之中，既盈而覆，或死或徙，无一存者。③

方孝孺说：

时严通财党与（胡惟庸党案）之诛，犯者不问实不实，必死而覆其家……当是时，浙东、西巨室故家，多以罪倾其宗。④

吴宽说：

吴……皇明受命，致令一新，富民豪族，刬削殆尽。⑤

长州情况：

（城）东……遭世多故，邻之死徙者殆尽，荒落不可居。⑥

---

① 《大诰续诰》第四十五，《靠损小民》。
② 《明太祖实录》卷一百八十。
③ 《贝清江集》卷十九，《横塘农诗序》。
④ 方学孺：《逊志斋集》卷二十二，《采苓子郑处士墓碣》。
⑤ 《匏翁家藏集》卷五十八，《莫处士传》。
⑥ 《匏翁家藏集》卷六十一，《先考封儒林郎翰林院修撰府君墓志》。

洪武之世，乡人多被谪徙，或死于刑，邻里殆空。[1]

有的大地主为了避祸，或则“晦匿自全”[2]，或则“悉散所积以免祸”[3]，或则“出居于外以避之”[4]，或则“攀附军籍以免死”[5]，但是这样的人只占少数。浙东西的“富民豪族，刬削殆尽”。统治阶级内部的斗争是十分残酷的。

另一方面，经过元末二十年的战争。各地田地簿籍多数丧失，保存下来的一部分，也因为户口变换，土地转移，实际的情况和簿籍不相符合。大部分田地没有簿籍可查，大地主们便乘机隐匿田地，逃避皇朝赋役；有簿籍登载的田地，登记的面积和负担又轻重不一，极不公平合理。朱元璋抓住这中心问题，对大地主进行了长期的斗争。方法是普遍丈量田地和调查登记人口。

洪武元年正月派国子监生周铸等一百六十四人往浙西核量田亩，定其赋税。[6] 五年六月派使臣到四川丈量田亩。[7] 十四年命全国郡县编赋役黄册。二十年命国子监生武淳等分行州县，编制鱼鳞图册。[8]前后一共用了二三十年时间。才办好这两件事。

丈量田地所用的方法，是派使臣到各州县，随其税粮多少，定为几区，每区设粮长，会集里甲耆民，量度每块田亩的方圆，作成简图，编次字号，登记田主姓名和田地丈尺四至，编类各图成册，以所绘的田亩形象像鱼鳞，名为鱼鳞图册。

人口普查的结果，编定了赋役黄册，把户口编成里甲，以一百一十户为一里，推丁粮多的地主十户作里长，余百户分为十甲。每甲十户，设一甲首。每年以里长一人，甲首一人，管一里一甲之事。先后次序根据丁粮多少，每甲轮值一年。十甲在十年之内轮流为皇朝服义务劳役，一甲服役一年，有九年的休息。在城市的里

---

①② 《匏翁家藏集》卷五十七，《先世事略》。

③ 《匏翁家藏集》卷七十三，《怡隐处士墓表》。

④ 《匏翁家藏集》卷七十四，《山西提刑按察司副使致仕朱公墓表》。

⑤ 《匏翁家藏集》卷五十八，《莫处士传》。

⑥ 《明太祖实录》卷二十九。

⑦ 《明太祖实录》卷一百七十四。

⑧ 《明太祖实录》卷一百三十五、卷一百八十。

叫坊，近城的叫厢，农村的都叫作里。每里编为一册，里中有鳏寡孤独不能应役的，带管于一百一十户之外，名曰畸零。每隔十年，地方官以丁粮增减重新编定服役的次序，因为册面用黄纸，所以叫作黄册。

鱼鳞图册是确定地权（所有权）的根据，赋役黄册是征收赋役的根据。通过田地和户口的普查，制定了这两种簿籍，颁布了租税和徭役制度，不但大量的漏落的田地户口被登记固定了，皇朝从而增加了物力和人力，稳定和巩固了统治的经济基础，同时，也有力地打击了一部分大地主，从他们手中夺回对一部分田地和户口的控制，从而大大增强了皇家统治集团的地位和权力，更进一步走向高度的集中、专制。洪武二十四年全国已垦田的数字为三百八十七万四千七百四十六顷，仅仅隔了两年，洪武二十六年的全国已垦田数字就激增为八百五十万七千六百二十三顷，增加了四百六十三万二千八百七十七顷。以增垦田地最多的一年，洪武七年增垦田地数目为九十二万一千一百二十四顷来比较，两年的时间增垦面积也不可能超过两百万顷，显然，这个激增的数字除了实际增垦的以外，必然是包括从大地主手中夺回的漏落的田地，是田地普查的积极成果。由于在斗争中取得这样巨大的胜利，朱元璋的政权比过去任何一个皇朝，都更加强大、集中、稳定、完备了。

对城乡人民，经过全国规模的田地丈量，定了租税，在册上详细记载田地的情况，原坂、平衍、下隰、沃瘠、沙卤的区别，并规定凡买置田地，必须到官府登记及过割税粮，免掉贫民产去税存的弊端，同时也保证了皇朝的财政收入。十年一次的劳役，使人民有轮流休息的机会。这些措施当然都是封建剥削，但比之统一以前的混乱情况，则确实减轻了一些人民的负担，鼓舞了农民的生产情绪，对于社会生产力的推进，是起了显著的作用的。

朱元璋虽然对一部分大地主进行了严重的斗争，对广大农民作了一些必要的让步，一部分大地主被消灭了，一部分大地主的力量被削弱了，农民生产的积极性增加了；但是，这个政权毕竟是地主阶级的政权，首先是为地主阶级的利益服务的，即使对农民采取了一些让步的措施，其目的也还是为了巩固和强化整个地主阶级的统治权。无论是查田定租，无论是编户定役，执行丈量的是地主，负责征收运粮米的还是地主，当里长甲首的依然是地主，质正里中是非、词讼，执行法官职权的“耆宿”也是地主，当然，在地方和朝廷作官的更非地主不可。从上而下的重重地主统治，地主首先要照顾的是自己家族和亲友的利益，是决不会关心小自耕农和佃农的死活的。由于凭借职权的方便，剥削、舞弊都可以通过皇朝的统治权来进行，披上合法的外衣，农民的痛苦就越发无可申诉了。而且，只要是地主阶级的子弟，就有机会、权利受到教育，通过税户人才、科举、学校等等途径，成为官僚、绅士。官僚、绅士是享有合法的免役权的。洪武十年朱元璋告诉中书省官员：“食禄之家与庶民贵贱有等，趋事执役以奉上者，庶民之事也。若贤人君子，既贵其身，而复役其家，则君子野人无所分别，非劝士待贤之道。自今百司见任官员之家有田土者，输租税外，悉免其徭役，著为令。”官员是贵人，庶民是贱人，贵人是不应该和贱人一样服徭役的。十二年又下令：“自今内外官致仕还乡者，复其家终身无所与。”[①] 则连乡绅也享有免役权了。在学的学生除本身免役外，户内还优免二丁差役。[②] 一般贫苦农民连饭也吃不饱，哪能上学？上学的学生绝大部分也还是地主子弟。这样，现任官、乡绅、学校生员都豁免差役，还有办法逃避租税，于是完粮当差的义务，便大部分落在自耕农和贫农身上了。自耕农、贫农不但要出自己的一份，官僚、绅士、生员、地主不交的一份，他们也得一并承担下来。因此，官僚、绅士、生员、地主越多的地方，农民的负担也就越重。

洪武一朝，长江以南农民起义的次数特别多，地区特别广；明朝二百几十年中，农民起义次数特别多，规模特别大，原因就在这里。

（原载《人民日报》，1964年4月29日）

---

① 《明太祖实录》卷一百一十、卷一百二十六。

② 张居正：《太岳集》卷三十九，《请申旧章饬学政以振兴人才疏》。

《试论封建社会的“清官”、“好官”》读后

最近一连读了两篇好文章，5月29日《人民日报·学术研究》刊载的星宇同志的《论“清官”》，6月3日《光明日报·史学》王思治同志的《试论封建社会的“清官”、“好官”》，这两篇文章对历史上“清官”、“好官”的分析，所持的论点，我都很赞成，并且很高兴。因为在1959年9月我曾在《人民日报》发表了《论海瑞》一文，只就海瑞个人的事迹加以评论，没有从历史上，封建社会里的“清官”、“好官”加以全面的讨论。这两篇文章把这个问题论述清楚了，对我国历史上封建统治的方法，为了维护封建统治的长远利益而进行的封建统治阶级的内部斗争，“清官”、“好官”的阶级本质，作进一步的探讨，是有其积极意义的。

文章里都举了明朝后期“清官”、“好官”海瑞的例子，有些话是和我的《论海瑞》有关联的。我读了以后，却感到十分惶惑，因为这两篇文章的基本论点，也正好是我的《论海瑞》一文中的基本论点，我说过的话，这两篇文章加以发挥，我当然很感激。但是我没有说过的话，王思治同志却怎么会拿来批评我呢？在读了两篇好文章以后，我又把旧作《论海瑞》重读了几次，始终不能发现王思治同志所批评的那些论点，看来只有怪我自己的文字水平太差，以致引起评论者的误会，从无字处着眼了。再三思索，也有可能是对别人的文章的评论。惶惑之余，写这篇读后，向王思治同志请教。

两篇文章的主旨都是说明“清官”、“好官”是封建统治阶级的长远利益的维护者。星宇同志说：“‘法定权利’体现了地主阶级长远的整体的利益。”“‘清官’反对豪强地主的斗争，就是封建的法定权利和习惯权利相冲突的一种表现形式。豪强地主追求无限制的剥削，而‘清官’的所作所为不过是在一定程度上限制了这种非法剥削。这种斗

争不但是封建制度所许可的，而且还是维护封建法定权利所必需的。”王思治同志说：“正因为‘清官’、‘好官’是从本阶级普遍的、长远的利益出发，是从某一皇朝的‘万世基业’着眼；因此，在他们的想法中，常常包含着对本阶级统治的某些幻想。”又说：“尽管‘清官’、‘好官’抱着‘为民’的目的，但他们的一切活动，是不可能超越封建制度的范围的”。“‘清官’、‘好官’是摆脱不了封建官僚这一**质**的规定性的，他决不会反对封建制度。”这些论点是科学的，正确的。

我在《论海瑞》一文中一开始就强调指出：“海瑞是我国十六世纪有名的清官、好官，是深深得到广大人民爱戴的言行一致的政治家。他为了**巩固封建统治阶级的长远统治**，减轻农民市民的负担，向贪婪腐朽的封建官僚、大地主斗争了一生。”① 接着说他的这些斗争：“一方面也是由于海瑞的斗争**究竟还没有突破封建制度所容许的限度**。海瑞在主观上和客观上都还是忠君爱国的。”② 在叙述他生平的时候，我指出：“另一面，**他受了严格的封建教育，遵守封建礼法**，在政治上也必然道往古，称先王，**维护封建统治阶级的利益**。”③ 在谈到他哲学思想和行政措施的时候，指出：“他是个唯心主义者……在行政措施上，也采用了王阳明的保甲法。”④ 不言而喻，保甲法是反动的。在谈到他推行一条鞭法时，指出：“一条鞭法并不是摧毁封建剥削制度的办法。”⑤ 在评论海瑞所进行的斗争的时候，我说海瑞：“要求官吏不落时套，不做坏事，不贪污，不讲人情世故，不百凡通融，而不从社会的根本变革出发，也是不可能成功的。同样，不改变生产关系，简单地要求大地主退还侵占农民的部分田地，**少剥削些**，农民的苦楚减轻一些，无论事实上做不到，即使做到了，**也还是封建的剥削的社会**，地主剥削农民的关系依然不变，问题还是没有解决，也是不可能解决的。在当时情况下，这是不可能解决的社会矛盾……他没有也不可能从本质上认识和解决这

---

① 《灯下集》，146 页。
② 同上书，154 页。
③ 同上书，155 页。
④ 同上书，157 页。
⑤ 同上书，161 页。

个矛盾。”以此，我对海瑞的结论是：“**海瑞是封建统治阶级的左派**。”①

这些从海瑞的实际活动所总结出来的论点，我实在看不出来和王思治同志的论点有什么本质的不同或分歧。

对于海瑞应该肯定的部分，星宇同志的文章里说：“有的同志把这种斗争描写成仿佛是站在人民立场上的反封建斗争，这是完全不正确的。”我完全同意，在我的文章里，没有一个字说海瑞的斗争是反封建的斗争，这个论点是一致的。

但是王思治同志的文章却说：“不能专从历史表面着眼，认为他们的活动真是站在农民一边”。“把‘清官’、‘好官’说成是，农民的救星”。“如果不对事情加以区分和进行必要的阶级分析，只看到封建时代的农民拥戴‘清官’、‘好官’，便根据‘当时当地大多数人的意见’，而认定他们是农民的救星，这是难于揭示事情的本质，作出符合历史实际的正确的评论的。”又说：“自然，‘清官’、‘好官’所追求的‘唐虞三代之治’，并不能真正代表农民的利益，他们也不会因此而成为农民的救星。”最后说：“如果我们以‘当时当地大多数人的意见’来评价‘清官’、‘好官’，也认为他们是站在农民的一边，是农民的救星，这实际上就是把今天的水平降低到封建时代农民的水平了。”

这些话看来都是针对我的文章说的。奇怪的是并不针对，成为无的放矢了。

首先“农民的救星”这个名词我并没有说过。当然救星这两个字我是说过的，我说：“海瑞**在当时**，是得到人民爱戴，为人民所歌颂的……海知县、海都堂**是当时被压抑、被欺侮、被冤屈人们的救星**。”②被压抑、被欺侮、被冤屈人们的救星，指的是在海瑞在压抑豪强、平反冤狱的实际活动的当时一部分人对他的看法，这些人们中包括有农民，有市民，有小手工业者，有商人等等，怎能把这句话同“农民的救星”画一等号呢？这句话里并没有**农民**两个字，王思治同志根据什么理由把被字以下的形容词一概勾消，而代以农民

①② 《灯下集》，165页。

两字，作为一个阶级来看待呢？

其次，“站在农民一边”这句话我也确曾说过，我是这样说的：“此外，他还注意刑狱，特别是人命案件，着重调查研究，在知县和巡抚任上，都亲自审案，处理了许多积案，昭雪了许多冤狱。**对农民和地主打官司的案件，他是站在农民一边的**。”① 很清楚，我说的是对农民和地主打官司的案件，他是站在农民一边的。我绝对没有说，他的所有的政治活动，都是站在农民的一边的。这样看来，也就够奇怪的了，从我的文章中，怎么可能会使王思治同志得出这样一种看法：“专从历史表面着眼，认为他们的活动是站在农民的一边”的呢？

把我的文章和王思治同志的文章对比一下，这两句话，把“对农民和地主打官司的案件”这个主题阉割了，而改为“站在农民的一边，是‘农民的救星’”，把“当时被压抑、被欺侮、被冤屈人们”改为**农民**，这到底是什么意思呢？我对王思治同志的批评理解不了，弄得十分糊涂，只好浪费《光明日报》的篇幅，特地向王思治同志请教。

最后，还是说一句话，百家争鸣的方针是不可动摇的，学术上的争论是必需提倡的，正确的批评是应该争取的，学术问题上指出的错误是应该承认、感谢的。但是，必需要建立一种实事求是的风气，要针对问题。如果所针对的是别人没有说过的话，别人没有这样说的话，或者对别人说的话截头去尾，甚至根本加以改造，据此而提出批评，捕风捉影，这种风气，看来是不应该鼓励、提倡的。

（原载《光明日报》，1964 年 6 月 17 日）

附录：试论封建社会的“清官”、“好官”

王思治

封建社会的“清官”、“好官”是一个极其复杂的问题，本文仅

① 《灯下集》，165 页。

就人所熟知的包拯和海瑞谈一点粗浅的看法。

一、封建社会出现"清官"、"好官"的时代原因

封建社会出现所谓"清官"、"好官"，并不是一个偶然的现象。

谁都知道，封建制度最本质的特征是地主阶级对农民的剥削和压迫。地主阶级政治上的代表人物——封建官僚，其贪狠、残暴是封建剥削压迫制度最本质的反映。贪官污吏在当时必然是大量的、普遍的存在，他们是封建剥削压迫制度的必然产物。所谓"廉平之吏，所在鲜见，而贪利无耻，敢于为恶之人……四面而起，以求逞其所欲"①。但是，和一切居于统治地位的剥削阶级一样，地主阶级总是会为自己的统治编造各种幻想和思想，以便把自己和整个社会等同起来，凡是对地主阶级有利的一切，一定会被说成是对全体人民也是有利的、必要的，这就必须有各种各样的外套来掩盖封建制度的剥削和压迫的实质。然而，对于广大人民说来，阶级剥削和压迫，却给他们带来了无穷无尽的灾难，他们不仅生活在"公赋既重，私敛又深"② 的多种剥夺之下；而且，历代封建政权无例外地"重以官吏贪残，刑戮妄加"，农民不得不"典桑卖地纳官税"③，"不然官吏猛如虎，终朝鞭扑畴能那？"④ 于是，很多人"或绝命于捶楚之下，或自贼（自杀）于迫切之求"⑤。为了切身的利益，广大农民不能不起而斗争。农民反抗封建剥削和压迫的激情和各种形式的斗争，贯穿着整个封建社会，经过一定时期的酝酿，在阶级矛盾极端尖锐化的形势到来时，便会一次又一次地爆发震撼整个地主阶级的大规模农民战争，历史上许多王朝的统治，也就因此而坍垮了。

既然封建统治事实上是"苛政猛于虎"，任何假借"天命人归"的说教，宣称"泽及牛马"、"恩被草木"的"仁政"和"德政"，都不能改变阶级斗争的客观存在，无法阻止农民起而反抗。因此，对

---

① 《宋史》，《李心传传》。

② 《后汉书》，《朱晖传》附《孙穆传》。

③ 白居易：《杜陵叟》，见《白香山集》卷三。

④ 张纲孙：《苦旱行》，见《明诗综》卷七八。

⑤ 《后汉书》，《朱晖传》附《孙穆传》。

地主阶级的统治说来，就需要有一种人能为封建统治起缓冲和调节的作用，需要有“清官”、“好官”这一类的人物。因为正是“清官”、“好官”，他们能给人民造成某种幻想，使广大人民憧憬着有一位“好官吏”莅任，他们能像“青天”那样，公正无私，“爱民如子”，使自己遭到的屈辱得到申雪。这样，便能缓和人民的不满和不平，缓和阶级矛盾。以皇帝为首的封建统治阶级，在一定时期，也会表彰一些“清官”、“好官”，或为他们修建祠宇，或死后赠以美谥，如“孝肃”（包拯）、“忠介”（海瑞）之类，以示鼓励和提倡。历史上，每一个王朝，尽管是“贿赂公行”，贪官污吏遍天下，但它们总是会虚伪地倡导“克己奉公”、“廉洁自爱”，在口头上把“礼、义、廉、耻”当作正人律己的道德教条规范。

另外，封建官僚虽然都是隶属于地主阶级，可是他们在如何实现并巩固其统治这一点上，是可能发生分歧的，尤其是每当一个王朝的统治日益腐朽，阶级矛盾日趋尖锐的时候，更是如此。有的人从本阶级的长远利益出发，从某一王朝的“万世基业”着眼，他们会振振有词地反对封建王朝的某些政策措施，反对另一部分官吏和权贵专肆残民以逞，贪而无厌。于是，每当这样的时候，常常会有“处士横议”的“清流”人物出现，他们品核公卿，议论朝政，也会有人冒死规谏“皇上”皈依“圣道”，或者不畏权势，弹劾权臣或当道的外戚、宦官。这种人，一旦身任一方的官吏，便可能成为知名的“清官”、“好官”，他们打击权贵，压抑豪强，在一定程度内能为农民做些好事。

正因为“清官”、“好官”是从本阶级普遍的、长远的利益出发，是从某一王朝的“万世基业”着眼；因此，在他们的想法中，常常包含着对于本阶级统治的某些幻想。这些幻想，往往表现为对各种“治世”的描述和热烈的向往。例如，包拯对宋仁宗赵祯说：“治平之世，明盛之君，必务德泽，罕用刑法……王者亦当上体天道，下为民极，故不宜过用重典，以伤德化。”① 所谓“德

① 《请不用苛虐之人充监司》，见《包拯集》。

化”，则是“蚩蚩生聚，蕃息衰耗，一出于时政之所陶化。是故明主知其然也，则必薄赋敛，宽力役，救荒馑。三者不失，然后幼有所养，老有所终，无夭阏之伤，无庸调之苦。此乃陛下日慎一日，以致其盛”①。海瑞在其上朱厚熜的《治安疏》中，除了大胆抨击朱厚熜的昏聩侈靡外，他厚望于最高统治者的就是：“陛下……一振作而百废具举，百弊划绝，唐虞三代之治，粲然复兴矣。”② 但是，地主阶级和其他一切剥削阶级一样，它的本性是对卑劣贪欲的无限追求。地主阶级中的每一个人，总是希望不断扩大对土地的占有，地主阶级的国家则用各种苛捐杂税和无休止的劳役来掠夺和奴役农民，而官吏则凭借权势对农民进行额外的搜括，以饱私囊。所有这些，造成了尖锐的矛盾，使整个社会动荡不安。“清官”、“好官”基于自己对本阶级统治的幻想，他们对于这些与“治世”相背离的社会现象，是会感到“痛心疾首”的，因而同统治阶级其他人的矛盾，有时也可能发展到相当尖锐的程度，他们敢于抨击封建统治的某些黑暗面。这种人抱着“挽狂澜于既倒”的想法，以“中流砥柱”自居，刚毅不阿，有的人甚至把生死置之度外。于是，“清官”、“好官”在历史上便成为某种意义上的“正义”的象征了。

二、“清官”、“好官”的活动及其作用的范围问题

“清官”、“好官”在其言论中，的确常常表露了对人民的深切同情，他们宣称自己为政的目的是在于“为民”。海瑞初任“临民”之官是做淳安知县，他就曾说过：“瑞自滨海入中州知淳安县事，初阅册籍，民之逃亡者过半，问之则曰惫困不能堪赋役，朴直不能胜奸强使之。而予之心恻然痛矣。剥民以媚人，多科而厚费使之。可为民忿、可为民慨之事日临于目，日闻于耳。而予不平之气愤然生矣。”因此，他条例各事，作为规范，名曰《淳安政事》，以期“吏不能缘为奸弊，民得安生乐业”。他对于自己所做的一切，“自信或

① 《论历代并本朝户口》，见《包拯集》。

② 《海瑞集》，221页，北京，中华书局，1962。

可以究竟利弊，粹乎圣贤中正之道，公己公人之理”，并希望“民风士习，借此发明，回心而向道，或有在也”①。后来，他升任应天巡抚，到任之后，发现“江南粮差之重，天下无有，古今无有。生至地方，始知富饶全是虚名，而苦楚特甚。其间可为百姓痛哭，可为百姓长太息者，难以一言尽也”②。海瑞说他自己是始于对农民疾苦的同情，继而对“剥民以媚人”、不合“圣贤之道”等等感到愤懑。就他本人而言，和其他“清官”、“好官”、“清流”人物一样，他们会把这些当作自己活动的目的；对农民的同情和“为民”等，对他们说来，并不一定是欺骗和权宜之计，而可能是本于初衷的。海瑞本人这样想、这样做，也是并不足怪的。因为，在中国封建社会中，儒家占据了崇高的地位，它包含着一整套的封建政治理论和封建伦理道德规范。儒家在肯定封建等级制度和阶级关系不能逾越、反对一切“犯上作乱”行为的同时，也反对“苛政”，主张“以德化民”，“为政以德”，要求“仁者爱人”，“施从其厚，敛从其薄”，要从“德威并施”、“宽猛相济”中取信于民。总之，它宣扬君臣父子“各安其位”，君子（统治者）“爱人”，小人（劳动者）“易使”的阶级调和理论；儒家企图把不可调和的阶级矛盾融合于宗法关系中，融合于“德政”之中。封建统治阶级适应封建社会发展的需要，将这一套政治理论和伦理道德规范加以各种发挥。饱受这种教育的统治阶级中的某些人，其中有的是坚信“圣贤之道”能致天下于太平的，因而也就把这些“为政以德”、“为民”等等看做自己行动的出发点。正如马克思所指出：“在不同的所有制形式上，在生存的社会条件上，耸立着由各种不同情感、幻想、思想方式和世界观构成的整个上层建筑。整个阶级在它的物质条件和相应的社会关系的基础上创造和构成这一切。通过传统和教育承受了这些情感和观点的个人，会以为这些情感和观点就是他的行为的真实动机和出发点。”③

由此可见，尽管“清官”、“好官”抱着“为民”的目的，但他

① 《海瑞集》，37～38页。

② 《启谭次川侍郎》，见《海瑞集》。

③ 《马克思恩格斯全集》，第8卷，149页。

们的一切活动，是不可能超越封建制度的范围的，他们所向往的只不过是从“圣贤”那里学来而又经过美化了的“治世”而已。其实，前面提到的“孝肃”（包拯）和“忠介”（海瑞）之类的赐谥，已经无可辩驳地证明：“清官”、“好官”是封建制度的“忠孝志士”，他们对其所在的王朝忠心耿耿，至死也不会有二心。① 因此，我们既不能根据他们的言论，从字面意义来理解（如“为民”），就信以为真，也不能专从历史表面着眼，认为他们的活动真是站在农民一边；而是应当对其言行进行阶级分析，拨开其虚幻的表象，透视事情的本质。评价一个历史人物，不是看他说什么，而是看他做什么，最终对哪个阶级有利。我们永远不要忘记列宁的教导：“只要人们还没有学会透过任何有关道德、宗教、政治和社会的言论、声明、诺言，揭示出这些或那些阶级的**利益**，那他们始终是而且会永远是政治上受人欺骗和自己欺骗自己的愚蠢的牺牲品。”②

任何一个历史人物，他都是生活在已经确定了的历史条件和社会环境中，对于这种社会环境和历史条件，是不能由自己选择、由个人决定的。即是说，他是生活在既定的社会经济形态以内的。个人虽然抱着自觉的动机，和期望达到一定的目的来从事活动，但是，人们的社会存在，必然决定着人们的意志，从而也就制约着他们的活动。人的社会存在，不是作为生物的、自然的人而存在，在阶级社会中，他更是一定阶级利益的担负者，所以，个人多种多样的活动，“已被概括起来，并归结为各个在生产关系体系中所起的作用上、在生产条件上、因而在生活环境的条件上以及在这种环境所决定的利益上彼此不同的个人集团的活动，一句话，归结为**各个阶级的活动**”③。因此，看不到“清官”、“好官”和贪官污吏、酷吏的区别，认为反正封建官僚都是“一丘之貉”，这是一种简单化的作法，

---

①　海瑞上《治安策》，一片忠心未被朱厚熜谅解，诏下锦衣卫，几被处死。但他在狱中听到朱厚熜死去的消息，“即大恸投体，酒肴尽呕出，狼藉满地，绝而复苏。扶归禁处，哭终夜不辍。又明日成服，衰麻徒跣，呼天若丧考妣”。明人朱国桢说：“噫！到此然后知公真忠，一片心肠，有贯彻千古者。”（朱国桢：《涌幢小品》卷二十）

②　《列宁全集》，第23卷，48页。

③　《列宁全集》，第1卷，373页。

固然无益于对问题的分析说明。但是，绝对不能把这种区别看做阶级的区别，把“清官”、“好官”说成是“农民的救星”。因为，无论如何他们总是封建官僚系统中的一员。封建官僚机构是封建国家政权的重要组成部分。封建生产关系的实质是：地主阶级占有土地用作对农民进行剥削的手段。封建国家的内部职能，就在于保护这种关系，镇压农民的反抗，它是束缚农民的绳索。“清官”、“好官”，既然是封建官僚，他本人就不可能成为封建政权的否定面，不可能代表农民的利益而和封建制度处于根本对立的地位。他们的毕生活动，只能在封建经济制度所允许的范围之内，只能在当时阶级结构的范围之内，而不会在此之外。譬如，明朝人就说过：“海公所锄，非富贵也，乃豪强也。”① 海瑞不反对富贵，也就是不反对封建剥削和封建等级制度，这正是“清官”、“好官”所不能逾越的界限，所以海瑞也是得到“富贵人”喜欢的。② 海瑞认为，农民“人品微末，上人忽之”③，他称佣工吴吉祥是“吉祥贱人”④，这难道不也是表露了海瑞根深蒂固的阶级偏见吗？

享有“清官”、“好官”盛名的包拯，对贪官酷吏也是“疾恶如仇”。他会七次上疏弹劾江西西路转运使王逵“心同蛇蝎”，“苛政暴敛，殊无畏惮”，“酷法诛求财利，苟图进擢，民被杀者，罔知其数”。他还沉痛地说：“陛下轸恤生灵，惟恐不及，岂忍以一方吏民，俾王逵残害！”看起来包拯是在为人民的苦难大声疾呼，其实，他在为宋王朝的统治深为忧虑。他怕人民在酷虐之人的诛求下，日益逃亡，“集结凶党”，“为国家生事”⑤。他说：“民失其赖，流亡日众，故盗贼充斥……盗起则奸雄出，奸雄出则不可制矣。岂可不深惧而

---

① 黄秉石：《海忠介公传》，见《海瑞集》。

② 海瑞死后，江南有海瑞祠，“而苏州之祠窿然”。黄秉石曰：“余舟过苏州祠下，以服不敢谒，时偶为语曰，世传公锄击太甚，富贵人多不悦也。如此祠宇，岂彼单弱细民独就之，其富贵人当不阻之也？则所传亦妄矣。儿子羽定曰……况海公所锄，非富贵也，乃豪强也……余甚取其说。”（见《海瑞集》，577 页）由此可知，明朝人早已指明“富贵人多不悦”海瑞，是“所传亦妄矣”。海瑞是得到富贵人所喜欢的。

③ 《督抚条约》，见《海瑞集》。

④ 《吴吉祥人命参语》，见《海瑞集》。

⑤ 参见《弹王逵》一至七，见《包拯集》。

豫防之哉？”① 预防的办法就是：“民者，国之本也，财用所出，安危所系，当务安之为急。安之在精择郡守、县令，及渐绝无名之率尔。若乃横敛不已，人怀危虑，或因岁岁饥馑，以吏之酷，临相应而起，涂炭海内，此乃心腹之患。况已萌之兆，可不深虑乎？”因此他要求皇帝对那些违越制度苛暴的官吏“重行朝典”。② 由此看来，包拯为人民的苦难大声疾呼也好，“安民”也好，要求严惩贪官酷吏也好，始终是为了宋王朝的长治久安这一根本目的，他并没有离开封建官僚的阶级本质。

总之，“清官”、“好官”是摆脱不了封建官僚这一质的规定性的，他们绝不会反对封建制度。马克思指出：“**等级**不仅建立在社会内部的**分裂**这一当代的主导规律上，而且还使人脱离自己的普遍本质，把人变成直接受本身的规定性所摆布的动物。”③ 可见，不是因为站在农民的一边，才会出现“清官”、“好官”，他们的活动和作用，也不可能成为被压抑人们的救星。

当然，说明“清官”、“好官”的阶级属性，分析其不可能站在农民一边，成为农民的救星，这并不等于否认他们在一定程度内为农民做了某些好事。正如前面已经说过的那样，就他们自己而言，他们从“治世”的理想出发而“为民”，等等，倒可能是“真心诚意”的。事实上，“清官”、“好官”在其治理的地区内，也的确注意发展生产，讲求兴利除弊，压抑豪强，在一定程度内减轻了人民的负担；他们还断了一些疑案，使一些无辜之人免于冤狱。这一切，在一定的时间和空间范围内，无疑是减轻了农民的痛苦，使农民能够有一个相对较好的生产和生活环境，促进了局部地区生产的发展。毫无疑问，“清官”、“好官”是应该肯定而不是应该否定的人物。

三、关于人民拥戴“清官”、“好官”的问题

“清官”、“好官”，在当时的确是受到人民拥戴的。他们不少人

---

① 《请差灾伤路分安抚》一至七，见《包拯集》。
② 参见《请罢天下科率》一至七，见《包拯集》。
③ 《马克思恩格斯全集》，第1卷，346页。

成为人民顶礼膜拜的对象，他们的事迹被渲染、夸大，被神化。包拯和海瑞就是这种典型。元好问的《续夷坚志》说：“世俗传包希仁以正直主东岳速报司，山野小民，无不知者。”在元、明、清的杂剧小说中，包拯成了“日间断人，夜间断鬼”的“神人合一”的人物。鲁迅先生在《中国小说史略》中说，明人所作《包公案》，“盖仅识文字者所为”，即是说该书是下层人民所作。通过舞台形象和民间瓦舍艺人的传播，“田野之人，市井小民”都无人不晓了。

海瑞也是如此，他被称为“南包公”。还在他活着的时候，南京人民已经传说，他审过专由北京解押来的曾在御花园作祟的“木妖神”。在他死后，“士民哭公，至罢市者数日。丧出江上，白衣冠揭楮（纸）素而送者盈两岸无隙地。雨泣动天，箪食壶浆之祭数百里不绝也”。海瑞的画像也被“传写为市，售之苏州人，尺幅五钱，未脱稿即持去，日不给也。而画工多以致富者”①。而且，民间纷纷传说，海瑞已奉天帝之命为京都（南京）都城隍神，一遇灾荒大饥之年，“乡村人皆言海公为神，且至矣，则相率请道士具芗帛修醮祀以迎公，甚虔也”②。当时的人简直把死后的海瑞当作“御灾救民”的“神”来膜拜了。自然，哀痛海瑞逝世的不独是市民和“乡村人”，和海瑞受到“富贵人”喜欢一样，地主阶级对海瑞之死，也并非无动于衷，“留都诸缙绅闻公丧，相顾哀悼曰：天不佑善，俾正人气夺！”③

在当时，人民拥戴“清官”、“好官”，把他们加以渲染、夸大，甚至神化，对于这种现象，似乎应该从两个方面来加以分析说明。

第一，人民拥戴“清官”、“好官”，是由于他们的所作所为，的确在一定程度上反映了农民的某种要求，在客观上也多少符合了农民的眼前的暂时的利益。在封建社会中，农民遭受着整个地主阶级和封建政权的剥削和压迫，而给农民造成最大苦难的，首先是豪强地主的侵渔和他们武断于乡曲，是贪官污吏敲骨吸髓的压榨和刑罚滥施；因此，农民对于地主阶级的仇恨，也就首先集中在这类人的

---

①② 黄秉石：《海忠介公传》，见《海瑞集》。

③ 王国宪：《海忠介公年谱》，见《海瑞集》。

身上。毛主席说："农民的主要攻击目标是土豪劣绅，不法地主，旁及各种宗法的思想和制度，城里的贪官污吏，乡村的恶劣习惯。"①"清官"、"好官"尽管他们是出于自己对本阶级统治的幻想，但他们打击豪强，弹劾或者制裁某些贪官污吏，平反一些冤狱，这就会使农民感到欢欣鼓舞。他们歌颂这种人，进而加以理想化和神化。因此，应该看到，那些由人民加以丰富的成分，只是表明农民对于某种希望的向往，并不是清官的本质反映。和一切宗教迷信一样，农民对于"清官"、"好官"的渲染和"神化"，不过是现实生活幻想的反映。它是农民对封建社会各种剥削和压迫的抗议，是农民反抗"官府"和地主阶级（特别是豪强）的不满情绪的折射，是阶级斗争的一种曲折表现。然而，这种现实生活幻想的反映形式，又会反转过来影响农民的思想，使他们把自己求得解救的希望寄托在"清官"、"好官"的身上。

应该把人民对"清官"、"好官"的夸大和"神化"，从"清官"、"好官"真正做过的事迹中分离出来，应当看到这些"渲染"和"神化"中所包含的农民的合理要求，及其不可避免的阶级的和时代的烙印。因此，如果不对事情加以区分和进行必要的阶级分析，只看到封建时代的农民拥戴"清官"、"好官"，便根据"当时当地大多数人的意见"，而认定他们是农民的救星，这是难于揭示事情的本质，做出符合历史实际的正确的评论的。

第二，封建时代的农民，是个体的小生产者，他们各自从事着自己的生产活动，生活在闭塞的自给自足的自然经济中。分散于各地的农民，彼此之间在平常时期很少发生联系，而且，正是由于他们散居各地，要取得任何共同的协议都困难无比。因此，在他们没有联合起来，采取共同行动反抗封建制度的时候，每一个单独的农民，感到自己是没有力量反抗与他相对立的社会压迫的，然而，现实生活中的阶级剥削和压迫，又使他们渴望挣脱套在自己身上的锁链。农民在没有联合起来发动起义的时候，他们就把自己的希望寄

① 《毛泽东选集》，第1卷，14页。

托在曾经打击过豪强和贪官污吏的“清官”、“好官”的身上，并赋予这种人各种各样的幻想，希望“从上面赐给他们雨水和阳光”[1]。列宁指出：“农民过去的全部生活教会他们憎恨老爷和官吏，但是没有教会而且也不可能教会他们到什么地方去寻找所有这些问题的答案。”[2]“这种剥削还被各种中世纪形式、各种政治上、法律上和习俗上的附加成分、各种狡猾手段所蒙蔽，妨碍劳动者和他们的思想家看出压在劳动者身上的制度的实质，妨碍他们看出哪里是出路和怎样才能摆脱这个制度。”[3] 这正是封建时代农民阶级局限性的表现，也是地主阶级思想影响的结果。农民在没有先进阶级的领导下，是不能摆脱封建制度的。在农民革命风暴没有起来的时候，分散的单独存在的农民，把自己获得解救的希望，寄托于“清官”、“好官”，也是不奇怪的。自然，“清官”、“好官”所追求的“唐虞三代之治”，并不能真正代表农民的利益，他们也不会因此而成为农民的救星。

总之，封建社会中的农民，在他们还没有联合起来进行革命的时候，误认“清官”、“好官”是自己的“救星”，这本来是可以从农民的阶级和时代的局限性来说明的。如果我们以“当时当地大多数人的意见”来评价“清官”、“好官”，也认为他们是站在农民的一边，是农民的救星，这实际上就是把今天的水平降低到封建时代农民的水平了。

（原载《光明日报》，1964 年 6 月 3 日）

---

① 《马克思恩格斯全集》，第 8 卷，217～218 页。

② 《列宁全集》，第 17 卷，186 页。

③ 《列宁全集》，第 1 卷，263 页。